증보 아동권리향연

증보

아동권리향연

김정래

동문사

증보판 서문

『아동권리향연』은 어쩌면 필자에게 따라다녔던 닉네임과도 같다. 하지만 필자가 애착을 가지고 있는 만큼, 이에 반비례하여 부족한 점이 많은 저술이다. 무엇보다도 책의 정체성이 뚜렷하지 않다. 앞의 3개장을 보면 소개서나 개론서와 유사하지만, 제4장부터 제8장은 학술논문을 담고 있으며, 나머지 장은 프로그램과 문서를 소개하고 설명하고 있기 때문이다. 그래서인지 출판사의 불만은 '교재'로서 잘 팔리지 않는다는 것이었다. 그러나 필자는 아동 연구 분야에서 이 책이 나름대로 논의의 불쏘시개 역할을 했다고 자부한다.

이 책이 출판될 당시에 필자는 선배들로부터 "아이들에게 무슨 권리가 있나? 열심히 공부해야 할 의무만 있지!"라는 '비난'을 감수해야 할 정도로 아동권리인식은 전무하였다. 그러나 요즈음 누군가 그런 말을 한다면, 아마도 사회생활을 제대로 하기 어려울 것이다. 이 책을 통하여 '실정권', '도덕권', '교육권', '학습권', '권리주체', '권위적 간섭주의'라는 용어가 이 책을 계기로 통용되기 시작했다면 그것은 꼭 자찬만은 아닐 것이다.

그만큼 『아동권리향연』은 나름대로의 가치를 지닌 책이라는 자부심을 갖게 된다. 그래서 몇 개 장을 증보하여 출판하려 하였으나, 이런저런 사정으로 오늘에 이르러 몇 가지 내용을 추가하여 출간하게 되었다. 이번 증보판에 추가된 내용은 다음과 같다.

아동의 법적 규정과 지위를 확인할 수 있도록 제1장에 '법률로 본 아동'을 추가하였다. 여기서 아동의 법적 해석이 얼마나 다양하고 그 영역이 얼마나 광범위한지를 확인할 수 있다. 그러나 그만큼 아동 문제가 우리 사회에 매우 중요한 문제라는 점을 시사하기도 한다. 이에 관한 법률 자료로 부록 15에 '아동의 법적 규정'을 수록하였다.

그 다음으로 아동의 놀이권은 교육권과 상반되거나 무관한 것이 아니라는 점을 밝히고자 "아동의 놀이권"을 제3부의 하나로 소개하였다. 이 글은 당초 한국아동권리학회 학술지 '아동권리연구' 제6권 제1호(2002년)에 수록된 '아동의 놀 권리'를 토대로 새롭게 작성하여 논의하였다.

앞서 『아동권리향연』이 나 자신의 공부 여정을 비추는 점에서 새로운 내용은 『아동권리향연 플러스』에서 소개하기로 하고 일부만 보완하기로 한 점은 원래 아동권리향연이 태어날 당시 대한민국 정부가 협약 이행 사항으로 낸 국가보고서를 소개하고 논의한 점에 잘 반영되어 있다. 당초 제5부에 수록된 제11장(본서 제12장)은 한국아동권리학회 학술지 '아동권리연구' 제4권제1호(2000년)에 수록된 "아동권리협약의 정신과 그 발전적 이행을 위한 한 논의 — 제2차 국가보고서를 중심으로"를 가감, 수정한 것이다. 이에 따라 대한민국 정부가 마련한 제2차 국가보고서는 본서의 부록 14에 수록하였다. 이 글을 싣는 이유는 이어 출간되는 『아동권리향연 플러스』에서 다룰 이후의 국가보고서를 조망하기 위한 전초 작업이기 때문이다. 또한 『증보 아동권리향연』이 세상에 나올 준비 기간에 부산광역시 의회에서 제8장과 관련한 내용인 아동의 놀이권에 관한 조례, '부산광역시 아동의 놀 권리 증진에 관한 조례'가 공포되었다. 이를 부록 16에 수록하였다.

『아동권리향연』이 2002년에 출간되었으니, 이제 나이가 만 18세가 넘은 셈이다. 아동권리협약에 따르면 『아동권리향연』은 이제 더 이상

'아동'이 아니다. 그만큼 이 책은 아동권리 분야에서 책임을 져야 할 것으로 여겨 증보판에 이어 『아동권리향연 플러스』와 『아동권리향연 마당』을 출간하여 그 책임을 다하고자 하였다. 이 세 권의 책은 상호 밀접하게 연계되어 있을 뿐만 아니라 상호 보완적 성격을 지닌다. 어느 책을 먼저 읽어도 상호 관련된 부분을 각주에 소개하였다. 그리하여 이번에 세상에 나오는 연작이 우리의 아동권리 인식과 권리 감수성이 성숙하는 데 적지 않게 기여하기 바라는 바이다.

『아동권리향연』이 성인이 된 만큼 당시 표제화를 그렸던 필자의 딸 지영(芝暎)은 어엿한 시각디자이너로 성장하여 『증보 아동권리향연』만이 아니라 『아동권리향연 플러스』와 『아동권리향연 마당』 연작에 표지를 작품으로 선사해 주었다. 끝으로 요즈음 국내외 어려운 여건 속에서도 이 연작을 출판해 준 동문사 측에 깊이 감사를 드린다.

2020년 11월

玄山 金正來 謹白

머리말

『아동권리향연』을 출간하면서 두 가지 사실을 고백하지 않을 수 없다. 하나는 '권리'에 관하여 저자가 학창 시절부터 가졌던 편견이다. 그 편견이란 다름 아닌 권리 주장만을 일삼는 이들에 대한 석연치 않은 감정 때문에 생긴 것이다. 그래서 영국에서 공부할 당시 지도교수께서 '권리이론'을 공부해 보지 않겠는가 하고 조언했을 때, 당시 가치문제에 관심을 갖고 공부하던 저자의 대답은 부정적이었지만, 이런저런 사정으로 권리이론과 아동의 권리 문제에 관한 글 몇 편을 쓰게 되었다. '이런저런 사정' 중에는 교육은 교육받는 아이들의 이익이 되도록 초점을 늘 맞추어야 한다는 소신과 아동의 인격성을 인정한다면 아동의 권리를 온전하게 그리고 실질적으로 인정할 수 있어야 한다는 저자의 소신이 숨어 있다.

고백해야 할 또 다른 사실은 이 책을 내게 된 연유이다. 학창 시절에 책을 세상에 내는 데에는 반드시 이유가 있어야 한다는 것을 배운 적이 있다. 즉, 책을 낼 때는 성품과 학식이 몸에 배어 저절로 드러나듯이 자신이 공부한 것이 익을 대로 익어 저절로 세상에 나올 수밖에 없을 때이어야 한다는 것이다. 이 책을 내게 된 연유가 과연 이와 같은지는 저자 스스로가 판단할 문제는 아니다. 하지만, 『아동권리향연』이 나오게 된 변명은 있다. 앞서의 저자가 처했던 사정에 더하여 아동권리에 관한 철학적 논의의 결과를 논문으로 내고 이 논문들이 일정한 연계를 갖고 열 편 정도에 이르렀을 때, 한데 묶어 한 권의 책으로 출간하자는 것이었다. 그러나 사정은 늘 여의치 않은 편이어서, 몇 편의 글을 발표하고 난

후, 아동권리 문제에 관계하거나 이를 공부하고자 하는 이들이 아동권리를 체계적으로 입문할 수 있는 '읽을거리'의 필요성을 저자에게 제기해 온 것이다.

이 책의 제4장, 제5장과 제7장은 저자가 원래 의도한 대로 열 편의 글을 다 완성한 후 그 속에 포함되었어야 할 글들이고, 제8장과 제12장은 한국아동권리학회의 결정에 따라 학술대회에서 발표한 글이다. 이를 제외한 본서의 나머지 장들은 아동권리를 보다 체계적으로 이해하기 위하여 부분적으로 새로 쓰거나 저자의 노트나 발표문을 토대로 재구성한 것이다. 독자가 이 책 전체를 읽으면서 어느 장은 학술 논문의 형태를 이루고 있으며, 어느 장은 다소 교과서적으로 서술되어 아동권리를 입문하는 형태로 서술되어 있다는 것을 발견할 수 있는 것은 이때문이다. 학술 논문으로 『아동권리연구』에 이미 발표된 논문을 실은 장들은 본서의 편집기술상 요구되는 최소한의 수정을 제외하고는 원래 논문의 형태를 그대로 유지하고 있다. 이들 논문과 〈부록 X〉 및 〈부록 XI〉을 이 한 권의 책으로 빛을 볼 수 있도록 게재를 허락해 준 한국아동권리학회 전현직 임원 선생님들께 사의를 표한다.

이 책의 성격과 관련하여 밝혀두고자 하는 또 다른 사실은 이 책의 적지 않은 부분이 아동권리의 입문적 성격을 가지고 있지만 우리나라나 각국의 아동권리 현황을 자세히 알려주는 정보를 제공하지 않고 있다는 점이다. 독자는 학술 논문의 형태를 지닌 장들에서 저자의 전공분야인 철학적 논의가 동원된 것을 확인할 수 있을 것이다. 따라서 불가피한 사실을 설명하기 위하여 동원되는 최소한의 자료나 데이터를 언급하는 것 이외에 이 책은 아동권리의 현황과 실태를 알리는 정보 전달의 기능을 하지 않는다. 이렇게 보면, 이 책은 실망스럽게도 아동권리의 증진을 위하여 현장에서 헌신과 노력을 경주하는 실천가에게 도움이 되지 않는다고 판단할지도 모른다. 그러나 이에 대한 저자의 확신은 '이해'를 증진하는 것이 당장은 아니더라도 실제적 활동에 궁극적으로 기여한다는 것이다. 마치 '이론'이 '실제'에 '논리적으로 선행'하고, 따라서 이론을 통하여 실제가 개선될 수 있는 것과 같은 맥락이다. 이 책은 이해를 증진시키고자 하는 이론을 담은 책이다. 어디서나 활동가의 몫이 있는 것과 마찬가지로 이론가의 몫도 있는 법이다.

이 책의 성격과 함께 고심했던 문제는 이 책의 제목을 어떻게 붙이는가 하는 것이었다. 『아동권리향연』이라는 이름을 갖게 된 데에는 몇 가지 이유가 있다. 첫째, 이 책의 학술적인 면모를 드러내고자 한다면, 『아동권리연구』쯤 되어야겠지만, 이 책은 입문서의 성격도 있는데다 이미 같은 제목의 학술지가 있다는 점이다. 둘째, 아동의 권리가 천부적으로 부여받은 것이라면 그것은 '향연'이라는 말처럼 누리고 즐기고 해야 할 개념이라는 점을 부각하고자 했기 때문이다. 셋째, '향연'이라는 의미에는 그저 '놀고 먹는 일'이라는 부정적인 메시지보다는 놀고 즐기는 일의 이면에 공부하고 탐구하는 행위를 누릴 수 있다는 의미도 갖는다. 이 점에서 아동의 권리가 '향연'의 이면이 담고 있는 적극적 의미를 통하여 아동의 구체적인 삶 속에서 실현되길 바라는 마음이다. 이와 함께, 저자는 『아동권리향연』이, 비록 완벽한 저작은 아닐지라도, 아이들뿐만 아니라 아동권리를 공부하고자 하는 이들과 아동권리의 실질적인 증진을 위해 헌신하는 실천가들이 아동권리에 관한 보다 격조 높은 이해와 대화의 장을 마련하는 '향연'이 되길 기원한다.

학문하는 사람에게 공부란 늘 혼자 꾸려 가야 하는 외로운 작업이긴 하지만, 무슨 일을 도모하는 데에는 주변 사람의 도움을 받게 마련이다.

현재 서울대학교 대학원에서 도덕심리학을 연구하는 柳淑姬 선생은 몇 해전 저자와 한 부서에서 근무하면서 이 책의 제9장에 담겨진 아동권리 교육프로그램의 원리를 개발하는 데에 있어서 좋은 아이디어와 여러 가지 조언을 해 주었다. 또한 현재 숙명여자대학교 대학원에서 아동권리를 공부하는 徐銀珠 선생은 저자가 제3장 제4절에 포함된 아동권리침해 부분을 집필하는데 도움을 주었을 뿐만 아니라 누구보다도 이 책의 전체를 꼼꼼히 읽어 줌으로써 저자의 논조가 불분명하거나 어색한 표현을 정확하고 세심하게 지적해 주었다. 『아동권리향연』이 이들의 노고를 보상할 수 있는 작품이기 바라는 마음 간절하다. 그러나 이들의 도움에도 불구하고 이 책에 어떠한 결함이 포함되어 있다면, 그것은 전적으로 저자의 책임이다.

책을 출간하기로 결심한 것은 약 2년 전이다. 이렇게 된 데에는 저자가 책의 격조를 높이고자 했던 노력 때문이 아니라 이런저런 핑계로 포장된 저자의 게으름 때문이다. 이만큼의 세월을 인내해 주고 『아동권리향연』을 좋은 외양을 갖춰 출판해 준 교육과학사의 金東奎 사장님과 李曼宰 상무님, 그리고 鄭一俊 실장님께 감사의 마음을 표한다.

2002년 봄 어린이날을 맞이하며

金 正 來 謹識

차 례

증보판 서문 5

머리말 8

제1장 아동과 권리 17

【제1장 별장】 '아동'과 '청소년' 39

제 1 부 권리, 그리고 아동의 권리 45

제2장 권리의 속성과 범주 47

제3장 아동의 권리 71

제 2 부 권리주체로서 아동 119

제4장 권리주체로서 '아동'의 의미 121

제5장 권위적 간섭주의와 아동의 참여권 161

【제5장 별장】 참여권의 주체: 청소년의 경우 194

제 3 부 교육받을 권리 201

제6장 복지권으로서 교육권 203

제7장 '교육권'과 '학습권' 235

제8장 아동의 놀이권: 그 교육적 필요성 269

제 4 부 아동권리교육 303

제9장 아동권리교육의 의의와 역사적 배경 305

제10장 아동권리교육프로그램 개발 기본 원리 321

제 5 부 아동권리협약 367

제11장 아동권리협약 이전의 권리문서 369

【제11장 부록I】 'A협약' 및 'B협약' 조항별 색인 405

【제11장 부록II】 주요 국제권리협약 가입 현황 408

제12장 아동권리협약 해제 411

【제12장 부록】 '아동권리협약'의 조항별 색인 443

제13장 '아동권리협약'과 아동 최선의 이익 447

부록 469

I. 아동권리공약 3장 및 1923년 어린이선언문 471

II. 대한민국 어린이헌장 473

III. 새로운 청소년헌장 475

IV. 아동권리 제네바선언 477

V. 1959년 아동권리선언 479

VI. 세계인권선언 483

VII. 경제적·사회적·문화적 권리에 관한 국제협약 491

VIII. 시민적 및 정치적 권리에 관한 국제협약 505

IX. 아동권리협약 531

X. 국제연합 1990년대 아동의 생존, 보호, 발달을 위한 세계 선언 559

XI. 1990년대 아동의 생존, 보호, 발달을 위한 세계 선언의 행동계획 567

≪행동계획 부록≫ 아동과 발전을 위한 1990년대의 목표 584

XII. 1985년 Paris 국제성인교육대회선언 589

XIII. 1997년 Hamburg 국제성인교육대회선언 593

XIV. 아동권리협약에 관한 제2차 국가보고서 603

XV. 아동의 연령 정의에 관한 법령 635

XVI. 부산광역시 아동의 놀 권리 증진에 관한 조례 659

찾아보기 663

1

아동과 권리

Ⅰ. '아동'

'아동'은 인류 문명과 함께 발전된 개념이다. 아동의 개념은 인류 문명과 함께 성립되었으며, 이후 다양한 '아동'의 관점이 성립하고 변화되어 왔다. 그러나 그 개념의 변천은 연속적인 것만이 아니라 패러다임적 변혁의 성격을 갖는다고 볼 수 있다. 특히 '아동'의 현대적 개념이 그러하다. 또한 동·서양의 문화적 차이는 '아동'의 개념 내지는 아동관의 차이를 극명하게 보여준다. 예컨대, 동양의 전통에 비추어 보면, '아동'의 개념은 서양에 비하여 여전히 장유유서(長幼有序)의 질서관 속에서 자리 매김을 하고 있는 경향이 강한 반면, 서양에서 아동은 성인의 부속물인 경향이 강하다. 여기서는 동·서양을 막론하고 인류 문명 이래 정립되어 왔던 아동관을 간략히 정리하고, 이를 토대로 아동이 권리의 주체가 되어야 한다는 논의의 근거를 제시하고자 한다.

초기의 아동관 중의 하나는 아동, 특히 6~7세 이하의 아동을 '마음이 없는 존재'(mindless creature)로 보는 것이다. 이 개념에 따르면, 아동은 인간보다는 동물에 가까운 존재이다. 이 말은 아동은 사물을 인지하거나 지각할 수 있는 존재가 아니라는 뜻이다. 따라서 아동에게 기대될 수 있는 것이라고는 아무 것도 없는 셈이다. 그렇기 때문에 아이들에게 효과적인 학습을 야기시킨다든가 아니면 효과적인 교육을 도모하는 것은 전혀 의미가 없는 일이다. 어른들이 아이들에게 할 수 있는 일이란 아이들의 기본적이고 생리적인 필요를 충족시켜 주고, 신체적인 안전을 보장해 주는 것과 함께 질병, 기아, 추위와 같은 위해(危害)로부터 아이들을 보호해 주는 일뿐이다. 이러한 아동관이 비록 낡은 관점으로 평가된다 하더라도, 그 잔재가 오늘날 사람들의 머리 속에서 말끔히 사라진 것은 아니다. 이를테면 발달 초기 단계의 영유아에게 적합한 교육프로그램과 이에 요구되는 교육재원을 마련하는 데에 반대하는 사람들이 이 연령대의 아이들이 전혀 학습준비가 되어 있지 않다고 주장하면서 반대 근거를 내세우는 경우가 그것이다.

또 다른 아동관은 아동을 '작은 성인'(miniature adult)으로 보는 관점이다. 가장 조잡한 아동관이라고 할 수 있는 '마음이 없는 존재'의 경우보다 다소 발전된 것이긴 하지만, 이 관점은 역사적으로 아동에게 많은 부담과 멍에를 지게 한 관점이다. 이 아동관에 따르면, 아동은 성인에 비하여 '덩치'만 작은 존재이지 여타의 면에서 성인과 똑같은 특징을 갖는 존재이다. 다만 아동은 성인에 비하여 지식과 경험이 부족할 뿐이다. 마치 아동이 성인에 비해 '덩치'가 작은 것과 마찬가지로 아동은 지식과 경험 면에서 '용량'이 작을 뿐이다. 이러한 맥락에서 보면, 아동에게 적절한 지식과 경험이 부여되면 아동은 성인과 유사한 역할과 행동을 영위할 수 있는 존재이다. 이 관점이 가정하고 있는 가장 중요한 논점은 아동의 사고과정이 성인의 사고과정과 근본적으로 동일하다고 보는 데에 있다. 따라서 성인이 할 수 있는 과업은 당연히 아동이 수행할 수 있는 과업이다. 이 가정은, 다소 과장되게 표현하자면, 아동에게 혹독한 멍에와 고통을 부과한다. 예컨대, 아동이 성인의 능력에 못 미치거나 성인과 같은 능력을 발휘하지 못하여 학습곤란을 야기했을 경우, 그것은 '아동'의 본성 때문이 아니라 아동이 열심히 노력하지 않은 결과이다. 이러한 가정에는 아동에게 적합한 학습의 정도나 학습 자료의 개념을 발견할 수 없다. 단지 아동이 게으르거나 노력을 하지 않은 탓으로 보는 것이다. 그렇기 때문에 성인에게 부과되는 것과 같은 '과업'이 아동에게 가해지는 것은 당연시될 뿐만 아니라 과업 이행의 실패는 아동이 나태한 결과이기 때문에 '벌'(punishment)이 합리화된다. 나아가서 이 아동관은 '벌'이 아동에게 학습이나 행동을 동기화시켜 주는 요인이 된다고 본다.

다음에 소개할 아동관은 아동을 '주조(鑄造)될 수 있는 존재'(moulded being)로 보는 관점이다. 아동은 그 본바탕에 있어서 '영혼을 가진 찰흙'(animated clay)과 같은 존재이다. 즉, 이 관점은 아동의 가소성(可塑性)을 인정하는 보다 발전된 견해이다. 문제는 가소 가능한 존재로서 아동이 궁극적으로 형성되어야 할 틀을 성인이 결정하고 형성한다는 데에 있다. 따라서, 앞서 소개한 두 번째 아동관과는 달리, 그릇된 결과의 일차적인 책임은 아동에게 있는 것이 아니라 성인에게 있는 것이다. 아동을 짜 맞추어야 할 틀의 모양과 강도를 결정하는 책임이 아동이 아닌 성인에게 있기 때문이다. 이를테면, '좋은 시민', '용감한 소년', '순종적인 소녀', '공손한 태도', '현모양처' 등의 미덕은 성인이 짜놓은 틀에 불과하다. 이 아동관이 시사하는 중요한 논점은 크게 두 가지이다. 하나는 생을 결정하는 자신의 모습(이른바 '틀')을 아동 자신의 견해와는 관계없이 성인이 정한다는 점이다. 이를테면 자신의 모습을 결정하는 의사결정 과정에 아동의 '참여'가 배제된다는 점이다. 다른 하나는 아동의 행동이나 태도가 성인이 짜놓은 틀에 부합되지 않을 경우 아동에게 그에 대한 제재 수단으로서 '벌'이 허용되고 합리화된다는 점이다. 이와 함께 아동이 형성되어야 할 존재로서 '틀'을 잘 제시하고 그 형성 과정에 있어서 '벌'을 잘 사용하는 성인이나 교사는 '훌륭한 존재'로 여겨진다. 아동은 '수동적인 존재'(passive recipient)에 머무는 것뿐만 아니라 성인의 '조작 대상'(the manipulated)인 것이다.

'아동'을 어떻게 보는가, 즉 아동관이 어떠한가는 바로 '교육'을 어떻게 보는가 하는 교육관과도 관련된다. '아동'을 '주조될 수 있는 존재'로 보는 아동관은 '교육'을 '주조하는 활동'으로 비유하는 교육관(education as moulding)과 연결된다(Peters, 1966). 이러한 사실은 결코 우연적인 사실이 아니다. '교육'을 나타내는 영어의 'education'은 그 어원이 라틴어의 'educare'이며, 이 말의 의미가 바로 '주조'를 의미한다. 이른바 교육을 보는 관점인 주형모형(鑄型模型)은 이러한 개념적 사실에 근거한다. 그러나 아이러니컬하게도, 영어의 'education'의 라틴어 어원은 'educare'뿐만 아니라 '성장'을 나타내는 'educere'이기도 하다. 그러니까 영어의 'education'은 그 언어적 뿌리가 둘인 셈이다. 후자는 이른바 '교육'을 '성장'으로 보는 성장모형(成長模型)이란 교육관을 성립시킨다. 마찬가지로 이러한 교육관은 논리적으로 '아동'을 보는 아동관과 밀접하게 관련된다.

'아동'을 '주조되는 존재'로 보지 않고, '성장하는 존재'로 보는 아동관은 비로소 아동이 인격체로 대접받게 되는 단초를 제공한다. 물론 이러한 아동관이 성립하게 된 데에는 여러 가지 사상사적 요소와 사건이 작용하게 된다. 이를 간략하게 정리하기로 한다. 아동관의 변화를 야기하는 보다 근본적인 사건은 인간관의 변화이다. 르네상스는 중세의 신 중심의 원죄적 인간에서 현실 세계의 자연적 인간으로, 신 중심의 질서에 따라 규정되는 인간에서 자연과 문화와의 관련성 속에서 파악되는 인간으로, 인간관을 바꾸어놓는 계기를 마련하였다. 이른바 인간중심의 휴머니즘은 주어진 질서 안에서 만족하고 살아가는 존재가 아닌 스스로의 개성을 끊임없이 추구하는 역동적인 존재로 인간을 파악하였다. 이어 사상사적인 측면에서 휴머니즘은 리얼리즘으로 발전하게 되는데, 휴머니즘이 '언어'와 '인문'에 강조를 두었다면 리얼리즘은 '사물'과 '자연'에 보다 초점을 맞추고 있다. 휴머니즘이나 리얼리즘이나 모두 '인간'을 '자연인'으로 보는 데에는 이견이 없지만, 인간이 자연적 존재, 특히 식물의 성장과 같은 맥락에서 이해되어야 한다는 측면에서 보면, 리얼리즘은 아동을 '성장하는 존재'로 보는 아동관의 성립에 결정적인 역할을 한 셈이다. 특히 리얼리즘의 교육사상가(예컨대, 에라스무스(Erasmus))는 더 나아가 주형모형의 교육관에 명백히 대비되는 교육관, 즉 아동을 '고상한 영혼'을 지닌 존재로 파악하였다. '아동'을 '성장하는 존재'로 비유하는 것은 자연 속의 존재, 즉 동물이나 식물의 존재가 성장하는 과정 속에서 확인되는 자연적 특성에 기초한 것이다. 따라서 아동은 자연성 또는 자연적 소질을 갖고 있기 때문에 이에 기초하여 아동을 이해해야 한다는 것이다.

'아동'을 '성장하는 존재'로 보는 아동관은 리얼리즘뿐만 아니라 18세기의 계몽사상으로 계승·발전된다. 이를테면 루소(Rousseau)의 자연주의 사상은 '아동'을 '자연적 성장의 존재'로 이해해야 한다는 아동관을 제시할 뿐만 아니라 이에 따른 '소극적 교육'(negative education)을 강조한다. 루소에 이은 일련의 사상가[1]와 교육자들은 아동을 성장하는 존재로 보는 관점에 일치를 보이고 있다. 다른 한편, '아동'을 '성장하는 존재'로 보는 관점이 발전적으로 비상하게 되는 계기는 19세기 이후 과학적 심리학의 태동이라고 할 수 있다. 이전까지 이른바 '내관법'(introspection)에 의존하여 탐구되었던 아동 연구는 엄밀한 관찰과 실험이라는 자연과학적 방법을 도입한 과학적 심리학의 공헌으로 괄목할 만한 진전을 거듭하게 된다.

'성장모형'의 아동관이 과학적 탐구와 함께 진전하게 된 결과 나타난 현상 중의 하나는 아동을 인격적으로 대한다는 명제 외에 아동의 세계가 성인의 세계와는 별도로 존재한다는 사실의 발견이다. 아동의 세계가 별도로 존재한다는 사실은 아동을 이해하는 별도의 설명 기제가 요구된다는 것과 함께 아동의 발달 단계별로 취해야 할 교육적 조치가 있다는 것을 의미한다. 이러한 사실을 대표하는 연구는 피아제(Piaget)의 발생인식론 연구(generic epistemology)에 나타난 인지발달 이론과 콜버그(Kohlberg)의 도덕성 발달 이론이다. 다른 한편으로 과학적 심리학의 뒷받침으로 크게 진전을 보게 된 아동 연구는 아동관의 변화뿐만 아니라 유아교육교사, 보육 및 육아 등 아동관련 활동에 종사하는 이들에게 종전과는 전혀 다른 실제적 지침을 마련하는 계기를 제공하였다. 아동을 대하는 데에 있어서 이들이 지켜야 할 실제적 지침은 두 가지로 요약할 수 있다. 하나는 아동의 발달 단계를 고려하여 아동을 대하여야 한다는 것이다. 다른 하나는 개개의 아동이 하나의 인격체로 간주되는 한, 아동의 개인차를 존중해야 한다는 점이다.

---

1) 루소 이전에 코메니우스(Comenius)가 있고, 이어 페스탈로치(Pestalozzi), 로크(Locke), 칸트(Kant) 등이 있다. 그러나 로크는 계몽 시대의 사상가이긴 하지만, '아동'을 '성장모형'이 아닌 '주형모형'으로 이해한다.

이상과 같은 아동관의 진전은 아동을 하나의 인격적 지위로 올려놓았다. 그러나 아동이 삶의 현장에서 겪는 것은 이와는 거리가 있다. 아동이 처한 참담한 현실을 인식하고 모종의 자각이 싹튼 것은 20세기가 들어선 이후이다. 이를테면, 우리나라의 '아동권리공약 3장'과 '어린이 선언문'은 1923년의 일이고, '아동권리 제네바선언'은 1924년에 이르러서야 나타났다. 그러나 이것도 어디까지나 자각일 뿐이며, 구체적인 실행 의지를 나타낸 것은 제2차 세계대전이 끝나고 국제연합이 성립된 이후인 20세기 후반이다. '1959년 아동권리선언'에 이어 꾸준한 노력을 경주해 온 결과 1989년 국제연합에 의하여 채택된 '아동권리협약'이 이를 말해준다.

'아동권리협약'(Convention on the Rights of the Child)은 이제까지 만들어진 어떤 권리 문서보다도 아동의 권리를 가장 발전적으로, 실행력 있게 그리고 종합적으로 천명한 권리 문서이다. 아동권리의 신장을 위하여 아동 최선의 이익(the best interests of the child)을 천명하고 있는 이 협약은 아동의 연령적 범주를 18세 미만의 아동으로 규정하고 있다. '아동권리협약'은 전문과 3부, 총 54개 조항으로 구성되어 있으며, 1989년 11월 20일 국제연합 총회에서 채택되었다. 주지하는 바와 같이, '아동권리협약'의 3대 원칙은 아동 최선의 이익, 차별금지, 참여권의 실질적 보장이다. 우리나라는 1990년 9월 25일 서명하고, 1991년 11월 20일 국회 동의를 받아 비준서를 기탁하였고, 1991년 12월 20일 실행 당사국이 되었다. 국제협약의 성격상 '아동권리협약'은 정부의 비준과정을 통과하여 국내법과 같은 효력을 갖는다.

Ⅱ. '권리'

우리들이 일상생활 또는 법률관계에서 '권리'라는 말을 사용할 때, 과연 '권리'의 실체는 있는가 또는 '권리'의 속성은 무엇인가에 대하여 의문을 갖게 된다. 또 다른 한편으로는 일상적으로 또는 습관적으로 '자유와 책임'을 하나의 짝으로 보듯이, '권리와 의무'를 하나의 짝으로 간주하기도 한다. '자유'에 '책임'이 동반하듯이 과연 '권리'는 '의무'와 함께 발생하는 것이 아닌가? 이러한 일상적인 '권리'에 대한 통상적인 관념은, 흔히 사회주의자들이 부르주아 자유주의를 비판할 때와 마찬가지로, '권리'를 특정한 힘(power)을 행사할 수 있는 특정 부류 사람들만이 향유할 수 있는 것이라는 인식으로 이어진다. 이와 같은 일상적 통념들은 우리에게 '권리'의 본질이 무엇인가를 탐구하는 단초를 제공하여 준다.

권리에 관한 고전적 이론을 탐색하기에 앞서 우리가 고려하여야 할 점은 도대체 '권리'가 담고 있는 개념적 속성이 무엇인가에 관한 것이다. 즉, 권리의 형태가 다양하고 그 내용이 서로 상충하기 때문에 '권리'가 담고 있는 속성을 캐낼 수 없다면, 우리는 권리에 관한 오해와 무지의 늪에 빠질 수 있다. 우선 권리의 핵심적 속성을 기술한다면, 그것은 어떤 '이익(interests) 또는 수혜(advantage)를 받는다', '무엇인가 의지(will)에 따라 선택(choice)할 수 있다', 또는 '어떠한 자격(title)을 부여받았다'는 의미를 가리킨다.[2] 이른바, '이익설', '의지설', '자격부여설'

---

2) 이 세 가지 속성에 비추어 권리의 형태와 종류를 다룬 논의는 Jones(1994) 제2장 참조.

이 권리의 핵심적 속성을 나타내준다. 그러나 이 세 가지 속성에도 불구하고, '권리'는 남에 대하여 특정한 지위나 직책이 가져다주는 어떤 힘(power, 즉 권력 또는 권한)을 행사하기에 앞서, 이미 어떤 것을 수혜하거나 어떤 자격을 가지고 있다는 것을 전제한다는 점에 주목할 필요가 있다.

린지(Wringe, 1981)에 따르면, 권리는 힘(권력), 의무와의 상관(相關, correlatives), 청구행위(請求行爲, claim-action)를 뜻하는 것이 아님을 밝히고 있다. 물론 린지의 설명은 권리가 이 세 가지 성격을 전혀 갖지 않는다는 뜻이 아니라, 반드시 이 세 가지 성격으로만 이해되는 것이 아니라는 것이다. 첫째, 권리는 힘을 가졌을 때만, 혹은 힘을 가진 자만이 행사하는 것이 아니다. 이 경우 힘(권력 또는 권한)은, 뒤에 소개될 도덕권(道德權, moral rights) 뿐만 아니라 실정권(實定權, positive rights)에 반드시 상응하는 실체가 아니다. 바꿔 말하자면 권력이나 권한을 전혀 소지하지 않은 사람이라고 해서 권리를 행사할 수 없는 것은 아니다. 예컨대, 차를 구입할 경제적 능력이 없다고 해서 운전면허 시험에 응시할 권리가 없다고 할 수는 없다. 둘째, 권리는 반드시 의무와 짝을 이루는 상관개념으로 이해되어서는 안 된다. 즉, 의무를 이행할 수 있는 주체만이 권리를 행사할 수 있다거나, 또는 권리의 수혜요건이 반드시 의무이행으로부터 나와야 한다는 뜻이 아니다. 셋째, 권리의 속성은 실제로 청구할 수 있는 것만을 지칭할 수 있는 것이 아니다. 여기서 우리는 실제로 청구하는 행위와 청구할 수 있는 모종의 자격을 구분할 필요가 있다. 무엇인가를 청원하거나 청구하는 데에는 그러한 행위 이전에 그 행위를 할 근거로서의 권리를 갖고 있음을 전제하여야 한다. 이 점에 비추어 권리의 개념은 청구의 개념에 선행하는 것이다. 이상의 논의에 비추어

권리의 본질적 속성은 모종의 ‘부여받은 자격’(entitlement)이라고 한마디로 표현할 수 있다(Ibid.).

그 다음으로, 권리의 본질적 속성이 ‘부여받은 자격’이라고 이해되는 한, 권리를 부여받는 주체가 집단인가 개인인가를 살펴보아야 한다. ‘민주주의’가 개인주의적 방식과 집합주의적 방식으로 이해되는 것과 같이, ‘권리’도 두 가지 방식으로 이해될 수 있다. 이러한 대립은 이를 테면 자유주의와 마르크스주의(Marxism)의 대립에 상응한다. 그러나 이러한 대립 양상은 권리의 이해, 특히 현대적 권리를 이해하는 데 있어서 오해를 불러일으키기 쉽다. 많은 복지 수혜가 서구국가에서 사회주의 정당이 집권하던 때에 명문화된 것이 사실이다. 그러나 교육권과 같은 복지권은 자유주의에 의해서도 정당화될 수 있는 보편적 권리이다.[3] 로크를 포함한 자연법 사상가의 권리 이론에서 알 수 있듯이, 권리의 주체는 개인이다. 이에 대하여 마르크스주의자(Marxist)들은 인간의 권리는 사회의 요구와 권리의 틀 안에서만 쟁취될 수 있으며, 인간의 권리는 국가가 주요 획득 수단인 만큼 국가의 권리가 보장될 때에만 존재할 수 있다고 믿는다. 또한 그들은 서구의 자유주의자들이 강조하는 개인주의적 권리는 부르주아 권리(bourgeois rights)에 불과한 것이라고 비관한다. 그들의 관점에서 볼 때, 개인주의적 권리는 인간을 소외시키고 분자화할 뿐이다(유네스코 한국위원회, 1995: 52-6). 그러나 1941년 미국의 루즈벨트(Roosevelt) 대통령이 공식화한 네 가지 자유 중 ‘빈곤으로부터의 자유’가 모종의 결핍 상태로부터 개인의 삶이 벗어나야 한다는 것을 뜻하는 한, 결핍에서 벗어나야 할 주체는 개인이다. 자유, 참정, 생존 등이 개인이 누려야 할 것이므로 자유권, 시민권뿐만 아니라 복지권

3) 이에 관한 자세한 논의는 Wringe(1992) 참조.

의 의미도 개인주의적으로 해석하고 이해하여야 마땅한 것이다. 즉, 권리의 수혜자는 국가와 같은 집단이 아닌 개인이라는 것을 의미한다. 따라서 권리의 주체는 개인이다.

여기서 밝히고자 하는 내용을 간략하게 정리하면, 권리에 관한 여러 가지 법리 이론이 있음에도 불구하고, 권리는 '힘'이 있는 자만이 누릴 수 있는 '특권'이 아니며, 의무이행자만이 향유하는 상관개념만으로 이해해서도 안 되며, 청구행위 능력이 있는 사람만이 행사할 수 있는 것도 아니다. 또 다른 차원에서 보면, 명문화된 실정법에 의하여 보장된 권리(즉, 실정권)만이 권리로서 성립되는 것이 아니라, 명문화되기 이전에 성립할 수 있는 천부적인 것으로 이해되어야 한다. 물론 모든 권리가 천부적으로 향유되는 것이 아니라 일부의 권리는 계약이나 특정한 인간관계 또는 실정법에 의하여 성립되기도 하지만, 그렇다고 해서 권리가 실정법이나 특정관계에 의하여 성립된다고 말할 수는 없다.

심층적 분석에 의하여 밝혀지는 '권리'의 이러한 미묘한 속성을 가장 잘 이해할 수 있는 영역은 아동이 향유·행사하는 권리, 즉 아동의 권리 분야일 것이다. 아동은 두 말할 필요 없이 성인에 비해 능력(힘, 특히 정치·경제적인 힘)이 없으며, 아동이 미성년자인 한, 성년이 이행해야 할 의무와 같은 이행 의무가 없으며, 청구행위 능력은 부족하지만, 이러한 아동에게도 천부적으로 향유·행사하는 권리가 부여되며, 또한 그것들은 정당화될 수 있다. 이를테면, 아동에게는 양육, 발달, 보호, 기초교육, 참여 등의 권리가 조건 없이 부여되며, 또한 정당화된다. 따라서 '아동의 권리'를 이해하는 데에는 '미숙하고 보호받을 존재'가 아닌 '능동적인 주체'로서 '아동'의 이해뿐만 아니라 '권리'에 명확한 이해를 요구한다.

Ⅲ. 법률로 본 아동

아동 문제를 다루면서 간혹 혼란을 야기하는 것은 바로 '아동'이라는 호칭 때문이다. 그리고 가장 큰 이유가 실정법에 정의된 아동을 지칭하는 법적 용어가 각기 다르기 때문이다. 각기 다른 목적에서 제정된 법률은 자신의 입법 취지에 맞게 용어를 채택하고 있으며, 그에 따라 연령 적용 범위도 각기 다르다.

본서 제1장의 별장에서 '아동'과 '청소년'에 관한 내용을 수록하였다. 여기서는 '아동'과 '청소년'을 넘어서 아동과 관련된 현행 법률 중 19개의 법에 나타난 아동과 그에 상응하는 법적 주체의 특징과 연령 범위를 검토해 보기로 한다.

이에 앞서 아동의 정의 여부를 연령 기준으로 하는 것은 법실증주의와 법치의 원칙에 따라 그 타당성을 가질 뿐 아동을 연령 기준에 의하여 그 자유와 권리를 제한하는 것은 타당한 근거가 되지 못한다. 아동의 연령 기준은 미성숙 기준과 함께 아동 권리의 제한의 논거로 충분하지 못함을 지적하였다. 미성숙은 오히려 아동만의 특이성으로서 지속적 성장의 전제가 되는 아동만의 장점이다. 이와 아울러 인지 능력도 아동의 권리 제한의 근거가 될 수 없다. 이와 같은 내용은 본서 제4장과 제5장에서 다룰 것이므로 이 절의 내용과 함께 참고하기 바란다. 아동에게 가장 확실한 제한을 둘 수 있는 기준이 연령 기준이다. 연령 기준은 실정법에 의하여 권리를 규정하는 법실증주의와 사회공리적 목적에 따라 법적 규정을 필요하기 때문에 요구된다.

19개 법률에 제시된 '아동'에 상응하는 주체를 이르는 호칭은 다음과 같다. '아동', '청소년', '유아', '영유아', '의무교육대상자', '자녀', '학생', '미성년자', '소년', '형사미성년자', '어린이', '국민' 등이다.

각 법률을 호칭별로 나누어 보면, 다음과 같다.

- 아동 – 아동복지법; 입양특례법; 실종아동 등의 보호 및 지원에 관한 법률; 가정폭력방지 및 피해자 보호 등에 관한 법률; 가족폭력범죄의 처벌 등에 관한 특례법; 한부모 가족 지원법; 국민기초생활보장법; 초·중등교육법
- 청소년 – 청소년기본법; 청소년보호법; 아동·청소년의 성 보호에 관한 법률; 한부모 가족 지원법
- 유아 – 유아교육법; 영유아교육법
- 영유아 – 영유아교육법; 모자보건법
- 신생아 – 모자보건법
- 미숙아 – 모자보건법
- 어린이 – 도로교통법
- 소년 – 소년법
- 미성년자 – 민법
- 형사미성년자 – 형법
- 의무교육대상자 – 초·중등교육법
- 자녀 – 초·중등교육법
- 학생 – 초·중등교육법
- 국민 – 공직선거법

상기한 법률을 다루기 전에 '아동'을 정의하는 아동권리협약의 제1조에 규정된 '18세 미만의 모든 사람'을 표준으로 삼을 필요가 있다. 그래서인지 우리나라의 법률 중에서 '아동'을 사용하는 법률이 가장 많음

을 알 수 있다. 실제로 실종아동 등의 보호 및 지원에 관한 법률과 같이 매우 예외적인 경우를 제외하고 모두 '아동'을 18세 미만의 자로 규정한다. 현실적으로 우리나라의 경우를 보면, 고등학교 2학년 학생 이하의 연령이 이에 포함된다. 이 연령에 속하면서 학생 신분을 얻지 못하는 경우에 '청소년'으로 규정하여 보호하고 있다. 실제로 '아동' 다음으로 많이 채용하는 호칭이 '청소년'이다. '청소년'을 주체로 하는 법률은 18세 미만을 준거로 삼지 않는다는 것이 특징이다. 그 기준이 되는 연령이 9세 이상 24세 이하, 그리고 19세 미만의 사람으로 되어 있다. 한부모가족 지원법에도 24세 이하의 자를 '청소년'으로 규정하고 있다.

유아와 영유아를 규정한 유아교육법과 영유아교육법은 만 6세 미만의 사람을 다루고 있다. 그러나 영유아교육법은 다시 유아의 개념을 만 3세를 기준으로 하여 그 이하의 사람을 영아로 규정하고 있다. 임신과 분만에 초점을 맞춘 모자보건법은 '영유아'를 영유교육법과 같이 사용하면서, '신생아', '미숙아'라는 말을 채용한다. 영유아 중에서 28일 이내인 사람이 신생아이며, 미숙아는 '신체의 발육이 미숙한 채로 출생한 영유아'로 규정하고 있다.

같은 교육법이지만, 초·중등교육법은 의무교육을 다루고 교육상황에서 학습자의 신분을 나타내는 '의무교육대상자'와 '학생'이라는 호칭을 채용한다. 또한 부모의 취학의무를 규정하기 위하여 '자녀'라는 호칭을 사용한다. 취학의무를 부모가 이행할 수 없을 경우 '아동'이라고 규정하고 있다. 이때 '자녀'와 '아동'은 만 6세의 아동을 뜻한다.

미성년은 민법과 형법에서 채용되는데, 민법은 19세 미만의 사람을 성년에 대비하여 '미성년'으로 규정하고, 형법은 14세 미만의 사람을 '형사미성년'으로 규정하고 있다. 또한 '청소년'과 달리 '소년'은 19세 미만의 자로서 감호교육대상자를 지칭한다.

아동을 적극적으로 규정하지 않은 법도 있다. 공직선거법은 18세 이상의 국민이 선거권이 있음을 명시함으로써 18세 미만의 아동을 선거권이 없음을 규정하고 있다. 이 문제는 선거 연령 인하 문제라는 사회적 이슈로 논의되었지만, 보다 근원적으로 아동의 인지 능력과 자기결정 능력에 관한 논의 대상이 되는 매우 중요한 문제이다.

지금까지 소개한 법률에 나타난 아동의 법적 정의와 연령별 범위를 정리하면 다음과 같다.

대한민국 아동관련 법률의 적용연령 기준

법률	호칭	연령구분
아동복지법(제3조)	아동	18세 미만
청소년기본법(제3조)	청소년	9세 이상 24세 이하
청소년보호법(제2조)	청소년	만 19세 미만
아동·청소년의 성보호에 관한 법률(제2조)	청소년	만 19세 미만
유아교육법(제2조)	유아	만 3세~취학 전
영유아교육법(제2조)	영유아	6세 미만
초·중등교육법(제12조; 제15조)	의무교육대상자	
초·중등교육법(제13조; 취학의무)	자녀 또는 아동	만 6세
초·중등교육법(제17조 이하)	학생	
민법 제4조(성년), 제5조(미성년자의 능력)	미성년자	19세 미만
소년법(제2조)	소년	19세 미만
형법(제9조)	형사미성년자	14세 미만
입양 특례법(제2조)	아동	18세 미만
실종아동 등의 보호 및 지원에 관한 법률(제2조)	아동	14세 미만
가정폭력방지 및 피해자 보호 등에 관한 법률(제2조)	아동	18세 미만

법률	호칭	연령구분
가족폭력범죄의 처벌 등에 관한 특례법(제2조)	아동	18세 미만
한부모 가족 지원법(제4조)	아동	18세 미만 (취학중인 경우 22세 미만)
	청소년	24세 이하
도로교통법(제2조)	어린이	13세 미만
모자보건법(제2조)	영유아	6세 미만
	신생아	28일 이내
	미숙아	미숙한 채 출생한 영유아
국민기초생활보장법(제8조의2)	아동	부양의무자 없는 18세 미만
공직선거법	(선거권이 없는 국민)	(18세 이하)

이제부터는 앞서 소개한 법률에 규정된 아동의 의미를 좀 더 상세하게 살펴보고 이에 따른 쟁점을 확인하도록 한다. 특히 아동권리의 측면에서 '생존' – '보호' – '발달' – '참여'의 차원에서 해당 법률이 지니는 의미를 간략히 살펴볼 것이다. 한편 이와 관련된 법조항은 본서 ≪부록 XV≫에 수록하였다.

18세 미만의 사람을 아동으로 규정한 아동복지법은 아동학대 등 아동 피해를 방지하는 제반 사항을 담고 있다. 이 법에서 '아동'만이 아니라 '아동복지', '보호자', '보호대상아동', '지원대상아동', '가정위탁', '아동학대', '피해아동' 등을 정의하고 있다. 특히 아동학대에 관한 처벌을 위한 '아동학대관련 범죄'를 정의하고 있다. 이 법은 아동을 보호한다는 측면이 강하기 때문에, 아동권리의 '생존'과 '보호'에 초점이 맞추어져 있다고 할 수 있다.

9세 이상 24세 이하인 청소년을 규정한 청소년기본법은 청소년의 육성에 초점이 맞추어져 있다. 청소년의 보호와 발달 및 청소년 활동을 통한 참여에 초점이 맞추어져 있다. 연령 기준으로 보면 아동을 벗어나 있지만, 아동권리의 측면에서 보면 적극적이고 능동적인 권리를 담고 있다.

19세 미만의 청소년을 대상으로 하는 청소년보호법은 청소년기본법과는 달리 '보호'에 맞추어져 있다. 여기서 보호는 유해매체물과 유해업소로부터 보호를 말한다. 이를 위하여 이 법은 관련 법률과 연계된 내용을 담고 있다. 영화, 게임, 공연, 방송, 신문과 같은 매체는 물론 유해약물에 관한 규정을 담고 있다. 주류, 담배, 마약류, 화학물질 등으로부터 청소년을 보호하고자 한 것이다. 또한 유흥업소 등과 같은 출입 및 고용을 금지하는 업소를 규정하고 있다.

청소년보호법에 의하여 규정된 금지조항이때로는 아동 또는 이 법에서 말하는 청소년의 참여권과 의사표현의 권리에 상충되는 경우가 있다. 이에 관한 논의는 이른바 복지권과 참여권의 논쟁에서 그 전형을 확인할 수 있다.

아동·청소년의 성보호에 관한 법률은 19세 미만의 자로 아동과 청소년을 묶어서 성범죄와 성폭력, 성매매, 성 착취 등으로부터 '보호'하고자 하는 데 초점이 맞추어져 있다. 이 법률의 규정 이외에도 아동권리 측면에서 우리는 성인지 및 성감수성 문제를 다룰 필요가 있다. 왜냐하면 성인지 능력과 성감수성의 제고는 각종 성폭력, 즉 성차별을 비롯해서 성희롱, 성폭행, 성 착취를 예방할 수 있기 때문이다.

유아교육법과 영유아교육법은 각각 유치원교육과 어린이집에서의 교육과 보육을 규정한 법률이다. 이 법은 아동권리인식에서 '생존'과 '보호'의 차원을 넘어서 '발달'에 초점을 맞추고 있음을 알 수 있다.

초·중등교육법은 무상의무교육을 담고 있는 법률이다. 아동권리의 관점에서 볼 때, 무상의무교육은 본서 제6장에서 다룬 복지권으로서, 교육권으로서 정당화한다는 점을 염두에 둘 필요가 있다. 아울러 아동이 학생이라는 법적 지위를 획득함으로써 얻게 되는 각종 권리는 이 법에 근거하여 정당화될 수 있다. 이 문제는 『아동권리향연 플러스』에서 다시 심층적으로 다룰 것이므로 이를 참조하기 바란다.

민법과 형법, 소년법, 입양특례법, 실종아동 등의 보호 및 지원에 관한 법률은 아동에 관한 민사상, 형사상의 일반 사안을 다룬 법률이다. 아동권리의 측면에서 보면, 이 법률들은 아동을 실정법의 테두리에서 '보호'하고자 한 것으로 볼 수 있다.

아동에 대한 폭력이 다양하다는 것은 주지의 사실이다. 아동에 대한 폭력이 가장 빈번하게 일어나는 장소는 아이러니하게도 아동의 안전을 최적으로 보장할 수 있는 가정이다. 이 점에서 가정폭력방지 및 피해자보호 등에 관한 법률과 가족폭력범죄의 처벌 등에 관한 특례법은 아동의 가정폭력을 담고 있다. 전자가 가정폭력의 방지와 보호에 초점이 맞추어져 있다면, 후자는 가정폭력에 대한 처벌을 담고 있다. 아동권리의 측면에서 보면 '보호'에 맞추어진 법률이다.

한부모 가족 지원법은 이른바 결손가정이라는 범주에서 아동을 보호하는 법률이다. 보호라는 차원에서 평가될 법률이지만, 안정된 최소 생활을 보장하고자 하는 입법취지를 읽을 수 있다.

아동의 안전은 도로교통법에 의하여 도모된다. 이 법은 영유아 및 초·중등학생의 통학에 관한 세심한 규정을 담고 있다. 교통안전은 아동

보호 측면에서 고려되어야 한다.

생활안정과 보호를 도모하는 법률로서 모자보건법과 국민기초생활보장법이 있다. 전자는 임신과 출산에 따른 모자의 보건을 다룬 법률이다. 후자는 아동복지법이 지정한 보호 대상 아동의 기초 생활을 지원하는 내용을 담고 있다. 아동권리 측면에서 이 두 가지 법률은 보호의 차원 이전에 아동의 생존을 존중한다는 취지를 담고 있다.

끝으로 공직선거법은 선거 연령을 18세 이상의 국민을 규정하고 있으므로, 목하 관심사인 아동은 '선거권이 없는 국민'이 된다. 공직선거법은 앞서 살펴본 법률과는 달리 '아동'이나 이와 유사한 주체에 대한 규정이 없다. 선거권을 지닌 사람을 규정함으로써 아동이 그로부터 배제된다는 점에서 유추하여 '아동'을 '선거권이 없는 국민'으로 규정할 수 있을 뿐이다. 이 법은 오래 전부터 선거 연령의 인하에 따른 쟁점이 되어 왔다.

현행 공직선거법이 개정되기 이전부터 선거연령 18세 인하 논쟁 초점은 주로 다음과 같은 네 가지이다. ① 자기결정 능력, ② 인지 능력, ③ 법적 자격, ④ 교육적 고려 등이다.

첫째, 자기결정 능력은 만 18세 연령의 아동이나 19세의 성인이나 사리 판단을 통한 자기결정에 있어서 하등 차이를 보이지 않는다는 선거 연령 인하 주장의 논거이다. 실제로 중학교 연령의 아동들을 보면 자기주장이 매우 뚜렷함을 알 수 있다. 그리고 이 연령에 이르면 이미 자기 진로 등을 결정하고 자기가 살아갈 바를 결정하는 시기이기도 하다.

둘째, 인지 능력도 자기결정 능력과 마찬가지로 이 연령의 아동이 결코 성인에 비하여 인지 능력이 떨어지지 않는다는 것이 선거 연령 인하 주장의 논거이다. 이 두 가지와 관련하여 아동이 권리주체임을 논증한 바 있다.[4] 더 나아가서 무능이나 미성숙이 오히려 아동의 특징이 될 수 있음을 살펴보았다.

셋째, 법적 자격은 아동의 정치 참여에 초점이 맞추어져 있다. 방금 살펴본 아동의 법적 지위를 규정하는 연령이 다르다는 것은 아동의 정치가 가능한 연령에 대한 기준이 다르다는 것을 말한다. 또한 범죄의 성립이나 성년의 지위에 관한 기준도 법적 규정에 따라 달라진다.

넷째, 교육적 고려는 선거 연령을 인하함으로써 아이들이 정치 참여를 통한 교육적 효과가 증대된다는 것이 선거연령 인하 주장의 논거이다.

이와 같은 논거에도 불구하고 여러 가지 반론도 만만치 않다. 여기서는 적어도 세 가지 문제를 지적하고자 한다.

첫째, 경륜론이다. 요지는 아이들은 사회생활의 경륜이 짧기 때문에 선거 연령 인하에 따른 정치 참여에 한계가 있다는 것이다. 일반 선거권과는 달리, 국회의원과 대통령 피선거권의 연령이 높은 것은 이러한 근거 때문이다. 실제로 아이들의 특징 중 하나가 변덕스러움(capriciousness)에 있다는 지적이 많다. 성장하면 생각이 여러 번 바뀐다는 것을 많은 사람들이 경험했을 것이다. 마찬가지로 경륜이 부족한 상태의 판단력은 합리적이거나 타당하지 않을 수도 있다는 주장도 있다.

둘째, 교육상황의 특수성이다. 교육상황에서 아동은 행동의 제약을 받는다. 이에 따른 자유의 제한을 '권위적 간섭주의'(paternalism)라고 한다.[5] 권위적 간섭주의가 교육적 상황에서 요구되는 것은 아동의 이

---

4) 본서 제4장. 130-156쪽.

5) 본서 제5장과 자매서 『아동권리향연 플러스』 제8장 참조. 아동 문제와 관련한 권위적 간섭주의에 관하여는 『아동의 자유와 민주주의』(챔벌린, 1990, 김정래 역 2015, 박영사)의 제6장, 제7장, 제8장을 참조할 것.

익, 안전, 미래 자유의 증진 등의 이유 때문이다. 이러한 상황에서 성인과 같은 정치적 권리 행사가 온전하게 이루어질 수 있는지에 대한 의문이 남기 때문이다.

셋째, 법적 문제이다. 이에는 다시 두 가지 문제가 포함된다. 하나는 학생의 법적 지위 때문이다. 아동은 학교에 재학하기 때문에 학생이라는 지위를 획득한다. 학생이라는 지위는 교육상 요구되는 여러 가지 제약을 수용해야 한다는 뜻이기도 하다. 실제로 18세로 선거 연령을 인하하면 고등학교 3학년 학생의 상당수가 선거권을 갖게 된다. 그런 상황에서 학생들이 선거권을 갖게 된다면 적지 않은 문제가 야기될 수 있다는 것이 선거 연령 인하에 대한 반론이다. 다른 하나는 헌법에 명시된 교육의 정치적 중립 등의 문제이다. 만약 선거 연령이 인하되면 고등학교 학생 중 유권자가 있으므로 학교와 같은 교육장면에서 정치 유세와 논쟁이 일어날 수 있으며, 이 과정에서 교육이 정치적 중립을 준수할 수 없는 경우가 생길 수 있다. 또한 교육의 정치적 중립과 함께 정치의 교육적 중립 의무도 있는데, 이를 어길 상황이 발생할 수도 있다. 선거에 등록한 후보자나 선거운동원이 학생 신분의 아동에게 특정 정파의 정책을 '선전'할 가능성이 존재한다. 그럴 경우 정치의 교육적 중립성이 훼손될 수도 있다.

참고문헌

김정래, 1998, 권리이론과 교육권, 서울: 교육과학사.

김정래, 2020, 아동권리향연 플러스, 서울: 동문사.

유네스코 한국위원회(편), 1995, 인권이란 무엇인가, 서울: 유네스코 한국위원회.

Chamberlin, R., 1989, *Free Children and Democratic Schools*, London: Routledge, 김정래(역), 2015, 아동의 자유와 민주주의, 서울: 박영사.

Jones, P., 1994, *Rights*, London: Macmillan.

Peters, R. S., 1966, *Ethics and Education*, London: George Allen & Unwin.

Wringe, C. A., 1981, *Children's Rights*, London: Routledge and Kegan Paul.

Wringe, C. A., 1992, The Ideology of Liberal Individualism, Welfare Rights and, the Right to Education, in: Freeman, M. and Veerman, P. (eds.), *The Ideologies of Children's Rights*, Netherlands: Kluwer Academic Publishers, 191-202.

【제1장 별장】 '아동'과 '청소년'

1. 아동과 청소년

우리의 언어 습관은 '아동권리협약'이 천명하는 연령적 범주인 '18세 미만의 자'를 '아동'으로 선뜻 받아들이기에는 다소 어려운 측면이 있다. 그것은 우리 언어에서 주로 10대를 지칭하는 '청소년'이라는 말 때문이다. '아동'과 '청소년', 이 두 개념은 명백하게 연령적으로 중첩되는 개념이다. 하지만 적지 않은 이들은 10대 미만을 '아동', 그리고 10대와 적정한 나이까지를 '청소년'이라고 규정하고 있다. '아동'과 '청소년'의 용어와 관련하여 여기서 제기하고자 하는 문제는 적어도 두 가지이다. 하나는 우리나라가 채택 · 서명 · 비준한 '아동권리협약'은 국내법과 똑같은 실행력과 법적 구속력을 갖는다. 따라서 '아동권리협약'에 규정된 '아동'의 연령적 범주는 법적 구속력을 갖는다고 보아야 한다. 이러한 상황에서 '청소년'은 어떻게 받아들여야 하는가? 다른 하나는 '청소년'이라는 말에는 연령적 모호성과 함께 성적인 편견이 담겨져 있지는 않은가 하는 문제이다. '청소년'은 '청년'과 '소년'의 합성어이다. 우선 두 용어의 연령적 범주는 각각 어떻게 해석해야 하는가? 이와 아울러 '청년'과 '소년'은 남성을 지칭하는 언어이다. 적어도 '청소년'을 공정하게 받아들이려면, '청소년 · 청소녀'라고 하던가, '청년 · 청녀' 및 '소년 · 소녀'라는 말을 번거롭더라도 병기하여야 한다. 그렇지 않고 '청소년'을 사용한다면 그것은 성평등에 위배되는 일이다. 이러한 사실은 '권리'의 중요한 속성인 '보편성'의 원칙을 훼손하는 일이며, 동시에 '아동권리협약'이 제2조에서 천명하는 차별철폐의 원칙에 위배된다는 사실에 주목해야 한다. 또한 이 문제는 아동문제의 주무부처가 보건복지부이며, 청소년문제의 주무부처가 문화관광부라는 행정관할 문제와 전혀 관계가 없는 것은 아니지만, 아동문제가 심층적 논의의 핵심에서 제외될 수 있다는 점을 환기할 필요가 있다.

2. 청소년의 개념과 범주

앞서 지적한 바와 같이, '청소년'은 엄밀한 의미에서 보면, '아동권리협약'의 제2조에 규정된 아동의 범주에 포함되는 '18세 미만의 자'와 연령적으로 중복되어 있다. 이 협약은 우리말 '아동'의 용법이 사용되는 경우뿐만 아니라 '청소년'이라는 말이 사용되는 경우의 문제도 포함한다. 특히 이 협약 제12조의 의사표현과 참여의 자유에 관한 규정은 10세 미만의 아동보다는 10세에서 18세 정도의 미성년에게 더 적합한 조항이라는 주장이 가능하다. 따라서 '청소년'은 연령적 범주상으로 영·유아기의 아동과 초등학교 학령에 해당하는 아동을 제외한 '아동권리협약'이 규정하는 아동의 범주, 즉 13-18세의 아동을 지칭하기도 한다. 이렇게 보는 데에는 다음과 같은 몇 가지 이유가 있다.

첫째, 우리나라의 각종 법령에 규정된 '아동', '청소년'의 연령 범주는 법령의 목적과 성격에 따라 각기 달리 규정되어 있다. '아동복지법'에 의하면 '아동'은 아동권리협약과 마찬가지로 '18세 미만의 자'로, '청소년기본법'에 의하면 '청소년'은 '9세 이상 24세 이하의 자'로, '소년법'에 의하면 '소년'은 '20세 미만의 자'로, '민법'에 의하면 '미성년자'는 '20세 미만의 자'로, '형법'에 의하면 형사미성년자는 '14세가 되지 아니한 자'로, '근로기준법'에 의하면 '18세 미만인 자'로, '생활보호법'에 의하면 '18세 미만인 자'로 규정되어 있다. 이와 같은 법령에 의한 다양한 연령 범주를 바탕으로 '청소년'을 편의상 '13-18세의 자'로 규정하는 것 같다.

둘째, '청소년'은 어의상 '청년'과 '소년'의 합성어이다. 우리의 언어 용법으로 보면 '소년'은 전적으로 미성년자를 의미하며, '청년'은 성숙한 미성년자를 포함하여 연령대가 낮은 성년층을 지칭한다. 이렇게 보면 '청소년기본법'에 의한 연령 범주가 적합할 수도 있다. 그러나 20세 이상 또는 대학에 입학한 10대 후반의 연령층을 청소년의 범주에 포함시키는 것은 본서에서 논의하고자 하는 취지에 다소 벗어난다. 왜냐하면 10대 후반의 대학생과 20세 이상의 민법상의 성년은 여타의 청소년보다는 사회적으로 또는 문화적 여건 상 어느 정도의 참여와 참여권이 보장되어 있기 때문이다.

셋째, 대부분의 청소년 문제는 사회 통념상 중등학교에 재학하거나 이와 동등한 연령의 아이들을 지칭하는 경우가 대부분이다. 초등학교 학령에 해당하는 아이들은 대부분 '아동'이라는 용어를 채용하기 때문이다. 달리 말하자면, 13-18세의 연령을 '청소년'으로 보는 적극적인 근거는 학제 또는 학령상의 이유이다. 청소년 문제는 중등학생들의 문제 또는 중등학생과 관련된 교육적 문제가 대부분이다. 청소년 문제의 상당 부분은 교육적 문제일 뿐만 아니라 청소년의 다수가 학생이라는 사실에 주목할 필요가 있다. 청소년을 중등학생의 학령으로 볼 때, 우리나라의 청소년은 우선 과다한 학습량과 대학 입시의 부담을 안고 생활하고 있다. 물론 청소년 문제 중에서 학교교육과 무관한 문제가 있는 것도 사실이지만, 이러한 문제를 청소년이 몸담고 있는 학교에서 발생하는 교육문제로 보면, 청소년 문제의 본질에 보다 쉽게 접근할 수 있다. 우선, 인문계 고등학교에 재학 중인 청소년의 경우를 보면 이들에게는 대학 입학시험 준비를 위한 학교당국, 학부모 등 교육관계자들의 과다한 관심이 집중되어 있는 것이 사실이다. 이러한 현실에서, 대학입학이 가능한 수준의 성적을 유지한 학생들에게는 보다 많은 학업 성취에 대한 압력이, 그리고 그렇지 못한 학생들은 교육적 관심의 사각지대에 방치되어 있다고 해도 과언이 아니다. 즉, 교육적 관심의 사각지대에 방치된 청소년 문제의 심각성 때문에 '아동'의 범주에서 '청소년'을 따로 떼어내서 고려한다는 것이다.

물론 청소년의 연령적 범주를 달리 보는 견해가 있다. 최윤진(1998: 17)에 따르면, 10세 이하를 '아동기'로, 10대를 '청소년기'로, 20대를 '청년기'로 규정한다. 최윤진은 이 기준을 청소년에게 수혜되어야 할 권리의 종류를 구분하는 준거로 삼고 있으나, 이 구분이 어떤 권리가 청소년 권리의 주요 관심사가 되어야 하는가를 판가름하는 준거라고 하기에는 설득력이 부족하다. 또 '청소년'이라는 말은 앞서 지적한 바와 같이 '청년'과 '소년'의 복합어라는 관점에서 보아도 사정은 마찬가지이다. 무엇보다도 청소년을 13-18세로 보면, 이 연령은 우리의 학제에 부합하는 면이 있기도 하지만, 영어의 'adolescence'의 의미에 보다 부합한다. 대개의 청소년 문제라고 하는 것은 주로 'adolescence'에 해당하는 문제라는 사실도 이 연령 준거의 적합성을 뒷받침해 준다.

우리가 '청소년'의 실체를 현실적으로 인정하고 중등학교 학령의 이들이 짊어지고 있는 문제의 심각성을 고려한다고 했을 때, 13-18세의 중등학교 학령의 청소년에게 다양한 활동의 경험을 보장하는 방법은 무엇인가? 그것은 이 연령대의 청소년을 독립된 권리의 주체(right-holder)로 보는 것이다. 즉, 아동을 단순한 권리의 수혜자(beneficiary)

가 아니라 권리의 주체로 보는 것이다.[6] 이를 위한 최우선의 노력은 특히 '아동권리협약'에서 보장하는 참여권을 보장하는 일이다.[7] 한 마디로 '아동권리협약'의 정신을 존중하는 것이다. 이렇게 볼 때, 우리의 언어 습관에 따라 13-18세 또는 10대를 '청소년'이라고 한다 하더라도, 이들은 여전히 '아동'의 범주에 들어있는 자들이다. 이를 뒷받침하는 근거로 적어도 두 가지를 들 수 있다. 하나는 앞서 지적한 바와 같이, '아동권리협약'은 국내법과 같은 효력을 가지고 있기 때문에 우리가 지칭하는 '청소년'을 '아동'으로 보는 데에 하등 법적인 하자가 없다는 것이다. 둘째, 어떠한 연령적 범주에도 불구하고 부모에게는 '아이'인 것과 마찬가지로, '아동'의 의미는 '청소년'을 포함할 여지를 갖고 있는 개념이기 때문이다.

참고문헌

최윤진, 1998, 청소년의 권리, 경기: 양서원.

Franklin, B., 1995, The Case for Children's Rights, in: his (ed.), *The Handbook of Children's Rights*, London: Routledge, 3-22.

---

6) 본서 제5장 참조.

7) Franklin(1995) 참조.

제 1 부

권리, 그리고 아동의 권리

2

권리의 속성과 범주

Ⅰ. 인간과 권리

권리는 그 형태와 종류를 막론하고 인간존엄성 사상을 전제로 한다. 여기서 인간존엄성이란 인간의 가치가 어떠한 윤리적 가치나 이념체제보다도 우선되며 개인이 그 생존과 기본적 자유에 있어서 중심적 주체가 된다는 것을 의미한다. 이 말은 권리를 향유하고 행사하는 주체가 인간이라는 것을 전제한다. 이 점에서 '권리'는 '인권'과 동의어이다. 그러나 '인권'이라는 말이 주는 뉘앙스는 기존의 제도와 권위에 대한 도전으로 해석될 수 있는 불필요한 오해를 불러일으킬 수 있다. 우선, '인권'이 함의하는 애매성을 분석하면 다음과 같다.

첫째, '인권'은 사실 다의적으로 쓰이는 애매한 말이다. 우선 '인권'은 인간이 지니는 권리라는 총체적인 의미를 갖는다. 이를테면 '아동의 인권'과 '아동의 권리'는 동의어이다. 둘째, '인권'이라는 말은 '인간답게 살아갈 권리'라는 규범적인 의미를 갖는다. 이렇게 보면, 이 뜻은 뒤에 소개될 제3세대 권리의 맥락에서 사용된다. 셋째, '인권'은 '인간의 권리'를 총칭하는 말이지만, 이 말은 기존의 제도와 질서에 의하여 권리가 침해당한 상황을 전제하고 주로 사용되는 경우가 많으므로 저항적인 의미도 포함한다. 넷째, 최근 동물이나 환경 문제에 관심이 집중되면서 동물도 인간과 같이 모종의 권리를 갖는다는 의식이 형성되었다. 이러한 측면에서 보면, '인권'은 '동물권'(animal rights)에 대비되는 개념이다. 반면, '권리'는 '인권'의 저항적 의미도 없고, 모든 상황에 보편적으로 채택될 수 있는 용어이다. 그러나 '권리'이건 '인권'이건 간에 그것은 인간의 존엄성에서 나온 것이기 때문에 반드시 국가나 실정법에 의하여 부여되거나 보장받아야만 하는 것이 아니라 생득적이고 절대적인 권리이다. 따라서 인간존엄성은 모든 권리의 기초이자 출발점이 된다. 이를 달리 말하자면, 각국의 헌법을 포함하여 실정법이나 각종 문헌에 나타난 모든 권리는 인간의 존엄성을 실현하기 위한 것이라고 볼 수 있다.

인간존엄성은 윤리적 차원에서 보면 모든 가치 판단의 원천이 되지만, 법적 차원에서 보면 초국가적 자연법 원리 사상의 밑바탕이 된다. 자연법 사상이란 인간이 태어날 때부터 생득된 권리가 있으며, 이는 초국가성, 절대성, 불가침성, 불가양도성의 항구적 특징을 갖는다고 보는 사상이다. 그리고 인간존엄성은 근본적 가치규범으로서 모든 윤리적 판단과 법령의 효력과 내용을 해석하는 근본 원리를 제공한다.

인간존엄성에 바탕을 둔 인권은 인권사상의 발전에 따라 시민적 권리(civil rights), 정치적 권리(political rights), 사회 · 경제적 권리(socio-economic rights) 등으로 발전된다. 여기서 인권이 시민권 또는 정치적 권리와 상충되는 경우가 있는데, 이는 실정법에 규정된 제 권리가 인권의 포괄적 절대성을 담지 못하기 때문이다. 주로 일상생활에서 인권과 시민권이 상충되는 경우는 이러한 맥락에서 비롯된 것이다. 그러나 우리가 향유·행사하는 권리를 범주화하는 일은 그리 단순한 일이 아니다.

인간이 향유·행사하는 권리는 적극성의 여부에 따라, 적극적 권리와 소극적 권리로 구분되고, 권리의 내용에 따라 시민·정치권, 사회·경제권, 문화권 등으로 구분되며, 또한 행사하는 권리의 성격에 따라 생존권, 자유권, 복지권 등으로 나뉜다. 예를 들면, 같은 경제권이라 하더라도 경제행위의 선택이나 사업계획을 수립하는 일의 경우에 성립하는 권리는 성격상 자유권에 속하므로 경제적 자유권이라 할 수 있으며, 같은 재화라 하더라도 복지재(welfare provision)로 수혜할 경우에 성립하는 권리는 복지권에 속한다고 할 수 있다. 같은 교육받을 권리(교육권)라 하더라도 의무교육을 받을 권리는 보편적 복지권에 속하지만, 국제성인교육대회 선언이 천명하는 학습권은 교육받을 권리를 저항권적 자유권의 성격을 가진 복지권으로 보아야 한다.[1]

Ⅱ. 권리의 속성과 형태

1. 권리의 개념적 속성

'권리'의 속성은 근대 자연법적 정치 사상에 비추어 정립되었다고 보아야 한다. 우선 로크를 중심으로 한 근대 민주주의 사상은 인간이 일체 양도할 수 없는 천부적 권리를 가지고 있음을 천명하고 있다. 이를 토대로 볼 때, 권리의 속성은 두 말할 필요도 없이 인간의 존엄성(human dignity)에서 비롯된다. 그러나 염두에 두어야 할 점은 이러한 인간 존

1) 본서 제7장 참조.

엄의 사상은 로크의 윤리학 및 정치사상에만 근거한 것이 아니라 근대 정치사상의 어느 쪽에 비추어 보아도 부정할 수 없는 최고의 명제라는 점이다. 이와 같은 권리의 개념은 오늘날 흔히 인식되고 있듯이 우파 이데올로기에 의하여 권리인식이 가능하다는 오해를 불식시키는 단초가 된다. 즉, 인간존엄성에 따른 권리의 수혜 · 행사는 어떠한 정치적 이데올로기나 어떠한 정치적 상황에서도 정당화가 가능하다는 점이다. 그러나 '인간존엄성'은 그 개념 자체로 우리에게 실제적으로 시사해 주는 실행성(practicability)이 별로 없다.

그렇다면 인간존엄성에 기인하면서 실행성을 포함하는 인권의 속성은 무엇인가? 어떤 논리적 속성에 비추어 모든 인간의 권리를 실제적으로 보장할 수 있다는 것인가? 인권의 논리적 속성은 천부성(entitlement)과 보편성(universality)이다. 실제로 이 두 가지 속성은 성인 뿐만 아니라 아동의 권리가 실체적인 권리임을 정당화시키는 속성이다.

'천부성'은 권리의 소유자(rights-holder)가 힘(power)을 소유한 자, 청구행위(claim-action)를 할 수 있는 자, 그리고 의무관계에서 권리를 향유한 자만이 권리를 갖는다는 고전적인 권리설을 부정하는 근거가 된다. 이러한 논리는 아동이 권리의 주체임을 정당화시켜 주는 정당화 근거가 된다.

다음으로 권리 문제와 관련하여 초점을 맞추어야 할 것은 '보편성'이다. '보편성'이란 예외나 정도의 차이를 인정하지 않는 특성을 가리키며, 이에 반해 예외와 정도의 차이를 인정하는 특성을 '일반성'(generality)이라 한다. '한국 남자가 일본 남자보다 술을 많이 마신다'라는 진술에는 '일반적으로 많이 마신다'라는 표현이 들어가야 한다. 왜냐하면,

어떤 한국 남자는 일체 술을 마시지 않으며(예외), 어떤 한국 남자는 술을 마시되 그 주량이 일본 남자의 평균 주량보다 적을 수 있기(정도의 차이) 때문이다. 그러니까 권리의 보편적인 속성은 곧 예외나 정도의 차이를 인정하지 않는다는 의미를 갖는다. 이는 아동이 연령적·정치적 제약과 경제적 무능 등의 제한과 같은 영향을 받지 않으며, 아동이 성인과 똑같은 권리를 누릴 수 있는 권리의 주체임을 정당화하는 단초가 된다.

실제로 권리의 속성인 '천부성'과 '보편성'이 실제적으로 보장되기 위하여 요구되는 실제적인 속성은 '불가분성'(indivisibility), '불가양도성'(inalienability), '불가침성'(inviolability)이다. 불가분성은 권리를 타인에게 나누어 줄 수 없다는 의미이며, 불가양도성은 타인에게 양도할 수 없다는 의미를 담고 있다. 이와 함께 불가침성은 권리의 소극적 측면, 즉 타인에 의하여 한 개인의 권리가 침해될 수 없다는 의미를 담고 있다. 이러한 실제적 속성은 '천부성'에 기인한다고 볼 수 있다. 반면 보편성은 연령적 제한을 받고 있는 아동의 권리 문제에 필수적으로 요구되는 속성이다. 즉, 보편성은 아동에게 불가분성, 불가양도성, 불가침성과 같은 실제적인 속성을 성인과 똑같이 부여해 주는 개념적 속성이다.

이상에 제시된 권리의 개념적 속성에 비추어 우리가 주목해야 할 점은 한 개인이 스스로를 권리의 주체로서 인식하고, 적극적인 참여 태도를 지닐 때 그 개인의 권리가 온전하게 보장된다는 점이다. 그리고 불가분성, 불가양도성, 불가침성은 아동이 접하는 실제 상황에서 아동에게 실질적으로 권리를 향유하게 하고, 삶의 구체적인 현장에서 적극적인 참여를 가능하게 하는 준거가 되기도 한다.

2. 권리의 형태: 호펠드의 분류

고전적 권리는 여러 기준에 의하여 구분이 가능하다. 즉, 권리의 적용 대상의 범위에 따라 권리는 '일반권'과 '특정권'으로 구분되며, 또 다른 한편으로 권리의 실정법 명문화 여부에 따라 '실정권'과 '도덕권'으로 구분될 수도 있다. 그러나 이러한 분류방식에 따른 권리의 형태를 살펴보기에 앞서 우리는 '권리'가 함의하는 의미의 영역에 관하여 살펴볼 필요가 있다. 여러 종류의 권리들은 '권리'라는 단일한 용어로 사용됨에도 불구하고 그 종류만큼이나 여러 가지 의미로 사용되어 왔고, 또 그만큼 다양하게 인식되어 왔다. 이에 대하여 '권리'의 분석은 호펠드(Wesley Hohfeld, 1919)에 의하여 정형화되었다. 그의 권리 형태 분석은 법리적으로 권리에 관한 고전적 분석으로 간주되어 왔으며, 일반적으로 '권리'라는 그 단일한 용어가 어떤 용법으로 사용될 수 있는지에 관한 전형적인 분석으로 평가된다.

호펠드는 '권리'의 행사를 중심으로, '권리'가 함의하는 바가 어떠한 것인지에 초점을 맞추어 네 가지 범주의 권리를 구분하고 있다. '청구권', '자유권', '권한' 및 '특권'이 그것이다. 그의 이러한 구분은 권리의 속성을 밝히는 데 있어서 필수적이고 기본적인 분석으로 평가된다. 특히 이 구분은 개인이 권리를 주장할 때, 권리주체가 행사하는 내용의 법리적 관계가 어떤 것인가에 대하여 중요한 시사점을 던져준다. 여기서는 다른 구분에 의한 권리의 형태를 설명하는 데에 기본적으로 요구되는, 그의 네 가지 형태의 권리를 검토해 보기로 한다.

① 청구권(請求權, claim rights): '청구권'은 흔히 채권-채무 관계에서 볼 수 있는 가장 상식적이고 단순한 형태의 권리이다. B가 A에게

일정한 금액을 지불하기로 A와 B가 서로 계약을 체결하였다고 가정하자. 그러면 A는 그 돈의 액수에 대한 권리를 가지며, B는 그만한 액수의 돈을 지불할 의무를 가지게 된다. 호펠드는 '엄격한 의미에서' 이러한 종류의 권리만이 권리라고 하였다. 이러한 권리는 한 당사자가 다른 당사자에게 청구를 하는 형식으로 이루어지기 때문에 통상적으로 '청구권'으로 사용되어 왔다. 청구권이 다른 사람들에게 청구를 하는 형식을 취하기 때문에, 그것은 상대방에 대한 의무와 상관개념으로 파악된다.

② 자유권(自由權, liberty rights): '자유권'은 한 개인이 남에게 아무런 간섭도 받지 않고 자기가 하고 싶은 것을 행사할 수 있는 권리이다. 이를테면, 나는 내 마음에 드는 옷을 입을 권리를 가지고 있다고 했을 때 성립하는 권리이다. 그러나 이때의 '권리'는 청구권에서의 '권리'와는 상당히 다른 의미를 가진다. 이 권리의 속성은 다른 사람들이 나에게 채무를 졌다는 것이 아니라, 오히려 내가 내 마음에 드는 옷을 입을 때 나에게 어떤 법적 하자나 또는 나 자신이 지어야 할 아무런 책무가 없다는 것이다. 따라서 내가 옷을 입을, 혹은 안 입을 의무를 가지고 있는 것은 아니며, 나는 내가 좋아하는 옷을 입을 '자유'가 있기 때문에, 성립하는 권리를 '자유권'이라고 한다.

③ 권한(權限, power): '권한'은 어떤 개인이 특정한 것을 행사할 모종의 힘을 얻었을 때 발생하는 권리의 일종이다. 이 경우 우리는 유언장을 작성할 권리 혹은 투표할 권리를 생각해 볼 수 있다. 이 권리는 자유권의 측면에서, 유언장을 작성하지 않을 혹은 투표를 하지 않을 어떠한 의무도 없을 때의 권리, 혹은 청구권의 측면에서,

사람들로 하여금 유언장을 작성하지 못하게 하거나 혹은 투표를 하지 못하도록 다른 사람들이 의무를 가지고 있을 때 특정 개인이 갖는 권리로 이해될 수 있다. 그러나 이 권리는 법적 뒷받침이 있을 때 '권한'으로서 의미를 갖는다. 이를테면 내가 죽은 다음에 나의 부동산을 내가 처분하는 것을 가능하게 해 주는 법적인 편의를 제공해 준다는 점에서 나의 유언장을 작성할 권리는 '권한'으로 이해될 수 있다. 또한 나는 선거에서 투표할 '권한'을 법률적으로 부여받았다는 점에서 투표할 권리, 즉 투표권을 가진다. 따라서 선거권을 가지지 않은 사람에게는 그러한 권한도 발생하지 않는다.

④ 면책권(免責權, immunity): '면책권'은, '권한'과 달리, 타인의 권한으로부터 제약받지 않는다는 권리이다. 즉, 다른 사람들의 권한으로 인하여 제약받지 않는다는 점에서 향유할 수 있는 권리이다. 이 권리가 '면책권'이다. 달리 말하자면, 타인의 권한으로부터 '면책'된 권리이다. 일반적으로 한 개인이 타인의 사생활이나 인격에 관련된 발언이나 행위를 했을 때, 자신의 발언에 대하여 도덕적·법적 책임을 져야 한다. 이 경우 해당 타인은 발언자에 대하여 모종의 권한을 갖는다. 그러나 국회의원은 회기 중에 자신이 행한 발언이 타인의 권한에 반한다 하더라도 그 책임을 면하게 되어 있다. 이것이 면책권이다. 그런데 이 경우의 면책권은 국회의원만이 지니는 '특권'(privilege)이기 때문에 '면책특권'이라 한다.

호펠드의 권리 형태는 무엇보다도 다음과 같은 특징을 가지고 있다.

우선 호펠드는 '상관개념'과 '반대개념'을 사용하여 자신이 구분한 각각의 권리를 명료화하였다. 여기에서 '상관개념'(correlative)은 권리 행사자에 대한 상대자와의 관계를 지칭하는 말이고, '반대개념'(opposition)은 각 권리 형태의 부정(否定) 또는 소멸된 상태를 지칭할 때 쓰이는 말이다. 참고로 여기에 사용된 '의무', '무권리', '책무', '무능'의 개념은 각각 'duty', 'no-right', 'liability', 'disability'의 번역어이다.

호펠드는 권리 행사자와 그 상대자의 상관관계로 권리를 특징화시켰다. 이와 함께, 그는 권리의 모든 유형에 대해서, 상관관계에 있는 다른 측의 위치를 기술하는 용어가 반드시 있어야 한다고 생각하였다. 만약 A가 권리를 가진 사람이고 B가 그 상대방이라면, 그때 A는 청구권을 가지게 되며, B는 의무를 가진다. 한편, A가 권한을 가지면, B는 책임을 가진다. 그리고 A가 면책이 되면, B는 무능력 혹은 '무권리'(無權利)를 가진다. 여기에서 호펠드의 '반대'는 단지 문제가 되는 권리의 유형을 가지는 것에 직접적으로 상반된 조건을 기술한 것이다. 이러한 그의 노력은 권리의 본질뿐만 아니라 권리를 행사하는 데에 있어서 권리의 속성이 어떤 것인가 하는 데에 적지 않은 시사점을 던져준다. 그럼에도 불구하고 호펠드가 구분한 권리의 범주는 다음과 같은 몇 가지 한계를 지니고 있다.

유형	청구권	자유권	권한	면책
상관개념	의무	무권리	책무	무능
유형	청구권	자유권	권한	면책
반대개념	무권리	의무	무능	책무

첫째, 호펠드는 '권리'의 용법을 '청구권' 혹은 그 자신이 부르고 있는 '엄격한 의미에서의 권리'에 제한시킨다. 따라서 권리의 네 가지 각기 다른 용례를 한 가지 용어인 '권리'에 적용함으로써 혼돈을 야기시켰다. 그가 다른 내용을 지닌 네 가지 용법 모두를 '권리'(그의 분류에 따르면 '청구권')의 한 가지 유형으로 인식시킨 것은 고전적 권리에 관한 논의에서 타당하다.

둘째, 호펠드의 분석은 실정법(positive law)의 권리에 제한된 것이다. 그것은 실정법을 뛰어넘는 도덕적 영역에서 권리의 개념이 어떻게 해석되어야 하는가 하는 문제, 즉 도덕권의 문제를 남겨 두게 된다.

셋째, 주장되는 모든 권리가 호펠드의 네 가지 범주 중의 하나 그리고 단지 그중의 하나에 속해야 한다고 생각하는 것은 잘못이다. 앞서 지적한 바와 같이, 투표권의 주장이 동시에 권한, 청구권 그리고 자유권의 주장이 될 소지는 얼마든지 있을 수 있다. 마찬가지로, 만약 자동차에 대한 재산권의 경우, 그 권리는 호펠드 식의 권리 형태에 복잡하게 엉키게 될 것이다. 즉, 이 재산권에는 다른 사람의 허락 없이 차를 사용할 수 있는 주인이 갖는 자유권, 자동차를 팔 권한, 다른 사람들의 어떠한 권한으로부터 면제된 일종의 면책과 차가 고의적으로 파손되었을 때 가해자에 대한 청구권을 포함하게 된다. 다시 말하면, 권리에 관한 호펠드 식의 주장은 분석을 하다 보면 결국 권리의 다른 유형들과 엉키게 된다.

넷째, 호펠드의 분석은 모든 종류의 권리에 대한 모든 실제적인 예가 두 당사자간의 관계에까지 궁극적으로 감환(減換)된다는 점이다. 그러한 입장의 논리는 엄격히 말해서 권리를 보유하고 있는 사람들과의 관계에서만 권리를 주장할 수 있다는 제한이 따른다.

이와 같은 호펠드의 한계는 현대적 권리, 특히 복지권의 문제를 다루는 가운데 두드러지게 나타난다. 그러나 그의 분류는 우리가 교육권의 성격을 규정하는 데 매우 중요한 시사점을 던져준다. 그것은 교사가 교육의 장면에서 행사하는 모종의 힘은 '권한'으로 이해되어야 한다는 점이다. 교사가 행사하는 힘이 권리로 규정된다면, 교사가 직무로 인하여 얻게 되는 권한은 일종의 권리인 셈이다. 그렇다고 교사가 교육하는 데에서 따라오는 권한을 천부적인 의미의 권리(entitlement)로 해석하게 되면, '권리'라는 미명 아래 '교사의 교육권', '국가의 교육권', '부모의 교육권' 등과 같은 용어가 가능하게 되며, 이는 다시 교육적 폭력(educational violence)을 수반할 가능성을 잉태하게 된다.

3. 권리의 범주

1) 일반권과 특정권

권리를 구분하는 중요한 방식의 하나는 권리의 적용 대상에 따라 권리를 구분하는 것이다. 권리가 모든 사람에게 적용되는 경우 '일반권'(general rights; rights in rem)이라 하고, 권리가 특정한 개인에게 적용될 경우 '특정권'(special rights; rights in personam)이라 한다. 일반권은 주로 자연법 사상에서 나온 제 권리들, 이를테면 간섭받지 않을 권리(rights of non-interference), 안전 및 재산권(rights of security and property) 등을 말하며, 특정권은 특정한 개인과의 계약 또는 거래(transaction), 혹은 인간관계(relationship)에서 비롯된 권리이다. 여기서 인간관계란 한 개인이 자의적으로(voluntarily) 맺을 수도 있지만 그렇지 않은 인간관계까지 포함한다. 전자에는 고용주와 피고용인, 의사와 환자, 아내와 남편, 교사와 학생의 관계 등이 포함되며, 후자에는 부모와 자식의 관계 등이 포함된다.

일반권에는 성격상 근대 자연법 사상 이래 제기되고 주장되어 온 '인권'(human rights)이 포함된다. 그것은 '일반권'이라는 말 그 자체가 인간이면 누구나 누려야 할 권리라는 의미를 갖고 있기 때문이다. 일반권의 대표적인 것으로는 생존권, 자유권, 재산권과 같은 자연권을 들 수 있다. 역사적으로 보면, 로크(Locke)의 생명, 자유, 재산에 대한 청원, 1776년 버지니아권리장전(Bill of Rights Virginia 1776), 미국 독립선언에 포함된 권리청원 등이 여기에 포함된다(Cranston, 1973). 그리고 1948년에 공포된 '세계인권선언'(The Universal Declaration of Human Rights)에 포함된 권리의 내용은 포괄적 의미에서 일반권이라 할 수 있다. 이에 반하여 특정권은 특정한 거래 및 계약관계 또는 인간관계에서 야기되는 권리이므로 그 관계를 규정한 실정법에서 찾아볼 수 있다. 그렇다고 실정법에 담겨 있는 모든 권리가 특정권을 의미하지는 않는다. 실제로 많은 일반권이 실정법에 규정되어 있다.

교육권과 관련하여 특정권이 함의하는 바를 살펴볼 필요가 있다. 앞서 언급한 특정권 중 비자의적 인간관계에서 발생하는 권리는 부모-자식 간에 발생하는 권리이다. 이것은 우리가 앞으로 살펴볼, 부모가 자녀의 교육받을 권리를 대리할 때 그 권리 행사를 친자관계 그 자체에 의하여 정당화시키는 근거가 된다. 다른 인간관계에 따른 권리나 거래, 계약에 의한 권리(특정권)는 자의적 선택이나 계약의 이행과 같은 전제조건을 요구하는 데 비하여 부모-자식 사이에 성립하는 권리는 이러한 인위적 조건을 수반하지 않고 그 자체로 성립한다. 물론 자녀의 교육받을 권리를 자녀를 대신하여 부모가 행사하는 데에는 몇 가지 의무 이행 조건을 성립시켜야 한다. 부모의 의무 이행이 선행된다고 해서 이때 부모가 지너를 대리하여 행사하는 권리가 호펠드식의 '청구권'은 아니다. 여기에는 보다 자세한 논의(적어도 도덕권과 현대적 의미의 복지권에 관한 논의)가 요구된다.[2)]

2) 실정권과 도덕권

실정권(實定權, positive rights)과 도덕권(道德權, moral rights)의 구분은 권리의 근거가 실정법에 보장되어 있는가에 따른 구분이다. 실정법에 특정한 권리가 보장되어 있으면 실정권이며, 그렇지 않은 권리는 도덕권에 속한다. 이 구분은 우리의 법리학에서 보면 용어가 다소 생소한 면이 있다. '실정권'이라는 용어는 철학에서 언급되는 '논리 실증주의'(logical positivism)가 경험 가능한 증거나 검증 가능한 명제에 관심을 갖는 것과 마찬가지로 권리의 범주가 실정법(명문법)에 명기된 것에 한정된다는 의미로 채용된 말이다. 이에 반하여 '도덕권'은 우리에게 다소 생소한 말이다. 이 말의 의미를 보다 용이하게 이해하기 위해서는 우리에게 통용되는 규범에 관련된 상식인 '법 이전에 도덕'이라는 말을 상기할 필요가 있다. 우리가 중시하는 규범 가운데 법과 도덕은 우리의 행위를 강제적으로 규율·규제하는 대표적인 규범이다. 그러나 법과 도덕을 견주어 보면, 법이 도덕에 비하여 타율적 강제력을 갖는 반면, 도

---

2) 본서 제6장 참조.

덕이 법에 비하여 타율적 강제력은 갖지 않지만 법보다는 더 근원적인 규범으로 인식되는 것은 물론 도덕의 자율적인 속성으로 인하여 법 이전의 보다 보편적인 규범으로 인식된다. 그러니까 '도덕권'은, 비록 실정법에 명문화되지 않았다 하더라도 '실정권'에 앞서 보편적으로 인식되는 권리이다.

실정권은 주로 법실증주의자들에 의하여 견지된다. 법실증주의는 권리가 실정법에 보장되어 있을 때만이 권리로서 면모를 갖는다고 보는 법리학설이다. 그러나 이 학설은 그 나름대로의 한계를 지니고 있다. 실정권은 특히 제3세계 국가에 사는 사람들의 권리를 설명하는 데에 적합하다. 많은 빈국들은 자국민의 최저 생계를 책임지는 일조차도 전전긍긍하는 것이 현실이다. 따라서 이들 국가의 실정법에는 사회·경제·문화적 권리가 보장되어 있지 않다. 이들의 권리가 실정권으로서 보장되어 있지 않은 셈이다. 그렇다고 이들 국가에 거주하는 사람들의 생존권, 교육권 등이 존재하지 않는다고 볼 근거는 없다. 이 경우 이들의 권리는 도덕권으로 보장된다.

여기서 도덕권과 실정권의 관계를 다른 시각에서 살펴보기로 하자. 실정권의 우위를 주장하는 법실증주의의 한계는 우리의 헌법사에서도 입증된다. 그 좋은 예가 '행복권'(rights to happiness) 또는 행복 추구권이다. 예컨대 '행복권'은 제5공화국 헌법 이전에는 헌법 조항에 없었기 때문에 실정권이 아닌 도덕권에 속하였다. 왜냐하면, 행복을 추구할 권리는 제5공화국 헌법에 이르러서야 헌법에 명기되었기 때문이다. 그렇다고 해서 행복을 추구할 권리가 실정권이 아니라는 이유에서 무시되는 것은 아니다. 예컨대, 행복권의 하나인 일조권 침해에 관한 법률적 해석과 판례는 제5공화국 헌법 이전에도 얼마든지 찾아볼 수 있다. 오히려 실정화되지 않은 도덕권은 실정화되지 않았다는 이유만으로 그 중요성을 더욱 부각시켜 준다. 우리나라 헌법 제37조 제1항은 '국민의 자유와 권리는 헌법에 열거되지 아니한 이유로 경시되지 아니한다'고 규정하고 있다. 이 조항은 국민의 자유와 권리를 포괄적으로 보장한다는 의미와 함께 헌법과 여타의 법률에서 열거되지 않은, 달리 말하자면 헌법과 여타의 법률이 보장하지 않은 권리인 도덕권을 최고의 실정법인 헌법이 보장한다는 것을 의미한다.

이러한 범주 구분 방식에서 주목해야 할 점은 아동의 권리와 관련된 제반 문제가 주로 관계법령이나 규칙 등을 통하여 야기된다는 점이다. 즉, 아동권리의 문제를 실정권의 차원에서 논의하고 동시에 이 차원에서 해결책을 모색하려 한다는 점이다. 그러나 우리가 주목해야 할 점은, 법 이전에 도덕 규범을 강조하는 바와 같이, 명문화된 규범을 통하여 권리를 논의하는 데에는 권리의 보편적이고 천부적인 속성을 간과할 가능성이 있다는 점이다.

앞서 살펴본 바와 같이 호펠드의 권리 형태가 결정적으로 드러내는 단점은 그것이 실정법에 의하여 보장되는 실정권(legal rights; positive rights)에 한정된다는 점이다. 따라서 그의 분석이 지니고 있는 논리적 정교함에도 불구하고, 그의 권리 유형에는 도덕권에 관한 논의가 배제될 수밖에 없다. 도덕권과 실정권의 구분이 애매한 것도 사실이지만, 많은 법실증주의자에 따르면 권리가 명문화되었을 경우 권리의 효력을 갖는다고 주장한다. 이들은 권리의 개념이 실정법의 범위에서 논의되어야 하며, 또한 한 개인이 권리 주장이나 권리 행사를 할 때에도 실정법에 근거하여야 한다는 것이다. 그럼에도 도덕권은 성격상 실정법에 의하여 보장되는 것은 아니다. 왜냐하면 도덕권은 실정권의 정당화 방식과는 다른 정당화 방식을 요구하기 때문이다(Wringe, 1981: 41-5). 그 정당화는 한 마디로 표현하면, 인간답게 살아야 한다는 존엄성(human dignity)과 '결핍의 상태'를 지칭하는 '필요'의 개념에 의존한다(Wringe, 1981 : 76-7; Kim, 1996 : 77-93, 325-7). 자연법 상의 자유권, 생존권 등은 전자에 의존하고, 복지권은 후자에 의존한다.

교육받을 권리의 예를 들어보자. 교육받을 권리는 실정법이 보장하건 않건 간에 인간에게 부여된 도덕권이다. 그리고 인간이 무지로부터 벗어나야 한다는 측면에서 보면, 적어도 의무교육을 받을 권리는 원칙적으로 도덕권에 해당된다고 보아야 할 것이다. 물론 우리나라의 경우 기초교육인 초등학교와 중학교교육이 실정법에 의하여 의무교육으로 규정되어 있다. 이 경우 의무교육과 같은 최소의 교육이 법에 보장되어 있는 한, 교육받을 권리, 즉 교육권은 형태상 실정권이다. 그러나 원리상 교육받을 권리는 도덕권에 의하여 뒷받침된다고 보아야 한다. 또 다른 예로 저개발국가의 아동을 생각해보자. 그 국가에 실정법적으로 교육받을 권리를 명문화하지 않았다고 하여 그 나라 아이들이 교육받을 권리가 없다고 할 수 없다. 물론, 법실증주의자의 주장처럼, 저개발국가의 예산이 의무교육을 할 만큼 여유가 없다는 등의 이유는 현실적인 제약이지 원리상 또는 개념적 난점은 아니다. 다행히도 1948년 '세계인권선언' 이래 많은 국가에서 초·중등교육과 같은 기초교육과 생존에 필요한 직업·기술교육이 무상의무교육으로 받아들여지고 있으며, 이에 따라 이러한 교육을 받을 권리를 명문화하고 있다.

4. 고전적 권리

권리의 범주는 차원을 달리 하면, 고전적 권리와 현대적 권리로 나누어 볼 수 있다. 이 구분은 시간적 구분이기는 하여도 양자가 함의하는 권리의 개념적 속성에서 명백한 차이를 드러낸다. 여기서는 먼저 고전적 권리를 살펴보기로 한다.

고전적 권리는 개인의 자유 의식이 싹트면서 성립된 권리들로서 주로 시민계급 형성 과정에서 생겨난 권리이다. 고전적 권리는 아동의 인권을 보호하는 근본적인 권리이다. 이 말은 고전적 권리에 비하여 현대적 권리가 아동의 권리를 보호하고 신장하는 데에 중요하지 않다는 뜻이 아니다. 오히려 고전적인 권리의 보장은 인권의 보호, 특히 인권침해를 예방하는 근거가 된다는 뜻이다. 이러한 맥락에서 본 고전적 권리를 정리하면 다음과 같다.

① 자유권: 개인이 타인으로부터 부당한 간섭이나 방해 등을 받지 않을 소극적 자유를 포함하여 인신 구속 등에 있어서 적법한 절차를 밟을 것과 거주 이전, 주거, 언론, 집회, 사상, 양심, 종교, 학문의 자유에 관한 권리가 여기에 포함된다. 고전적 권리로서 자유권은 그 적극성 여부로 보면 주로 소극적 자유권에 해당된다.

② 평등권: 평등권은 법 앞의 평등을 포함하여 성별, 신체적 조건, 사회적 지위, 재산 등에 의하여 부당하게 차별받지 않을 권리 등을 포함한다. 선거권이 여기에 속하는 전형적인 예이지만, 보통선거가 인류 최초로 실현된 것은 20세기에 들어서이다. 복지권의 일부로서 평등권이 아니다. 일종의 시민권적 의미를 지니다.

③ 재산권: 시민계급의 형성과 맞물려 제기된 권리로서 사유재산의 보

호를 골자로 하여 부당하게 징세 당하지 않을 권리 등이 포함된다.

④ 생존권: 17-8세기에 형성된 신흥 시민 계급이 요구한 생존에 관한 권리로서 신체의 생존과 관련된 재산에 대한 권리를 지칭한다.

고전적 권리는 역사적으로 볼 때 근대 자연법 사상의 발흥 및 시민계급의 형성과 밀접한 관련을 맺는다. 시민계급형성 과정에서 주로 신흥 자본가들이 강조하였고 실제로 그들만이 향유했던 고전적 권리는 한편으로 '부르주아 권리'(bourgeois rights)라는 비난을 받았다. '부르주아 권리'는 자본을 형성한 특정한 계층, 즉 '가진 자'들만의 권리라는 의미로서 '못 가진 자'와 '소외된 사람'을 외면한다는 비난을 받는다. 이러한 비난은 모든 사람을 고려하는 권리의 '보편성'과 '천부성'을 강조한 현대적 권리를 요구하게 되는 계기를 마련해 준다.

그럼에도 불구하고 고전적 권리는 인신 구속의 적법적 절차, 재산권의 보호, 생존·자유·행복추구 등의 천부적 권리를 강조함으로써, 인권의식의 초석을 마련하였다는 의의를 가지고 있다. 바꿔 말하자면, 고전적 권리는 인류 문명의 발전 과정에서 권리 인식의 초석을 마련하였으며, 이를 토대로 발전된 현대적 권리에 의하여 인권의 형태가 완성되어 가고 있다고 볼 수 있다. 따라서 목하 관심사인 아동의 권리에 관한 인식의 단초도 고전적 권리가 함의하는 권리인식에 기초하고 있다고 할 수 있다.

5. 현대적 권리

현대적 권리는 고전적 권리가 미치지 못하는 영역인 사회·경제·문화적 권리를 포함하는 것으로서 복지권이 이를 대표한다. 이 범주에 1919년 독일의 바이마르 헌법이 보장한 사회보장을 받을 권리 등이 포함되지만, 복지권이 권리로서 제 면모를 드러낸 것은 1948년 '세계인권선언'(The Universal Declaration of Human Rights) 이후라고 보아야 한다. 이를 계기로 고전적 권리를 포함하여 다양한 형태의 현대적 권리는 수많은 국제권리문서, 특히 국제권리협약에 의하여 보장되고, 서명 당사국의 의무 이행을 규정하고 있다.

현대적 권리의 범주에 속하는 권리는 고전적 권리에 의하여 보장되지 않았지만, 현대 산업사회의 발전과 함께 요구되는 모든 권리를 포함한다. 또한 현대적 권리는 복지권과 같은 사회·경제적 권리뿐만 아니라 개인의 행복을 추구하는 데에 요구되는 자기결정권 등을 포함한다.

1) 적극적 자유권

적극적 자유권이 반드시 현대적 권리에 속한다고 볼 근거는 없다. 적극적 자유권은 고전적 권리에 속한다고 볼 수도 있기 때문이다. 그렇지만 이를 현대적 권리의 측면에서 다루고자 하는 이유는 적극적 자유권(특히 참여권)이 여러 가지 형태의 현대적 권리와 맞물려 있기 때문이다. 여기에는 두 가지 차원의 요구를 지적할 수 있다.

첫째, '적극적 권리'는 현대인의 '행복추구권'과 관련된다. 현대인은 사회생활의 여러 가지 측면에서 소외될 가능성을 안고 살아갈 뿐만 아니라 다양한 욕구를 추구한다. 권리의 주체로서 한 인간이 사회생활을 영위하는 과정에서 자신의 삶을 설계하고 그 삶을 능동적으로 영위하기 위하여 모종의 선택을 자유롭게 할 수 있고, 그에 합당한 일체의 일(행사, 단체가입 등)에 참여할 수 있어야 한다. 개인의 행복을 추구하기 위한 적극적 자유권과 참여권이 현대적 권리로 요구되는 것이다.

둘째, 참여권을 온전하게 보장하기 위해서 요구되는 것은 사람이 결핍의 상태에서 벗어나야 한다는 점, 즉 복지권이 전제되어야 한다는 주장을 들 수 있다. 바꿔 말하자면, 개인이 스스로 설정한 삶의 설계, 즉 행복을 추구하기 위하여 그 개인은 생존에 필요한 최소한의 요건을 갖추고 있어야 한다. 최소한의 생존 요건을 갖추어야 한다는 것은 그 개인이 결핍의 상태에서 벗어나야 한다는 것을 전제로 한다. 이 점에서 보면, 복지권은 적극적 자유권의 전제이다.

2) 복지권

복지권(welfare rights)은 인간이 신체적·물리적·심리적 결핍에서 벗어나야 한다는 당위성에서 정당화되는 권리이다. 흔히 많은 사람들이 복지권이 사회주의 정치이념이나 사회주의 정강 정책에 의하여 지지되는 것으로 생각하기 쉬우나 반드시 그런 것은 아니다. 이를테면, 질병, 무지, 기아 등은 인간이 반드시 벗어나야 할 결핍의 상태(a state of deficit)이기 때문에 인간이면 누구나 이러한 상태에서 벗어나야 한다는 당위성을 갖는다. 이러한 당위성은 앞서 언급한 권리의 논리적 가정으로 담겨진 '인간존엄성'(human dignity)에 의하여 뒷받침된다. 그러니까 복지권은 인간이면 누구나 수혜받을 수 있는 보편적인 권리이다. 복지권에 대한 반론은 주로 법실증주의자들에 의하여 제기된다. 그들에 따르면, 권리는 무엇보다도 실행가능성(practicability)이 있어야 권리의 모습을 갖추는데, 복지권은 그 실행가능성이 없기 때문에 권리로서 대접을 받을 수 없다는 것이다. 예컨대, 소말리아와 같은 빈민국이나 전시 상태의 국가에서처럼 기본적인 생존권이 없는 상황에서 복지권은 실정법의 명문화는 물론이고, 그에 대한 실행가능성도 없다는 것이다.

복지권에 대한 두 번째 반론은 자유지상주의자(libertarians)들이 제기하고 있다. 자유지상주의자들에 따르면, 세금과 같은 공적인 재원은 결핍 상태에 놓인 사람들에게 제공될 수 있는 것이 아니다. 그러한 재원이 정당화되는 것은 야경국가와 같은 최소 정부의 경우에 한정되어야 한다고 주장한다. 따라서 복지재가 정당성을 잃는 것이기 때문에 복지권도 그 정당성을 찾아보기 힘들다는 반론이 제기된다.

이러한 반론에도 불구하고, 복지권이 현대적 권리의 요체로 인정되는 데에는 여러 가지 이유가 있다. 첫째, 현대사회는 산업화에 따른 경제적 여유 등에도 불구하고 국가간·계층간의 격차가 점차 심화되어 많은 사람들, 특히 많은 아이들이 결핍 상태에서 고통을 겪고 있다는 사실이다. 세계적인 NGO 중의 하나인 '세이브더칠드런'(1997)의 보고에 따르면, 영양실조와 질병으로 아무런 치료와 도움을 받지 못하고 사망하는 아동의 수는 매일 35,000명이며, 개발도상국에서 3명 중 1명의 아이가 영양실조에 시달리고 있다. 또한 1980년대 10년 동안 150만 명의 아이들이 전쟁으로 인하여 죄 없이 사망하였으며, 전쟁부상아동은 400만 명, 전쟁으로 난민이 된 아동은 약 500만 명이라고 보고하고 있다. 비단 아동의 문제만이 아니라, 1997년의 경우에만 약 12억의 인구가 식수난으로 고통을 겪고 있는 것으로 보고하고 있다. 이러한 결핍상태에서 벗어나는 방법 중 하나는 복지권을 보장하는 것이다.

둘째, 개인의 독립성과 개체성을 강조한 고전적 권리 인식만으로는 특정한 계층의 개인을 상기한 결핍상태에서 벗어나게 할 수 없을 뿐만 아니라, 개인의 개체성을 보장하는 합리성조차 길러줄 수 없다는 시각(Wringe, 1981)이 대두되었다. 현대사회의 복잡성은 물론 현대사회가 지닌 구조적 문제점도 이러한 주장의 정당화를 뒷받침해 준다.

셋째, 현대적 권리의 요체로서 복지권이 강조되는 이유는 복지권의 수혜자들이 주로 정치·경제·사회·문화적으로 약자인 여성·아동·소수민족이라는 데에 있다. 이들은 태어나면서 또는 성장의 과정에서 사회구조적으로 결핍 상태에서 살아온 사람들이다. 이들의 결핍 문제를 해결하지 않고서 '권리의 보편성'을 언급하거나 실현한다고 하는 것은 불가능한 일이다. 이러한 맥락에서 인격적 개체로서의 한 개인이 합리적으로 삶을 영위하기 위한 조건으로서 '교육받을 권리'의 성격에 대하여 살펴보기로 한다.

복지권으로서 '교육권'(the right to education)은 일차적으로 세계인권선언과 몇몇 중요한 국제권리협약에 의하여 보장된 기초교육(basic education)의 무상의무교육(free compulsory education)을 받을 권리를 의미한다. 이때 교육권은 다른 복지권과는 달리 누구나 예외없이 수혜받아야 할 보편적인 복지권임을 뜻한다. 즉, 질병이나 기아 등의 특정한 필요(special needs)로부터 도출되는 복지재(welfare provisions)를 수혜하는 특정한 사람들만이 청구할 수 있는 여타의 복지권과는 달리, '교육받을 권리'를 의미하는 교육권은 모든 사람에게 요구되는 보편적 권리를 가리킨다. '교육받을 권리'를 나타내는 또 다른 용어는 '학습권'(the right to learn)이다. 학습권에 대한 논쟁은 유네스코에 의하여 채택·선포된 세계성인교육대회선언(1985; 1997)에서 주장된 내용을 중심으로 활발하게 전개되고 있다.[3)]

---

3) 본서의 제7장 참조.

3) 제3세대 권리

제3세대 권리는 권리에 대한 인식의 발전과정에서 파악되는 권리 개념이다. 인간의 권리에 관한 인식은 세 가지 단계로 발전하였는데, 제1세대 권리는 자유권(특히 소극적 자유권), 생명권, 재산권과 같이 근대 시민사상의 근간을 이루는 권리를 지칭하고, 제2세대의 권리는 복지권과 같이 인간이 기본적으로 삶을 영위하는 데에 요구되는 권리(사회·경제권)를 말한다. 제1세대, 제2세대의 권리가 개인의 청구 등에 의하여 행사될 수 있는 권리인 반면, 제3세대 권리는 평화, 환경, 노동 단결과 같이 권리에 대한 인식이 개인에 머무는 것이 아니라 연대를 통하여 실현되는 권리를 지칭한다. 즉, 제3세대 권리는 권리의 수혜자인 개인이 권리를 행사하는 데에 있어서 한계를 가지기 때문에 그 권리의 행사와 실현이 연대를 통해서만 가능하다고 보는 권리이다.

교육 문제와 관련하여 나타나는 제3세대 권리의 주된 문제는 최근 활발히 논의되는 '교육공동체'에 관련된 문제들이다. '교육공동체'라는 아이디어가 갖는 여러 가지 교육적 장점에도 불구하고, 연대를 강조하는 제3세대 권리는 자칫 정치·경제적 약자로서 학생 개인의 제 권리를 침해하거나 그 입지를 약화시킬 우려가 있다는 점이다.[4] 이 문제에 관련하여 분명히 해야 할 점은 제3세대 권리가 연대를 강조한다고 해도 권리를 향유·행사하는 주체가 집단이 아닌 개인이라는 점이다.

4) 이에 관한 논의는 김정래(2000) 참조.

참고문헌

김정래, 2000, 교육공동체 논의의 가능성과 한계, 서울대학교 교육연구소 모노그래프.

Cranston, M., 1973, *What are Human Rights?*, London: Bodley Head.

Hohfeld, W. N., 1919, *Fundamental Legal Conceptions as Applied in Judicial Reasoning*, New Haven: Yale University Press.

Kim, J-N, 1996, *Well-being and Education in a Liberal Society*, an unpublished thesis for the degree of Doctor of Philosophy, University of Keele, England.

Save the Children, 1997, *UN Convention of the Rights of the Child- An International Save the Children Alliance Training Kit*, Geneva: International Save the Children Alliance.

Wringe, C. A., 1981, *Children's Rights*, London: Routledge and Kegan Paul.

3

아동의 권리

Ⅰ. 아동권리의 특성

아동이 향유·행사하는 권리는 세계인권선언에 천명된 모든 사람이 향유·행사하는 권리와는 다른 맥락에서 이해할 필요가 있다. 아동의 권리는 '아동권리협약'이 연령적으로 정의하는 18세 미만의 자가 향유·행사하는 권리를 가리킨다. 이렇게 보면 아동의 권리는 특정한 연령층이 향유·행사하는 권리임에 틀림이 없다. 그렇다고 해서 아동이 향유·행사하는 권리를 특정권이라고 단정해서는 안 된다. 제2장에서 이미 살펴본 바와 같이, 일반권(general rights)은 모든 사람이 차별 없이 누릴 수 있는 권리를 지칭하는 반면, 특정권(special rights)은 특정한 개인과의 계약이나 거래, 또는 특정한 인간관계에 의하여 성립하는 권리를 뜻한다. 즉, 일반권이 주로 자연법 사상에서 나온 보편적 권리라고 한다면, 특정권은 특정한 관계가 성립·유지되어야 권리관계가 발생한다. 특정권은 고용주와 피고용인, 의사와 환자, 아내와 남편, 교사와 학생의 관계에서 나타나는 권리이다. 이들이 계약과 거래에 의하여 성립하는 특정권이라면, 부모와 자식의 관계에서 성립하는 특정권은 인간관계에서 비롯된 권리라는 사실을 확인한 바 있다. 이러한 관점에서, 일반권과 특정권의 개념적 속성을 정확하게 이해한다면, 아동이 향유하고 행사하는 권리는 일반권의 범주에 속하는 것도 있고, 특정권의 범주에 속하는 것도 있다고 보아야 한다.

아동이 향유·행사하는 일반권은 1989년 채택된 '아동권리협약'(이하 '협약')이 천명하는 대부분의 권리에서 찾아볼 수 있다.[1] 이 중에서 일체의 차별금지('협약' 제2조), 아동 최선의 이익('협약' 제3조), 아동의 의사표현 및 실질적 참여('협약' 제12조)는 아동의 일반권 중에서 아동 제 권리의 가장 근본이 되는 권리이다. 이를 '협약'의 제3대 정신이라고도 한다. '협약'에서 확인할 수 있는 아동의 일반권에는 생명권, 성명 및 국적 취득권, 신분보존권, 표현의 자유권, 사상·양심·종교의 자유를 누릴 권리, 사생활을 보호받을 권리, 정보접근권, 폭력·학대·착취 등으로부터 보호받을 권리, 건강을 유지할 권리와 치료를 받을 권리, 사회보장의 혜택을 받을 권리, 최저 수준의 생활을 할 권리, 최소한의 기초교육을 무상으로 받을 권리, 생계를 위한 최소한 직업교육을 받을 권리, 휴식·여가·문화활동에 참여할 권리, 아동이 자신의 노동력을 착취당하지 않을 권리, 성적 착취를 당하지 않을 권리, 학대를 받지 않고 방임 당하지 않을 권리, 일체의 가혹 행위로부터 보호받을 권리, 아동의 이익과 보호를 위하여 적절한 사법적 절차에 따라 대우받을 수 있는 권리 등이 있다.

앞서 특정권은 특정한 거래나 계약, 그리고 특정한 인간관계에 따라 성립하는 권리라는 것을 지적한 바 있다. 이렇게 보면, 아동이 향유·행

1) 본서 제11장 및 제11장 부록 참조.

사하는 특정권은 일차적으로 양육할 책임과 의무가 있는 부모 또는 친권자와의 관계에서 성립한다. 또한 아동이 치료를 받을 경우 의사와의 관계에서 성립하며, 학교에서 교육을 받는 동안 교사와의 관계에서 성립할 수도 있으며, 폭력이나 착취로부터 보호받을 경우 보호의 주체가 공공기관이라면 담당공무원과의 관계 속에서 성립한다. 이렇게 보면, 아동이 향유·행사하는 일반권과 특정권은 실제적으로 이분화될 수 있는 것이 아니다. 교육받을 권리(특히 최소한의 무상의무교육을 받을 권리)는 모든 아동에게 부여된 일반권이지만, 교육의 장면에서 아동이 교사에 대하여 갖는 권리는 특정권이다. 특별한 보호를 요하는 아동은 누구든지 국가나 공공기관에서 보호의 일환으로 보호받을 권리, 즉 복지권을 가지고 있다는 것은 아동의 일반권임을 지칭하지만, 의료, 보호시설에서 담당자에 대하여 아동이 갖는 권리는 특정권이라고 보아야 한다.

여기서는 아동의 특정권 중에서 교사와의 관계에서 야기되는 문제를 간단히 살펴보기로 한다. 학생-교사의 관계는 학교교육 상황 속의 교수-학습의 관계에서 일차적으로 성립한다. 이때, 아동은 '교육받을 권리'를 갖게 되고, 교사는 학생에게 특정한 교육내용을 가르치는 일련의 과정에서 모종의 힘을 행사한다. 이러한 상황을 호펠드의 분류에 따르자면 채권-채무의 관계에서 성립하는 상관관계(correlatives)로 인식할 수 있다. 즉, 학생이 교육받을 권리에 대하여, 교사는 '교육할(시킬) 권리'를 갖는다고 보는 견해[2]가 있다. 이 견해에 따르면, 아동의 '교육받을 권리'를 '학습권'으로 보고, 교사의 '교육할(시킬) 권리'를 '교육권'이라고 규정하고, 이 양자가 채권-채무와 같은 상관관계에 있다고 본다.

2) 이 견해는 김철수(1993), 김신일(1995; 1998), 강인수(1998) 등에 잘 나타나 있다.

이렇게 보는 데에는 몇 가지 문제가 있다. 첫째, 아동의 교육받을 권리를 교사의 교육할(시킬) 권리의 짝으로 보면, 아동의 교육받을 권리는 '권리'가 아니라 '의무'이어야 한다. 둘째, 뒤에 보다 자세하게 언급하겠지만[3], 학생이 교육받을 권리가 있다는 것은 교사의 교육할(시킬) 권리와 상관관계에 있는 것이 아니다. 교육받을 권리는 인간이면 누구나 누려야 할 보편적인 권리이면서 동시에 현대적인 권리인 복지권(welfare rights)에 속하는 권리이다. 셋째, '권리'의 본질, 즉 '수혜받을 수 있음'(entitlement)을 고려하면, '○○의 권리'는 '○○을 할(시킬) 권리'가 아니라 '○○을 받을 권리'를 지칭한다. 예컨대, '보호권'(rights of protection)은 '보호받을 권리'를 지칭하는 것이지 '보호할 권리'를 의미하는 것이 아니다. 만약 누군가가 타인을 보호해야 한다면 그것은 보호하는 사람의 의무나 책무 또는 직무상의 권한일 것이다. 이 점에서 보면, 교육할(시킬) 권리는 성립할 수 없는 말이다. 그렇다면, 교사–학생 간에 발생하는 특정권은 어떻게 이해해야 하는가? 우선 교사가 갖는 특정권이란, 보편적 권리로서 학생이 갖는 교육받을 권리에 대하여 성립하는 것이 아니라, 교사의 자격에 따른 교과를 가르치고 학생의 행동을 지도하는 데서 발생하는 '권한'(power)과 관련하여 논의될 수 있는 것이다. 만약 한 교사가 생물교사라면, 그 교사는 생물교과를 지도할 권한을 갖기 때문에 담당교과에 관련된 문제에 한해서 교사의 특정권이 성립한다고 볼 수 있다. 학생이 갖는 특정권은 교육받을 권리에서 부수되는 문제로서, 교육받을 권리 그 자체에 관련된 것이 아니라, 교육받는 과정에서 관련된 사람들(교사, 교장, 학교당국 등)과의 관계에서 찾아볼 수 있는 문제이다.

---

3) 본서의 제6장 및 제7장 참조.

아동의 권리를 이해하는 데에 적용할 수 있는 범주로 '실정권'과 '도덕권'의 구분이 있다. 앞서 실정권(positive rights)과 도덕권(moral rights)의 구분은 권리의 근거가 실정법에 보장되어 있는가에 따른 구분이라는 것을 확인한 바 있다. 실정법에 특정한 권리가 보장되어 있으면 실정권이며, 그렇지 않은 경우는 도덕권에 속한다. 우리나라의 아동복지법 등 아동관계법이 보장하는 일체의 아동권리는 아동에게 보장된 실정권이라고 볼 수 있다. 그리고 우리가 채택 · 서명 · 비준한 '아동권리협약'에 제시된 아동의 제 권리는 '협약'이 국내법과 같은 효력을 갖는 한, 아동에게 부여된 실정권이라고 할 수 있다. 이렇게 보면, 아동의 권리가 실정법에 의하여 충분히 보장되었다는 추론이 가능하다. 그러나 아동의 권리가 현실적으로 충분히 보장되었다고 보기 어려운 이유는 아동의 권리가 실정법에 보장된 실정권이라는 데에 있는 것이 아니라 그 실행여부에 달려 있다고 보아야 한다. 이러한 관점에서 아동권리의 문제를 실정권의 차원에서 논의하고 동시에 이 차원에서 해결책을 모색하려 한다는 점에는 한계가 있다. 우리가 주목해야 할 점은, 법 이전에 도덕 규범을 강조하는 바와 같이, 명문화된 규범을 통하여 권리를 논의하는 데에는 권리의 보편적이고 천부적인 속성을 강조해야 한다는 점이다. 즉, 실정법에 명기하지 아니한 아동의 권리가 존재할 수 있으며, 그것을 포괄적으로 존중함은 물론 아동 존중의 정신이 도덕권의 이념에서 근본적으로 출발해야 한다는 관점을 견지하여야 한다. 즉, 아동의 권리를 실질적으로 신장시키고, 권리침해를 방지할 수 있도록 도덕권의 정신을 견지하는 것이다.

이어 우리는 아동이 누리는 권리의 두 가지 속성, 즉 보편성과 특수성을 살펴볼 필요가 있다. 앞서 확인한 바와 같이, 보편성(universality)이란 권리의 속성이 보편적이기 때문에 누구나 예외없이 향유할 수 있다는 것이며, 이러한 맥락에서 아동의 경우도 예외가 아니라는 것을 뜻하는 말이다. 그러니까 권리의 보편적인 속성을 곧 예외나 정도의 차이를 인정하지 않는다는 의미로 해석하면, 연령적 · 정치적 제약과 경제적 무능과 같이 아동이 처한 특수성에도 불구하고 아동은 성인과 똑같은 권리를 누릴 수 있는 권리의 주체라는 것을 알 수 있다.[4] 이러한 보편성 논쟁은 대부분 미성년자인 아동도 성인과 똑같은 권리를 누릴 자격(entitlement, 즉 천부성)을 가지고 있다는 의미를 뒷받침하는 논거를 제공해 준다. 이와는 반대로, 여기서 언급되는 특수성이란 아동만이 지니는 특수한 상황 일체를 지칭하는 것으로, 아동이 향유하는 권리의 특수성을 뒷받침해 준다. 이를테면, 집안 여건이 넉넉지 못한 아동의 무료급식 문제, 특수아에 대한 특별한 관심과 지원, 의무교육의 무상화 확대 등은 모두 특정한 아동의 특수성에 기인하는 것으로 보아야 한다. 끝으로 아동의 특수성이 아동의 권리를 모두 특정권으로 이해하도록 하는 단초가 되어서는 안 된다는 점을 지적하지 않을 수 없다.

Ⅱ. 아동권리의 종류

이제까지 아동권리의 특성을 개념적이고 이론적인 차원에서 살펴보았다. 아동의 권리를 보다 현실적으로 이해하는 데에는 아동이 실질적으로 향유 · 행사하는 권리가 무엇인가, 즉 아동권리의 종류를 이해하는

4) 이에 관한 자세한 논의는 본서 제4장 참조.

일이 요구된다. 여기서는 아동의 소극적 자유권, 적극적 자유권, 평등권, 복지권, 자기결정권 및 참여권의 문제를 중심으로 살펴보도록 한다.

1. 아동의 소극적 자유권

소극적 자유권이란 자신이 하고자 하는 바를 자의적으로 행함에 있어서 타인으로부터 방해 또는 침해받지 않을 권리를 의미한다. 소극적 자유권이 존중되어야 하는 이유는 소극적 자유권이 모든 권리를 향유하고 행사하는 초석이 된다는 점이다. 한 인간이 자신이 하고자 하는 일을 수행하는 데 있어서 그 일을 하는 제 조건이 타인으로부터 방해를 받는다면, 그는 그 일을 해 보기도 전에(즉, 그 일을 할 수 있는 권리를 행사해 보기도 전에) 아무런 일도 할 수 없을 것이다.

대부분의 아동권리침해 문제는 일차적으로 아동의 소극적 자유권과 관련된다. 우선 생각할 수 있는 아동의 소극적 자유권 문제는 동료 학생으로부터 폭력을 당하는 일, 주변인으로부터 폭력을 당하는 일, 체벌 등의 문제를 들 수 있다. 여기서 폭력의 문제는 신체적 폭력뿐만 아니라 언어적 폭력, 심리적 폭력 등 일체의 폭력형태 모두를 포함한다. 이를테면 아동방임, 아동유기, 체벌, 학교폭력, 왕따, 성폭력 등이 여기에 포함된다. 이 문제는 아동권리의 침해로 보고 뒤에 좀 더 자세히 살펴보기로 한다.

소극적 자유권 침해 문제는 아동이 주로 생활하는 학교 상황을 중심으로 발생하는 경향이 있다. 물론 아동의 소극적 자유권 침해 문제가 학교 상황에 국한된 것은 아니다. 방임과 학대는 학교에 입학하기 이전인 유아기 때부터 일어나며, 성폭력의 경우도 많은 경우 학교 밖에서 자행되는 경우가 많다. 또 다른 각도에서 보면, 교육적 상황을 벗어난 침해사례도 많다. 이를테면, 부모의 이혼과 같은 가정의 해체로 인하여 아동의 자유권, 생존권 및 복지권이 침해당하고 있는 현실을 쉽게 목격할 수 있다.

2. 아동의 적극적 자유권

아동의 소극적 자유권이 수동적으로 보호되는 권리라고 한다면, 적극적 자유권은 아동이 능동적으로 행사하는 권리이다. 아동이 능동적으로 행사하는 권리란 아동이 스스로 선택하고 계획한 현재와 미래의 삶에 요구되는 일체의 것을 자율적으로 판단하여 영위하는 권리뿐만 아니라, 그러한 삶을 계획할 권리 등을 총칭하는 권리를 가리킨다. 여기에는 적극적인 행동의 자유, 학문의 자유, 의사표현의 자유, 집회 및 결사의 자유, 표현의 자유로 간주되는 두발과 복장의 자유 등이 포함된다. 이러한 모든 적극적 자유권이 갖는 공통적인 특징을 한 마디로 표현하자면, 그것은 '선택권'이라고 지칭할 수 있을 것이다.

아동의 적극적 자유권과 관련하여 우선 학문의 자유를 살펴볼 필요가 있다. 여기서 학문의 자유란 원칙적으로 특정한 제약을 받지 않고, 특정한 목적에 의하여 학문탐구활동이 제약받지 않는다는 것을 가리킨다. 협의로 보면, 연구의 자유에 해당하지만, 넓은 의미로 보면 연구의 성과를 발표할 자유, 이를 위한 집회·결사의 자유까지를 포함한다. 연구를 주업으로 하는 대학교수와 연구원, 그리고 대학생에게 이러한 학문의 자유는 비교적 지극히 당연한 권리로 간주되고 있지만, 초·중등학생 신분을 가진 아동의 경우에 학문의 자유는 공통의무교육과정에 대한 국가적 통제와 학교권위의 통제로 인하여 논란이 될 수 있다. 보다 구체적으로는 교과서 내용에 대한 학습거부권, 의무교육과정편성에 대한 참여권 등의 문제를 생각할 수 있을 것이다.

표현의 자유는 자신의 사상 및 양심·신념·지식·경험 등을 다양하게 표현할 수 있는 자유를 지칭하는 것으로서 여기에는 언론의 자유와 출판의 자유가 포함되지만, 보다 적극적으로는 특정한 표현의 수단에 국한되지 않는 일체의 표현의 자유를 가리킨다고 보아야 한다. 표현의 자유와 관련된 아동의 권리는 자신의 의사표현의 기본적인 자유를 포함하여 신체와 용모, 그리고 복장에 관한 자유까지 쟁점이 된다.

특히 학생 신분을 지닌 아동의 권리 중 집회 및 결사의 자유도 아동이 갖는 중요한 권리이다. 표현의 자유와 함께 집회 및 결사의 자유 행사는 아동이 재학 기간 동안 민주시민의 자질을 함양하고 연습할 수 있는 기회를 제공하기 때문이다. 그러나 많은 교육상황에서 표현·집회·결사의 자유는 성인의 그것과는 달리 교육적 목적에 의하여 제한되는 경우가 많다. 그 제한의 이유는 대개 '음성써클의 조직', '교육목적 외의 간행물 출간' 등에서 찾아진다.

3. 아동의 평등권

제5부에서 보다 자세하게 검토하게 될 '아동권리협약'은 그 3대 정신 중의 하나로 아동에게 가해지는 일체의 차별을 철폐해야 한다는 '차별철폐의 원칙'을 천명하고 있다. 이 원칙은 아동의 평등권이 얼마나 중요한가를 반증해 주고 있다. 다른 한편, 아동이 향유·행사하는 평등권은 헌법이나 기타 권리문서에 보장된 범주와 마찬가지로 폭넓게 적용될

수 있는 권리이다. 그러니까 아동의 평등권은 부모의 사회경제적 지위에 따른 차별을 받지 않을 권리, 교육상의 동등한 대우를 받을 권리, 동등한 공교육을 받을 권리, 동등한 교육 기회에 접근할 권리, 성으로 인한 차별을 받지 않을 권리, 신체적 사유로 인한 차별을 받지 않을 권리, 학업부진으로 인한 교육기회를 박탈당하지 않을 권리 등 매우 포괄적인 내용을 포함한다.

아동의 평등권은 두 가지 차원에서 이해할 수 있다. 하나는 적극적인 의미에서 모든 아동을 평등하게 대우해야 한다는 의미이며, 다른 하나는 아동의 평등을 저해하는 일체의 차별로부터 보호해야 한다는 의미이다. 아동권리의 '보장'이라는 측면에서 전자를 실현하는 것이 중요하지만, 아동의 실제생활 속에서 아동의 권리를 실질적으로 '신장'시키고 아동의 삶을 실질적으로 개선하기 위해서 보다 현실적으로 요구되는 것은 후자이다.

아동을 일체의 차별로부터 보호해야 한다는 정신은 '아동권리협약' 제2조에 포괄적으로 천명되어 있다. 여기서는 이를 좀 더 자세히 살펴보기로 한다. 우선 이 조항에 따르면, 아동은 자신의 인종, 피부색, 성별, 언어, 종교, 정치적 견해, 국적, 민족, 출신, 재산, 장애여부, 출생시의 지위 등에 의하여 차별받지 않는다고 천명하고 있다. 뿐만 아니라 '아동권리협약'은 '협약'에 명시된 차별받을 수 있는 아동 자신의 일체의 특성과 함께 아동에게 가장 큰 영향을 미칠 수 있는 부모 또는 법적 후견인의 인종, 피부색, 성별, 언어, 종교, 정치적 견해, 국적, 민족, 출신, 재산, 장애여부, 출생시의 지위 등에 의하여 모든 아동이 차별받지 않는다고 천명하고 있다. 이러한 일체의 차별을 예방하고 방지하는 데에는 차별방지를 위한 제도적 장치를 마련하는 일과 모든 사람에게 '차별'의 마음과 행위를 야기하는 편견을 제거하려는 노력이 요구된다. '아동권리협약'의 제2조 2항 '모든 형태의 차별로부터 아동을 보호'하기 위하여 당사국이 취해야 할 '모든 적절한 조치'는 법제의 마련과 같은 제도적 보완만이 포함되는 것이 아니다. 차별심을 야기하는 편견을 제거하기 위한 교육적 노력 등도 요구되는 것으로 제2조 2항은 해석되어야 한다.

적극적인 의미에서 아동의 평등을 실현하는 일에는 모든 아동의 개인차 및 개성 존중, 문화의 차이 인정, 교육기회의 실질적인 보장과 같은 노력이 요구된다. 이러한 노력은 사회의 정책적 배려뿐만 아니라 불평등을 조장할 수 있는 사회구조적 모순을 해소하는 일을 모두 포함한다. 그렇다고 해서 적극적인 의미에서 본 아동의 평등권을 모든 아동에게 일어나는 결과가 모두 획일적으로 동일해야 한다는 의미로 해석해서는 안 될 것이다. 기회의 실질적인 평등과 함께 개인차를 존중하고 수월성을 추구하는 일도 함께 고려하여야 한다.

끝으로 정보화사회에서 아동의 실질적 평등을 보장하기 위하여 반드시 고려해야 할 것은 이른바 '정보불평등'(Digital Divide)의 문제이다. 전통사회의 패러다임에서 불평등이 신분 질서에서 야기된 것이고, 산업사회의 패러다임에서 불평등이 정치 · 경제적인 측면의 사회구조적인 모순에서 비롯된 것이라고 한다면, 정보화사회의 패러다임에서 불평등은 정보접근과 같은 정보화사회를 구성하는 매체, 자료, 정보 및 지식에 접근하는 데에 요구되는 모든 조건상의 정보불평등에 기인한다. 정보화사회에서 정보불평등의 문제는 아동의 평등권을 고려함에 있어서 핵심적인 문제로 부각된다.

4. 아동의 복지권

'복지'가 기본적 생계를 유지할 수 없는 결핍으로부터의 해방을 의미하는 한, 복지권은 이러한 결핍으로부터 벗어날 수 있는 권리를 의미한다. 아동의 평등권과 마찬가지로, 아동의 결핍 상태가 야기되는 상황이 다양하게 제기되는 한, 아동의 복지권도 생활보호대상 학생의 문제, 결식 아동의 문제, 소년·소녀 가장의 문제 등을 포함하여 매우 포괄적으로 요구되는 권리이다. 물론 아동이 향유·행사하는 복지권 중에 보편적인 권리로 인정할 수 있는 권리가 있다. 무상의무교육의 형태로 기본적인 교육을 받을 권리가 그것이다.

'아동권리협약'은 아동의 복지권이 생계 유지에 따르는 최소한의 생활을 보장받을 수 있는 권리뿐만 아니라 결손 아동, 장애 아동, 소수민·원주민이 처한 특정한 결핍의 상태(즉, 편부모·양부모 가정의 비정상적인 양육, 신체적·정신적 장애, 열악한 성장 환경 및 문화적 열세 등)에서 벗어나야 한다는 당위성을 천명하고 있다. 이 당위성은 아동의 복지권을 성립시키는 근거가 된다. 물론 이를 위하여 당사국의 사회보장제도를 적극 권고하고 있음은 두 말할 나위가 없다.

우리나라 상황에서 본 아동의 복지권과 관련하여 특기할 만한 것은 다음과 같다. 생활보호대상 아동의 문제는 일견 교육적 문제가 아니라 사회적, 경제적, 또는 정치적인 문제라고 볼 수 있다. 그러나 이 문제가 해결되지 않는 한, 아이들이 최소한의 기본적 의무교육을 받는다는 것은 현실적으로 불가능하다. 결국 이 문제는 교육적 문제에 귀결된다. 굶으면서 아이들이 학교생활을 영위한다는 것은 노동자들에게 굶으면서 노동현장에 임하라는 것과 마찬가지로 불가능한 일이다.

결식 아동의 문제도 생활보호대상 학생의 문제와 본질상 같은 맥락에서 볼 수 있는 문제이다. 그러나 이 문제는 생활보호대상 학생의 문제와는 달리 학교상황에서, 그리고 교육재원을 바탕으로 한 교육적 노력으로 해결이 가능한 문제이다. 적어도 생활보호대상 학생을 포함한 빈곤 가정 아동의 급식 문제는 교육적으로 해결해야 할 문제이다.

다른 한편, 소년·소녀 가장의 문제는 우리나라의 국제적 위상을 고려할 때 시급히 해결하지 않으면 안 될 문제이다. 부모를 여의었거나 부모가 생활력을 잃고 병환 중에 있는 가정의 맏자녀가 자신의 동생들의 생계를 꾸려가면서 자신의 학업을 수행한다는 것은 그 아동의 연령이나 형편 등에 비추어 볼 때 매우 견디기 힘든 상황이다. 또한 이렇게 어려운 상황에 처한 아동이 적지 않게 존재하고 있다는 사실은 복지국가를 지향한다는 우리의 목표로 볼 때 국가적인 수치임과 동시에 우리가 시급히 해결해야 할 현안과제이다.

Ⅲ. 아동의 참여권

1. 아동의 자기결정권과 참여권

'자기결정권'(the right to self-determination)은 일견 적극적 자유권에 속한다. 그러나 이 권리는 '아동권리협약'이 천명하는 3대 원칙인 '참여권'을 포함할 뿐만 아니라 행복추구권과 관련되는 중요한 권리이다. 바꿔 말하자면, 행복추구권의 요체는 자기결정권에 있다고 해석할 수 있다. 또 아동의 자기결정권을 가장 잘 표현한 다른 이름이 바로 참여권이다. 그러니까 아동의 자기결정권을 보장하는 결정적인 요인은 아동의 참여권을 보장하는 일이다.

참여권은 정치적 참여의 권리에서 그 고전적인 유형을 찾아볼 수 있다. 이러한 사실은 참여권이 정치적인 참정권의 문제와 직접적으로 관련되어 있다는 긍정적인 정보를 제공해 주기도 하지만, 다른 한편으로 보면, 바로 그러한 이유로 인하여 미성년자인 아동의 참여권을 제한하는 근거가 되기도 한다. 한 마디로 아동은 성인에 비하여 능력이 부족하기 때문에 여러 가지 권리가 유보되거나 제한받을 수 있다는 것이다. 이러한 제한의 대표적인 경우가 참여권의 제한이다. 그러나 참여권을 제한하는 어떠한 논리나 주장도 참여권이 한 개인이 자신의 삶을 설계하고 주도함에 있어서 필연적으로 요구되는 권리라는 핵심적인 논점을 부정할 수는 없다.

이와 함께, 아동의 참여권과 관련하여 특이할 만한 사항은, 아동을 상대로 하는 권리교육에서 참여권이 그 핵이 되고 있다는 점이다. 널리 알려진 바와 같이, '재화공급'(provision)-'보호'(protection)-'참여'(participation) 축의 아동권리인식 단계에서 '참여'에 보다 중점적으로 초점이 맞추어지고 있다는 것은 '참여'의 중요성을 적극적으로 반영한 것이다.[5)]

2. 아동의 참여권 제한 문제

참여권을 인간의 자율적 삶의 차원이라는 현대적 의미에서 자신과 관련한 문제에 대해 자기결정권을 행사하는 권리로 이해할 때, 성인의

---

5) 본서 제4부 참조.

참여권에 대해서는 대부분의 사람들이 이의를 제기하지 않고 당연히 누려야 할 인간의 권리로 인식한다. 그러나 그 대상이 아동일 때 아동의 참여권에 대해서는 많은 논란이 있으며 제한을 가할 수 있는 권리로 인식한다. 그러나 그 근거는 무엇인가? 아동의 참여권을 제한할 수 있다고 보는 견해의 특성은 다음과 같이 정리될 수 있다.

첫째, 아동의 인식 능력을 기초로 하여 아동의 개별적 특성은 인정하지만 성인의 기준에 비추어 열등하고 불완전한 특성으로 해석하는 견해이다. 이러한 인식론적인 아동관은 연령과 능력과 경험의 준거에 의해 아동의 참여권 제한을 정당화하며 아동을 우선 성인에 의해 보호받아야 하는 존재로 인식한다. 그러나 대부분의 성인들에게 상식으로 통하고 있는 이러한 관점에는 수긍하기 어려운 몇 가지 문제점이 있다. 첫째, 능력을 기준으로 하여 아동과 성인을 구분하는 실정법의 근거는 상당히 자의적이다. 흔히 성인을 발달이 완성된 사람으로 여겨 발달과 능력을 일치된 개념으로 이해하지만 성인도 아동과 같이 계속 발달 중에 있는 존재이거나, 설사 발달에 있어 앞서 있다 하더라도 이것이 곧 성인이 아동의 권리를 제한하는 근거를 제공하는 것은 아니다. 둘째, 연령에 의한 제한은 사회공리적 필요에 의해 정당화되지만 그 적용이 사회·문화·역사에 따라 다르기 때문에 그 기준이 상대적이고 임의적이다. 셋째, 18세 미만의 모든 아동의 참여권을 무조건적으로 제한하는 것은 아동의 무능 때문이 아니라 실정법이 아동의 개인차와 다양성을 인정하지 않고 연령이라는 편의적인 잣대를 근거로 하기 때문이다. 넷째, 능력에 근거한 아동의 참여권 제한은 아동의 실수와 시행착오가 지니는 부정적 측면에 초점을 두고 있다. 이것은 또한 성인의 시행착오와 아동의 시행착오를 동등하게 취급하지 않는 모순이 있다. 아동의 참여권은 실수와 시행착오로부터의 지식과 경험에 기초하여 향상될 수 있다는 점에서 아동의 참여권을 제한하는 것은 아동이 가지는 발달권을 원천봉쇄하는 것을 의미한다.

둘째, 아동의 참여권 제한을 정당화하는 견해는 '권리'를 '의무'와 짝을 이루는 상관개념(correlatives)으로 이해하여 아동이 시민으로서 의무와 책임을 다할 능력이 없기 때문에 이에 상응하는 권리와 지위를 누릴 수 없다는 인식이다. 그러나 의무와 상관관계로 권리를 이해하는 것은 호펠드(Hohfeld, 1919)가 설정한 권리의 고전적 모형에서 채권–채무의 관계처럼 청구권적 권리를 전제로 했을 때만 성립한다.

셋째, 아동의 참여권 제한을 당연시하는 견해는 아동의 복지권과 참여권(자유권), 아동의 양육, 보호와 자기결정을 대립적으로 이해하는 관점과 밀접한 관련이 있다. 이 견해는 아동의 모든 문제를 복지적 측면에서 이해하려는 순환론적인 오류에 빠질 가능성이 높다. 즉, 참여가 전제되지 않는 복지는 '아동 자신의 이익이 아닌' 타인의 이익을 도모할 위험성이 있으며, 복지가 전제되지 않는 참여는 아동 자신의 이익을 '실질적으로' 도모하지 못할 가능성이 있다.

넷째, 아동의 참여권 제한을 정당화하는 견해는 권위적 간섭주의(paternalism)와 밀접한 관련이 있다. 이때, 단순히 아동의 이익을 고려한다는 명분에 따라 권위적 간섭주의가 합리화되는 점에 유의해야 한다. 왜냐하면 아동의 이익이 무엇인지는 권리주체인 아동 자신이 스스로 결정할 수 있을 때 실질적 이익이 될 수 있기 때문이다.[6]

이상 아동의 참여권 제한을 정당화하는 네 가지 관점에 대한 논의를 통해, 아동의 참여권은 아동이 권리의 주체로서 보장받아야 할 핵심적

6) 본서 제5장 참조.

인 권리이며, 아동을 둘러싼 권위적 간섭주의로부터 권리주체인 아동의 실질적 이익을 지킬 수 있는 보편적 권리로서 중요한 의미를 지닌다는 것을 알 수 있다. 이러한 아동 참여권의 중요성은 아동권리협약을 통해 다시 한 번 분명하게 확인할 수 있다.

'아동권리협약'에서 아동의 참여는 제12조 아동의 의사표현권과 제13조 의사표현의 자유에 관한 조항 등에 가장 잘 표현되어 있다. 협약 이전의 선언이나 협약 중 아동의 참여권과 관련된 내용은, 1966년 유엔에서 채택하여 1976년 발효된 A협약(경제적 · 사회적 · 문화적 권리에 관한 국제협약)과 B협약(시민적 · 정치적 권리에 관한 협약)의 제1조에서 천명하고 있는 '자기결정권'에서 찾을 수 있다. 특히 B협약은 세계인권선언이나 A협약과는 달리 가정과 아동의 중요성에 초점을 맞추어 아동의 권리에 관하여 어떤 선언이나 협약보다 구체적으로 명시하고 있다(B협약 제24조). 그러나 B협약도 역시 차별과 보호받지 못한 아동에 관한 권리 규정에만 초점을 맞추고 있으며, 아동이 누릴 수 있는 시민적 · 정치적 권리와 관련된 사회 · 경제 · 문화적 권리를 보다 포괄적으로 담아내지 못하였다는 한계를 보여준다.

이에 반해 아동권리협약 제12조와 제13조는 아동에게 권리의 주체로서 자신의 문제에 보다 적극적으로 권리를 행사할 수 있는 참여권을 보장하는 근거를 제공하고 있다. 아동권리협약은 아동에게 권리주체로서의 참여(participation)의 길을 제시함으로써 아동을 성인과 동등한 인간으로서 온전하게 자신의 권리를 향유하고 행사하는 권리주체로 인식하게 했다는 점에서 매우 중요한 의의를 지닌다.

Ⅳ. 인권 차원에서의 아동의 권리: 아동권리의 침해

1. 폭력

1) 학교폭력

어린이헌장에 따르면, '어린이는 학대를 받거나 버림을 당해서는 안 되고, 나쁜 일과 짐이 되는 노동에 이용되지 말아야 하며, 해로운 사회 환경으로부터 보호받아야 한다'고 규정함으로써 일체의 폭력으로부터 보호받아야 함을 포괄적으로 명시하고 있다. 또한 새로 마련된 '청소년 헌장'에 의하면, '청소년은 물리적 폭력뿐만 아니라 공포와 억압을 포함하는 정신적인 폭력으로부터 보호받을 권리를 가진다'라고 명시되어 있다. 한 마디로 아동이 생활하는 학교에서 일어나는 학교폭력은 그들의 보호받을 권리를 빼앗는 인권침해이다. 보호받을 권리를 빼앗는다는 점에서 소극적 자유권의 침해라고 볼 수 있지만, 또 다른 한편으로는 아동이 자신의 현재와 미래의 삶을 빼앗아간다는 측면에서 보면 적극적 자유권의 침해이기도 하다.

학교폭력의 심각성은 일차적으로 교육의 장(場)인 학교가 폭력의 기회를 제공한다는 데에 있다. 청소년폭력예방재단(1998)에 따르면, 학교폭력의 원인은 크게 네 가지이다. 첫째, 개인적 특성이다. 즉, 개인의 성격적 특성으로 인한 폭력행동을 가리키며, 잘못된 생활태도, 상황판단의 미숙, 도덕성과 법질서에 대한 인식 부족, 좋지 못한 교우관계 등이 학교폭력의 원인을 제공한다고 한다. 둘째, 가정의 문제이다. 가정의 문제는 일반적으로 부모의 잘못된 양육태도, 자녀에 대한 이해 부족, 과잉

보호, 과잉수용, 일관적이지 못한 교육관 등이 원인이 된다고 한다. 그리고 가정 내에서의 폭력과 자녀 학대가 학교폭력을 유발하는 원인이라고 한다. 셋째는 학교가 원인을 제공하는 경우이다. 입시와 시험으로 인한 스트레스, 지나친 경쟁의식 조장, 교사체벌, 전문상담교사의 부족 등이 여기에 해당한다. 넷째 원인은 두 말할 필요 없이 사회환경이다. 폭력문화, 엽기적인 내용을 담고 있는 영상매체와 정보매체 등이 폭력을 조장하고 있다.

학교폭력을 인권의 차원에서 보다 넓게 보면, 문제는 피해 아동에게만 해당하는 것이 아니다. 가해 아동의 입장에서 보면, 폭력 행위의 원인이 결손가정, 가정해체, 교사의 감정적 체벌 등에 있으므로, 이러한 점 등을 감안하면 가해 학생 스스로가 인권 피해자인 셈이다. 또 가해 학생이라 하더라도 그 학생이 또 다른 학생에 의한 폭력의 피해자일 가능성은 충분히 존재한다. 이와 같은 학교폭력의 복합적 양상은 가해자-피해자의 관계에서만 도출되는 것이 아니다. 폭력을 야기하는 '인과 연쇄망'은 환경, 부모, 행동 등의 다양한 경로를 통해 형성되며, 폭력의 양태와 장소 또한 다양하고 복합적인 것으로 나타났다.

여기서 '인과 연쇄망'이라고 하는 것은 두 가지 차원에서 살펴볼 수 있다. 하나는 학교폭력을 야기하는 경로를 가리키며, 다른 하나는 학교폭력이 다른 아동권리침해와 상호 연쇄망을 이루고 있다는 것을 가리킨다. 우선 학교폭력을 야기하는 경로로서 백승한(1999)이 제시하는 학교폭력 인과 연쇄망을 살펴보자. 이에 따르면, 행동상의 부적응은 폭력적인 훈육을 야기하고, 이는 다시 폭력을 허용하는 태도를 갖게 하고 아울러 공격행동을 합리화하게 하여 학교폭력을 불러일으킨다는 것이다. 〈그림 3-1〉은 학교폭력의 야기 경로로서 '인과 연쇄망'을 나타낸

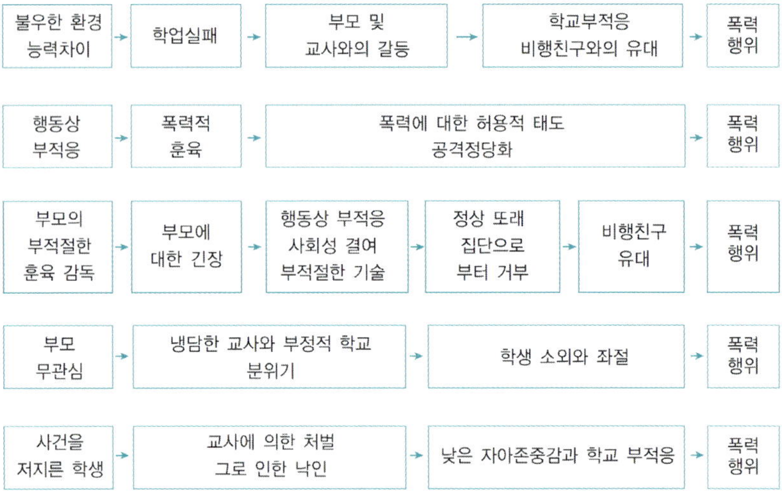

〈그림 3-1〉 학교폭력의 야기경로: 인과 연쇄망 Ⅰ

자료출처: 백승한(1999: 6)

것이다.

학교폭력의 '인과 연쇄망'은 다른 아동권리침해와 연계되어 있는 데서도 의미를 지닌다. 이를테면 가정 내에서의 부부간의 폭력과 부모의 자녀에 대한 폭력, 학교에서의 체벌, 아동 학대와 방임, 부모의 무관심 등은 교육의 장인 학교가 폭력의 발생장소가 되게 하는 보다 근본적인 원인이다. 그러니까 아동권리침해의 서로 다른 양상은 '인과 연쇄망'을 형성하고 학교폭력이 폭력의 재생산에 기여하고 있다는 점이다. 〈그림 3-2〉는 이를 명백하게 보여주고 있다.

앞서 열거한 원인은 학교폭력의 장면에서 가해자와 피해자를 양산하고, 피해자 역시 나중에 가해자가 되어 또 다른 인권침해 상황을 야기하게 된다. 학교폭력은 물리적 폭력을 비롯한 인권침해 상황을 재생산하는 양상을 지닌다. 이렇게 보면, 학교폭력의 예방·근절 등에 관한 대책

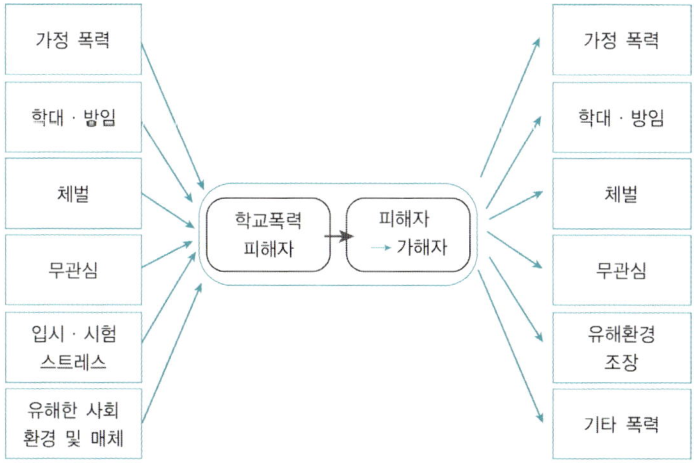

〈그림 3-2〉 학교폭력의 재생산 과정: 인과 연쇄망 II

은 학교에서만 마련되어서는 안 된다.

학교폭력의 인과 연쇄망이 지닌 다면성과 재생산성을 고려하여 학교폭력을 위한 대책으로 백승한(1999: 14-6)은 다음과 같은 제언을 하고 있다. 첫째, 가정은 학교폭력의 가해자뿐만 아니라 피해자를 만드는 원인제공 장소이기 때문에, 부모의 생활태도와 역할의 중요성을 꼽고 있다. 특히 자녀에게 모범이 되지 못하는 부모의 그릇된 행동, 즉 폭력행사, 폭언, 음주, 거짓말 등의 행동을 삼가야 할 것과 아버지의 역할을 강조하고 있다. 둘째, 학교에서의 교사의 체벌과 폭력에 대한 인식의 제고, 학교폭력 예방에 필요한 인성교육 및 권리교육의 실시, 폭력과 비행학생의 문제를 보다 전문적으로 접근할 수 있는 상담교사의 도입 등을 제시하고 있다. 셋째, 사회적 노력으로는 각종 유해환경과 폭력적인 매체의 영향에서 아동을 보호하려는 유기적인 정책은 물론 협조 체제 등의 구축을 제시하고 있다.

2) 왕따

‘왕따’는 학교내외에서 일어나는 특정 학생 또는 아동에 대한 ‘집단 따돌림 및 괴롭힘’을 가리키는 말이다. 왕따는 아동 개개인의 인격 침해를 야기하는 또 다른 형태의 학교폭력이다. 학교는 사회의 축소판이라고 한다. 이는 사회에서 일어날 수 있는 병리현상이 학교사회에서도 일어날 수 있다는 의미이기도 하다. 사회에서의 폭력에 물리적, 신체적인 것뿐만 아니라 집단적 배제행위가 있는 것과 마찬가지로, 학교에서도 전형적인 학교폭력과는 다른 겉으로 드러나지 않는 은근하면서도 집요하고 지속적인 괴롭힘이 나타난다. ‘왕따’가 이에 해당하는 전형적인 폭력이다.

서구 사회에서는 이미 오래 전부터 학교폭력 중의 하나로 ‘괴롭힘’에 해당하는 ‘bully’에 관한 개념이 사용되고 있었으며, 일본에서는 ‘いじめ’(이지메) 개념이 최근 들어 통칭되어 온 것이 사실이다. ‘왕따’ 현상이 어떠한 원인과 경로를 거쳐 나타난 현상인가를 구명하는 것은 매우 방대한 작업을 요하는 일이다. 그러나 한 가지 분명한 사실은 왕따의 공통적인 특성 중의 하나가 가해자와 피해자간의 힘의 불균형에 따른 가해 행위가 지속적이고 반복적으로 이루어지고 있다는 점이다. 그리고 가해자는 집단일 수도 있고, 개인일 수도 있지만, 피해자는 힘이 없는 개인이라는 점이다. 이는 왕따가 개인의 권리를 침해하는 권리침해의 한 유형이라는 사실을 말해준다.

한국교육개발원(1999)의 연구에 따르면[7], 왕따의 특성을 다음과 같이 정리하고 있다.

---

7) ‘왕따’에 관한 또 다른 조사 연구는 한국교육개발원(1998a) 참조.

① 왕따는 간접적 가해(소외시킴, 뒤에서 모함하는 것)에서 직접적 가해(모욕, 폭행, 갈취)로 발전하는 경향이 있다.
② 왕따의 가해자들은 피해자에게 원인을 전가시키고 자신들의 행위를 합리화하는 경향이 있다.
③ 대부분 왕따에는 주동자가 있고, 이에 대하여 일부 학생들은 동조 또는 방조하는 경향이 있다.
④ 왕따는 학교에서 교사의 눈을 피해 은밀하게 이루어지고, 학생들 사이에 퍼져 있는 집단규범으로 인해 교사에게 고지되지 못하는 경우가 많다.

같은 연구에 따르면, 왕따 행위는 다음과 같이 범주화된다.

① 소외: 상대 안 하기, 같이 놀지 않기, 도시락 같이 먹지 않기 등의 은근하게 일어나는 비언어적 폭력
② 모함: 엉뚱한 소문내기와 같은 뒤에서 하는 언어적 또는 비언어적 폭력
③ 경멸: 은근히 욕하기, 빈정거리기, 면박이나 핀잔주기 등과 같이 피해자에게 대놓고 하는 언어적 폭력
④ 괴롭힘: 말 따라하며 놀리기, 분필이나 물건 던지기, 발 걸기, 도시락 반찬 뺏어 먹기 등과 같이 비교적 강도가 약한 수준의 물리적 폭력
⑤ 폭력: 장난을 빙자하여 가혹 행위를 가하는 등의 강도가 강한 물리적 폭력 행위

아동의 인권을 보호하고 신장하는 차원에서 왕따에 초점을 맞추어야 하는 이유는 다음과 같이 정리할 수 있을 것이다. 첫째, 왕따는 피해 아동으로 하여금 학습환경에 대한 공포심을 조장하게 된다. 이는 곧 아동의 교육권을 포함하여 발달권 전반을 침해하는 일이다. 둘째, 왕따는 아동의 소극적 자유권과 안전 등을 포함하여 보호받을 권리를 침해한다. 신체적·심리적 안전과 자유를 저해하게 된다. 셋째, 소극적 권리가 침해받는 것 이상으로 아동의 적극적 권리가 침해된다. 아동 스스로 하고 싶은 일을 할 수 없게 됨은 물론이고 교내외 생활에서 참여권이 침해·제한받게 된다. 넷째, 아동의 참여권 침해는 민주적 생활 방식을 학습할 기회의 박탈을 의미하기 때문에, 왕따는 피해 학생은 물론 사회 전반에 걸친 민주사회 실현을 저해하는 사회병리적인 현상이다.

왕따 현상에 대한 대책도 여러 가지 마련될 수 있는데, '학교폭력의 예방과 근절을 위한 대책'에서 지적한 바와 마찬가지로, 왕따 현상을 인권침해의 차원에서 접근하고자 한다면 보다 근본적이고 종합적인 대책이 수립되어야 한다. 심리적 상담과 임상적 치료, 제재와 보호, 민주시민교육 및 권리교육, 학교 및 사회 풍토의 개선 등 모든 영역에서 노력과 함께 학교, 학부모, 지역사회는 물론 국가적 수준의 개선 노력이 요망된다. 특히 '왕따'에 대한 국가적 차원의 대책과 처방이 절실히 필요하다는 요구가 증대되고 있다.

3) 체벌

체벌 문제만큼 교육적으로 민감한 문제도 없을 것이다. 우선 체벌을 지지하는 입장에서 보면, 체벌은 '교육적 필요'에 의하여 가해지는 '교육적 조치'이다. 유교적 한국 문화에 의하여 형성된 '사랑의 매'라는 교육적 수단은 이러한 입장을 견지해 준다. '교편'이라는 말이 암시하듯이 교육자의 훈육에 동원되는 '회초리'와 '매'는 '사람을 만드는 일'에 필수 불가결한 요인으로 자리잡아 왔다. 그러나 체벌은 명백하고 엄연한 권리침해이다. 그럼에도 불구하고 체벌이 교육현장에서 일어나고 있는 것은 한국사회가 체벌에 대한 허용도가 매우 높은 사회이기 때문이다. 체벌에 관한 각종 의견조사들(한국교원단체총연합회, 1998. 1999; 한국교육개발원, 1998b, 1998c)은 한국사회의 높은 체벌 허용도를 일관되게 보여준다. 체벌불가피론의 배경에는 사회체계 내에 폭넓게 자리잡은 높은 폭력범죄율 및 복수적 정의감(retributive justice), 폭력을 미화하는 대중매체 등의 영향력과 더불어 적자생존의 입시환경, 권위주의적 위계질서, 징벌위주의 학사관리 및 일상화된 통제와 검열 등의 학교교육체계가 체벌을 정당화하는데 유리한 환경으로 작용하고 있기 때문이다. 이러한 구조적 환경 아래서 교사특성(교사 자신의 아동기 체벌경험, 체벌허용도, 학생관리기술, 공격성, 권위주의 등)과 학생특성(결함 및 단점, 공격성, 학습부진)들이 부딪히면서, 문제행동을 하거나 또는 교사에게 문제로 인식하는 상황이 발생하고, 그 대응으로서 체벌이 시행된다.

1998년 3월 새로이 제정된 '초·중등교육법'은 '교육상 불가피한 경우'를 제외하고는 신체적 고통(체벌)을 주는 징계나 지도를 할 수 없다고 체벌을 원칙적으로 금지하였다. 그러나 이 조항은 체벌의 실질적인 허용을 의미한다. 새로운 교육법 시행령 제7항의 「교육상 불가피한 경우」라는 유보단서를 근거로, 행정당국은 교육상 불가피한 경우의 체벌을 인정하여, '사회통념상' 합당한 범위 내에서 체벌시의 절차규정을 제도화하도록 하였다.

이러한 타협적 결론은 두 가지 의미를 지닌다. 첫째, 교육의 과정에서 체벌 인정은 과거의 전통사회와는 달리 기본적 자유권(특히 신체의 자유) 존중 등 민주적 가치와 상충한다. 인권의 존중과 보장은 헌법이 정한 우선 명제이므로 인권을 제한할 경우에는, 무엇보다도 그 실제적 근거가 명확하고 구체적이어야 하며, 적법절차에 따라야 한다. 따라서 교사에게 징계권의 행사로서 체벌을 허용하고자 할 때에는 체벌의 정당성(실체 및 절차적 정당성)의 근거가 명확한 경우에 한정된다. 그러한 의미에서 체벌의 '적정절차'(체벌의 종류와 기준)를 마련하는 시도는 분명 과거에 비해 진일보한 조치이다.

그럼에도 불구하고, 또 다른 한편으로, 체벌이 교육의 과정에서 수용되기 위해서는 절차적·법리적 수준의 문제만이 아니라 교육적 효과의 사실적 근거도 확보되어야 한다. 이를 위해서 현행 교육정책이 암암리에 그리고 선험적으로 전제하고 있는 '체벌의 교육적 성격'을 재검토해 볼 필요가 있다.

체벌은 복합적인 교육상황 속에서 발생하기 때문에, 그 효과와 기능을 단순하게 단정지을 수는 없다. 체벌은 현재와 같은 열악한 교육환경(과밀 학급, 입시위주의 학교문화 등)에서는 나름의 정당화 논리를 가지고 있다. 체벌은 다른 어떤 형태의 벌보다도 최소한의 노력과 시간을 투여하여 보다 신속한 통제 효과를 거둘 수 있다는 점이다. 또한 체벌을 관찰함으로써, '본보기를 보여줄 수 있다'는 점도 효과적인 수단으로 간주되는 이유이다(배경내, 1998). 무엇보다도 체벌 행사를 정당화시키는 가장 강력한 논거는 문제행동을 통제하고 선도하기 위한 '교육상 필요'라는 명분이다. 체벌이 문제행동을 교정하고 개선하는 데에 실제적인 효과를 보인다면, 체벌은 '교육수단'으로서 부분적으로 정당화될 수 있고, '체벌불가피론'은 바로 이에 바탕을 두고 있다.

일반적으로 체벌시행은 즉각적 효과로서 '복종'을 이끌어낸다. 실제로 처벌이 지닌 즉각적 통제 및 복종효과 때문에, 교사들은 그것이 효과적이라고 믿는 경향이 있다. 그러나 '복종'을 이끌어내는 이른바 '체벌의 교육적 효과'는 타당한 것인가? 이를 위하여 모방 이론과 낙인 이론을 중심으로 체벌이 학생에게 미치는 영향을 살펴보자.

우선 모방 이론에 따르면, 체벌은 모델링과 자기 강화를 통하여 '공격적 행위양식'의 내면화를 가져올 수 있다.[8] 즉, 교사가 체벌을 사용하게 되면, 학생에게 공격모형을 제공하게 된다. 또한 체벌은 흔히 사랑과 존경의 권위자에 의해 행해지며, 따라서 도덕적으로도 합리화되기 때문에, 경우에 따라 폭력이 갈등상황을 해결하는데 용인될 수 있다는 폭력의 중화 기제를 발전시키고, 손쉽게 공격적 수단으로 문제를 해결하려는 경향이 증가된다. 공격은 반격을 낳게 하며, 교사에게 반격을 하지 못하면, 자기보다 약한 대상을 구해서 반격하게 된다. 학생들 사이에 증가하고 있는 폭력 사용이나 간혹 발생하는 학교기물파괴 등은 체벌로 인한 유출효과(spillover effect)로 간주할 수 있다. 결국 체벌 사용은 문제를 해결하기보다는 문제를 힘으로 통제함으로써 앞서 검토한 학교폭력과 같은 부작용을 증폭시키는 결과를 초래한다.

한편 낙인 이론에 따르면, 체벌에 연관된 부정적 정서반응을 매개로, 체벌 당하는 아동은 교사가 자신을 문제 있는 아동으로 생각할 것이라는 '반사된 자아평가'를 통하여 부정적 자아평가를 가져올 수 있다. 만일 체벌이 공개적으로 행해진다면, 모욕과 수치감은 벌이 끝난 후에도

---

8) 체벌이 어떻게 하여 공격성이나 폭력성을 증진시키게 되는가는 이미 Bandura(1962; 1973; 1977)의 학습 이론에 의해 잘 설명되고 있다.

계속되며, 체벌 당한 아동과 다른 아동간의 사이를 서먹하게 만들어 연쇄적 낙인효과를 야기함으로써 '반사된 자아'가 부정적으로 형성되어 오히려 일탈과정이 가속화될 수 있다. 따라서 체벌은 개인적인 수준에서 공격적 모델링 제공, 폭력에 대한 우호적 태도를 형성하게 하여 폭력을 합리화하는 사회심리적 기제를 제공함으로써 교육현장에서 폭력을 미화하기도 하며, 낙인효과를 통하여 '모범생'과 '문제아' 구별짓기를 구조화함으로써 부정적 자아낙인을 매개로 '불량'과 '비행'을 오히려 더 상승시킨다고 볼 수 있다.

이와 같이, 체벌이 훈육수단으로서 많은 문제점을 안고 있음에도 불구하고, 학교현장에서 사라지지 않는 궁극적인 이유는 무엇일까? 그것은 우리 교육현실과 직결되어 있다. 우리 교육현실은 사회가 지향하는 학력주의를 달성하기 위하여 요구되는 '입시형 인간'과 과부하된 교육적 부담을 달성해야 하는 교사의 명령에 복종하는 '순종형 인간'을 만들어낼 수 있는 가장 손쉬운 방법이 바로 '체벌'이기 때문이다.

사실상, 체벌의 일차적인 목적은 '교육'보다는 '통제'에 있다. 경험적 조사연구에서 밝혀진 바와 같이, 학생들 사이에서 체벌은 오히려 권위주의적 통제와 이를 유지하기 위한 수단으로 간주된다(배경내, 1998). 교사들 역시 체벌효과를 '바람직하지 않은 행동의 수정효과'라는 측면에서 찾기보다는 오히려 '학습과 권위를 위한 통제수단'이라는 측면에서 이해하며, 체벌을 '교육상 필요'라기보다는 해당 행위에 대한 '응보적 벌'이라는 측면에서 시행하고 있다(김은경, 1999). 이런 맥락에서 볼 때, 체벌의 현실적인 효과는 '교육적 효과'라기보다는 오히려 '권위주의적 질서나 권력관계의 유지'에서 찾을 수 있다. 실제로 최근에 체벌을 '교권' 문제와 연결시켜 논의하는 태도는 바로 그러한 맥락을 단적으로 대변하고 있다.

체벌은 다른 교육적 수단이 없을 때 동원되는 최후의 수단이며, 교육자의 체벌행위는 올바른 목적을 위한 것이라는 명분 때문에 도덕적으로 합리화되는 경우가 많지만, 체벌경험의 지속성과 일상화가 가져오는 폐해는 매우 심각하다. 심리학적으로 볼 때, 체벌은 그 본질상 폭력과 통제에 익숙한 수동적 인간상을 내재시키며, 자율적이고 능동적 동인을 거세시킬 수 있다. 폭력에 주눅든 사람은 흔히 짜증내는 언어를 사용한다. 합리적인 의사소통을 경험하지 못한 아이들은 민주적 대화의 언어를 갖지 못하고, 불평의 언어를 가지며, 본능적으로 약육강식의 논리를 내면화한다. 체벌은 힘의 위계에 따른 복종의 논리가 지배하는 사회를 재생산하는 데 기여한다. 따라서 체벌은 교육의 방법이라고 볼 수 없다. 따라서 체벌을 교육방법으로 정당화하려는 현행 정책의 방향은 재고되어야 한다.

우리가 '체벌'에 대하여 가져야 할 관점은 '체벌'을 '제도적으로 미화된 '폭력'으로 보는 것이다. 앞서 살펴본 바와 같은 체벌의 교육적 효과에 대한 의문은 물론이고, 몇몇 경험 연구(김은경, 1999; 김혜선, 1999)에 따르면, 체벌은 이른바 '그때뿐인 반응효과'인 '대증효과' 밖에 없으며, 학교에서 학생들의 기억 속에는 '맞았다'는 부정적인 정서효과만 남긴다는 결과가 나왔다.

끝으로 체벌에 따르는 '합리적 절차'라는 것이 과연 합리적인 것인가에 대한 회의가 있다. 아동을 교사와 학생, 교육자와 피교육자의 관계에서 수동적인 존재로 보고,[9] 아동에게 교육적으로 요구되는 가치의 실현이나 교육적 과업의 달성이라는 측면에서 체벌을 합리화하고자 할

---

9) 본서 제1장 제1절 참조.

수 있다. 그럼에도 불구하고 아동 개개인을 인격을 가진 권리의 주체로 파악하는 시각에서 보면,10) '사람이 사람을 때린다'는 것에 어떠한 합리적 절차가 요구되는 것인가를 묻는 것은 어색한 질문일 뿐이다. 적어도 이러한 관점은 근대법 사상에 근거한다. 근대법 체계 속에 명시된 처벌에는 신체형이 존재하지 않기 때문이다. 근대법을 준수하는 국가의 어느 법령에도 신체형이 존재하지 않음에도 불구하고, 그리고 우리의 법체계가 근대법 사상을 따르고 있는 상황에서, 그리고 인격체 형성을 지향하는 학교교육현장에서 체벌이 어떻게 정당화될 수 있는가 하는 의문은 여전히 남게 된다.

2. 아동 성폭력

'아동권리협약' 제34조는 아동이 일체의 성적 착취 및 학대로부터 보호받아야 한다고 천명하고 있다. 여기서 검토하고자 하는 아동에 대한 성폭력은 신체적인 성폭력을 비롯하여 성매춘과 같은 성착취, 그리고 성차별을 가리킨다.

1) 성폭력

아동의 인권침해가 심각한 양상을 띠는 분야는 아동 성폭력이다. 아동에 대한 성폭력은 '아동'의 정치·경제적 힘이 성인에 비해 약하다는 점이 가장 크게 작용한다. 이와 함께, 산업사회 이후, 사회의 익명성은 성폭력이나 성착취를 함에 있어서 도덕적 죄의식을 희석시키는 작용을 한 것이 사실이다. 우선 성폭력이 끼치는 폐해를 먼저 살펴보기로 하자.

10) 본서 제4장 참조.

첫째, 학교폭력이나 왕따와 달리, 성폭력은 미래를 꿈꾸고 설계해야 할 아동을 성인 성폭력 피해자와 마찬가지로 자신의 현재와 미래의 삶에 대한 희망을 빼앗을 뿐만 아니라, 자포자기하게 되며, 고립되고, 무기력하게 한다. 둘째, 심리적, 정신적, 육체적 고통과 상처가 구조적으로·장기적으로 지속된다는 점을 들 수 있다. 셋째, 아동을 신체적, 정서적, 그리고 사회적으로 낙인찍는다는 점 등을 들 수 있다.

성폭력 문제는 무릇 사회적 관계로서의 성관계로 그릇되게 인식되고 있는 경향이 있다. 그러면서 성폭력의 피해가 은연 중에 피해자의 삶을 무너뜨리는 경향이 있다. 그렇기 때문에 성폭력은 폭력 중에 가장 가혹한 폭력이며 성폭력 피해자의 삶을 황폐화시키는 가장 심각한 인권침해의 유형이면서도 은폐가 가능하고 그 발생가능성이 언제 어디서든 상존한다는 데에서도 그 심각성을 찾을 수 있다.[11] 더욱이 근자에 들어서 보고된 아동을 상대로 한 성폭력의 양상은 피해자의 저연령화, 면식범(친족, 혈족, 이웃사람, 동급생, 선후배, 교사, 성직자, 학교 관계자)에 의한 피해 증가 등으로 나타난다. 또한, 성년의 성폭력 피해에 비해 성폭력 피해 아동이 피해 사실을 타인에게 인지하고 처리하는 과정이 잘 알려지지 않고, 피해에 대한 해결이 매우 암암리에 유야무야 처리되고 있다는 사실이 곧 피해 학생에 대한 또 다른 인권침해라는 점에 주목할 필요가 있다.[12] 즉, 아동의 성폭력은 성폭력 자체가 아동의 현재와 미래의 삶을 유린하는 인권침해이며, 동시에 의사표현의 한계로 인하여 그 처리과정에서 또 다른 피해를 야기시키는 인권침해라는 복합적 양

11) 아동의 성폭력 실태 등에 관해서는 자세한 언급을 하지 않기로 하며, 실태에 관한 주된 자료는 한국성폭력상담소가 발행하는 소식지 '나눔터' 등을 참조. 이하 성매매 등의 성착취에 관해서는 한국청소년개발원(1999) 참조.

12) 이에 관한 보다 자세한 내용은 조중신(1999) 참조.

상을 띤 심각한 인권침해이다.

2) 아동 성착취

아동 매춘이란 18세 이하의 아동이 성인들에게 성적인 서비스를 제공하고 이익을 얻는 것, 즉 몸을 파는 행위를 말한다. 이와 같은 사회병리현상은 성과 물질이라는 축을 중심으로 한 거래로, 향락문화와 물질주의적 사고가 지배적인 자본주의사회에서 어린 아동의 신체는 상품가치가 있으며 이를 물질과 교환하는 상황은 존속되기 때문에 나타난다.

실제로 세계 1억 명의 어린이들이 아동 매춘을 강요당하거나 밀매되고 있으며 포르노그라피에 이용되고 있다. 아동 매매춘은 선진국가나 개발도상국에서 모두 심각한 사안이다. 특히 제3세계에서 일어나고 있는 심각한 아동 매춘은 선진국은 수요자로, 후진국은 공급자로 서로 공생하는 관계 속에 확장되고 있다. 특히 성인을 대상으로 하는 매춘은 사양화되고 있으나 '깨끗한' 어린이를 대상으로 하는 섹스산업은 급속도로 번창하고 있다는 충격적인 보고도 있다. 한 보고서에 따르면 아동 매춘은 후진국일수록 심하고 그 주된 고객은 AIDS 감염을 두려워하는 유럽·일본 및 대만 등지의 사업가들인 것으로 나타났다(남성욱, 1998). 선진국도 예외는 아니다. 선진국 내에서도 성인들에 의한 아동 성착취로 아동인권이 무참히 짓밟히고 있다.

성적 착취는 또한 외설적인 행위를 시키기 위해 아동을 고용하거나 외설적인 물건을 배포하거나 상업용 포르노 필름을 제작하기 위하여 아동에게 자세를 취하도록 하는데 고의로 협조, 조장하거나 설득, 강압하는 자 또는 그런 필름을 고의로 현상, 복제, 인쇄, 교환하는 것 모두를 포함한다(허남순, 1993).

아동 매매, 매춘과 함께 아동 성착취의 한 유형으로 아동 포르노그라피를 들 수 있다. 특히 인터넷 기술의 급격한 발달로 어린 아동들을 이용한 포르노 범죄가 급증하고 있는 실정이다. 즉, 아동 포르노의 특징은 기술의 발달로 그 제작과 배포가 훨씬 쉬워지고 돈이 적게 드는 반면, 그것을 찾아내기는 더욱 어려워졌다는 점이다. 더욱이 문제가 되는 것은 모든 아동 포르노 사진과 비디오테이프가 아동을 학대하는 증거를 담고 있으며, 원본을 만들고 그것을 퍼뜨리면서 아동에게 끊임없이 피해를 주고 있다는 점이다. 피해 아동에게는 매춘행위가 치명적인 상처로 남을 뿐만 아니라 필름으로 보관된 자신의 몸과 행위 장면이 평생 지워지지 않는다는 지속성도 심각한 문제이다.

다른 한편 자아존중감이 덜 형성되었고 또한 기본적인 성교육을 받지 못한 아동이 인터넷상의 각종 음란물을 통해 왜곡된 성행위들만을 접하고 있다. 포르노 매체의 대상으로서 뿐만 아니라, 그러한 매체에 시청자로서 노출되는 것으로도 아동은 해를 입을 수 있다.

앞서 지적한 바와 같이, 학교 내에서 성폭력이 저연령화되는 추세와 함께, 우리 사회의 10대 아동 성 매매 실태는 매우 심각한 수준에 이르고 있다. 대검찰청의 보고서(1998)에 따르면 매춘 아동 중 중학생에 해당하는 16세 미만의 여아가 40% 이상이고 초등학생도 적지 않게 포함되어 있는 것으로 나타나고 있어 매춘 아동의 저연령화가 사회적으로 큰 문제로 대두되고 있으며, 공식적인 범죄 통계로 추산되지 않은 성매매 대상 아동은 엄청난 수에 이를 것으로 추정된다.

매춘 아동의 수가 증가하는 것만 문제가 되는 것은 아니다. 이들이 어떻게 하여 매춘을 하게 되었는가 또한 매우 중요한 문제라 할 수 있다.

일반적인 생각과 달리, 10대 아동이 처음부터 성매매 산업에 참여하게 되는 경우는 드물다. 이들의 대부분은 가출과 가정 복귀, 그리고 재가출을 반복하면서 서서히, 할 수 없이 성매매 산업에 유입된다. 또 10대 아동이 가출하게 되는 이유들로 부모의 이혼, 별거, 불화 등으로 인한 가정 문제, 입시위주의 학교교육, 우리 사회의 남성중심 문화와 소비지향적, 물질만능위주의 문화를 들 수 있다.

3) 성차별

'아동권리협약'의 제2조에 포함된 차별금지 원칙은 '협약'의 3대 정신 중 하나이다. 이 조항은 인종, 피부색, 성별, 언어, 종교, 정치적 견해, 국적, 민족, 사회적 출신, 재산, 장애 여부, 기타 요인에 의한 일체의 차별 없이 아동의 권리를 존중해야 함을 천명하고 있다. 어떤 이유로든 차별은 차별 당하는 사람에게 불이익은 물론이거니와 크나큰 심리적·사회적 고통을 가져다준다. 이 조항에 열거된 차별 중에서 문화적인 영향을 가장 많이 받아 은연 중에 일어나고, 그 피해 규모가 가장 큰 차별은 성차별이다.

성차별도 차별 당하는 사람에게, 대개는 여성이라는 이유로 여성에게, 불이익을 줌은 물론 심리적·사회적 고통을 가져다준다는 점에서 여타의 차별과 다를 바가 없다. 여성에 대한 차별은 사회문화적인 요인과, 특히 종교적인 이유에 의하여 당연한 것으로 받아들여지기도 한다. '은연 중에' 성차별이 일어난다는 것은 성차별의 발생 요인이 사회문화적이고 종교적인 이유를 근거로 하여 사회 규범화되었다는 것을 의미한다. 이러한 그릇된 사회규범을 통하여 성차별은 당연시되고 있는 것이다.

여기서 '성차별'이라 함은 삶의 제 영역에서 양성 평등을 저해하는 일체의 차별[13]을 의미한다. 이렇게 보면, 성차별은 사회문화적인 요인과 종교적인 요인에 의한 차별은 물론, 법령에 의한 차별도 있다. 이를테면 호주제 상속은 법령에 의한 성차별의 한 예이다. 그리고 교육에서의 성차별을 들 수 있다. 대학생 수 중의 여학생비, 여교수 비율의 저조와 같은 문제는 교육의 장에서 구조적으로 나타난 성차별이라고 볼 수 있다.

우리가 관심을 가져야 할 성차별의 문제는 제도교육에 의하여 성차별이 조장되고 있다는 점이다. 특히 제도교육에서 사용되는 교과서 또는 교육내용에 담겨진 성차별, 교실 현장에서 교사의 수업 행위와 생활지도 등을 통하여 야기되는 성차별, 음악과 체육과 같은 특정 교과지도에서 있어서 성차별, 양성 간의 기대 수준의 차를 드러냄으로써 나타나는 성차별, 진학지도와 상담 등을 통해 나타나는 성차별 등을 들 수 있다.

우리 생활 전반에 걸쳐 만연된 성차별을 시정할 수 있는 특단의 대책은 없는 듯하다. 그러나 아동의 인권 보호의 차원에서 적어도 다음과 같은 것은 반드시 고려해야 할 사안이다. 첫째, 전통적으로 고착된 성역할 및 고정관념을 버리고, 아동을 대하는 일을 들 수 있다. 둘째, 성별에 따른 이중적 성윤리를 불식하는 일을 들 수 있다. 셋째, 양성평등에 관한 교육을 내실화하는 일 등이다.

---

13) 성차별에 관한 연구는 한국여성개발원을 중심으로 이루어지고 있다. 성차별의 분야별 실태는 물론이고, 대책, 개선방안 등 종합적인 연구가 이루어지고 있다. 본서에서는 분야별 실태 등에 관한 언급은 하지 않기로 한다. 이에 관해서는 한국여성개발원이 수행한 일련의 연구를 참조.

3. 아동 학대 및 방임

'아동권리협약' 제19조는 아동이 어떠한 형태의 유기, 학대, 착취와 같은 일체의 가혹행위로부터 보호받아야 한다고 규정하고 있다. 체벌, 폭력 등이 적극적 행위에 따른 인권침해 행위라면, 방임(neglect)은 소극적 행위에 따른 인권침해 행위, 즉 보호나 감독 등을 결여하거나 고의적으로 유기했을 때 야기되는 인권침해 행위이다. 이에 비해 학대(abuse)는 방임에 비해 더욱 적극적인 인권침해 행위이다. 그러나 관점에 따라, 방임은 학대의 한 유형으로 간주되기도 한다. 그리고 학대를 더 넓은 의미에서 보면, 신체적 학대, 정서적 학대, 성적 학대 등과 같이, 앞서 살펴본 인권침해 사례가 모두 학대에 해당된다고 볼 수 있다.

방임과 학대를 인권침해의 중요한 유형으로 볼 수 있는 것은 학대와 방임의 결과가 아동에게 미치는 영향이 그들이 현재 및 미래의 삶에 하고자 하는 바(적극적 자유권)의 전제가 되는 정상적 발달과 성장에 위해함은 물론 보호와 발달의 단계에서 요구되는 재화와 서비스를 공급받을 수 없도록 한다는 데에 있다. 즉, 아동이 향유하는 소극적 권리와 아동이 행사하는 적극적 권리가 총체적으로 침해하는 영역이 아동 학대와 방임이다.

1) 아동 학대

앞서 언급한 바와 같이, 아동 학대는 아동권리침해를 포괄하는 개념으로 이해될 수 있다. 실제로 '아동복지법'에서는 '아동을 타인에게 매매하는 행위', '아동에게 음행을 시키거나 음행을 매개하는 행위', '장애를 가진 아동을 공중에 관람시키는 행위', '아동에게 구걸을 시키거나 아동을 이용하여 구걸하는 행위', '공중의 오락 또는 흥행을 목적으로 아동의 건강 또는 안전에 유해한 곡예를 시키는 행위', '정당한 권한을 가진 알선기관 외의 자가 아동의 양육을 알선하고 금품을 취득하는 행위', '아동을 위하여 증여된 금품을 그 목적 외의 용도에 사용하는 행위' 등도 넓은 범위의 아동 학대 범주에 포함시키고 있다.

최근 들어 아동 학대에 대한 관심이 증가되고, 그 결실로 아동복지법이 개정되면서 구체적이고도 실질적인 대책과 예방이 마련되고 있다. 아동복지법에 의하면 '아동 학대는 보호자를 포함한 성인에 의하여 아동의 건강·복지를 해치거나 정상적 발달을 저해할 수 있는 신체적·정신적·성적 폭력 또는 가혹행위 및 아동의 보호자에 의하여 이루어지는 유기와 방임을 말한다'고 규정하고 있다.

아동복지법에 나타난 아동 학대를 정리하면 다음과 같다.

첫째, 신체 학대란 '아동의 신체에 손상을 주는 학대행위'라고 규정하고 있다. 즉, 보호자가 아동에게 신체적 손상을 입히거나 또는 신체적 손상을 입도록 허용한 우발적 사고를 제외한 모든 신체 손상 행위를 말한다. 여기에는 구타나 폭력에 의한 멍이나 화상·찢김·골절·장기파열·기능의 손상이나 화학물질, 약물과 같은 다른 방법에 의해 발생된 손상 등이 모두 포함된다.

둘째, 성 학대는 '아동에게 성적 수치심을 주는 성희롱, 성폭행 등의 학대 행위'로서 규정한다. 즉, 성 학대란 성기나 기타의 신체적 접촉을 포함하여 강간·성적 행위·성기 노출·자위 행위·성적 유희 등의 행위를 통하여 성인의 성적 충족을 목적으로 아동에게 가해진 신체적 접촉이나 상호작용 모두를 말한다.

셋째, 정서적 학대란 '아동의 정신건강 및 발달에 해를 끼치는 정서적 학대행위'로 아동에게 가해진 신체적 구속, 억제 혹은 감금, 언어적 또는 정서적 위협, 기타 가학적 행위를 포함한다. 아동의 인격, 존재, 감정이나 기분을 심하게 무시하거나 모욕하는 행위, 명백하게 아동에게 가해진 잔혹하고 학대적인 부당한 대우를 포함하며 신체적 혹은 성적 학대에 대한 위협이나 위해 행위, 고의적 반복적으로 아동에게 의식주를 제공하지 않는 행위, 아동에게 부당한 노동을 강요하거나 상업적으로 이용하는 행위를 말한다.

이재연(2000)에 의하면 국내에서 아동 학대가 43.7%의 높은 비율로 발생하고, 그 가운데 신체 학대가 23.5%, 방임이 20.2%, 정서 학대가 19.9%, 성 학대는 1.1%로 발생 빈도가 조사되었다. 또한 안동현(2000)의 연구에 나타난 신고된 사례에 의하면, 신체 학대 40%, 방임 39.6%로 이 두 가지 유형이 대부분을 차지하고 있었으며, 이것은 국내에서 신체 학대와 방임이 매우 높은 비율로 발생하고 있음을 시사하고 있다.

2) 방임

방임이 총체적인 측면에서 아동의 인권을 침해하고 있음에도 불구하고 '방임은 방임되고 있다'고 한다. 즉, 방임은 '아동 부당취급'(maltreatment)의 중요한 경우임에도 불구하고 학대에 비해 관심의 정도가 낮은 것이 사실이다. 그 이유는 다음과 같이 정리될 수 있다. 첫째, 방임이 아동 부당 취급의 여러 형태 가운데 가장 흔히 발생한다. 둘째, '방임'은 아동 학대에 비해 개념 정의가 어려운 점이 있다. 셋째, 아동 방임에 관련된 난점은 빈곤이나 적절한 양육과 같은 개념화하기 어렵거나 실제 접근을 제한하는 요인들이 방임과 밀접하게 연관되기 때문이다.

'아동복지법'에 따르면, 방임이란 '자신의 보호·감독을 받는 아동을 유기하거나 의식주를 포함한 기본적 보호·양육 및 치료를 소홀히 하는 행위'로 규정하고 있다. 보호자가 고의적, 반복적으로 아동에 대한 양육 및 보호를 소홀히 함으로 인하여 아동의 건강이나 복지를 해치거나 혹은 정상적인 발달을 저해할 수 있는 모든 행위를 말하며, 방임에는 의료적 처치의 거부 등 신체적 방임, 유기, 장시간 아동을 위험한 상태로 방치하는 등의 부적절한 감독, 교육적 방임, 정서적 방임 등이 있다. 이 중 유기는 아동을 공공장소나 길 또는 남의 집 앞 등에 버리거나 태아를 정당한 이유 없이 낙태시키는 행위를 뜻한다. 방임은 정서 학대와 구분하기가 쉽지 않으나 두 가지 모두 신체적 학대로 발전하거나 동시에 일어나며, 아동의 발달과정에 장애요인으로 작용한다.

대체로 방임은 신체적 방임, 교육적 방임, 정서적 방임의 세 가지 형태로 구분한다. 이를 정리하면, 다음과 같다.

첫째, 신체적 방임이란, ① 건강 보호의 거부나 지연: 신체 상해, 질병, 장애 등에 대해 필요한 전문가의 적절한 처치를 제공하거나 허용하지 않는 것 혹은 지연시키는 행위, ② 유기: 적절한 보호나 감독 없이 아동을 방치하는 경우, ③ 부적절한 감독: 장시간 아동에 대한 적절한 감독이 이루어지지 않는 상태로 내버려두거나 아동의 행방에 대해 보호자가 알지 못하는 상태에서 아동이 집밖에서 지내는 경우, ④ 기타 신체적 방임: 부적절한 영양, 의복, 위생 공급, 아동의 안전을 고려하지 않은 부적절한 행위, 예를 들면 음주 상태에서 아동을 태운 채로 운전하는 것 혹은 자동차에 어린 아동을 혼자 내버려두는 행위 등을 포함한다.

둘째, 교육적 방임이란, '장기간 계속되는 무단결석의 허용, 의무교육 기간 내에 있는 아동의 학교 등록 포기, 아동에게 필요하다고 인정된 특수교육에 대한 무관심 내지 거부'를 가리킨다.

셋째, 정서적 방임이란, '적절한 양육과 사랑을 제공하지 못하는 행위, 배우자 학대에 노출시키는 행위, 아동에게 비합법적 약물이나 술을 허용하는 행위, 다른 부적응 행동을 허용하는 행위, 아동에 대한 적절한 심리적 보살핌을 소홀히 하는 행위'를 포함한다.

방임의 결과 나타난 장기적인 후유증으로는 ① 성장 실패(failure to thrive, FTT), ② 신체적 손상 및 생리기능의 변화, ③ 지능 및 자아기능의 손상, ④ 감정 조절기능의 저하 또는 이상, ⑤ 자기 개념의 손상, ⑥ 애착 형성의 붕괴, ⑦ 충동조절 능력의 저하와 또래 관계의 이상, ⑧ 학교 부적응, ⑨ 정신 병리 등이 나타난다고 한다.

가장 고전적인 방임의 형태인 아동 유기는 이미 오래전부터 자행되어 왔다. 소년소녀가장은 국내에서 나타나는 방임의 특별한 형태이다. 결식아동의 문제도 방임의 차원에서 다루어져야 할 아동권리침해 문제이다. 또한 '씨랜드 화재사건', '인천호프집 화재사건' 등도 망각 속에 묻혀 가고 있지만, 아동의 사회적 방임의 맥락에서 접근해야 할 문제이다.

4. 검열

인권침해로서 '검열'(monitoring)은 두 가지 차원에서 살펴볼 수 있다. 하나는 '검열'이 특정인의 행위를 방해하는 한, 검열로부터의 자유는 소극적 자유권에 속하며, 이 점에서 검열을 소극적 자유권(특히 사생활 보호권)의 침해로 보는 경우이다. 여기서 말하는 '검열'이란 특정한 목적으로 사람들의 소지품을 압수하거나 수색하는 행위와 특정인의 신체를 특정한 목적을 이유로 검사하는 행위를 말한다. 다른 하나는 '검열'을 특정한 기준을 정해 놓고 특정인의 신체 또는 특정인의 표현 양식 등이 그 기준에 맞추어져 있는가를 검사하는 행위를 지칭한다. 이 경우, 검열은 특정인의 표현의 자유를 침해하는 행위이다. 특히 후자의 검열은 의사표현의 자유 또는 의사표현권을 침해하는 경우와 관련되어 있다.

일반인을 검열할 경우, 검열을 하는 '특정한 목적'은 주로 '사회안전' 또는 '공공질서유지' 등에 해당된다. 우리가 시외버스 등의 대중교통 수단을 이용할 때 흔히 겪게 되는 검문·검색이 이에 해당한다. 그러나 검문·검색이 검문하는 사람의 자의에 따라 이루어지거나 그 범위가 임의적인 것이 아니다. 이미 살펴 본 우리나라 헌법 제37조 제1항의 포괄적인 권리 규정에 의거하여 개인의 자유와 권리는 원천적으로 보장받고 있다. 이런 관점에서 보면, 검문·검색을 하는 경우에는 개인의 권리와 자유를 제한하는 법적인 근거를 반드시 제시하여야 한다. 이에 따라 검문·검색을 하는 사람은 검문을 하는 법적 근거는 물론 자신의 소속, 계급, 성명을 밝혀야 하며, 당일 실시하는 검문의 목적과 범위 등을 피검문자에게 고지하여야 한다. 따라서 검열은 '사회안전'과 '공공질서유지'라는 특수한 상황에서 법적 근거와 절차에 따라 제한적이고 한시적으로 이루어져야 한다. 그렇지 않은 경우, 검열은 명백한 인권침해이다.

일반인과는 달리, 학생 신분의 아동인 경우, 검열은 주로 '교육적 목적' 또는 '교육적 필요'에 따라 이루지는 경우가 많다[14]. 체벌의 경우와 마찬가지로 검열이 이루어지는 근거를 '교육적 필요' 또는 '교육적 목적'으로 해석한다. 학교에서의 검열이 '교육적 목적'과 '교육적 필요'에

14) 본서 제5장의 권위적 간섭주의는 이 문제를 집중적으로 다룬다.

따라서 행해지는 상당한 경우에 학생들이 인격적 모독을 느낄 수 있다. 우리나라 성인 중 많은 이들이 한두 번은 과거 학창시절 불시에 소지품을 검사당하거나 머리를 깎인 경험을 해 본 적이 있을 것이다. 과거의 우리 사회가 민주화되기 이전이어서 늘상 있어온 일이라고 일축할 수도 있지만, 내심 심한 불쾌감과 인격적 모독감을 느끼지 않았던 사람은 없을 것이다. 이렇게 보면, 검열은 학교당국과 교사들에 의해 야기되는 학생들의 인격을 모독하는 행위일 수 있다. 따라서 검열이 정당화되기 위해서는 '교육적 필요'와 '교육적 목적'에 초점을 맞추어 살펴볼 필요가 있다.

학교에서 학생에 대한 검열이 이루어지는 것은 주로 소지품 수색과 압수, 두발 검사, 교복 착용 여부 등이다. 우선 소지품 수색과 압수는 주로 학생들의 소지품 속에 법으로 금지된 담배, 알코올 음료 등이 있는가의 여부와 교육적으로 유해한 불온서적, 음란물 등이 있는가의 여부를 검사하기 위하여 실시된다. 그리고 실정법과 교칙이 학생의 소지품을 검사하는 근거를 제공한다. 그러니까 소지품 검사나 압수와 같은 검열은 교육적 목적과 필요에 따라 적법한 절차를 반드시 거쳐야 한다는 데에 초점을 맞추어야 한다. 일반인에 대한 검문이 경찰에 의해 자의적으로 행해질 경우 피검문자의 사생활이 침해되는 것과 같은 맥락에서, 학생들의 소지품 검사도 자의적으로 남용되어서는 안 된다. 이에 대한 근거는 '아동권리협약'에서도 찾을 수 있다. '협약' 제16조는 '어떤 아동도 사생활, 가족, 가정 또는 통신에 대해 자의적이고 불법적인 간섭을 받지 아니하며, 아동의 명예와 신망에 대해 불법적인 공격을 받아서도 안 된다'고 규정하고 이어 '아동은 이런 간섭과 비난으로부터 법의 보호를 받는다'고 천명하고 있다. 소지품의 수색은 적어도 적법한 근거와 절차에 따라 제한적으로 이루어져야 한다. 달리 말하자면, 일반인을 영장 없이 수색하거나 법적 근거 없이 검문하는 것을 부당하다고 생각하는 한, 아동의 소지품 검사 및 압수도 같은 맥락에서 접근되어야 한다.

교육적 목적과 필요에 의하여 학교당국과 교사에 의해 실시되는 또 다른 검열인 두발 검사와 교복 착용은 '협약'이 규정하는 아동의 사생활 보호뿐만 아니라 아동의 의사표현권과도 관련된다. 두발의 형태는 어떤 옷 모양과 색깔을 좋아하는가 하는 개인적 선호(personal preference)의 문제와 같은 맥락에서 논의될 수 있기 때문이다. 즉, 두발의 길이와 형태, 색깔은 자기 표현의 중요한 부분이기 때문에 사생활의 보호 차원에서뿐만 아니라 표현권 보장의 차원에서 고려될 수 있다. 이와 관련하여 '아동권리협약' 제12조는 '당사국은, 자신의 견해를 형성할 수 있는 아동에게, 자신에게 영향을 미치는 모든 일에 대하여 자유롭게 의견을 표현할 권리를 보장해야 한다. 이때 아동의 의견은 나이와 성숙도에 따라 정당한 비중이 부여되어야 한다'고 하고, 이어 '이러한 목적을 위해, 아동은 특별히 직접적 혹은 대표기구와 적절한 단체를 통해 국내법의 절차에 부합하는 방식으로 아동에게 영향을 미치는 어떠한 사법적, 행정적 절차와 관련하여 자신의 의견을 표현할 기회를 제공받아야 한다'고 규정하고 있다.

이렇게 볼 때 학생 신분을 지닌 아동은 두발에 대한 자유를 누릴 권리를 가진다. 그리고 두발 규제에 관한 한, 이와 관련된 교육적 목적과 교육적 필요를 발견하기 어렵다. 교육적으로 요구되는 명분이 있다면, 그것은 '학생 통제'일 것이다. 머리의 길이와 색깔이 본인은 물론 타인의 건강이나 타 학생에 대한 안전, 수업분위기를 해친다거나, 아니면 교육목적에 위배되는 경우를 발견하기는 어려울 것이다. 이 경우, 두발에 대한 규제를 하는 교칙 등은 '학생 통제'를 위한 것으로 보아야 한다. 그리고 대개의 교칙이 규정하고 있는 두발 규제는 학교당국과 교사에 의하여 제정된 것이라고 보아야 한다. 달리 말하자면, 두발 규제를 규정하고 있는 대부분의 학칙은 학생 신분을 지닌 아동 자신의 개인적인 문제와 이익에 관련되어 있음에도 불구하고 아동의 참여를 배제하고 만들어진 셈이다. 일반인을 검문하는 법적 근거가 그 대표자인 입법기관에 의하여 마련된다는 점, 즉 일반 성인의 대표 의사가 반영되었다는 점과는 매우 대조적인 일이다. 두발 규제를 다른 각도에서 말하자면, 두발 규제 규정과 검열이 많을수록 아동의 실질적인 참여 기회는 줄어든다고 보아야 한다. 교칙이 학생의 참여 없이 학교 당국에 의하여 만들어졌다면, 그 이면에 깔린 교육적 필요는 '학생 통제'일 것이다. 이때의 '학생 통제'를 교권과 결부시키는 것도 설득력이 없으며, 두발 규제로 인한 '학생 통제'가 어떠한 교육적 효과를 꾀하고 있는가 하는 데에도 강한 의문이 남는다. 두발 규제를 통한 학생 통제가 무엇을 의미하는가에 관한 논란을 접어두고라도, 백보 양보해서 두발 규제를 인정하고 이를 통하여 학생을 통제하는 경우에도 학생들의 개성은 존중되어야 한다. 즉, 두발 규제를 할 경우에도 학생들에게 최소한의 개성 실현은 보장해 주어야 한다.

검열의 한 형태로서, 학생 신분을 가진 아동의 의사표현권을 침해하는 또 다른 경우가 교복 착용 여부를 검열하는 것이다. 인권 차원과는 달리, 교복 착용 여부는 교육적인 맥락에서 찬반이 팽팽히 맞서는 쟁점이다. 우선 교복의 착용은 교육의 목적과 기능이 일차적으로 사회 순응(conformity)에 있다고 보면, 별로 문제될 것이 없다. 학생의 생활지도와 통제를 위하여 교복 착용만큼 효과적인 수단도 없을 것이다. 또한 교육적 관점 외에도, 학부모들은 자신의 자녀가 입고 다니는 복장에 신경을 덜 써도 되는 편리함이 교복 착용을 지지해 줄 수도 있다. 그러나 교복 착용의 문제는 두 가지 차원에서 파악할 수 있다. 하나는 교육의 주된 목적과 기능이 사회 순응에 있다고 보지 않는 관점에서 보면, 교육이 보다 관심을 가져야 할 덕목은 개성의 존중이라든가 잠재력의 발현을 위한 독창성의 존중이다. 이렇게 보면, 교복 착용은 다양한 개인의 특성을 간과하고 동일성과 획일성만을 강조할 수 있다. 다른 하나는 채택된 교복이 자신의 취향과 맞지 않는 경우이다. 이 경우, 교복 착용은 '협약'의 제12조에 보장되어 있는 의사표현권의 전형적인 침해가 될 수 있다. 전자가 제도적인 차원에서 문제라면, 후자는 개인적인 차원의 문제라고 할 수 있다.

교복 착용이 교육적 목적과 필요에 의하여 지지된다는 점에서 여타의 검열보다는 문제의 심각성을 노정하지는 않는다. 그렇다고 해도, 아동의 의사표현권을 보장하기 위하여 교복 착용에 대한 논의는 다음과 같은 사항을 고려해야 한다. 첫째, 교복 착용의 찬반 여부를 결정하는 데 있어서, 정작 교복을 착용하는 학생들의 의사가 반영되어야 한다. 둘째, 교복 착용이 결정되었다 하더라도, 교복의 모양, 무늬, 색깔 등의 결정시 착용해야 할 학생들의 의사가 반영되어야 한다. 이 점을 보다 적극적으로 고려한다면, 매년 입학생들의 의사를 묻고 이를 반영하여 학년별로 교복의 형태를 달리 할 수 있는 여지도 제공해 주어야 한다. 셋째, 이와 같은 결정을 하는 데에 있어서 학교 당국과 교사, 그리고 학부모는 당사자인 학생들의 실질적인 참여가 이루어지도록 제반 여건을 조성해 주어야 한다. 그리고 이러한 참여를 통하여 검열의 의미를 알게 함은 물론 그들에게 실질적인 참여기회가 주어짐으로써 민주시민성을 함양할 수 있다는 점을 교육적인 차원에서 적극 고려하여야 한다.

참고문헌

강인수, 1998, 교육권, 교육학대백과사전, 서울대학교 교육연구소(편), 춘천: 하우.

김신일, 1995, 학부모의 권리, 의무, 참여, 김신일 외, 시민과 교육학, 서울: 한길사.

김은경, 1999, 체벌의 실태와 영향에 관한 연구, 한국형사정책연구원.

김은경, 2000, 체벌이 자아낙인과 비행에 미치는 영향, 아동권리연구 제4권 제1호, 한국아동권리학회.

김철수, 1994, 헌법학개론, 서울: 박영사.

김혜선, 1999, 학생지도, '체벌' 대신 다양한 지도방법으로 접근해야, 교육적 체벌, 어떻게 할 것인가?, 한국교원단체총연합회 교육공동체 신뢰회복을 위한 토론회 자료집, 한국교원단체총연합회.

남성욱, 1998, 우리나라 청소년의 매춘 실태, 학원폭력과 청소년 성 윤리 문제의 실태와 대책, 한국교육학회 충북지회 학술심포지움 발표자료.

대검찰청, 1998, 유해업소에 고용된 미성년자현황 보고서.

배경내, 1998, 학생인권침해에 관한 연구-고등학교를 중심으로. 연세대학교 석사학위논문.

백승한, 1999, 학교폭력과 학생의 인권 신장, 학생인권 신장방안 모색, 학생 인권에 관한 세미나 자료집, 한국교육개발원.

안동현, 2000, 아동방임의 본질과 사회적 의미, 아동권리연구 제4권 제1호, 한국아동권리학회.

이재연, 2000, 한국의 아동학대 실태조사 연구, 아동학대의 실태 및 후유증 연구, 보건복지부 정책과제 연구개발사업보고서(HMP-99-P-0011).

정해숙, 1999, 성차별과 여학생 인권 신장을 위한 과제, 학생인권 신장방안 모색, 학생 인권에 관한 세미나 자료집, 한국교육개발원.

조중신, 1999, 학교에서의 성폭력, 학생인권 신장방안 모색, 학생 인권에 관한 세미나 자료집, 한국교육개발원.

청소년폭력예방재단, 1998, 학교폭력 상담사례집, 제2호, 청소년폭력예방재단.

한국교원단체총연합회, 1998, 학생 생활·의식 실태 조사, 한국교원단체총연합회.

한국교원단체총연합회, 1999, 학교교육에 관한 학부모 의식조사, 한국교원단체총연합회.

한국교육개발원, 1998a, 학생의 왕따(집단 따돌림 및 괴롭힘) 현상에 관한 연구, 한국교육개발원.

한국교육개발원, 1998b, 교육에 대한 국민의식조사, 한국교육개발원.

한국교육개발원, 1998c, 한국 중등학생의 의식 및 생활실태 조사연구, 한국교육개발원.

한국교육개발원, 1999, 학생의 집단 따돌림에 대한 대책 연구, 한국교육개발원.

한국청소년개발원, 1999, 성매매 청소년 문제 실태와 해결 방안 연구, 한국청소년개발원.

허남순, 1993, 아동학대의 실태 및 대책, 한국아동복지학 창간호, 한국아동복지학회.

Bandura, A. & Walters, R. H., 1963, *Social Learning and Personality Development*, New York: Holt and Rinehart and Winston.

Bandura, A., 1973, *Aggression-A Social Learning Analysis*, Englewood Cliff, N.J.: Prentice-Hall.

Bandura, A., 1977, *Social Learning Theory*, Englewood Cliffs, N.J.: Prentice-Hall.

Korbin, J. E. (ed.), 1981, *Childabuse and Neglect*: Cross-Cultural Perspectives, University of California Press, Los Angeles.

Wringe, C. A., 1981, *Children's Rights*, London: Routledge and Kegan Paul.

제 2 부

권리주체로서 아동

4

권리주체로서 ‘아동’의 의미

Ⅰ. 들어가는 말

아동의 무능함과 미성숙함 그리고 법적 보호의 대상이라는 아동에 대한 소극적 관점에서 아동의 권리가 정당화되는 것이 아니며, 성인과 마찬가지로 아동도 하나의 인격체라는 절대적 명제 때문에 아동의 권리가 무조건적으로 지지되는 것도 아니다. 아동이 권리를 향유·행사하는 주체라고 주장하는 데에는 별도의 논의와 정당화가 요구된다.

아동을 권리를 향유하는 주체로 보는 관점이 괄목할 만한 진전을 거듭해 온 것은 사실이다. 이를테면, 아동은 필요한 재화를 공급하는 일은 물론이고 열악하고 유해한 환경 등으로부터 보호받아야 하며 이를 향유할 권리를 갖는다는 관점에서부터 아동은 자신의 자유로운 의사 결정을 할 수 있을 뿐만 아니라 자신의 삶을 결정하는 데에 일체의 간섭을 받지 않고 참여할 수 있는 권리를 가진 존재로 인식되기에 이르렀다. 이러한 아동권리의 신장 단계를 이른바 3P의 원칙, 즉 ‘재화–보호–참여(Provision-Protection-Participation)’라고 표현하기도 한다. 아동이 권리주체자로서 향유하는 내용의 측면에서 보면, 모든 아동은 복지 수혜의 대상이 되며, 이의 정당화는 '필요'(needs)의 개념에 근거한다. 보다 구체적으로 말하자면, 재화의 제공은 '생존적 필요'(substantial needs)의 측면에서 정당화되며, 보호는 한편에선 생존적 필요에 의하여 다른 한편에서는 보편적 필요(universal needs)에 의하여 정당화된다(Kim, 1996). 참여 또는 참여권(the right to participation)은 복지의 맥락에서 보면, 그것이 개인의 자유와 관련되는 한, 명백히 '보편적 필요'와 관련을 맺고 있다. 그러나 '참여' 또는 '참여권'이 아동의 권리로 인식되는 순간에도, 많은 사람들은 현실적으로 아동이 향유하는 이러한 권리가 권리로 성립될 수 없다든지, 권리로 인정하지만 그 권리 내용은 제약을 받아야 한다든지, 혹은 그렇지 않더라도 아동의 이러한 권리를 일정기간 동안 유보해야 한다는 입장을 취하고 있다. 그러나 이러한 현실은 아동의 권리가 보편적으로 부여된 것(entitlement)임을 부정하거나 권리주체로서 아동의 존재를 인정하지 않는 오류를 범하는 것이다.[1)]이러한 오류는 아동에 대한 모종의 불신(이를테면 아동은 불완전한 존재라는 믿음에서 나온 불신)에서 비롯되며, 그러한 잘못된 불신의 이면에는 왜곡된 아동관이 자리 잡고 있다.

이 장에서는 우리의 현실에서 권리주체로서 '아동'의 왜곡된 의미를 바로 잡는 것은 물론 '아동 존중'의 의미를 정치철학적인 입장에서 밝힘으로써 아동이 온전한 의미에서 권리주체임을 정당화하고자 한다. 이 정당화 논의에 앞서 우선 왜곡된 아동관이 어떻게 성립할 수 있는가를 알아보기 위하여 '아동'의 의미와 '아동 존중'의 두 가지 차원을 검토하기로 한다. 특히 그릇된 아동관과 아동권리에 대한 왜곡된 관점을

---

1) 'entitlement'가 권리의 보편적 속성임에 관해서는 Jones(1990), Wringe(1981; 1993) 참조.

시정할 논거를 제공해 줄 아동 존중의 정치철학적 의미가 함의하는 바를 보다 구체적으로 논의할 것이다.

Ⅱ. '아동'의 의미

아동연구에 관한 많은 문헌들은 아동의 의미를 '아동 중심'의 맥락에서 이해하는 경향이 있다. 특히 현대 국가가 복지 정책에 초점을 맞추면서 이러한 경향은 두드러지게 나타난다. 그러나 '아동 중심' 또는 아동을 존중한다는 의미가 아동의 입장을 무조건적으로 대변하거나 옹호한다고 해서 정당화되는 것은 아니다. 아동 존중을 나타내는 용어의 대표적인 경우가 '아동중심교육', '생활중심교육과정', '눈높이교육' 등이며, 경제학적인 용어를 빌리긴 하였지만 '수요자중심'이라는 말도 이에 해당한다고 볼 수 있다. 이들 용어는 모두 아동을 존중한다는 의미를 가정하고 쓰이는 말이긴 하지만, 그것이 무엇을 의미하며 그 정당화 근거를 어떻게 찾을 수 있는지 불분명하다. 이를 밝히기 위한 작업으로서 아동존중의 의미를 살펴보기에 앞서 '아동'이 의미하는 바를 먼저 살펴볼 필요가 있다.

우선 '아동'의 의미를 고려할 때 일반적으로 떠오르는 것은 아동의 연령적 범주가 어디까지인가 하는 점이다. '아동'은 발달심리학적인 의미에서 범주화할 수도 있고, 주요 관계 법령에 규정된 범주에 따라 한정지을 수도 있다. 그러나 어느 경우에도 아동의 연령적 한계에 관한 일치를 보기 어려운 것이 사실이다. 인간발달에 관한 연구는 우리가 관심을 갖는 아동을 영아, 유아, 청소년 등으로 구분하지만, 발달 연구의 내용과 방법의 편의에 따라 아동의 연령적 한계는 큰 편차를 보이고 있다. 예컨대, 피아제(Piaget)의 연구에 의하면, 12~3세 이후의 아동이 성인의 사고 특성이라고 할 수 있는 추상적 조작이 가능하다고 보지만 그렇다고 만 12~3세 이후의 10대를 아동의 범주에서 제외시키는 것은 아무래도 어색한 일이다. 다른 한편 법령의 측면에서 보면, 우리나라 아동복지법에 규정된 아동은 '18세 미만의 자'이지만, 이는 근로기준법과 형행법이 정하는 규정과 각기 일치하지 않으며, 외국의 경우에도 흡연을 허용하는 연령과 음주를 허용하는 연령이 각기 다른 점 등을 고려하면, 아동의 의미를 연령적으로 구분한다는 것은 한계가 있다. 특정 연령의 미성년자는 어떤 법령에 따르면 아동이 되지만, 다른 법령에 따르면 아동의 범주밖에 설 수 있기 때문이다. 따라서 이 글에서 논의하는 대상으로서의 아동은 포괄적인 의미에서 미성년자, 또는 성인에 비추어 다른 특성을 나타내면서 성인에 비해 나이가 어린 사람을 총체적으로 지칭하기로 한다. 이렇게 아동을 포괄적으로 규정하는 데에는 적어도 두 가지 이유가 있다. 첫째 이렇게 규정하면, 흔히 우리가 '아이들'이라고 부르는 넓은 의미의 미성년자를 모두 포함하게 된다. 즉, 우리의 일상어법에서 '아이들'이라고 지칭되는 사람들을 모두 포함하게 되므로 '아동'의 의미에 일관성을 유지할 수 있다. 둘째, 아동 문제에 관한 철학적인 논의에서 '아동'과 '아동 아닌 사람'의 구분은 어디까지나 논리적인 것에 의존한다. 달리 말하자면, 논리적인 구분(logical distinction)에 따른 논의는 반드시 사실적인 구별(factual separation)에 의존할 필요가 없다는 뜻이다. 즉, 연령에 의한 아동의 규정은 아동과 성인 간의 사실적인 구별에 불과하다. 아동이 성인에 비해 열등하다고 보는 견해를 뒷받침하는 하나의 기준이 연령인데, 뒤에 논의되겠지만, 아동–성인의 구분이 반드시 연령에 의존하지 않는다는 점은 연령 기준이 아동을 범주화하는 준거로 타당하지 않다는 것을 뜻한다.

'아동'이라는 개념을 사용할 때, 누구나 일견 떠올릴 수 있는 공통적인 개념적 속성은 '약자'라는 것이다. 그러나 '약자'라는 말은 '강자'에 대비되는 규범적인 의미를 갖기 때문에, '아동'은 '성인'에 대하여 규범적으로 열세하다(inferior)고 해석할 여지가 있다. 사실 전통적인 의미에서 보면, 아이들은 규범적으로 어른들보다 열세인 존재임에 틀림이 없다. 이를테면 어른(의 행동)은 도덕적으로 옳고 아이(의 행동)는 그렇지 못하다는 관점이다. 그래서 예로부터 아이들은 어른들로부터 무언가 끊임없이 배워야 하고, 시시때때로 어른에게 복종해야 하고, 어른의 뜻에 거슬리거나 어른의 기준에 어긋난 행동을 하면 벌을 받거나 심지어 매를 맞는 것까지도 당연하게 여겨왔다. 그리고 지금도 여전히 그러한 행태는 존속하고 있다. 하지만 아이들이 과연 이러한 취급을 받아야 할 만큼 도덕적으로 불완전한 존재인가? 또 아이들이 어른들로부터 그러한 취급을 받아야 할 근거는 어디에 있는가?

이러한 아이들에 관한 관점이 예로부터 또는 인류 역사와 함께 숙명적으로 이어져 왔다는 믿음은 사실이 아닌 듯하다. 아동이 불완전하거나 비도덕적이라는 관점은 아동에 관한 전형적인 관점이 아니다. 이러한 사실은 종교 경전이 간명하게 입증해 주고 있다. 성경을 인용한다면:

> '어린 아이들이 내게 오는 것을 용납하고 금하지 말라. 하나님의 나라가 이런 자의 것이니라. 내가 진실로 이르노니 누구든지 하나님의 나라를 어린 아이들과 같이 받들지 않는 자는 결단코 들어가지 못하리라' 하시고 (마가복음 10: 14-5)

복음서에 나타난 예수님의 말씀에서 아이들의 세계가 곧 천국임을 알 수 있다. 여기서 '천국'이라 함은 영원무궁하고 순진무구한 복락이 있는 곳을 지칭하는 곳으로 이해할 수 있으며, 천국이 아동의 것이라는 교훈에서 우리는 아동의 존엄성을 읽을 수 있다. 거기에는 아동이 도덕적이지 못하거나 불완전한 존재라는 증거를 찾아볼 수 없으며, 오히려 아동을 존중하지 않는 자는 천국의 세계와는 전혀 관계없음을 천명하고 있다고 보아야 한다. 따라서 아동 존중의 의미는 바로 아동의 존엄성을 지칭하는 것이다. 그러나 이러한 성경의 아동관을 다른 각도에서 이해하려는 기독교적인 시각이 있을 수 있다. 그것은 피조물인 사람이 하나님의 보호 대상인 것과 마찬가지로 아동을 성인(특히 부모)의 보호 대상으로 보는 것이다. 이렇게 아동을 이해하게 되면, 아동의 의미는 종교적 관점에서 열악한 존재로 퇴색될 뿐만 아니라 세속적인 관점(이를테면, 정치철학적 의미)에서도 시여(施與)의 대상 또는 재화의 공급(provision) 대상 내지는 보호(protection)의 대상에 머물게 된다. 이를 반증하기 위하여 우리는 성경의 복음서를 좀 더 세심하게 이해할 필요가 있다.

기독교 신자들이 흔히 주장하듯이 아동을 보호받아야 할 존재로 인식하여야 한다는 믿음은 성인이 아동보다 우월하다는 오만에 빠질 소지를 안고 있다. 이러한 오만은 적어도 인간의 고등 능력을 요구하는 활동으로서 종교 활동의 의미를 잘못 파악하는 일이라고 볼 수 있다. 그리고 이러한 관점이 과연 타당한 성서 이해인가를 검토하기 위하여 마태복음서에 나타난 아동관을 각기 달리 번역하고 있는 영역판을 보다 정확하게 살펴볼 필요가 있다.

> But when Jesus saw it, he was much displeased, and said unto them, Suffer the little children to come unto me, and forbid them not; for of such is the kingdom of God. Verily I say unto you, Whosoever shall not receive the kingdom of God as a little child, he shall not enter therein. (*King James*, Mark 10: 14-15)

> When Jesus saw this, he was indignant. He said to them, "Let the little children come to me, and do not hinder them, for the kingdom of God belongs to such as these. I tell you the truth, anyone who will not receive the kingdom of God like a little child will receive enter it." (*New International*, Mark 10: 14-15)

> But when Jesus saw what was happening he was very much displeased with his disciples and said to them, "Let the children come to me, for the Kingdom of God belongs to such as they. Don't send them away! I tell you as seriously as I know how that anyone who refuses to come to God as a little child will never be allowed into his Kingdom." (*Living Bible*, Mark 10: 14-15)

> But when Jesus saw it he was indignant, and said to them, "Let the children come to me, do not hinder them; for to such belongs the Kingdom of God. Truly, I say to you, whoever does not receive the kingdom of God like a child shall not enter it." (*Revised Standard*, Mark 10: 14-15)

이상의 네 가지 상이한 번역을 살펴보아도 아동을 시여의 대상 또는 보호의 대상이라고 볼 증거는 어디에서도 찾아보기 힘들다. 즉, 아이들은 하나님이 그의 백성을 보호하듯 성인이 보호할 대상이 아니라, 하나님을 받들 듯 존중해야 할 존재로 파악하고 있음에 주목하여야 한다.

네 가지 번역 중 어느 것이 더 세속적인 것인가에 관계없이 아동 존중의 의미를 일관되게 읽을 수 있다. 다시 말하자면, 아동은 하나님이 사람을 사랑하고 보호하듯 사람처럼 사랑하고 보호해야 할 존재로 이해해야 할 것이 아니라, 사람이 하나님의 나라를 받들고 공경하듯 아동을 존중하여야 한다는 의미로 이해하여야 한다. 따라서 우리는 성경에 나타난 아동관이 우리가 정당화하고자 하는 권리주체로서 아동의 입지를 강화시켜 주고 있다고 보아야 한다. 그리고 이러한 아동 존중의 의미는 마태복음서(19장 14절)에서도 역시 찾아볼 수 있다.

이러한 아동관은 성경에서만 찾아볼 수 있는 것이 아니다. 불교의 교리뿐만 아니라 스님들의 어록이나 행적에서 아동 존중을 쉽게 찾아볼 수 있다. 아동 존중의 의미와는 다소 동떨어지게 보일지 모르나, '等身佛'의 의미에서 불교는 왜 아동을 존중해야 하는가를 쉽게 유추할 수 있다. 일상 언어에서 '等身'이라는 말이 담고 있는 의미는 '얼빠진 사람' 또는 '얼을 빼놓고 제 할 일조차 분별할 수 없는 사람'을 지칭할 때 쓰이는 말이다. 그러니까 '等身佛'이란 종교적인 정의를 제쳐놓고 보자면, 사리 분별의 차원을 떠난 경지에 이른 부처님을 지칭하는 것이다. 이를 유추해 보면, 아동의 정신세계는 성인들의 그것처럼 사리분별을 일일이 따지지 않는 경지에 있다고 보아야 하며(그리고 그 경지가 곧 부처님의 경지이며), 따라서 불가에서 부처님이 존중되는 방식과 마찬가지로 아동은 존중되어야 한다는 것이다. 이상에서 살펴본 바와 같이, 종교적인 의미에서 보아도 아동이 성인보다 열등하거나 도덕적으로 미완성이라고 해석되어 온 것이 아니다. 적어도 여기서 언급한 종교가 인류의 정신세계를 이끌어 왔다는 사실을 부정하지 않는 한, 아동의 의미는 우리가 일상적으로 생각해온 것과는 대조적으로 재해석해야 할 소지가 충분히 있다.

물론, 아동에 대한 종교적 교훈이 우리의 일상에서 아동의 의미를 어떻게 해석해야 하는가를 구체적으로 지적해 주지는 않는다. 즉, 아동을 단지 보호의 대상으로 보라는 의미인지, 하나의 완성된 존재로 보라는 것인지가 분명하지 않다. 그러나 분명한 것은 소위 전통적인 아동관과는 전혀 다른 의미를 함의하고 있다는 점이다.

Ⅲ. '아동 존중'의 두 가지 의미

현대 민주사회의 교육은 어떤 시각에서 보더라도 아동을 존중한다는 가정을 하고 있다. 그러나 아동을 존중한다는 것이 정확하게 무엇을 지칭하는 것인지는 아동을 존중해야 한다고 주장하는 이들에게조차 명확하지 않는 듯하다. 이를테면 아동의 어느 측면을 존중해야 한다는 것인지, 또는 아동을 존중한다고 할 때 아동 존중의 한계에 대한 명확한 이해와 준거가 무엇인지가 결여된 듯하다. 한 가지 분명한 것은 아동을 존중해야 한다고 주장하는 데에는 아동에 대한 모종의 조치 또는 처방(prescription)을 해야 한다는 가정을 깔고 있는 듯하다. 엔트위슬(Entwistle)은 이를 '기술적 처방'(technical prescription)과 '규범적 처방'(normative prescription)으로 구분하고 이를 '아동중심'이라는 아이디어에 적용하고 있다(Entwistle, 1970: 17ff). 여기서 기술적 처방이란 아동에게 어떠한 조치를 취하는 데에는 이를테면 피아제(Piaget)가 주장한 바와 같은 아동 인지에 관한 이해 등을 고려하여야 한다는 의미이며, 규범적 처방이란 아동을 대하는 데에는 성인에게 요구되는 것과 같은 윤리적 규범이 똑같이 요구되므로 아동을 대할 때에는 성인을 대할 때와 똑같이 대응하여야 한다는 의미이다. 전자에 따르면 아동을 존중한다는 것은 아동 인식 능력의 한계를 중시한다는 의미이며, 후자의 관점에서 본 아동 존중의 의미는 아동이 성인에 비하여 신체적·정서적·인지적 발달 등에 있어서 차이를 나타내지만 그럼에도 불구하고 아동을 성인과 똑 같은 하나의 인격체로 대하여야 한다는 것이다. 후자의 관점은 특히 여성, 노예, 소수 민족 등과 같은 힘 없는 부류의 사람(minority)들에 대한 새로운 인식이 싹트면서 정립된 것이며, 이 관점에서 본 아동 존중의 의미는 일련의 윤리적·정치철학적 정당화를 요구한다. 따라서 이하에서는 이 두 가지 아동 존중의 의미를 각각 '인식론적 의미'와 '정치철학적 의미'라고 규정하고 이에 대하여 논의하기로 한다.

1. 인식론적 의미

인식론적인 의미(epistemological sense)를 엄격하게 적용해 보면, 아동은 여전히 미성숙한 존재인 동시에 인간이라고 할 수 없는 상태의 존재이다. 이러한 입장은 특히 교육철학에서 주지주의자(intellectualist) 또는 윤리학에서 인지론자(cognitivist)들에 의하여 강조된다. 삶의 사태에서 가장 중요한 것은 인지의 문제라고 보는 것이다. 인지의 문제를 통하여 도덕의 문제도 해결할 수 있으나, 인지적 능력과 그에 상응하는 인지적 발달이 없을 때 인간은 어떤 문제도 해결할 수 없다는 입장이다. 이것이 아동의 인식론적 의미의 요체이다.

이 입장에 따르면, 인간의 마음은 지식을 습득함으로써 형성되는 것이다. 따라서 지식이나 인식 능력이 부족한 어린 아동은 마음이 전혀 형성되지 않았거나 마음이 덜 형성된 존재이다. 이러한 믿음은 동·서양의 경우를 막론하고 전통적인 교육에 의하여 지지되어 왔다. 그리고 이러한 교육적 믿음은 서양의 전통적인 근대 인식론인 영국의 경험론과 대륙의 합리론 모두에 의하여 지지되어 왔다. 이에 관한 현대적 관점의 대표적인 예로 영국의 허스트의 '지식의 형식' 이론을 들 수 있다. 허스트(Hirst, 1965; 1974)에 따르면, ① 교육은 여러 가지 지식의 형식들을 획득하는 것이다. ② 지식을 성취하는 것은 합리성의 발달에 필요하다. ③ 합리성을 성취하는 것은 인간의 고유한 특성을 성취하는 것이다. 따라서 ④ 교육은, 여러 지식의 형식의 획득을 통하여 합리성의 성취라는 인간의 발달을 도모하는 것이다. 따라서 마음의 발달은 곧 인간의 발달이기 때문에, 마음이 없는 사람은 단지 이름만 사람일 뿐이다. 해리스(Harris, 1982: 55)의 표현을 따르자면, 아동은 '인격이 없는 사람'(human non-persons)이다. 그러나 이와 같은 견해는 아이러니컬하게도 아동의 전통적인 관점과도 통한다.

아동은 마음의 계발이 이루어져 있지 않거나 덜 이루어진 존재이므로 이름만 사람인 존재이다. 이러한 입장은 아동을 보는 전통적인 관점이다. 기껏해야 아동은 '작은 성인'(the small adult) 또는 '성인의 축소판'(an adult writ small)에 불과한 존재이다. 따라서 아동을 대하는 방식은 성인의 기준에 맞추어지고, 아동의 독자적인 세계는 무시된다. 아동을 위하여 무엇인가를 해야 한다면, 그것은 어디까지나 성인의 기준에 비추어 마련된 것이어야 한다. 아동을 끼워 맞추어야 할 것이 성인의 기준이 아니라 해도 그것은 아동이 살고 있는 그리고 앞으로 살아갈 사회의 기준(대부분의 경우 사회 규범)이어야 한다. 그리고 아동을 위한 교육방법 중에 대표적인 것이 도야(discipline)이다. 한 마디로 말하자면, 아동에 대한 전통적 의미에서 보면 아동 자신의 입장이라는 것은 고려될 성질의 것이 아니다. 이러한 전통적 의미의 아동관은 아동을 전적으로 미성숙하다고 본 데에서 기인한다. 나중에 자세히 이 문제를 살펴보겠지만, 아동은 미숙한 존재로 보아서는 안 된다. 이와 관련하여 아동에 관한 인식론적 관점은 아동의 미성숙을 보다 적극적으로 해석하여 실제적인 원리와 처방을 제시하고 있다. 아동에 대한 인식론적인 관점은 아동을 대할 때, 아동의 흥미, 동기, 인지 · 정서적 발달 상태 등을 고려하여야 한다는 관점이며, 이에 맞추어 아동을 대하는 적절한 방법 등이 따라야 한다고 처방하고 있다. 그럼에도 불구하고 아동에 관한 인식론적 관점은 아동을 하나의 인격 주체로 이해하는 데에는 소극적 · 부정적 입장을 견지하고 있다.

인식론적 관점이 아동에 대한 부정적 또는 소극적 의미를 담고 있다 해도, 이 의미가 실제적으로 무용한 것은 아니다. 아동에 관한 인식론적 관점은 아동을 이해하는 새로운 시각을 제공해 준다. 그 새로운 시각이란 대충 이런 것이다. 아동은 성인에 못 미치는, 그리고 성인의 기준을 만족시키거나 현 상태에서 아무런 조치 없이는 그 기준에 도달할 수 없는 존재라는 것이다. 그러니까 아동을 이해하는 데에는 성인을 이해하는 것과는 다른 잣대가 필요하다는 주장이다. 적어도 교육 상황에서 아동의 이해를 증진하기 위하여 새로운 교육 방법 등이 고려되어야 한다는 것은 이러한 주장에서 비롯된 것이다.

역사적으로(적어도 근대사에서 보면) 아동에 대한 새로운 시각은 계몽사상가 루소(Rousseau)에서 비롯되었다고 할 수 있다. 루소는, 정확히 말하자면, 근대 서양 지성의 반역을 꾀한 사람이라고 볼 수 있다. 여기서 '반역'이라 함은 기존 사회에 대한 거부를 의미한다. 그에 따르면,

인간은 원래 자유롭게 태어났으나 사회 생활을 하는 동안 그 자유를 속박 받게 되고 원래의 자연 상태와 멀어지게 되었다는 것이다. 즉, '자연상태'(natural state)와 '사회상태'(social state)가 대립하는 것으로 본 것이다. 루소의 자연상태와 관련하여 우리가 염두에 둘 것은 아동의 의미를 일종의 자연상태로 보고, 기존의 아동관, 즉 '작은 성인' 또는 '성인의 축소판'이라는 아이디어를 일축했다는 점에 있다. 바꿔 말하자면, 아동은 '성인과 구분되는 별개의 존재인 아동'으로 이해하여야 한다고 본 사상가이다. 그가 『에밀』에서 사람은 두 번 태어난다고 했던 것은 이러한 맥락이 아니고 무엇이겠는가? 그러나 루소가 본 아동의 관점이 아동에 관한 이해를 고취시켰다 하더라도 거기에는 몇 가지 풀리지 않는 의문이 여전히 남는다. 루소가 생각한 자연상태란 어떤 의미를 갖는가? 그것은 원시상태인가, 아니면 어떤 이상(理想)의 상태인가? 원시상태라면, 이를 입증할 수 있는 경우는 어떤 것이며, 또 이상의 상태라면, 이는 어떤 경우를 지칭하는가? 무엇보다도 한 가지 분명한 것은 아동을 하나의 인간체(human persons)로 보게 하였다는 것이다. 그러나 그것이 어떤 의미를 갖는지는 다시 별도의 논의를 요구한다.

루소 이후 아동을 이해하려는 일련의 움직임은 19세기 말부터 발흥한 과학적(실증적) 방법에 의하여 본격화되기 시작하였으며, 이 무렵 교육 연구라는 것은 바로 아동에 관한 실증적 연구와 별반 다를 바 없는 양상을 띠게 된다. 이러한 분위기는 사상사의 측면에 있어서 아동중심사상을 낳았다. 이러한 사상은 20세기 초·중반에 이르러 절정에 달하게 된다. 그리고 이 시기는 대충 미국의 듀이(Dewey)의 활동 시기와 맞물리게 된다. 그러나 이하의 논의에서 다루겠지만, 듀이의 이론이 과연 인식론적 의미에서 본 아동 존중의 의미인지 아니면 정치철학적인 의미에서 본 의미인지는 상당한 논의를 요구한다. 무엇보다도 우리가 관심을 집중해야 할 점은 인식론적 관점이 갖는 한계와 맹점이다.

인식론적 측면에서 본 아동의 의미에 대한 비판의 핵심은 '인지주의의 오류'(인지론적 오류)에서 찾을 수 있다. 인지주의는 인간의 삶에 있어서 행위나 활동의 이면에 깔린 인지적 능력이 중요하다는 논의로서 거기에 인지적 능력이 결여되면, 인간의 행위나 활동은 '무의미한 짓'(random behaviour)에 불과하다는 주장이다. 무어에 따르면(T. W. Moore, 1982: 15), 인간의 실제적 활동에는 반드시 이론이 내재되어(theory-loaded) 있으며, 그렇지 않은 행동은 '무의미한 짓'에 불과하다는 것이다. 여기서 '이론'은 인지적인 요소가 결정적으로 작용하는 인간 활동의 전형을 지칭한다. 그러니까 인간이 살아가는 과정이나 활동의 결과에는 인지 작용의 산물이 필연적으로 들어 있어야 하며, 그렇지 않은 경우는 인간 활동의 준거에 비추어 열악한 것 또는 인간 이하의 것으로 취급될 수밖에 없다(Peters, 1966). 그러나 이러한 주장에 대한 비판의 초점은 인지적인 요소가 활동의 핵심에 있지 않다는 것이다. 이를테면, 워녹(Warnock, 1977)이 주장하는 상상력(imagination)은 반드시 정형화된 몇몇 활동이 함의하는 인지적인 요인과는 관련이 없다고 보아야 한다. 이러한 비판에는 다소 실존적인 요소가 전제되어 있긴 하지만, 창의력을 요구하는 행위에 공적으로 언어화되지 않는 요소가 포함되어 있다는 것은 틀림없는 사실이다. 아동의 존재를 파악할 때, 아동은 분명히 공적 언어(public language)[2]로 표현되는 세계에 들어오지 않은

---

2) '공적 언어'는 몇몇 주지주의자 또는 인지주의자들에 의하여 주장되는 '사람이 교육을 통하여 반드시 입문(initiation)해야 할' 언어이다. 이 언어는 '사적 언어'(private language)에 대비되는 말로서, 아동은 공적 언어를 습득함으로서 비로소 '사람'이 된다고 본다. 아동의 관점에서 보면, 인식론적 입장을 잘 나타내 주는 용어이다. 이에

사람일 뿐만 아니라, 그러한 세계와는 하등 관련이 없는 존재임에 틀림이 없다. 이러한 의미에서 보면 '아동'에게 요구되는 것은 성인 또는 여타의 '권위자'가 설정한 모종의 상태 또는 기준에 강제적으로 이끌려가는 것이며, 아동 나름대로 스스로가 설정한 상태 또는 기준은 하등 의미가 없는 것이다. 여기에 강제성(compulsion)을 요구할 수 있는 근거는 아동이 그러한 상태에 '들어가지' 못하면, 그리고 아동이 그런 상태에 있는 한, 아동은 인간으로서 대접받을 수 없다는 데에 있다. 조금 심한 표현인지 모르겠지만, 인식론적 관점에서 아동은 실질적인 인간으로 대접받는 존재가 아니라, '껍데기만 인간'이라는 의미이다.

2. 정치철학적 의미

아동 존중에 관한 정치철학적 의미(politico-cum-philosophical sense)는 앞서 살펴본 인식론적 의미와 상반된다. 인식론적인 의미에서 아동은 인간으로 대접받는 존재가 아니라 껍데기만 인간이라는 의미로 해석될 수 있음을 지적하였다. 이 말은 아동의 정치철학적인 의미가 껍데기만 인간이 아니라는 것을 주장하는 것이기도 하다. 껍데기만 인간이 아니라는 것은 아동이 성인과 똑같은 정치적 지위를 가져야 한다는 것으로 해석될 수 있다. 이러한 주장의 이면에는 적어도 아동은 성인에 비하여 열등하다거나, 아동 자신의 삶의 방향과 질을 결정하는 데에 있어서 성인의 간섭을 받아야 한다는 종래의 믿음에 대한 부정이 중요한 가정으로 깔려 있다. 이 가정을 받아들이지 않는다면, 아동을 존중한다는 것은 앞서 살펴본 아동 존중의 다른 의미, 즉 아동 존중의 인식론적

관해서는 Peters(1966: chs 2 & 5)를 참조.

의미로 환원될 수밖에 없다.

적어도 아동 존중에 관한 정치철학적 의미가 성립하려면, 우리가 지금까지 일상적으로 아무런 의심 없이 수긍하여 왔던 아동을 인식하는 몇 가지 기준을 검토하는 작업을 요구한다. 아동을 성인과 다른 열등한 존재로 대우했던 측면에는 다음과 같은 믿음이 깔려 있다. ① 아동은 미성숙하다. ② 아동은 연령적으로 어리다. ③ 아동은 합리적으로 판단할 능력이 없다. ④ 아동은 자신의 삶을 설계할 만한 경험(경륜)이 부족하다. ⑤ 아동은 그들의 이익이 어떤 것인지를 판단할 수 없다. ⑥ 아동에 대한 간섭, 제약, 강제(coercion) 등은 그들 인생의 실패를 예방할 수 있는 필수불가결한 보호 조치이다. 이러한 믿음이 부정되지 않는 한, 아동이 한 인간(human person)으로서 온전하게 대접받아야 한다는 정치철학적 의미에서의 아동 존중은 정당화될 수 없다. 바꿔 말하자면, 아동 존중의 정치철학적 정당화 없이 아동은 성인의 부수적 존재(appendage)로 이해되거나, 성인의 이익 추구 수단으로 악용될 가능성이 늘 존재한다.

무엇보다도 중요한 점은 아동을 이러한 방식으로 존중한다는 의미가 아동 학대(child abuse)와 같은 사회 병리 현상이 나타나지 않는다고 해서 격하되는 것은 아니라는 점이다. 그리고 이러한 정치철학적 정당화 논의가 이루어지지 않으면 아동은 권리 수혜자로서 뿐만 아니라 권리 주체로서의 자격을 상실한다는 것이다. 이를 다른 각도에서 표현하면, 아동이 권리를 가진 존재로 인식되기 위한 새로운 시각의 정당화가 요구되는 것이 아니라, 아동에게 천부적으로 이미 부여된 권리가 일반적으로 그렇지 않은 것으로 잘못 인식되어 있는 상황에서의 정당화가 요구된다는 점이다. 이는 마치 일반 성인이 천부의 권리를 향유하는 것은 정당화를 더 이상 필요로 하지 않지만, 이들의 권리가 침해되거나 이들이 당연히 누려야 할 권리를 그들 스스로가 인식하지 못한다는 이유에서 침해될 수 없다는 논리와 하등의 차이가 없다. 또한, 앞서 지적한 바와 같이, 아동 학대와 같은 사회 병리 현상이 없다고 해서 아동이 인간으로서 천부적으로 향유할 권리를 온전하게 향유하고 있다고 단언할 수 없는 것은 매춘과 같은 사회 병리 현상이 없다고 해서 그 사회의 모든 여성이 인간으로서 자신의 권리를 온전하게 향유하고 있다고 말할 수 없는 것과 같다. 사회 병리 현상으로서 아동 학대가 없는 사회에서도 많은 아동이 교묘하게 이용(manipulation)당하거나 몇몇 성인의 세속적인 이익 추구의 수단으로 악용(exploitation)되고 있지 않다고 볼 수 없기 때문이다. 아동에 관한 정치철학적 의미가 강조되어야 하는 것은 이러한 이유에서이다.

Ⅳ. 아동 존중의 정치철학적 정당화

아동 존중의 정치철학적 의미를 정당화하기 위하여 우리가 살펴보아야 할 문제는 적어도 다음과 같은 것을 포함한다. 첫째, 아동은 과연 성인에 비하여 미숙한 존재인가? 아동이 성인에 비해 산술적인 연령이 어린 것은 사실이지만, 이 점이 아동을 성인에 비해 미숙하거나 열등한 존재로 볼 근거가 될 수 있는가? 둘째, 아동은 성인에 비해 무능하기 때문에 성인이 갖춘 능력이 결여되어 있고, 성인은 아동이 갖추지 못한 능력을 과연 모두 갖추고 있는가? 셋째, 아동은 자신의 삶에 실질적으로 이익이 되는 것이 어떤 것인지 판단할 수 없는가? 설사 아동의 경험이 성인의 경륜에 비해 짧다고 하더라도, 이것이 과연 아동을 열등한 존재로 볼 근거가 될 수 있는가? 넷째, 이러한 몇몇 이유로 해서 아동에 대한 성인의 간섭은 필연적으로 요구되는 것인가? 그리고 아동에 대한 간섭과 그들이 향유해야 할 자유를 제한하는 것은 아동의 이익을 위해서가 아니라 성인의 이익을 위한 것은 아닌가? 성인(成人)은 분명 성인(聖人)이 아님에도 불구하고 성인이 아동을 열등하다고 판단하고 그들에게 간섭하거나 그들의 자유를 제한하는 것은 여전히 어색한 일이다. 이러한 문제들을 다루는 일은 모두 윤리학적 고려의 대상이면서 동시에 정치철학에서 사용되는 정당화 논의를 요구한다.

1. 아동의 무능

아동이 성인들처럼 정치적인 권리를 향유할 수 없다는 주장은 '아동이 (성인에 비해) 무능하다'는 데에 근거를 두고 있다. 이 절에서는 이 주장의 허구성을 드러내 보임으로써, 권리주체로서 아동의 의미를 정당화하고자 한다.

해리스(Harris, 1982: 36ff)는 '아동이 무능하다'는 주장을 '능력 준거'(capacity criterion)라고 칭하고 이 준거가 잘못된 것임을 지적하면서 아동의 정치철학적 지위를 정당화하고 있다. 그의 비판은 우선 아동이 무능하기 때문에 시민으로서의 의무와 책임을 다할 능력이 없으며, 이에 상응하는 권리와 지위를 누릴 수 없다는 데에 맞추어져 있다. 우선 '권리'의 측면에서 보면, 이러한 주장은, 해리스의 '능력 준거'에 관한 논의가 이 점에 맞추어진 것은 아니지만, 권리의 개념적 속성의 측면에서 성립할 수 없는 위약한 주장이다. 이미 확인한 바와 같이, 모든 '권리'가 '의무'와 짝을 이루는 상관개념(correlatives)이 아니다. 호펠드(1919)가 설정한 '권리'의 고전적 모형에서 본 권리와 의무간의 상관관계는 채권-채무의 관계처럼 당사자의 계약이나 거래를 전제로 했을 때에만 성립한다. 그리고 권리를 보는 가장 고전적인 입장은 권력(power)을 가진 자만이 권리를 수혜할 수 있다는 것, 청원할 수 있을 때만이 권리가 성립된다는 것, 그리고 방금 전에 지적한 바와 같이 의무와 짝(상관)을 이루는 경우에 권리가 성립한다고 보는 것이다. 그러나 이러한 고전적인 입장은 권리의 현대적 의미로 보면 반드시 성립하는 것은 아니다(Wringe, 1981: 23-30; 1993). 특히 복지권(welfare rights)에 관한 정당화 논의는 권리에 관한 고전적인 관점으로 성립할 수가 없다. 따라서 아동을 열등한 존재로 보는 관점의 근거인 '무능'은 비록 아동이 의무이행 능력이 없는 존재라 하더라도 권리의 주체임을 부정하는 준거가 될 수 없다.

아동이 무능하다는 주장은 아동이 인격체로서의 존엄성을 가질 수 없다는 주장과도 일맥상통하는 측면이 있다. 이 주장은 정치적 의미에서 아동으로부터 공민권을 제한하는 것은 물론 아동에게 합법적 제재 또는 자유의 제한을 가할 수 있고, 경우에 따라서는 아동에게 체벌을 가할 수 있다는 주장으로 연결된다. 공민권의 제한, 제재, 체벌의 문제는 각기 별도의 방대한 논의를 요구하므로 여기서는 상론을 피하기로 하고, 목하 관심사인 아동이 무능하다는 주장, 그래서 아동은 권리의 주체가 될 수 없다는 주장이 함의하는 바를 논의하기로 한다.

아동은 성인에 비해 능력이 모자라거나 능력을 갖추지 못하였고, 성인은 아동이 갖추지 못한 능력을 가졌거나 아동보다 나은 능력을 가졌다는 이분법적인 논리는 성립할 수가 없다. 먼저 아동-성인의 구분이 무능-능력의 도식으로 설명되지 않는다. 이 도식은 잘못된 도식이기 때문에 다음과 같이 수정되어야 한다. 사람 전체를 놓고 능력 있는 사람과 능력 없는 사람으로 구분하고 이 각각의 하위범주에서 성인과 아동을 구분하여야 한다. 실지로 성인 중에는 아이들보다 못한 능력을 소유한 사람이 많이 존재하며, 아이들 중에도 성인보다 뛰어난 능력을 가진 아동이 많이 존재하기 때문이다. 이러한 근거에 대하여 어른들의 이른바 '경륜'(經綸, learning from experience)을 들어 반론을 제기할 수 있다. 아이들은 어른들에 비해 경륜이 짧다는 것이다. 어른들은 풍부한 경험과 세상을 바라보는 눈을 가지고 있으며, 반면에 아이들은 경험도 짧고(inexperience) 세상을 이해하는 눈도 좁다(limited understanding)는 것이다(Harris, op.cit., 38-9). 따라서 아이들은 어른에게 '배워야 하며', 또한 배우는 과정에 있는 동안 아이들과 어른들 사이에는 일종의 도덕적 위계(moral hierarchy)를 준수하여야 한다는 것이다(Ibid., 38).

아동의 정치철학적 지위를 위협하는 소위 '경륜론'은 적어도 두 가지 측면에서 난점을 가지고 있다. 첫째, 이른바 어른들의 경륜이 가르쳐주는 바는 인류 전체의 측면에서나 한 개인의 측면에서 그리 윤리적이지 못하다. 어른들의 경륜에 따르면, 인류의 자연은 이미 훼손되었고, 핵위험이 도사리고 있으며, 인류의 현재와 미래의 자원은 고갈되고 있다. 그리고 어른들의 경륜은 주로 자신들의 명예 유지에 그 초점이 맞추어져 있다. 이러한 문제들을 통해서 볼 때, 어른들의 경륜은 어른이 아이들보다 도덕적으로 우위를 점하게 하거나 아이들이 어른에게 복속(服屬)될 근거가 되지 못한다. 도덕적 위계의 위약성은 경륜론의 두 번째 난점인 '권위적 간섭주의'(paternalism)[3]와 논리적으로 관련된다. 즉,

3) '권위적 간섭주의' 용어 해설과 논의에 관해서는 제5장 참조

성인의 경륜론은 그릇된 전통적인 아동관과 도덕적 위계질서를 합리화하는 수단으로서 권위적 간섭주의를 내세운다. 권위적 간섭주의는, 그 자체가 별도의 방대한 논의를 요구하는 주제이지만 목하 이 글의 논점과 관련시켜 말한다면, 성인의 이익을 대변하는 데에 교묘하게 이용된다는 점과, 설사 권위적 간섭주의가 아동의 이익을 증진·도모한다고 하더라도 그것은 인격체로서의 아동 존중의 의미가 아니라 공리적인(utilitarian) 측면에 비추어 보았을 때에 한정된다는 점이다.

성인이 아동을 하나의 인격체(또는 권리의 주체)로 보지 않고 아이들의 자유 의사를 무시하거나 간섭할 때 채용되는 권위적 간섭주의는 아동의 이익을 증진시키지 않고 성인의 이익을 도모하는 경우를 대부분 가리키지만, 성인들은 아이들의 장래 또는 아이들의 실질적인 이익을 도모하기 위한 것이라고 강변하기 일쑤이다. 그러나 이러한 강변의 이면을 잘 들여다보면, 성인의 이익을 도모하는 경우가 대부분이다. 예컨대, 피아노 배우기 싫어하는 아이에게 피아노를 강요하는 어른(이 경우에 부모, 대개는 아이 엄마)은 아이가 피아노에 재능이 있다는 이유 또는 피아노가 아이의 생애에 걸쳐 정서적인 도움이 된다고 흔히 주장한다. 우선 아이가 피아노에 소질이 있다 하더라도 피아노 연주를 아이에게 강요할 이유는 정당화되기 어렵다. 아이의 재능이 발현되는 것은 어디까지나 아이가 피아노에 흥미를 느끼고 있어야 한다는 점에 근거해야 한다. 그런 것이 아니라면, 아이에게 피아노를 강제적으로(또는 권위적 간섭주의에 입각하여) 가르치려 하는 것은 아이가 아닌 어른의 이익을 대변하는 것에 불과하다. 여기서 어른의 이익이라고 하는 것은 이를테면 어른이 과거에 이루지 못했던 피아노와 관련된 성취욕의 대리 충족 같은 것이다. 즉, 당장은 아이가 피아노 레슨을 싫어해도 피아노 레슨이 아이의 전 생애에 걸쳐 도움이 된다는 것도 어른의 대리 만족에 불과하다. 피아노 레슨이 아이의 장래에 도움이 될지 어떨지는 아무도 장담할 수 없으며, 이 문제에 관한 한, 당사자인 어른(이 경우 부모)은 이 방면의 전문가도 아닐뿐더러 아이에게 피아노 연주를 강요할 만한 권위체도 아니다.

다른 한편, 권위적 간섭주의가 공리적 목적에 봉사한다는 것은 이런 경우이다. 아이의 자유 의사와 관계없이 어른의 간섭에 의하여 아이가 참여한 활동이 종국에 가서는 그 아이에게 일말의 이익이 되더라도, 그것이 곧 자유로운 선택에 따른 이익이 아님에도 불구하고, 가족 구성원이나 아이가 속한 집단 전체의 이익을 증진시켜 주는 경우이다. 예컨대, 가난한 가정에서 태어나 성장한 아이가, 자신이 택하고 싶은 진로는 시(詩)를 짓는 일인 데에도 불구하고, 가정의 형편 등을 고려할 때, 그리고 가족의 분위기 등으로 볼 때, 자동차 정비사가 되기 위해 자동차 정비사 자격을 취득하기 쉬운 학교에 진학하는 경우이다. 정비사 자격은 아이의 자유로운 선택은 아니었지만, 아이의 장래 이익(이를테면 경제적 이익)을 도모하였고, 동시에 그 이익은 가정 전체에게 돌아갈 수 있는 이익(공리적 이익)이기 때문이다. 그러나 분명한 것은 자동차 정비사라는 직업이 공리적 목적뿐만 아니라 아이의 이익을 다소 도모하였다 하더라도 그것이 아동의 자유로운 선택에 위반되었다는 점, 다시 말해서 아동이 하나의 인격체 또는 권리주체로서 취급되지 않았다는 점이다.

이상은 성인이 흔히 아동에게 행하는 일상적인 예로서 아동의 정치철학적 의미를 훼손하는(또는 아동의 권리를 침해하는) 권위적 간섭주의가 갖는 폐해를 예로 든 것이다. 앞서 지적한 바와 같이, 아동–성인의 구분은 무능–능력의 도식에 따른 것이 아니다. 사실적으로 아무런 제약을 받지 않고 정치적 권리를 누리는 무능한 성인의 경우를 생각해 보면, 이 점은 보다 명백해진다. 예컨대, 합리적 판단 능력이 결여된 중증 알코올 중독자의 경우를 생각해 보면, 아동보다는 이러한 성인에게 권위적 간섭주의가 더욱 필요한 것인지도 모른다. 이러한 성인이 어디 알코올 중독자뿐이겠는가? 그럼에도 불구하고 이들 성인들 스스로에게는 권위적 간섭은 삼가면서 아이들에게는 권위적 간섭을 조장하는 것은 어떤 이유에서도 정당화되기 어렵다. 그리고 권위적 간섭주의 행태의 시발은 아동이 무능하다는 그릇된 믿음에서 출발한 것이기 때문에, 여기서 우리는 아동이 무능하다는 그릇된 믿음의 맹점을 조금 더 살펴볼 필요가 있다.

아동의 '무능 준거'와 관련하여 아동의 자유와 권리의 제한에 흔히 채용되는 준거가 바로 나이(연령)이다. 나이가 어리면, 우선 신체적 발달에 있어서 아동은 열세일 수밖에 없다. 신체적 열세라는 이유로 아이의 자유와 권리를 제한 또는 침해하는 경우는 '법보다 주먹이 가까운' 전근대적 사고 방식에 의존하는 것과 다를 바가 없다. 연령에 의한 제한은, 이미 앞에서 살펴본 바와 같이, 아동에 대한 연령 적용 준거가 일정하지 않음에도 불구하고, 아동의 연령 범주를 법령에 의하여 못박아 놓은 것은 대체로 몇 가지 이유에 기인한다. 첫째, 고용, 노동 착취 등으로부터 아동을 보호하자는 취지이다. 그러나 이 경우 아동의 의미는 오직 보호의 대상으로만 파악되며, 그렇기 때문에 아동은 소극적 권리의 주체로 이해될 수밖에 없는 존재이다. 둘째, 아동의 연령 범주를 법령에 의하여 규정하는 데에는 사회공학적 또는 공리적(功利的) 이유가 담겨져 있다. 외국의 경우, 흡연은 16세 이상, 음주는 18세 이상의 연령에서 허용한다는 것은 흡연과 음주를 그 이상의 연령에서 법적으로 또는 윤리적으로 권장한다는 의미가 담겨진 것이 아니라, 사회의 운용 상 정해 놓은 것으로 보아야 한다. 이 경우에도 16세 또는 18세 이상의 연령이 되면, 모든 사람이 흡연과 음주에 관한 합리적인 판단 능력을 갖게 된다고 볼 근거는 없다. 따라서 연령에 따른 법적 제한은 사회 공리적 목적에 한해서 허용될 수 있을 뿐이다.

2. 아동의 미성숙

무능 이외에 아동의 정치철학적 의미를 훼손하는 또 다른 중요한 준거는 아동의 '미성숙'(immaturity)이다. 우선 '무능'(incompetence)과 마찬가지로 '미성숙'이라는 말에 담긴 감정적 뉘앙스는 그것이 '도덕적으로 열악하다'는 의미를 갖고 있다는 점이다. 그러니까 아동은 정치철학적 지위에서 열세일 수밖에 없으며, 아동은 간섭이나 제재를 받아야 하고 어른들에게 불문곡직(不問曲直)하고 복종해야 하고, 경우에 따라서는 체벌도 받아야 한다는 것이다. 이러한 상황을 극복하는 일은 미성숙에 대한 가정과 믿음이 부당하다는 것을 밝히는 것이다. 이것이 아동의 정치철학적 의미를 정당화하는 두 번째 작업이다.

'미성숙'이라는 말에는 분명 부정적인 의미가 들어있다. 즉, '모자라다', '무엇인가 비어있다', '힘이 없다'와 같은 의미가 그것이다. 부정적인 의미의 미성숙의 속성을 지닌 아동은 어디까지나 '채워져야 할 존재'로 인식되기도 한다[4]. 이러한 부정적인 의미를 넘어서 '미성숙'의 의미

4) '교육'을 보는 두 가지 개념이 있다. 하나는 교육이 아동의 (미성숙에 따른) 빈 곳을 채운다는 의미이고, 다른 하나는 아동이 이미 가지고 있는 것을 발현시킨다는 의미이다. 이 두 가지 생각은 영어 'education'의 어원인 라틴어 'educare', 'educere'에 기인한다(이와 관련된 '교육'의 개념에 관한 보다 자세한 논의는 Peters, 1966: 36-

를 아동의 측면에서 보다 적극적으로 본 사람은 듀이(Dewey)이다. 그에 따르면(1916: 50), '미성숙'은 '부족함'(lacks)을 의미하는 것이 아니라 '성장하는 힘'(the power to grow)이다. '미성숙'의 의미를 보다 정확하게 이해하기 위해서 듀이가 사용하는 '성장'(growth)의 의미를 살펴볼 필요가 있다. '성장'은 흔히 우리가 생각하는 것처럼 일정한 목표를 향해 도달하는 것이 아니다. 또 성장에는 어떤 정해진 목표가 있는 것도 아니다. 성장 그 자체가 목적(being an end)이지 성장이 어떤 목적을 갖는 것(having an end)이 아니라는 것이다(Ibid., 60). 성장이 무엇을 향해 가는 것이 아니라 그 자체로 목적인 한, 우리가 앞서 살펴본바 아동–성인의 구분이 무능–능력의 도식으로 설명될 수 없는 것과 같이, 아동–성인의 구분은 미성숙–성숙의 도식으로 설명되는 것이 아니다. 아동이 미성숙하다는 데에는 아동이 미성숙한 상태 그 자체의 가치를 갖는다는 의미로 해석되어야 한다. 미성숙 그 자체가 내재적으로 가치 있다는 의미는 아동의 존재가 성인과 비교되어 평가되거나 열등한 존재로 파악되어서는 안 된다는 의미를 포함한다. 다시 말해서, 아동이 미성숙하다는 말은 전통적인 의미의 '아동'을 가리키는 '무기력한 존

43과 Dewey, 1919: 50ff 참조). 전통적인 미성숙한 존재로서의 '아동'에 대한 관념은 'educare'의 의미를 반영한 것이며, 거기에는 아동에 관한 정치철학적인 고려가 전혀 없다고 보아야 한다. 한편, 'educare'의 의미는 앞서 살펴본 아동의 인식론적 관점, 즉 아동의 인지적 특성인 발달과 흥미 등은 성인의 그것과 다르기 때문에 아동을 달리 취급하여야 한다는 교육적 처방을 시사하고 있으나, 이 역시 아동의 정치철학적 의미를 정당화하는 것은 아니다. 오히려 후자의 의미는 '아동중심교육'이라는 사조를 잉태하는 계기를 마련함으로써, 아동을 하나의 주체가 아닌 보호와 도움이 필요한 대상으로 간주한다. 그러나 아동의 미성숙과 관련시켜볼 때 Dewey가 본 교육의 의미가 어느 쪽에 속하는가는 불분명하다. 이하에서 논의되겠지만, Dewey의 미성숙의 개념을 좀 더 엄밀하게 말하자면, 이 두 가지 중 'educere'의 의미에 부합된다고 말하기 어렵기 때문이다. 자매서 『아동권리향연 플러스』 제1장에 논의된 바를 참조.

재'(impotent being)를 의미하는 말이 아니다(Ibid., 50-2). '미성숙'은 아동의 특징, 또는 아동만이 갖는 특징이라는 점이다. 따라서 듀이의 '미성숙' 관점에서 보면, 아동의 정치철학적 의미가 차지할 수 있는 입지가 마련된다.

이와 같은 '미성숙'의 관점에 대하여, 반론이 있을 수 있다. 첫째, 미성숙과 성숙을 구분하는 기준이 있으나, 듀이의 이론에 따르면 그 기준이 없다는 것이다(이환기, 1987: 37). 이러한 기준을 찾고자 하는 비판은 아동의 세계(성장)와 성인의 세계(성장)가 각기 나름대로의 기준을 가지고 있다는 것을 인정하지 않는 데에서 비롯된다. 성인의 상태가 아동의 상태를 미성숙으로 규정하는 기준이 있다고 보면, 오직 그런 경우에 한해서, 성숙–미성숙의 구분이 가능하다. 그러나 이는 듀이가가 주장하는 '미성숙'의 내재적 의미를 여전히 잘못 읽고 있는 것이다. 둘째, 아동의 '미성숙'이 그 자체의 내재적 가치를 가지고 있다는 의미는 성인의 입장에서 가름할 수 없는 것이다. 이렇게 보면, 아동을 존중한다는 것은 아동과 성인을 다른 방식으로 취급한다는 의미로 이해되어야 한다. 그러나 이 점은 이미 앞서 검토한 아동의 인식론적인 의미를 반복한 것에 불과하다. 아동 존중의 의미를 정치철학적인 의미에서 이해하려면, 아동과 성인은 똑같이 취급되어야 한다는 주장을 받아들여야 한다. 이환기(1987: 63-4)는 듀이의 '미성숙'의 아이디어가 이렇게 이해되는 점을 경계하고 있다. 그러나 그의 비판에는 듀이의 '미성숙'의 의미를 있는 그대로 수용하려는 노력 또는 아동의 정치철학적인 의미를 그대로 수용하려는 노력이 결여되어 있다. 이환기가 경계하고자 하는 점은 항상 아동의 '미성숙'의 의미를 성인의 기준에서 보기 때문에 나타나는 현상이다. 그의 논문에서 자주 볼 수 있는 '성인과 비교해 볼 때'라는 표현은 이를 입증해 주고 있다.

우리가 여기서 환기해야 할 점은, '아동의 미성숙은 아동의 내재적인 특징'이라고 했을 때, 이 표현이 함의하는 바를 주의 깊게 받아들여야 한다는 점이다. 첫째, 사실적으로 보면, 아동은 미성숙하다. 그러나 그것은 성인의 관점(기준)에서 볼 때 그렇다는 의미로 받아들여야 한다. 둘째, 아동의 미성숙함을 있는 그대로의 아동의 내재적 특성으로 받아들이는 한, '미성숙'이라는 말은 성인의 관점에서 만든 말을 단지 차용하고 있을 뿐이다. 왜냐하면 아동을 규율하는 대부분의 어휘는 성인의 편의에서 성인이 지어낸 것이기 때문이다. 그리고 아동의 특성을 가리키는 어휘 표현에 있어서, 성인은 아동보다 '성숙'하다고 할 수 있을지는 모르나, 이것이 '미성숙'이 의미하는 아동의 내재적 특성의 존재를 부인하는 것은 아니다. '미성숙'이라는 말 대신에 어떤 다른 어휘를 사용하여 이름을 붙여도 아동의 내재적인 특성은 존재하기 때문이다.

이상의 논의를 통하여 아동의 '미성숙'이 아동의 정치철학적 의미를 훼손할 수 없음을 알 수 있다. 이는 아동이 하나의 인격체로서 독자적으로 자신의 선(the good)을 선택하고, 그 선택에 합당한 설계를 하고 이에 따라 자신의 이익을 추구할 수 있는 존재임을 의미하는 것이기도 하다. 따라서 다음으로 검토해야 할 과제는 아동이 자신의 이익을 추구한다고 했을 때 나타나는 문제들을 살펴보는 일이다.

3. 아동의 동기와 흥미

아동을 존중한다는 것은 정치철학적 의미로 볼 때 아동 자신이 스스로의 이익을 추구하도록 해야 한다는 의미이다. 아동이 자신에게(자신의 생애를 통하여) 이익이 되는 선택을 하는 데에 우선 요구되는 것은 아동이 흥미를 느끼는 일에 일차적으로 관심을 가지게 되고, 그러한 흥미와 관심을 통해서 아이들은 어떤 일을 도모하고자 하는 동기를 갖게 된다는 사실을 존중하는 일이다. 이러한 주장에는 아동의 '이익'의 문제가 아동의 '동기' 및 '흥미'의 문제와 논리적으로 관련된다는 의미가 깔려 있다. 그 논리적 관련은 다음과 같다.

흥미롭게도 영어의 'interest'라는 말은 '흥미'와 '이익'이라는 의미를 모두 지칭한다. 이러한 언어적인 애매성(ambiguity)을 유추하면, '사람은 이익이 되는 것에 흥미를 갖는다' 또는 이를 역으로 '사람이 흥미를 갖는 것에서 이익이 생긴다'라는 뜻으로 해석할 수 있다. 혹자는 'interest'가 지니는 이러한 애매성을 분석하면서, '흥미'로 이해하는 것은 심리(학)적 의미(the psychological sense of interest), '이익'으로 해석하는 것은 윤리(규범)적 의미 또는 정치철학적 의미(the normative or politico-philosophical sense of interest)라고 구분한다. 그러나 이러한 구분은 '흥미'(being interested in)가 규범적인 의미(being in one's interests)로 이해될 여지가 있기 때문에 반드시 옳다고는 할 수 없다. 또 한편으로 보면, '이익'의 개념도 서술적인 의미(summative sense of interests)와 규범적인 의미(normative sense of interests)로 구분할 수 있기 때문이다. 여기서는 아동의 이익을 고려함에 있어서 아동의 심리 상태로 동기화됨으로써 '흥미'가 '이익'에 사실적으로 선행한다는 입장, 즉 '흥미를 갖는 것에서 이익이 생긴다'는 입장을 수용하기로 한다.

아동의 '미성숙'이 그 자체로 내재적 가치를 갖는다는 것은 '흥미'에 있어서도 그대로 적용된다. 바꿔 말하자면, 아동의 흥미는 성인이 갖는 흥미에 비하여 열등하거나 미성숙한 흥미가 아니라, 그 자체로 내재적인 가치를 갖는다는 뜻이다. 이 점을 살펴보기 위하여 아이들이 느끼는 흥미를 동기화의 과정을 통하여 검토하기로 한다. 무엇보다도 아이가 흥미를 느낀다는 사실은 아이가 무엇인가를 하고자 하는 욕망을 갖게 된다(동기화하고자 한다)는 의미로 이해될 수 있다. 이러한 논의를 전개하기 위해 '욕망'의 용법을 우선 검토할 필요가 있다.

'욕망'(desire)의 용법은 이 말의 변형으로부터 그 의미의 혼란을 다소 야기한다. 영어의 'desire'의 형용사형은 'desired'와 'desirable'로 분류된다[5]. 전자는 흔히 욕망의 개인적 측면으로, 후자는 욕망의 규범적 측면으로 이해하고, 양자간에는 건널 수 없는 논리적 난점이 있는 것으로 이해된다. 그 논리적 난점을 '자연주의적 오류'라고 하는데, 그 오류는 극복될 수 없는 것처럼 보이지만, 사실은 그렇지 않다. 달리 말하자면, 욕망의 서술적인 측면은 동기화 과정을 통하여 이익의 규범적 측면으로의 변환이 가능하다는 것을 의미한다. 물론 '무엇을 욕망한다', 즉 '무엇이 욕망되었다'(being desired)는 사실에서 '무엇이 바람직하다'(being desirable)라는 규범이 직접적으로 도출되지는 않는다. 그렇다고 동기화의 과정에서 '욕망된 사실'이 '규범적 주장'을 도출하는 데에 불필요한 것은 아니다. 이와 관련된 예를 들어보기로 하자. 생명의 기원을 알고자(사실로서의 욕망; being desired) 하는 아이가 실질적인

---

5) 'desired'와 'desirable'간의 논리적 연결은 윤리학에서 흔히 다루어지는 '자연주의적 오류'(naturalistic fallacy)에 의하여 불가능하다. 전자는 '욕망된'이라는 뜻으로 사실을 기술하는 말이며, 후자는 '욕망할 만한 가치가 있는' 또는 '바람직한'이라는 뜻으로 가치를 기술하는 말이다. 이질적인 성격을 가진 양자간의 연결은 가치어를 사실어로 규정하거나 사실에서 가치를 추론해내는 자연주의적 오류를 범하는 것이다(G. E. Moore, 1903: 67-9). 개념상의 이러한 난점에도 불구하고 우리가 아동의 동기와 흥미가 어떻게 규범적인 의미에서 아동의 이익으로 변환될 수 있는가를 증명할 수 없는 것은 아니다. 이하 논의 참조.

상황에서 할 수 있는 것은 그 아이가 당장에 경험할 수 있는 욕망 충족의 대상을 찾는 것이다. 그 아이는 우연히 다윈의 '종의 기원'을 귀동냥한 결과 자신의 욕망(생명의 기원을 알고자 함)을 충족시키기 위하여 생물 교사를 찾아가 '종의 기원'에 관한 지도를 받을 수 있을 것이다. 물론 이 시점에서 '종의 기원'에 관한 학습이 그 아이의 인생에 규범적인 이익(desirable 또는 valuable)을 도모해 준다고 말할 근거는 없다. 다만 그 아이의 입장에서 보면, '종의 기원'은 자신의 욕망을 채워줄 수 있는 가능성을 가진 '가상적으로 바람직한 것'(would-be-desirable 또는 being to be desired)으로 추정될 뿐이다. 만약 자신이 알고자 하는 생명의 기원이 생물학적 지식과 논의를 바탕으로 한 '종의 기원'에서 충족될 수 없다면, '바람직한 것으로 가상됨'(would-be-desirable)은 폐기되는 것이다. 이런 과정에서 종교적 탐구(이를테면, 창세기 편 또는 윤회사상)가 아이가 원래 가지고 있었던 욕망을 충족시켜 주었다면, 종교적 탐구는 '가상된 바람직함'(would-be-desirable)에서 '바람직한 것'(desirable)으로 변환된 셈이다(Kim, 1996: 101ff; 김정래, 1997a: 11-6).

이 예가 우리에게 시사하는 바는 매우 크다. 첫째, 아이가 욕망한 것은 전적으로 아이의 자유 의지에 의한 것이라는 점이다. 여기서 이 아이에게 누가 강요하거나 간섭한 흔적이 전혀 없다. 어떤 개입 없이 아이가 욕망했고, 거기에 흥미를 느꼈다는 점에 주목하여야 한다. 즉, 아이는 활동의 주체로서 활동을 개시했다는 점이다. 둘째, 이 경우에 욕망 단계의 미성숙을 불완전하거나 열등한 것으로 간주할 수 없다는 점이다. 그 이유는 곧 동기화의 과정을 거쳐 자신의 선택에 의해 나름의 의미를 발견해가고 있다는 점에서 찾아야 한다. 셋째, 아이가 도달한 종교적 탐구는 누가 강요하거나 간섭했을 경우와는 달리 아이 자신의 흥미에서 비롯되었다는 점이다. 즉, 아이에게 바람직한 일에 개입한 흔적, 즉 권위적 간섭주의의 흔적을 전혀 찾아볼 수 없다는 점이다. 이 아이의 경우와 간섭에 의하여 피아노 레슨을 받는 아이(또는 부모 또는 타인의 강권에 의해 교회에 가서 생명의 기원에 관하여 설교 듣는 아이)의 경우를 비교해 보라.

이상의 검토를 통하여 우리는 아동의 이익을 추구하는 데에 동기와 흥미의 존중이 필연적임을 확인할 수 있다. 달리 말하자면, 아동 존중의 정치철학적 의미는 아동의 동기와 흥미의 존중을 전제한다는 점이다. 그리고 흥미와 동기의 존중이 곧 행위 주체로서 아동 자신이 선택한 이익을 추구하는 일을 존중하는 데에, 즉 아동 존중에 필연적으로 요구된다는 점이다.

4. 아동 이익의 추구: 그 의미와 실제적 난점

아동 존중의 정치철학적 의미를 정당화하기 위하여 가장 심각하게 다루어야 할 문제는 아동 '이익'(interests)의 문제이다. 지금까지의 논의를 종합해 볼 때, 권리 또는 행위의 주체로서 아동의 의미에는 권위적 간섭주의가 배제되어야 한다는 점, 그리고 아동의 미성숙, 흥미 등은 인식론적인 고려 사항에 그치는 것이 아니라 그 나름의 내재적 가치를 갖는다는 점을 알 수 있다.

아이들이 자신의 이익을 추구한다는 것은 아이들이 자신이 하고 싶은 것을 할 수 있도록 아이들에게 어떠한 제한이나 제재가 없는 자율을 보장해 주어야 한다는 것을 가리킨다. 여기서 자율이란 '흥미→동기화→하고 싶은 것의 성취'라는 일련의 과정에서 아동에게 일체의 간섭, 제약, 제재가 없다는 것을 의미한다. 이 과정에서 '하고 싶은 것을 성취하는 것'이 결국 아이들의 이익이 된다고 볼 수 있다. '하고 싶은 일을 성취하는 것'의 의미를 좀 더 자세히 살펴보기 위해서 인간이 참여하는 활동의 성격이 무엇인가를 검토할 필요가 있다. 화이트(White, 1973)는 아이들이 의무적으로 배워야 하는 활동의 성격을 밝히기 위해 인간이 참여하는 활동을 두 가지로 나누어 분석하고 있다. 하나는 인간이 참여해 보지 않으면 그 의미를 알 수 없는 활동이고, 다른 하나는 참여해 보지 않아도 그 의미를 알 수 있는 활동이다. 그러니까 아동이 의무적으로 배워야 하는 교육내용은 전자의 활동이라는 것이다. 화이트의 주장은 교육내용의 측면에서 아이들이 의무적으로 배워야 할 내용이 있다는 것이다. 그러나 이렇게 규정된 의무교육 내용이 아이들의 삶에 정작 이익이 되는지에는 의문이 남는다. 다시 말하자면 아이들이 하고 싶은 것을 정말로 할 수 있게 보장하는가에 대한 의문이 여전히 남는다. 화이트의 의무교육과정(compulsory curriculum)이 담고 있는 강제성(compulsion)과 관련시켜 볼 때, 명백한 점은 아이들 자신이 하고 싶은 것을 하여야 그 아이들 스스로에게 이익된다는 점이다. 즉, 아동의 이익은 아동이 하고 싶은 것을 하도록 존중해야 도모될 수 있다.

아동이 하고 싶은 것을 하게 할 수 있는 아동 존중의 정치철학적 의미를 주장하기 위해서는 아동을 하나의 인격체 또는 권리의 주체로서 평등하게 대우하여야 한다는 것을 전제한다. 여기서 평등한 대우란, 어떤 개인을 막론하고 그 개인을 '똑같은 관심과 존중심'(equal concern and respect)을 가지고 대하여야 한다는 것을 가리킨다.

평등을 보는 관점은 매우 다양하기 때문에, 평등에 관련된 사회 문제를 다루는 데에는 평등의 여러 가지 관점이 상충될 수 있다. 예컨대, 교육에서의 평등 문제를 다루는 데에는 교육기회의 문제, 교육재화의 배분, 학습활동상의 개인차 고려와 같은 여러 가지 문제가 표출된다. 동시에 이러한 문제들을 교육상황에서 다루는 데에는 평등을 보는 각기 다른 여러 가지 관점이 요구된다. 평등에 관한 모든 관점을 망라하는 것은 이 글의 취지에 적합하지 않지만, 아동 존중의 의미에 초점을 맞추고 관심을 가져야 할 '평등'에 관한 아이디어는 드워킨(Dworkin, 1977)의 자유주의 평등관에서 찾을 수 있다.

드워킨의 자유주의 평등관(liberal egalitarianism)이란, 자유주의가 '자유'를 최고의 덕목으로 삼는 이데올로기 또는 사상 체계라는 믿음과는 달리, 한 개인이 자신의 자유와 권리를 온전하게 향유하기 위해서는 '자유' 이전에 '평등'에 관한 믿음 또는 전제가 선행되어야 한다는 아이디어이다. 이 아이디어를 나타낸 말이 바로 '똑같은 관심과 존중'이다. 이 평등관의 가장 중요한 특징은 무엇보다도 권위적 간섭주의를 배제한다는 점이다. 이 점에서 우리가 아동의 이익을 고려한다든지 아동의 정치철학적 의미를 정당화하는 데에 드워킨의 평등에 관한 아이디어를 수용하는 것은 논리적 귀결인지도 모른다. 적어도 이제까지 우리가 검토한 아동의 의미를 정치철학적 관점에서, 보다 정확하게 말하자면 아동을 권리의 주체로 보고자 한다면, 아동을 보는 관점에는 '똑같은 관심과 존중'이라는 평등의 아이디어를 받아들여야 한다는 것을 뜻한다.

그럼에도 불구하고 아동의 이익을 보장하는 '똑같은 관심과 존중'이 요구되는 아동관에는 적지 않은 난점이 포함되어 있다. 이하에서는 이러한 몇 가지 난점을 검토해보기로 한다. 첫째, 권위적 간섭주의와 관련된 난점으로서, '똑같은 관심과 존중'은 성인과 아동이 똑같은 대접을 받는다는 의미이며, 이는 아동에게 일체의 권위적 간섭을 하지 말아야 한다는 것을 의미한다. 아이들에게 일체의 권위적 간섭주의가 배제된다면, 거기에서 파생되는 문제는 특히 아이들 문제에 가장 책임 있는 사람들의 간섭이 모두 배제되어야 하는가 하는 문제이다. 그 대표적인 예가 부모의 권위적 간섭은 모두 배제되어야 하는가에 있다. 부모는 친권뿐만 아니라 자녀를 양육할 (의무와 함께) 권한을 부여받은 존재이다. 그리고 실제로 부모는 자신의 아이들에게 몇 시에 잠을 자야 하며, 어떤 음식은 삼가야 하며, 어떤 언행은 금지하는 등의 '간섭'을 하고 있으며, 그 '간섭'은 부모의 권한과 부모로서의 권위에서 비롯된다. 그러나, 이미 앞에서 살펴본 바와 같이, 이러한 과정에서 아이의 이익을 명시적으로 하고 실제적으로 부모 자신의 이익을 추구하는 경우가 없다는 보장을 할 수 있는가? 여기에 대하여 굿맨은 이러한 부모의 간섭이 전형적인 권위적 간섭주의, 즉 부모 자신의 이익을 추구하는 데서 허용되는 것이 아니라, 부모가 자신이 스스로 택한 삶의 방식의 일환으로 아이들을 양육하면서 간섭을 할 수 있다는 것이다(Gutmann, 1980; 353). 굿맨의 아이디어를 정확하게 이해하는 데에는 세심한 주의를 요구한다. 왜냐하면, 그녀의 아이디어를 잘못 이해하면, 권위적 간섭주의를 다시 인정하는 원점으로 돌아오기 때문이다. 그녀의 주장은, 아이들에게 이러저러한 지시를 내리는 부모의 입장은 아동의 자유와 권리를 제한하는 전형적인 의미의 간섭이 아니라, 아동에 대한 이러저러한 지시를 한 인격적 주체로서 부모가 향유하는 삶의 일부분으로 보아야 한다는 것이다. 그렇다고 하더라도 여전히 문제가 되는 것은 어디까지가 부모 자신의 삶을 향유하는 권리이며, 어디서부터 아동의 자유와 권리를 제한하는 간섭인가 하는 점이다.

둘째로 제기되는 난점은 아동이 동등한 관심과 존중을 받기 위해서는 아동 스스로가 자신의 관점을 가지고 내릴 수 있는 합리적인 판단이 전제가 되어야 한다는 점이다. 적어도 아동이 권리와 자유로운 선택의 주체가 되려면, 세계를 이해할 수 있고, 자신의 의사를 표현할 수 있는 능력이 최소한 요구된다는 점이다. 그러나 이러한 요구를 충족시키려면, 아동에게 언어를 구사할 수 있고 자율적인 판단을 내릴 수 있는 능력을 길러줄 최소한의 교육이 강제되어야 한다는 것이다. 이른바 강제(compulsion)가 개입된 '의무교육'(compulsory education)이 요구된다는 주장에 직면하게 된다[6]. 아동이 권리주체라는 문제와 아동에 대한 의무교육의 강제성 문제는 상호 대립하면서 쉽게 풀리지 않는 문제로 남을 것 같다. 그러나 이와 관련하여 밝히고자 하는 점은 의무교육에 대한 권리가 아동을 보호의 대상으로 보는 관점에서, 더 정확하게 표현하자면 교육권을 복지권의 관점에서 보는 관점에서, 개인 스스로가 스스로의 학습을 선택한다는 주체적 관점이 최근에 대두되었다는 점이다. 이러한 관점은 '교육권' 대신에 '학습권'이라는 새로운 이름의 권리를 사용하여 천명된 제4차 및 제5차 국제성인교육 대회의 선언에 담겨 있다.[7] 물론 이들 선언이 지향하는 학습할 권리의 주체는 '아동'이 아닌 '성인'이지만, 거기에 담긴 아이디어는 아동이 권리주체로 인식될 수 있는 충분한 논거를 담고 있다고 볼 수 있다.

이러한 난점에도 불구하고 아동이 권리주체로서 인식될 수 있는 정

---

6) 이 주장을 뒷받침하는 교육이론으로 John White(1973; 1982; 1990)가 있다. 그에 따르면, 의무교육과정은 아동의 자율성을 신장하는 범위 안에서 강제성을 가지며, 지식교육은 아동이 합리적인 판단을 할 수 있는 자율성의 신장에 초점을 맞추어야 한다는 것이다. 그러나 애석하게도 그의 이론에는 아동의 정치철학적 의미에 관한 논의가 빠져 있으며, 아동을 권리 주체로 보는 관점도 없다.

7) 본서 제7장 참조.

치철학적 정당화 논의의 핵심에는 아동을 하나의 인격체로 보는 평등관, 즉 아동을 존중하는 데에는 성인과 똑같은 관심과 존중을 기울여야 한다는 관점과, 이러한 의미의 아동 존중만이 아동의 이익을 온전하게 보장할 수 있다는 관점이 전제된다는 것을 확인할 필요가 있다.

Ⅴ. 맺는 말: '아동' — 권리 수혜자에서 권리주체로

이상 이 글에서 논의된 아동 존중의 두 가지 의미를 검토해본 결과 우리가 확인할 수 있는 사실은 아동 존중의 인식론적 의미에 우리의 관심을 집중한다고 해도 아동 존중의 또 다른 정치철학적 의미를 심각하게 받아들이지 않는 한, 아동의 지위는 온전하게 보장받을 수 없다는 것이다. 정치철학적 의미에서 아동의 지위를 온전하게 보장하고 아동 존중의 의미를 올바로 인식하는 데에는 적어도 다음의 두 가지 핵심적인 조건이 충족되어야 한다. ① 아동 인식의 전환: 아동은 보호의 대상에서 평등한 고려의 대상으로 인식되어야 한다. ② 아동권리에 대한 인식의 확산: 아동의 권리를 온전하게 보장하기 위해서 아동권리는 소극적인 의미뿐만 아니라 보다 적극적인 의미에서 고려되어야 한다. 이러한 조건이 만족될 때, 권리를 향유하는 아동의 의미는 권리 수혜자에서 권리주체로 인식될 수 있다.

아동에 대한 성인들의 그릇된 편견을 불식시키는 아동 인식의 획기적인 전환이 이루어진다 하더라도, 현실적으로 실행상의 문제는 남는다. 첫째, 아동의 이익을 증진하는 일과 관련하여 권위적 간섭주의의 한계를 어디까지 인정하여야 하는가 하는 문제가 있다. 권위적 간섭주의는 아동이 향유하는 자유와 권리의 제약을 전제한다는 점에서 배척되어야 하고, 반면 아동이 권리의 주체로서 권리를 온전하게 향유하기 위해서 요구되는 것은 아동의 자율적인 판단 능력이다. 그리고 이러한 판단 능력을 기르기 위하여 요구되는 것이 최소한의 의무교육이다. 아동의 자유와 권리, 그리고 강제적인 의무교육이 어떻게 현실적으로 조화를 이루어야 할 것인가는 우리가 실제 상황에서 심각하게 고려해야 할 사항이다. 둘째, 권위적 간섭주의가 아동의 자유와 권리를 제약하는 대부분의 실제적 상황은 아동의 권리를 아동을 대신하여 부모나 교사 및 관계자들이 대리 행사할 때에 나타난다. 실정법상의 규정이 그러하고, 세계인권선언은 특히 부모에게 교육에 관한 선택권을 우선적으로 부여하고 있다. 이때, 아동권리의 대리 행사가 아동의 이익을 대변한다는 명분 아래 아동의 이익이 아닌 대리자 자신의 이익을 대변하는 경우를 경계할 필요가 있다. 셋째, 아동이 행사하는 권리의 내용 중 사회·문화적인 사항은 아동이 자신의 권리를 주장하는 데에 있어서 가장 큰 장애 요인으로 작용한다. 그리고 사회·문화적인 맥락을 벗어나서 아동의 권리가 행사되는 것이 바람직한 것인가 하는 데에 의문이 따른다. 여기에는 쉽게 해결될 것 같지 않은 딜레마가 존재한다. 여기서 딜레마란 아동이 학습하는 문화가 대부분 성인 주도 문화 또는 성인 중심의 문화 내용을 담고 있다는 점과, 아동의 권리는 천부적인 것이어서 이러한 사회·문화 내용에 선행하여야 한다는 점 사이의 갈등이다. 끝으로, 이러한 사회·문화적인 맥락과 관련된 것이기는 하지만, 부모의 권리와 아동의 권리 사이에 야기되는 상충 관계가 현실적으로 나타날 수 있다. 예컨대, 아동권리협약에 규정된 성명권(姓名權)은 아동이 태어남과 동시에 이름을 가질 권리를 천명하고 있지만, 아동의 이름을 지어주는 주체는 부모이다. 이때 부모가 작명(作名)하는 과정에서 자녀의 의사를 확인할 방법이 없으며, 아이들은 일정 기간 성장하여 자신의 이름에 대하여 (改名 등에 관하여) 저항할 수 있으나, 이러한 일련의 아동의 권리 행사가 과연 현실적으로 유효한가 하는 점에는 여전히 의문이 남는다. 즉, 현실적으로 당면한 이러한 문제들은 아동이 여전히 권리의 주체가 아니라 보호의 대상으로서 아동의 권리를 인식하여야 한다는 당위성을 제공해 준다. 그러나 이와 같은 현실적인 문제점에도 불구하고, 우리가 늘 유념해야 할 점은, 이 글 전체에서 논의되어 왔던 포인트들, 즉 아동은 결코 불완전한 존재도 아니며 동시에 재화의 수혜나 보호의 대상도 아닌 권리의 주체로 인식되어야 한다는 점이다. 아동이 권리 주체로서 인식되는 한, 아동의 권리는 올바르게 인식될 수 있으며 동시에 온전하게 행사될 수 있기 때문이다.

참고문헌

이환기, 1987, Dewey의 教育理論에 나타난 兒童尊重의 意味, 서울대학교 석사학위논문.

Dewey, J., 1916, *Democracy and Education*, New York: Macmillan.

Dworkin, G., 1972, Paternalism, *Monist* Vol.56, 64-84.

Dworkin, R., 1977, *Taking Rights Seriously*, London: Duckworth.

Entwistle, H., 1970, *Child-Centred Education*, London: Methuen.

Gutmann, A., 1980, Children, Paternalism and Education: A Liberal Argument, *Philosophy and Public Affairs* Vol.9, 338-58.

Harris, J., 1982, The Political Status of Children, in: Graham, K. (ed.), *Contemporary Political Philosophy*, Cambridge: Cambridge University Press.

Hirst, P. H., 1965, Liberal Education and the Nature of Knowledge, in;

Archambault, R. D. (ed.), *Philosophical Analysis and Education*, London: Routledge and Kegan Paul.

Hirst, P. H., 1974, *Knowledge and the Curriculum*, London: Routledge and Kegan Paul.

Hohfeld, W. W., 1919, *Fundamental Legal Conceptions as Applied in Judicial Reasoning*, New Haven: Yale University Press.

Jones, P., 1990, *Rights*, London: Macmillan.

Kim, J-N., 1996, *Well-being and Education in a Liberal Society*, Unpublished Doctoral Thesis, University of Keele, England.

Moore, G. E., 1903, *Principia Ethica*, Cambridge: Cambridge University Press.

Moore, T. W., 1982, *Philosophy of Education: an Introduction*, London: Routledge and Kegan Paul.

Peters, R. S., 1966, *Ethics and Education*, London: George Allen & Unwin.

Warnock, M., 1977, *Schools of Thought*, London: Faber and Faber.

White, J., 1973, *Towards a Compulsory Curriculum*, London: Routledge and Kegan Paul.

White, J., 1982, *The Aims of Education Restated*, London: Routledge and Kegan Paul.

White, J., 1990, *Education and the Good Life*, London: Kogan Page.

Wringe, C. A., 1981, *Children's Rights*, London: Routledge and Kegan Paul.

Wringe, C. A., 1993, Children's Welfare Rights are Entitlements, in: Jenson, M. and Goffin, S. (eds.), *Visions of Enlightenment*, New York: State University of New York, 31-45.

5

권위적 간섭주의와 아동의 참여권

-아동의 참여권 보장을 위한 정당화 논의-

Ⅰ. 들어가는 말

아동은 권리의 주체인가? 이 질문에 대하여 많은 사람들은 적어도 피상적인 수준에서 동의할 것이다. 그러나 아동의 구체적인 삶의 현장을 자세히 들여다보면 많은 간섭과 제한이 뒤따르고 있음을 확인할 수 있다. 아동이 권리의 주체임을 인정하면서 아이들에게 많은 제한과 간섭이 따라야 한다고 생각하는 많은 성인들의 생각의 이면에는 아동에 대한 부정적인 시각만이 깔려 있는 것이 아니다. 아동이 성인에 비하여 무능하다고 하는 부정적인 관점 이외에 아동은 미성숙하고 힘(특히 정치·경제적인 힘)을 소유하고 있지 못하기 때문에 아동은 일정기간 성인으로부터 보호를 받아야 한다는 긍정적인 관점도 있다. 그러나 이러한 보호의 관점은 항상 아동의 자유와 권리가 제한되어야 하며, 또 이러한 제한에는 상당한 금지와 간섭이 따르게 마련이다. 이에 대하여 필자는 아동이 권리의 주체임을 정치철학적인 논의를 통하여 밝힌 바 있다.[1] 그

1) 본서 제4장.

러나 아동이 권리의 주체라고 했을 때, 아동에게 구체적으로 어떠한 권리가 보장되어야 하는지, 아니면 반대로 어떤 권리가 결정적으로 아동을 권리의 주체로 인식하게 할 수 있는가의 문제는 여전히 남아 있다. 이 문제를 핵심으로 놓고 볼 때, 부각되는 논점이 아동의 참여권 문제이다.

1989년에 채택된 '아동권리협약'(Convention on the Rights of the Child)은 아동의 천부적인 권리를 보장하기 위한 구체적인 조항들을 총체적으로 담고 있다. 그중에서 제2조의 차별금지, 제3조의 '아동 최선의 이익'(Best Interests of the Child) 보장, 제12조의 아동의 참여권은 이 협약의 특징을 단적으로 표현하는 조항이다. 여기에다 이 협약은 이전의 다른 중요한 아동권리 문서2)와는 달리 서명 당사국의 아동권리에 관한 실행의무를 명기하고 있다는 점에서 아동의 권리를 현실적으로 온전하게 보장하는 아동권리에 관한 최고의 경전이다. 이 협약의 세 가지 주요 특징인 아동 최선의 이익이 무엇이며, 왜 그것을 우선하여야 하는가 하는 문제와 아동의 참여권은 아동의 특수성에 비추어 과연 정당화될 수 있는 것인가? 그렇다면 아동의 참여는 어느 정도까지 보장하여야 하는가 하는 문제들에 초점을 맞출 필요가 있다. 전자의 문제는 '이익'의 개념을 어떻게 보아야 하는가 하는 근본적인 문제와 아동의 진정한 이익(real interests)이 무엇인가 하는 질문을 통하여 논의될 수 있는

2) 이를테면 1923년 젭(Eglantyne Jebb)이 제정하고 1924년 국제연맹에 의하여 채택된 '아동권리 제네바선언', 이 선언에 토대를 둔 국제아동연맹에 의해 채택된 '아동권리선언', 국제연합에 의해 채택된 1959년 '아동권리선언' 등을 들 수 있다. 한편, 1948년 '세계인권선언'은 비록 아동의 권리를 따로 다루고 있지는 않지만, 이 선언이 보편적인 권리선언이라는 점에서 보면, 여기에 포함된 자유권, 복지권 등은 아동 문제와 관련하여 보편적으로 적용되어야 할 것이다. 본서 부록 I, IV, V, VI 참조.

성격의 문제인 반면, 후자의 문제는 아동의 참여는 왜 보장되어야 하며 그것이 어떻게 아동의 이익을 도모하는가 하는 아동의 '자유'의 필요성에 비추어 정당화 논의를 요구하는 문제이다. 두 가지 문제 중에서 논리적인 선후 관계로 보자면 '아동의 이익' 문제가 선행되는 보다 근본적인 문제이다.

아동의 참여를 보장하는 일은 아동의 권리를 보장하는 백미(白眉)라고 할 수 있다. 이렇게 보는 데에는 몇 가지 이유가 있다. 첫째, 어떤 개인이 하나의 독립된 인격체로서 존중된다는 것은 그 개인에게 참여에 관한 실질적인 기회가 주어져야 한다는 것을 의미하기 때문에 아동이 권리의 주체라는 주장의 핵심에는 아동의 참여가 있어야 한다. 둘째, 앞서 언급한 바와 같이, 아동의 참여 없이 아동 최선의 이익을 고려한다는 것은 한낱 공염불에 불과하다. 셋째, 참여는 민주주의 제도 실현을 위한 필요조건이다. 아동이 현재와 미래의 삶 속에서 인간답게 살아가야 할 권리를 소유하고 있는 존재라면, 아동이 익숙하게 생활해야 할 방식은 민주적인 생활 방식이다. 아동에게 참여를 보장하지 않는다는 것은 아동에게 민주적인 생활 방식과는 무관한 삶을 가르치고 있는 것과 마찬가지이다.

이상과 같은 참여와 참여할 권리인 참여권의 중요성에도 불구하고, 아동의 자유와 권리, 특히 아동의 참여를 제한하는 정치적인 개념적 도구(conceptual apparatus)로 제시된 것이 바로 '권위적 간섭주의'(paternalism)이다. 이 글에서는 우선 아직도 많은 지식인에 의하여 아동의 자유와 권리를 제한하는 일을 지지하는 데에 사용되는 권위적 간섭주의가 갖는 개념적인 조건과 논리적인 속성을 살펴보기로 한다. 둘째, 권위적 간섭주의가 갖는 논리적인 결함을 통하여 우리는 아동의 참여가 어째서 중요한 것인지를 논의할 필요가 있다. 셋째, 아직도 특별한 보호를 받아야 할 아동이 많다는 사실에 비추어 아동의 참여보다는 아동의 보호에 초점을 맞추고 아동의 권리를 고려해야 한다는 주장이 성립할 수 있을지도 모른다. 그러나 참여보다는 아동을 더 보호한다고 하는 주장의 의미는 어떻게 정당화되는지를 살펴보기로 한다. 한 마디로 말하자면, '권위적 간섭주의'라는 명분 아래서 '참여 없는 보호'가 과연 아동 최선의 이익을 실질적으로 도모하는 것인가 하는 문제에 초점을 맞출 것이다.

Ⅱ. 아동의 권리와 관련된 용어의 문제

1. '권위적 간섭주의'의 의미

목하 논의하고자 하는 '권위적 간섭주의'는 영어의 'paternalism'의 번역어이다. 주로 정치적 개념으로 이해되는 이 번역어의 의미는 이 글 전체를 이해하는 데에 필수적인 요인이 되므로 이 용어가 갖는 개념적인 특성을 좀 더 자세히 살펴보기로 한다.

자유의 제한 및 그 정당화 문제와 관련하여 흔히 사용되는 'paternalism'에 부합하는 적절한 번역어를 찾아내는 일은 매우 어려운 작업이다. 영한사전을 찾아보면, '가부장적 간섭주의'라고 소개되어 있다. 'paternalism'의 어간인 'pater–'가 '아버지'를 가리키는 말이므로 '가부장적'이라는 수식어가 붙는 것은 말의 축어적(逐語的) 의미에 충실한 일인지 모르지만, 윤리학적 논의나 정치 이론에서 사용되는

'paternalism'의 의미는 단지 아버지의 간섭만을 내포하는 것이 아니다. 군주, 교사, 성직자, 권력자 등을 비롯하여 일체의 제도적 권위체가 행사하는 간섭을 모두 가리킨다. 제럴드 드워킨(Gerald Dworkin, 1972: 64ff)에 따르면, 'paternalism'은 한 개인의 자유를 제한·침해하는 타인의 간섭을 모두 지칭하는 말이다. 이때의 타인은 간섭 당하는 사람보다 권위를 많이 지닌 사람이다. 따라서 이 말의 번역어로서 '간섭주의'가 채택되는 것은 당연하며, 따라서 보다 정확한 번역어는 '권위를 가진 사람에 의하여 행해지는 간섭주의'가 될 것이다. 그러나 이렇게 장황한 번역어는 현실성이 없기 때문에, 피번역어가 지닌 논리적 속성(logical components)인 '권위'와 '간섭'을 가지고 축약하면 번역어는 '권위적 간섭주의'가 된다. 여기서 '권위'라는 의미는 형식적으로 부여되는 단순한 의미의 권위가 아니라 '힘'이 있는 사람이 그렇지 못한 사람에게 힘을 행사할 때 아울러 생겨나는 권위를 지칭한다. 이 용어는 주로 가족관계에서 부모가 자녀에게 힘을 행사할 때, 또는 전제적 군주와 같이 정치적인 힘을 가진 사람이 지배를 받는 사람에게 힘을 행사할 때 사용된다. 따라서 '권위적 간섭주의'는 결국 힘을 가진 자가 힘을 가지지 못한 자에 대한 힘의 행사와 관련하여 야기되는 간섭, 그리고 자유의 제한 등을 총칭한다고 볼 수 있다. 영어의 'paternalism'을 '권위적 간섭주의'로 번역하는 데에 난점은 바로 이 번역어가 '힘'을 의미하는 '권력' 또는 '권한'이라는 용어를 사용하지 않고 '권위'를 채용하였다는 데에 있다. 그러나 권위를 가진 사람은 그렇지 못한 사람에 비하여 여전히 '힘', '권력', '권한'을 보다 많이 가진 사람이라는 점에서 보면 그릇된 번역어는 아니다. '권위'가 '힘', '권력', '권한'을 비유적으로 포괄하는 셈이다. 한 마디로 말하자면, 권위적 간섭주의는 '힘의 우열'에서 나타나는 자유의 제한·침해·간섭 등의 문제라고 볼 수 있다.

2. '힘' 또는 '권력'의 의미

'권위적 간섭주의'가 한 개인의 자유에 대하여 다른 한 개인이 제한·침해·간섭 등의 제재를 가하는 경우를 통칭하는 말로 이해되는 한, 이 말은 '힘' 또는 '권력'과 불가분의 관계를 맺고 있다. 이 말이 사용되는 대부분의 경우 자유를 제한하는 사람이 자유를 제한 당하는 사람의 경우보다 보다 더 큰 힘을 가지고 있다. 결국 목하 문제가 되는 것은 두 사람간에 나타나는 '힘'(power)의 우열이다.

영어의 'right'라는 용어가 여러 가지 의미를 갖는 것과 마찬가지로, 'power'는 여러 가지 이유에서 오해의 소지가 있는 애매한 용어(ambiguous term)이다. 독일어와는 달리, 이 말은 '힘', '권력', '권한' 등으로 다양하게 번역된다. 특히 문제의 심각성은, 호펠드(1919)가 분류한 바와 같이, 이 말이 '권리'의 한 유형으로 이해될 때 나타난다. 영어의 'power'가 '권리'의 한 유형으로서 이해될 때 우리는 '권한'으로 번역하여야 한다. 이것은 영어의 'entitlement'라는 뜻을 가진 권리의 속성에 비추어 그러하다. 어떤 경우이든지 간에 'power'는 우리말의 '힘'이라는 의미를 가지고 있다. '정치적인 힘'을 나타내는 경우인 '권력'의 경우 외에도 'power'라는 말은 '경제적 부', '사회적 지위' 등을 포괄하는 '힘'을 가진 모든 경우를 지칭한다. 이러한 맥락에서 '권위적 간섭주의'(paternalism)는 '힘의 우열'로 설명될 수 있는 개념이다.

권위적 간섭주의가 한 개인의 자유와 권리를 제한한다는 측면에서 보면 매우 부정적인 개념임에는 틀림이 없으나, 권위적 간섭주의가 정당화되는 상황을 찾을 수 없는 것은 아니다. 권위적 간섭주의가 정당화될 수 있는 상황이란 다름 아닌 한 개인의 자유 행사가 타인의 자유를 침해할 경우 그 개인의 자유를 제한하거나 자유의 행사에 개입하는 경우이다. 밀(Mill, 1859)이 그의 '자유론'(On Liberty)에서 주장한 '한 가지 매우 간단한 원리'(one very simple principle)란 바로 이러한 경우를 지칭한다. 밀의 이 원리를 토대로 하여 권위적 간섭주의에 관한 방대한 논의가 이루어져 왔다(이를테면 Dworkin, 1972: Hodson, 1977; Carter, 1977; Gutmann, 1980; Scarre, 1980; Husak, 1981). 그러나 여기서는 아동의 권리(특히 참여권)를 제한하는 데에 사용되는 권위적 간섭주의의 '힘'과 '간섭'이라는 논리적 속성을 중심으로 논의하고자 한다.

3. '참여'와 '참여권'

최근 들어서 아동의 '참여'에 관한 의식이 고양된 것이 사실이다. 참여를 보장하는 일은 흔히 민주주의를 실질적으로 보장하는 일이라고도 하며, 동시에 정치학의 화두인 '힘의 분산'(separation of power)을 도모하는 일이기도 하다. 힘의 분산과 민주적인 절차의 존중 등은 그 자체로 가치로운 것은 아니다. 그것이 인간의 사회적인 삶에서 존중되어야 하는 이유는 모든 이들의 존엄성과 천부적인 권리를 존중함은 물론 개개인의 이익을 스스로 선택한 바에 따라서 존중하는 데에 요구되는 것이기 때문이다. 이 문제에 앞서 우리는 '참여'의 의미를 먼저 살펴볼 필요가 있다.

주지하는 바와 같이, 'participation'은 '참가'와 '참여'로 모두 번역될 수 있는 말이다. 여기서 '참가'라는 용어 대신에 '참여'라는 용어를 채택한 데에는 다음과 같은 이유가 있다. 우선 용법상 '참가'는 모종의 행사나 모임에 몸담는다는 의미를 갖는다. '○○회의에 참가하다' 또는 '참가비를 지불하다'의 용법에서 볼 수 있는 바와 같이 '참가'는 어떤 행사나 이벤트를 전제할 때 주로 쓰이는 말이다. 이에 반하여 '참여'는 '정치참여', '참여연대'와 같은 용법에서 볼 수 있는 바와 같이 구체적인 행사나 모임에 몸담는다는 의미 이외에도 어떤 일에 관여한다든가 아니면 모종의 활동이나 일에 관심을 갖거나 관여한다는 추상적인 의미를 포함하는 말이다. 이 글에서 논의되는 '아동의 참여권'은 아동이 실지로 특정한 행사나 모임에 참가하는 권리만을 지칭하는 것이 아니다. 따라서 아동이 구체적인 행사나 모임에 참가하는 것뿐만 아니라 그러한 일에 지속적인 관심을 갖는 일을 포함하여 실지로 참가하지는 않았으나 아동이 관심을 가지고 있는 특정한 사안에 대하여 모종의 관계를 유지하는 것도 모두 포함하므로, 아동의 참여는 아동 문제를 다루는 데에 있어서 중요한 사안이라고 할 수 있다.

이러한 맥락에서 '참가권'이라는 말 대신에 '참여권'이라는 말이 'rights of participation'에 대한 보다 적합한 번역어이다. 뒤에 보다 자세하게 논의하겠지만, 아동의 참여권이 논란이 되는 것은 아동의 자유와 권리를 보장하기 위하여 일정시간 동안 아동은 보호받아야 하며, 그런 한 아동의 자유와 권리는 일부 제한되어야 한다는 주장(이를테면, 권위적 간섭주의)과 관련되어 있기 때문이다.

참여권은 정치적 권리와 매우 밀접한 관련을 맺는다. 특히 현대 민주국가에서 참여권을 보장하지 않는다는 것은 그 자체가 민주주의를 포기하는 것을 의미한다. 이 점에서 보면, 참여권의 보장은 곧 민주주의를 보장해 주는 핵심적인 제도적 장치이다. 그러나 참여권은 정치적 권리의 차원뿐만 아니라 인간이 자신의 삶을 주도적으로 이끌어가며 살아간다는 자율적인 삶의 차원에서 더욱더 큰 의미를 갖는다. 이러한 관점에서 린지(Wringe)는 참여권의 의미를 사회생활을 영위하는 데 있어서 '동등한 영향력을 행사할 권리'(rights to equality of influence)로 보고 있다(Wringe, 1981: 57ff). 이 말은 한 개인이 사회 생활을 영위하는 과정에서 소외되거나 혹은 힘을 가진 자에 의하여 자신의 권리가 침해당하지 않는다는 것을 가리키는 것이기도 하다. 예컨대, 선거권(rights to vote)은 정치적 참여라는 의미 외에도 자신의 투표 행위가 다른 사람과 동등하게 영향을 끼치게 하는 제도적 장치이다. 그러니까 선거권과 같은 참여권의 행사는 예외나 정도의 차이를 인정하지 않는 보편적(universal) 성질을 갖고 있다. 그러나 참여권이 인간의 사회 생활 속에서 무한정 보장되지는 않았으며, 거기에는 모종의 제한이 뒤따랐다. 역사적으로 보면, 선거권은 특정한 부류의 사람들에게 제한적으로 부여되었던 권리이다. 고대 희랍 시대는 물론이고 현대 민주주의가 틀을 잡아가기 시작하던 20세기 초까지만 하더라도 여성에게 선거권은 부여되지 않았던 것이 그 예이다.

참여권의 제한은 크게 두 가지 준거에 의해 가능하다. 하나는 능력-무능력의 준거에 의한 제한이고, 다른 하나는 특정 집합체에 대한 공헌도(또는 멤버십) 준거에 따른 제한이다. 여기서 문제가 되는 것은 첫 번째 준거이다. 두 번째 준거는 참여권을 제한한다 해도 우리가 밝히고자 하는 참여권의 의미를 크게 손상시키지 않기 때문이다. 예를 들면, 어떤 사교 클럽을 결성한다고 했을 때 모든 사람에게 그 클럽에 참여할 자격이 부여되는 것이 아니다. 클럽에 참여할 수 있는 사람은 그 클럽에 특정한 공헌을 했거나 멤버십을 소유한 사람 또는 클럽의 멤버들이 가입을 허용한 사람의 경우에 한정되기 때문에 참여권 제한의 논란이 발생할 여지가 매우 희소하다. 그 이유는 클럽 결성의 원래 목적이 특정한 목적을 가진 자들의 모임이라는 배타적 성격을 띠기 때문이다. 이와는 달리, 능력 준거는 참여권을 제한하는 기준으로서 많은 논란의 여지가 있다. 능력 준거가 참여권의 제한을 허용하는 경우를 먼저 살펴보면, 우리가 일반적으로 법적인 자격 제한을 두는 경우이다. 이를테면, 한정치산자의 경우가 그것이다.

아동의 참여 제한 문제는 한정치산자의 경우와는 다른 정당화 논의를 요구한다. 왜냐하면 거의 대부분의 아동은 한정치산자와는 달리 건전한 사고를 지니고 있으며 삶을 긍정적으로 영위하고자 하는 이들이기 때문이다. 모든 나라의 실정법은 선거권의 제한을 명분으로 다수의 아동을 한정치산자와 같은 권리 제한자로 묶고 있다. 이렇게 보는 데에는 이유가 있다. 그것은 성인의 기준에 따라 소위 말하는 '아이들'을 규율하기 위한 것이다. 앞서 언급한 바와 같이 아동의 권리는 보편적인 것이므로 예외나 정도의 차이를 인정하는 것은 '권리'의 속성상 인정할 수 없는 것이다(Wringe, 1981: 23-37; 김정래, 1998). 이러한 문제는 사회적 공리(social utility)를 꾀하고자 하는 법실증주의자들의 그릇된 관념에서 비롯된다. 실정법의 규정에 따라 아동의 권리가 제약될 수 있다는 믿음은 아동권리 제약이 사회의 안정을 위한 것이라는 그릇된 믿음과 무관하지 않다. 그러나 과연 이러한 법실증주의자들의 믿음은 타당한 것인가? 이에 관하여 좀 더 자세한 논의를 하고자 한다.

린지(Wringe, 1981: 90-7)는 실정법은 그 실정법에 의하여 규정된 아동을 부당하게 취급할 수 있음을 지적하고 있다. 물론 이 말은 실정법이 아동의 권리를 침해하거나 묵살한다는 의미가 아니다. 다만 권리의 속성과 본질에 비추어 실정법은 아동의 권리를 제한하는 근거를 마련하고 있음을 지적하고 있다. 첫째, 아동과 성인을 다르게 취급하여야 한다는 실정법의 근거는 자의적이다. 둘째, 실정법은 성인과 아동의 관계에 있어서 성인에게 하등 근거 없는 권위를 부여하고 있다. 셋째, 실정법은 아동을 인격체(as persons)가 아니라 소유물(as property)로 취급하고 있다. 이 세 가지 지적은 린지가 아동의 권리를 정당화하는 과정에서 야기되는 실정법상의 문제를 검토하기 위하여 진술한 것이지만, 이 세 가지는 우리가 암암리에 인정하게 되는 아동권리의 제한 또는 유보의 근거를 제공하고 있다. 특히 실정법이 규정하고 있는 연령 준거를 통하여 능력의 준거를 마련하고, 다시 이를 권리 제한의 토대로 삼는다. 능력 준거가 아동의 권리 제한의 근거가 될 수 있는가에 상당한 의문이 따른다. 무엇보다도 나이가 어리다는 사실은 능력이 부족하다는 근거를 제공해 주지 못하기 때문이다. 바꿔 생각해보면, 나이가 많은 성인이 어린 이들보다 능력이 뛰어나다고 할 근거는 없다.[3] 다만 이 글에서 밝히고자 하는 논의를 위해서 아동을 보는 두 가지 다른 시각을 좀 더 자세히 살펴볼 필요가 있다. 여기서 다른 시각이라고 하는 것은, 린지(1981: 88-9)가 구분한 아동의 개념을 파악하는 두 가지 방식을 지칭한다. 그는 아동의 개념(보다 정확하게 표현하자면 아동의 범주)을 제도적인 방식(institutional)과 규범적 방식(normative)으로 이해할 수 있음을 지적한다. 이 중에서 전자는 실정법적 문제와 아동의 문제 관련에 있어서 이들의 권리를 제한하는 근거를 마련해 준다. 왜냐하면 관련법에 의하여 아동의 권리를 제한하면 더 이상의 실정법상의 문제는 제기되지 않기 때문이다. 물론 실정법에 의하여 현실적으로 미흡했던 아동의 권리가 보

3) 본서 제4장 참조.

장되는 경우가 있을 수 있다. 그러나 실정법에 따른 아동의 권리 제한은 포괄적인 측면이 있다. 이를테면 '~세 미만의 자는 ~을 할 수 없다' 또는 '~세 미만의 자는 ~을 하는데 있어서 ~로부터 ~한 보호와 감독을 받아야 한다'는 규정이 그것이다. 사실 아동 문제 또는 미성년 문제에 있어서 실정법상의 권리 제한은 그 자체로 위헌의 소지를 담을 수 있다. 우리나라 헌법 제37조 제1항에 따르면, '국민의 자유와 권리는 헌법에 열거되지 아니한 이유로 경시되지 아니한다'고 규정하여 국민의 권리가 헌법 및 하위법의 실정법적 규정에 의하여 제한될 수 없음을 포괄적으로 명기하고 있다. 이러한 사실은 아동권리 문제를 이해하는 데에 있어서 중요한 시사점을 던져 준다. 첫째, 실정법에 의하여 보장된 실정권(positive rights)만이 아동의 권리로서 인정되는 것이 아니라, 실정법에 의하여 보장되지 않지만 성립하는 권리인 도덕권(moral rights)의 차원에서 아동의 권리를 이해하여야 한다는 점이다. 실정법에 보장된 권리만이 실제 권리라고 보는 견해인 법실증주의에 따르면, 권리는 실행성(practicability)이 있어야 하기 때문에 반드시 실정법에 의하여 보장되었을 때만이 권리로서 인정될 수 있다고 본다. 이를테면, 빈민국에서 복지권은 존재할 수 없다는 것이다. 기아에 시달리는 국민의 기본적 생존도 국가가 전전긍긍하는 상황에서 복지 문제를 권리의 문제로 실질적으로 보장할 수 없다는 것이다. 그러나 이러한 견해는 고전적인 의미의 권리만이 권리로서 성립할 수 있다고 믿는 견해이며, 다른 한편으로 현대적 권리를 정당화해 줄 수도 없다. 뿐만 아니라 고전적 권리에서 중요한 권리로 인정되는 자유권조차 보장할 수 없게 된다. 다만 여기서 지적하고 싶은 것은 실정법에 의하여 권리가 규정되어 있지 않았다 하더라도, 인간이 권리의 주체라는 사실이 손상될 수 없다는 점과, 실정법에 의하여 몇몇 권리들을 제한하는 것이 자의적이며 부당하다는 점이다.

둘째, 이러한 헌법상의 규정은 권리의 침해를 막고 권리를 실정법에 의하여 자의적으로 제한할 수 없음을 천명한 것이라고 보아야 한다. 물론 실정법에 의하여 권리 제한을 할 근거는 충분히 있다. 경제권의 행사가 경제 질서를 교란시키거나 아니면 공공의 질서를 해할 때의 권리 제한이 그것이다. 이러한 실정법상의 권리 제한의 근거가 바로 사회공학적 목적 또는 사회공리적 목적에 부합된다는 점에 우리는 주목할 필요가 있다. 이러한 목적은 주로 사회의 효율적 운용 또는 사회 전체의 이익을 위하여 특정 다수의 일부 권리를 제한하는 경우에만 주로 성립한다. 국가비상사태시의 자유권의 제한, 전시의 동원령에 의한 신체자유의 제한 및 박탈 등이 그것이다. 그러나 사회공학적 목적 또는 사회공리적 목적은 일상적으로 그리고 포괄적으로 권리 제한에 사용될 수 있는 것이 아니다. 그리고 실정법에 따른 제도적인 '아동' 또는 '미성년자'의 규정은 개개 아동의 권리, 특히 발달이 빠른 아동의 권리를 일체의 개인차를 고려하지 않고 제한할 수 있다는 뜻으로 해석해서는 안 된다. 이 중에서도 가장 심각한 문제가 되는 것이 바로 아동의 참여권 제한이다. 동시에 실정법상의 참여권 제한은 실지로 아동을 권리의 주체가 아니라 단순한 권리의 수혜자로 보는 관점을 제공하는 단초가 된다.

참여권이 인간의 삶에 미치는 중요한 의미, 즉 '동등한 영향력의 행사'가 지니는 의미와 관련하여 여기서는 두 가지만 살펴보기로 한다. 하나는 참여권의 제한에 관한 문제이며, 다른 하나는 대의제도이다. 민주주의사회에서 모든 이들에게 참여권은 원리상 보장된 것이다. 그러니까 참여권을 제한하거나 박탈하기 위해서는 그 제한과 박탈의 기준이 있어야 한다. 그 기준의 첫 번째는 실정법상의 금치산자와 한정치산자의 경우이다. 이들에 대한 참여권의 제한과 박탈은 주로 실정법을 위반한 경우에 가해진다. 그러나 앞서 논의한 바와 같이 아동권리 제한의 경우에 똑같이 적용되는 것은 아니다. 두 번째 기준이 바로 능력의 부족, 미숙이라는 능력 준거(capacity criterion)이며, 이에 따라 참여권을 제한하는데, 그 적용대상이 주로 아동과 법적인 미성년자이다. 초기 영·유아의 경우를 제외하고 아동에게 과연 참여권을 제한하여야 하는가 하는 문제는 논란의 여지가 있다. 그러나 분명한 것은 아동이 참여를 통한 의사결정에 있어서 능력이 전혀 결여된 존재로 볼 수 없다는 것이다. 예컨대, 대선이나 총선에서 치매에 걸린 60대 노파와 16세의 소녀 중 누가 더 합리적인 선택을 할 수 있는가 하는 문제는 명약관화한 것이다.

대의제도와 관련하여 참여권은 민주주의사회를 운영하는 데에 있어서 필수적인 요소이다. 참여권의 보장은 또한 정치적인 힘의 분산(separation of power)을 통하여 독재나 전제를 막을 수 있는 제도적 장치이기도 하다. 그러나 고대 아테네와 같은 도시국가나 스위스 칸톤(cantons)의 경우를 제외하면, 대부분의 국가는 그 대표자를 선출하여 민의를 전달하는 대의 민주주의(representative democracy)제도를 채택하고 있다. 문제는 이러한 대의 민주주의를 통하여 개인의 직접적인 정치 참여가 제한된다는 점이다. 이 점은 '동등한 영향력의 행사'라는 측면에서 매우 중요한 사안이다.

우선 대의제도는 두 가지로 해석할 수 있는데, 하나는 대표자가 지역구민의 의사를 전달하는 제도(mandate)이며, 다른 하나는 지역구민이 직접적으로 선출한 대표자가 지역구민의 의견을 전달하는 것이 아니라 지역구민의 의사와 이익을 대변하기 위하여 자신의 판단에 따라 의사결정을 하는 제도(delegate)이다. 이 중에서 참여권을 보다 적극적으로 보장하는 제도는 전자일 것이다. 그러나 어떤 형태의 대의제도를 채택하건 간에 직접적인 정치 참여가 불가능하기 때문에 여기에 대한 보완책이 강구되어야 한다. 린지(1981: 62)는 이 방안의 하나로 자유로운 의사표현의 권리와 대표자에게 용이하게 접근할 권리뿐만 아니라, 대표자에게 자문을 하고 그 자문이 현실적으로 가능하도록 하는 제도를 마련할 것을 제안하고 있다. 또한 정보매체에의 용이한 접근권, 공공기관의 결정에 대하여 정책 대안을 제시하고 공론화할 수 있는 권리 등을 보장해야 한다고 주장한다(Ibid., 63). 그렇지 않은 경우 참여권의 효과, 즉 '동등한 영향력의 행사'는 공염불에 그칠 것이다.

제도적으로 참여권이 침해당하는 경우를 찾아볼 수 없는 것은 아니다. '필요'[4]에 의하여 정당화되는 인간의 기본적인 생존이나 의무교육과 같은 재화를 한 국가기관(또는 공공기업)이 독점할 경우 참여권이 제한될 수 있다. 예를 들면, 우리나라에서 의무교육인 초등교육의 내용이나 방법은 국가나 교육당국이 독점하고 있기 때문에 교육 문제에 관하여 모든 사람이 똑같은 영향력을 행사할 수 있다고 보기 매우 어렵다. 이런 점에서 의무교육 문제에 관한 참여권은 제한되어 있는 셈이다. 이런 경우 요구되는 것이 운영상의 민주화이다. 교육 문제와 관련하여 예를 들자면 학교운영위원회의 설치 같은 것이다. 물론 학교운영위원회도 엄밀한 의미에서 보면 모든 사람들에게 직접 참여를 보장한 제도는 아니지만, '동등한 영향력의 행사'를 보장하는 제도적 장치라고 볼 수 있으며 적어도 교육관계자(학부모, 교사, 지역인사)의 참여를 보장하는

4) '필요'의 개념은 '정언적 필요'와 '수단적 필요'로 구분되며, 복지 문제나 참여(자유)의 문제는 '정언적 필요'에 의하여 정당화된다. 이에 관한 보다 자세한 논의는 김정래(1997a; 1997b) 참조.

제도적 장치라고 볼 수 있다. 또한 미국에서 시행하고 있는 '협약학교(Charter School)' 운영도 이러한 참여권의 보다 직접적이고 실질적인 보장을 위한 장치라고 할 수 있다.

무엇보다도 참여권을 '동등한 영향력의 행사'로 파악해야 하는 보다 중요한 이유는 바로 참여권을 가진 사람들의 이익을 도모한다는 데에 있다. 참여의 기회나 자격이 박탈된 사람이 이 박탈된 상황에서 자신의 이익을 도모할 방책은 전혀 없다고 보아야 한다. 참여가 박탈된 상황은 바로 힘을 많이 가진 사람의 이익을 대변하게 될 것이기 때문이다. 앞서 언급한 정치학의 화두인 '힘의 분산'은 참여권을 보장함으로써 가능한 것이다.

Ⅲ. 권위적 간섭주의와 아동권리의 관계

힘의 우열로 권위적 간섭주의를 파악할 때 권위적 간섭주의는 아동의 권리를 제한하는 중요한 이유를 제공한다. 권위적 간섭주의는 능력의 준거를 가지고 권리를 행사하는 주체를 가름하기 때문에 능력을 빙자한 여러 가지 이유에서 아동의 권리는 제한되어야 한다고 주장한다. 즉, 권위적 간섭주의는 엘리트주의(elitism)가 깔려 있는 개념이다. 그러나 엘리트주의를 전제로 하는 권위적 간섭주의는 적어도 두 가지의 정당화될 수 없는 난점을 가지고 있다. 첫째, 권리는 그 개념적 속성상 힘이 있는 자들만이 향유할 수 있는 것이 아니다(Franklin, 1995: 11-2). 권리는 보편적인(universal) 것이다. 이미 언급한 바와 같이, 여기서 말하는 '보편적'이라는 말은, '일반적'이라는 말과는 달리, 그 적용에 있어서 정도의 차이나 예외를 인정하지 않는다는 뜻을 지니는 말이다. 따라서 권리가 만인이 보편적으로 수혜받을 수 있는 것이라면, 권위적 간섭주의에 근거하여 주장하는 바와 같이, 힘이 없는 아동의 권리는 제한될 수 있다는 주장은 설득력을 가질 수 없다. 둘째, 권위적 간섭주의의 맥락에서 이루어지는 능력-무능력 구분이 성인-아동의 구분과 일치하는가에 관하여 우리는 쉽게 동의할 수 없다. 능력-무능력의 구분은 성인-아동의 도식으로 설명되는 것이 아니라 능력 그 자체의 기준으로 보아야 한다. 그럼에도 불구하고 권위적 간섭주의에 관한 찬반 논쟁은 끊이지 않고 계속되고 있는 듯하다. 여기서는 자유와 권리를 제한하는 사람과 제한받는 사람간에 야기되는 힘의 우열로 파악할 때, 제한받는 사람을 아동으로 보고 제한하는 이를 아동에게 힘을 행사하는 중요한 타인(예컨대, 부모, 교사, 후견인 등)으로 보고 논의를 전개하기로 한다.

첫째, 아동과 중요한 타인(important others)간에 권위적 간섭주의를 성립시키는 조건을 살펴볼 필요가 있다. 우선 우리가 고려할 수 있는 것은, 밀(1859)이 주장한 바와 같이, 자유의 간섭은 '자기보호'(self-protection)와 '타인에 대한 해(害)'라는 두 가지 대 전제를 토대로 정당화될 수 있다. 그리고 동시에 이러한 전제는 부인할 수 없는 사회 생활의 원리이기도 하다. 그러나 여기서 우리가 세심한 주의를 기울일 필요가 있는 점은 개인의 자유의 제한이 개인과 개인의 연결 관계에 한정되었을 때 정당화가 가능하다는 점이다. 개인-개인의 연결고리를 넘어서는 관계로 확대될 때, 자유의 제한 문제는 권위적 간섭주의의 양상을 띠게 마련이고, 또한 권위적 간섭주의의 양상이 자칫 아동에 대한 권리침해로 이어질 가능성을 배제할 수가 없다. 이러한 위험성은 대개 공공의 이익이라는 명분에서 아동의 권리를 제한할 때 나타나는 경우가 많다. 이러한 경우를 면밀하게 분석해 보면, 개인(아동)의 자유를 제한하는 경우 그 명분은 대개는 공공의 이익 또는 공공질서와 같은 아동 자신의 이익과 상관없는 집단적 가치에서 찾아진다. 이 문제 역시 상당히 장황한 논의를 요구하는 문제이므로 이 글에서 이에 관한 상론은 생략하기로 한다. 다만 공공의 이익과 같은 권위적 간섭주의에서 보는 자유의 제한은 대부분 공리적인(utilitarian) 목적을 지향하고 있다는 점이다. 주지하는 바와 같이, '권리'의 속성과 공리주의적 산술은 서로 화합하기 어려운 면모를 가지고 있다. 많은 사례에서 볼 수 있듯이, 공리주의적 산술의 발상은 흔히 권리를 제한하거나 박탈하는 논리로 제시되기 때문이다.

둘째, 아동의 권리를 존중한다고 하더라도 권위적 간섭주의를 인정해야 한다는 입장을 살펴볼 필요가 있다. 이러한 입장은 권위주의적 간섭의 일반적인 양태에서 쉽게 살펴볼 수 있다. 범죄, 자해, 약물, 직업적 전문성, 사회보장 등의 경우가 바로 그것이다. 이 중 사회보장의 경우는 공리적인 입장을 취하고 있지만, 약물복용, 자해 등의 경우는 반드시 공리적인 입장에서 정당화되는 것이 아니다. 그것은 오히려 약물복용, 자해 등이 아동의 안전을 즉각적으로 해치는 원인이 되어 그 아동이 향유해야 할 권리를 원천적으로 박탈하게 된다는 데에서 찾아볼 수 있다. 무엇보다도 권위적 간섭이 보다 설득력 있게 정당화되는 경우는 의무교육이다.

교육, 특히 의무교육은 합리성을 덜 갖춘 발달상의 아동에게 합리성 습득의 기회를 준다는 점에서 교육에서의 아동에 대한 권위적 간섭주의는 정당화될 수 있다고 흔히 생각한다. 실지로 의무교육과정은 아동이 사회의 일원으로서 성장하여 사회인으로 생활하는 데에 필수적으로 요구되는 최소한의 내용을 담고 있으며, 이러한 내용은 공통·필수교육과정[5](common compulsory curriculum)으로 구성되어 있다. 이 교육과정의 아이디어는 고대 희랍사회에서 비롯된 '자유교육'(liberal education)의 정신에 근거하고 있다. '자유교육'은 이 말이 시사하는 바와 같이 인간의 마음(mind)이 교육을 통하여 오류, 편견, 환상 등으로부터 자유로워지며, 인간의 행위가 그릇되지 않도록 하기 위하여 인간이면 누구나 받아야 하는 교육내용이라는 의미를 갖는 말이다.[6] 적어도 원

---

5) 의무교육과정(compulsory curriculum)에서 '의무'(compulsion)는 개인의 의사, 즉 개인이 배우고 싶건 그렇지 않건 배워야 한다는 의미에서 '강제한다'는 의미를 담고 있다. 즉, 국가, 교육당국, 부모는 아이들에게 강제적으로 이러한 교육내용을 가르쳐야 한다는 '의무'를 포함하고 있다. 그러나 아동(이 경우의 대부분은 학생)의 입장에서 보면, 의무교육과정에 포함된 교육내용은 강제적인 것이다. 그리고 경우에 따라서는 아동이 강제적으로 배워야 할 교육내용을 강압적인(coercive) 형태로 아동에게 제시하는 경우가 발생하는데, 이는 분명히 의무교육의 왜곡된 형태로 보아야 한다. 왜냐하면, 의무교육과정은 그 궁극적인 목적이 개인(아동)이 자율적으로 판단할 수 있는 합리적인 능력에 초점을 맞추고 있기 때문이다. 이러한 맥락을 벗어날 때, 의무교육과정의 학습은 교육적 폭력(pedagogical violence)의 양상을 띠게 된다. 그러니까 의무교육과정의 학습에서 나타나는 아동의 권리 문제는 'compulsion'-'coercion'-'violence' 또는 '(child) abuse'의 연결 관계로 검토할 필요가 있다. 이에 관해서는 방대한 논의를 요구하므로 별도의 기회에 다시 논의하기로 한다. 다만, 의무교육과정이 아동의 자율성에 맞추어져야 한다는 주장은 교육철학에서 John White(1973; 1982; 1990)에 의하여 논의된 바 있다.

6) '자유교육'은 본문에서 밝힌 바와 같이 '인간을 자유롭게 하는 교육'이라는 교육원리로서의 의미 이외에도, 이 말이 '교양교육'으로 전용되는 경우와 마찬가지로 교육프로그램을 지칭하는 말로 쓰이기도 한다. 이와 동시에 고대 희랍사회에서는 인간이면 누구나 받아야 하는 '자유교육'의 의미는 '자유인(free man)을 위한 교육'이라는 사회적인 의미로 한정된다. 당시 희랍사회에서 '자유인'은 노예신분이 아닌 사람과 그 중에서도 성인 남자만을 가리키기 때문이다. 이러한 역사적 사실은 자유교육이 오늘날의 교양교육의 성격으로 변질되면서 유한계층을 위한 교육과 유한계층이 누려온 이론의 세계를 반영하는 주지주의적 성격을 띠게 된다는 것을 설명해 준다. 이러한 사실에 비추어 볼 때, 자유교육 또는 의무교육과정이 아동의 권리와 어떤 관련을 맺고 있는가 하는 문제는 복잡한 논의의 양상을 띠게 된다.

리상 자유교육은 인간이 한 개인으로서 자율적인 판단을 내릴 수 있는 능력을 기르기 위한 교육과정으로 보아야 하며, 이러한 아이디어는 오늘날 공교육에서 담당하는 의무교육과정에 충실하게 반영되어 있다. 의무교육과정의 이러한 특성에서 찾아볼 수 있는 아이러니는 바로 아동의 자율적인 능력을 기르기 위하여 모종의 교육적인 강제를 감수해야 한다는 것이다. 정치철학의 용어를 빌어 표현하자면, 이러한 아이러니는 '자유의 파라독스'(paradox of freedom)[7]라고 한다. '자유의 파라독스'는 '큰 자유의 신장을 위하여 작은 자유를 희생 또는 유보시키는 파라독스'이다. 그러니까 자유의 파라독스로 보면, 의무교육과정에서의 모종의 강제(즉, 자유의 제한)는 차후 큰 자유의 행사를 위해 정당화될 수 있다는 것이다. 교육의 역사에서, 당연하게 여겨져 왔던 이러한 아동의 자유에 대한 제한은 권위적 간섭주의의 뿌리를 제공해 준 것이다. 그러나 이러한 간섭과 제한이 아동의 권리의 측면에서 허용된다고 보기는 매우 어렵다. 아동권리는 아동이 하나의 인격체로서 갖는 보편적인 권리이기 때문이다. 바로 이러한 점 때문에 아동권리교육프로그램에 자유의 제한에 관한 내용을 포함시키기 어려운 것이다.

셋째, 아동과 성인은 그 이해 방식에 있어서 각기 질적인 차이를 가지고 있으므로, 권위적 간섭주의는 용납될 수 없다는 입장이다. 이 입장을 받아들이기 위해서는 '아동'에 관한 두 가지 관점, 즉 아동에 관한 인식론적 관점과 정치철학적 관점을 각기 이해할 필요가 있다. 그리고 아동에 관한 인식론적인 관점과 정치철학적인 관점을 동시에 이해하면, 아동과 성인이 각기 다른 질적 차원에서 이해되어야 한다는 당위성이 정당화될 수 있다. 이미 다른 글[8]에서 정치철학적 관점은 아동이 손색없

7) 자유의 파라독스를 지지하는 입장에 관해서는 Peters(1966: chapter 7)를 참조.

는 권리주체임을 정당화한 바 있다. 그럼에도 불구하고 아동에 관한 인식론적 관점은 아동을 성인에 비하여 열등한 존재로 파악하는 논점에만 동원되는 것이 아니라 아동이 성인과 마찬가지로 권리주체로 인식되는 상황에서 아동의 특수성을 부각시켜 줄 것이다. 아동연구에서 밝혀진 많은 실증적 연구들은 아동이 성인에 비하여 열등한 존재임을 밝히는 데에 봉사해온 것이 아니라 아동만이 가지고 있는 특수성을 보다 정확하게 이해하고자 하는 노력이었음을 우리는 상기할 필요가 있다.

Ⅳ. 권위적 간섭주의의 난점

지금까지 권위적 간섭주의가 정당화될 수 있는 조건과 그렇지 못한 경우를 검토함으로써 권위적 간섭주의가 아동권리의 제한 문제와 관련하여 갖는 의미를 검토하였다. 그러나 권위적 간섭주의가 지지되건 아니건, 우리가 그 다음으로 고려해 보아야 할 점은 그것이 성격상 지니는 난점이 있다는 점이다. 권위적 간섭주의가 지니는 근본적인 난점은 그것이 한 개인의 자유를 제한·침해·간섭 등의 형태를 지니기 때문에 나타난다. 그러니까 여기서 말하는 난점이란 권위적 간섭주의가 자유의 제한 형태를 띠고 있기 때문에 자유의 제한이 강압이나 아동권리침해와 같은 비윤리적인 문제로 왜곡된다는 데에 있다. 그리고 이러한 왜곡 가능성은 언제나 아동 문제의 주변에 도사리고 있다. 이유는 간단하다. 앞서 지적한 바와 마찬가지로, 권위적 간섭주의는 힘의 우열 관계에서

8) 본서 제4장.

성립하는 것이어서 힘의 우위에 선 사람의 입장이나 이해관계에 따라 힘이 아동에게 행사되며, 이에 따라 권위적 간섭주의가 허용될 수 있는 이유 등이 상존하기 때문이다.

우선 합리성을 기르기 위한 권위적 간섭도 어디까지나 간섭의 문제라는 점이다. 앞서 언급한 바와 같은 자유의 파라독스 문제가 그것이다. 그러나 무엇보다도 관심을 기울여야 할 문제는 아동의 이익을 신장하는 실제적인 문제에 있어서 허용될 수 있는 권위적 간섭주의와 권위적 간섭주의의 왜곡된 형태로 나타나는 강압이나 권리침해의 문제를 구분하는 기준은 어디에 있는가 하는 점이다. 이 문제는 이 글에서 주로 다루고 있는 본질적인 문제뿐만 아니라 아동의 생활 현장에서 나타나는 현실적인 문제이기도 하다. 이 문제의 본질을 논리적으로 보면 의무교육의 속성인 '의무'(compulsion)와 현실에서 나타나는 여러 가지 형태의 '강압'을 구분하는 준거는 무엇인가를 밝히는 데에 초점이 맞추어진다. 그리고 아동을 강압하는 데에도 여러 가지가 있을 수 있다.[9] 강압의 여러 가지 형태가 갖는 공통적인 특색은 그것이 여러 형태의 폭력의 양상을 띠고 있다는 점이다.

권위적 간섭주의가 왜곡된 양상으로서 아동에 대한 폭력 또는 아동학대로 이어지는 상황을 설명하기 위해서 다음의 몇 가지 사항을 지적하고자 한다. 우선, 앞서 지적한 바와 같이, 아동을 힘이나 능력에서 열세인 존재로 보는 견해가 아동에 대한 폭력 행사를 불러일으킬 수 있는 근간이 된다. 그리고 권위적 간섭주의가 왜곡된 양상을 지니고 권리침해를 조장한다는 것은 이 말에 담겨진 논리적인 속성, 즉 '힘'을 잘못 이해하거나 그릇되게 사용하는 데서 비롯된다. 예컨대, 교사가 학생들에

---

9) 여기에는 이를테면 'coercion', 'abuse', 'violence' 등이 포함된다.

게 수업하면서 또는 학습 지도를 하면서 행사하게 되는 힘은 권한으로 해석되어야 한다[10]. 그러나 아직도 많은 사람들이 교사가 학생들에 대하여 천부적으로 부여받은 힘으로서 '교육시킬 권리'를 갖고 있다고 생각한다. 이러한 그릇된 생각은 '권리'는 그 속성상 '무엇인가 수혜를 받는다' 또는 '천부적으로 어떤 자격이 주어져 있다', 아니면 간혹 '한 개인에게 이익이 된다'는 의미를 인식하지 못하기 때문에 나타난다. 이렇게 보면, 교사는 천부적으로 아이들을 가르칠 힘으로써 권리를 갖고 있는 것이 아니라 가르치는 전문직으로서 관계법령 등이 규정하고 있는 권한을 갖는 것이다. 교직이 천직이라는 말은 교사의 윤리적인 측면에서 고려되는 것이지 교사가 갖는 권한의 측면에서 설명되는 말이 아니다. 이와 같은 맥락에서 부모 또는 아동의 후견인이 아동에 대하여 행사하는 '힘'의 원천은 아동의 보편적 권리를 대신하여 행사하는 대리권을 갖기 때문이다. 이때 부모 또는 후견인 등은 자신이 아동에 대하여 절대적인 권리를 부여받았다고 생각하기 쉽지만, 이들이 행사하는 권리 또는 힘의 원천은 아동의 권리에서 비롯된다. 이상과 같이 권위적 간섭주의가 아동에 대한 폭력이나 권리침해로 변질되는 경우는 아동을 힘의 열세인 존재로 간주한 다음, 자신의 힘을 왜곡된 방향으로 행사하는 데서 비롯된다.

권위적 간섭주의가 윤리적으로 그리고 정치철학적인 의미에서 아동폭력이나 권리침해와 같은 왜곡된 형태로 변질되지 않기 위해서는, 드워킨이 지적한 바와 같은 '순수한 간섭주의'(pure paternalism)의 양태를 유지하여야 한다. 드워킨은 '권위적 간섭주의'를 '순수한 간섭주의'(pure paternalism)와 '순수하지 못한 간섭주의'(impure paternal-

10) Hohfeld(1919), 김정래(1998) 및 본서 제2장 참조.

ism)로 나누고, 순수한 간섭은 간섭이 가져오는 이익이 간섭받는 사람의 이익과 일치하는 경우라고 정의한다(1972: 68). 여기서 현실적으로 '순수한 간섭'이 제 기능을 하는 경우는 경관의 검문과 같이 특정의 직책에 주어진 권한의 행사와 공리적 목적에서 행해지는 자유의 제한의 경우라고 보아야 한다. 달리 말하자면, 권위적 간섭주의는 권리를 보장하는 일과는 논리적으로 그리고 실제적으로 아무런 관련을 찾을 수 없다. 그러나 아동을 대하는 현실 세계는 '법보다는 주먹이 가깝다'는 우리의 세속적인 말이 시사하는 바와 같이 이러한 간섭의 순수한 의도를 유지하기 대단히 어렵다고 볼 수 있다. 왜냐하면 아동은 성인에 비해 힘, 특히 정치적·경제적 힘이 없는 존재이기 때문이다. 따라서 아동의 권리 신장과 아동의 이익을 도모하기 위하여 우리가 선택하여야 할 대안은, 권위적 간섭주의와는 반대 방향선 상에 있는 아동의 참여를 보장하는 쪽에서 찾아야 할 것이다.

Ⅴ. 아동의 참여권과 복지권

아동의 참여권을 보장하는 데에 대립되는 견해 중의 하나가 아동의 보호와 이에 따른 아동의 복지권을 보장하여야 한다는 것이다. 여기서 말하는 '복지권'에는 아동이 결핍상태에서 기본적 생존에 소요되는 재화를 공급받을 수 있는 '기본적 생존권'도 포함된다. 아동은 여러 가지 측면에서 보호와 양육을 필요로 하기 때문에, 아동의 복지권은 다방면에서 고려되어야 한다. 그러나 복지권의 강조는 일반적으로 아동의 적극적 자유권을 일정기간 유보 또는 제한하는 양상을 띠게 된다. 예컨대,

발달의 필요 등을 이유로 일정 연령에 도달하지 않으면 음주를 금지하는 경우를 들 수 있다. 그러나 아동의 음주 및 흡연 문제를 떠나서 두발 상태 등에 관한 제한, 즉 검열은 아동 통제를 강조하는 입장에서 본 아동의 자유권 제한을 의미한다.

아동의 자유권과 복지권을 각기 강조하는 두 가지 대립된 입장은 아동의 권리를 참여의 측면에 초점을 맞추어야 하는가, 아니면 보호의 측면에 초점을 맞추어야 하는가 하는 논쟁으로 이어진다. '양육'을 강조하는 복지권의 입장은 전 세계의 많은 아동이 결핍의 상태에 처해 있고 특별한 보호와 양육을 필요로 한다는 사실적인 측면에서 아동이 향유해야 할 권리의 핵심으로 부각된다. 실지로 아동을 대상으로 하는 권리교육프로그램의 상당 부분이 여기에 할애되어 있다는 사실은 해당 관련자들이 양육과 복지의 문제를 아동의 권리 문제로 얼마나 심각하게 고려하고 있는가를 보여준다. 그리고 아동권리의 복지권적인 측면은 아동이 인간답게 살기 위한 최소한의 기본적 조건을 충족시키기 위한 조건이기 때문에 중요하다. 이러한 필요가 충족되지 않을 경우 아동은 인간으로서의 최소한의 기본적인 생활을 영위할 수 없다.

여기서 우리는 인간이 왜 최소한의 생활을 해야 하는가 하는 당위적인 문제에 봉착하게 된다. 그러나 이 문제는 자유권과 복지권의 대립된 양상으로만 볼 문제가 아니라 인간의 적극적 자유권을 지지하는 입장과 관련되는 문제로 볼 필요가 있다. 즉, 인간의 기본적인 생활을 보장해야 하는 것은 인간이 자신의 의지와 자유의사에 따라 하고 싶은 것을 할 수 있게 하기 위한 전제조건(prerequisite)이 되기 때문이다(Wringe, 1981). 즉, 복지권의 행사는 궁극적으로 자유권의 행사가 가능하도록 하는 데에 있다는 점이다. 이 점이 다른 종류의 권리에 앞서 적극적 자유권이 주장되는 이유이기도 하다. 만약 아동의 권리가 기본적인 삶에 요구되는 최소한의 필요를 충족시키는 복지권의 행사에 그친다면, 그것은 아동을 권리의 주체로 간주하지 않는 것과 마찬가지이다. 이와 같은 맥락에서 보면, 아동의 권리는 '아동권리협약'이 권고하고 있는 자기결정권과 같은 적극적 자유권을 포함하여 참여권을 보장하는 방향으로 신장되어야 한다. 그리고 복지권은 이러한 권리가 온전하게 행사될 수 있는 전제조건으로서 모색되어야 한다.

복지권이 자유권의 전제조건이 된다는 논의에 대하여 반론이 있을 수 있다. 조용환은 자유권도 복지권의 전제조건이 될 수 있음을 지적하고 있다. 그의 지적을 인용하면:

> 물론 시민·정치적 권리(혹은 자유권)와 경제·사회·문화적 권리는 서로 의존되어 있다는 점에서 경제·사회·문화적 권리(혹은 생존권 또는 복지권)가 자유권의 행사를 가능하게 하는 전제조건 내지 수단의 성격을 가지는 측면이 있다. 그러나 이것은 일방적인 방향이 아니라 쌍방적인 방향에서 모두 성립하는 관계이다. 경제·사회·문화적 권리가 자유권에 대하여 전제조건 내지 수단의 성격을 가지는 측면이 있는가 하면, 자유권 역시 경제·사회·문화적 권리의 전제조건 내지 수단으로 작용하는 측면이 있다. 예컨대, 언론의 자유, 결사·집회의 자유, 그리고 그 전제로서 의견과 사상의 자유를 갖지 못한다면, 경제·사회·문화적 권리를 보호받고 향상시킬 수 있는 길이 봉쇄될 것이며, 재판을 받을 권리와 같이 독립적이고 공정한 권리구제제도가 완비되어 있지 않는다면 사회경제적 권리의 침해로부터 보호받을 수 없을 것이기 때문이다. (조용환, 1999:118)

조용환의 이와 같은 지적은 성인의 권리의 측면에서 보면 합당한 것이다. 그러나 조용환의 비판에는 적어도 아동의 권리 문제를 보는 데에는 한계가 있다. 첫째, 아동은, 앞서 지적한 바와 같이, 경제적인 약자들이다. 경제적인 힘이 없기 때문에 경제적 자유권을 향유할 기회가 없다는 점이다. 이와 관련하여 그들이 주로 향유할 수 있는 권리는 국가와 같은 제도에 의하여 복지 재화를 수혜받는 복지권이다. 둘째, 자유권과 관련하여 조용환이 언급하고 있는 경제권이란 주로 경제적인 자유권이라는 점이다. 경제적 자유권과 (경제적) 재화와 관련된 복지권은 마땅히 구분될 수 있다. 셋째, 자유권의 행사가 아동의 현재와 미래의 이익 도모에 있다는 점을 지적한 바와 같이, 아동이 경제적 약자이기 때문에 아동의 이익 추구가 좌절될 가능성이 있다. 이에 대한 선결 조건이 바로 복지권의 보장이라고 할 수 있다. 이렇게 보면, 아동의 복지권은 자유권 행사의 전제조건이 된다.

Ⅵ. 권위적 간섭주의와 아동의 참여권 보장

이상의 논의를 통하여 아동의 참여권이 갖는 중요성에 비추어 참여권과 복지권의 논리적인 관계를 살펴보았다. 한 마디로 참여권은 아동이 삶을 주도적으로 이끌어가게 하고 아동 자신의 이익을 스스로 결정하게 해 주는 핵심적인 권리라고 할 수 있다. 그러나 권리의 범주로 보면, 참여권은 자기결정권과 같은 자유권에 속하지만, 이익의 추구라는 측면에서 보면 행복추구권에서 도출될 수 있는 권리이기도 하다. 여기서 간섭, 방해 등을 받지 않아야 온전한 참여권을 보장할 수 있기 때문에 소극적 자유권 보장의 필요성이 일차적으로 야기된다. 아동의 소극적 자유권을 보장하고 나아가서 적극적 자유권을 신장시키는 데에 있어서 걸림돌로 작용하는 것이 앞서 소개한 권위적 간섭주의 문제이다.

고전적인 형태의 권위적 간섭주의와는 달리 현대사회에서 권위적 간섭주의는 국가의 개입을 권위적 간섭주의의 형태로 허용할 수 있는가 하는 문제이다. 과거 전제국가에서 국가란 대개 군주를 의미하는 것이었고, 따라서 대부분의 재화를 군주로부터 공급받는 경우 군주의 간섭이 개입되는 경우가 많았다. 흔히 '군주의 시여(施與)'라고 하는 것이 이에 해당되는 경우이다. 이와는 달리 현대 민주주의국가에서 국가의 개입이 요구되는 것은 국가가 가치중립적인(value-neutral) 입장을 토대로 하여 권위적 간섭주의의 폐해를 방지하고자 하는 의도에서이다. 즉, 현대 민주주의사회에서 국가는 특정한 가치를 국민들에게 제시·강요할 수 없다는 입장이다. 그리고 이러한 가치중립적인 입장에서 국가는 힘이 있는 특정한 개인이나 단체가 그렇지 못한 개인이나 단체에게 간섭·개입 등의 권위적인 간섭(paternalistic intervention)을 하지 못하도록 할 책무가 있는 셈이다. 이를 앞서 언급한 행복추구권과 관련시켜 보면, 국가는 어떤 가치가 국민에게 행복을 보장하는 가치라고 권장할 수 없을 뿐만 아니라, 힘 있는 특정인이 그렇지 못한 사람에게 특정의 가치를 강요하거나 개입할 소지를 막아야 할 책무가 있다는 뜻이다. 즉, 국가 권력에 의하여 특정 개인 간의 권위적 간섭을 막고자 하는 것이다. 이렇게 보면 현대 민주주의국가는 모종의 부당한 개입과 간섭을 막는 역할을 하는 셈이다. 다만 그 개입이 특정 개인에 대한 간섭을 방지하고자 하는 데에 있는 것, 즉 소극적 자유권은 물론 행복추구를 위한 참여를 보장하자는 것이다.

이러한 맥락에서 보면 권위적 간섭주의가 아동의 권리를 침해하는 측면만 있는 것이 아니다. 아동에 대한 개입과 간섭이 '순수한' 권위적 간섭주의라 볼 수 있다면, 권위적 간섭주의는 아동의 소극적 자유의 보호 및 아동의 행복추구권과 실질적인 참여권의 보장 측면에서 정당화될 소지가 있다. 여기서 '순수한'이라는 단서가 붙는 것은, 앞서 지적한 바와 같이, 아동에 대한 간섭과 개입이 아동의 이익을 도모할 수 있어야 한다는 전제를 의미한다. 아동의 이익을 최선으로 고려한다는 것은 '아동권리협약'의 제3조에 나타난 대원칙에도 부합된다. 그렇다고 아동의 이익을 도모하는 모든 간섭과 개입에 따라 아동의 권리가 침해될 수 있다는 의미로 해석해서는 안 된다. 이익의 고려라는 명분에 의해 권위적 간섭주의가 정당화될 수는 없는 것이다. 다만, 가치중립적 입장의 연장선 상에서만이 국가는 아동의 소극적 자유권을 보장할 수 있고, 적극적 자유권과 참여권을 신장시킬 수 있는 입장에서 그 공권력을 사용할 수 있다는 의미이다. 다시 말해서 현대사회에서 국가는 아동에 대한 권위적 간섭이 남용되지 않도록 개입할 수 있는 제도적 장치인 셈이다. 프리드먼(Friedman, 1979)은 이와 같은 국가의 역할을 '심판'(umpire)이라고 하였다.

권위적 간섭주의가 아동의 소극적 자유권을 보호하는 차원에서 국가의 개입 여지를 남겨둔다면, 아동의 참여권에 관한 한 권위적 간섭주의가 허용될 소지는 거의 없다고 보아야 한다. 앞서 언급한 바와 같이, 참여권은 적극적 자유권의 성격도 갖고 있지만 개인의 행복추구권의 행사로 볼 수도 있다. 자신의 이익이 무엇인지는 스스로 결정할 수 있을 때 실질적 이익(real interests)이 된다는 점을 고려하면, 이에 관한 타인의 간섭과 개입은 일체 배제되어야 한다. 이러한 맥락에서 보면 권위적 간섭주의가 정당화될 여지가 없는 것이다.

권위적 간섭주의의 허용 여부는 아동의 복지재의 수혜와 같은 복지권과 관련되어 있을 때 흔히 야기된다. 그러나 복지권의 보장이 모두 권위적 간섭으로 연결되는 것이 아니다. 앞서 논의한 바와 같이, 복지권의 의미는 참여권과 같은 적극적 자유권의 행사의 전제로 이해되어야 한다. 복지재가 있어야 아동이 결핍상태에서 벗어날 수 있고, 또 그러한 전제에서 아동은 자기가 하고 싶은 것을 할 수 있는 상태에 놓일 수 있기 때문이다.

Ⅶ. 맺는 말

'아동권리협약'이 권고하는 바와 같이, 아동의 참여권이 갖는 중요성은 아동의 이익을 최선의 상태로 그리고 최우선으로 보장하고자 하는 데에 있다. 그리고 참여권은 부당하게 행사되는 권위적 간섭주의로부터 아동을 보호하고 아동을 실질적인 권리주체로 보는 출발점이 되기도 한다. 왜냐하면 아동에 대한 부당한 간섭을 막을 수 있는 방법은 아동이 자신의 이익을 도모하기 위한 여러 가지 대안들에 참여함으로써 가능하기 때문이다. 그러나 권위적 간섭주의의 입장이 아니더라도 아동의 참여에 소극적으로 대응하는 또 다른 논리가 바로 아동의 복지권에 대한 강조이다.

아동의 복지권은 아동을 보호하기 위하여 아동에게 부여되는 보편적인 권리이다. 여기서 아동의 복지권이 보편적인 권리라고 하는 것은 아동은 약자로서가 아니라 여러 가지 특성에 비추어 보호받아야 할 존재라는 아동의 특수성에 비추어 정당화된다. 즉, 아동의 복지권의 정당화는 아동의 성장과 발달의 보편적 필요성에 근거한다. 그러나 복지권은 아동의 보호받음 그 자체로 정당화되는 것이 아니다. 복지권에 의하여 보호받은 아동은 우선 자신의 신체적, 인지적, 정신적, 도덕적 발달을 할 권리를 가진다. 이러한 발달에 관한 권리는 아동의 스스로 하고 싶은 것을 할 권리, 즉 자유권을 행사하기 위한 조건이라고 보아야 한다. 바꿔 말하자면, 아동의 복지권은 자유권의 행사를 위한 전제조건이라는 데에서 찾아져야 한다. 이러한 맥락에서 보면, 복지권은 아동의 참여권을 제한하는 논리로 동원되는 것이 아니라 오히려 아동의 참여권을 보장하기 위한 전제조건(prerequisite)으로 보아야 한다. 이 점에서 권위적 간섭주의가 허용될 여지는 없다고 보아야 한다.

끝으로 참여권은 자유권이 그 자체로 자유권 행사자의 이익 도모인 것과 같이 그 자체로 아동의 현재와 미래의 이익을 도모해 주는 권리이다. 여기서 교육적 중요성을 찾아볼 수 있을 것이다. 아동은 발달의 과정에 있는 사람들이다. 그들에게 요구되는 것 중에서 가장 중요한 것은 민주적인 삶의 방식이다. 민주적인 삶의 방식을 체험할 수 있는 것은 그들이 어떤 방식이건 간에 참여의 기회를 갖고 참여의 경험을 쌓아가는 것이다. 이러한 과정을 통하여 아동은 현재와 미래에 있어서 무엇이 자신의 이익이 되는가를 체험할 수 있을 것이다. 따라서 아동의 참여권은 복지권, 생존권 등에 비하여 과소 평가되어서는 안 될 권리이다. 아동의 참여권을 확대 · 실현하는 방안은 우선 아동을 권리의 수혜자로만 보는 것이 아니라 그들을 권리의 주체로 인식하는 데서 찾아야 한다. 이러한 인식의 전환은 아동이 스스로 자기의 권리를 인식하는 일과 아동에게 민주적인 삶의 방식을 체험하게 하는 교육적인 과제를 남기게 된다. 이러한 교육적 과제가 어떤 것이며, 어떤 방향으로 정립되어야 하는가 등의 문제는 아동의 참여권과 관련된 또 다른 연구과제이기도 하다.

참고문헌

김정래, 1997a, '잘삶'의 개념과 교육, 교육학연구 제35권 제3호, 한국교육학회.

김정래, 1997b, 교육복지론서설, 한국교육 제24권 제2호, 한국교육개발원.

김정래, 1998, 권리이론과 교육권, 서울: 교육과학사.

유네스코한국위원회 편, 1995, 인권이란 무엇인가, 서울: 오름.

유니세프한국위원회 편, 1995, 어린이는 어떤 권리를 가졌을까요, 서울: 유니세프한국위원회.

조용환, 1999, 주제발표에 대한 약간의 견해, 세계의 아동권리교육 현황, 한국아동권리학회 1999년도 춘계학술대회 자료집, 한국아동권리학회.

Carter, R., 1977, Justifying Paternalism. *Canadian Journal of Philosophy* 7.

Dworkin, G. 1972, Paternalism, *Canadian Journal of Philosophy* 7.

Harris, J., 1982, The Political Status of Children, in: Graham, K. (ed.), 1982, *Contemporary Political Philosophy*, Cambridge: Cambridge University Press.

Hohfeld, W. N., 1919, *Fundamental Legal Conceptions as Applied in Judicial Reasoning*, New Haven: Yale University Press.

Franklin, B., 1995, The Case for Children's Rights, in: his (ed.), *The Handbook of Children's Rights*, London: Routledge.

Freeman, M and Veerman, P., 1992, *The Ideologies of Children's Rights*, Dortrecht: Martinus Nijhoff.

Friedman, M. and Friedman, R., 1979, *Free to Choose*, New York: Harcourt Brace.

Gutmann, A., 1980, Children, Paternalism and Education: A Liberal Argument. *Philosophy & Public Affairs* 9.

Hodson, J. D., 1977, The Principle of Paternalism, *American Philosophical Quarterly* 14.

Husak, D. N., 1981, Children and Paternalism. *Philosophy & Public Affairs* 10.

Jones, P., 1994, *Rights*, London: Macmillan.

Mill, J. S., 1859, *On Liberty*, in: Warnock, M. (ed.), 1963, *Utilitarianism*

and Other Writings, London: Fontana.
Peters, R. S., 1966, *Ethics and Education*, London: George Allen & Unwin.
Scarre, G., 1980, Children and Paternalism. *Philosophy* 55.
White, J., 1973, *Towards a Compulsory Curriculum*, London: Routledge and Kegan Paul.
White, J., 1982, *The Aims of Education Restated*, London: Routledge and Kegan Paul.
White, J., 1990, *Education and the Good Life*, London: Kogan Page.
Wringe, C. A., 1981, *Children's Rights*, London: Routledge & Kegan Paul.

【제5장 별장】 참여권의 주체: 청소년의 경우

1. 청소년의 참여권

민주사회에서 참여권이란 한 개인이 자신이 처한 생득적 신분이나 지위에 관계 없이 자신에게 중요하다고 생각되는 것을 자신의 목적과 관심에 따라서 스스로 결정할 수 있다는 것을 뜻한다. 참여 또는 참여권이 중요한 이유는 한 개인이 자신의 삶을 영위함에 있어서 자신이 세운 삶의 방향과 내용을 실질적으로 추구하기 위하여 가능한 선택지 가운데에서 어떤 선택과 결정을 할 것인가에 '참여'가 결정적인 요인이 되기 때문이다. 모든 사람은 자신의 희망 사항이나 이익이 되는 사항에 관하여 각자 스스로 결정할 수 있어야 한다. 그리고 모든 사람에게 스스로의 결정에 따른 모종의 참여가 요구되는 것이라면, 그것은 청소년의 경우도 예외는 아닐 것이다. '아동권리협약'이 천명하는 '아동'의 연령적 범주에도 불구하고, 청소년이 초기 연령의 아동과 구별되어야 한다는 주장에는 '청소년'의 연령기에 '자기결정'의 학습과 경험이 중요하다는 생각이 전제되어 있다.

주지하는 바와 같이, 참여권은 정치적 참여의 권리에서 그 고전적인 유형을 찾아볼 수 있다. 이러한 사실은 참여권이 정치적인 참정권의 문제와 직접적으로 관련되어 있다는 긍정적인 정보를 제공해 주기도 하지만, 다른 한편으로 보면, 바로 그러한 이유로 인하여 미성년자인 청소년의 참여권을 제한하는 근거가 되기도 한다. 이러한 권리 제한의 근거로 대표적인 것이 능력 준거(capacity criterion)이다(Harris, 1982). 한마디로 청소년은 성인에 비하여 능력이 부족하기 때문에 여러 가지 권리는 유보되거나 제한받을 수 있다는 것이다. 이러한 제한의 대표적인 경우가 참여권의 제한이다. 그러나 참여권을 정치적인 참여(예컨대, 선거권)로 좁게 보는 것은 '권리'의 본질적인 속성과 참여권의 중요성을 간과하는 결과를 야기할 수 있다. 무엇보다도 참여권의 중요성은 우리나라 헌법을 포함하여 많은 나라의 헌법 및 국제권리 문서에 보장되어 있는 행복추구권을 보장하는 데에서 찾을 수 있다. 그러니까 참여권은 한 개인이 자신의 삶을 설계하고 주도함에 있어서 누구에게나 필연적으로 요구되는 것이다.

2. 청소년의 참여권에 관한 논거

앞서 청소년의 연령적 범주를 확정하면서 제기한 문제의 하나는 10세 미만(아동기), 10대(청소년), 그리고 20대(청년)의 구분(최윤진, 1998: 17)이 과연 타당한 구분인가 하는 데에 있었다. 제1장 별장에서 검토한 바 있는 13-18세의 청소년의 범주 확정이 어떠한 법령적인 의미를 갖는가를 떠나서 청소년의 권리의 측면에서 13-18세의 확정이 우리나라의 교육상황과 밀접히 관련되어 있음을 확인하였다. 우선 청소년을 10대로 보는 데에 따르는 문제는 앞서 제기한 학령의 문제를 접어두더라도 너무나 인위적이고 편의적인 발상이라는 점을 씻을 수가 없다. 적어도 '이론'은 그 사회의 문제를 '설명'할 수 있어야 하는데 10세 단위의 구분은 이 점에 비추어 설득력을 잃기 십상이다. 최윤진의 이러한 구분은 10세 미만의 아동기에는 복지권 중심, 10대의 청소년기에는 복지권과 자유권의 균형 있는 발전, 20대 청년기에는 자유권을 중심으로 그들의 권리를 신장시켜야 한다(Loc. cit.)는 자신의 주장과 연결되어 있다. 복지권의 보장이 자유권 향유에 요구된다는 것을 부정할 수는 없지만, 자유권과 복지권이 비례적으로 요구되는 것이 아니다.

여기서 우리는 청소년이 향유하는 자유권과 복지권의 관계를 좀 더 자세히 살펴볼 필요가 있다. 양자의 관계란 복지권이 자유권의 논리적 전제조건이 된다는 사실이다. 이와 관련하여 최윤진은 다음과 같은 주장을 하고 있다.

> 만일 성인에 비해 성장 및 발달을 위한 자유 및 권리의 행사가 청소년 개개인들에게 행복한 삶을 위한 필수적인 이익이 된다면 공공이익에 앞서 청소년 개인 및 개별적 이익이 우선 고려되어야 할 것이다. (최윤진, 1998: 21)

적어도 위에 인용된 말은 왜곡될 소지가 있다. 청소년의 자유와 권리가 그들의 행복한 삶에 이익이 된다는 조건에 비추어 그들의 이익을 고려해야 한다는 주장은 어색한 주장인 듯하다. 우선 '행복한 삶'과 '필수적인 이익'은 수단–목적의 관계가 아니다. '행복한 삶'이 곧 '실제 이익'(real interests)이 되는 것으로 이해하여야 한다. 달리 말하자면, '행복한 삶'과 '실제 이익'은 논리적 등가로 이해되어야 한다. 이는 이 글에서 말하는 13-18세의 청소년의 권리를 포함하고 있는 '아동권리협약'의 3대 주요 개념인 '아동 최선의 이익'(the best interests of the child) 정신에 의하여 뒷받침된다.

청소년의 이익을 최고의 가치로 볼 때, 우리가 간과할 수 없는 권리는 자유권일 것이다. 자유권은 '자유'라는 개념이 함의하는 바, 즉 '하고 싶은 것을 마음대로 할' 권리를 지칭하는 것이다. 이러한 자유권은 '참여'를 전제하기 때문에 참여권은 청소년의 현재와 미래의 이익을 대변하는 것으로 보아야 한다. 그런데 여기서 보다 주의 깊게 고려해야 할 점은 청소년이 처하고 있는 특수성이다. 즉, 청소년은 성인에 비해 정치적·경제적 힘이 없는 데다가 청소년 중의 상당수는 물리적인 결핍뿐만 아니라 여러 가지 면에서 결핍의 상태에 놓여 있기 때문에 그들에게 복지권이 요구되는 것이다. 발달상 중요한 시기에 놓여 있는 청소년이 굶거나 병든 상태에서 자신이 하고 싶은 일을 수행할 수 없을 것이다. 이 점에서 보면, 복지권은 자유권의 논리적인 전제 조건이 된다. 이는 복지권이 자유권의 실현을 위한 수단이 된다는 의미로 파악해서는 안 된다. 복지권이 자유권의 논리적인 전제조건이 된다는 것은 함수와 미분의 관계와 같은 논리적인 관계에 의해 성립된다. 함수를 이해해야 미분을 이해할 수 있는 것과 마찬가지로 특정한 결핍의 상태를 벗어나야 자유를 향유할 수 있다. 결핍의 상태에 놓여진 채로는 결코 자유를 향유할 수 없다. 이와 같이 양자는 논리적으로 구속되어 있다.

여기서 논리적 관계는 '양육'과 '자기결정'의 관계가 논리적으로 연결되었을 때, 청소년의 참여를 보장한다는 의미이다. 이는 다시 '복지권'과 자기결정에 관한 권리인 '참여권'이 논리적으로 관련된다.

청소년 권리의 양대 축인 참여권(자유권)과 복지권의 문제를 보다 밀도 있게 논의하기 위하여 우리는 '아동권리협약'에 나타난 주요 특징인 제3조 아동 최선의 이익에 주목해야 한다.

우선 청소년의 특수성을 감안하더라도, 아동권리협약의 정신을 근거로 보면, 청소년의 최선의 이익을 최우선으로 고려한다고 했을 경우 대두되는 문제는 '양육'(nurturance)과 '자기결정'(self-determination)간의 대립 문제이다.

청소년의 권리 문제로서 '양육'과 '자기결정'이 대립되는 것은 청소년의 '진정한 이익'(real interests)이 어떻게 보장되고 실제로 어떻게 증진되는가 하는 문제를 보는 시각에서 비롯된다. 청소년은 정치·경제적 힘을 충분히 보장받지 못하는 존재이기 때문에 보호받아야 하는 존재이다. 이렇게 볼 때, 청소년은 양육을 중심으로 한 보호를 받아야 한다는 주장은 설득력을 갖게 된다. 그러나 보호받아야 한다는 당위성 때문에 참여가 제한될 수 있다는 논리는 반드시 성립하는 것이 아니다. 참여는 자기결정과정에서 필연적인 것이다. 이 경우 자기결정을 할 만큼 청소년이 자율적인 판단 능력을 가지고 있다고 보아야 한다. 이러한 맥락에서 양육과 자기결정이라는 양자의 대립 구도가 대두된다. 그러나 '청소년'의 실체를 '아동'과 달리 인정하고자 하는 사람들이 간과해서는 안 될 사항은, '아동'과 구분되는 '청소년'은 '아동'에 비하여 자기결정능력이 뛰어나다는 것이다. 적어도 발달단계상 그렇다고 볼 수 있다. 이렇게 보면, '양육'과 '자기결정', 그리고 '복지권'과 '참여권'의 대립구도는 완화되고, '청소년'의 경우에는 '참여'와 '자기결정'에 보다 초점을 맞추어야 한다.

3. 참여 주체로서 청소년

우리가 '청소년'의 실체를 인정한다고 했을 때[11], 청소년의 참여권은 무엇보다도 교육적 중요성 때문에 강조된다. 청소년의 참여권이 함의하는 교육적 중요성은 주로 10대 연령층의 청소년이 처한 중요한 발달의 과정에 있는 존재라는 데서 찾아진다. 그들 연령에서 가장 요구되는 것은 민주적인 삶의 직접적인 체험이다. 청소년에게 민주적인 삶의 방

11) 본서 제1장 별장 참조.

식을 체험하게 하는 것은 무엇이 자신의 이익이 되는가를 직접 체험하게 하는 것이다.

청소년의 참여권은 여타의 권리와 따로 떼어 내서 고려할 성질이 아니다. 최소한의 생존적 요건은 실질적 참여의 전제가 되므로, 청소년의 참여권은 복지권, 생존권과 함께 고려되어야 한다. 이 점에서 민주적 삶의 방식을 가장 실질적으로 체험할 수 있는 청소년의 연령기에 참여권을 신장하고자 하는 노력은 곧 '아동권리협약'의 정신을 실행하는 일이다. 적어도 '청소년'을 '아동'과 따로 떼어서 청소년기가 초기 연령의 아동보다 더욱 중요하다고 보는 견해를 견지하고자 한다면, 청소년이 실질적으로 민주적 삶의 방식을 체험할 수 있는 여건을 조성해 주는 일이 요구된다. 여기에는 몇 가지가 전제되어야 한다. 첫째, 청소년의 참여권은 최소한의 생존 조건을 충족한다는 것을 전제한다. 그렇기 때문에 청소년의 복지권을 신장할 수 있는 모든 대책이 적극적으로 강구되어야 한다. 둘째, 청소년의 참여를 실질적으로 신장할 수 있는 실행력 있는 교육프로그램이 마련되어야 한다. 그리고 이러한 프로그램을 실제적인 사회생활과 동일시할 수 있도록 교육 여건은 물론 사회 환경을 개선하여야 한다. 왜냐하면, '아동'과 '청소년'이 실질적으로 구분되는 이유로서 '청소년'은 '아동'보다 '성인'이 겪어야 할 실제적인 사회생활에 시간상 더 가까이 있는 존재이기 때문이다. '청소년'과 '아동'을 분리하여 고려해야 한다고 주장하는 이들에게 청소년이 초기 아동과 달리 존중되어야 한다는 별도의 근거는 여기서 찾아진다. 이러한 조건이 충족되어야 '청소년'은 명실 공히 참여의 주체가 되는 것이다.

참고문헌

최윤진, 1998, 청소년의 권리, 경기: 양서원.

Harris, J., 1982, The Political Status of Children, in: Graham, K. (ed.), 1982, *Contemporary Political Philosophy*, Cambridge: Cambridge University Press.

제3부

교육받을 권리

6

복지권으로서 교육권

Ⅰ. 교육받을 권리

교육받을 권리는 어떻게 이해되어야 하고 또 어떻게 정당화되는가? 현대사회의 특징이라고 할 수 있는 복지국가의 이념이 교육권에 관한 관심을 증폭시킨 것은 사실이지만, 이것 자체가 교육권의 성격을 명료화하는 근거를 제공하거나 정당화해 주지 않는다. 왜냐하면, '교육권'의 정당화 근거가 앞서 소개한 고전적 권리 이론에 비추어 제공되는 것도 아니며, 현대 복지국가에 의하여 보장되는 여타의 복지 문제와 같은 방식으로 찾아지는 것도 아니기 때문이다. 인간이 교육을 받아야 할 권리가 성립한다면, 거기에는 나름대로의 독특한 논의가 요구된다.

근래에 들어 교육계뿐만 아니라 교육에 관계하는 모든 이들 사이에서 '교육권'(rights to education)에 관한 논의가 활발하게 진행되고 있다. 그러나 '교육권'에 대한 개념이 정립되지 않은 채 '교육권'에 대한 논의가 진행됨으로써 '교육권'을 이해하는 데에 오히려 적지 않은 장애가 되고 있다. '교육권'의 의미가 제대로 인식되기도 전에 이와 밀접히 관련된 '학습권'이라는 용어까지 등장하였다. '학습권'이 '교육권'과 어떤 관련이 있는가를 심도 있게 논의된 적도 별로 없다. 그럼에도 1998년 공포된 '교육기본법'의 제3조는 모든 국민의 교육받을 권리를 '교육권'이 아닌 '학습권'이라고 규정하고 있는 실정이다.

우선 이 장에서는 '교육받을 권리'의 성격이 일차적으로 현대적인 권리로서 복지권임을 규명하고, 이 권리가 갖는 보편적인 속성을 논의하기로 한다. 이어 오해를 불러올 수 있는 '학습권'과의 관계를 구명하는 단초를 제공하고자 한다.

물론, '교육받을 권리'의 성격을 '복지권'의 성격만을 갖는 '교육권'으로 규정하는 데에는 어느 정도의 한계가 있다. 제2장에서 이미 지적한 바와 같이, 개인이 어떤 특정한 권리를 향유·행사한다고 할 때, 그 권리는 여러 범주 영역에서 다각적으로 이해될 수 있는 것이다. 청구권(claim-rights)의 경우, 권리의 청구자가 어떤 내용을 청구하는가에 따라, 정치적 권리(예컨대, 선거권 회복을 청구한다면)일 수 있으며, 경우에 따라서는 경제적 권리(예컨대, 빈민 구호물품을 청구한다면)일 수 있으며, 아니면 행복추구권(예컨대, 일조권 침해 시정을 청구한다면)일 수 있다. 또 다른 차원에서 말하자면, 경제적 영역에서 권리가 성립한다 해도 기업활동의 자유를 성립시킨다면 자유권에, 복지재의 수혜에 관한 권리라면 복지권에 속한다고 보아야 한다. 같은 내용을 수혜한다 하더라도, 청구 행위가 없거나 적극적인 의미에서 권리 행사가 없다 하더라도 공공기관에 의하여 보호받거나 재화와 서비스가 공급된다면 소극적 권리에 해당하고, 공급받을 재화와 서비스의 내용을 선택하거나 개선을 요구할 경우 적극적 권리에 해당한다고 보아야 한다.

이와 같은 맥락에서 '교육받을 권리'는 권리의 제 범주에 걸쳐 관련되며, 또 그러한 방식으로 이해되어야 한다. 이 장에서 검토하고자 하는 교육권이 복지권적인 성격을 갖는다는 것은 적어도 세계인권선언이 규정하는 기초교육을 무상의무교육의 형태로 수혜할 수 있어야 한다는 것을 의미하지만, 제도교육 속에서 이러한 무상의무교육과 고등교육 및 평생교육을 받을 권리를 실현하는 데에는 '교육받을 권리'에 대한 보다 종합적인 이해가 요구된다. 이를테면, 추첨에 의한 현행 학교 배정 방식은 해당 학생과 학부모가 가진 학교선택권을 제한하는 제도이다. 이 점에서 보면, 해당 학생과 학부모의 교육받을 권리는, 그것이 무상의무교육이든 아니든, 자유권과 밀접하게 관련된다. 같은 맥락에서 사립학교는 그 건학 이념과 교육방침에 따라 학생을 선발할 수 있는 학생 선발권이 주어져야 한다. 그러나 고등학교 평준화 지역에서의 사립학교는 그러한 선발권이 부여되어 있지 않다. 이 점에서 고교평준화제도는 학교선택권과 학생선발권을 박탈·제한하는 제도이다.

제도교육에서 교육내용은 주로 교육당국과 교육당국이 권한을 위임한 전문가 집단과 그것을 검증하기 위한 대표자들에 의하여 결정된다. 그리고 공교육제도에서 교육내용은 그 수혜를 받는 모든 이들에게 획일적으로 제시될 수밖에 없다. 이러한 상황에서 교육내용의 선택, 수정 요구 등에 대한 어떠한 권리도 주어져 있지 않다. 이때 청구할 수 있는 권리가 저항권적 자유권이다. 이 점에서 교육받을 권리는 저항권과 밀접히 관련을 맺기도 한다.

우리나라 헌법은 모든 국민이 능력에 따라 균등한 교육을 받을 기회가 보장되어 있음을 천명하고 있다. 즉, 교육에 관한 평등권을 보장한 것이다. 이렇게 보면 교육받을 권리는 평등권과 관련을 맺는다. 그러나 '능력에 따른 균등한 기회의 보장'은 '능력'이라는 개념과 '균등한 기회'라는 진술의 애매성으로 인하여 적지 않은 논란을 야기하기도 한다.

일례로서 고등학교 평준화를 지지하는 사람은 '균등한 기회'에 보다 초점을 맞출 것이며, 고등학교 평준화를 반대하는 사람은 '능력에 따른'이라는 말에 보다 더 초점을 맞출 것이다. 어떤 경우이든 간에 교육받을 권리는 기회 균등과 밀접히 관련되어 있는 것이다.

우리 사회에서 무상의무교육제도가 정착하고 있다 하더라도, 실질적으로 교육을 균등하게 받을 여건을 고려해 본다면, 교육받을 권리가 또 다른 맥락에서 복지권과 밀접히 관련 맺고 있음을 알 수 있다. 결식 아동, 소년·소녀가장의 경우, 제도적으로 기본교육을 무상으로 제공한다 하더라도 그들이 실제로 교육의 혜택을 온전하게 받을 수 있도록 하는 데에는 모종의 조치가 추가적으로 요구된다.

미국에서 처음으로 실시한 '협약학교'(Charter School)는 교육이 주민의 적극적인 참여를 통하여 성공할 수 있음을 보여준 사례이다. 이는 교육받을 권리가 참여권과 밀접하게 관련되어 있음을 가리킨다. 또 우리나라의 '자율학교'는, 그것이 무엇을 모델링하여 우리 실정에 맞게 변형한 것이건 간에, 교육당국의 '권한'으로부터 좀 더 자유로울 때 교육이 성공할 수 있다는 반증이기도 하다. 이는 교육받을 권리가 행정당국의 권한과 밀접한 역학 관계 속에서 제한받을 수 있다는 것을 뜻하기도 한다.

교육이 인간의 삶을 개선하고 사회를 발전시키며, 이를 위하여 교육이 인간의 삶 전반에 걸쳐 관련된다고 한다면, 교육받을 권리는 인간이 향유·행사하는 일체의 권리와 관련을 맺는다고 할 수 있다. 그러나 교육받을 권리가 일차적으로 갖는 본질적인 속성이 무엇인가를 파악해야 그 권리가 제반 권리와 어떻게 관련을 맺고 있는가를 확인할 수 있을 것이다. 따라서 우리가 검토해야 할 문제는 교육권의 핵심적 성격인 복지권의 문제이다.

Ⅱ. 복지권

1. 현대사회의 복지권 요구

소극적 자유권, 생존권과 같은 고전적 권리와는 달리, 현대사회에서 가장 논란이 되는 권리는 복지권(welfare rights)이다. 물론 아직까지 제3세계 또는 저개발국가에서 복지권 이전에 기본적 인권인 자유권, 생존권, 시민권과 같은 고전적 권리조차도 향유할 수 없는 것은 사실이지만, 서방 선진국을 비롯한 여러 나라에서 복지권에 관한 관심이 높은 것은 부인할 수 없는 사실이다. 특히 경제·문화적으로 열악한 환경에 처해 있는 국가의 경우 선진 각국과는 달리 복지권이 비명문화되어 있으므로 이러한 권리는 여전히 도덕권의 범주에 머물고 있는 셈이다. 이와 같은 맥락에서 1948년 공포된 '세계인권선언'은 현대사회에서의 복지권의 필요성을 입증하는 효시가 될 것이다.

'세계인권선언'은 인권의 개념에 인간이 결핍 상태(a state of deficit)에서 벗어나야 한다는 복지권을 포함하도록 한 최초의 인권선언으로 보아야 한다. 따라서 이에는 기존의 전형적인 권리뿐만 아니라 사회 보장(제22조), 노동 조건(제23조), 노동시간 및 유급 휴가(제24조), 사회 보호(제25조), 교육(제26조), 문화 생활 등 인간의 기본적 생활과 관련된 제 복지문제에 관한 권리들을 규정해 놓고 있다. 이후 국제기구들에 의하여 제정된 각종 국제권리협약은 인권에 관하여 구속력을 가지고 있으며, 이 중 33개 국제선언은 유엔과 유네스코가 채택한 것들이다. 물론 이들 협약은 상당한 부분이 시민권, 정치적 권리 그리고 인종차별과 같은 불합리한 행위 방지에 집중되어 있다. 그러나 이와 함께 이들 문헌은 시간이 지남에 따라 복지에 관한 권리들을 더 많이 포함하고 있기 때문에 복지권에 관한 요구와 관심이 증대되고 있음을 알 수 있다. 이러한 사실은 현대사회에서 많은 복지권이 명문화되고 이에 따라 도덕권으로 이해되었던 복지권이 실정권의 영역으로 들어오게 되었다는 것을 의미하기도 한다.

이른바, 복지권에 대한 반론 중 하나는 그 권리들이 진실된 권리가 아니라는 관점이다[1]. 이 관점에 따르면, 다른 이들이나 사회로부터 수혜받는 가난한 사람들은 도덕적 권리를 향유하지는 못하고 있으며, 다만 좀 더 부유한 이들의 자비와 온정에 의하여 이들이 수혜를 받는 것뿐이라는 것이다. 이러한 입장은 가난한 이들을 도와줄 의무는 있다고 인정하나 이 의무가 가지지 못한 이들의 복지에 관한 권리를 보장하는 것은 아니라고 주장한다. 이러한 입장은 가지지 못한 사람을 돕지 못했을 경우 가진 이들이 자신들의 '의무'를 위반했다는 점을 부정하면서 그들의 옳지 못한 행위를 합리화하는 데에 사용되기도 한다.

대부분의 복지권은 제2차 세계대전 이후 국제협약에 포함된 사회·경제적 권리에 대한 주장이다. 그러나 그것은 도덕 규범과 사회정의라는 기초 위에서 나온 권리가 아니라, 유토피아에 대한 허황된 열망에서 비롯되었다고 비판받아 왔다. 즉, 복지권은 기껏해야 미래에 형편이 좋아지면 '잔여적으로' 충족될 수 있는 것으로 여겨지거나, 국가적 또는 국제적 입법상의 형식적 지침의 표현으로 간주되어 왔으며, 따라서 복

---

1) 자매서 「아동권리향연 플러스」의 제2부 제4장 및 제5장 참조.

지권은 적합한 권리가 아니라는 것이다.

이러한 오해는 ‘권리’가 ‘의무’에 대한 상관개념이라는 단순한 생각에 기인한다. 칸트가 구분했던 완전한 의무(perfect duty)와 불완전한 책무(imperfect obligation)의 구분에 따르면, 권리는 후자에 관련된 것이기 때문에 고전적 권리가 아닌 복지권은 일종의 미덕이라고 여겨진다. 이를테면 가지지 못한 자들이 복지권을 가졌기 때문에 복지재를 받는 것이 아니라, 가진 자들의 시혜 또는 공동체 속에서 가진 자들의 미덕 때문에 모종의 혜택을 받는다는 것이다. 이러한 오해는 복지권을 설명하지도 않고, 더욱이 복지권을 정당화하는 데에 아무것도 제공해주지 않는다.

다음의 세 가지 논점은 복지권의 오해를 불식시키고 복지권의 성격을 규정하는 토대가 된다.

첫째, 필요한 도움을 받을 권리로 이해되는 복지권은 공공정책의 영역에서 복지 수혜로 인식되는 법적 자격의 일부이기도 하다. 즉, 이 경우 복지권은 실정권으로 이해된다. 그러나 복지권은 도덕권으로 이해되기도 한다. 그럼에도 정당화의 관점에서는 이러한 복지권은 전혀 복지권으로 이해되지 않고 하나의 특권(privilege)으로 이해되기도 한다. 그러나 이 경우 이들은 ‘필요’에서 나오는 것이 아니라 정부와 시민간의 거래(transaction)에서 나온다. 또는 정부가 그 혜택의 폭을 넓혀주겠다고 동의한 사람들과의 거래에서 나온다. 여기에 해당하는 특권은 이를테면 이전에 낸 세금의 원금과 정상이자로 지급되는 노인 연금이나, 근로자가 의료 보험료를 내고 수혜받은 의료보험금 등이다. 그러나 이와 같은 논의는 보편적인 의미에서의 복지권을 정당화시키는 것이 아니라 특권을 정당화시킬 뿐이다. 왜냐하면 특권의 성격은 세금을 내지 않았거나 노동을 하지 않은 이들은 복지에 대한 권리를 누릴 수 없다는 사실만을 보강시켜 줄 뿐이기 때문이다.

둘째, 인간 능력의 한계라는 관점에서 보면 복지권은 인간을 두려움과 결핍으로부터 자유롭게 해준다는 사실에서 정당화된다. 인간에게 공직에 참여할 정치적 권리를 주는 것은 사고와 선택능력이 있기 때문이며, 이러한 능력은 생존에 관련된 삶의 기본적 필요(basic needs)가 충족되지 않으면 행사할 수 없는 것이다. 지금까지 이런 종류의 논의가 미흡했던 것이 사실이다. 따라서 '기본적 필요'가 무엇을 의미하는지와 그 필요가 충족되지 않는데서 겪는 결핍 상태에 대하여 좀 더 자세히 살펴볼 필요가 있다. 인간과 인간의 사상 및 본성 그리고 우주 속에서의 인간이 갖는 위치에 대하여 인간은 제각기 능력을 발휘하도록 되어 있다. 이러한 능력의 행사는 일차적으로 '결핍으로부터의 해방'을 요구한다. 이 논점은 인간이 자신의 고유 능력을 발휘하는 데에 복지권이 요구된다는 근거이다.

셋째, 복지권은 자선을 행하는 자가 스스로 결정한 의무에 근거한다는 점이다. 이 논의는 특히 수혜자의 권리가 행위자의 의무와의 상관에 기초한다는 논리적 취약성을 지니고 있다. 자선에 의하여 복지 수혜를 공급받는다 하더라도 행위자가 고통받는 사람을 도와주어야 하는 의무가 없다면 이때의 복지 수혜자는 권리 수혜자가 아니라 다른 이의 자선을 운 좋게 받은 수혜자일 뿐이다. 그러나 복지권은 가진 자의 자선의무에 기초하지 않는다. 이를 위하여 복지권의 성격을 보다 면밀하게 검토할 필요가 있다.

2. 복지권의 개념적 속성

복지권은 고전적인 권리 유형으로 이해할 수 없는 측면이 있으며, 또한 전형적인 권리와도 성격을 달리 한다. 최소한의 생존 또는 의료 수혜와 같은 권리를 가진다고 할 때에 그것은 단순히 자유권을 의미하지 않는다. 또한 어떤 자격이나 거래에 의해 만들어지는 권리, 즉 청구권이나 권한을 의미하지도 않는다. 특히, 이런 종류의 권리는 개인이 필요로 하는 최소한의 것들을 그 개인의 노력만으로는 획득할 수 없을 때 주어져야 한다. 따라서 복지권은 '필요'의 관점에서 정당화되는 것이다.

'세계인권선언'에 포함된 여러 권리들은 비록 강제력을 가지고 있지는 않더라도 각국의 실정법에 각종 권리가 포함되도록 하는 데에 지대한 영향을 미친 것은 사실이다. 많은 국가의 경우 논란이 되는 것은 시민권과 정치적 권리에 해당하는 보편적이고 소극적인 권리가 아니라, 경제권이나 복지권과 같은 다양한 유형의 적극적 권리이다. 앞의 '실정권' 논의에서 살펴본 바와 같이, 많은 경제적 권리와 복지권의 경우 실정법에 명문화되지 않는다면 그 실효성을 거두기 매우 어렵다. 왜냐하면 자유권이나 시민권과는 달리 그러한 권리를 향유케 하기 위해서는 국가 또는 공공기관의 차원에서 재정적 뒷받침이 전제되어야 하기 때문이다. 많은 저개발국가의 경우가 그러하다. 이와 같은 맥락에서 많은 실정권론자들은 도덕권으로서의 복지권의 실체를 인정하려 하지 않는다. 이를테면 복지권은, 호펠드의 이론과 마찬가지로, 엄밀한 의미에서 권리가 아니라는 것이다.

'필요'에 관한 고찰은 복지권을 이해하는 데에 필수적이다. '필요'의 개념과 관련하여 우리는 'A는 x를 필요로 한다'가 'A는 y를 위하여 x를 필요로 한다'의 생략형으로 이해된다는 점에 유의하여야 한다. 이 경우에 *A*에게 그가 필요로 하는 것을 주는 것은 분명히 *y*를 하기 위한 그의 욕망에 의존하게 된다. 여기서 *A*는 해악을 피하기 위해 *x*를 필요로 한다 라는 의미에서 그의 욕망 충족에 수단적이라고 말할 수 있다. 그러나 누군가가 도움이 필요하다고 할 때 우리는 그가 실지로 필요로 하는 것이 '수단적 필요'(instrumental needs)라고 말하는 것은 아니다(김정래, 1997a; 1997b). 왜냐하면 수혜자가 받고자 하는 것이 그의 필요에 추가되는 부가적인 어떤 것을 더 이상 요구하지 않기 때문이다. 환자가 치료를 필요로 하고 공포에 떠는 아이가 안정을 필요로 한다고 말할 때 왜 그들이 이런 것들을 필요로 하는지를 묻는다면 이상한 질문일 것이다.

여기서 해악(害惡)과 같은 '결핍'의 개념이 문제가 된다. 결핍에는 총체적이며 영속적인 해악과, 다른 한편으로는 개인이 단기간에 극복할 수 있는 최소한의 불편에 이르기까지 일종의 연속성이 있다. 즉, 결핍에는 질병상태, 굶어서 죽는 것, 신체적 결함, 정신적 소외, 그리고 만족스런 인간 관계의 부족, 동료애의 결핍과 같은 정신적 불행이 혼합되어 있다는 것 등을 들 수 있다. 이 중 어느 것을 사회적인 결핍으로 간주하는가 하는 것에 대한 객관성을 확보하는 일은 매우 어렵다. 사회가 풍요로워질수록 해악들을 피하기 위해 필요한 것과 사회적으로 인정된 결핍은 전적으로 불일치하기도 한다. 예컨대, 어느 사회에서 구두 한 켤레 또는 옷 한 벌 살 여유가 없는 개인에게는 커다란 박탈감이지만, 다른 사회의 어떤 이에게는 이러한 재화가 그와 동료들과 차별화되는 조건이 되지 못하며, 그들간의 인간 관계를 손상시키지도 않는다. 따라서 우리는 '필요'의 개념을 구분해 볼 필요가 있다.

'결핍'(deficit)의 개념은 '필요'(need)의 개념을 요구한다. '필요'는

'욕망'(desire)과 달리, '대치불가능성'(non-substitution)과 '결정적 원인'(deterministic causation)이라는 논리적 속성을 갖는다(김정래, 1997a; 1997b; Kim, 1996). 즉, 우리가 무엇인가를 욕망한다고 했을 때 그것의 결핍은 다른 것에 의해서 대치가능한 반면, 우리가 무엇인가를 필요로 한다고 했을 때 그것의 결핍은 다른 것에 의하여 대치가능한 것이 아니다. 우리는 삼천 원으로 배고픔(결핍의 상태)을 극복하기 위하여, 자장면을 사먹을 수도 있고, 햄버거 세트를 사먹을 수도 있다. 이를테면, 각자의 기호에 따라 자장면과 햄버거 세트는 서로 대치가능한 것이지만, 그 재화 이전에 요구되는 영양의 공급은 대치가능한 것이 아니다. 여기에서 자장면과 햄버거 세트 중의 선택은 우리가 욕망하는 것에 의존하지만, 영양은 우리에게 '필요한 것'이다. 물론 우리는 일상생활에서 '욕망'과 '필요'를 서로 엇바꿔 사용하기도 한다. 아이가 갖고 싶은 장난감을 사달라고 조를 때, '엄마, 난 ○○이 필요해'라고 할 수도 있고, 혹은 연인 사이에 자신의 애정과 욕망을 표현하기 위해 '자기, 난 당신이 필요해'라는 표현도 가능하다. 장난감과 연인이 없다고 해서 우리의 삶이 근본적으로 황폐화되는 것은 아니다. 그러나 물, 공기, 영양, 보온, 수면 등과 같은 생리적 조건과 자유, 문맹으로부터 해방 등은 대치할 수 있는 것이 아니다. 여기서 우리는 '필요'의 개념을 그 대상에 따라 구분할 필요가 있다.

앞서 '필요'는 결정적 원인을 제공하고 대치가능성이 없다고 지적하였다. 이 점에서 '필요'는 정언적(定言的, categorical)인 것이다. '정언적'이라는 말은 칸트에 의해서 사용된, '가언적'(假言的, hypothetical)의 반대 의미를 가진 말이다. 즉, 아무런 조건 없이 해야 하는 도덕률을 지칭할 때 쓰이는 말이다. 앞서 열거한 아이템들은 이들의 결핍으로 인하여 우리의 삶이 황폐화되고 대치가능하지 않다는 점에서 모두 '정언적 필요'(categorical need)의 범주에 속한다. 그러나 한편으로 이러한 정언적 요구가 아니더라도 '필요'의 개념적 조건이 성립되는 경우가 있다. 개인의 욕망을 충족시키는 데에 요구되는 '필요'가 그것이다. 예를 들면, 내가 판화를 하는데(욕망)에는 목판과 조각칼이 필요하다. 목판과 조각칼은, 앞서의 예와는 달리, 그 결핍으로 인하여 나의 생존을 위협받거나 나의 삶이 황폐화되는 것이 아니다. 다만 목판화를 하고픈 나의 욕망을 충족시키지 못할 뿐이다. 그럼에도 나의 목판화 작업에 목판과 조각칼은 여타의 재화(예컨대, 철판이나 식칼)로 대치할 수 없는 측면이 있다. 이들 재화는 필요한 것이지만 정언적인 것은 아니다. 이러한 비정언적 속성은 욕망 충족의 수단이 된다는 점에서 이를 '비정언적 필요'(non-categorical need) 또는 '수단적 필요'(instrumental need)라고 한다. 이 중에서 우리가 복지권을 고려할 때 요구되는 필요는 전자인 '정언적 필요'이다. 왜냐하면, 수단적 필요는 충족하려 하는 것이 욕망이므로 그것은 정언적 의미의 '결핍'과 관련이 없기 때문이다. 과거 많은 서구 국가들이 '복지'라는 미명 아래 경제적 손실을 감수하여야 했던 원인 중의 하나가 바로 수단적 필요의 충족을 복지 정책의 아이템에 포함시켰기 때문이다.

복지권과 관련한 정언적 필요를 살펴보면, 다시 두 가지 구분이 가능하다. 정언적으로 요구되는 것 중에 우선 우리의 물리적 생존에 관련되는 필요가 있다. 이 필요가 충족되지 않으면 우리의 신체적 삶은 유지되기 어렵거나 황폐화된다는 점에서 '생존적 필요'(substantial need)라고 한다. 이에 반하여 우리의 신체적 생존과 직접적 관련은 없으나 우리의 삶의 질을 결정적으로 훼손하는 '필요'를 가정할 수 있다. 전자의 예가 영양, 수면, 물, 보온 등이라면, 후자는 자유와 교육이 그 전형적인 예가 된다. 신체적 생존에는 관계없지만, 자유 없는 삶, 즉 죄수 또는 노예의 삶이나 문맹인의 삶을 가정할 수 있다. 자유와 문맹 퇴치를 위한 필요는 누구에게나 요구된다는 점에서 이 경우의 필요를 '보편적 필요'(universal need)라고 한다. 이 보편적 필요를 통하여 우리는 복지권의 보편적 성격을 추출해낼 수 있다. 물론 복지권에는 우리의 신체와 관련한 생존적 필요뿐만 아니라, 자연권적 기본권과도 관련된다. 따라서 이러한 '필요'의 개념적 속성을 통하여 우선 1948년 '세계인권선언'에 담긴 제 권리들을 살펴보는 일은 '복지권'의 성격을 이해하는 데 도움이 된다.

'세계인권선언'은 제1조에 자연권적 사상을 천명하고, 이에 따라 제2조에서 차별금지조항을 두고 있다. 인간의 생존과 관련된 기본권적 성격은 제3조에 잘 나타나 있다. 여기에는 생명, 자유, 안전에 대한 내용을 담고 있으며, 제4조는 노예제도 및 노예상태를 금지하는 조항이다. 그 외에 고문(제5조), 체포 및 구금(제9조) 등의 조항은 모두 보편적 인권을 담고 있으며 이는 근대 자연권 사상에서 나온 제 청원 등과 큰 차이를 나타내고 있지 않다. 복지권과 관련하여 '세계인권선언'에서 가장 주목하여야 할 권리는 사회경제적 권리를 담고 있는 제22-26조일 것이다. 여기에는 사회보장제도(제22조), 노동조건 및 실업(제23조), 유급휴가(제24조), 사회보호(제25조), 교육(제26조) 등이 포함된다. 이러한 권리들은, 앞서 소개한 실정권과 도덕권의 논쟁과 같은 맥락에서, '세계인권선언'이 표방한 기본적 인권과 상충하는 경우와, 또한 이러한 사회경제적 권리들이 채택될 때 정부(특히 자본주의 국가의 정부)가 새로운 국가적 책무를 추가적으로 떠맡아야 한다는 이유 때문에 논란이 지속되어 왔다. 그러나 이러한 권리들이 마르크스주의(Marxism)의 맥락에서 정당화된다는 단순한 논리는 설득력이 없다. 이제까지 살펴본 '필요'와 '결핍'의 개념을 정당화하는 과정에서 우리는 개인의 삶의 중요성과 자유사회의 전제인 개인의 우위를 인정하지 않을 수 없기 때문이다. 특히 제26조에 규정된 교육받을 권리가 그러하다.

제26조는 어린이들이 부모나 타인이 갖는 교육적 욕망에 관계없이, 그리고 본인의 욕망과 관계없이 받아야 하는 기초교육을 규정한 조항이다. 이는 '욕망'과 달리 '정언적 필요'에 의하여 교육받을 권리인 교육권이 정당화될 수 있다는 것을 명백히 보여준다. 그리고 교육받은 이들의 생존과 관련하여 그것에 요구되는 직업·기술교육을 받을 수 있게 하고 고등교육에 대한 접근의 기회를 균등하게 보장하고 있다. 제2항은 교육의 방향을 제시한 것으로, 교육은 개인의 기본적 자유와 권리를 증진할 수 있도록 실시되어야 함을 천명함으로써 자연권의 밑바탕이 되는 자유주의 노선과 밀접히 관련되어 있다. 권리 이론과 관련하여 보면, 보다 세심한 주의를 기울여야 할 조항은 제3항이라고 할 수 있다. 이 조항은 자녀교육 문제에 있어서 학부모의 권리를 상정하고 있다. 그것은 학부모가 자녀에 대해 갖는 교육시킬 권리를 의미하는 것이 아니라, '자녀가 받을 교육의 종류를 선택할 권리'를 가리킨다. 이는 우리가 앞으로 살펴볼 '교육권의 성격'과 관련하여 볼 때 중요한 시사점을 던져준다. 그 시사점이란 부모가 자녀의 교육받을 권리(교육권)에 대하여 지적, 정서적, 신체적 미성숙으로 인한 자녀의 판단력을 고려할 때, 부모는 자녀의 학교나 교육내용을 선택하는 데 있어서 자녀를 대신하여 대리권을 행사할 뿐이라는 점이다. 이는 마치 비전문가인 일반인이 소송 따위의 법률문제를 전문가인 변호사에게 일임하고 변호사가 일체의 법적 행위를 대리하는 것과 유사하다. 이 점에 보면 부모의 '대리권'은 '권한'

으로 보아야 한다.

3. 보편적 권리로서의 복지권

이제까지 복지권의 성격과 그것이 어떻게 개념적으로 정당화되는지를 검토하였다. 그러나 복지권을 주장하는 데에 항상 정치노선상의 제한이 따라왔다. 앞서 수차례 복지권이 이데올로기의 성향에 관계없이 성립할 수 있음을 지적하였다. 여기서는 복지권이 고전적 정치 이론에 비추어도 정당화됨을 지적함으로써 좌우 이데올로기에 상관없이 보편적 권리로 성립할 수 있음을 밝히도록 한다.

가지지 못한 자들, 즉 재화와 자원을 소유하지 못한 사람들이 그들의 생존에 필요한 기본적인 재화를 합법적으로 요구할 권리가 있다는 생각은 그들이 여러 부류의 사람들과 상호 맺고 있는 도덕적 관계를 고려함으로써 가능하다. 라파엘(Raphael, 1967)은 복지권을 정당화하기 위해 '필요'의 개념이 우애의 개념과 연결되어야만 한다고 주장하였다. 그는 필요와 관련된 우애의 개념은 사람들 사이에 지어진 사회적 책임이라고 설명하고 있다. 그러나 여기서 복지권을 정당화하기 위하여 '사회적 책임'만을 가지고 논의하는 것은 불충분하다. 우애를 느끼는 같은 부류의 인간을 보호하고 책임을 지는 사람은 과연 누구인가 하는 질문이 제기될 수 있다. '사회적 책임'을 받아들인다 하더라도 그것은 사회적 책임을 다해야 하는 사람의 개인적 의지의 문제를 담고 있기 때문에 복지권의 정당화를 위해 보다 합당한 개념은 '도덕적 공동체'(moral community)이다. 빈곤층에 대한 자신의 책임을 인정하기 꺼리는 납세자도 그 빈곤층과 도덕적 관계를 맺고 있다는 것을 부정하기가 어렵다는 점을 알게 된다. 왜냐하면 가진 자의 이러한 부정적 태도는 만인에 대한 만인의 투쟁으로 표현되는 홉스(Hobbes)식 국가를 상기하게 하며, 또 그로 인하여 그 자신의 소유권의 정당성마저 모두 파괴되기 때문이다. 자신의 삶을 중요하게 여기는 사람이 자신보다 가지지 못한 타인이 겪게 될 고통을 자신과 상관없는 것으로 간주하는 사회제도에 합의하고 그 제도를 따른다고 가정하는 것은 불가능한 일이다. 이러한 문제는, 타인들이 존중할 수 있는 공정한 재화 분배 방식이 자신에게 미치는 영향을 잠시 유보하고 합리적 행위를 선택하는 자유주의자인 롤스(Rawls)의 방식에 의하여 해결된다.

합리적 인간은 경제적 재화의 평등원칙보다는 평등한 자유원칙을 더 요구한다는 롤스의 주장을 인정한다 해도, 그의 주장이 최소 재화만을 가진 이들의 보호권에 우선하여 자신의 소유권을 절대적으로 행사할 자유가 인정된다는 것을 의미하는 것은 아니다. 최악의 여건에 처해 있는 이들을 포함해서 단지 불평등한 대우를 받는 이들만이 혜택을 받는다면, 최악의 상태에 있는 이들은 더 이상 나빠질 수가 없게 된다. 이러한 상황에서 불가피하게 야기되는 불평등으로 인하여 최악의 상태에 있는 이들이 이득을 얻는다고 말하기는 어렵다. 이 점에서 롤스의 차등의 원리(1971: 60-1)는 복지권의 성격 규명에 시사하는 바가 크다. 이러한 불평등 해소에 복지권이 요구되는 한, 복지권은 정당화될 수 있다.

복지권이 갖는 보편성은 인간의 고전적 권리가 갖는 보편성과 서로 다른 성격을 갖지만 같은 차원의 논의를 요구한다. 양자, 즉 1948년 '세계인권선언'에 천명된 '전통적인' 시민적·정치적 권리와 그 후의 경제적·사회 문화적 권리는 일견 서로 대비되는 것처럼 보인다. 그러나 생존권, 자유권, 그리고 소유권 같은 고전적 권리들은 단순히 정부에 의하여 보장되는 최소한의 천부적 권리라는 관점은 로크와 아담 스미스의 이론에 근거한다. 그것은 최소한 약탈자와 살인자에 대항한 권리들이며, 동시에 그것은 개인의 자기 방어권을 유보하는 조건으로 정부가 그 개인을 보호하고 또 위반자는 처벌하는 정부의 적극적 의무를 가정한다. 이러한 고전적 권리들이 보호하는 본질적 이익들이 사람들에게 보장된다면, 사람들은 적절한 보호가 사회 전체적으로 이루어진다는 것을 이해하고, 그 자신의 보호를 위해 필요한 만큼 자신의 자유를 어느 정도 유보하고 타인의 복지권을 보장해 주는 납세의 의무에 보다 적극적으로 동의할 수 있을 것이다. 이를 달리 말하자면, 이른바 고전적 경제학을 모델로 하는 전통적 자유주의 이론에 비추어도 복지권이 정당화될 여지는 있는 것이다.

그렇다고 해서 복지권의 보장이 고전적 이론에서 주장하는 개인의 천부적 권리를 저해한다고 보기도 어렵다. 만약 개인의 기본적인 이익을 보호해야 할 정부의 능력과 권위가 무너진다면, 자신을 보호하기 위하여 잠시 유보했던 개인의 권리가 되살아난다. 이를테면 국가가 수행해야 할 책무, 즉 개인의 자유를 수호하고, 시장경제를 보장하고 범죄와 폭력을 방지하고 국가를 방위하는 심판관적인 책무를 수행하지 못한다면, 개인은 정부를 교체할 수 있는 천부적 권리를 갖는다. 즉, 개인의 천부적 권리는 사회질서 유지와 복지를 관할하는 정부와 국가 책무에 선행하는 것이다. 이와 같은 주장은 로크와 스미스와 같은 고전적 자유주의 이론가에 국한된 것이 아니다. 20세기 자유주의 이론가인 프리드먼은 로크와 스미스의 맥을 이어 국가는 '참여자'가 아니라 '심판관'이 되어야 한다는 것을 강조하고 있다(Friedman, 1979). 이와 함께 정치질서가 기본적 요구를 보호하지 못하는 한 개인에 대해 갖는 정부의 도덕적 권위는 무너진다. 인간의 고전적 권리의 경우에서와 같이 필요하다면 공동노력을 통하여 개인의 기본적 이익을 보호한다면, 그것은 개인이 정부에 순응하게 되는 도덕적 조건이 된다. 이렇게 보면 보수를 받는 경관이 살인을 예방하는 것의 당위성과 보수를 받는 복지 요원이 굶주림과 질병을 예방하는 당위성 사이에 모종의 유사성이 있다. 이렇게 볼 때, 복지권은 고전적인 자유주의 이론가들이 주장한 개인의 생존에 보편적으로 요구되는 권리이기도 하다.

Ⅲ. '교육권'에 관한 해석

이제까지의 논의는 복지권의 정당화를 위한 일종의 사회철학적 논의이다. 법실증주의자들과 자유지상주의자들의 반론에도 불구하고 복지권이 보장되지 않는 상황에서 가지지 못한 이들의 삶이 황폐화되는 것뿐만 아니라 그들이 속한 사회 및 인류의 발전이 저해된다는 점은 고전적 자유주의 이론에 의해서도 정당화된다. 이러한 정당화 논의는 교육권의 성격에 시사하는 바가 매우 크다. 다음은 교육권의 성격을 규명하는 세 가지 명제이다.

① 교육권은 복지권이다.
② 교육권은 '교육 받을 권리'를 뜻한다.
③ 교육권은 누구나 수혜 받을 수 있는 보편권이다.

이와 같이 '교육권'의 성격을 규정할 때 당장 문제가 되는 것이 '교육권'과 '학습권'에 관한 용법이다. 이하의 논의는 위의 명제 ②와 관련하여 '교육권'의 용법과 거기서 파생되는 법리적 해석에서 출발한다.

1. '교육권'의 한 법리적 해석

일반적으로 알려져 있는 교육권에 관한 해석은 '교육에 관한 권리'로 이해하는 것이다(강인수, 1998: 564). 이렇게 보면 '교육권'은 '교육을 받을 권리'와 '교육을 할 권리'를 모두 총칭한다. 일견 우리는 우리의 일상 어법에 비추어 이러한 해석을 수긍할 수 있는 여지를 발견할 수 있다. 그러나 문제의 심각성은 이러한 안이하고 포괄적인 해석이 실제적으로 난해하고 복잡한 문제를 야기시킬 뿐만 아니라, 교육에 관계하는 주체 간의 권리 갈등 양상까지도 조장한다는 점에 있다.

첫째, 교육권을 '교육받을 권리'와 '교육할 권리'를 모두 포함하는 것으로 보면, 교육권의 주체가 누구인가 하는 문제가 수반된다. 소위 '국가교육권설'과 '국민교육권설'이 그것이다. 국가교육권설은 국민교육체제 또는 공교육체제 아래서 국가는 국가이익의 관점에서 국민의 교육을 책임지거나 실시하는 주체라는 설이다. 이 설에 따르면, 교육을 받을 권리는 국가, 특히 현대복지국가에 의하여 보장되는 사회권의 일부일 뿐이다. 이때 부모는 자신이 자녀교육 일체를 할 수는 없으므로 자녀에 대한 권리를 국가에 위탁하고, 국가는 법을 제정하여 교육(특히 공교육)을 운영한다. 교사의 경우에도 마찬가지로 교육을 행하는 교사의 자유는 어느 정도 인정된다 하더라도 교사의 일체의 권한은 국가가 정한 범위 내에서 그치게 되며 독립된 권한은 없다는 것이다. 한 마디로, 국가교육권설은 일체의 교육에 관한 권리, 권한, 그리고 그 원천이 국가에 있다고 주장하는 설이다.

이와는 달리, 국민교육권설은 원칙상 '교육권'을 '교육받을 권리'로 인정한다. 이 설에 따르면, 국민 개개인의 개인성을 강조하여 교육은 개인이 향유하는 것이며, 이에 근거하여 아동의 권리와 교사의 전문성이 보장되고, 국가의 권한은 제한된다. 이러한 맥락에서 교육에 대한 부모와 교사의 자유, 교육기관의 자치가 보장된다.

이 두 가지 교육권설은 교육에 대한 국가의 관여·통제의 내용과 정도의 문제에 있어서 서로 상충하게 되며, 각 교육의 주체, 즉 부모, 교사 또는 교원단체와 교육당국(학교, 지방교육청, 중앙교육부처) 중 양자 간의 권리갈등을 야기시키는 논거를 제공한다. 그러나 무엇보다도 우리는 어느 교육권설을 받아들이느냐에 앞서 '권리'의 속성이 무엇인가를 상기할 필요가 있다. 앞에서 '권리'는 그 형태가 다양하고 여러 가지 속성으로 이해될 수 있음에도 불구하고, 기본적으로 '무엇인가를 수혜받는 자격'(entitlement)을 뜻하며 그 수혜자격의 부여는 원칙상 집합적이 아닌 개인적인 것으로 해석되어야 함을 살펴보았다. 이 점에서 보면, 국가교육권설은 별로 설득력이 없으며, 국민교육권설은 교육권이 국민 개개인에게 있음을 뒷받침하여 준다. 그러나 여전히 이 두 가지 설이 갖는 난점은 '교육권'이 '교육받을 권리'와 '교육할 권리'로 동시에 해석될 여지를 갖고 있다는 점이다.

그렇다면, 교육권이 교육받을 권리로 해석되어야 하는 이유는 어디에서 찾을 수 있는가? 이에 대한 해답은 앞서 살펴본 복지권의 보편적 속성, 즉 복지권이 보편권이라는 명제에 관한 정당화 논의에서 찾을 수 있을 것이다. 그러나 이 논의가 곧 '교육받을 권리로서의 교육권'에 대한 반론을 모두 방어해 주지는 않는다. 교육권을 교육할 권리로 보는 가장 영향력 있는 논거는 바로 공교육이다. '교육권'을 '교육받을 권리'로 이해하기 위해서 우리는 교육권이 '교육할 권리'로 이해되기 시작한 단서가 되는 공교육제도를 우선 살펴볼 필요가 있다.

2. 공교육제도와 교육권

시민계급의 형성과 더불어 생겨난 근대국가는 국가의 관리 아래 모든 것을 통일시키는 교육제도 확립에 주력하였다. 당시의 사회·정치적 필요에 따라 국가는 국민들에게 신민의식(臣民意識)을 고취시키고 국가 통합을 이루기 위하여 모든 것이 통일된 형태의 교육이 필요하게 되었다. 이러한 통일된 형태의 교육을 위하여 국가는 취학 의무와 같은 강제성을 국민들에게 부과하게 되었다. 획일화된 국가교육제도는 20세기에 들어서면서 공교육의 형태로 발전하게 되었고, 이는 다시 국가가 교육의 일체를 간섭·규제·감독하게 하는 계기가 되었다. 이러한 경향은 대체로 제2차 세계대전이 끝나게 될 때까지 지속되었다.

공교육제도의 발전과 함께 우리가 고려해야 할 점은 민주주의의 발전으로 인하여 교육의 참여 기회가 확대되고, 교육(공교육)에 대한 관심이 고조되었다는 점이다. 국가교육제도 아래서는 교육에 관한 일체의 사항이 일차적으로 국가의 필요에 달려 있었고, 따라서 국가교육권설은 그 설 자리를 확고하게 마련할 수 있었다. 하지만 20세기의 공교육제도는 고양된 시민의식의 발달과 함께 교육의 국가 독점에 대한 국민의 교육주권자로서의 목소리가 고양되는 상황에 직면하게 된다. 전자가 교육권의 그릇된 의미인 '국가가 교육할 권리'를 마련하는 계기가 되었다면, 후자는 '부모(시민)가 교육할 권리'로서의 그릇된 교육권의 논거를 마련해 준 셈이다(김신일, 1995a; 1995b). 시민운동으로서의 교육권에 관한 관심의 고조와 논쟁은 아이러니컬하게도 국가가 공교육제도를 전적으로 관장한 데에서 비롯되었다. 시민운동이 비판하고자 한 대상은 공교육의 전신인 국가교육체제가 양성하고 보호하였던 관료(교육관료)와 교육전문가들이었다.

시민운동의 일환으로 나타나게 된 교육에 관한 관심에 앞서 우리는 공교육에 대한 비판을 살펴볼 필요가 있다. 첫째가 — 반드시 시민운동으로 보기 어렵지만 — 공교육의 폐해를 신 마르크스주의(Neo-Marxism)의 입장에서 비판하는 부류(이들을 편의상 갈등론자라 한다)이다. 이들은 갈등 이론이나 재생산 이론을 이론적 도구로 하여 공교육의 폐해를 지적·비판한다(김기석, 1988). 공교육을 비판하는 일련의 갈등론적 입장은 여기서 일일이 다루기에는 적절하지 않으므로 우리는 그들이 비판하는 공교육의 한 일면을 중심으로 논의하기로 한다.

> 대중교육체제는 대부분 1) 전국민을 대상으로 하는 보통교육이며, 2) 국민은 누구나 반드시 받아야 하는 의무교육이며, 3) 국가의 예산으로 이루어지는 무상교육이며, 4) 학생들을 나이별로 구분하는 학년제 교육이며, 5) 성인 생활에 예비할 수 있는 학습이 이루어지는 공식 기구를 통해 이루어지는 형식교육이라는 특징을 띤다. (김기석, 1988: 13)

위에서 김기석이 언급하고 있는 '대중교육'이란 우리가 목하 논의하고 있는 공교육이다. 따라서 공교육의 특성이 공공재원으로 이루어지는 보통교육, 무상의무교육, 학년제 획일교육, 형식교육이라고 보아도 무리가 없을 것이다. 갈등론자들이 지적하는 문제는 공교육의 획일성이 야기하는 불평등의 문제였다. 이들은 기회균등 평등사상이 가져다 주는 불평등 타개를 위해, 즉 결과로서의 평등(the outcome-based principles of equality)을 준거로 특히 자본주의사회에서의 공교육체제를 비판하고 있다. 그러나 평등의 원리(Kim, 1996 : 328-38; 김정래, 1997c)는 결과적 평등에만 국한되는 것이 아니다. '평등'에는 여러 가지 차원에서 고려될 수 있는 다양한 원리가 있기 때문이다. 무엇보다도 갈등론자들이 상정하고 있는 평등의 아이디어에 깔려 있는 전제는 개인주의적인 평등관이 아니라 집합주의적 평등관이며, 그것은 다시 획일적 의미에서의 평등을 지향하고 있다. 따라서 이들은 공교육의 획일성이 야기하는 불평등을 비판하면서 또 다른 획일성을 전제하는 평등관을 동원하고 있다는 점을 지적할 수 있다. 이 지적은 우리가 교육받을 권리를 논의하는 데에 빠뜨릴 수 없는 포인트, 즉 개인의 교육받을 권리가 공교육(또는 국가교육체제)의 획일성뿐만 아니라 결과로서의 평등이 갖는 획일성에 의하여 왜곡될 소지가 있음을 상기할 필요가 있다. 이를테면, 결과로서의 평등이 과연 다양한 욕구체제를 지닌 개개인의 권리를 보장해 줄 수 있는가에는 여전히 의문이 남는다.

둘째, 공교육의 폐해에 대한 공격은 명실공히 시민운동의 확장에 따른 것이다. 이 부류의 운동은 공교육제도의 발달과 함께 민주시민의식의 성숙이 가져다 준 당연한 귀결이었다. 공공재원으로 운영되는 공교육의 폐해를 그냥 보아 넘길 수 없다는 시민의 주인의식과 함께, 교육활동에 직접 참여하고 감독하여 교육의 효과를 극대화해 보고자 하는 시민의 공공참여의식이 교육시민운동을 뒷받침하고 있다. 여기에는 공공재원의 낭비 방지라는 목표 이외에도 학생의 인권침해를 방지하는 것과 같은 일체의 시민운동이 포함되어 있다. 시민운동의 일환으로 야기된 교육에 관한 관심은 학생의 교육받을 권리뿐만 아니라 교육활동에 참여하는 학부모의 교육권(보다 정확하게 표현하자면, 교육 참여에 관한 선택권)의 신장에 초점이 맞추어져 있다. 이는 학부모의 교육에 관한 자유권이 학부모의 '교육시킬' 권리로 왜곡되는 단초가 된다.

셋째, 시민의식의 성숙·확장과 무관하지는 않지만, 교육 운영에 있어서 경제학의 마인드가 도입된 것이다. 제도교육이 그 역할에 있어서 사회적 공기(公器)로서의 공공성을 갖는다 해도, 사립학교의 경우 그것은 공적인 기관이 아니라 개인 또는 사적 법인의 것이라는 주장이다. 일련의 자유주의 경제학자들에 따르면, 사립학교는 공익성을 갖는 것이 아니라 외부 효과를 갖는 재화라는 것이다(안재욱, 1997: 27-35). 따라서 국가 또는 공공기관은 사립학교를 간섭할 권리나 권한이 없으며, 사립학교의 설립과 운영에 있어서 간섭을 하거나 규제를 해서는 안 된다는 것이다. 교육에 경제학적 마인드가 도입됨으로써 학생의 교육받을 권리를 자유권적으로 해석하는 근거를 제공하여 주었다. 또 이러한 조류는 동시에 교육하는 주체로서 단위학교와 교사의 교육에 관한 자유권을 최대한 신장하려는 노력으로 이해된다. 그러나 여기에 담겨 있는 결정적인 단점은 교육받을 권리인 교육권이 갖는 보편권으로서의 복지권과 기본권적 인권의 측면이 무시된다는 것이다. 적어도 '세계인권선언'이 권고하는 기초교육과 생존에 필요한 직업교육에 관한 기본적 인권으로서의 교육권이 자유시장경제원리에 의하여 훼손될 위험이 있다.

3. '학습권'의 해석

이제까지 '교육권'과 관련하여 제도교육 또는 공교육에서 야기될 수 있는 문제를 살펴보았다. 이러한 문제 해결의 단초는 무엇보다도 '교육권'을 '교육받을 권리'로 이해하는 일이다. 현재 우리나라에서 혼용되고 있는 '교육권'과 '학습권'에 대하여 살펴보는 일은 이를 위한 결정적 해법이다. 우리나라에서 '학습권'이라는 용어를 받아들이는 학자들(김철수, 1993; 김신일, 1995; 1998; 조상희, 1986; 이상현, 1988 등)이 있다. 그리고 예외적으로 '교육권'을 '교육받을 권리'로 이해하면서도 '학습권'이라는 말을 '교육권' 대신 사용하는 이도 있다(강인수, 1998).

여기서 우리는 '학습권'이라는 말이 어떻게 생겨나게 되었는가를 살펴볼 필요가 있다[2]. 앞서 권리의 속성으로서 '천부성'을 지적한 바와 같이, '권리'에 해당하는 영어의 'right'는 '~을 수혜할 자격'의 의미를 지닌다. '자유권'은 '하고 싶은 대로 할 수 있는 권리'이고, '재산권'은 '재산을 처분하거나 또는 자신의 재산이 보호받을 자격'과 같은 의미를 지닌다. 그러니까 '○○권'이라고 하면, '○○을 수혜할 자격(entitlement)'을 지칭하는 것이라고 이해하여야 한다. 따라서 '교육권'은 '교육을 받을 권리'를 의미한다. 같은 맥락에서 '학습권'을 '학습을 받을 권리'로 이해한다 해도 일상어법에는 하등 이상할 것이 없는 셈이다. 그러나 '학습권'이라는 말을 사용하는 이들의 대부분은 '학습권'의 상관개념으로서 '교육권'을 '교육할(시킬) 권리'라는 의미로 사용하고 있다는 데에 문제가 있다.

---

2) 역시 권리의 개념적 속성을 이해하기 위하여 자매서 『아동권리향연 플러스』의 제4장 참조.

만약 '교육권'을 '교육할 권리'로 이해하고 사용한다면, 그것은 우리가 앞서 살펴본 '권리'의 속성에 위반될 뿐만 아니라 천부적 인권을 침해할 여지를 남기고 있다. 여기서 우리는 '교육권'이 보편적 복지권임을 다시 상기할 필요가 있다. 따라서 그것은 '교육받을 권리'로 이해되어야 한다. 이러한 경우를 생각해 보자. 어떤 이가 자기보다 (예컨대, 지적으로) 조금 열등한 이에게 '당신은 나보다 열등하니 나는 당신을 교육할 권리가 있고, 동시에 당신은 나에게 교육받을 의무가 있소'라고 했다면, 그 사람의 열등한 사람에 대한 '교육권'(?)은 어디서 나온 것이며 또 어떻게 정당화될 수 있는 것인가? 이런 경우에 어떤 사람도 특정 또는 불특정의 상대방에게 교육시킬 권리가 없는 것이다. 그리고 이 경우에 합당한 정당화 방식도 찾기 매우 어렵다. 여기에서 우리는 우리의 일상생활에서 흔히 찾아볼 수 있는 교육활동의 경우를 검토해 볼 필요가 있다.

교사가 학생을 교육한다. 이 경우 교사는 학생에 대하여 '교육할(시킬) 권리'가 있는가? 이는 교사가 학생을 교육할 권리가 아니라 교사가 그 직무(가르치는 일)로 인하여 부여받은 일종의 권한이다.[3)] 물론 법리적으로 엄밀하게 따지면, '권한'은 일종의 권리이다(Hohfeld, 1919). 그러나 이때의 권리는 우리가 이제까지 검토하였던 복지권으로서의 교육권도 아니며 또한 기본적 인권으로서의 교육권도 아니다. 설사 교사가 학생을 가르치는 권한을 권리라고 인정한다 하더라도, 그것은 자연법상으로 아동, 학생을 가르칠 권리를 부모의 위탁에 의하여 위임받거나, 실정법 상으로 국가와 같은 권위기관에 의하여 자격 등을 인증받았을

3) 본서 제2장 참조. 또한 자매서 『아동권리향연 플러스』 제4장, 제6장 및 제9장을 참조하면 더욱 자세한 논의를 살펴볼 수 있다.

때만(강인수, 1998 : 568) 가질 수 있는 모종의 '힘'(power)이다. 따라서 교사의 '교육권'에 대비하여 학생의 '학습권'을 말하는 것은 잘못이다. 그리고 여기서 '교육권'과 '학습권'은 상관개념도 아니다. 상관으로서의 권리-의무가 성립하는 것은, 호펠드의 분석에서 살펴보았듯이, 그 권리가 청구권적인 것일 때뿐이다. 교육 상황에서 이 경우를 찾는다면, 성인의 학원 수강에 따른 일종의 청구 행위이다. 이때 학원 강사가 갖는 것은 수강생에 대한 교육권이 아니라 수강료에 해당하는 수업을 할 채무이며, 수강생은 강사가 교수행위를 불성실하게 이행한 것에 대하여 모종의 청구를 할 수 있다.

그 다음으로, 부모(또는 친권자, 이하 모두 '부모'로 통일함)의 교육할 권리는 어떠한가? 이 경우는 교사의 가르칠 권한과 성질이 다르다. 우선 부모는 자녀에 대하여 부양의무와 교육의무를 이행하였을 때만 자식의 교육받을 권리를 자식을 대신하여 행사할 수 있다. 이는 우리나라뿐만 아니라 세계 각국의 실정법에도 보장되어 있다. 부모의 자식에 대한 권리는 대개 교육에 관한 것에서 출발할 뿐만 아니라 더 기본적으로 양육에 관한 것에서 비롯된다고 보아야 한다. 이는 교사의 교육할 '권한'과는 달리 부모의 '의무이행의 우선적 권리'(강인수, 1998: 567)라고 한다. 의무이행의 우선적 권리란 부모가 자녀에 대하여 자연법상, 실정법상으로 양육, 교육할 의무를 이행할 경우 거기에 상응하는 권리를 부모에게 부여하는 것이다. 즉, 자녀의 교육받을 권리에 대하여 부모는 그들의 자녀에 대한 의무이행으로서 학교선택권과 같은 권리를 갖는 것이다. 여기에는 부모가 자녀의 대리자로서 제3자에 앞서 갖는 방해배제권 등이 포함된다.

끝으로 용어의 혼란을 막기 위하여 한 가지 지적하고 싶은 것은 '교권'에 관한 것이다. 적지 않은 이들이 '교권'을 교사의 권리로 이해하는 듯하다. 그러나 법리학적 해석 이전에 이 말은 교육계에서 '교사의 권위'로 쓰여진 말이다. 권위는 일차적으로 '권리'처럼 자연법 또는 실정법적인 의미로 사용되는 말이 아니다. 따라서 '교권'은 '교사의 권리'도 아니며 더더욱 '교육권'을 뜻하는 말도 아니다.

여기서 '교육권'을 '교육할(시킬) 권리'로 이해할 경우, 우리는 교육에서의 여러 가지 횡포를 예견할 수 있다. '나는 너에게 교육할 권리가 있다'고 주장할 경우, 그것은 적어도 교육받을 사람의 권리와 상충하거나, 교육받을 사람의 수세적(recipient) 입장을 악용하거나 교육하는 사람의 권한(power)을 남용할 가능성을 배제할 수 없다. 교육하는 이의 입장에서 직무로 인하여 발생하는 권한을 그 사람의 권리로 확대 해석하는 것은 잘못이다. 설사 그렇게 받아들인다 해도, 그때의 권리가 갖는 성격은 무엇인가? 교육하는 주체로서 한 개인이 자신의 의도대로 모종의 조작을 할 가능성은 없는가? 혹은 적어도 교육하는 이와 받는 이 사이의 권리 상충은 어떻게 해소되는가? 물론 교육받는 이와 교육하는 이 사이의 권리관계는 호펠드식의 채권-채무 관계가 아닐 뿐만 아니라, 교사가 지니는 특권에 의하여 학생의 권리가 위축되는 것은 더욱 아니다. 이에 대한 유일한 해답은 '교육권'을 '교육받을 권리'로 이해하는 일이다.

Ⅳ. 맺는 말

'교육받을 권리'의 속성이 복지권임에도 불구하고 교육받을 권리를 온전하게 향유·행사하기 위해서 교육받을 권리는 각 영역에서 요구되는 권리와 관련을 맺고 있음을 검토하였다. 이어 '교육받을 권리'의 성격을 보다 정확하게 이해하기 위한 일차적인 작업으로서 현대사회에서 제기되는 복지권의 성격과 그 논쟁을 검토하였다. 이 작업은 '교육권'의 성격이 어떠한 것이어야 하는가를 근거를 제시해 주기 때문이다. 이를 위한 기초 작업으로서 '교육'과 '복지'의 문제를 다루면서 '교육권'을 '보편적 필요'(universal need)로서 교육을 받을 권리로 이해해야 한다는 점을 살펴보았다. '필요'의 문제는 현대 복지사회의 성격을 이해하는 핵이 되는 개념이다. 이에 관한 이해 없이는 현대사회의 '복지'를 이해할 수 없으며 나아가서는 '교육권'의 성격을 왜곡할 소지가 있기 때문이다. 따라서 '교육권'은 '권리'의 고전적 개념에 근거하여 성립하기 어려우며, 현대의 권리 이론에서 비추어 성격을 가지며 또한 정당화될 수 있다. '교육권'의 성격이 확연하게 규정되는 한, '교육권'이 '학습권'과 관련하여 어떻게 이해되어야 하는가도 중요한 문제이다. 그리고 '교육권'이 '교육할(시킬) 권리'로 이해되는 데에 따르는 교육적 폭력(pedagogical violence)의 위험성과 함께, '교육권'과 '학습권'을 '채권'–'채무' 관계처럼 상관개념으로 이해해서는 안 된다는 것을 지적하였다. '교육권'과 '학습권'의 관계를 상관개념으로 이해하는 것은 고전적 이론에서 권리를 이해하려는 매우 편협한 시각이다. 이미 지적한 바와 같이, 교육받을 권리는 현대적 권리에 속하는 복지권이다. 고전적 권리와는 다른 정당화 방식이 요구된다는 것도 확인하였다. 그렇다면, '학습권'이 '교육권'과 동의어라면 '학습권'은 쓸모없는 용어인가? 그렇지 않다. '학습권'의 의미는 이제까지 논의한 '교육권'의 의미를 확대 발전시키고 있다.[4)]

---

4) 이 논의는 이어지는 본서의 제7장 참조.

참고문헌

강인수, 1998, 교육권, 서울대학교 교육연구소 편, 교육학 대백과 사전, 춘천: 하우.

교육법전편찬회(편), 1997, 교육법, 서울: 교육과학사.

김기석, 1988, 문화재생산이론, 서울: 교육과학사.

김신일, 1995a, 학부모의 권리, 의무 그리고 참여, 김신일 외, 시민과 교육학, 서울: 한길사.

김신일, 1995b, 교육 시민 운동을 부르는 소리, 김신일 외, 시민과 교육학, 서울: 한길사.

김신일, 1998, 학습권, 서울대학교 교육연구소 편, 교육학 대백과사전, 춘천: 하우.

김정래, 1997a, '잘삶'의 개념과 교육, 교육학연구 제35권 제3호, 한국교육학회.

김정래, 1997b, 教育福祉論 序說, 한국교육 제24권 제2호, 한국교육개발원.

김정래, 1997c, 평등의 원리와 평등교육, 서울대학교 교육연구소.

김철수, 1994, 헌법학개론, 서울: 박영사.

안재욱, 1997, 한국의 사립대학교, 자유기업센터.

유네스코 한국위원회 (편), 1995, 인권이란 무엇인가, 서울: 오름.

이상현, 1988, 教育을 받을 權利-學生의 學習權을 中心으로, 공주사범대학 교육대학원 석사학위논문.

조상희, 1986, 教育權의 이론과 學習權의 이론, 서울대학교 대학원 석사학위 논문.

Cranston, M., 1973, *What are Human Rights?*, London : Bodley Head.

Friedman, M. and Friedman, R., 1979, *Free to Choose*, New York: Harcourt Brace.

Hart, H. L. A., 1982, *Essays on Bentham*, Oxford : Clarendon.

Hohfeld, W. W., 1919, *Fundamental Legal Conceptions as Applied in Judicial Reasoning*, New Haven : Yale University Press.

Jones, P., 1994, *Rights*, London : Macmillan.

Kim, J-N., 1996, *Well-being and Education in a Liberal Society*, an unpublished thesis for the degree of Doctor of Philosophy, University of Keele. England.

Nozick, R., 1974, *Anarchy, State and Utopia*, Oxford : Blackwell.

Raphael, D. D. (ed.), 1967, *Political Theory and the Rights of Man*, London : Macmillan.

Rawls, J., 1971, *A Theory of Justice*, Cambridge, Mass. : Harvard University Press.

Wringe, C. A., 1981, *Children's Rights*, London : Routledge and Kegan Paul.

Wringe, C. A., 1992, The Ideology of Liberal Individualism, Welfare Rights and, the Right to Education, in: Freeman, M. and Veerman, P. (eds.), *The Ideologies of Children's Rights*, Netherlands: Kluwer Academic Publishers.

7

'교육권'과 '학습권'

-'교육받을 권리'에 관한 철학적 논의-

Ⅰ. 들어가는 말

1985년 파리(Paris)에서 개최된 제4차 유네스코(UNESCO) 성인교육 국제회의는 '학습권'이라는 용어를 공식화하는 '학습권 선언'(이하 '파리선언'이라 함)을 천명하였다[1]. 그리고 그로부터 12년 후인 1997년 유네스코가 주최한 독일의 함부르크(Hamburg)에서 열린 제5차 성인교육 국제회의는 학습권에 관한 국제성인교육선언(이하 '함부르크선언'이라 함)을 천명하기에 이른다[2]. 유네스코와 같은 권위 있는 국제기관이 채택한 이 용어는 최근 우리나라의 민주시민 의식의 성장과 함께 회자되는 말이 되었다. 그러나 작금 '학습권'은 '교육권'의 상관개념(강인수, 1998a; 1998b)으로 사용되고 있으며, 따라서 그 용법의 타당성 여부를 검토할 필요가 있다. 여기서 상관개념은 '교육권'을 '교육할(시킬) 권리'로, '학습권'을 '교육받을 권리'로 사용될 때, 마치 두 개념이 채권-채무의 개념과 같이 짝을 이루는 개념으로 사용되는 권리관계를

1) 본서 부록 XII 참조.
2) 본서 부록 XIII 참조.

지칭할 때 사용하는 개념이다.

'교육받을 권리'에 관한 정확한 이해를 위하여 '학습권'이라는 말이 지칭하는 바를 살펴보기에 앞서 이와 동족어인 '교육권'의 의미를 명료화할 필요가 있다. 그리고 '학습권'이 어떻게 이해되고 있는지(김신일, 1998a; 1998b)를 검토하고, 이와 함께 '파리선언'과 '함부르크선언'에 포함되어 있는 '학습권'의 의미를 분석하기로 한다. 그런 다음 우리의 교육 현실과 학계에서 사용되는 양 개념의 의미를 정립해 보고자 한다.

이러한 일련의 작업은 교육과 관련된 당사자(아동, 학생, 부모, 교사, 학교당국, 국가 및 공공단체)들이 행사하는 권리의 속성과 한계를 분명히 함으로써, 권리주체들의 권리에 관한 오해를 불식시키고, 현실적으로 그러한 권리들이 왜 상충되는 양상을 띠게 되는가와 이를 해소하기 위하여 어떤 노력을 경주해야 하는가를 모색하기 위한 것이다.

Ⅱ. '교육권'의 성격과 복지권의 문제

앞 장에서 '교육권'은 보편적 복지권임을 확인한 바 있다. 이 명제에 담긴 요지를 다시 소개하면 다음과 같다. ① 교육권은 '교육받을 권리'를 뜻한다. ② 교육권은 복지권이다. ③ 교육권은 누구나 수혜받을 수 있는 보편권(universal right)이다.

복지권(welfare rights)으로서의 교육권은 '필요'에 의하여 개념화된다. 여기서 '필요'는 '정언적 필요'(categorical need)를 지칭하는 것으로서 이 필요가 충족되지 않는 한, 우리 인간은 누구나 관계없이 그 삶이 황폐화됨을 지적한 바 있다(김정래, 1997a; 1997b; Kim, 1996).

그러나 복지권으로 분류되는 교육권은 여타의 복지권 — 예컨대 환자가 진료를 받을 권리 — 과는 다른 성격을 가지고 있다. 그것은 교육권이 보편적 인권의 성격을 지니고 있으며, 이는 실정권과 도덕권으로 권리를 구분할 때 교육받을 권리가 실정법에 의하여 그 행사가 보장될 수 없는 도덕권적 성격을 지니고 있음을 의미한다.

다른 한편, 권리 유형의 고전적 모형이라고 할 수 있는 호펠드(Hohfeld)의 권리 이론을 간단히 소개·분석하면서 복지권으로서의 교육권은 고전적 모형의 어느 범주에도 속하지 않음을 지적한 바 있다. 현대사회에서 요구되는 복지권은 고전적 권리와는 달리 나름대로의 정당화 방식을 요구하는 것이며, 그 일환으로 개념적 정당화와 사회철학적 정당화 논의도 시도되었다. 그 정당화를 통하여 교육권은 복지권이면서 동시에 보편적 인권의 성격을 지닌다는 일종의 양면성 — 양면성이라기보다는 교육권의 성격이 갖는 난점이라고 보는 것이 더욱 타당할 것임 — 을 지니고 있음을 살펴보았다.

무엇보다도 교육권의 성격을 파악하기 위하여 '권리'의 속성을 분석하는 일이 주효하다. '권리'는 무엇인가를 수혜받는 것이라는 점과 그 수혜자가 집단이 아닌 개인에게 있음을 지적하였다(Jones, 1994, chapter 2). 이를 영어로 표현하자면, 그것은 '부여받는다'는 의미의 'entitlement'이다. 즉, 권리는 개인이 어떤 이익이나 수혜를 받는다는 의미로 사용되어야 한다는 점이다. 따라서 이러한 일련의 논의를 토대로 하여 '교육권'은 '교육받을 권리'로 이해되어야 한다.

그러나 애석하게도 '교육권'은 '교육할(시킬) 권리'로, 이에 대비되는 의미에서 '학습권'은 '교육받을 권리'로 그 의미가 잘못 사용되고 있는 실정이다. 앞서 지적한 바 있듯이, '권리'가 개인이 무엇인가를 수혜받는다는 의미를 갖는 한, '교육권'을 '교육할(시킬) 권리'로 이해하는 것은 논리적으로 그리고 실제적으로 불가능하다. 만약 교사가 그들의 학생을 교육하는 데에 가지고 있는 힘(power; Macht)이 있다면, 그것은 — 호펠드의 고전적 분류에 의하여 설명한다면 — 권리가 아니라 '권한'(power; Kompetenze)임을 지적하였다(김정래, 1998). 이를테면, 교사가 학생을 가르치는 데 있어서 모종의 힘을 행사할 수 있다. 이때 교사가 갖는 힘은 그 직무상 부여된 것으로 권한으로 인정되어야 한다. 이것은 마치 경찰만이 일반 시민을 상대로 검문을 할 수 있는 것과 같은 것으로서, 교사의 권한은 교사의 자격을 갖춘 사람에게만 부여되는 것이다. 물론, 호펠드의 분류에서 알 수 있는 바와 같이, '권한'을 '일종의 권리'로 인정한다면, '교육권'을 '교육할(시킬) 권리'로 이해할 수 있을지도 모른다. 그러나 작금에 사용되는 어법에서는 '교육할(시킬) 권리'의 의미가 직무상 부여된 권한이라는 의미를 넘어서 일반적인 권리의 의미로 사용되고 있다. 이렇게 되면, '교육할(시킬) 권리'라는 의미의 '교육권'은 교사의 직무를 넘어서는 교육적 폭력(pedagogical violence)을 야기할 수 있다. 그 '폭력'의 일례는 다음과 같은 것이 될 것이다. 기독교를 믿는 생물 교사가 자신의 수업을 듣는 학생들에게 매 시간마다 10분씩 성경을 가르치고 있다고 하자. 그는 국민의 세금으로 운영되는 국·공립학교에 재직하고 있고, 헌법상 국교는 인정되고 있지도 않을 뿐만 아니라 그가 자신의 수업시간을 이용하여 특정 종교를 가르칠 명분은 어느 법령에서도 찾을 수 없다. 이런 상황에서 그는 학생들에게 자신의 수업 시간을 이용하여 성경을 가르칠 권리가 있는가? 그가 기독교와 관련하여 가지고 있는 권리는 자신의 종교적 자유일 뿐이다. 신앙의 자유와 그것을 표현할 자유가 있다 해도, 그것은 그 생물교사가 자신이 근무하는 학교에서 생물 수업시간에 성경을 가르칠 권리는 물론이고 권한을 갖고 있다는 의미가 아니다. 다만 그는 생물교과를 가르칠 권한만을 가지고 있을 뿐이다. 여기서 그 교사가 자신의 생물 수업시간에 성경을 가르치는 것이 교육적 폭력을 야기한다는 것은 자신이 가르치는 학급의 학생 중 기독교를 믿지 않거나 비기독교 집안에서 양육된 학생의 종교적 자유를 침해한다는 사실에 있다. 우리는 이와 유사한 사례를 우리의 교육환경에서 종종 찾아볼 수 있다. 이와 같은 교육적 폭력은 교사의 권한을 일반적인 의미에서의 권리로 오용하거나 권한을 남용하는 데서 비롯된다.

그 다음으로, 부모가 그 자녀에게 행사하는 힘은 어떤 성격을 갖는가? 부모가 행사하는 힘은 교사가 그 직무상 갖는 권한과는 다른 성격을 갖는다. 최소한 교육과 관련시켜 보면, 부모가 갖는 힘은 자녀가 교육받을 수 있다는 보편적인 권리를 친권자인 부모가 미성년자인 자녀를 대리하여 행사하는 대리권이다. 부모의 학교선택권이 그 대표적인 것이다. 여기서 부모의 대리권을 이해하기 위하여 '권리'에 관한 또 다른 범주의 구분을 살펴보기로 하자. '권리'는 그 적용대상에 따라서 일반권(general rights)과 특정권(special rights)으로 구분된다. 즉, 일반권은 권리의 수혜자가 그 신분, 지위, 사회적 계층 등 개인을 차별할 수 있는 일체의 요인을 뛰어넘어서 인간이면 누구나 누릴 수 있는 권리를 지칭한다. 간섭받지 않을 권리, 생존권, 자유권, 재산권 등이 여기에 포함된다. 이에 반하여 특정권은 특정한 개인과의 계약 또는 거래(transaction), 혹은 인간관계(relationship)에 의하여 발생하는 권리이다. 이 중 계약이나 거래에 의하여 성립하는 특정권은 자의적인 것으로 고용주와 피고용인, 의사와 환자, 아내와 남편, 학생과 교사의 관계에서 성립하는 권리를 들 수 있다. 그러나 인간 관계에 의하여 성립하는 특정권이 반드시 자의적인 선택에 의해서만 성립하는 것은 아니다. 부모와 자녀 간에 성립하는 특정권이 그것이다. 따라서 부모가 자녀를 대신하여 갖는 대리권은 이러한 특정권에 속한다. 이 특정권은 부모가 자신의 자녀를 대리하여 학교선택권을 행사함에 있어서 제3자에 우선하여 그 권리를 행사할 수 있음을 의미한다. 그리고 자녀의 다른 문제에 관한 부모의 친권도 이러한 맥락에서 정당화된다. 이러한 부모의 대리권은 앞으로 살펴볼 '세계인권선언' 제26조 제3항에 천명되어 있다.

지금까지 '교육권'을 '교육할(시킬) 권리'로 볼 수 없는 이유를 교사와 부모의 경우를 중심으로 살펴보았다. 그렇다면, '교육권'을 '교육받을 권리'로 이해해야 한다고 했을 때, 그것으로 인하여 야기될 수 있는 문제는 없는지 살펴보기로 하자. 우선 교육권은 누구나 교육받을 수 있는 보편적 권리임을 밝히었다. 우리가 보편적 권리라는 말을 사용했을 때 제기할 수 있는 문제는 그것이 실정법화되어 있는가 하는 것이다. 권리가 실정법화되어 있을 경우 '실정권'(positive rights)이라 하고 그렇지 않은 경우 '도덕권'(moral rights)이라 한다. 과거의 많은 종류의 권리는 실정법화되지 않았다는 이유로 인하여 도덕권으로 분류될 수밖에 없었다. 물론 이 말은 도덕권이 실정권보다 하위의 권리임을 뜻한다는 것이 아니다. 어떤 권리가 실정권인가 아닌가를 떠나서 도덕권이 차지하는 중요성은 칸트의 윤리학(1785)에서 강조하는 인간의 존엄성(human dignity)과 로크의 자연법 사상에 비추어 정당화된다. 문제는 우리가 보편권으로 인식하고 있는 권리가 실정권의 지위를 차지하지 못 한다는 이유로 인하여, 그 권리 행사의 실정법적 뒷받침을 받을 수 없다는 데에 있다.

인권으로 지칭되는 많은 종류의 도덕권 형태의 복지권이 실질적으로 명문화된 것은 1948년 국제연합이 채택한 '세계인권선언'(The Universal Declaration of Human Rights)일 것이다. 물론 '세계인권선언' 이전에 명문화된 것을 든다면, 독일의 바이마르 헌법(the Weimar Constitution)이 있다.[3] 그러나 바이마르 헌법은 그 실행의 역사가 짧을 뿐만 아니라 그것을 현실적으로 강제할 만한 실행력도 없고, 따라서 성과 없이 폐기된 문헌이었기 때문에, 현실적으로 실행되고 있는 문헌으로 '세계인권선언'을 꼽을 수 있을 것이다. 특히 교육과 관련하여 '세계인권선언'은 제26조에 모든 인간이 기초단계의 교육을 무상·의무교육으로 받아야 함을 천명하고, 인간의 생존과 직결되는 직업·기술교육은 원하는 누구나 받을 수 있음을 밝히고 있다. 또한, 교육은 인격의 완성과 기본적 자유를 존중하는 방향으로 실시되어야 하고, 부모는 자녀의 교육을 선택함에 있어서 우선권을 갖고 있음을 밝히고 있다. 물론 '세계인권선언'은 각국이 이 선언에 천명된 권리들을 성실히 이행할 것을 권고하고 있지만, 각 국가 또는 사회적 차원에서 국가 또는 공공단체가 해당 개인이 권리를 향유할 수 있도록 제도적 장치를 마련하고, 거기에 따른 제 절차를 의무적으로 이행하고 있는가에 의문이 따른다. 특히 교육권을 모든 사람이 보편적으로 교육받을 권리로 받아들이는 한, 그 이행 여부에 주목하지 않을 수 없다. 교육받을 권리의 실행성을 문서로 천명한 것 중에서 대표적인 것은 1966년에 채택된 'A협약'이라 하는 '경제적·사회적·문화적 권리에 관한 국제협약'과 1989년에 채택된 '아동권리협약'이다.[4]

---

3) 본서 제11장 참조.
4) 본서 제12장 및 제13장 참조.

21세기를 맞이한 현시점에도 많은 저개발국가와 제3세계의 국가는 '세계인권선언'이 권고하는 기초·무상·의무교육조차 실행시키지 못하고 있다. 다른 한편 이러한 현실을 접어두고라도, 복지권과 같은 사회·경제적 권리는 실정화되었을 때만이 권리로서 유효하다는 주장이 있다. 법실정주의자들은 복지권으로서의 교육권이 누구나 혜택받을 수 있는 보편권으로 성립하려면 실정법에 의하여 뒷받침되어야 하고, 또 그럴 수 있을 때만이 권리로서 효력을 갖는다고 주장한다. 법실정주의가 타당한가 하는 법리적 논쟁보다도 여기서 우리가 주목하여야 할 점은 보편권으로서의 교육권이 현실세계에서 과연 실현되고 있는가 하는 점이다. 이와 같은 문제의 초점은 교육받을 권리로서의 교육권이 사회·경제적 권리인 복지권인 동시에 누구나 누려야 할(즉, 누구나 교육받아야 할) 보편적 인권의 성격을 동시에 갖고 있는 양면성에 맞추어져야 한다.

교육권이 갖는 양면성과 관련하여 논의할 수 있는 문제는 교육권을 인권의 개념으로 볼 것인가 아니면 시민권의 개념으로 볼 것인가 하는 것이다. 여기서 인권은 인간이면 누구나 수혜받을 수 있는 권리를 말하며, 시민권은 그 국가 또는 사회의 법적 구성원으로서 수혜받을 수 있는 권리를 지칭한다. 시민권의 대표적인 예가 선거권, 피선거권과 같은 참정권이다. 우리나라의 경우, 장기 체류한 외국인이라 하더라도 국적을 취득하지 않으면 소정의 참정권을 행사할 수 없기 때문에 이러한 참정권은 시민권에 속한다. 그렇다고 해서 국내에 체류하고 있는 외국인의 인권(이를테면, 간섭 당하지 않을 권리, 고문당하지 않을 권리 등)이 무시되는 것은 아니다. 문제는 교육권을 보편적 인권과 복지권으로 동시에 이해했을 때 야기된다. 중국에서 온 조선족이나 회교권 국가에서 온 불법체류 외국인의 경우를 생각해보자. 이들의 천부적 인권이 보장된다 하더라도, 이들에게 시민권을 획득할 만한 법적 지위가 부여되지 않았고 또한 이들이 납세의 의무를 이행하지 않았기 때문에 국가 또는 공공기관에서 무료로 시행하는 교육을 받을 권리가 이들에게 보장된다고 말하기 어렵다. 왜냐하면, 복지권의 혜택은 국민의 세금과 같은 공공재원에 의하여 보장되는 것이기 때문이다. 따라서 이들이 적법한 절차에 따라서 우리 국적을 취득하거나 체류와 취업 허가를 받고 외국인으로서 소정의 납세 의무를 이행했을 때, 즉 시민권을 획득하거나 그와 동등한 법적 자격을 갖추었을 때, 그는 복지권을 보장받을 수 있다고 말할 수 있다.

그러나 천부적 인권과 실정법적 보편권 사이에 야기되는 갈등은 인권적인 성격의 권리를 명문화(실정법화)하면 근본적으로 해소될 수 있다. 그 대표적인 예가 영국에서 시행하고 있는 '아동수당'(Child Benefit)과 '국가의료제'(National Health Service)이다. 이 두 가지 사회보장제도는 불법체류자를 제외한 모든 외국인을 포함하여 영국 내에 거주하는 모든 사람에게 지급되는 제도로서 복지권을 기본적 인권 차원에서 실정법화한 대표적인 예이다. 따라서 문제의 핵심은 한 국가 또는 사회가 교육권과 같은 보편적인 복지권을 얼마나 실정법화하고 그 실행을 위해 노력하는가에 달려 있다. 그리고 이 문제는 별도의 자세한 논의를 요구하므로 이 글에서의 상론은 생략하기로 하겠다.

교육권의 성격과 관련하여, 논점을 정리하면 다음과 같다. 첫째, 교육권은 교육받을 권리이다. 즉, '교육권'을 '학습권'의 '상관개념'(correlatives)으로 이해해서는 안 된다는 뜻이다. 여기서 상관개념이란 호펠드가 권리의 유형을 분석하면서 사용한 것으로서, 가장 대표적인 것이 청구권(claim right)–의무(duty)의 관계이다. 당사자 중 한쪽이 권리가 발생하면 다른 한쪽은 의무가 발생하는 경우가 그것이다. 예컨대, 갑이 을에게 빌려준 돈을 받을 권리(채권)를 갖는다면, 을은 갑에 대하여 빌려간 돈을 갚아야 할 의무(채무)를 지게 된다(Hohfeld, 1919; Jones, 1994; 김정래, 1998). 즉, '채권'–'채무'의 관계처럼 '교육권'을 교육할(시킬) 권리로 이해하고, 이에 대비되는 의미로 '학습권'을 교육받을 권리로 이해해서는 안 된다. 둘째, 교육권이 고전적인 인권과 달리 현대적인 의미의 복지권에 속한다 하더라도, 교육권은 보편적 인권의 성격을 갖는다. 여기에 수반되는 현실적인 문제는 교육받을 권리를 누구에게나 보장할 수 있도록 교육권을 실정법에 명문화하는 것이고, 이의 실행을 위한 제도적 장치를 마련하는 일이다. 보편적 복지권으로서 교육권을 현실적으로 보장하기 위하여 도덕권–실정권, 인권–시민권에 관한 별도의 방대한 논의가 요구된다.

이와 같은 논점을 토대로 논의하여야 할 문제는 '학습권'의 의미와 성격에 관한 것이다. 특히 1985년 파리선언 이후 공식화된 '학습권'은 지금까지 우리가 살펴본 '교육권'과 동의어인가 아니면 동족어(cognate)인가를 살펴보는 일이다.

Ⅲ. '학습권'의 의미와 '학습권 선언'

우선, 1985년 파리선언 이전에 '학습권'이라는 말이 사용된 적은 없는가를 살펴볼 필요가 있다. 이 말의 용법과 기원에 관하여 '학습권'은 이미 20세기 초기, 적어도 동양문화권에서는 일본이 서구 문물을 받아들이면서 사용하기 시작하였다. 그러나 그 말의 의미는, 우리가 요즈음 잘못 사용하고 있는 것처럼, '교육권'을 '교육할(시킬) 권리'로 잘못 받아들이고, 이를 토대로 그 상관개념(correlative)으로서 '학습권'을 '교육받을 권리'로 사용했던 것은 아니다. 적어도 일본의 다이쇼(大正) 시대에는 천부적 인권의 성격을 지닌 '교육받을 권리'라는 의미로 사용되었음을 짐작할 수 있다[5]. 이 당시의 상황에 비추어 볼 때, 현대적 의미의 복지권의 개념이 정립되어 있지도 않았을 것이다. 그렇다고 교육에 관한 권리가 국가에 있다고 믿는 국민교육체제가 당시의 군국주의에 의하여 뒷받침되었을 것이기 때문에, 당시에 사용된 '학습권'에 오늘날 우리가 이해하는 천부적 인권이라는 의미가 담겨져 있다고 가정하기도 어렵다. 어쨌든 당시에 사용되었던 '학습권'의 의미는 '교육시킬 권리'에 대한 상관개념으로 사용된 것이 아닌 것은 분명하다.

이와 관련하여 다시 지적하고 싶은 것은, 1985년 '파리선언' 이전에 우리가 사용하고 있는 학습권의 용법과 그 기원을 일본의 다이쇼 시대에 사용된 것에서 찾아왔다는 점과 그 의미를 잘못 사용하여, '학습권'을 '교육받을 권리'로 받아들인 다음 그에 대한 상관개념으로 '교육권'을 '교육할(시킬) 권리'로 잘못 사용할 수 있다는 점이다. 이러한 그릇된 용법과 관행을 바로 잡는 방법의 하나는 유네스코가 채택한 '파리선언'과 '함부르크선언'의 의미를 면밀히 살펴보는 일이다. 이 두 가지 선언은 국제적으로 공신력 있는 기관에 의하여 채택·공포된 것일 뿐만 아니라 '학습권'을 전세계적으로 공인한 최초의 선언이기 때문이다.

시간적, 그리고 논리적 순서에 따라 우리가 먼저 살펴볼 선언은 당연히 1985년 '파리선언'이다. 이 선언은, 1997년의 '함부르크선언'과는

5) '권리'의 번역어 성립은 자매서 『아동권리향연 플러스』 제4장 참조.

달리, 조항 표시가 없기 때문에 이 글이 겨냥하고 있는 논점에 타당한 내용을 중심으로 인용하면서 논의를 전개하기로 한다. 우선 이 선언은 '학습권'이 '기본적 인권'임을 천명하고 있다.

> 학습권은 보편적 정당성을 갖는 기본적 인권이다: 학습권은 특정한 부류 사람의 일로 제한해서는 안 된다. 학습권은 특권층, 선진국, 부유한 계층, 또는 학교교육을 받을 여유 있는 젊은이들의 것이어서는 안 된다. 파리회의는 모든 사람들에게, 모든 필요한 인적 및 물적 자원이 공급될 수 있도록, 보다 형평성 있도록 교육체제를 재고하며, 그리고 끝으로 여러 사회에서 성공적으로 개발한 자원이 공급될 수 있도록 함으로써 이 권리가 이행되고 이 권리가 효과적으로 행사될 수 있는 필요한 제 조건들을 마련하기를 모든 국가에 요청한다. (파리선언)

위에 인용된 내용을 보면, '학습권'이 '인권'(Human Rights)의 성격임을 명백히 함과 동시에 그 효력을 현실적으로 발효시키기 위하여 모든 국가에 모든 조치를 강구할 것을 권고하고 있다. 이 점에서 보면, 1948년의 '세계인권선언'에 비하여 급진전한 권리선언이라고 볼 수 있다. 그러나 이 선언에서 천명하는 '학습권'이 갖는 천부적 인권의 의미는 곧 보편적 복지권의 의미라고 보아야 한다. 적어도 이 선언에서 천명된 권리선언의 의미가 고전적인 기본권(자유권, 재산권, 생존권)을 지칭하는 것이 아니기 때문이다.

이렇게 보면 1985년의 '파리선언'은 앞서 논의된 '교육권'의 의미와 별로 다를 바가 없다. 왜냐하면 '파리선언'이 천명한 '학습권'은 '인간의 기본적 욕구가 충족된 이후에야 고려될 권리가 아니기' 때문이며, '인류의 생존에 요구되는 필수 불가결한 도구'이기 때문이다. 이러한 '파리선언'의 천명은 앞서 소개한 '정언적 필요'에 의하여 정당화된다고 밖에 할 수 없다. 여기서 정언적 필요란 그것의 충족이 없으면 인간의 삶이 황폐화될 뿐만 아니라 다른 어떤 재화에 의하여 대치가 불가능한 성격을 가지고 있다. 그러나 정언적 필요는 반드시 인간의 생리적·물리적 요구에만 근거하는 것이 아니다. 생리적·물리적 요구에 근거한 필요를 '생존적 필요'(substantial need)라 하고, 그렇지 않은 정언적 필요를 '보편적 필요'(universal need)라고 한다(Kim, 1996; 김정래, 1997a). 앞서 예를 들었던 영국의 '아동수당'과 '국가의료제'는 생존적 필요의 정언성을 보여주는 대표적인 예가 되며, 무상·의무교육은 보편적 필요의 정언성을 보여주는 대표적인 예가 된다. 이 점에 비추어 보면, '파리선언'은 이 두 가지 정언적 필요를 모두 강조하고 있는 것 같다. 다음의 인용은 이 점을 명백히 보여준다.

> 학습권은 어떤 시점의 미래를 위하여 남겨놓을 문화적 사치가 아니다.
> 학습권은 생존의 문제를 해결하고 난 이후에야 고려될 수 있는 권리가 아니다.
> 학습권은 인간의 기본적 욕구가 충족된 이후에야 고려될 권리가 아니다.
> 학습권은 인류의 생존에 요구되는 필수불가결한 도구이다.
> 만약 전 인류가 식량 생산과 여타의 기본적 필요를 자족할 수 있게 되길 바란다면, 인류는 반드시 학습권을 소유하여야 한다. ...
> 만약 우리가 전쟁을 피하고자 한다면, 우리는 평화롭게 사는 방법을 학습하여야 하며, 서로를 상호 이해하는 방법을 학습하여야 한다.
> (파리선언)

즉, 학습권은 그 자체가 생존적 필요에 따른 권리이며, 동시에 인류의 생존이 가능하도록 하는 전제조건이기도 하다. 여기서 그 전제조건이라는 것은 모든 사람이 개인·계층·지위 등에서 야기되는 차이에 관계

없이 교육받아야 한다는 것과, 인류의 생존을 위하여 요구되는 것은 물리적·생리적 필요 이상의 것, 즉 모종의 인지적인 인식 능력 등이 요구되는 것을 뜻한다. '파리선언' 서두에 제시된 '학습권'의 의미를 보면 이 같은 사실을 알 수 있다.

> 학습권은:
> 읽고 쓸 수 있는 권리이며;
> 탐구하고 분석할 수 있는 권리이며;
> 상상하고 창조할 수 있는 권리이며;
> 자신이 살고 있는 세계를 이해하고 역사를 쓸 수 있는 권리이며;
> 교육적 자원에 접근할 수 있는 권리이며;
> 개인 그리고 집단에 의하여 배울 수 있는 기술을 계발할 수 있는 권리이다. (파리선언)

그럼에도 불구하고 이와 같은 '파리선언'이 천명한 '학습권'의 의미는 '보편적 필요'에 의하여 정당화되는 '교육권'의 의미와 별다른 차이가 없음을 알 수 있다. 교육권과 같은 권리에서 볼 수 있는 보편적 필요로서의 복지권은 그 정당화에 있어서 상당히 복잡한 논의를 요구한다(Wringe, 1981; Raphael, 1967). '보편적 필요'에 의하여 정당화되는 복지권은 사회철학적으로 볼 때, '파리선언'이 강조하고 있는 바와 같이, 그 개인뿐만 아니라 그 사회의 생존과 번영에도 직결되는 문제이다. 예컨대, '자유'가 보편적 필요의 대표적인 경우이다. 자유를 박탈당했거나 자유를 제대로 행사할 수 없는 처지에 놓인 사람(예컨대, 노예 또는 수감된 사람 그리고 문맹인)을 일컬어 그의 삶을 바람직하거나 번성하는(flourishing) 삶을 영위하는 사람이라고 평가하지 않는 중요한 이유는 자유가 그 자신의 생존과 번성하는 삶을 위하여 결정적인 역할을 하기 때문이다. 뿐만 아니라 자유가 보장되지 않은 사회는 번성하지 못하였다는 것은 인류의 역사가 증명하고 있는 사실이다.

'파리선언'이 천명한 '학습권'은 한 마디로 '교육권'이 논리적으로 전제하고 있는 정언적 필요, 특히 그중에서 보편적 필요에 근거하고 있다. 다만 '파리선언'은 '학습'을 핵심어로 보고 '학습'의 의미를 강조하면서 그것을 부각시키고 있을 뿐이다. 그러나 이 선언의 '학습'은 오히려 '보편적 필요'에 의하여 정당화되는 '교육권'의 의미를 강화해 준다.

> '학습'은 중심어이다.
> 학습권 없이는 인간발달을 기대할 수 없다.
> 학습권 없이는 농업과 산업의 획기적 진전, 공공사회의 건강 증진, 그리고 실지로 학습조건의 변화는 없을 것이다.
> 학습권 없이는 도시와 농촌에서 일하는 모든 근로자의 생활의 기준이 향상되는 것을 기대할 수 없다.
> 한 마디로, 학습권은 오늘날 인류의 심각한 문제를 해결하는 데에 가장 큰 공헌을 할 수 있는 것의 하나이다.
> 그러나 학습권은 경제발전의 수단일 뿐만 아니라, 인간의 기본적인 권리의 하나로 인식되어야만 한다.
> 모든 교육활동의 중심에 놓여 있는, 학습 행위는 인류를 역사적 사건에 내맡겨진 대상에서 인류 역사를 창조하는 주체자로 바꿔놓을 것이다. (파리선언)

'파리선언'에서 '학습'의 의미를 강조한 것은, 앞서 제시한 보편적 필요로서 교육권이 갖는 의미와 마찬가지로, 인간의 인지적 능력의 변화를 전제하고 이를 위하여 요구되는 것이 '학습'이라는 의미로 받아들여져야 한다. 단지 차이점을 발견할 수 있다면, '교육권'이 기초·무상·의무교육 등의 기본적인 학교교육에 초점이 맞추어져 있다면, '파리선언'

의 핵심은 학교교육에 한정되지 않는 넓은 의미의 학습을 지향하고, 평생교육과 성인교육의 개념으로 관심의 영역을 확대하는 데에 있다. 그러나 관심의 확대가 '학습권'의 의미를 보편적 권리로 인식된 교육권이 함의하는 논리적 범주에서 벗어나게 하는 것은 아니다.

다른 한편, '파리선언'에 나타난 관심의 확대는 '세계인권선언'보다 더 구체적인 쟁점, 이를테면 여성교육 등에 영향을 미치고 있다.

> 1985년 UNESCO 본부에서 개최된 제4차 평생교육 국제회의는 이전의 회의에서 채택된 권고안을 당면 문제의 광범위성으로 인하여 성인교육활동을 집중적이고 전문적으로 개발하기 위한 단호하고 창의적인 노력을 경주하기 위하여 모든 국가에 재권고하며, 이로 인하여 모든 남녀는 개인적 그리고 집단적인 수준에서 자신들 스스로가 채택한 교육목적, 교육수요 및 실제적 절차에 필수적으로 요구되는 교육적, 문화적, 과학적, 기술적 자원을 스스로 마련할 수 있어야 한다.
>
> 이 회의는 여성과 여성단체들이 관심을 갖고 공헌해 왔던 인간관계 개선에 쏟은 헌신과 목적을 인식하고 그것을 적극 권장한다. 여성들의 특수한 경험과 방법은, 남녀간의 평등과 공존과 같은 문제에서 볼 수 있듯이, 인류의 미래가 짊어질 근본적인 문제의 핵심이 된다. 이와 같은 사실을 고려할진대, 여성의 참여는 성인교육의 발전은 물론이고 보다 인간적인 사회를 건설하는데 있어서 본질적인 것이다.
>
> (파리선언)

'파리선언'에서 천명된 '학습권'을 핵으로 하여 '함부르크선언'은 평생교육과 성인교육의 기초 위에서 여성교육, 소외된 사람의 교육, 소수민족의 교육 문제 등으로 선언의 내용이 담고 있는 영역을 확대해 나간다.

'함부르크선언'은 한 마디로 '파리선언'과 같은 맥락에 서 있다. 다만, '함부르크선언'은 '파리선언'보다 더 강력한 권고 사항을 담고 있으며(8조; 24~27조), 다가오는 21세기 미래사회의 새로운 요구에 부응하기 위하여 성인교육과 평생교육을 '파리선언'보다 더욱 강조하고 있다. 미래사회의 성인교육과 평생교육을 실현하기 위한 구체적 권고사항으로 성인의 문해(文解, literacy, 의미상 脫文盲; 11조), 여성의 차별금지와 권한의 확대(13조), 평화 정착 문화와 시민교육 및 민주교육(14조), 다양성과 평등(15조)의 강조, 건강(제16조), 환경보존(17조)의 강조, 토착민 교육과 문화(18조)의 중요성, 경제체제의 변화(19조)의 인식, 정보획득의 중요성(20조), 노령인구 문제(21조) 등을 천명하고 있다.

각 조항 별로 분석하는 일은 이 글의 성격과 한계를 넘는 일이어서, 여기서는 '함부르크선언'에 담긴 기본적인 아이디어를 중심으로 살펴보기로 하자. 우선 학습권의 정의가 '파리선언'에서 천명되었던 것을 재천명되고 있다(12조). 다만 이 조항에서는 '교육받을 권리'와 '생애를 통한 학습권의 인식'을 동시에 강조하고 있다. 이 말이 '학습권'을 '교육받을 권리'와 동일선 상에서 인식하는 것을 의미하는지 아니면, '교육받을 권리'와 '생애를 통한 학습을 받을 권리'를 동일시하고 있는지는 분명하지 않다. 어느 경우이든지 양자 모두가 '보편적 필요'에 의하여 성립하는 보편적 인권의 성격을 지닌 복지권이라는 점에는 별 이론(異論)의 여지가 없다. 이러한 해석은 '함부르크선언'의 제2조에 의하여 뒷받침된다.

> 2. 성인교육은 권리 이상의 것이다; 성인교육은 21세기를 여는 핵심이 된다. 성인교육은 능동적 시민정신의 결과인 동시에 사회생활에서 완전한 참여를 위한 조건이다. 성인교육은, 생태적으로 확고한 발전, 민

> 주주의·정의·남녀평등, 그리고 과학·사회·경제 발전의 증진, 그리고 정의에 기초한 평화문화의 정착과 대화에 의한 갈등이 해소된 세계를 건설하기 위하여 요구되는, 강력한 개념이다. 성인 학습은 정체성을 확립시켜 주며 삶의 의미를 부여해 준다. 평생 학습은 연령, 남녀평등, 장애, 언어, 문화 및 경제적 요소로 인하여 야기되는 상위함을 재고하는 것을 의미한다. (함부르크선언)

성인·평생교육의 맥락에서 가장 중요한 핵심은 '문해'이다. 그러니까 '문해'를 기반으로 하여 '교육받을 권리'는 학교교육, 성인교육, 평생교육을 통하여 실현되고 행사될 수 있다고 보는 것이다(3~4조). 그리고 아동의 교육 내용과 성인 학습의 내용이 보완적이고 계속적이어야 함을 주장함으로써 '학습권'의 보편적 인권의 성격을 강화하고 있다(4조). 무엇보다도 중요한 논쟁점은, 기존의 '교육권' 논의에서 찾아보기 어려웠던, '학습권'을 향유하는 시민(학습자)의 능동성을 강조한 제5조의 내용이다.

> 5. 평생 학습의 과정으로 본 청년 및 성인교육의 목표는, 인간과 사회의 책임감과 자율성을 계발하고, 경제, 문화, 사회의 전 영역에서 요구되는 실천 능력을 배양하도록 강화하며, 공존과 관용 그리고 분별 있고 창의적인 사회참여를 증진하도록, 한 마디로 말해서 인간과 사회가 스스로의 운명을 자율적으로 통제하며 다가올 미래의 도전에 적절하게 직면할 수 있도록 마련되어야 한다. 성인 학습의 접근은 학습 당사자의 유산, 문화, 가치관과 선대의 경험에 근거한 것이어야 하며, 이러한 접근을 가능하게 할 다양한 방법은 모든 시민이 능동적으로 참여하고 자신의 입장을 밝힐 수 있어야 한다. (함부르크선언)

이 조항만을 놓고 본다면, '파리선언'과 '함부르크선언'이 천명하는 '학습권'은 우리가 이태까지 논의하여 온 '교육권'에 비하여 보다 능동적 권리로 해석할 여지가 있다[6]. 즉, '교육권'은 '수동적 권리'(passive rights; rights of recipience)의 성격을, '학습권'은 '능동적 권리'(active rights; rights of action)의 성격을 갖는다고 볼 여지가 있다. 권리 이론에서 '수동적 권리'와 '능동적 권리'에 관한 논쟁은 매우 중요하면서 복잡한 논의를 요구한다. 따라서 이 글에서 이에 관한 방대한 논의를 모두 다루기 어렵지만, '교육권'을 '수동적 권리'로, '학습권'을 '능동적 권리'로 양분화하는 것은 지나친 단순화의 오류를 범하는 것이라는 점을 밝히기로 한다. '능동적 권리'의 대표적인 것이 적극적 자유권(liberty right)이다. 소극적 자유권은 자유를 행사하는 자가 하고 싶은 행위를 타인으로부터 아무런 구애를 받지 않고 할 수 있는 권리이다. 이를 분석해 보면, 자유권의 속성은 이미 두 가지 양립하는 속성, 즉 행위자의 '하고 싶은 대로 함'(능동성)과 타인으로부터 '방해 또는 간섭받지 않음'(수동성)을 모두 포함하고 있다. '자유권'이 성립하려면, 논리적으로 그리고 실제적으로, 이 두 가지 전제를 만족시켜야 하고, 또한 이 두 가지 조건은 '자유권'을 구성하는 논리적 요인(logical constituents)이다. 달리 표현하면, '하고 싶은 대로 함'과 '방해 또는 간섭 받지 않음'은 자유권이 완전히 실현되도록 하는 '자유권'의 논리적 속성인 셈이다.

수동적 권리와 능동적 권리의 양분법적 해석은 자유권에만 적용되는 것은 아니다. 목하 우리가 관심을 가지고 있는 교육권과 학습권을 해석하는 데에도 마찬가지로 적용될 수 있다. 물론 '세계인권선언'에 천명

6) 수동적 권리와 능동적 권리에 관한 구분은 자매서 『아동권리향연 플러스』 제4장 참조.

된 '교육권'은 수동적 권리의 성격을 강하게 띠고 있으며, '함부르크선언'에 담겨진 '학습권'은 능동적 권리의 성격을 강하게 띠고 있음을 짐작할 수 있다. 그러나, 앞서 살펴본 바와 같이, 능동적 권리의 행사는 반드시 수동적 권리가 보장되어 있어야 한다는 점에 주목할 필요가 있다. 어떤 사람이 수학보다 고고학을 배우고 싶어한다면, 수학을 배우라고 강요당하지 말아야 하고 고고학을 배우려 하는 데에 장애를 받지 말아야 한다. 그 사람이 고고학을 배우는 데에는 그의 선택(자유권; 능동적 권리)이 따라야 하고, 동시에 고고학을 배울 수 있는 여건을 제공받을 수 있어야(복지권; 여기서는 수동적 권리) 한다. 거기에다가 수학보다는 고고학을 택하게 된 그 사람 개인만의 이유(personal reason; 여기서 개인적 이유라고 한 것은 교육내용에 관한 선험적 정당화에서 사용되는 이유와는 다른 개인적 선택과 취향에서 비롯된 이유라는 의미임)를 댈 수 있어야 한다. 한 개인이 자신의 자유를 행사한다는 의미에서 요구되는 모종의 판단력을 기르는 데에는 무엇인가 수혜를 받아야 하는 권리(수동적 권리)가 선행되어야 한다. 따라서 '함부르크선언' 제5조에 천명된 '학습권'의 능동성은 그 이전에 모종의 수동적 권리를 전제하여야 한다. 달리 말하자면, '교육권'을 수동적 권리로 '학습권'을 '능동적 권리'로 보는 것은, 마치 앞서 지적한 바와 같이 '교육권'과 '학습권'의 관계를 '채권'과 '채무'의 상관개념으로 파악하는 것이 잘못인 것처럼, 지나친 단순화에 따른 오류를 범하는 것이다.

그 다음으로 '함부르크선언'이 천명한 '학습권'의 능동성과 관련하여 반드시 빠뜨려서는 안 되는 몇 가지 검토 사항이 있다. 첫째, 이 선언에 천명된 '학습권'의 의미를 그 능동적 권리의 성격을 너무 강조한 나머지 보편적인 차원의 복지권을 넘어서 자유권의 성격으로 파악했을 때 야기되는 문제이다. 이를테면, '학습권'을 '자유권'으로 파악한다는 것은, 한 개인이 그 사회의 성원으로 살아가기 위하여 요구되는 기본적인 교육을 받기를 거부할 권리(거부권)로 확대 해석할 수 있다. 그러나 이러한 문제는 '파리선언'과 '함부르크선언'이 천명한 개인의 삶과 인류의 미래를 위하여 요구되는 학습을 현실적으로 거부하는 결과를 야기시키는 자기 모순에 빠질 수도 있다. 적어도 이 선언이 강조하는 '문해'의 문제는 개인의 자유권의 차원에서 거부될 수 있는 문제가 아니다. 이러한 종류의 거부가 자유권적 의미에서 인정된다면, 두 가지 선언이 지향하는 이상을 스스로 저버리는 셈이다. 따라서 '학습권'을 능동적 권리 또는 '자유권'의 차원에서 이해하기에 앞서 '교육권'과 마찬가지로 보편적인 '복지권'으로 이해되어야 두 선언이 지향하는 목표를 달성할 수 있게 된다.

둘째, '함부르크선언'이 천명한 토착민이 가진 그들의 고유 문화와 교육 방식의 존중(제18조)과 관련하여 야기될 수 있는 문제이다. 이 항목은 선언의 제5조와 마찬가지로 능동적 권리 또는 토착민의 자유권으로 해석할 여지를 지니고 있다. 따라서 인간이면 보편적으로 받아야 할 교육을 토착민(또는 유목민)이 거부할 수 있는 자유권 내지는 거부권으로 이해할 여지가 있다. 그러나 이 조항을 면밀히 살펴본다면, 이러한 해석은 지나치게 잘못된 것이다.

> 18. 토착민 교육과 문화. 토착민과 유목민들은 국가가 제공하는 모든 수준과 형태의 교육을 받을 권리가 있다. 그럼에도 불구하고, 그들 문화를 스스로 향유하고 그들의 언어를 사용할 권리가 부정되어서는 안 된다. 토착민과 유목민을 위한 교육은 언어적으로 문화적으로 그들의 필요에 합당하게 이루어져야 하며, 또한 이후의 계속교육과 훈련에의 접근이 용이하도록 이루어져야 한다. (함부르크선언)

이 조항은 토착민과 유목민의 생존에 요구되는 그들의 삶의 방식을 인권의 차원에서 존중하고, 보편적으로 요구되는 학습활동을 향유하도록 하기 위한 천명으로 보아야 한다. 그러나 이 조항을 토착민과 유목인이 자의적으로 누릴 수 있는 자유권적 의미의 능동적 권리로 이해하는 데에는 무리가 따른다. 우선, 토착민과 유목민은 그들의 독자적인 삶의 방식을 인정하는 것과 함께 인류 공동사회의 일원이라는 '학습권'의 기본 원칙을 존중하여야 하기 때문에, 능동적 권리 이전에 인간으로서의 보편적 권리를 향유할 수 있어야 한다는 전제를 먼저 받아들여야 한다. 오히려 보편적인 권리를 인정했을 때만이 '선언'이 지향하는 목표를 달성할 수 있다고 보아야 한다. 따라서 토착민과 유목민과 같은 소수 민족의 학습권 문제도 보편적 복지권의 측면에서 우선적으로 검토되어야 한다.

이상의 논의를 한 마디로 요약하면, 두 가지의 선언이 담고 있는 내용과 '학습권'의 의미는 '교육권'의 의미, 즉 '교육받을 권리'가 담고 있는 내용을 충실하게 이해할 수 있을 때 올바르게 파악될 수 있다는 점이다.

Ⅳ. 우리 교육에서 '교육받을 권리'

근자에 많은 사람들이 '학생의 인권', '교사의 인권', '교사의 교육권', '교권', '학생의 학습권' 등 여러 가지 형태의 표현을 사용하여 우리의 교육 현실에 대한 우려를 표명하고 있다. 이러한 우려와 함께, 현실의 교육 문제가 더욱 복잡하게 꼬이는 것으로 드러나는 양상은 우리가 새로운 언어의 사용을 좋아하는 습관에 기인된 것이기도 하지만, 우리가 우리 스스로 사용하는 말의 의미를 진지하게 생각하지 않고 남용하는 데에서 비롯된다. 이러한 우려의 표명에 나타난 다양한 언어의 핵심은 '교육받을 권리'이다. 따라서 우리가 고찰하여야 할 핵심적인 문제는 "우리의 현실에서 '교육받을 권리'의 현주소는 어떠한가?"이다.

'교육받을 권리'의 쟁점이 될 수 있는 제1번지는 최근 새로 제정한 '교육기본법'이다. 이 법의 제3조는 다음과 같다.

> 제3조(학습권) 모든 국민은 평생에 걸쳐 학습하고, 능력과 적성에 따라 교육받을 권리를 가진다.

이 조항은 우리 교육에 새로운 획을 그을 수 있는 획기적인 것이다. 적어도 '학습권'으로 명명된 조항이며, 동시에 교육에 관한 '기본법' 답게 학습권이 평생교육의 맥락에서 인권의 면모를 갖추도록 진술되었다는 점에서 그러하다. 이 조항의 의미를 보다 면밀하게 논의하기 위해서 먼저 헌법에 나타난 교육에 관한 조항을 살펴볼 필요가 있다.

> 제31조 ① 모든 국민은 능력에 따라 균등하게 교육을 받을 권리를 가진다.
> ② 모든 국민은 그 보호하는 자녀에게 적어도 초등교육과 법률이 정하는 교육을 받게 할 의무를 진다.
> ③ 의무교육은 무상으로 한다.
> ④ 교육의 자주성·전문성·정치적 중립성 및 대학의 자율성은 법률이 정하는 바에 의하여 보장된다.
> ⑤ 국가는 평생교육을 진흥하여야 한다.
> ⑥ 학교교육 및 평생교육을 포함한 교육제도와 그 운영, 교육재정 및 교원의 지위에 관한 기본적인 사항은 법률로 정한다.

적어도 교육기본법이 천명한 '학습권'은 그 상위법인 헌법의 의미 안에서 해석되어야 한다. 그렇다면, 교육기본법에 명기되어 있는 '학습권'은 헌법에 천명된 '교육받을 권리'의 범주속에서 파악되어야 마땅하지 않은가? 그러나 '학습권'을 보다 상위 개념으로 보는 것도 헌법 제10조에 보장된 행복추구권 등에 비추어 보면 법리상 별로 문제될 것 같지 않다. 다만 여기서 지적하고 싶은 것은 교육기본법 제3조에 나타난 '학습권'의 의미가 헌법에 표기된 교육받을 권리로 이해되어야 한다는 점이다. 이와 같은 맥락에서 교육기본법 제3조에 명기된 '평생에 걸쳐 학습하고'라는 조문은 헌법 제31조 제5항과 제6항에 근거하고 있다고 할 수 있다. 그리고 헌법 제31조 제2항과 제3항에 명기된 내용은 '교육받을 권리'를 보편적인(즉, '모든 국민' 또는 '국민 누구에게나'의 의미로) 복지권임을 천명하는 것으로 해석할 수 있다. 다만 헌법 제31조 제1항은 국민의 교육받을 권리를 보장하면서도 그 교육 정도를 정함에 있어서 '능력에 따라'라는 단서를 붙임으로써 자유 경쟁의 원리를 인정하고 있다. 따라서 헌법 제10조와 제31조의 항목들을 종합해 보면, 교육기본법에 나타난 '교육받을 권리'는 일차적으로 '학습권'의 의미보다 보편적인 권리로서의 '복지권'에 가깝다고 할 수 있다.

'교육권'과 관련하여 가장 흔히 찾아볼 수 있는 혼동은 '교권'이라는 용례에서이다. 혹자(강인수, 1998a; 1998b)는 '교권'을 '교육시킬 권리'라는 뜻으로서 '교육권'의 준말로, 혹자는 '교권'을 '교사의 권리'의 준말로, 또 다른 이들은 '교권'을 '권리'의 의미가 아닌 '권위'(authority)의 뜻에서 '교사의 권위'의 준말로 사용한다[7]. 이 중 '교권'에 가장 적합한 용법은 '교사의 권위'이다. 이에 대한 근거는 앞의 두 가지 용법이

---

7) 이에 관하여 자매서『아동권리향연 플러스』제4장 및 제4장의 별장 참조.

그릇된 것임을 드러냄으로써 밝혀질 수 있다. 먼저 '교권'을 '교사의 권리'로 보는 경우를 살펴보자. 교사의 권리로 지칭할 수 있는 것은 매우 많다. 한 교사가 자연인으로서, 시민으로서, 그리고 직장인으로서 지니는 권리는 헤아릴 수 없을 만큼 많다고 볼 수 있다. 그러나 교사가 교육 상황에서 주장할 수 있는 권리는 이보다 축소된다. 교사가 행사할 수 있는 주요한 권리는 교사의 노동과 관련된 권리와 교사의 직무와 관련된 권리로 나뉘어진다. 전자의 대표적인 예로 교사의 노동3권을 들 수 있고, 후자에는 가르치는 업무와 직접 관련되거나 거기에서 파생되는 권리가 포함된다. 여기서 우리가 목하 관심을 가지고 있는 것은 후자이다. 앞서 지적한 바 있듯이, 교사가 학생을 가르치는 데에서 생기는 힘은 권한으로 보아야 한다. 이때의 권한은 교사가 노동자로서 가지는 권리와는 속성을 달리 한다. 강인수(1998b: 23-6)는 교사의 '교육권'을 '교육시킬 권리'로 보고 있다. 그러나 그의 논의에 나타난 교사의 '교육권'의 의미를 면밀히 분석하여 보면 그것은 교사의 권한이다.

여기서는 교사의 직무와 관련하여 갖게 되는 권한을 권리로 혼동하였을 때 야기되는 문제를 살펴보기로 한다. 첫째, '교육권'을 교사의 권리로 보면, 거기에는 반드시 모종의 폭력이 개입하게 된다. 이미 우리는 기독교 신자인 생물교사의 사례를 들어 교육시킬 권리가 야기하는 교육적 폭력의 경우를 살펴보았다. 이 같은 경우는 지위 또는 직책과 관련하여 부여되는 권한을 일반적 의미의 권리로 보았을 때 발생하는 문제이다. 같은 맥락에서 학생에 대한 체벌이 야기될 수 있다.

학생에 대한 체벌의 문제는, 그 교육적 효과에 관한 논란은 접어두고, 교사의 직무상 발생하는 권한을 호펠드가 설정한 '특권'(privilege)으로 확대 해석하거나 절대적인 의미의 '권력'으로 파악하는 데서 발생한다.

아주 원론적인 의미에서 보면, 어느 경우이든지 한 개인이 다른 개인에게 체벌을 가할 근거는 없다. 그리고 보다 중요한 것은 권리의 문제를 악용·남용하는 전형적인 예가 체벌이라는 점이다. 대부분 체벌에 관한 논쟁은 '학습권'과 '교육권'을 학생과 교사가 각각 지니고 있는 상관개념으로 보는 데서 기인한다. 그 전형적인 예는 성민선의 글(1998)에 잘 나타나 있다. 체벌의 문제는 교사와 학생, 또는 교사와 학생을 대리한 부모 간의 권리 상충 또는 권리 대립으로 취급될 성질이 아니다. 체벌의 폐해가 우리에게 주는 시사점은, 한 개인이 지닌 권한이 — 그 권한이 실정법에 의하여 합당하게 부여받은 것이라 할지라도 — 다른 개인의 인권과 같은 일반적인 권리를 침해할 수 없다는 사실이다. 이 시사점은 매우 중요한 논지이다.

많은 사람들이 교육 현장에서 학생 인권침해의 심각성을 제기하고 있다.

> 이처럼 학교교육에 있어서 인권 존중은 하나의 출발점이며 목적이고 또한 과정이고 방법이다. 그러함에도 학교는 오랫동안 인권 망각지대로 방치되었었고, 논의조차 소홀했었다. 마치 교육권과 학습권은 상호 갈등 대립할 수밖에 없는 것인 양, 대립하였고 공존의 길도 모색하지 않았었다. 그것은 침해를 받는 측이 학생이었고, 학생의 인권은 교사의 인권에 비할 때 침해해도 좋고 무시해도 좋은 것으로 묵인하는 사회적 분위기 때문이었다. 교사들은 자신들의 인권보호를 위해 전교조도 만들 수 있었고 세월이 흘러 어느덧 합법화되고 인정받기에 이르렀다. 그러나 학생들의 인권침해는 아무도 옹호해 주지 않았다. (성민선, 1998: 7)

위의 글에서 우리가 간과할 수 없는 점은, 교사의 노동조합 결성권과 학생의 인권을 동일한 차원에서 서로 대립하는 것으로 문제를 파악하고 있다는 점이다. 물론 교사의 인권은 보장되어야 하고, 학생의 인권도 보장되어야 한다. 그러나 이 말이 곧 두 주체 간의 인권이 대립·상충한다는 것을 의미하는 것이 아니다. 앞서 교사의 교육할 '권한'은 노동자로서의 교사가 갖는 노동권과는 그 논의의 차원을 달리한다는 것을 지적하였다. 이와 함께 교사의 권한이 학생의 인권을 넘어설 수 없다는 것을 고려한다면, 교사가 갖는 권한 이외에 교사의 인권이 학생의 인권과 동일한 차원에서 상충한다고 보아야 할 이유는 없다.

교사의 '교육할(시킬) 권리'를 '권한'으로 보는 한, 우리가 인정하는 교사의 권한은 그 전문성에 기인한다. 그것은 국회의원의 면책특권과 같은 헌법상 보장된 특권이 아니며 '헌법적 보장을 받는 직무상의 권한'(강인수, 1998b: 25)도 아니다. 교사는 헌법에 규정된 헌법기관이 아니며, 따라서 헌법기관으로서 갖는 권한(특권)을 가질 수 없다. 그러므로 교사의 권한은 '법적 교육기관으로서 교사가 직무상 갖는 고유한 권한'이라고 보아야 한다. 그렇다면, 교사가 직무상 갖는 법적 권한은 무엇인가? 대표적인 것이 교사의 교육과정 결성·편성 및 교재 선택권, 성적 평가권, 학생 징계권이다. 이러한 교사의 권한들은 이 글의 논점을 벗어나는 방대한 논의를 요구하지만(강인수, 1998b: 26-32; 36-8), 명백한 점은 그것이 교사의 일반적인 권리나 특권이 아닌 '권한'으로 설명되어야 한다는 점이다.

교사의 '권한'에 관한 또 다른 쟁점은 교사의 수업권의 성격에 관한 것이다. 이에 관하여 여기서는 두 가지 쟁점만을 간략히 살펴보기로 한다. 첫째, 교사의 수업권을 교사의 자유권으로 보는 견해이다. 교사가 자신의 수업내용을 자신의 재량(즉, 권한)에 따라 선정·조직하여 가르칠 때 요구되는 최소한의 요건은 그 직무상 따라오는 책무를 유기해서는 안 된다는 점이다. 둘째, 교사의 책무성이 다시 학생의 인권을 침해해서는 안 된다는 점이다. 교사의 권한 행사에 따라 합당하게 결정된 수업내용이라 하더라도, 그 수업내용을 선정 · 조직하고 또 그것을 전달하는 방법이 학생의 인권을 침해하고 있다면(예컨대, 학생의 성적 수치심을 유발하는 내용을 채택하였거나 방법을 사용하였다면), 그것은 교사의 권한에 따르는 책무성을 유기했다고 볼 수 있다.

'학습권'은 우리의 교육 현실에서 크게 부각되는 문제이다. 그중 하나가 '학습권'의 '교육에 참여할 권리'에 대한 논쟁이다.

> 한편, 교육에 참여할 권리에는 '교육받을 권리'가 포함되어 있지만 그것만이 아니다. 교육받을 권리는 제공되고 있는 교육으로부터 차별, 배척당하지 않을 권리이다. ... 교육에 참여할 권리는 교육받을 권리 이상이다. (김신일, 1998b: 43)

이 인용문의 내용을 검토하기 위해서 '교육받을 권리'를 '수동적 권리'로, '교육에 참여할 권리'(즉, 학습권)를 '능동적 권리'로 해석하는 데에 문제가 있음을 다시 상기할 필요가 있다. 설사 '교육에 참여할 권리'를 '교육받을 권리' 이상의 것으로 인정하고 그것을 참정권 또는 자유권으로 인정한다고 하자. 그러나 '교육에 참여할 권리'를 자유권으로 보는 데에도 필연적으로 요구되는 전제가 있다. 그 전제는 학생(또는 그 대리인으로서 부모)이 교육받을 권리를 이미 받아들이고 있어야 한다는 점이다. 여기서 말하는 전제는 김신일이 주장하는 것처럼 '교육받을 권리'가 '교육에 참여할 권리'에 포함되어 있다는 포함관계로 이해되는 것이 아니다. 논리적인 측면에서 보자면, 포함관계의 방향은 오히려 반대이다. '교육받을 권리'가 이미 전제되어 있지 않으면 '교육에 참여할 권리'는 주장할 수 없게 된다. 이를 보다 쉽게 이해하기 위하여 '자유권'을 설명하는 데 흔히 사용되는 예(Jones, 1994)를 살펴보자. 축구 경기에서 공격 선수는 규칙을 위반하지 않는 범위에서 자신의 기량을 발휘하여(즉, 공격 선수의 자유권) 득점을 할 수 있다. 이에 대하여 수비 선수는 공격하는 선수의 기량을 경험해 보지 못한 것이라 하여 공격 선수의 자유권을 방해하거나 또는 공격 선수의 득점이 무효라고 심판 또는 주최 측에 재심 등을 청구할 권리가 없다. 다만 수비 선수는 자신의 기량을 발휘하여 공격 선수의 기량을 제압하고 자신의 실점을 막을 권리(즉, 수비 선수의 자유권)를 갖고 있다. 이것이 '자유권'의 핵심을 보여주는 예이다. 여기서 우리가 주목하여야 할 점은, 공격 선수이건 수비 선수이건 모두가 축구 경기에 참여하고 있고, 경기에 참여하고 있는 한 그들은 모두 경기 규칙을 준수하여야 한다는 점이다.

이를 '교육에 참여할 권리'와 '교육받을 권리'에 적용하여 보면, 전자를 인정하고자 한다면 후자를 먼저 받아들여야 한다는 것을 알 수 있다. 만약 축구 선수 양방 또는 일방이 축구 경기에 참여하는 것 자체를 거부한다면, 그들이 이미 축구 경기의 규칙과 운영에 관한 것을 알고 있다는 것을 전제하여야 한다. 이와 마찬가지로 한 개인이 '교육에 참여할 권리'를 주장하는 데에는 그가 이미 '교육받을 권리'를 누리고 있거나, 이전에 이미 교육을 받은 결과로 생겨난 인지적 판단력을 동원하여 '교육에 참여(거부)할 권리'를 주장하는 것이라고 보아야 한다. 이에 대하여 또 다른 반론이 제기될 수 있다. 어떤 사람이 아무런 경기 경험이 없는 상태에서 축구 대신 테니스 경기에 참여하기를 바라거나 아니면 그 사람이 축구 경기에 한 번도 참여하지 않은 상태에서 축구 경기를 거부하는 경우처럼, '세계인권선언'이 권고하는 것과 같은 기본교육을 전혀 받지 않은 사람이 '교육에 참여(거부)할 권리'를 주장하는 것이다. 그러나 소정의 교육을 전혀 받지 않은 사람이 '교육에 참여(거부)할 권리'를 주장한다는 것은 무슨 뜻인가? 실제로 이러한 사태는 가능한가? 이러한 사태가 실제로 일어난다면, 그것은 그 개인이 인간으로서 누려야 할 보편적 권리를 부정하고 있다는 사실을 말해 줄 뿐이다. 그리고 그것은 앞서 살펴본 두 가지 '학습권선언'이 천명한 바를 저버리는 결과를 초래한다. 따라서 '교육에 참여(거부)할 권리'에 '교육받을 권리'가 포함되어 있는 것이 아니라, '교육에 참여(거부)할 권리'를 주장하기 위해서 소정의 '교육받을 권리'가 '교육을 거부할 권리'에 선행한다는 것을 이미 전제하고 있어야 한다.

유네스코가 천명한 두 가지 '학습권 선언'에서 '학습권'은 기존에 받아들여져 왔던 '교육권'의 확장된 개념임에 틀림이 없다. 그러나 '학습권'의 속성은 '교육권'과 마찬가지로 '보편적 필요'에 의하여 정당화되는 복지권이다. 그러므로 '학습권'을 '교육권'의 확장된 개념으로 볼 때, 그 확장된 개념을 단순한 '인권'의 확장이 아닌 복지권으로서의 '교육권'의 의미에서 저항권적 의미의 인권으로의 확장으로 보아야 한다. 그렇지 않으면, '교육권'과 '학습권'에 대한 그릇된 믿음을 낳게 될 뿐만 아니라 인권이라는 미명 아래 저지를 수 있는 폐해를 우리에게 안겨다 줄지도 모를 일이다. 특히 아이들에게 안겨줄 수 있는 다음과 같은 폐해를 경계하지 않으면 안 될 것이다. 아이들이 하고 싶은 대로 하게 방치한 결과 아이들의 삶과 권리 자체를 망가뜨리고 남들의 권리까지도 망가뜨리는 폐해; 아이들에게 '인권'이 무엇인지를 알게 할 기회와 권리를 박탈하는 폐해; 그리고 '인권'이라는 미명 아래 각 교육 주체간에 야기되는 소모적이고 쓸 데 없는 권리 주장과 권리 상충만을 조장하는 폐해.

Ⅴ. 맺는 말: '교육권', '학습권' 그리고 '인권'

우리는 흔히 '교육권', '학습권', '인권'이 마치 어떤 서열이나 위계를 갖는 것으로 오해하기 쉽다. 그 오해 중의 하나가 교육권과 학습권을 상관개념으로 보고, 인권을 이 모두를 포괄하는 개념으로서 파악하는 방식이다. 교육권과 학습권이 상관개념이 아닌 것이 명백히 밝혀진 이상, 이 방식은 받아들일 수 없는 도식이다. 또 다른 방식은 교육권을 교육받을 권리로 인정하고 학습권을 자유권적 인권의 개념으로 파악하는 방식이며, 이때 교육권은 학습권에 포섭되는 것으로 이해된다. 앞서 지적한 바와 같이, 이 방식은 교육권을 수동적 권리로, 그리고 학습권은 능동적 권리로 양분하여 파악하게 되는 오류를 범하게 된다. 그리고 이 방식에 따르면, 학습권이 교육권에 우선하는 것이기 때문에, 보편적 복지권으로서의 교육권의 의미를 인권이라는 이름하에 훼손할 위험성도 야기된다.

유네스코가 채택하고 천명한 '학습권선언'은 '세계인권선언'의 입장에서 진일보한 것이며, 미래사회의 인류가 번성하기 위하여 필수적으로 요청되는 것임에 틀림없다. 그리고 '교육받을 권리'가 학교교육에 그치지 않고 성인교육·평생교육의 영역으로 확대된다는 의미에서 '학습권'의 선언은 매우 고무적인 것이다. 이런 점에서 '학습권선언'은 '교육받을 권리'에다 학습자의 능동성을 강조한 권리선언이다. 그러나 그것이 교육받을 권리의 의미에서 학습자를 수동적인 존재로 한정시킨다고 해석하면 '교육권', 즉 '교육받을 권리'가 갖는 보편성을 훼손하는 것으로 해석되어서는 안 된다. 오히려 '교육받을 권리'에 담겨진 보편적 필요의 성격을 보다 적극적으로 반영하여 '학습권'을 이해하여야 한다.

'인권'은 우리가 인간으로 살아가는 한, 인류가 생존해가는 동안, 그리고 인류가 번성하기 위하여 훼손될 수 없는 절대절명의 지상 명제임에 틀림없다. 우리가 유형·무형의 교육상황에서 또는 학교에서 학생의 인권을 존중한다는 것은 무엇을 의미하는가? 학생의 인권을 보장한다는 의미가 구호나 정치적 선전(political propagenda)의 수준을 넘어서, 교육에 종사하는 사람들에게 실제적이고 구체적인 지침을 마련해 주려면 우리는 어떠한 노력을 경주해야 하는가? 이러한 질문에 답하기 위하여 우리는 현대적 권리가 함의하는 바가 무엇인지를 돌이켜볼 필요가 있다. 그것은 못 가진 자, 약한 자, 그리고 당하기만 하는 자들을 보호하고 그들의 삶이 황폐화되지 않도록 하는 최소한의 삶의 조건을 제도적으로 보장해 주기 위한 것이다. 이를 적어도 교육의 상황에 적용해 보면, 미성숙·미발달하고 약자의 입장에 처하여 있는 학생과 아동을 보호하기 위한 것이 되어야 한다. 그러기 위해서는 보편적 권리로서의 교육권의 의미를 교육 현장에 실제로 어떻게 적용할 것인가를 모색·탐구하는 일에 몰두하여야 한다. 이와 같은 작업의 일환으로 '교육권'의 성격을 분명히 하고 '학습권'이 함의하는 바를 이해하는 일이 요구된다.

끝으로, 교사의 인권, 교사의 노동자로서의 권리, 교사의 학습권 (즉, 교사의 교육받을 권리) 등의 교사가 향유·행사할 수 있는 제 권리를 논의하면서, 그것을 다시 학생이 향유·행사하는 인권, 학습권, 교육권 능의 제 차원에서 이해되는 '교육받을 권리'의 논의선 상에서 똑같이 이해하는 것은 우리가 여태까지 논의하여온 '교육받을 권리'가 갖는 보편적 권리의 성격을 인정하지 않는 결정적인 잘못을 범하는 것이다. 즉, 이러한 상이한 가정을 깔고 있는 문제를 동일한 맥락에서 취급하는 것은 교육 주체 간의 소모적인 권리 갈등만을 야기시킬 뿐이다. 분명한 것은 이러한 권리 갈등 내지는 권리 상충은 교육받을 권리에 대한 오해에서 불필요하게 양대되었다는 점이다.

참고문헌

강인수, 1998a, 교육권, 서울대학교 교육연구소 편, 교육학 대백과 사전, 춘천: 하우.

강인수, 1998b, 교원의 교육권의 정당성과 한계, 서울대학교 교육연구소, 학교교육에서의 인권, 교권, 학습권의 위상, 제3회 관악교육정책포럼.

김신일, 1998a, 학습권, 서울대학교 교육연구소 편, 교육학 대백과사전, 춘천: 하우.

김신일, 1998b, 학교교육에서의 학습권의 위상, 서울대학교 교육연구소, 학교교육에서의 인권, 교권, 학습권의 위상, 제3회 관악교육정책포럼.

김정래, 1997a, '잘삶'의 개념과 교육, 교육학연구, 제35권 제3호, 한국교육학회.

김정래, 1997b, 教育福祉論 序說, 한국교육, 제24권 제2호, 한국교육개발원.

김정래, 1998, 권리이론과 교육권, 서울: 교육과학사.

성민선, 1998, 학교교육에서의 인권, 서울대학교 교육연구소, 학교교육에서의 인권, 교권, 학습권의 위상, 제3회 관악교육정책포럼.

유네스코 한국위원회 (편), 1995, 인권이란 무엇인가, 서울: 오름.

Cranston, M., 1973, *What are Human Rights?*, London: Bodley Head.

Hohfeld, W. W., 1919, *Fundamental Legal Conceptions as Applied in Judicial Reasoning*, New Haven: Yale University Press.

Jones, P., 1994, *Rights*, London: Macmillan.

Kant, I., 1785, *Groundwork of the Metaphysics of Morals*, Paton, H. J. (trans.), 1964, New York: Harper & Row.

Kim, J-N., 1996, *Well-being and Education in a Liberal Society*, an unpublished thesis for the degree of Doctor of Philosophy, University of Keele. England.

Raphael, D. D. (ed.), 1967, *Political Theory and the Rights of Man*, London: Macmillan.

Wringe, C. A., 1981, *Children's Rights*, London : Routledge and Kegan Paul.

Wringe, C. A., 1992, The Ideology of Liberal Individualism, Welfare Rights and the Right to Education, in: Freeman, M. and Veerman, P. (eds.), *The Ideologies of Children's Rights*, Netherlands: Kluwer Academic Publishers.

The Universal Declaration of Human Rights., 1948.

UNESCO, The Declaration of the Conference, *The Final Report of the Fourth International Conference on Adult Education*, 1985.

UNESCO, The Hamburg Declaration on Adult Learning, *The Fifth International Conference on Adult Education*, 1997.

8

아동의 놀이권: 그 교육적 필요성

Ⅰ. 들어가는 말

일상적으로 우리는 놀이와 공부를 상반된 것으로 생각한다. 그리고 모름지기 동양의 유교적 문화와 서양의 기독교 문화에서 공히 노는 것은 일하는 것에 비하여 열등한 것으로 치부한 데서 놀이는 아동 문제에 있어서 공부에 비하여 천대받고 있는 것이 사실이다. 그리하여 앞장에서 살펴본 아동의 교육받을 권리에 비하여 놀 권리가 등한시되는 현실이다. 이 장에서는 아동권리로서 놀이권(rights to play)의 의미와 중요성을 살펴보기로 한다.

이를 위하여 다음 문제를 살펴보기로 한다.

첫째, 놀이권의 특징이 무엇인지를 살펴본다.

둘째, 놀이와 공부가 상반되는 반대개념이 아니라 상보관계에 있음을 살펴보기로 한다.

셋째, 인간 활동에서 놀이가 지니는 의미를 탐색해 봄으로써 교육적 의의를 탐색해 보기로 한다.

넷째, 공부와 놀이가 상반된 것이 아니라 하더라도, 공부를 놀이로 보는 진보주의 관점에는 한계가 있다. 교육상황에서 아동의 놀이권이 정당화될 수 있는 조건을 탐색해 보고자 한다.

이를 통하여 아동의 놀이권이 교육권과 상반되지 않으며 오히려 상보적 관계에 있음을 밝히고자 한다.

Ⅱ. 놀이권

인간의 특징을 설명하는 말 중 호모 루덴스(homo ludens)는 인간의 본성 중에 놀이를 즐기는 특징이 있다는 것을 뜻한다. 이 말은 아동이나 성인을 불문하고 인간이면 누구나 놀이에 참여하고 싶어 한다는 것을 뜻한다. 그러나 성인에 비하여 아동에게 있어서 '놀이'는 아동의 특정성을 나타내는 중요한 요소이다. 다소 단순화된 논리이지만, 성인에게 일이 주된 활동일 수 있지만, 아동에게는 놀이가 주된 활동이기 때문이다. 이 같은 맥락에서 아동의 놀 권리는 아동 존재의 특정성을 확인해 주는 권리라고 할 수 있다.

아동의 '놀이권'은 이미 '아동권리협약' 제31조에 다음과 같이 명시되어 있다.

> 제31조 ① 당사국은 휴식 및 여가, 아동의 연령에 적합한 놀이와 오락 활동, 문화생활과 예술 활동에 자유롭게 참여할 아동의 권리를 인정한다.
> ② 당사국은 문화적, 예술적 생활에 완전하게 참여할 수 있는 아동의 권리를 존중하고 증진시켜야 하며, 문화, 예술, 오

락 및 여가활동을 위한 적절하고 평등한 기회의 제공을 장려하여야 한다.

위의 제31조의 구성으로 볼 때, 아동의 놀이권은 아동권리협약이 규정하는 문화권(文化權, 문화적 권리)의 한 영역으로 진술되어 있다는 점에 주목할 필요가 있다. 문화 활동이 단순히 시간을 보낸다든지 삶에 있어서 무의미한 활동이 아니라면, 같은 맥락에서 놀이는 단순히 시간을 낭비한다든지 또는 무의식적으로 무의미한 활동을 한다는 것이 아니다. 오히려 아동에게 놀이는 발달상 필수적으로 요구되는 학습의 전제가 될 수 있다. 이러한 맥락에서 보면, 놀이권은 단순히 문화권에서만 논의될 문제가 아니다.

아동에게 놀이가 발달상에 필수적인 것이고, 보다 고차원적인 학습에 결정적인 단서가 되는 활동이라면, 놀이권은 문화권이 중요한 한 요소로 간주될 수 있다는 사실 이외에도 교육권과 학습권의 맥락에서도 논의되어야 한다. 주지하는 바와 같이, 아동의 교육받을 권리는 아동권리협약의 제28조와 제29조에 명시되어 있다. 제28조에서는 당사국이 교육에 대한 아동의 권리를 증진시키기 위한 제반 조치를 취할 의무를 규정하고 있다. 이에 따라 제29조는 '아동 교육의 목표'로서

① 아동의 인격, 재능 및 정신적, 신체적 능력에 있어 최대한 잠재력의 개발
② 인권과 기본적 자유 및 국제연합헌장에 규정된 원칙에 대한 존중심의 함양
③ 아동의 부모, 문화적 정체성, 언어 및 가치, 아동이 생활하는 국가와 출신국가의 국내이념, 서로 다른 문명에 대한 존중심의 개발
④ 인종적·민족적·종교적 집단 및 원주민 등 모든 사람과의 관계에

> 있어서 이해, 평화, 관용, 성 평등 및 우정의 정신에 입각하여, 아동이 자유사회에서 책임 있는 삶을 영위하기 위한 준비를 하는 것

등을 규정하고 있다.

제28조는 무지의 상태를 벗어나기 위한 모든 교육 주체들의 교육적 노력을 권고하고 있다. 그 노력에는 최소한 무상의무교육, 생존을 위한 직업교육, 보편교육의 강조, 개인 성장 잠재력의 계발 등이 포함되어 있다. 또한 제29조는 교육목적을 명시적으로 규정하고 있으나 애석하게도 이 조항에서 교육권이 놀이권과 모종의 관련을 맺고 있다는 어떠한 단서도 찾아볼 수 없다. 이는 아동의 놀이권이 교육권에 비해 경시되도록 하는 오해를 낳기도 한다. 왜냐하면 제28조에 규정된 교육은 유희에 앞서서 생존에 일차적으로 요구되는 것이기 때문이다.[1] 그러나 이렇게 보는 것은 단견에 불과하다. 교육이나 공부와 놀이가 대립된 것이 아니라는 단초는 '놀이'가 담고 있는 개념적 속성에서 찾을 수 있기 때문이다.

아동의 놀이권에 관한 논의에 앞서, '놀이'는 우선 언어적·개념적으로 '아동'과 관련을 맺는다[2]. 물론 아동의 특수성을 탐구하는 과정에서 '아동'과 '놀이'의 관련성은 현대의 과학적 심리학의 발달과 더불어 여러 가지 각도에서 확인된다. 그러나 과학적 탐구의 경우, '아동'의 개념이 '놀이'와 논리적으로 관련된다는 사실에 별로 주목하지 않는다. '아동'의 개념이 '노는 일' 또는 '놀이'와 논리적으로 관련된다는 것은 다

1) 이를 위하여 본서 제6장을 참조. 복지권으로서 교육권은 정언적 필요에 의하여 정당화되며, 그것은 곧 생존의 문제와 필연적으로 관련된다.

2) '아동'과 '놀이'는 어원상 밀접한 관련을 맺고 있다. 이에 관하여 자매서 『아동권리 향연 플러스』 제1장 참조.

음과 같은 사실에 비추어 분명하게 확인할 수 있다.

그리스어 '아동'을 나타내는 말은 '파이스(pais)'이다. 이 말은 '놀이' 또는 '유희'의 의미에 해당하는 '파이디아(paidia)'와 '교육'의 의미에 해당하는 '파이데이아(paideia)'의 어원이다(Jaeger, 1986b: 317). 이러한 사실은 아동이 교육받을 필요가 있다는 점뿐만 아니라 '유희' 또는 '노는 일'이 '아동'과 논리적으로 관련된다는 점을 시사한다.

다른 한편, 우리나라의 경우에도 '놀이' 또는 '유희'는 '아동'과 매우 밀접한 관련이 있는 것으로 보인다. 차자표기에서 '아이'는 아해(兒孩)가 된다. 이 말은 '어리다'는 뜻을 전달하면서 우리말 발음에 가깝게 표기한 용어이다. 이를 연장하여 아희(兒戱)라는 용어도 사용된다. 장혼(張混)의 『아희원람(兒戱原覽)』에서 알 수 있는 바와 같이, '아동'을 나타내는 말인 '아ᄒᆡ'의 한자어 표기가 '아희(兒戱)'이다. 이 사실에서 '아동'을 나타내는 '아ᄒᆡ'와 '놀다'의 훈을 가진 '희(戱)'가 관련된다는 것을 짐작할 수 있다. 이렇게 볼 때, 우리의 어법과 사고에도 '아동'과 '유희'는 모종의 관련을 가진 것임에는 틀림이 없다. 한 마디로, 놀이는 아이들이 하는 '일'이며, 그것은 곧 진지하게 숙고해야 할 과업인 셈이다.

이러한 논거를 토대로 아동의 놀이가 흔히 이해되는 것처럼 일과 대립되는 것이 아니라는 점을 짐작할 수 있다. 이하에서는 아동의 놀이가 아동의 특정성을 확인시켜 줄 뿐만 아니라 아동의 학습에 필수적으로 요구된다는 점을 밝히기 위하여 '놀이'의 교육적 필요성을 살펴보기로 한다.

Ⅲ. 놀이와 일

놀이(play)와 일(work)은 흔히 서로 대비되거나 반대되는 활동으로 인식되어 왔다. 그러나 이러한 인식이 그릇된 것이다. 그 논거는 우리의 일상생활에서 쉽게 찾아볼 수 있다. 우리가 아이들에게서 흔히 목격할 수 있는 것 중의 하나가 숙제나 하던 일을 마치고 나서 '이제는 노는 일만 남았군' 하는 표현이다. 여기서 우리는 '놀이'가 '노는 일'처럼 하나의 과업으로 인식되고 표현된다는 점을 알 수 있다. 이렇게 보면 아동의 세계에서 '놀이'는 '일'과 반대되는 것이 아니라 밀접히 관련되는 것임을 확인할 수 있다. 그렇다면 그 관련이란 어떤 관련일까? 우리말 '놀이'의 어원에서 그 답을 찾을 수 있다.

목하 관심사인 '놀이'는 '놀다'의 명사형이다. 어원상 동사 '놀다'의 어근은 '놀'이라는 명사에서 나왔다.[3] 여기서 '놀'은 말[言語]이라는 뜻이다. '놀'은 '니ᄅᆞ다[謂]'의 어근 '닐'이라는 명사에서 나온 말이다. 따라서 '놀다(遊)'의 어원에서 말에서 나온 것임을 알 수 있다. 이를 놓고 보면, 말은 놀이의 시발이고, 놀이는 말을 통해서 이루어진다.

문제는 놀이가 말과 관련되어 있다는 데 그치지 않고, '말'의 뜻이 '알다'의 의미를 낳는다는 데 있다.[4] 우리말 '알다(知, know)'는 그 어근 '알'이 말의 뜻에서 왔다는 것이다. '알'의 근원적 의미는 입[口]이다. 말은 입을 통해서 나온다. 현재 우리가 사용하는 말의 '아가리', '아리' 등은 모두 입의 뜻을 가진다는 것을 상기하면 쉽게 납득할 수 있다. 여

---

3) 서정범, 2000, **국어어원사전**. 서울. 보고사. 147쪽.
4) 서정범, 2000, **국어어원사전**. 서울. 보고사. 417쪽.

기서 앎이란 현재 우리가 사용하는 정보, 결과로서 앎인 지식 등을 뜻하는 것이 아니라, 입을 통하여 전승되고 공유하는 말을 뜻한다. 미토스(mythos)의 의미를 지닌 앎이다. 과거 할머니 무릎에서 듣던 옛날이야기는 이에 견줄 수 있는 사례가 될 것이다. 즉, 안다는 것은 입을 사용하는 '동작'인 말을 통해서 이루어진다는 의미이다. 입을 통하여 공유되고 전승되는 동작이 앎이고, 이것은 놀이와 관련을 맺고 있다는 뜻이다. 이로써 우리는 놀이가 앎과 관련되어 있으며, 그것은 다시 입을 통하여 전해지고 공유하는 동작과 관련된다는 점을 확인할 수 있다. 따라서 놀이는 모종의 '일'과 관련이 있다는 점을 확인할 수 있다.

일과 놀이가 대비되는 활동이라는 견해에 대하여 가장 비판적이고 체계적인 반론을 전개한 사람은 듀이(John Dewey)이다. 그는 자신의 『민주주의와 교육』 제15장에서 놀이와 일의 이분법적 사고[5]를 경계하고 있다. 그가 경계하고자 했던 것은 놀이는 상류층의 안일한 기분전환이고, 일은 하류층의 귀찮고 힘겨운 노동이라는 이분법적 사고이다.

이러한 '일–놀이'의 이분법적 구분은 '노동–여가'의 이분법적 대립에서 비롯된다. 이와 관련하여, '학교'의 어원이 되는 희랍어 '숄레(schole)' 또는 라틴어 '스콜라(schola)'가 '여가'(leisure)라는 의미를 가지고 있다는 점에 주목할 필요가 있다. 전통적인 의미에서 학교가 여가나 관조(contemplation)를 '즐기는' 장소로 인식되었다. 이에 따라 전통사회에서 교육은 상류층의 전유물이었다는 것은 결코 우연한 일이 아니다. 그러니까 놀이, 유희, 여가는 지배층의 전유물이며, 일, 노동은 피지배계층의 전유물이라는 이분법이 성립한다. 따라서 놀이를 한다는

5) 듀이가 지적한 이분법적 사고의 유형은 '놀이–일'을 포함하여 '이론–실제', '노동–여가', '앎–삶', '지식–행위' 등으로 우리의 경험 세계에 편재해 있다.

것은 아무나 할 수 있는 것이 아니다. 적어도 근대시민사회가 형성되기 이전까지의 전통사회의 패러다임에 비추어 보면, 이 도식이 성립한다. 그러나 근대민주시민사회의 형성 이래 이러한 이분법적 도식은 성립하지 않는다. 듀이가 이러한 이분법의 부당성을 지적하면서 자신의 저서를 『민주주의와 교육』이라고 한 것은 바로 이때문이다.

'놀이'가 '일'과 이분법적으로 양분되는 것이 아닌 것과 마찬가지로, '놀이'가 모종의 '일'(work)로서의 '학습' 또는 '공부'하는 일과 대비되는 것이 아니다. 영어에서 '공부'를 나타내는 말은 '일'이라는 뜻의 'work'이라는 사실은 흥미로운 사실이다.6)

듀이에게 있어서 놀이는 '효과적인 학습의 정상적인 조건을 확보하는 일'이다(Dewey, 1916: 304). 아울러 듀이에게 '놀이와 일은 앎의 초기 단계가 갖고 있는 특성'이다. 이를 살펴보기 위하여 우선 아동이 하는 활동의 성격과 범위를 면밀히 살펴볼 필요가 있다. 첫째, 아이들이 하는 활동을 들여다보면 아이들이 달성하고자 하는 나름의 목적이 있고, 이를 위해 나름대로의 어떤 수단을 강구하려고 한다. 이 경우, 이른바 아이들이 시행착오를 겪게 되며, 이 시행착오는 놀이와 같은 즐거움이 동반되지 않는 한, 아이들이 회피하려는 경향을 나타내게 될 것이다.

둘째, 아동의 특성 중에서 자발성은 '놀이'가 아동에게 왜 필요한지를 보여주는 중요한 단초가 된다. '아동'은 앞서 살펴본 바와 같은 '아희'의 의미에서 알 수 있듯이, '짓고 까불며 뽐내는 존재'이다. 때로는 아동 능력 밖의 활동에 대하여 무엇인가를 지어내고 자신의 능력을 뽐내려 하기까지 한다. 이러한 과정을 통하여 아이들은 자신이 하는 일의

---

6) 영어로 '숙제'가 'homework'인 것은 이를 뒷받침한다. 즉, '놀이'와 '학습' 또는 '공부'는 밀접히 관련을 맺고 있다.

정확성 같은 것을 배우게 된다.

이때 우리가 경계해야 할 점 몇 가지가 있다. 첫째, 성장의 계속성을 염두에 두고 아동 스스로의 또는 나름대로의 목적과 그에 따른 수단을 강구하도록 허용해야 한다. 둘째, 아이들이 활동의 과정에서 겪는 '시행착오'의 중요성을 인식하고 그것을 존중해 주어야 한다. 시행착오 그 자체가 계속적인 경험의 성장에 요구되는 요인이다. 이러한 맥락에서 시행착오는 아동이 활동에서 정확도나 기민성을 경험하는 계기를 마련해 준다. 만약 시행착오가 없다면, 아동이 경험하는 양상은 외부로부터 주어진 것, 또는 어른들에게서 부여(부과)된 것에 불과할 것이다. 이러한 맥락에서 아동의 특성 중에서 간과할 수 없는 것은 아동에게 능동적인 작업여건(활동여건)을 마련해 주는 일이다.

듀이도 이를 지적하여 '능동적인 작업 활동'(Dewey, 1916: 308)이라고 표현하고 있다. 이 표현의 의미는 '놀이'와 '일'이 상반된 것이 아니며, 양자를 명확하게 구분하는 것은 그릇된 사회적 조건에 기인하는 것이다. 왜냐하면 놀이와 일은 모두 마음속에 바람직한 결과 또는 목적을 그리며 그 결과를 실현하기 위하여 거기에 소요되는 자료와 방법을 선정하고 조직하는 일로 구성되어 있기 때문이다. 여기서 '그릇된 사회적 조건'이란 인류 역사를 통해 비교적 지고의 생활방식으로 여겨지는 민주적 생활방식이 확립되지 못한 '비민주적 생활방식'의 조건을 말한다. 다음으로 검토해야 할 과제는 '놀이'라는 아동의 '능동적인 작업 활동'이 그릇된 사회적 조건으로부터 벗어나는 과정을 살펴보는 일이다.

Ⅳ. 인간 활동으로서 놀이

희랍 철학의 체계에 따르면, '놀이'는 '테크네(techne)'와 관련을 맺는다[7]. 적어도 '놀이'를 낮은 단계의 활동으로 보면 그러하다. 오늘날의 의미로 설명하자면, '테크네'는 고차원적인 철학이나 수학과 같은 활동의 전 단계에서 요구되는 기술과 모종의 지식이 결합된 낮은 단계의 지적인 능력이라고 볼 수 있다. 여기서 '테크네'는 무엇인가를 만들어내야 하는 유목적적인 활동이 요구하는 덕목을 뜻하는 말이다. 오늘날 '생산'에 요구되는 인간의 능력이다. 실지로 '테크네'라는 말에서 '만들어내는 일', '공학'을 가리키는 '테크놀로지(technology)'라는 말이 나왔다는 사실을 상기할 필요가 있다. 따라서 '테크네'에 해당하는 생산 활동인 '포이에시스(poiesis)'에는 목적의식, 사용되는 자료나 내용에 대한 통달, 도구의 자유로운 사용, 진행되는 절차 등이 요구된다. 그러나 생산하는 활동이 엄격히 정해진 규정을 준해야 하는 활동이라면, 그것은 놀이와는 구분된다.

여기서는 놀이가 인간 활동에서 차지하는 의미와 비중을 살펴보기 위하여, 먼저 고대 희랍시대에 통용되던 인간 활동의 의미를 살펴본다.

아리스토텔레스는 그의 『니코마코스 윤리학』에서 인간 활동을 테오리아(*theoria*), 프락시스(*praxis*), 포이에시스로 보고(*N. E.* 1094a6), 이에 상응하는 능력을 각각 에피스테메(*episteme*), 프로네시스(*phronesis*), 테크네라고 한 바 있다.[8]

---

7) 당초 고대 희랍 초기에는 '테크네'와 학문과 과학을 뜻하는 '에피스테메'가 분화되지 않은 한 가지 뜻이었다. 이들이 분화된 것은 아리스토텔레스 이후이다. 다음 각주 참조.

이를 정리하면 다음과 같다.

활동	*theoria*	*praxis*	*poiesis*
덕목	*episteme* (science)	*phronesis* (prudence)	*techne* (technical skill)

우리는 이를 흔히 이론적 활동, 실천적 활동, 생산적 활동이라고 한다. 그리고 그 능력은 이론적 능력, 실천적 능력, 작업 능력이라고 한다. 그러나 아리스토텔레스의 이와 같은 구분은 플라톤이 주장한 형상에 대한 하위 능력을 설명하는 것이 아니다. 물론 아리스토텔레스 자신도 이론적 활동과 능력을 우위에 둔 목적론적 사고를 표방한 바 있지만, 인간의 가치(goods)는 한 가지 형상에 상응하는 보편적 특성이 아니라고 하였다(1096b25). 그래서 그는 다음과 같은 입장을 천명하였다.

첫째, 수단을 강구하여 얻을 수 있는 가치가 있고, 이에 상응하는 활동이 있다(1096a34~1096b1). 즉, 포이에시스와 테크네를 가리킨다.

둘째, 형상(形相)에 관한 지식을 획득할 수 있다고 하더라도, 그것을 획득하는 수단이 강구될 수 있고, 활동이 요구될 수도 있다(1096b35~1097a5). 즉, 테오리아와 에피스테메를 가리킨다.

셋째, 형상 이론처럼 수단적 가치를 넘어서 이론적 가치 이외에도 실용적, 실천적 가치가 있는 활동이 있다. 즉, 프락시스와 프로네시스를 가리킨다.

넷째, 이 모든 활동은 좋은 영혼, 또는 최상의 선을 가진 삶을 지향하

---

8) 이에 관한 출처는 각기 *episteme*(*N. E.* Book 6-3), *phronesis*(*N. E.* Book 6-5), *techne*(*N. E.* Book 6-4)이다. 또한 이 세 가지 활동을 수행하는 데 상응하는 세 가지 능력 이외에 아리스토텔레스는 *nous*와 *sophia* 두 가지를 더 추가하였다.

는 목적론적 측면이 있다는 점(1097b1～5)을 밝힘으로서 목적론 사고 체계를 정립하였다. 즉, 최상의 삶, 최선의 삶, 최고의 삶으로서 '좋은 영혼'을 뜻하는 유대모니아(eudaimonia)를 상정하였다.

아리스토텔레스는 인간 활동에는 여러 가지가 있다는 점[9]에서 플라톤과 달리 하면서도 목적론적 체계를 통하여 이론적 활동의 우위를 여전히 강조한 점에서 플라톤과 입장을 같이 한다. 또한 플라톤이나 아리스토텔레스 모두 이론과 실제의 연장에서 여가와 일(노동)의 이분법을 견지한다. 그 결과 이것이 생산 활동을 저급한 활동으로 보는 전통철학의 체계를 구축하는 논거가 되었다.

낮은 차원의 활동에 요구되는 '테크네'는 인간을 규정하는 또 다른 말 '호모 파베르(home fabre)'와 관련을 맺는다. '도구의 인간', 또는 '도구를 만드는 인간'이라는 뜻을 가진 이 말은 낮은 차원의 활동이나 저급한 활동이라고 볼 하등의 이유가 없다. 본래 '파베르(fabre)라는 말은 '만들다'라는 뜻을 가지므로, 호모 파베르는 '만드는 인간', 더 나아가서 '창조하는 인간'이라는 의미를 갖는다. 무엇인가를 만들고 창조하는 활동이 인간의 저급한 활동이라고 보는 관점은 별로 설득력이 없다. 그 이유를 살펴보기로 한다.

먼저, 생산 활동 포이에시스는 창작행위인 시작 포이트리(poetry)의 동족어이다. 생산과 창작은 그 뿌리가 같다. 그 논거를 우리말에서 찾을 수 있다. 우리말 '짓다'는 의식주의 생산 활동을 뜻한다. '밥을 짓다', '옷을 짓다', '집을 짓다'에서 볼 수 있는 바와 같이, '짓다'는 생산 활동

---

9) 인간의 활동에는 여러 가지가 있다는 점을 강조한 현대 사상가는 아렌트(Hannah Arendt)이다. 그녀의 『인간의 조건(*Human Conditions*)』에 담긴 인간의 조건과 이에 상응하는 활동은 아동의 보편성과 특수성을 설명하는 데 결정적인 역할을 한다. 이에 대한 논의는 『아동권리향연 플러스』의 제3장과 제6장에서 다루도록 한다.

에 관련된다는 점에서 호모 파베르 또는 포이에시스와 의미가 같다. 그러나 우리말의 '짓다'는 '시를 짓다', '글을 짓다', '곡을 짓다'와 같이 창작행위를 나타낼 때에도 쓰인다. 포이트리가 희랍어 포이에시스에서 비롯된 것과 유사하다.

이와 같이 생산 활동과 창작 활동이 어원상으로만 연계되는 것이 아니라 우리의 오감이 상호 관련지으면서 그 경계를 확장시켜 나가기 때문이다. 이른바 '인식경계'이다.

우선 인간의 생산은 일차적으로 감각과 지각 활동을 통해서 이루어진다. 그리고 감각과 지각이 확장되면서 활동의 의미가 확장되고 심화되기도 한다. 다음 경우를 보자.

- 보다(see) → 안(眼), 색(色)의 경계 → 파악하다, 이해하다, 얼핏 느끼다
- 듣다(listen to) → 이(耳), 성(聲)의 경계 → 수긍하다, 복종하다, 집중하다
- 맡다(smell) → 비(鼻), 향(香)의 경계 → 탐하다, 알아채다
- 맛보다(taste) → 설(舌), 미(味)의 경계 → 익숙(노련)하다, 시도하다, 낌새를 채다
- 닿다(touch) → 신(身), 촉(觸)의 경계 → 이르다, 다다르다, 접하다, 감동하다[10)]

---

10) 인간의 오감(五感) 또는 오관(五官), 그리고 여기에 의식을 더하면 불교의 육근(六根; 眼·耳·鼻·舌·身·意)이 성립한다. 이에 상응하는 대상인 육진(六塵; 色·聲·香·味·觸·法)이 있고, 이를 인식하는 육식(六識; 眼識, 耳識, 鼻識, 舌識, 身識, 意識)이 있다. 육근, 육진, 육식에 따라 파악되는 경계가 앎의 세계와 어떻게 연결되는지를 보여준다. 우리가 '오감'과 '의식'의 작용을 뜻하는 동사를 사용할 때, 그것은 피상적 의미에서 감각작용만을 지칭하지만, 그 이면에 담긴 심층적인 의미를 확인할 수 있다.

여기에 생각의 세계를 더하면,

- 생각하다(discriminate) → 意, 法의 경계 → 분별하다, 배려하다, 비견하다

필자의 이와 같은 경계 인식론 용례가 우리말에 근거한 사고에 한정되지 않음을 확인할 수 있다. 그리고 감각, 또는 감(感)을 뜻하는 'sense'의 파생어도 육식(六識)에 상응함을 알 수 있다. 감각을 뜻하는 'sense'의 파생어는 듀이의『경험으로서 예술』에서 그 용례를 찾아볼 수 있다.

> 감각기관에서 받아들이는 '감각'(sense)에는 대상이 있음을 아는 것(the sensory), 즉각적으로 눈에 띄는 대상의 특징적 모습에 주의를 기울이는 것(the sensational), 대상에서 주어지는 것들에 반응하고 받아들이는 것(the sensitive), 대상에서 주어지는 지적 요소를 파악하며 받아들이는 것(the sensible), 대상에 대한 느낌인 감정과 정서적인 것을 포착하는 것(the sentimental), 그리고 대상에 대해 미적이나 도덕적으로 좋거나 나쁜 것으로 받아들이는 것(the sensuous)이 들어 있다.[11)]

이는 '감각'이 육체적이고 감정적인 단순한 것에서부터 우리의 여러 가지 종류의 경험으로 확장되는 것을 보여준다. 이른바 인식경계의 확장이 단순한 감각에서 비롯된다는 것을 확인할 수 있다.

듀이의 설명과는 약간 다른 방식으로 보면, 'sense'의 파생어는 육근(六根) 경계에도 상응한다. 앞서 제시한 사용된 용례를 토대로 적용하여

---

11) Dewey, J.(1934). *Art as Experience*. 박철홍(역). (2016). **경험으로서 예술1**. 서울: 나남. pp. 55-56.

보면 어떻게 상응하는지 알 수 있다. 이를 위의 도식에 견주면 다음과 같이 표현할 수 있다.

- 보다 → 眼, 色의 경계 → 파악하다, 이해하다 → the sensory
- 듣다 → 耳, 聲의 경계 → 수긍하다, 복종하다 → the sentimental
- 맡다 → 鼻, 向의 경계 → 탐하다, 알아채다 → the sensitive
- 맛보다 → 舌, 味의 경계 → 익숙하다, 시도하다, 낌새를 채다 → the sensible
- 닿다 → 身, 觸의 경계 → 이르다, 다다르다, 비견하다 → the sensational
- 생각하다 → 意, 法의 경계 → 분별하다 → the sensuous

생산 활동과 마찬가지로 '놀이'도 일차적으로 감각, 지각에 의존한다. 그러면 놀이는 곧 창작 활동으로 이어지는 것이며, 듀이의 지적과 마찬가지로 여러 가지 정신작용과 불가분의 관계를 맺는다. 플라톤이 주장하는 것처럼 동떨어진 실체로서 이성도 아니고 목적론적 가치체제의 꼭대기에 위치한 이성이 아니라, 감각-지각에서 비롯되는 활동이 더욱 큰 의미를 지니는 활동이다.

따라서 '놀이'가 '테크네'와 관련되어 있다고 하더라도, 그것이 '만드는 일' 또는 '창조하는 일'과 관련을 맺는 한, '놀이'는 평가 절하될 성질의 활동이 아니라는 점을 확인할 수 있다.

이제 그럼에도 불구하고 '놀이'가 고대 희랍시대부터 평가 절하된 연유가 무엇인지를 살펴보기로 하자.

고대 희랍인들이 본 활동과 덕목 중 '포이에시스'에 상응하는 덕목인 '테크네'는 무엇인가를 만들어 내거나 어떤 일을 하는 방법에 관한 지식이나 그에 요구되는 덕을 일컫는다. '포이에시스'의 목적, 즉 무엇을 만들어낼 것인가 하는 것은 활동을 하기 전에 구체적으로 정해진다. 이와 함께 활동이 거쳐야 할 과정이나 절차도 구체적으로 정해진다. 그러나 인간이 '선'을 구현하고 이를 위한 행위의 절차를 따르는 활동인 '프락시스'(praxis)의 경우는 사정이 다르다. '프락시스'는 특정한 목적을 달성하기 위해 '포이에시스'처럼 고안된 절차나 규칙을 따르는 활동이 아니다. '선'을 추구하는 활동이기 때문에 인간의 의지가 요구되는 활동이며, 그렇기 때문에 주어진 절차나 규칙을 그대로 따르는 것이 아니라 상황이나 맥락을 그때그때 고려해야 하며, '선'을 추구하기 위해 최선을 다해야 하는 활동이다. 이에 상응하는 덕목은 '프로네시스'(phronesis)라 하는데, 이를 이른바 '실천적 지혜'라고 부르는 이유는 '선'을 추구하는 복잡한 구체적인 삶의 과정에서 옳고 그른 행위 또는 삶에 관하여 숙고하는 덕이기 때문이다.

다른 한편, 인간이 수행하는 활동으로서 관조적 활동에 해당하는 '테오리아(theoria)'가 있다. '테오리아'에 상응하는 덕목이 '에피스테메'가 있다. '에피스테메'는 보편적이고 필연적인 것을 파악하는 데에 요구되는 덕을 지칭한다. '관조적 활동'이라고 하는 '테오리아'는, 오늘날 '이론'이 '실제'를 끌어간다고 할 때 쓰이는 용법(Moore, 1982)처럼, '프락시스'를 이끌어 가는 지침 역할을 한다. 그렇지 않고 이를 그 자체로 가치 있는 것으로 간주하는 데서 논란의 여지가 생겨난다.

여기서 우리는 '덕'을 일컫는 '아레테(arete)'의 성격을 살펴볼 필요가 있다. '아레테(arete)'라는 희랍어가 원래 뜻하는 말은 우리말의 '덕'이나 영어의 '버츄(virtue)'가 아니라 무슨 일을 하는 데 있어서의 빼어남(excellence) 또는 '능함'(efficiency)을 뜻하는 말이다(Guthrie, 1960).

'아레테'는 독립적으로 쓰일 수 있는 말이 아니라, 레슬러의 아레테, 목수의 아레테, 정치가의 아레테와 같은 방식으로 사용된 말이다. 이 말이 도덕적 의미를 지닌 '덕'이라고 번역하게 된 데에는 소크라테스(Socrates)가 인간이면 모두가 수행해야 할 어떤 목적이나 기능이 틀림없이 있을 것이라는 생각을 가진데서 비롯된 것이다. '아레테'가 사용되는 이런 논법으로 보면, 우리가 보편적인 인간의 덕을 얻고자 하면, 이를 위한 첫째 과업은 사람의 기능이 무엇인가를 찾아내는 일이다. 소크라테스의 생각에 있어서 비로소 '아레테'는 추상명사가 된 것이다. 소크라테스는 더 나아가서 '아레테'가 가르쳐지거나 나눌 수 있는 것이라는 생각에서 『고르기아스』편에서 '덕은 지식이다'(virtue is knowledge)라고 언명하였다.

이러한 생각은 플라톤(Platon)에 이르러 상당히 왜곡된다. 『메논(Menon)』편에 덕을 가르칠 수 있다는 교육적 가능성에서 출발한 데에는 이의를 제기하지 않을 수 있지만, '덕'을 '지식'의 하나로 보게 되어 인간이 누릴 수 있는 '덕'의 가능성을 인지적인 연역으로 축소시켜 버렸다. 아마도 원래의 의미를 복귀하고자 한다면, '덕은 지식이다'가 아니라 '지식은 덕이다'(knowledge is virtue)라고 해야 할 것이다.[12] 이를테면 인간이 갖추어야 할 여러 가지 덕목 중에서 인지적인 것도 포함되어 있다는 의미에서 합리주의의 오류를 피할 수 있기 때문이다. 그러나 플라톤에게 인간의 보편적인 그리고 최고의 덕목은 '에피스테메'였기 때문에 '놀이'는 저차원적인 활동으로 간주된 것이다.

놀이와 생산이 저차원적인 활동이 아니라 창의성과 관련되는 인간활동이라는 점은 전통철학에서 평가절하된 것만은 아니다. 이제 전통

12) 이에 관해서는 방대한 논의가 요구된다. 보다 자세한 논의는 조무남(2002) 참조.

철학에서도 '놀이'의 효용성을 존중한 점을 살펴본다.

주지하는 바와 같이, 플라톤의 형상론(形相論)은 존재론적 의미에서 실재론에 해당하며, 인식론적 의미에서 관념론에 해당한다. 이른바 이데아(Idea)로 설명되는 그의 형상론은 교육의 장면에서 지나친 합리주의를 강조하게 되고, 감각과 경험 그리고 신념과 의견의 세계를 폄하하는 결과를 낳았다. 그리고 이러한 전통은 교육현장에서 아직도 강한 영향력을 미치고 있다. '지나친 합리주의의 오류' 또는 '인지주의 오류'라고 하는 비판은 이러한 플라톤적 전통에 대한 비판이라고 보아야 한다. 그러나 '덕은 지식이다'가 아니라 '지식은 덕이다'라는 관점에서 보면, '놀이'는 '테크네'의 차원을 벗어나 '프로네시스'와 관련을 맺고 있다고 보아야 한다. 그리고 '에피스테메'가 프락시스를 이끌어 가는 지침 역할을 하는 한, '놀이'는 일종의 학습하는 행위 또는 공부하는 일과 관련된다고 보아야 한다.

플라톤의 형상 이론 체계 속에서도 여전히 '놀이'의 중요성을 확인할 수 있다. 앞서 '유희'(paidia)와 '교육'(paideia)이 희랍어로 같은 어원에서 출발했음을 지적한 바 있다 이는 이른바 감각과 실제적 경험을 강조하였던 프뢰벨(Fröbel)이나 페스탈로치(Pestalozzi)와 같은 19세기 전후의 사상가 이전에, 그리고 과학적 심리학이 태동하기 이전에 '유희학습'의 가능성을 확인할 수 있는 단초가 된다. 즉, 고대 아테네 사람들은 아동이 학습단계에서 '유희'를 사용하여 학습할 때 효과적임을 견지하고 있었던 것이다. 여기서 아동의 학습단계 또는 하위교육단계에서의 학습을 지칭할 때 유희학습이 요구되는 것이고, 상위의 학습단계 또는 교육단계에서는 이른바 '변증법'이 요구되는 것이다. 이러한 사회적인 상황을 플라톤이 무시하지는 않았다. 그는 오히려 유희에 의한 교육방법을 인정하면서 자신의 형상 이론을 학습할 수 있는 상위의 교육을 염두에 둔 것이라고 볼 수 있다. 물론 플라톤이 교육에서 유희만을 강조하는 것을 경고하고 있지만, 이러한 사실은 역설적으로 아동기의 유희(놀이) 또는 유희학습이 아동의 특정성을 확인해 주는 것이기도 하다.

그렇다면 플라톤의 교육 이론 체제에서 유희는 어떻게 이해될 수 있는가를 좀 더 자세히 살펴보기로 하자. 플라톤이 그의 저서 『국가론(The Republic)』에서 인간이 궁극적으로 도달해야 할 상태로서 이데아를 파악할 수 있는 능력을 길러야 한다고 했을 때, 가장 중요한 요인은 인간의 이성을 계발하는 일이다. 당시부터 이성의 계발에 절대적으로 요구된다고 보았던 교과들은 이른바 '7 자유교과'(7 liberal arts)이다. 7자유교과는 '3학'(trivium)과 '4예'(quadrivium)로 구성되는데, 3학은 '문법', '수사', '논리학'(또는 '변증법')으로 구성되며, 4예는 '대수', '기하', '천문', '음악'으로 구성된다. 이들 일곱 개의 교과는 플라톤이 그토록 강조하는 형상의 세계를 파악하는 데에 필수적으로 요구되는 교과들이다(이명준, 2001). 달리 말하자면, 이들 교과를 학습하지 않고서는 형상의 세계에 들어갈 수도 없고 파악할 수도 없다는 것이다.

여기서 우리가 주목해야 할 점은 '음악'과 7자유교과에는 포함되지 않았지만 플라톤이 강조한 '체육'이다. 플라톤에 따르면, 음악은 아동이 현상의 세계(the world of appearance)에서 형상의 세계(形相, the world of the FORMs)로 점진적인 접근이 가능하게 하는 수단이 된다. 플라톤도 일종의 점진적인 학습의 과정을 인정한 것으로 볼 수 있다. 그리고 아동의 이성 발달은 개인에 따라 적절한 시기가 있기 때문에, 이성을 효과적으로 계발하기 위해서는 일종의 준비단계가 필요한 것이다. 이때 필요한 것이 음악교육이다. 플라톤에 의하면 음악교육은 아동에게 이성의 발달시기가 다가왔을 때 이성의 계발을 도모할 수 있는 능력을 가져다준다는 것이다. 달리 말하자면, 아동은 이성을 충분히 구사할 수 있는 형편이 아니기 때문에 이성적 사고와 판단 능력을 기르기 위한 모종의 전 단계 교육으로서 음악교육이 필요하다는 것이다.

이성을 온전하게 계발하기 위하여 요구되는 음악교육은 앞서 소개한 7자유교과로서의 음악과는 성격상 구분할 필요가 있다. 7자유교과의 일원으로서 '음악'은 이미 이성을 구사할 능력을 구성하는 요인으로서의 교과를 의미한다고 보아야 한다. 이러한 점에서 보면 7자유교과로서의 음악은 마음의 조화를 도모하는 학문의 의미를 갖는다. '마음의 조화를 도모한다'는 것은 영어로 '하모니(harmony)'에 해당하므로 그것은 오늘날 세분화된 음악의 분야로서 '화성학'이라고 볼 수도 있지만, 이 경우는 마음의 조화를 도모하여 이성의 온전한 구사를 가능하게 하는 일련의 체계적인 활동으로 보아야 한다. 반면에, 일종의 유희 활동으로서 '음악'은 마음의 조화를 이룬 상태 이전에 놀이로서 '음악 활동'을 통하여 이성적인 것에 접근하도록 하는 수단이 된다. 이를 유추하여 표현하자면, 유희 활동으로서 '음악'과 7자유교과로서의 '음악'의 차이는 앞서 설명한 '테크네'와 '에피스테메'의 차이로 비견할 수 있다. 그러나 '놀이'의 역동적인 특성상 유희 활동으로서 '음악'은 '프로네시스'와 보다 밀접하게 관련되어 있다고 보아야 한다.

플라톤의 이론체계에서 체육이 중요한 이유는 그의 『국가론』에서 철인–수호자(군인)–생산자의 라인에서 수호자와 생산자에게 신체적 건강이 중요한 것과 맥을 같이 한다고 볼 수 있다. 물론 플라톤에게 있어서 체육교육은 신체적 능력의 계발에만 있는 것은 아니다. 인간의 마음 또는 영혼의 조화로움을 위하여 요구되는 것이 체육이다. 다만 신체의 조화로운 발달이 결국 이성을 온전하게 구사할 수 있게 하는 전제가 된다는 점에서 이성적 활동을 온전하게 하지 못하는 아동기에 체육활동을 시켜야 한다는 논거가 성립된다.13)

두 말할 필요 없이 플라톤에게 음악교육과 체육교육은 현상의 세계에 해당하는 교육이다. 그렇다면 여기서 음악교육과 체육교육은 어떠한 형상의 세계를 지향하거나 추상적인 세계를 설명하는 교육 활동이 아니다. 특히 이성의 구사가 전혀 가능하지 않은 아동기의 특정성을 고려할 때, 이는 유희 활동 또는 놀이로 보아야 한다. 이를테면, 피아제(Piaget)의 이론에서 추상적 조작단계에 이르지 않은 상태를 상기하면 수긍할 수 있다.

이상의 논의를 통해서 우리가 확인할 수 있는 사실은 '놀이'는 실천적 지혜를 요구하는 활동이며, 이 점에서 놀이는 학습이 이루어지는 역동성을 갖는 활동이다. 놀이를 학습과 대비되는 것으로 보거나 저급한 활동 또는 시간을 낭비하는(pastime) 활동으로 보는 것은 편협한 인지주의에 빠지는 일이다. 인지주의의 초석을 쌓은 플라톤의 체계 안에서도 '놀이'의 교육적 필요성이 있음을 확인하였다.

---

13) 유희교육으로서 음악교육과 체육교육에 관한 플라톤의 논의는 어디까지가 플라톤 자신의 이론이며, 어디까지가 당시 아테네의 관습처럼 내려온 유희 활동인지는 분명하지 않다. 이는 플라톤의 대화편이 일부는 소크라테스의 말을 웅변하면서, 후기 작품은 소크라테스의 입을 빌어 자신의 견해를 피력하고자 했던 것과 같은 맥락에서 양해될 수 있는 성질이다.

Ⅴ. 아동 인식의 측면에서 본 놀이의 위상

이제까지 '놀이'가 지니는 인간의 활동으로서 지니는 위상을 살펴본 만큼, 이하에서는 아동의 삶에 중요한 활동으로서 놀이가 부각하게 된 점을 살펴보기로 한다.

'놀이'의 중요성이 부각되는 역사적 계기는 역시 '아동'의 개념이 제 위치를 차지하면서부터이다. 즉, '놀이'는 '아동'의 개념이 발전하면서 수반된 개념이다. 주지하는 바와 같이, '아동'은 르네상스 이후 '인간'이 회복되면서 휴머니즘이 형성되고 이어 리얼리즘이 대두되면서 발견된다. 신 중심의 세계관에서 인간 중심의 세계관으로, 신 중심의 질서 체제에서 인간을 둘러싼 자연중심의 질서 체제를 획기적으로 확립한 휴머니즘은 그 공에도 불구하고 언어주의(verbalism), 형식주의(formalism), 인문학 중심에 따른 현학주의(pedantry)에 빠지게 된다. 이러한 폐단은 '언어 이전에 사물'을 강조하는 리얼리즘을 대두시킨 계기를 마련하게 된다.

특히 리얼리즘은 교육사상, 교육내용, 교육방법의 제 측면에 있어서 획기적인 전기를 마련하게 된다. 리얼리즘이 대두된 배경은 언어주의에 대한 비판이다. 논쟁의 핵심은 언어와 사물의 관계에 있다. 리얼리즘을 주장하는 사람들에게 '사물은 언어 이전에 존재하는 것'이다. 어쩌면 당연한 말로 들리는 이 명제는 이 명제의 정반대로 이루어진 교육에 있어서는 획기적인 것이었다. 즉, 존재론적 입장에서 사물이 먼저 있고, 그 사물을 설명하기 위해 언어가 존재한다는 것이다. 그리고 인식론적 입장에서도 대상을 인식하는 것도 감각기관을 통해 사물을 보거나,

듣거나, 만지는 것을 통해서 시작된다는 것이다. 따라서 사물을 가르치기 전에 언어를 가르치는 것은 잘못된 것이다. 이러한 입장에는 17세기 당시 자연과학의 발달과 지리상의 발견으로 인한 영향도 있다. '언어' 대신에 '사물'이라는 변혁이 리얼리즘이 표방하는 교육내용의 변혁이라고 한다면, 리얼리즘이 채택한 교육방법은 아동을 이해하고 아동의 이해능력을 고려하는 자연스럽고, 즐겁고 온화한 수업 방법이다.

리얼리즘의 교육방법은 아동관의 변화와 밀접히 관련되어 있다. 휴머니즘에서 인간을 '속박된 존재'가 아니라 '자연인', '자유인'으로 보는 것과 마찬가지로, 리얼리즘에서 아동의 존재를 자유인으로 규정하고 있다. 특히 리얼리즘이 형성되기 이전인 16세기의 인문주의자 에라스무스(Erasmus)에 있어서 아동은 '고상한 영혼을 가진 존재'이기 때문에 체벌이나 억압 등의 방법으로 아동을 대해서는 안 되고 존중과 칭찬으로 대해야 한다는 것이다. 에라스무스는 존중과 칭찬으로 아동을 대하는 데 있어서 동원되는 원리, 즉 자연의 원리에 따라 교육이 이루어져야 한다는 것이다. 동물이나 식물의 성장에서 확인되는 자연적 특성이 있듯이, 아동의 자연성 내지는 자연적 소질에 기초하여 교육해야 한다는 것이다. 이를테면, 아동의 특수성을 발견하고 그것을 존중하여 교육방법에 적용하자는 것이다. 에라스무스가 보기에 아동의 특수성을 반영한 교육방법 중 두드러진 것은 '놀이'이다. 즉, '놀이'는 아동의 특수성을 나타내는 특징일 뿐만 아니라 놀이가 동반될 때 학습도 효과적이라는 것이다.

사상사적인 면에서, 휴머니즘이 '인간'을 발견하게 한 전기라면, 리얼리즘은 '아동'을 발견하게 한 전기라고 할 수 있다. '아동'의 발견은 '놀이'의 필요성을 제기하였다. 제도적인 면에서도 이를 확인할 수 있다. 주지하는 바와 같이, 공교육제도가 확립된 것은 산업혁명으로 인하여 야기된 여러 가지 사회적 요구와, 이로 인하여 대중교육의 필요성이 대두되고 난 이후이다. 공교육제도의 확립은 학교급 별로 보면, 초등학교 수준의 교육적 필요를 인식시키기에 이른다. 초등학교교육에의 관심은, 달리 말하자면, 아동에 대한 관심을 고조시키는 전기를 제공해 준다. 물론 아동에 대한 체계적인 연구는 19세기말에 이르러 과학적 심리학이 발달하면서부터 이루어졌지만, 이른바 내관법(introspection) 등을 사용한 아동의 심리연구가 촉발된 것은 공교육제도의 확립과 함께 나타난 아동에 대한 관심의 고조이다. 아동에 대한 관심이 고조되는 것과 함께 과학적 심리학의 발전은 아동의 특성을 드러내고, 그 발달상 특성 중의 하나로 아동에게 있어서 '놀이'의 중요성을 일깨워주는 계기를 마련하였다. 이는, 듀이가 지적하고 있는 바와 마찬가지로, 놀이가 특정한 계층의 전유물도 아니며, 아동에게 이를테면 발달과 업적 측면에서 요구되는 필수적 활동이라는 것을 의미한다.

특히 '테크네'에 해당하는 생산 활동인 '포이에시스'에는 목적의식, 사용되는 자료나 내용에 대한 통달, 도구의 자유로운 사용, 진행되는 절차 등이 요구된다. 그렇다면 '테크네'에 요구되는 절차는 '놀이'에서 요구되는 절차와 유사성을 가질 수도 있다. 우리가 놀이를 한다고 했을 때, 놀이에는 모종의 따라야 할 규칙이나 방법이 있게 마련이다. 예를 들면, 체스 게임(chess)의 경우, 말(馬, chessman)이 가야 할 행마법(行馬法)이 있다. 뿐만 아니라, 체스를 두는 목적은 상대방의 킹(King)을 공격하여 체크메이트(checkmate)를 만들어내는 일이며, 게임에 임하는 동안 지켜야 할 매너(manner) 등이 있게 마련이다. 더욱이 체스 게임을 통하여 기대할 수 있는 것은 단순히 행마를 통한 기교가 아니라 의식수준이라든지 행마를 더욱 넓고 길게 예견하는 보다 고차원적인 능력을 함양할 수 있다는 점이다. 이렇게 보면, 아동기의 놀이는 고차원적 사고력의 전제가 된다는 사실적 근거를 확인할 수 있다. 따라서 '놀이'가 '테크네'와 관련이 있다고 하더라도, 그것은 결국 고차원적 사고 능력을 요구하는 활동과 관련을 맺는다는 것을 다시 확인할 수 있다.

이제까지 '놀이'가 '일'과 대비되는 활동이 아니며, 더욱이 '놀이'는 '공부'와 밀접히 관련되는 일임을 확인하였다. 그러나 '놀이'가 이렇게 인식되기에는 역사적인 우여곡절을 겪게 된다. 달리 말하자면, '놀이'에 대한 인식의 역사는 민주적 사고방식의 발전과정이며, 동시에 아동관의 발전사라고 할 수 있다.[14] 그렇다고 마냥 놀이를 받들 수는 없는 경우가 있다. 바로 교육상황이다. 이제 놀이의 교육적 조건을 살펴볼 차례이다.

Ⅵ. 놀이의 교육적 조건

놀이가 공부와 상반되는 활동이 아니라고 하더라도 '놀이가 교육내용'이라는 주장에는 수긍하기 어려운 측면이 있다. 왜냐하면 놀이는 일차적으로 긴장을 풀고 대하는 활동이기 때문이다. 그 심각성을 찾을 수 없기 때문이다.

실제로 이러한 관점에서 놀이를 비판하기도 한다. 디어든(Dearden, 1967)에 따르면, 아동 놀이는 '공부'(work)와는 달리 심각성이 배제되

14) 이에 대한 논의도 『아동권리향연 플러스』의 제1부에서 조망하도록 한다.

어 있다고 주장한다. 그 결과 놀이는 교육내용으로서 지위를 잃는다. 디어든의 주장은 상당 부분 수긍할 수 있는 여지가 있다.

진보주의자들이 성전(聖典)으로 받드는 『플라우든 보고서』[15] 이래 아동의 놀이는 교육내용을 간주되어야 한다고 여겨져 왔다. 우리 교육 현실에서도 놀이가 교육내용이라는 주장을 흔히 접할 수 있다. 놀이를 아동의 최상의 활동으로 받드는 주장에는 플라우든 보고서가 원칙으로 내세운 노선 때문이다.

이 보고서의 기본 원칙은 보고서의 첫 문장에 제시한 바와 같이, "모든 교육의 과정 중심에 아동이 있다"[16]이다. 이 말은 아동존중의 의미로 보면 아동을 권리주체로 보는 관점과 상통한다. 그러나 교육 과정의 중심에는 '아동'이 아니라 '교사'가 자리 잡아야 한다. 교육을 주도하는 것은 교사이기 때문이다. 이는 진료 행위의 주체는 의사이지, 환자가 아닌 것과 같은 이치이다.

여기서 혼동해서는 안 될 점이 있다. '아동중심'을 해석함에 있어서 플라우든 보고서가 주장하는 바와 같이 교육의 중심에 아동이 있다는 것이 아니라 교육이 무엇을 가르치든지 간에 존중해야 할 것은 아동의

---

15) Plowden Report: 1963년 당시 영국 교육부 차관인 보일 경(Sir Edward Boyle)의 요청으로 구성된, 플라우든 여사(Lady Bridget Plowden)를 위원장으로 하는 자문위원회(Central Advisory Council for Education)에서 1967년 정부에 제출한 보고서. 정식 명칭은 (*Children and Their Primary Schools*)이다. 이 보고서가 권고하는 큰 흐름은 ① 가정, 유아학교, 초등학교 간의 연계 강화, ② 유아교육 기회 확대, ③ 가정환경에 따른 문화실조의 극복과 대책 등이다. 실제로 아동중심적 사고를 강조한 진보교육의 전범(典範)으로 여겨진다.

16) At the heart of the educational process lies the child. 이 명제는 여러 가지 측면에서 획기적인 조치를 가능하게 하는 혁명적인 아이디어를 담고 있다. 학교의 주인은 선생인가, 학생인가 하는 문제를 놓고 보자. 이 명제에 따르면, 답은 학생(아이)이다. 여기서 '주인'을 재산상 소유자가 아니라 교육의 주체라고 보면, 답은 선생이 된다. 진료의 주체는 의사인 것과 마찬가지 이치이다.

이익이라는 점에 집중해야 한다. 진료는 의사가 주도하지만, 진료의 일차적인 목적은 환자의 이익 증진, 즉 환자의 치료와 질병의 예방에 있는 것과 마찬가지로 교육의 중심에는 아동의 이익을 위하여 교사가 주도해야 한다는 점을 상기할 필요가 있다.[17)]

이에 대하여 환자중심 치료를 내세워 반박할지도 모른다. 물론 환자중심에는 환자의 고통 완화와 질병에 관한 알 권리의 존중 등이 포함된다. 그러나 환자중심 진료라고 하더라도 처방을 내고 진료를 주도하는 주체는 의사이다. 많은 사람들이 교사가 주도한다고 하면, 강압적인 수업이나, 일방적인 주입식 수업을 연상한다. 그러나 가장 아동을 배려하는 수업이라면, 그 배려를 하는 사람이 누구인가를 숙고해 볼 필요가 있다. 이때 교사는 무엇을 숙고하며 아이들을 위하여 무엇을 배려하는지를 면밀하고 세심하게 살펴보아야 한다.

아동중심교육의 상황을 잘 보여주는 영화가 바로 '죽은 시인의 사회'(Dead Poet's Society)이다. 이 영화는 아동중심교육의 성공을 보여주는 영화로 잘 알려져 있다. 그러나 정작 영화를 면밀하게 분석해 보면, 수업을 이끌어가면서 아이들의 흥미를 유발하고 궁극적으로 아이들의 이익을 도모한 주체는 키팅 선생님이다.[18)]

교육의 중심에 아동이 아닌 교사가 있어야 한다는 주장은 얼핏 보면

---

17) 이 점에 관하여는 필자의 논문, "「서괘전」에 비추어 본 교육의 과정 ―건(乾)·곤괘(坤卦)에서 태괘(泰卦)까지를 중심으로―", 한국철학논집 제58집, 한국철학사연구회(2018). 245-278. 참조하라. 여기서 교육의 과정에서 중심이 아동이 아니라 교사라는 점을 동양고전 「서괘전」의 내용을 토대로 논의하였다.

18) 아울러 이 영화를 학술적으로 논의한 필자의 논문, "영화 '죽은 시인의 사회'의 교육적 고찰", 교육연극학 제12권 제1호, 한국교육연극학회(2020). 1-24. 참조. 또는 자매서 『아동권리향연 플러스』 제2장 참조. 이 책에서는 아동을 보는 관점을 중심으로 하여 15편의 영화를 분석, 논의하고 있다.

아동권리 증진과 상반되어 보일지도 모른다. 하지만 이 주장은 아동 활동의 핵심인 놀이가 교육적 가치를 지니도록 하는 전제가 된다. 놀이는 교사의 교육적 배려와 지도가 없다면, 무의미한 자기방임적인 행동이 되어 버린다. 디어든의 주장대로 심각성을 결여하게 된다.

물론 많은 사람들이 그렇게 되면 아동중심교육의 취지가 퇴색된다는 점을 우려할 것이다. 아동중심교육 또는 진보교육이 실패한 결정적인 이유는 바로 '아동중심'의 의미를 아동의 이익이 아니라 교육의 과정에 모든 결정을 아동이 수행한다는 생각에서 찾을 수 있다. 일례로 '발견학습'은 아동의 발견을 주로 하는 교수-학습이라고 생각하지만, 그 실상은 그렇지 않다. 발견학습의 성공은 교사의 면밀한 교수설계와 학습지도를 요구한다. 이에 관한 내용은 디어든의 또 다른 저술 『초등교육문제론』[19]을 참고하기 바란다.

놀이의 경우를 보면, 아이들이 자발적인 활동으로 놀이에 몸담고 있을 경우, 교사는 방임상태로 있어야 하는가? 교사가 주도하는 수업이 강압적이거나 일방적인 교수-학습이 아니라는 데 동의한다면, 교사는 아동이 놀이를 통하여 무엇을 경험하는지를 '전문가로서' 처방을 내릴 수 있어야 한다. 그래야 교사의 전문성을 주장할 수 있다.

이제 놀이가 교육적 활동으로서 심각성을 지닌 놀이가 어떻게 교육현장에서 전개되는지를 살펴보기로 한다. 놀이가 심각한 활동으로 인식되는 것은 듀이의 경험의 성장을 통해서 설명이 가능하다. 이 장의 서두에 듀이가 놀이를 어떻게 해석하는가를 언급한 바 있다. '효과적인 학

---

19) R. F. Dearden(1976). *Problems in Primary Education* (London: Routledge & Kegan Paul), 김정래 역(2015). 서울: 교육과학사. 제목에 '초등'이 들어가서 초등학교문제만을 다룬다는 생각을 하기 쉽다. 아동 전반에 관한 교육적 문제를 다루고 있다.

습의 정상적인 조건을 확보하는 일'이라는 주장은 듀이의 주장에 비추어 보면 '경험의 계속적인 성장'에 놀이가 매우 중요하다는 것을 뜻한다. 듀이는 교육을 '경험을 위한 경험에 의한 경험의 성장'이라고 정의한 바 있다(Dewey, 1938: 115). 그에게서 전통 교과는 경험의 계속적 성장을 위한 도구에 불과하다. 앞서 지적한 바와 같이, 놀이와 일, 노동과 여가와 같은 이분법이 의미를 지니지 못하는 것은 바로 그것이 경험 밖에 있기 때문이다. 전통 교과이건, 놀이이건 간에 그것이 경험의 계속적인 성장에 기여하고, 그것이 경험 안에 있을 경우에 한하여 교육적 가치를 지닌다.

아이들이 놀이에 관심을 갖는 것은 경험의 성장이라는 맥락에서 볼 때만 교육적 가치를 지닌다. 놀이가 '효과적인 학습의 정상적인 조건을 확보하는 일'이라고 규정한 것은 바로 놀이가 아이들의 경험 안에서 경험이 지속적으로 성장해 가는 조건을 부여해 주기 때문이다.

아이들이 놀이에 관심을 가지고 있다는 것은 일종의 긴장감이 존재한다는 것을 뜻한다. 이때 긴장감은 심리적 부담을 주는 부정적 의미의 긴장이 아니다. '흥미'를 뜻하는 'interest'가 '사이 존재'라는 의미의 'inter-esse'에서 비롯되었다는 사실에서 알 수 있듯이[20], 유기체와 환경은 모종의 긴장관계를 형성하면서 관심을 불러온다. 그 긴장관계는 아이들의 심리적인 흥미를 유발하기도 하지만, 그것이 곧 아이들의 이익을 증진하기도 한다. 다시 'interest'라는 말이 '흥미'라는 뜻과 함께 '이익'이라는 뜻을 가지고 있다는 사실에 주목할 필요가 있다.

아이들이 놀이 상황에서 흥미를 가질 때 지니는 긴장감은 자의적이거나 심각성이 결여된 시간 때우기(pastime)가 아니다. 거기에는 자신

20) 흥미의 자세한 논의와 분석은 듀이의 『민주주의와 교육』 제10장을 참조하라.

의 경험 안에서 파악한 '문제 상황'에서 문제를 해결하고자 시도하는 또 다른 경험의 확장이 일어난다. 이럴 경우 아이들은 모종의 심각성을 느낀다.

결론적으로 놀이가 교육적으로 가치를 지니려면, 놀이가 자의적이거나 무의미한 행동(random behaviour)이 아니라 모종의 심각성을 요구한다는 점이다. 그 심각성은 보는 관점에 따라 교과의 논리적 가치에서 찾을 수도 있지만[21], 놀이의 본질을 고려할 때 우리는 듀이의 경험의 성장에서 그 해결책을 모색할 수 있을 것이다.

Ⅶ. 맺는 말

인간은 사고하는 존재(homo sapiens)이면서, 창조하는 존재(homo fabre)이며, 동시에 유희를 추구하는 존재(homo ludens)이다. 이 말은 사고를 요구하는 이성적 활동도 감성이나 지각을 일차적으로 요구하는 창작이나 놀이와 상호 떨어져서 생각할 수 없는 활동이라는 뜻으로 해석할 수 있다.

앞서 논의를 통하여 놀이가 실제적 지혜를 요구하며, 학습 활동과 불가분의 관계를 갖는다는 점을 정당화하였다. 이러한 사실은 아동의 교육권과 놀이권이 상보적 관계에 있다는 것을 보여준다. 따라서 이를 통해서 우리는 '아동권리협약'에 명시된 아동의 교육받을 권리(제28조,

21) 실제로 디어든이 놀이가 심각성을 결여한 것이라고 주장하는 것은 놀이 그 자체에 전통적 교과가 담고 있는 논리적 특성을 반영되어 있지 않다는 점이다. 이 점에서 그의 주장은 듀이의 주장과 상반된다.

제29조)와 아동의 놀이권(제31조)이 상관관계에 있음을 증명한 셈이다.

이 중에서 아동의 특수성을 고려할 때, 우리가 가장 주목해야 할 것은 놀이 활동이다. 아동의 놀이는 이성을 사용하는 학습 활동의 전제이며, 나아가서 창조 활동과 밀접하게 관련을 맺는다. 이렇게 보면, 적어도 아동에게 호모 루덴스는 호모 사피엔스나 호모 파베르보다 근본적인 속성이다. 따라서 아동 놀이는 아동의 삶에 결정적인 영향을 미치는 활동이다. 이러한 맥락에서 놀이의 위상을 인간 활동과 아동인식 발달의 측면에서 살펴보았다.

아동의 교육권과 놀이권이 온전하게 맞물려 가기 위한 또 하나의 전제는 아동이 일상경험에서 놀이에 참여할 현실적 여건을 제공해 주는 일이다. 제31조에 명시된 문화적 활동에 참여할 기회는 마땅히 아동의 일상생활 속에서 놀이에 자발적으로 참여할 실질적인 기회를 제공함은 물론, 놀이를 자기 주도적으로 이끌어갈 수 있는 여건의 조성도 요구된다.

아울러 우리는 놀이가 잡동사니를 하면서 시간을 때우는 일이 아니라, 교육적 가치를 담기 위하여 심각성을 고려해야 한다는 점을 살펴보았다. 그리고 이러한 사실은 듀이의 경험의 계속적 성장을 통하여 확인할 수 있었다. 같은 맥락에서, 놀이는 무료한 시간을 때우기 위한 것도 아니고 무의미한 활동이 되지 않기 위하여 교사는 놀이를 대하는 아동의 흥미와 관심만이 아니라 놀이를 구성하는 규칙에 보다 세심한 배려를 해야 한다. 희랍어의 '프로네시스'가 시사하는 바와 같이, 놀이를 하는 데에는 아동 스스로가 목적과 수단 및 방법을 택하고 조직할 수 있어야 한다. 이렇게 보면, 아동의 놀이권은 아동의 교육권뿐만 아니라 아동의 참여권과도 밀접한 관련을 맺고 있음을 확인할 수 있다.[22] 아동의

22) 본서 제5장 참조.

놀 권리가 온전하게 보장되기 위해서는 놀이를 구성하는 요인을 결정하는 참여권의 성격과 관련시켜 해석할 필요가 있다. 이는 아동권리교육프로그램을 조직하고 운영하는 데 있어서 숙고해야 할 중요한 사안이며 해결해야 할 과제이다.[23)]

끝으로 우리나라에서 아동의 놀이권을 증진하려는 노력의 일환으로 2020년 부산광역시는 '부산광역시 아동의 놀 권리 증진에 관한 조례'를 제정한 바 있다. 제정 이유를 다음과 같이 밝히고 있다.

> "유엔아동권리협약에 따른 아동의 놀 권리를 존중하고 증진하기 위한 기반과 환경을 조성하여, 아동의 행복한 삶 향유와 창의적인 미래인재 육성, 건강한 시민으로 성장하는데 기여하려는 것임."

하지만 부산광역시의 이와 같은 노력이 본 장에서 살펴본 놀이권의 장점을 얼마나 살리는가는 조례 제정만으로 이루어지는 것이 아니다. 오히려 조례 제정을 통하여 놀이와 공부를 대립각으로 놓고 아이들의 교육받을 권리를 저해하는 부작용을 낳을 소지도 있다. 이에 대한 세심한 주의와 관심이 요구된다.

이 조례가 담고 있는 주요 내용은 다음과 같다.

① 아동의 놀 권리 보장 등을 위한 다양한 시책 마련 및 모든 아동이 차별받지 않고 다양한 놀이를 경험할 수 있도록 노력하여야 할 시의 책무를 규정함(제3조).

② 4년마다 아동의 놀 권리 증진계획을 수립 · 시행하도록 함(제

---

23) 이어지는 본서의 제4부와 자매서 『아동권리향연 플러스』 제4부, 그리고 『아동권리향연 마당』을 참조.

4조).

③ 아동의 놀이 활동과 관련된 실태조사를 실시할 수 있도록 함(제5조).

④ 아동의 놀 권리 증진을 위한 사업을 추진할 수 있도록 함(제6조).

⑤ 아동의 놀 권리 증진계획 수립 · 시행에 관한 사항 등의 심의를 위해 부산광역시 아동놀이혁신위원회를 둘 수 있도록 함(제7조).

⑥ 아동의 놀 권리에 대한 인식개선 및 사회적 공감대 형성을 위해 교육 · 홍보 등을 할 수 있으며, 아동의 놀이 활동 활성화를 위하여 비영리 법인, 관련 기관 및 단체 등에 예산의 범위에서 행 · 재정적 지원을 할 수 있도록 함(제8조, 제9조).

이 조례는 본서 부록 XVI에 수록하였다.

참고문헌

김정래, 2020, "영화 '죽은 시인의 사회'의 교육적 고찰", 교육연극학 제12권 제1호, 한국교육연극학회, 1-24.

김정래, 2018, "「서괘전」에 비추어 본 교육의 과정 – 건(乾) · 곤괘(坤卦)에서 태괘(泰卦)까지를 중심으로 –", 한국철학논집 제58집, 한국철학사연구회. 245-278.

서정범, 2000, 국어어원사전, 서울. 보고사.

이명준, 2001, 플라톤의 형이상학적 관점에서 본 교육의 의미, 韓國敎育 제28권 제1호, 51-74.

이문원, 1996, 張混의 『兒戱原覽』 교육내용 연구, 韓國敎育 제23권 제2호, 99-157.

조무남, 2002, 앎과 삶 그리고 덕, 서울: 교육과학사.

Aristotle. *Ethics.* Thompson, J. A. K. trans.(1955). Harmondsworth: Penguin.

Boyd, W., 1964, *The History of Western Education*, 이홍우 외 (역), 1994, 서양교육사, 서울: 교육과학사.

Dearden, R. F., 1967, The Concept of Play. in: Peters, R. S.(ed.), *The Concept of Education*. London: Routledge and Kegan Paul. 1967.

Dearden, R. F., 1976, *Problems in Primary Education*. London: Routledge & Kegan Paul. 김정래(역), 2015, 초등교육문제론, 서울: 교육과학사.

Dewey, J., 1916, *Democracy and Education*, New York: Macmillan. 이홍우 (역). 2007. 민주주의와 교육, 파주: 교육과학사.

Dewey, J., 1934, *Art as Experience*, 박철홍 (역), 2016, 경험으로서 예술1, 서울: 나남.

Dewey, J., 1938, *Experience and Education*, 박철홍 (역), 2002, 아동과 교육과정/경험과 교육. 서울: 문음사.

Guthrie, W. K. C., 1960, *The Greek Philosophers: From Thales to Aristotle*, New York: Harper & Row.

Jaeger, W., 1986a, *Paideia* Ⅰ, Oxford: Oxford University Press.

Jaeger, W., 1986b, *Paideia* Ⅱ, Oxford: Oxford University Press.

Jaeger, W., 1986c, *Paideia* Ⅲ, Oxford: Oxford University Press.

Moore, T. W., 1982, *Philosophy of Education*, London: Routledge and Kegan Paul.

Peters, R. S. (ed.), 1969, *Perspectives on Plowden*. London: Routledge and Kegan Paul.

Plato, *Meno*.

Plato, *Republic*.

아동권리협약 (The Convention on the Rights of the Child, 1989)

Central Advisory Council for Education (England), 1967, *Children and their Primary Schools* (The Plowden Report), vol.1, London: HMSO.

제4부

아동권리교육

9

아동권리교육의 의의와 역사적 배경

Ⅰ. 들어가는 말

1948년 국제연합이 공포한 '세계인권선언'(The Universal Declaration of Human Rights) 이후, 인간의 보편적 권리에 대한 인식은 크게 성장하였다. 보편적 권리에 관한 인식의 성장은 기아, 난민, 전쟁고아 등 결핍으로부터 벗어날 필요가 있는 이들에 대한 재화의 공급(provision)으로부터 이들의 보호(protection)로 이어져왔으며, 1989년 '아동권리협약'(Convention on the Rights of the Child)이 채택된 이래 성인뿐만 아니라 아동의 권리 인식은 '참여'(participation)로 발전하게 되었다. 그러니까 현대적 권리의 요체는 성인과 아동, 청소년을 불문하고 모든 이들의 '참여'에 맞추어져 있다고 볼 수 있다. 그렇다고 해서 보편적 권리가 재화의 공급이나 보호의 차원과 관계없이 보장된다는 의미는 아니다. 그러나 인간이 지닌 보편적인 권리는 모든 개인이 처한 결핍 상태를 벗어나게 하기 위하여 제공되는 재화의 공급과 보호만으로 보장되는 것이 아니라 그들이 각각의 인격체로서 참여를 보장받을 수 있을 때 보장된다. 따라서, 아동의 권리를 복지권에 맞추어야 하는가 아니면 자유권에 보다 초점을 맞추어야 하는가 하는, 대립적 양상을 띤 논의 이전에, 우리가 아동의 권리를 온전하게 고려하고자 할 때에는 참여에 초점을 맞추어야 한다는 것을 의미한다.

이러한 맥락에서 국제기구와 각 인권단체들은 인권에 대한 의식을 고취하기 위한 교육프로그램의 개발에 착수하였으며 상당한 수준의 개발이 이루어졌다. 그러나 프로그램의 개발이 우리의 실정에 맞추어진 것이라고 보기는 어렵다. 특히 이들 프로그램은 대부분의 아동이 과다한 학교학습 또는 방과 후의 여러 과제에 매어있는 우리나라 현실을 반영하지 못하고 일반적인 원리를 담고 있는 것이라고 보아야 한다. 또한 대부분의 프로그램은 앞서 언급한 '재화'(provision)–'보호'(protection)–'참여'(participation)'의 단계 중에서 '참여' 이전의 단계에 상당 부분 그 초점이 맞추어져 있는 것이 사실이다. 즉, '참여'에 초점이 맞추어진 교육프로그램은 그리 많지 않다는 것이다. 위에서 지적한 바와 같이, 재화의 공급과 보호를 위한 교육프로그램도 중요하다. 그러나 이러한 프로그램은 주로 구호, 재난으로부터 보호, 인권침해 방지와 같은 소극적 의미의 권리교육프로그램이라고 할 수 있다. 이에 반하여 '참여'에 초점이 맞추어진 프로그램은 아동이 권리의 주체로서 자신의 삶의 구체적인 현장에서 어떻게 능동적으로 권리를 행사할 수 있는가를 중심으로 한 적극적인 교육프로그램이라고 할 수 있다.

이 글에서는 제목이 밝히고 있는 바와 같이 아동권리교육의 의의와 역사적 배경에 관한 논의에 초점을 두고 다음의 문제를 다루고자 한다. 첫째, 권리교육을 한다는 것은 논리적으로 아동이 지닌 권리가 무엇인가에 관한 정확한 파악을 전제로 한다. 따라서 여기에는 권리의 — 적어도 아동권리의 — 의미를 역사적으로 조망하는 작업이 요구된다. 둘째,

권리교육의 내용이 어떻게 구성되어야 하며, 어떠한 방향으로 발전되어야 하는가를 살펴볼 필요가 있다. 이 작업은 앞서 지적한 권리교육에서 인권의 내용과 속성 및 범주를 교육내용으로 볼 때, 이를 어떻게 선정하고 조직하여 가르쳐야 하는가 하는 실제적인 문제를 포함한다. 셋째, 이와 관련하여 살펴볼 일은 권리교육이 지향하는 바에 비추어 권리교육의 논리적인 난점과 현실적인 한계는 무엇인가를 살펴보는 일이다.

Ⅱ. 아동권리 인식의 발전

아동권리에 관한 역사는 아동의 존재와 문제를 심각하게 인식한 순간에서 출발하였다고 볼 수 있다. 또한 여러 가지 아동에 관한 관점은 아동의 권리가 과연 성립하는지의 여부, 그리고 아동의 권리가 갖는 속성과 범주가 어떠한 것인가 하는 문제의식을 야기시켰다.

아동을 하나의 인격체로 인식한 것은, 사상사적인 측면에서, 18세기의 계몽사상에서 비롯되었다고 볼 수 있다. 아동을 인격체로 인식했다는 것은 아동을 성인과 다른 의미로 인식하기 시작했다는 것을 의미한다. 이를테면 아동은 '작은 성인'(the small adult)이 아니며, 아동은 아동 나름의 세계와 이해 방식이 가지고 있다는 인식이 싹트기 시작한 것이다. 이러한 인식은 아동연구에 있어서 과학적 방법이 도입되면서 보다 구체적으로 나타나게 된다. 소위 '아동중심'(child-centred)이라는 수식어가 나오게 된 것은 20세기에 접어들면서 아동에 관한 과학적 연구의 동향에 힘입은 것이다. 이와 함께 마치 슬로건처럼 나타난 말 중의 하나가 '아동존중'이라는 용어이다. 그러나 아동존중 인식의 확산과 아동에 대한 관심은 아동 이해의 측면에 국한된 것이 사실이다. 다시 말하자면, 아동을 이해하고자 하는 '아동존중'의 인식론적 측면에 한정된 것이었다. 그리고 아동권리에 관한 인식의 출발은 아동과 성인이 사실적으로 어떤 차이를 보여주고 있다는 인식만으로 불충분한 것이었다. 여기에는 '아동'에 관한 정치철학적 의미가 가정되어 있어야 한다.[1)]

아동권리의 인식은 20세기에 들어와서 그것도 4반세기가 지난 1923년을 그 출발점으로 보아야 한다. 많은 사람들이 주지하고 있는 바와 같이, 영국의 세이브더칠드런(International Save the Children)의 창시자 젭(Eglantyne Jebb)에 의하여 1923년 제정되고 그 이듬해인 1924년 국제연맹에 의하여 채택된 '아동권리 제네바선언'을 아동권리선언의 효시로 삼고 있다. 이 선언은 아동의 정상적인 발달, 요보호 아동에 관한 사항, 위험으로부터의 아동의 우선 구제, 모든 착취로부터의 아동 보호, 아동의 재능 개발의 보편적 필요 등을 그 내용으로 하고 있다. 이러한 내용은 주로 아동에게 공급되는 기본적 재화의 제공과 보호를 근간으로 하기 때문에, 앞서 지적한 바와 같이 '재화'(provision)와 '공급'(protection)에 근거한다는 의미에서, 아동 인식 또는 아동권리에 관한 인식의 초보적 단계라고 볼 수 있다. 그러나 당시의 사회적 여건과 아동에 관한 사회적 지위 등을 고려할 때, 아동권리 인식의 첫걸음으로서는 진일보한 것이라고 평가할 수 있다.

다른 한편으로, 아동존중과 아동권리에 대한 인식이 서구로부터 시작되었다고 보는 것은 우리의 단견이라고 할 수 있다. 젭의 아동권리선언과 같은 해인 1923년 5월 1일 소파 방정환(小波 方定煥)은 어린이날

1) 본서 제1장 및 제4장 참조.

을 선언하면서 '어린이선언문'을 공표하기에 이른다.[2] 이와 동시에 '아동권리공약 3장'이 선언되는데, 이는 우리나라 최초의 아동권리선언으로 평가된다. 또 젭의 '아동권리 제네바선언'이 1924년 국제연맹에 의하여 채택된 것을 고려할 때, 우리나라의 '아동권리공약 3장'은 세계 최초의 아동권리선언문으로 보아야 할 것이다. 이렇게 보면, 우리나라는 아동권리선언에 관한 한, 최초의 선언국으로 평가받을 수 있을 것이다.[3]

1923년 이후 인류는 1948년 '세계인권선언'을 제외하고 1989년 '아동권리협약'이 채택되기까지 두 번의 중요한 아동권리선언을 갖게 된다. 하나는 국제아동복지위원회(International Union for Child Welfare)가 채택한 '아동권리선언'(Declaration on the Rights of the Child, 1948)이며, 또 다른 하나는 국제연합이 채택한 '아동권리선언'(Declaration on the Rights of the Child, 1959)이다. 전자는 1924년의 '제네바선언'의 내용을 토대로 한 7개항으로 구성되어 있으며, 다음의 내용을 그 특징으로 하고 있다. 이전의 아동권리선언과는 달리 이 선언은 인종, 국적, 종교 등의 이유로 아동을 차별하지 못 하도록 규정하고 있다. 또한 아동이 가족의 구성원으로서 보호·양육되어야 함을 규정하고 있는 것이 그 특징이다. 후자는 전자의 아동권리를 보다 상세화한 선언으로 볼 수 있다. 이를테면, 아동의 차별금지를 인종, 국적, 종교적 신념에서 피부색, 성, 언어, 재산, 출생 신분, 정치적 이념 등으로 확대하여 규정하고 있다. 그리고 성명과 국적을 가질 권리, 장애 아동의 특별한 보호 등이 보다 상세하게 규정되어 있다.

---

2) 본서 부록 I 참조.
3) 본서 제10장 참조.

무엇보다 우리가 관심을 기울여야 할 국제권리문서는 1948년의 ‘세계인권선언’(The Universal Declaration of Human Rights)이다. 이 선언은 인권선언의 경전이라고 할 수 있을 만한 인권선언의 전형이다. 그리고 이 선언은 선언의 이름이 나타내고 있는 바와 같이, 인간의 권리에 관한 ‘보편적인 선언’이다. 이 점은 아동의 권리에 관한 별도의 조항을 갖고 있지 않다는 것을 의미하기도 한다. 무엇보다도 이 선언은 국제사회에 인권의 증진과 인권침해 방지를 위한 어떠한 구속력을 갖고 있지 않은 문서이다. 따라서 우리는 ‘선언’과는 그 성격이 다른, 보다 실행구속력을 갖는 ‘협약’을 살펴볼 필요가 있다. 이와 관련하여 우리가 주목하여야 할 국제협약은 ‘경제적 · 사회적 · 문화적 권리에 관한 국제협약’(International Covenant on Economic, Social, and Cultural Rights, 1966; 일명 A협약)과 ‘시민적 · 정치적 권리에 관한 국제협약’(International Covenant on Civil and Political Rights, 1966; 일명 B협약)과 ‘아동권리협약’(1989)이다. 여기서는 우리가 집중적인 관심을 가지고 분석해야 할 아동권리경전인 ‘아동권리협약’과 관련하여 아동권리교육 방향을 지적하고자 한다. ‘아동권리협약’은 ‘세계인권선언’이나 다른 아동권리선언과는 달리 해당 서명국이 그 이행의 의무를 지는 구속력이 있는 아동권리문서이다. ‘아동권리협약’이 담고 있는 아동권리 내용을 각 조항별로 일일이 논의하는 것은 이 장의 의도에 벗어나는 일이다.[4] 다만 ‘아동권리협약’이 천명하는 아동 최선의 이익을 아동권리교육의 목적으로 삼는다면, 아동권리교육의 초점은 아동의 실질적인 ‘참여’에 맞추어져야 한다.

---

4) 본서 제12장 참조.

Ⅲ. 아동권리교육의 기본 방향

이제까지 아동권리가 어떻게 발전되어 왔으며, 어떻게 인식되어 왔는가 하는 문제를 개괄하였다. 특히 아동의 권리 중 자기결정권과 같은 참여권은 권리의 주체로서 모든 아동이 행사할 수 있는 보편적 권리라는 점이 논의되었다. 우선 아동의 참여를 실질적으로 보장하는 것과 관련하여 우리가 주의 깊게 살펴보아야 할 내용은 '아동권리협약'의 제12조(의사형성 및 표현권), 제13조(자유로운 의사표현) 및 제14조(사상, 양심, 신앙의 자유)이다. 이들 조항은 아동의 참여를 실질적으로 보장하는 관건이 되는 조항이다. 이 중에서 제12조는 '아동권리협약'의 3대 특징을 대표하는 조항이다. 따라서 여기서는 다른 권리선언과 차별화되는 제12조를 중심으로 살펴보기로 한다.

'협약' 제12조는 협약 제3조가 규정하는 '아동 최선의 이익'을 보장하기 위한 논리적인 전제가 된다. 아동은 무엇이 자신의 이익이 되는가를 판단하기 위하여 적어도 자신이 관심을 가지고 있는 것과 관련된 사항에 대하여 청취할 수 있는 권리가 주어져야 한다. 그런 다음에 그것에 대한 자신의 견해를 만들어보고 심각하게 고려해 볼 수 있을 것이다. 제12조는 바로 이런 내용을 담고 있다. 그러나 우리가 여기서 좀 더 세심한 주의를 기울여야 할 점은 아동 스스로가 자신의 이익을 추구하기 위하여 판단할 능력과 그 능력의 제고에 관한 사항이다. 실제로 아동은 신체적, 정신적, 도덕적 발달의 과정에 놓여 있기 때문에 아동의 합리적 판단 능력 또는 자율적인 판단 능력에 관한 회의가 없었던 것은 아니다. 아동은 판단 능력이 미숙하므로 아동의 자유와 참여를 의미 있는 성인

(이를테면 부모, 교사, 후견인 등)이 제한할 수 있고 또 제한하여야 한다는 '권위적 간섭주의'(paternalism)[5]는 실지로 아동권리 제한의 정당화 논의에 동원되는 대표적인 논리이다.

이상의 논점을 고려해볼 때, 아동권리교육은 아동의 특수성을 고려할 때, 아동이 결핍의 상태(a state of deficit)에서 벗어날 수 있도록 복지권의 측면을 강화함과 동시에 아동이 권리의 주체로서(달리 말하자면, 아동이 하나의 인격체로서) 온전하게 권리를 행사할 수 있도록 하기 위하여 자기결정권과 같은 적극적 자유권을 보장하는 방향으로 실시되어야 한다는 점이다. 이 원칙을 달리 표현하면, '재화'-'보호'-'참여'라는 아동권리의 세 가지 측면에서, 결핍 상태에 놓인 상당수의 아동이 존재하는 한, 복지권의 차원에서 재화의 공급과 보호를 지속적으로 보장하여야 하며, 동시에 아동권리의 명실상부한 보장차원에서 아동의 참여권을 신장시키는 일이다.

Ⅳ. 아동권리교육의 교육적 난점

이제까지의 논의를 통하여 우리는 아동에 대한 권리교육의 기본 방향과 대전제가 아동의 참여권을 명실상부하게 보장하는 데에 있음을 알 수 있었다. 여기서는 이러한 방향의 아동권리교육이 실제적으로 가능하게 하기 위하여 교육적으로 고려해야 할 점을 살펴보기로 한다.

아동의 '능력 준거'(capacity criterion)에 의하여 아동의 권리가 제한

5) 본서 제4장 및 제5장, 그리고 자매서 『아동권리향연 플러스』 제8장 참조.

된다고 말할 수 없지만(Harris, 1982), 아동이 발달 단계에 있는 한, 아동에게 합리성을 학습할 기회를 주어야 함은 당연한 일이다. 의무교육은 이러한 취지에서 정당화되는데, 문제는 아동의 의무교육이 강제적(compulsory)이라는 점에 있다. 여기서 검토해야 할 문제는 아동의 교육과 관련하여 아동에게 강하게 영향력을 행사하는 주변 인물들(부모, 교사, 후견인 등)의 권위적 간섭주의와 아동의 교육받을 권리 또는 합리성을 학습할 권리를 어떻게 상충되지 않게 하는가이다.

아동이 학습해야 할 '합리성'이란 다름 아닌 아동의 생에 있어서 그들의 이익이 될 수 있는 것을 지칭한다. 아동의 합리성의 학습은 '아동권리협약'이 권고하는 '아동 최선의 이익'의 맥락에서 정당화된다. 그러나 문제는 아동 최선의 이익이 과연 성인의 권위적 간섭에 따라 정당화될 수 있는가 하는 것에 있다. 권위적 간섭주의의 입장에 따르면, 아동의 이익은 아동이 합리성을 결여하고 있기 때문에 아동 스스로 독자적으로 판단할 수 없다. 따라서 아동에 대한 자유의 제한과 간섭은 어느 정도 정당화된다고 본다. 그러나 아동의 교육받을 보편적인 권리가 이러한 취지에서 정당화될 수 있는가 하는 문제와 더불어 몇 가지 실제적인 문제를 야기한다. 아동이 행사할 보편적인 권리가 아동 이익의 고려라는 명목으로 권위적 간섭주의에 의하여 제한될 수 있는가 하는 문제는 방대한 논의를 요구하므로 별도의 글에서 자세하게 논의하기로 한다.[6] 다른 한편 실제적인 문제에 있어서, 권위적 간섭이 현실적으로 요구된다고 하더라도 간섭과 제한의 한계가 어디까지인가 하는 문제가 제기되며, 동시에 아동의 권리를 제한하는 일련의 과정에서 아동의 교육을 담당하는 주체간의 권리 상충의 문제도 제기될 수 있다. 이와 동시

6) 본서 제5장 참조.

에 권위적 간섭주의는 아동을 권리 수혜자로 파악하는 결과를 낳을 수 있기 때문에 아동을 권리주체가 아닌 수동적인 존재로 보는 입장만이 강화될 뿐이다.

아동의 합리성이 아동의 실질적인 이익이 된다면, 합리성을 아동에게 적극적으로 가르쳐야 할 것이다. 아동의 합리성을 기르기 위하여 몇몇 교육내용을 강제적으로 가르쳐야 하고, 이 과정에서 아동의 자유와 권리를 성인들이 흔히 생각하듯 제한할 수 있다는 생각은 아동의 권리와 이익의 모든 측면에서 잘못인 듯하다. 물론 여기에 대한 방대한 논의가 요구되지만, 이에 관한 프랭클린의 논의(1995: 10-4)는 간결하면서도 우리에게 시사하는 바가 크다. 그의 논의 요지를 쉽게 소개하자면 다음과 같다. 아동이 합리성을 결여하고 있다는 사실은 아동에게 합리성을 배울 기회를 보다 많이 제공하여야 한다는 당위성을 제공한다. 그리고 교육을 통하여 합리성을 기르는 한, 합리성이라는 능력은 자율성과 매우 밀접한 관련이 있기 때문에 참여의 기회와 자율적으로 판단할 기회를 보다 많이 제공하여야 한다. 그러나 여전히 권위적 간섭주의의 입장에 선 이들에 따르면 아동의 자율적인 참여와 합리성의 제고를 위하여 적어도 발달의 초기에는 보호의 차원에서 아동의 자유와 권리를 제한하거나 유보하여야 한다고 본다. 하지만 그들이 말하는 보호가 무엇으로부터 무엇을 보호해야 하는 것인가에는 여전히 의문이 남는다. 앞서 살펴본 바와 같이, 아동의 보호는 아동이 결핍, 위험한 상태 등에 처해 있을 경우에 한정되는 것이며, 이는 아동의 자율적인 참여를 보장하기 위한 전제이기 때문이다. 그리고 이러한 보호는 주로 아동의 복지권에 관련된 경우가 많다.

끝으로 아동이 갖고 있는 보편적 권리를 제한하여야 한다고 주장하는 이면에는 아동의 권리를 보장하는 것이 곧 성인의 권리를 축소하는 것으로 보는 그릇된 견해가 깔려 있다. 아동의 보편권적인 권리에 대하여 성인이 갖는 오해 중의 하나는 아동의 권리를 보장함으로써 기득권으로 누려 왔던 성인의 권리가 상대적으로 축소된다는 그릇된 신념이다. 이는 아동이 하나의 인격체로 대우받아야 한다는 사실 뿐만 아니라 아동이 갖는 '보편적인 권리'의 속성을 이해하지 못하는 데에서 비롯된다. 만약 아동권리의 신장(더 정확하게 표현하자면, 아동이 인격체로서 갖는 보편적 권리의 인식)이 성인의 권리를 축소하는 상황이 벌어진다면, 그것의 해결책은 아동의 권리를 신장하는 노력을 멈출 것이 아니라, 이러한 상황에서 성인의 권리가 축소되는 상황을 야기한 국가에 그 책임을 물어야 할 것이다. 현대의 인권국가는 적어도 특정한 가치 체제에 대하여 국민에게 가치 오리엔테이션(value-orientation)을 하지 말아야 하며 가치 중립(value-neutral)을 지켜야 할 뿐만 아니라, 권위적 간섭주의를 막아야 할 일차적 책임이 있기 때문이다(Freeman, 1992). 그 이유는 많은 인권국가의 헌법이 이러한 각 개인의 인권을 헌법에 의하여 포괄적으로 보장하고 있기 때문이다. 그리고 비유컨대 아동의 권리를 온전하게 신장시키는 일이 성인의 권리를 축소시킬 것이라는 우려는 여성의 권리가 신장되면, 남성의 권리(기존의 체제에서 남성이 기득권으로 누려왔던 권리)가 축소될 것이라는 일부 남성들이 가지고 있는 그릇된 생각과 별반 다를 것이 없다.

Ⅴ. 맺는 말

아동의 권리에 관한 역사는 올바른 아동인식의 역사와 마찬가지로 일천하다. 또한 근대사상이 형성되면서 아동에 관한 인식이 변화하기 시작한 것은 사실이지만, 이것을 정확하게 아동권리에 대한 인식과 신장 노력이라고 보기는 매우 어려울 것이다. 젭에 의하여 1923년 마련되고 이듬해인 1924년 국제연맹에 의해 채택된 '아동권리제네바선언'은 아동권리인식의 천명이다. 실제로 이 선언은 1989년에 채택된 아동권리의 최고 경전인 '아동권리협약'에 이르는 아동권리의 신장을 위한 초석이 되어왔다. 그러나 다른 한편, 1923년 우리나라에서도 소파 방정환에 의하여 '어린이선언문'이 제정·공포되고, 같은 해에 '아동권리공약 3장'이 선포되어, 우리나라도 아동권리의 신장에 관한 노력을 서구 선진국에 비하여 뒤지지 않게 아동권리인식이 싹터왔다. 오히려 '공약 3장'은 아동의 사회·문화권도 포함하고 있어 이에 대한 역사적 평가도 보다 면밀하게 내려져야 할 것으로 기대된다.

1948년 '세계인권선언'을 기초로 각종 권리 문서들이 제정·공포되고, 이와 함께 아동권리에 대한 인식과 노력이 신장되어 왔다. '아동권리협약'은 그 결정판으로 평가된다. 이러한 맥락에서 '아동권리협약'의 내용을 검토하였고, 또 이를 토대로 아동권리교육이 어떻게 발전해야 하는가를 살펴보았다. 특히 협약은 아동의 차별금지, 아동 최선의 이익 보장, 아동의 참여권 보장에 그 특징이 있으므로 권리교육의 방향은 여기에 초점이 맞추어져야 한다. 이에 따라 권리교육프로그램도 개발되어야 할 것이다.

권리교육의 내용 면에서 보면, 재화의 공급과 보호는 복지권의 차원에서 보장되어야 하고, 자기결정권 등을 포함하는 참여권은 적극적 자유권의 차원에서 보장되어야 한다. 복지권이 소극적인 권리로 간주되는 것은 복지권의 수혜가 종국에 가서는 자기결정 등의 참여를 가능하게 하는 전제이기 때문이며, 동시에 참여권이 적극적인 권리로 간주되는 것은 아동의 참여가 아동의 '최선의 이익'을 도모하는 데에 기여할 수 있기 때문이다. 이를 발달과 관련하여 말한다면, 복지권은 소극적 발달권이라고 표현할 수 있으며, 참여권은 적극적 발달권이라고 표현할 수 있을 것이다.

끝으로 아동권리교육의 발전에 관한 향후 과제로서 우리는 아동권리교육프로그램의 원리 개발에 경주하여야 할 것이다. 이러한 노력에는 적어도 다음의 사항이 포함되어야 한다. 프로그램 개발의 대원칙은 권리교육이 아동에게 참여의 중요성을 인식시키고, 동시에 권리교육프로그램에 적극적으로 참여시킬 수 있는 방안으로 모색되어야 한다.

개발의 일반 원칙으로 우리는 아동의 권리의식에 대한 동기화 방안을 고려하여야 한다. 동기화는 소극적인 측면과 적극적인 측면을 동시에 고려할 수 있어야 한다. 인권의식의 소극적인 동기화는, 기존의 많은 프로그램들이 보여주듯이, 아동인권의 실상, 특히 결핍상태에서 필요와 특별한 보호를 요하는 아동의 사례를 활용하는 방안이 고려될 수 있을 것이다. 동기화의 적극적인 측면은 인권이 왜 필요한 것이며, 인권이 자신의 삶에 어떤 이익이 되는가를 고려하는 내면화 과정을 포함하여야 한다.

인권 의식의 발달은 각종 권리 문서의 발전 과정과 맥을 같이 한다. 이러한 사실은 아동권리교육프로그램에 각종 권리 문서의 내용을 포함시켜야 인권의 속성과 실체를 내실 있게 학습할 수 있다는 뜻이기도 하다. 사실 기존의 몇몇 프로그램은 이러한 내용을 아동의 발달 단계에 맞게 구성하고 있다. 그러나 우리가 염두해 두어야 할 것은 그러한 내용의 교수-학습이 우리가 흔히 접하는 교과서적인 식상한 내용과 방법으로 이루지는 것을 경계하여야 한다는 점이다. 이러한 난점을 보강하는 방법으로 아동의 구체적인 삶의 현실에서 구체적으로 접할 수 있는 사례들을 활용하는 방안이 강구되어야 한다.

구체적인 아동의 인권 사례 학습은 아동권리의 침해 사례를 통한 방법과 아동의 권리를 보장하는 방법을 모두 모색해 볼 수 있다. 이와 관련하여 특히 우리가 주목해야 할 내용은 아동 문제를 중심으로 각 권리주체 간의 권리상충사례를 수집·분석하여 이를 프로그램 개발에 적극 활용하는 방안이다. 여기에는 인권 전문가와 프로그램 전문가의 공동작업이 요구된다.

참고문헌

유네스코한국위원회 편, 1995, 인권이란 무엇인가, 서울: 오름.

유네스코한국위원회 편, 1997, 인권교육 어떻게 할 것인가, 서울: 오름.

Brownie, I. (ed.), 1994, *Basic Documents on Human Rights*, 3rd ed. Oxford: Clarendon.

Franklin, B. (ed.), 1986, *The Rights of Children*, Oxford: Basil Blackwell.

Franklin, B., 1995, The Case for Children's Rights, in: his (ed.), *The Handbook of Children's Rights*, London: Routledge, 3-22.

Franklin, B. (ed.), 1995, *The Handbook of Children's Rights*, London: Routledge.

Freeman, M and Veerman, P., 1992, *The Ideologies of Children's Rights*, Dortrecht: Martinus Nijhoff.

Harris, J., 1982, The Political Status of Children, in: Graham, K. (ed.), 1982, *Contemporary Political Philosophy*, Cambridge: Cambridge University Press.

Wringe, C. A., 1981, *Children's Rights*, London: Routledge & Kegan Paul.

10

아동권리교육프로그램 개발 기본 원리

Ⅰ. 들어가는 말

이 장은 앞서 검토한 제9장 '아동권리교육의 의의와 역사적 배경'을 토대로 아동권리의 신장을 위한 권리교육프로그램의 이론적 기반을 마련하고 이에 따른 일반적 원리를 제공하는 데에 일차적으로 초점을 맞추고자 한다. 제9장이 아동권리교육의 정당성의 확보를 위한 노력으로서 아동권리의 역사적 발전과정에 초점을 맞추고 아동권리교육의 필요성과 그 정당화의 단초를 제공한 것이라면, 이 장은 아동권리교육프로그램의 실제적인 개발을 위하여 그 기본 원리를 마련하고, 이를 뒷받침하는 이론적 토대를 수립하는 데에 그 목적이 있다.

아동권리교육의 시작과 완성은 '참여'라고 보아야 한다. 따라서 이 글을 통하여 '참여'가 권리교육의 기본원리이며, 최고의 목표임을 밝히고자 한다. 즉, 교육프로그램의 종국적인 지향점은 아동의 참여권을 보장·신장하는 데에 맞추어져야 한다. 이를 교육적인 측면에서 말하자면, 아동이 교육프로그램을 학습한 결과로 체득하는 태도는 적극적인 참여의 자세와 권리 주체로서의 태도라고 할 수 있다. 이러한 사실은 '아동권리협약'의 3대 기본 정신에서도 확인할 수 있다.

이 글은 다음의 세 가지 내용을 핵심적으로 담고 있다. 첫째, 프로그램 개발의 기본 원리를 수립하는 데 기초 자료로 삼고자 하는 기존의 권리교육프로그램을 유형별로 분석하는 작업이다. 둘째, '참여'의 중요성에 비추어 참여의 수준별 단계를 살펴보는 일이다. 여기서 '참여의 수준'이란 아동의 발달단계 상에 나타난 수준이라는 의미가 아니라 '참여'를 가장 실질적인 것으로 이해하는 단계를 지칭하는 것이다. 셋째, 실제적인 프로그램 개발에 원용할 수 있는 프로그램 개발의 기본 모형을 제시하는 일이다.

Ⅱ. 권리교육과 아동 참여

아동이 향유·행사할 수 있는 권리는 일반 성인이 향유·행사할 수 있는 권리와 원리상 하등 다를 바가 없다. 오히려 아동은 연령적 제한으로 인하여 성인에 비해 보호받아야 할 권리가 더욱 요구될 수 있다.

앞서 지적한 바와 같이, 아동이 향유·행사하는 권리는 여러 가지 방식으로 범주화될 수 있다. 만약 아동이 신체적·심리적 학대를 받는다면, 그것은 아동의 소극적 자유권 침해의 전형이라고 볼 수 있다. 만약 아동이 방임되고 있다면 적절한 보호를 받을 권리가 침해된 경우라고 볼 수 있다. 아동의 어떤 권리가 인간답게 살 권리를 표현한 것이라면, 그것은 대개 적극적 자유권(자기결정권)과 재화를 선택하는 한 경제권이 결합된 형태라고 볼 수 있다.

이와 같은 방식으로 보면, 아동의 참여권(rigths of participation)은 적극적 자유권의 범주에 속한다. 물론 참여권을 다시 하위 범주로 나누어 보면, 이를테면 선거 또는 의사결정과정에 참여하거나 어떠한 직에 선출될 권리(피선거권)의 측면에서 보면, 이 경우 아동의 참여권은 모종의 정치적 참여권이다. 그러나 참여권이 의사표현 및 의사존중의 경우와 관련되어 있으면, 그것은 내용상 교육받을 권리 또는 유니세프가 권고하는 발달권이라고 보아야 한다. 이와 같이 아동이 향유·행사할 수 있는 참여권도 그 권리의 내용이나 속성에 따라 다른 양상을 띠고 있음을 알 수 있다.

여기서 주목해야 할 점은 아동의 교육권이 참여권과 관련을 맺는 경우이다. 우선 교육권은 속성상 고전적 의미의 권리에 속하지 않는 복지권에 속한다. 복지권에서 교육권의 전형적인 영역으로 볼 수 있는 것이 공교육체제 내에서의 의무교육이다. 그러나 최근 들어서 교육권의 의미는 공교육 체제와 교육내용 등에 저항할 수 있는 확대된 의미로 해석하는 경향이 있다. 1985년 '제4차 유네스코 국제성인교육대회 선언'(일명 '파리선언')과 1997년 '제5차 유네스코 국제성인교육대회 선언'(일명 '함부르크선언')이 천명하는 바, 이때의 교육받을 권리는 수혜를 받는다는 의미의 복지권뿐만 아니라, 자기계발과 관련된 자기결정과 공교육에 대한 저항 등의 내용을 담고 있다. 이러한 교육권의 확장된 해석은 원주민과 소수민족의 교육에 관한 참여권을 실질적으로 신장하기 위한 것으로 해석된다.

아동의 참여 문제와 관련하여 볼 때, 반드시 짚고 넘어가야 할 문제는 교육당국이 갖는 '권한'이 학생의 참여 또는 참여권 행사에 걸림돌이 되는 경우이다. 뒤에서 좀 더 자세히 살펴보겠지만, 아동의 참여의 핵, 즉 아동의 참여를 가능하게 하는 주요한 요인은 아동의 자기결정력, 자기주도력, 창의적 문제해결력이다. 이 외에도 참여력을 높일 수 있는 여러 가지 심리적 요인이 있다. 참여 행위를 유발하기 위해서는 상황판단력, 참여상황을 인지할 수 있는 권리에 대한 민감성, 그리고 구체적으로 참여해결을 일으키게 하는 동기 등이 여기에 포함된다. 어쨌든 중요한 것은 아동의 참여를 이끌어내는 것이다. 이러한 요소는 지금과 같은 교사주도의 교수방식과 교육활동 체제 아래서 개발될 수 있는 것이 아니다. 더욱이 우리의 교육 풍토는 교사위주(주도)의 교육문화가 깊이 뿌리내리고 있어 아동의 참여를 가로막고 있는 실정이다. 이러한 맥락에서 볼 때 교사가 자신의 권한을 확대 해석하여 행사할 경우 아동의 참여권 신장은 요원한 일이라고 할 수밖에 없다.

부모의 자녀에 대한 권리의 경우도 마찬가지라고 할 수 있다. 우리의 양육 문화는 자녀의 언로(言路)를 방해하는 요인으로 작용하고 있다. 지시 위주의 양육방식도 문제이지만, 부모가 지니고 있는 권리인식의 수준을 다시 점검할 필요가 있다.[1] 이에 관한 경험적 연구가 요구되지만, 그 대신에 아동의 참여권 신장을 위한 부모교육의 필요성을 반증하는 일례를 소개하기로 한다. 현재 모 대학에서 아동학으로 박사학위과정을 수료한 40대 어머니 한 분이 이야기한, 자신의 아들이 일시적으로 외박한 사건의 전모는 이러하다.

> 고등학교에 재학 중인 아들이 방학 중 어느 날 친구 4명과 함께 모여 그 중 한 친구의 집에서 밤샘 공부를 하기로 했으니 허락해 달라는

1) 부모를 대상으로 한 권리교육프로그램 또는 참여권을 신장시키는 교육프로그램을 별도로 개발해야 하는 필요성은 여기에 근거한다. 적어도 두 가지 필요성이 대두된다. 하나는 권리인식의 제고에 관한 문제이며, 다른 하나는 자녀를 양육하는 데에 요구되는 권리인식의 문제이다.

것이었다. 그 아이들의 부모와 연락처를 다 아는 처지여서 흔쾌히 허락하였고, 아들이 함께 묵겠다던 집에 인사도 할 겸 전화를 드렸더니, 그 집 어머니도 아들의 문제가 궁금하여 아들 친구의 집에 일일이 전화하였으나, 5명의 아이들은 어느 집에서도 묵지 않았던 것이었다. 물론 아이들은 이튿날 거친 안색을 하고 귀가하였고, 자초지종인, 즉 허락받고 가기는 불가능하고 하여 밤샘 공부를 한다는 거짓말을 하고 나이트 카페서 밤을 샜다는 것이었다. 하여 어머니 다섯 분이 모여 아이들에게 자신의 의사를 개진하게 하고 자율적인 판단을 맡긴다는 것이 현실적으로 불가능하다는 결론을 얻었노라고 한다.

이 경우, 아이들의 참여를 통한 해결책은 없는 것일까? 부모교육이 제대로 되었다면, 그리고 아이들의 자발적인 참여가 보장되었다면, 아이들이 서로 어울려 춤추고 싶은 욕구는 다음과 같은 방식으로 해결되었을지 모른다. 아이들에게 의사표현의 기회를 주고 몇몇 어머니(또는 아버지)가 모여 이 중 한 집이 하루 저녁을 아이들에게 노래하고 춤을 출 시설을 마련해 주면 어떠한가? 우선 아이들의 참여를 신장시키는 방안으로서, 특히 아동을 위한 시설, 그중에서도 놀이 시설이 열악한 우리 현실에서 고려해 봄직한 방안이 아닌가 한다. 물론 여기에는 아이들의 의견을 청취하려는 부모의 개방적인 태도가 전제되어 있어야 한다. 이러한 부모의 태도 변화 없이 자녀의 참여권을 보장한다는 것은 공염불에 불과하다.

그렇다면, 참여 또는 참여권이 실질적으로 요구되어야만 하는가? 그 이유는 다음의 세 가지 측면에서 찾아볼 수 있다.

우선, 참여의 의미는 일차적으로 참정의 의미에서 찾아진다. 특히 참여의 정도는 민주주의의 발달을 가름하는 척도이기도 하다. 이상적으로 보면, 직접 참여를 보장한 제도가 가장 좋겠지만, 현대사회의 직접

민주주의제도는 그 한계 때문에 대의제도를 택하게 된다. 그런데, 대의제도는 참여민주주의의 참여 정신, 즉 주민의 직접 참여를 제한하는 경우가 종종 발생하게 된다. 이에 대한 정치학적인 논의를 여기서 다 검토할 수는 없기 때문에, 참여민주주의의 정신을 살릴 수 있는 개념적 도구를 소개하는 것에 그치기로 한다. 린지(Wringe, 1981)에 따르면, 참여의 정신에는 '동등한 영향력의 행사'라는 가정이 깔려 있다는 것이다. 대의제도로 인한 권리의 상실 내지는 상대적 박탈을 막아 보자는 개념적 구안인 셈이다. 이를 참여권에 적용하면, '동등한 영향력을 행사할 권리'(rights to equal influence)라고 설명할 수 있다(Wringe, 1981: 제7장; 제14장).

그렇다면, 동등한 영향력의 행사는 왜 중요한 것일까? 이는 사회를 유지하면서 인간이 자신의 천부적이고 보편적인 권리를 타인에게 부당하게 양도 또는 박탈당하지 않도록 하기 위하여 자신의 권리를 그 대표자에게 위임하였다 하더라도, 위임된 그 상황에서조차 권리의 원천은 위임한 개인에게 있음을 보장하기 위한 것이다. 그러니까 참여, 보다 정확히 말하자면, 동등한 영향력의 행사는 곧 모든 권리 행사의 요체가 되는 것이다. 이러한 생각은 18세기의 민주시민사상과 고전적 권리 이론, 그리고 자유주의 노선 모두에 의하여 지지된다.

둘째, 참여는 자기주도력을 요구한다. 그러니까 아동 참여의 중요성은 발달상의 자기주도력 증진이라고 할 수 있다. 자기주도력이 있다면, 자신만의 독창적인 삶의 목적을 설계하고 자신의 삶을 실행할 수 있으며, 이와 관련하여 이른바 자기결정권도 향유한다고 볼 수 있다. 또한 개인의 자기주도력은 민주사회의 다양성을 보장하는 요인이면서 동시에 민주시민의 자질이기도 하다. 이러한 측면에서 아동의 참여권이 갖는 중요성은 여타의 권리에 선행하는 것이며, 아동의 참여권 보장은 자기주도력 증진의 전제가 된다. 자기주도성은 여러 심리학 이론에서 그 중요성이 확인되고 있다. 특히 발달의 최종 단계는 자기주도적 참여를 전제하고 있다는 점을 강조하고 있다.

셋째, 아동의 참여권이 중요하다 하더라도, 참여권의 행사가 아무런 전제 없이 이루어지는 것은 아니다. 온전한 참여권은 참여를 행사하는 개인에게 일차적으로 자율적인 판단 능력을 요구한다. 이러한 판단 능력은 최소한의 기초의무교육과 몇 가지 조건을 만족시킬 때 계발될 수 있다. 그리고 질병, 기아, 빈곤과 같은 결핍 상태는 참여를 방해하는 장애 요인이 된다. 이것을 권리의 측면에서 보면, 결핍 상태를 벗어나게 하는 복지권은 참여권의 전제가 된다.

이러한 참여권의 중요성은 〈그림 10-1〉을 통하여 확인할 수 있다.

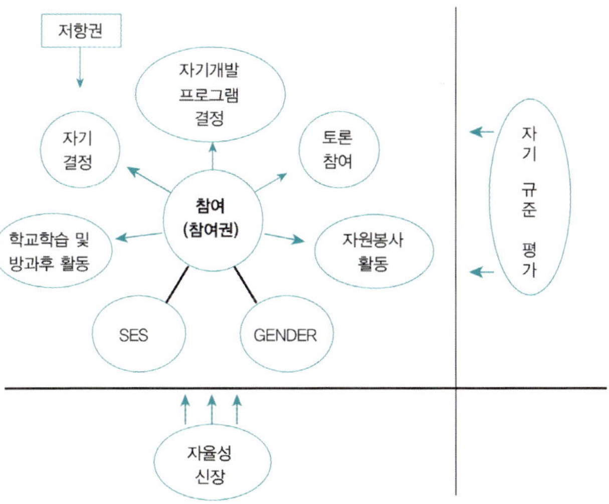

〈그림 10-1〉 아동권리에서 '참여'의 중요성

〈그림 10-1〉은 참여가 아동의 삶과 교육상황에 있어서 핵심적 위치에 있음을 보여주고 있다. 따라서 참여권이 중요한 만큼, 아동권리교육프로그램 개발에 있어서도 참여와 참여권이 무엇보다도 강조되어야 한다.

Ⅲ. 아동권리교육에서 아동 참여 원리

1. 아동 참여의 특성

다음은 아동의 참여를 신장시키는 권리교육프로그램 개발과 관련하여 고려해야 할 특성들이다.

첫째, 아동의 참여는 부모, 교사 및 기타 아동과 관련하여 영향력을 행사하는 사람들로부터 제한과 간섭을 받기 쉽다. 이때의 제한과 간섭의 명분은 대개 아동의 이익이라고 하지만, 대부분의 경우 그렇지 못하다. 이때 논란이 되는 개념이 '권위적 간섭주의'(paternalism)이다.[2] 한 가지 확실한 점은 아동의 자율적 참여에 대한 제한과 간섭이 마약, 흡연, 음주 등과 같은 명백한 해악의 경우와 참여권(자유)의 행사가 타인의 그것을 방해하는 경우와 같이 극히 적은 경우의 사례에 국한된다는 점이다.

둘째, 명목상으로 아동의 참여를 강조하면서 실질적으로 보장하지 못하거나, 성인의 이익을 대변하는 경우가 있다. 아동의 참여 프로그램의 개발에서 이 점은 특히 경계하여야 한다.

셋째, 참여를 보장하는 프로그램은 참여 아동 개개인의 상황과 문제

---

2) 본서 제5장 참조.

를 개별적으로 접근할 수 있는 것이어야 한다. 여기에는 적어도 다음의 두 가지 사항을 염두에 두어야 한다. 하나는 프로그램이 모든 아동에게 일률적으로 적용되어서는 안 된다는 점이다. 다른 하나는 프로그램이 아동 개인으로 하여금 여러 가지 판단 능력을 동원하게 하도록 통합적인 것이어야 한다는 점이다.

2. 하트(Hart)의 참여 사다리

여기서는 앞서 언급한 바와 같이, 아동의 참여가 명목적인 것이 되지 않도록 하기 위하여 하트(Hart, 1992)가 제시한 '참여 사다리'(The Ladder of Participation)를 살펴보기로 한다.

다음에 제시한 〈표 10-1〉은 번역상의 어려움 등을 고려하여 참여의 정도를 단계별로 나타낸 것이다.

〈표 10-1〉 참여 사다리

단계	참여	번역어	비고
1	manipulation	참여조작	참여가 아님
2	decoration	장식적(피상적) 참여	참여가 아님
3	tokenism	대용(명목) 참여	참여가 아님
4	assigned but informed	기획된 행사의 자발적 역할 참여	실질적 참여
5	consulted and informed	기획된 행사의 자발적, 실질적 참여	실질적 참여
6	adult-initiated, shared decisions with children	의사결정에 의한 참여	실질적 참여
7	child-initiated and directed	자기주도적 참여	실질적 참여
8	child-initiated, shared decisions with adults	완전한 참여	실질적 참여

하트(1992: 8-17)가 제시한 '참여 사다리', 즉 참여 단계의 특징을 각각 살펴보면 다음과 같다.

① 단계1: '참여조작'이라고 할 수 있다. 아이들에게 참여에 대한 이해나 피드백이 전혀 없다는 점이 특징이다. 이를테면, 아이들의 여론을 조사한 것처럼 발표하지만, 조사에 '동원'된 아이들은 그 의미가 무엇인지 전혀 알 길이 없는 경우가 이에 해당한다. 또한 아이들의 그림을 활용하지만, 정작 그림을 그린 아이들은 자신의 그림이 어떻게 활용되는지 알 길이 없다. '참여조작'의 악용 예는 어른들이 자신의 이익을 추구하기 위해 아이들이 실제로 바라는 것을 조사한 것처럼 날조하는 경우를 들 수 있다.

② 단계2: '장식적 참여'라고 번역한 것은 아동의 참여 의사가 피동적이고 피상적이라는 데에 있기 때문이다. 아이들에게 똑같은 티셔츠를 입히고 춤추고 노래하게 하는 행사의 경우를 들 수 있다. 이 경우, 춤추고 노래하는 것은 아이들의 참여이지만, 정작 아이들은 왜 춤추고 노래하는지를 알 수가 없다. 행사의 기획은 물론이고 행사의 주체도 아이들이 아닌 성인이다. 〈단계1〉과 다른 점은 성인들이 아이들이 행사의 주체라고 위장하지 않는다는 점에 있다.

③ 단계3: '명목 참여', '대용 참여', '대리 참여'라고도 부를 수 있다. 이 단계에서 아이들의 의견은 청취되지만, 목하 관심 주제에 대한 아이들의 의사소통이 전혀 이루어지지 않으며, 아이들도 자신의 의견을 스스로 형성하려고 하지 않는다. 행사의 기획 과정상으로 보면, 성인이 참여 대상을 누구로 할 것인가를 결정하고, 아이들

은 참여 주제나 이슈에 대하여 아는 바가 없다. 참여선정기준이나 아이들의 의견과 관점이 설명되지 않는다. 뿐만 아니라, '아이들이 회의에 참석하여 의견개진을 ~~라고 하였다'라고 함으로써 아이들의 적극적인 참여처럼 위장할 수 있다.

* 이상의 세 가지 단계는 참여라고 볼 수 없다. 아이들의 참여에 대한 자발성이 없기 때문이다. 실질적 참여는 이하 〈단계4〉부터이다. 단지 〈단계4〉에서부터 〈단계8〉까지 참여의 정도에 차이가 있지만, 그 질적 차이는 현저하다.

④ 단계4: '기획된 행사의 자발적 역할 참여'라고 번역할 수 있다. 더 정확히 표현하자면, 아이들이 기획된 행사에 보조적으로 참여하는 것이라고 할 수 있다. 기획은 어른이 하였지만, 참여한 아이들이 참여의 의미를 인지하고 있다는 점에서 실질적 참여의 출발점이 된다. 체육대회와 같은 행사에 보이스카웃 대원이 동원되어 행사의 보조적 역할(이를테면, 질서유지나 쓰레기 치우기)을 수행하는 경우가 이 단계의 예이다. 이때 스카웃 대원들은 행사의 보조적 역할을 수행하였지만, 행사의 의미(체육대회가 무엇을 하는 행사이며 왜 하는지)와 자신이 맡은 역할의 의미(쓰레기 치우는 일의 의미)를 알고 있다. 중요한 점은 아이들이 행사에 자발적으로 참가한 것이 아니라 스카웃의 명령이나 규칙에 따라 참가가 이루어졌지만, 아이들이 행사의 의미를 알고 있다는 점이다. 〈단계3〉과 다른 점은 기획된 행사에 참가했다는 점이지만, 행사 참가의 의미를 인지하고 있으며, 또 그렇기 때문에 주어진 역할 행동

을 정확하게 수행하였다는 점이다. 그러나 행사참가가 원만히 수행되었지만, 행사의 주체가 아니라는 점에서 온전한 참여라고 볼 수 없다. 따라서 〈단계4〉는 여전히 '명목 참여'의 요소를 담고 있다.

⑤ 단계5: 이 단계는 성인들이 정보를 제공하고 자신들이 제시한 정보에 관하여 아이들과 협의하는 단계이다. 이 단계에서 중요한 것은 참여 행사의 기획이 아이들의 의견을 반영하였다는 점이다. 'consultation'이라는 요소가 실질적인 참여(genuine participation)의 핵임을 보여주는 단계이다.

⑥ 단계6: 기획은 성인이 주도하지만, 기획에서 의사결정의 단계를 아이들이 직접 담당하게 된다는 점이 이 단계의 특징이다. 주어진 신문 제작의 틀(성인 기획)에서 아이들이 편집 방향을 스스로 정하고, 취재와 제작도 아이들이 직접 하는 경우가 이 단계의 예이다.

⑦ 단계7: 이 단계는 기획조차도 아이들이 하는 단계이다. 즉, 아이들이 주도하고 감독하는 단계로서, 이 단계에 와서 비로소 아이들은 성인의 참여 없이 자신들의 프로젝트를 시작하고 운영할 수 있게 된다.

⑧ 단계8: 이 단계는 명실공히 아이들과 어른이 실질적인 참여의 정도를 대등하게 공유하는 단계라고 할 수 있다. 현실적으로 가능한가에 대한 의문이 생기기도 하지만, 의사결정을 어른들과 공유한다는 점에서 보면, 불가능한 경우는 아닌 듯하다. 영국의 섬머힐 학교(Summerhill School)의 경우가 이에 해당한다고 볼 수 있다. 이른바 '아동'과 '성인'간의 '동등한 영향력의 행사'가 동등하게

실현되는 이상적 단계라고 표현할 수 있다.

이상에서 살펴본 '참여 사다리'가 시사하는 바는 다음과 같다.

첫째, 〈단계1〉에서 〈단계3〉은 참여프로그램의 고안과 개발 원리 수립에서 배제하여야 한다.

둘째, 〈단계4〉는 아동의 참여 동기화에 원용할 수 있는 단계이다. 특히 뒤에 구안될 시뮬레이션 단계에서는 참여 아동의 문제 상황과 개인차 등을 고려하여 〈단계4〉에서 〈단계6〉을 적절히 조화하여 원용하여야 한다.

셋째, 〈단계7〉과 〈단계8〉은 참여프로그램의 최종 목표가 되어야 한다. 물론 이 단계에 이르게 하는 프로그램의 개발 가능성뿐만 아니라 프로그램의 운용은 현실적으로 매우 실행가능성이 희박하다고 볼 수 있으나 이 단계의 참여프로그램은 늘 염두에 두어야 한다.

넷째, 하트가 제시한 참여 단계는 본 연구가 구안하는 '현장참여'를 전제한 것이다. 그러니까 프로그램의 전 단계인 '권리이해(학습)' 단계와 '참여연습(시뮬레이션)' 단계에서는 하트가 제시한 〈단계4〉에서 〈단계8〉까지의 모든 참여 형태를 동기화할 수 있는 노력과 원리가 필요하다.

Ⅳ. 아동권리교육프로그램의 유형별 분석

기존의 아동권리교육프로그램은 프로그램 제작 주체별로 보면 공교육 체제의 교과서에서 다루어 온 것, 유니세프와 같은 국제기구에 의해 개발된 것, 그리고 비정부기구(NGO)에 의해 개발된 것으로 분류할 수 있다. 다른 한편, 구성내용에 따라, 권리학습형, 활동(놀이)형, 문제해결형, 권리협약내용중심형 등으로 나누어볼 수 있다.

1. 공교육 교과서 속의 권리교육 관련 내용

공교육체제에서 사용되는 교과서 속의 권리교육 관련 교육내용은 가장 언어적이고 이론적인 프로그램이다. 이 교육내용은 일차적 목적이 권리교육에 있는 것이 아니라, 공교육 교과내용의 일부분으로 다루어진 것이기 때문에 본 연구에서 다루고자 하는 권리교육프로그램 개발과 별로 관련이 없다고 해도 과언이 아니다.

또한 교사 주도형 수업을 전제로 하기 때문에 엄밀한 의미에서 권리교육프로그램이라고 분류할 수 없으나, 현행 교육체제에서 인권에 관한 학습을 다수 학생에게 전파한다는 장점이 있다. 즉, 다수의 학생에게 인권에 관한 기초적인 지식을 전달해 준다는 점이 가장 두드러진 특색이라고 할 수 있다. 따라서 일반 교과에 포함된 인권 내용은 프로그램개발 시에 제일 첫 단계의 토론 내용에 포함시킬 수 있을 것이다. 그러나 이러한 내용만 가지고서 참여를 실질적으로 보장할 수 있는 프로그램이라고 하는 데에는 한계가 있다.

이 영역의 권리교육내용을 보다 구체적으로 살펴보면 다음과 같다. 우선 제6차 교육과정의 구성으로 볼 때, 권리 교육내용을 담고 있는 교과는 사회과와 도덕과라고 할 수 있다. 사회과 교육내용의 경우, 권리교육은 독립적인 교육내용이라기보다는 민주시민교육의 일환으로 편성되어 있다. 즉, 민주시민의 양성을 위한 교육내용은 인권을 존중하는 교육프로그램이고, 또 인권을 신장시키려는 자세를 민주시민의 중요한 자질로 간주하는 것이다.

도덕과의 경우, 교육과정에는 '인간존중', '정의의 실현', '자유의 정신'(자발적 참여), '의사표현의 자유와 권리', '복지사회에서의 생존권', '생명존중과 환경', '공동체정신' 등이 포함되어 있다.

어느 교과에 의하여 가르쳐지건 권리교육내용은 주로 교사에 의하여 주도적으로 학생에게 전달된다는 특징을 가지고 있다. 그러니까 학생의 입장에서 보면 상당히 수동적인 학습이 이루어지고 있다고 보아야 한다. 이러한 한계를 극복하고 학생의 능동적인 참여를 신장·촉진하기 위해서 전형적인 수업상황을 탈피할 필요가 있다. 실지로 교사의 주도하에 학교교육의 틀 속에서 권리교육이 이루어지는 경우도 있다.3)

교과서 개발과 관련하여 보면, 현재 개발 중에 있는 제7차 교육과정은 이전의 교육과정보다 권리교육에 더욱 치중하고 있는 것이 사실이다. 이는 제7차 교육과정에 권리교육의 내용을 더 많이 수록한다는 것이 아니라, 교과서에 실릴 교육내용에 인권침해의 소지가 있는 요소를 제거하거나 수정하려는 노력을 엿볼 수 있다. 이러한 예로 '양성평등교육'을 실현하려는 노력을 들 수 있다.4) 기존의 교과서에 실린 교육내용에는 실지로 성차별을 은연 중에 조장하는 내용이 상당히 많이 담겨 있는 것이 사실이다. 한 연구(한국여성개발원, 1998)에 따르면, 교육과정에 명시적으로는 남녀 평등을 목표하고 있으면서 실제로 남녀간의 교육접근기회만을 강조하고 실생활에서의 차별을 조장하는 경우가 많다

3) 이에 해당하는 수업지도안의 사례는 유네스코한국위원회(1997)에서 펴낸 인권교육 어떻게 할 것인가에 소개되어 있다.

4) 한국교육과정평가원, 1999, 제7차 교육과정에서 양성 평등교육 실현방안 탐색, 양성 평등 교육 세미나 자료집.

는 것이다. 이러한 사실은 권리교육의 측면에서 시사하는 바가 적지 않다. 우선 교과서가 교육내용의 전형이라는 점을 감안할 때, 그리고 교과서가 공교육제도에서 개발된다는 점을 감안할 때, 적어도 인권침해나 불합리의 소지를 제거해야 한다. 만약 그렇지 못한 경우라면, 권리교육 프로그램을 공교육 체제에서 운영한다 하더라도 서로 모순되는 내용을 학생에게 제시하는 결과 밖에는 안 되기 때문이다.

교육내용과 학교생활과의 일관성과 관련하여, 학생들이 접하는 사회적 상황과 학교생활의 현실에서 나타나는 학생의 인권 상황이 교과내용으로서 다루어져야 한다는 점이다. 대개의 경우, 학교에서의 수업은 인권의 역사와 관련된 것을 제시하면서 실제로 학생들이 경험하는 현실 생활에서의 인권침해, 신장 방안 등을 밀도 있게 다루지 못하고 있다는 점을 유념해야 할 것이다.

어떠한 경우라 하더라도 이 범주에 속하는 권리교육내용은 권리에 관한 기본적 지식을 전달하는 수준에 그치고 있다는 점을 프로그램개발 시에 유념할 필요가 있다. 이는 다음에 살펴볼 정보전달형 프로그램이 시사하는 바와 일맥상통하는 특징이기도 하다.

2. 정보전달형 교육프로그램

정보전달형 교육프로그램은 아동 학대, 난민, 시설아동, 장애 아동, 기아와 질병에 시달리는 아동 및 그들의 실태에 관한 정보를 제공함으로써 권리교육의 동기화를 모색하는 교육프로그램이다. 앞서 소개한 바와 같이, 공교육내용이 아동권리에 관한 지식을 전달해 주는 효과가 있는 것과 마찬가지로 정보전달형 프로그램도 아동권리에 관한 지식과

정보를 제공해 주는 데 큰 기여를 한다. 그러나 이 유형의 프로그램은 공교육 체제에서의 교과서에 포함된 권리교육내용이 지향하는 바와는 달리 프로그램 자체가 권리 인식의 동기화를 꾀하고 있다. 따라서 이 유형의 프로그램을 '동기화 프로그램'이라고 부를 수도 있을 것이다.

이 유형의 프로그램들은 주로 빈민, 기아, 아동 및 여성의 인권침해 사례를 전달함으로써 프로그램 참여자에게 권리 인식을 고취시키고자 하는 프로그램이다. 세이브더칠드런 연맹(International Save the Children Alliance)에서 간행한 훈련자료집(1997)에 나오는 문항을 예로 들 수 있다. 예컨대, '하루에 질병이나 영양실조로 죽는 아동의 수는 얼마인가?'(답: 35,000명), '식수 부족으로 고통받는 개도국의 인구는 얼마인가?'(답: 12억, 전 세계인구의 1/5), '개발지원금 가운데 교육에 투여되는 돈의 규모는 얼마인가?'(답: 전체 개발지원금의 2%), '지난 10년간 전쟁으로 사망한 아동의 수는?'(답: 150만 명), '지난 10년간 전쟁으로 인하여 부상당한 아동의 수는?'(답: 400만 명) 등의 내용이 이 유형의 프로그램을 구성한다. 이러한 내용을 학습하면 인권 실태에 관한 정보를 획득하기도 하지만, 학습자가 인권 상황에 관한 동기를 얻게 된다는 장점이 있다. 이 유형이 갖는 또 다른 장점은 정보 전달로 인한 권리 인식 확대의 효과를 꾀할 수 있다는 점이다.

반면에, 이 프로그램이 갖는 장점이 정보 전달의 형태를 근간으로 하는 한, 학습자의 능동적인 참여를 보장하고 있지 못하다는 단점이 있다. 이러한 단점을 보완하기 위해서는 이 프로그램은 학습자의 동기화에 더욱 초점을 맞추어 운영하여야 할 것이다. 동기화에 초점을 맞추기 위한 노력은 비단 정보 전달에 그칠 것이 아니라 학습의 원리를 적극적으로 고려하여 학습자가 동기를 부여받은 후 그 다음 단계로 이행할 수 있는 운영 기법을 개발하는 데에 맞추어져야 한다.

3. '아동권리협약' 중심형 교육프로그램

1989년 유엔이 채택하고 우리나라도 1991년 서명·비준한 '아동권리협약'의 내용을 전달하는 데에 초점이 맞추어진 프로그램이다. 이 유형의 프로그램은 유엔의 산하기관(예컨대, 유네스코와 유니세프)과 세이브 더 칠드런에서 개발한 프로그램에서 쉽게 찾아볼 수 있다.

이 유형의 프로그램도 아동권리협약에 담긴 아동권리의 내용을 전달하는 데에 일차적인 목적이 있는 한, 정보전달형 프로그램이라고 할 수 있을 것이다. 따라서 이 유형의 프로그램은 정보전달형 프로그램이 갖는 장점과 단점을 동시에 지니고 있다고 볼 수 있다.

그렇지만, 이 유형의 프로그램이 단순하게 정보 전달의 기능만을 하는 것은 아니다. 아동권리협약의 내용을 근간으로 하여, 뒤에 검토할 활동거리 또는 놀이형으로 조직된 프로그램이 있다. 대표적인 프로그램으로 유니세프 한국위원회가 제작한 '어린이는 어떤 권리를 가졌을까요?'를 들 수 있다. 이 프로그램에서 아동권리협약은 카드 삽화를 활용한 게임 형식으로 구성되어 있어 아이들이 생활현장에서 직접 겪게 되는 상황을 통하여 '협약'의 내용을 학습하도록 구안·조직되어 있다.

이에 반하여 세이브 더 칠드런이 제작한 훈련 프로그램(Training Kit)은 아동권리협약의 내용을 체계적으로 조직하여 구성하고 있다. 우선 아동권리협약의 배경에서부터 기본 원칙이 일목요연하게 구성되어 있으며, 학습자가 권리교육의 기본 원리를 체계적으로 학습할 수 있도록 제작되었다는 것이 그 특징이다. 이러한 점들을 고려할 때, 전자의 프로그램은 초등학교 학령기의 아동에게 적합하다고 할 수 있으며, 후자는 중등학교 학령기의 아동과 권리교육프로그램의 운영자(또는 아동 지도자)들이 접근 가능한 프로그램이라고 할 수 있을 것이다. 이러한 사실에 비추어 볼 때, 아동권리협약 중심형 프로그램은 연령별·수준별로 다양한 프로그램 제작이 가능하다는 것을 시사해 준다.

끝으로, 이 유형의 프로그램이 아이들의 참여를 실질적으로 촉진할 수 있는 프로그램이 되기 위해서는 '협약'의 내용을 학습하는 데에만 국한시키지 말고, '협약'의 내용과 일상생활 현장의 인권 사태와 연계를 고려하여야 할 것이다.

4. 활동(놀이)형 교육프로그램

활동형 프로그램은 주로 아무런 제약을 받지 않는 비정부기구(NGO)에서 제작된 것에서 쉽게 찾아볼 수 있다. 그 활동의 내용은 아이들의 접근이 용이한 놀이의 형태를 띠고 있다는 점을 그 특징으로 한다. '아동권리협약' 중심형 프로그램과 달리, 이 유형의 프로그램은 아이들의 활동에 초점을 맞춘다는 점에서 '협약' 중심형보다 학습자의 능동성을 더욱 고려하고 있다.

이 유형에 해당하는 프로그램의 대표적인 예가 참여연대(1997)가 제작한 '아이들에게도 인권이 있다'로서 다양한 활동거리를 중심으로 구성된 프로그램이다. 이 프로그램은 비록 서두에 '아동권리협약'에 관한 소개를 하고 있으나, 실질적인 내용 구성 면에서 보면, 특정한 협약이나 권리선언에 구애되지 않고 인권 상황이라고 할 수 있는 모든 영역을 망라하여 다양한 방법에 의하여 프로그램을 구성한 것으로 평가된다.

그리고 이 프로그램은 가족 단위의 활동을 전제하고 있다는 점이 특색이다.

활동형 프로그램은 아이들의 경험 세계를 통하여 권리교육을 실시한다는 점에서 상당히 효과적인 프로그램 유형이라고 할 수 있다. 즉, 아이들이 겪을 수 있는 활동 상황이나 놀이 상황이 전제되어 있기 때문에 이 유형은 아이들의 동기 부여와 적극적인 참여를 도모할 수 있다는 장점을 가지고 있다. 그러나 이 유형이 개발된 프로그램을 토대로 진행된다는 점에서, 아이들이 겪게 될지도 모르는 미지의 상황을 포함시키지 못한다는 단점이 있다. 이 단점을 하트가 제시한 '참여 사다리'를 통하여 보면, '기획된 행사의 자발적 참여' 수준(제4~5단계)만을 보장하고 있다는 점이다. 즉, 이후의 참여 단계를 보장하기 위하여 우리가 고려해야 할 점은 아이들이 직접 설정한 문제 상황을 가지고 자기주도적으로 참여하는 수준의 프로그램을 염두에 두어야 한다는 점이다. 이런 맥락에서 반드시 짚고 넘어가야 할 점은 아이들이 겪게 되는 문제 상황에 초점을 맞추어야 한다는 것이다. 따라서 우리가 관심을 가져야 할 유형은 문제중심형 프로그램의 개발이다.

5. 문제중심형 교육프로그램

문제중심형 프로그램은 참여를 신장하고 자기주도력을 계발하는 데 적합한 유형의 프로그램이다. 여기서 '문제중심'이란 '문제해결'을 의미하는 말이다. 이 유형은 활동중심형과 흔히 혼돈할 수 있는 유형인데, 앞서 지적한 바와 같이, 주어진 상황을 반드시 전제하지 않고 상황의 설정과 문제해결 등 일련의 과정에서 아이들의 기획과 자기 주도적 상황을 전제한다는 점에서 큰 차이가 있다.

이 유형의 프로그램은 우리에게 익숙하지 않은 프로그램일지도 모른다. 우리에게 익숙한 프로그램의 대부분은 개발·제작자의 의도를 일차적으로 고려한 프로그램이었고, 학습자의 자기주도적 상황 설정을 기획하는 프로그램을 접할 기회가 드물었기 때문이다. 그러나 우리가 프로그램의 목적을 참여의 신장에 두고 있다면, 그 프로그램은 참여자의 '기획', '자기결정', '자기주도성' 등을 기본 원리로 하여야 한다. 이와 같은 사실은 앞서 살펴본 하트의 '참여 사다리'를 통하여 확인한 바 있다.

기존의 권리교육프로그램 중 문제중심형 프로그램이 전혀 없는 것이 아니다. 우리나라의 경우, 인권운동사랑방 등에서 개발된 프로그램은 문제상황을 토대로 구성된 문항들을 중심으로 하여 학습자의 문제 해결력을 제고하는 데에 그 초점을 두고 있다. 그러나 이 경우의 문제중심형 프로그램은 문제해결을 위한 예시적인 프로그램으로 보는 것이 타당할 것이다. 왜냐하면, 문제중심형 프로그램의 장점은 학습자의 자기주도성과 학습자 스스로가 제기한 문제(자기 기획)를 중심으로 했을 때 드러나기 때문이다. 이와 관련하여 보면, 이 유형의 프로그램의 개발과 활용에 구성주의 교수–학습의 이론을 원용하는 것을 적극적으로 고려할 필요가 있다.

여기서 '구성주의'(constructivism)를 간략히 살펴보기로 한다. 구성주의와 관련된 기초 이론은 윤리학 또는 가치 이론에 소개된 내용이라고 할 수 있다. 구성주의 이론에 따르면, 한 개인의 삶은 그 개인의 삶의 설계(life-plan)에 따라 영위될 수 있는 것이다. 이를 좀 더 자세히 설명하면, 한 개인이 자신의 삶을 어떻게 영위할 것인가를 심사숙고하는 과정에서 자신이 어떤 삶을 영위할 것이며, 그 삶의 실현을 위하여 어떠한 개인적인 조치를 취해야 할 것인지를 스스로 결정할 수 있는 삶을 전제하고 있는 것이다[5]. 구성주의는 윤리학이나 가치 이론에서 도입된 것임에는 틀림이 없지만, 이후 교육 이론(교수–학습 이론)에 영향을 미친 것이 사실이다. 이 이론이 미친 영향이란 다름 아닌 한 개인의 '자기주도성'이라고 할 수 있다. 이를 문제중심적 권리교육프로그램에 원용하고자 한다면 그 핵심은 프로그램 참여자의 '기획', '자기결정', '자기주도성'이다.

이러한 특징과 더불어 우리가 심각하게 고려해야 할 점은 프로그램 개발과 관련하여 프로그램 피드백(feed-back)의 일환으로 평가체제를 마련할 수 있어야 한다는 점이다. 여기서 평가체제라 함은, 〈그림 10-1〉에 제시된 바와 같이, '자기규준평가(self criterion evaluation)체제'를 지칭하는 것으로서, 어떠한 외부의 평가준거를 일차적으로 배제하는 것을 지칭한다. '자기규준평가체제'는 이 유형의 권리교육프로그램이 갖는 또 다른 장점이다.

뒤에 보다 자세히 논의하겠지만, 문제중심형 프로그램의 핵심적인 특징은 문제 상황에 실지로 참여해야 한다는 것이고, 프로그램이 프로그램 운영자에 의하여 주어지는 것이 아니라 프로그램 참여자가 스스로 문제 해결을 할 수 있는 여건을 프로그램개발 시에 마련해주어야 한

---

5) 이를 교육과정 이론에 소개한 인물로 영국의 John White를 들 수 있을 것이다. 그는 자신의 이론을 전개하면서 '구성주의'라는 개념을 언급하지 않았지만, 구성주의 또는 자기주도적 삶을 교육 이론에 도입하면서 그가 소개한 이론은 '인지된 욕망충족'(informed desire-satisfaction)이라는 개념을 원용한 의무교육론(a theory of compulsory curriculum)이다. 물론 그는 자신의 이론을 전개하면서 '자기주도적 삶'에 초점을 맞춘 것이 아니다. 그러나 그의 교육 이론에 담겨 있는 기본적인 아이디어는 본 연구가 초점을 맞추고 있는 '참여'라고 볼 수 있다.

다는 점이다. 실질적인 참여를 보장할 수 있는 프로그램은 참여자 스스로의 문제해결 측면에서 보면, 프로그램 구안 시에 핵심적으로 고려해야 할 사항이다. 물론 이와 같은 주장에 대하여 프로그램은 주어진 상황과 프로그램을 구성하는 구안내용에 의존하는 것이라고 비판할 수도 있다. 그러나 적어도 참여를 신장·촉진할 수 있는 프로그램을 구안하려 한다면, '자기주도성', '자기기획', '자기결정'과 같은 요인을 적극적으로 포함시켜야 할 것이다.

Ⅴ. 아동권리교육프로그램의 개발

1. 권리교육프로그램 개발의 일반적 원리

아동권리의 의미와 기존의 프로그램을 분석한 결과 다음과 같이 권리교육프로그램 개발을 위한 일반적 원리를 도출할 수 있다.

첫째, 아동권리교육프로그램은 어떠한 내용과 형식을 지니든지 간에 자기주도성 향상의 원칙 아래서 아동의 참여를 신장시키는 프로그램이어야 한다. 이미 앞에서 강조한 바와 같이, 교육프로그램의 종국적인 지향점은 아동의 참여권을 보장·신장하는 데에 맞추어져야 한다. 이를 달리 말하자면, 아동이 교육프로그램을 학습한 결과로 체득하는 태도는 실제 문제에 적극적으로 참여하는 자세와 권리주체로서의 태도를 함양시킬 수 있는 것이어야 한다.

둘째, 대상 아동의 심리적, 발달적 특징과 개인차가 적극 고려되어야 한다. 우리 주변에는 다양한 계층과 배경을 가진 아동들이 있지만, 그들

대부분은 어느 정도는 유사한 발달 경로를 거친다. 이를 위해 그들의 발달적, 심리적 특성을 반드시 고려해야 할 것이다. 권리교육프로그램의 대상은 연령 또는 학령별로 보면, ① 상급초등학령 아동(9-12세), ② 중학교 학령 아동(13-15세), ③ 고등학교 학령 아동(16-18세), ④ 대학생(19-24세)으로 나누어 볼 수 있다. 대상별 차별화된 교육프로그램 제작 시 발달 단계상의 교육적인 고려를 해야 한다. 그러나 앞서 지적한 바와 같이, 아동의 참여는 아동 개개인이 처한 상황과 개인의 관심사를 고려하여야 한다는 점을 고려할 때, 아동 참여 교육프로그램의 성격은 공교육체제의 공통교육과정의 성격과는 판이해야 한다. 이러한 사실은 프로그램의 개발과 함께 현실적으로 프로그램을 적용할 때 요구되는 적용원리 및 지침이 매우 중요하다는 것을 시사해 준다.

셋째, 아동 참여를 신장하는 프로그램은 사회적인 기능을 수행할 수 있어야 한다. 아동의 권리침해를 수정함은 물론, 그것을 사전에 막을 수 있으며, 궁극적으로 아동이 스스로 자신의 권리 신장을 위하여 보다 적극적인 참여 태도를 형성할 수 있게 하여야 할 것이다. 즉, 예방, 개발, 교정 기능을 할 수 있어야 한다. 이에 관하여 다음 절에서 보다 상세하게 살펴보기로 한다.

넷째, 실제 상황에서 권리침해를 방지하고 권리를 온전하게 행사할 수 있는 심리적 특성의 함양에도 초점을 두어야 할 것이다. 여기에는 자발성, 종합적 판단력, 분석적 판단력이 포함되어 있어야 한다.

자발성(spontaneity)은 다음과 같은 두 가지 가능성에 의해 실현될 수 있다. 하나는 문제제기 가능성(problematic)이다. 이는 기존의 상황과 현실을 그대로 수용하는 학습이 아니라 상황의 비합리성이나 부조리성 등에 대하여 아동(학습자)이 스스로 문제를 제기할 수 있게 하는 프로그램이어야 한다. 또 하나는 참여 가능성(participatory)이다. 구체적이고 실제적인 문제제기가 가능할 뿐만 아니라, 그것의 해결을 위한 대안을 탐색하고, 해결책의 제시와 해결 상황에서 아동(학습자)의 자발적이고 실질적인 참여를 보장할 수 있도록 교육프로그램은 구안되어야 한다. 앞서 살펴본 하트의 참여 단계(참여 사다리)에서 적어도 〈단계4〉 이상의 참여를 유발·촉진할 수 있어야 한다.

종합적 판단력(comprehensive judgement)이란 아동(학습자)이 참여한 교육프로그램 속의 문제 사태에 참여하여 단일한 해결책을 제시하기보다는 여러 선택지 중에서 상호 비교하여 종합적으로 판단하는 능력을 말하며, 분석적 판단력(analytic judgement)이란 아동(학습자)이 구체적인 상황에 참여하여 스스로 내린 판단을 토대로 판단의 의미와 자신의 이익과 타인의 고려(존중)를 분석할 수 있음을 의미하는 것이다. 그리고 종합적 판단력과 분석적 판단력은 별개의 것으로 간주할 것이 아니라 항상 상호 보완적인 것으로 간주하고 프로그램을 개발하여야 한다. 이는 뒤에 언급할 아동의 자기규준평가체제와 직접적인 관련을 맺는다.

다섯째, 프로그램은 연령별 아동의 개인차를 고려한 상황 접근가능성(accessibility)을 존중하여야 한다. 즉, 교육프로그램은 아동(학습자)이 구체적인 상황에서 경험 가능한 상황을 전제하여야 한다. 또한 기존의 교수–학습에서 나타나는 교수자(교사)의 언어 중심적·지시적 상황과는 달리 학생들이 겪는 상황 중에서 인권과 관련된 구체적 상황을 제시하고 그 상황을 통해 얻은 경험이 통합된 활동 중심적인 내용이어야 한다. 또한, 앞서 지적한 바와 같이, 상황 접근가능성은 아동의 발달과 개별적인 문제 상황과 불가분의 관계임을 잊지 말아야 한다.

여섯째, 프로그램은 실제적으로 자기주도적인 행동패턴의 변화에 초점을 맞추어야 한다. 학교의 도덕, 사회 교과에서 인권에 대한 기본 개념이 다루어지고 있기는 하지만, 아동이 실질적으로 자신의 권리를 보호할 수 있는 행위 등의 실제적 조치는 기본 개념을 학습하는 것만으로 충분치 않다. 개념을 충실히 이해하는 것에 더하여 판단하고, 실제로 실행해보는 것이 중요할 것이다. '이해'에서 실제 '참여 행동'으로까지 단계적이고 점진적으로 이루어져야 한다. 우선 다양한 학습방법에 따라 권리학습이 이루어지고 그 다음 단계에서 실제 기능훈련이 이루어져야 하며, 최종 단계에서 실제 현장에 직면하여 문제를 해결할 수 있어야 할 것이다. 그리고 가능하면 당면한 문제 해결을 위하여 당장 시도할 수 있는 활동이 프로그램에 포함되도록 개발해야 할 것이다. 이를 위해서 적어도 두 가지 사항은 필수적으로 요구된다. 하나는 영재교육프로그램이 시사하는 자기주도성의 구체적 원리가 포함되어야 한다. 특히 자기주도성의 심화 단계에 이르도록 프로그램이 구안되어야 한다는 점이다. 다른 하나는 하트가 제시한 참여 단계 중 상위 단계의 활동에 참여 아동의 관심이 집중되도록 프로그램이 구안되어야 한다. 이 두 가지 사항이 간과되면 프로그램은 하트가 경계한 '의사참여' 단계(〈단계1〉에서 〈단계3〉)에 머무르게 된다는 점에 유의해야 한다.

일곱째, 프로그램은 아동이 자기 평가를 수시로 그리고 지속적으로 할 수 있는 가능성을 실질적으로 담을 수 있어야 한다. 이때의 평가는 반드시 '자기규준평가'이어야 한다. 프로그램과 연계된 자기규준평가는 자기주도성의 원칙에서 연역된 것이라고 볼 수 있다. 따라서 자기규준평가에는 참여 아동 모두에게 일률적으로 적용할 수 있는 어떤 객관화된 평가준거가 존재할 수 없다는 점에 유의하여야 한다. 그리고 종합적 판단력과 분석적 판단력이 상호보완적으로 발휘될 수 있는 자기규준평가를 염두에 두고 프로그램은 개발되어야 한다.

2. 아동권리교육프로그램의 기능

어떤 교육프로그램도 그 내재적으로 잘 정합된 가치만을 가지고 그 프로그램이 제 기능을 다 했다고 평가할 수는 없다. 교육프로그램 개발의 이면에는 그 프로그램이 지닌 사회적 기능이 있게 마련이다. 여기서는 개발하고자 하는 아동의 참여를 신장하는 교육프로그램이 개발되어 수행하는 사회적 기능을 살펴보기로 한다. 이는 프로그램의 기대효과와 함께 매우 중요한 고려 사항이다.

본 연구에서 제시하고자 하는 권리교육프로그램이 지닌 사회적 기능은 예방적 기능, 개발적 기능, 그리고 교정적 기능이다.

1) 예방적 기능

프로그램의 예방적 기능이란 아동권리침해를 사전에 막을 수 있는 기능을 뜻한다. 여기에는 아동 스스로의 예방뿐만 아니라 부모, 교사, 후견인 등 아동 문제와 관련한 모든 이들에 대해 아동권리가 침해되지 않도록 하는 예방·보호적 기능을 할 수 있도록 프로그램을 개발하여야 한다는 의미까지 포함한다.

아동의 입장에서 보면 예방적 기능은 아동 스스로가 권리의 주체로서 스스로의 권리를 수호할 수 있는 인지적 태도와 역량을 길러주는 기능을 전제로 한다. 따라서 프로그램의 예방적 기능은 주로 정보전달형 프로그램에서 많이 볼 수 있다. 그리고 프로그램의 내용 면에서 보면,

예방적 기능에 치중한 프로그램은 일차적으로 '참여'보다는 '재화 공급'과 '보호'에 치중되어 있다. '재화 공급'과 '보호'가 아동을 결핍 상태에서 벗어나게 하는 복지적인 측면뿐만 아니라 이를 예방하는 측면에 초점이 맞추어져 있기 때문이다.

보다 구체적인 상황을 들어 말하자면, 프로그램은 성폭력, 성차별, 집단 따돌림 및 괴롭힘(이른바 '왕따') 등의 예방에 기여할 수 있어야 한다. 그러니까 예방적 기능이라고 하는 것은 권리교육프로그램이 학습자로 하여금 인권침해를 예방할 수 있도록 해야 한다는 것을 의미한다.

2) 개발적 기능

프로그램의 개발적 기능이란 권리의 내용에 대한 학습이 이루어지도록 함은 물론이고 아동의 태도 변화를 도모하는 기능을 뜻한다. 즉, 이 기능은 프로그램 학습자로 하여금 아동권리의 학습을 통하여 아동에 대한 태도의 근본적인 변화를 도모할 수 있는 기능이다. 따라서 이 기능이 프로그램의 핵이라는 점에는 재론의 여지가 없다.

그리고 아동권리의 신장을 위한 보다 적극적인 참여 태도의 형성은 프로그램의 개발적 기능의 핵심이다. 따라서 아동권리교육프로그램은 종국적으로 이 기능의 개발에 초점을 맞추어야 한다. 물론 개발적 기능의 초점이 '참여'에 국한된 것이라고 말할 수는 없다. 프로그램의 개발적 기능은 학습자의 권리의식, 권리의 내용과 실태, 권리침해의 사례 등 여러 가지 권리내용을 학습하도록 하고 있기 때문에 권리교육프로그램의 핵이 되는 기능이라고 할 수 있다.

무엇보다도 이 기능은 예방적 기능과 연계되었을 때, 프로그램의 효과를 극대화시킬 수 있다. 즉, 교육프로그램은 아동권리의 침해를 예방하고 동시에 권리의식을 고취시키는 방향으로 개발되어야 할 것이다.

3) 교정적(矯正的) 기능

프로그램의 교정적 기능이란 아동권리침해에 대한 사후 조치 역할을 수행할 수 있는 기능을 뜻한다. 이 기능은 아동 자신의 그릇된 권리 인식을 교정하고, 다른 한편으로는 타인에 의한 아동의 권리침해를 수정해 주는 기능을 포함한다.

교정적 기능은 원리상으로 보면 개발적 기능에 환원된다고 볼 수 있다. 그러나 권리학습이 시행되기도 전, 그리고 이러한 교육프로그램을 접하지도 못한 상황에서 많은 아동의 권리가 무참히 침해당하고 있는 현실을 감안하면, 교정적 기능이 갖는 중요성을 간과할 수 없기 때문에 개발적 기능과 분리하여 강조하고자 하는 것이다. 그리고 교정적 기능의 중요성은 그 자체로 그치는 데에 있는 것이 아니라 다시 예방적 기능과 개발적 기능으로 연계되는 데에서 찾아져야 한다.

일견 예방적 기능과 교정적 기능은 소극적 권리에, 개발적 기능은 적극적 권리에 상응한다고 볼 수 있다. 여기서 소극적 권리는 주로 소극적 자유권과 보호를 주 내용으로 하는 복지권을 지칭하며, 적극적 권리는 적극적 자유권과 행복추구권 등을 지칭한다. 그러나 이들 기능과 소극적-적극적 권리의 구분이 정확하게 상응하는 것은 아니다. 복지권과 소극적 자유권의 보장은 그 자체로 적극적 자유권과 행복추구권의 전제가 된다. 다시 말하자면 기본적인 생존에 요구되는 재화의 공급과 간섭, 방해, 기타 폭력으로부터의 보호가 없으면 개인이 추구하는 활동이나 삶의 방식을 선택하는 등의 적극적 자유의 실현을 보장할 수 없다는 뜻이다. 이는 앞서 논의한 복지권이 참여권의 전제가 된다는 측면에서 정당화된다.

무엇보다도 프로그램 개발에 있어서 최종적인 목표로 삼아야 할 점은 프로그램이 사회적으로 또는 실질적으로 아동의 자기 개발을 도모할 수 있어야 한다는 점이다. 이 점이 간과되는 한, 아무리 정교하게 그리고 정합적으로 구안된 어떠한 프로그램도 온전한 프로그램으로 평가받을 수 없을 것이다.

3. 아동의 참여를 신장하는 아동권리교육프로그램 기본 모형

1) 모형

이상에서 살펴본 바와 같이 아동권리교육프로그램의 일반적인 원리와 기능에 근거하여 다음과 같은 모형을 구안하였다.

단계 / 모듈	1단계: 권리이해	2단계: 참여연습	3단계: 참여
생존권	토론	시뮬레이션 수업	현안해결
보호권			
발달권			
참여권			
활동의 기본 이념	아동 최선의 이익, 무차별, 참여		

〈그림 10-2〉 아동 참여를 신장하는 권리교육프로그램 기본 모형

(1) 목표

프로그램은 아동권리의 중요한 네 축인 생존권, 보호권, 발달권, 참여권에 대해 아동들이 이해, 내면화하고 현실에의 적용연습을 통해, 실제 현장에서 인권 문제를 해결할 수 있는 실질적인 방안을 제시하고, 행동할 수 있도록 하여야 함을 목표로 한다. 물론 '참여'가 단계상의 최종에 있지만, 프로그램의 목표는 각 단계에서 아동 참여를 실질적으로 도모하는 데에 있다.

(2) 모듈별 요소

모듈이라는 것은 여러 활동들이 하나의 주제나 목표 하에 모여서 이루어진 집합 형태를 말한다. 각 모듈은 프로그램의 중요한 한 요소로서 독립적으로 기능하되 위계적으로 구성되어 전체 프로그램으로 통합된다. 각 모듈은 단일한 하나의 권리 영역에 대한 여러 요소를 포함한다.

본 모형은 기본적인 인권 요소 중 유니세프가 권장하는 네 가지를 기본 모듈로 선정하여 구성하였다.

① 생존권
② 보호권
③ 발달권
④ 참여권

(3) 활동의 기본 이념

아동이 참여하는 교육프로그램 활동은 '아동권리협약'이 권고하는 세 가지 기본 원칙을 활동의 기본 이념으로 담아야 한다. 주지하는 바와 같이, '아동권리협약'에 제시된 세 가지 기본 원칙은 무차별의 원칙(제2조), 최선의 이익(제3조), 참여의 원칙(제12조)이다.

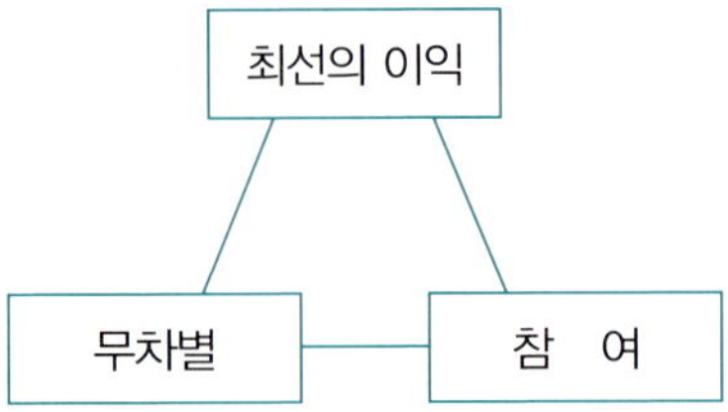

〈그림 10-3〉 '아동권리협약'의 제3대 정신

① 아동 최선의 이익: 아동과 관련된 모든 행위는 자신의 최상의 이익을 완전히 추구하는 것이어야 한다. 국가, 부모, 그리고 모든 관계자는 어떤 활동이든지 그것이 최선의 이익이 되도록 조치를 취할 이행 의무가 있다.

② 무차별: 모든 권리가 예외 없이 모든 아동에게 적용된다는 원리로서 국가는 어떤 차별의 형태에서든 아동을 보호할 책임이 있다. 아동의 어떠한 권리도 차별적으로 침해하지 말아야 하며, 모든 아동의 권리를 발달시키기 위한 적극적인 조처를 차별 없이 취해야 한다.

③ 참여: 참여의 원칙은 아동에게 최선의 이익이 되도록 하는 결정적인 절차적 요인이다. 일견 아동에게 이익이 되는 어떤 조치라 하더라도 아동의 실질적인 참여가 배제되면, 그것은 최선의 이익을 위한 것이 아니다.

2) 활동 단계

프로그램에 참여하는 아동의 활동 단계는 기본적으로 권리이해-참여연습-실질적 참여의 세 단계로 구안된다. '권리이해' 단계에서는 토론 방법을, '참여연습' 단계에서는 시뮬레이션 방법을, 그리고 '참여' 단계에서는 아동이 직접 현장에 참여하는 것을 의미한다. 다만 이는 방법상의 원리이고, 활동의 상황과 참여 아동이 지닌 개인차는 여전히 존중된다.

권리이해 (토론)	→	참여연습 (시뮬레이션 수업)	→	참여 (현장 참여)

〈그림 10-4〉 아동권리교육 활동 단계

(1) 제1단계: 권리이해 - 토론

① 목표: 권리에 대한 기본 개념 이해 및 권리의식과 태도의 함양

② 방법: 네 가지 모듈의 요소에 대한 개념 제시 및 토론 (단, 프로그램의 내용상 필요한 경우에 한하여 교사주도로 권리학습내용이 제시될 수 있음)

③ 내용 선정의 원리:

-생존권, 보호권, 발달권, 참여권에 대한 토론이 있어야 한다.

-권리인식을 갖는다는 것이 토론내용에 포함되어야 한다.

-권리주체로서의 자아 인식이 필요하다. 부당한 간섭으로부터 벗어나고, 자기 스스로의 선택지를 자율적으로 선택하며, 자기 스스로의 선택지를 자율적으로 추구하고, 자신이 최선의 이익을

스스로 추구할 수 있는 자아에 대한 인식이 필요하다.

–타인에 대한 존중(respect for others)이 필요하다. 자신의 권리를 주장할 수 있기 위해서는 타인을 존중하는 마음이 필요하다.

–자아 인식과 타인 존중은 상호보완적인 것임을 깨닫고, 이러한 인식은 궁극적으로 인간과 평화에 대한 사랑과 보편적 인권의식 함양을 위한 기본적인 태도임을 인식한다.

④ 내용:

–권리와 인간존엄성의 의미와 특징 이해

–세계 인권선언의 내용과 기초 원리에 대한 토론

–현재 우리나라의 관행적 인권침해의 평가

–권리침해 경험의 공유

–권리침해 형태의 분류 등

(2) 제2단계: 참여연습 – 시뮬레이션 활동

① 목표: 권리침해, 권리행사 해결방안을 제시하고 실제 행동을 할 수 있는 판단력 및 자발성 함양

② 방법: 모듈별로 권리침해, 권리주장, 권리 행사에 관한 가상 시나리오별 문제 해결 시뮬레이션 게임

③ 내용 선정의 원리:

–전제: 생존권, 보호권, 발달권, 참여권이 침해되는 실제 상황을 전제로 한 가상적인 시나리오가 존재해야 한다.

–상황 접근이 가능한 가상상황이어야 한다. 그리고 아동(학습자)이 구체적인 상황에서 경험 가능하여야 한다.

–자발성이 강조되어야 한다. 기존의 상황과 현실을 그대로 수용

하는 것이 아니라 상황의 비합리성이나 부조리성 등에 대하여 아동(학습자)이 스스로 문제를 제기할 수 있어야 한다.

–실질적인 참여가 가능해야 한다. 구체적이고 실제적인 문제 제기가 가능하더라도, 그것의 해결을 위한 대안 탐색, 해결책의 제시가 프로그램 참여 아동이 실제로 채택·적용할 수 있는 상황에서 이루어져야 한다.

–아동이 권리에 대한 종합적 판단력을 증대시킬 수 있는 기회를 제공해야 할 것이다.

–아동이 구체적인 상황에 참여하여 스스로 내린 판단을 토대로 그 판단의 의미와 자신의 이익과 타인의 고려(존중)를 분석할 수 있는 분석력이 함양될 수 있어야 한다.

–종합적 판단력과 분석적 판단력이 동원된 자기평가가 모의(시뮬레이션) 상황에서 이루어져야 한다.

④ 내용:

–모호한 시뮬레이션 상황에서 권리침해 및 권리 주장을 위한 문제 제기

–인권 수호의 필요성을 정당화하는 방법 모색

–인권상황이 개선될 수 있는 가능성의 현실화 (가상적 상황)

–인권 수호를 보장해줄 제도와 조직에 대한 파악 (가상적 상황)

–권리침해 방지를 위한 행동계획 수상 및 가상 행동

–국제 인권 단체 및 조직의 파악 및 연계 방법 모색 등

(3) 제3단계: 참여

① 목표: 아동이 실제 상황에서 실질적인 참여를 통해 문제를 실제로

해결할 수 있는 능력

② 방법:

–아동이 현재 처한 상황에서 해결책 모색 및 창의적으로 인권침해 현장 혹은 문제 상황에 직접적으로 참여

–통합적 방법, 자기심화적 능력의 동원

③ 내용 선정의 원리 및 내용:

–생존권, 보호권, 발달권, 참여권이 실제 침해되고 있거나 권리주장을 하기 위한 실제 문제를 포함하여 아동의 실제 상황에 나타나는 모든 문제

–구성된 학생 집단 구성원이 겪는 현재의 인권침해 및 권리주장을 위한 문제 파악

④ 자기규준평가

–실제 참여 단계에서 가장 강조되는 것은 자기평가임.

–자기규준평가를 원칙으로 함.

–참여 아동의 자기평가 활동에 대한 평가보고의무와 외부평가기준이 없어야 함.

–자기 보고를 통한 발표를 유도함.

–옴부즈맨 활동과 연계

3) 프로그램 활동 운영 방법론

(1) 토론 수업

어떤 행동을 하기 전에 상황을 인지하고 그에 관련된 기본 개념을 이해하는 것은 반드시 필요한 일이다. 아동들은 이미 학교에서 공식적 교육과정을 통해 여러 가지 권리에 대한 지식을 얻을 기회가 있었을 것이

다. 그러나 교사 일인당 수십 명의 학생의 비율로 이루어진 일방적인 강의식, 주입식 수업으로는 권리의 기본 이념과 개념의 이해가 충실하게 이루어질 수가 없다. 최상의 내면화를 위해서는 스스로 문제를 제기하고 탐구하고, 주변의 사람과 대화하는 방법을 취해야 한다. 참여를 지향하는 권리교육프로그램이 되기 위해서는 기본 개념에 대한 이해부터가 단순한 강의가 아닌 적극적인 참여를 전제로 하는 토론식 수업이 강조되어야 한다.

이 단계의 프로그램을 유형별로 보면, 공교육내 교과서 속의 권리교육관련 내용이나 정보전달형 프로그램의 활용이 적합하다. 초점은 두말할 필요 없이, 권리 이해에 맞추어져야 하고, 인간존엄성을 바탕으로 한 권리의 속성과 범주, 권리 인식을 위한 기본 지식과 이해, 민주시민생활 영위를 위한 타인 존중에 관한 이해, 평화교육 등을 주요 내용으로 하여, 아동의 자발적 토론을 이끌어낼 수 있어야 한다.

토론 활동은 일차적으로 권리에 대한 지식 습득과 기본적 이해에 그 목적이 있으므로, 교사와 아동 지도자의 직·간접적 개입이 요구되기도 하지만, 참여 신장을 위한 교육프로그램 개발임을 감안할 때, 기존의 교사 위주의 지도 방식은 배제되어야 한다. 프로그램 제시 방법에 있어서도 교과서적인 내용을 일률적으로 할 것이 아니라, 아동의 구체적인 삶의 현장을 반영하는 내용이나 활동거리를 참여 아동의 상황에 맞게 조직해야 할 것이다. 비록 교과서 내용을 부득이 토론거리 또는 활동거리로 삼는다 하더라도 명실공히 토론 참여를 가능하게 하는 운영방법이 동원되어야 한다.

토론의 결과, 즉 아동이 직접 토론에 참여한 토론내용에 대하여 결론도 아동 스스로의 생각과 판단에 비추어 내려지도록 운영하여야 할 것이다.

(2) 시뮬레이션 활동

참여 연습으로서 시뮬레이션 활동에 대한 교육적 관심은 매우 높다. 우선 시뮬레이션 수업의 장점을 살펴보면 다음의 네 가지이다.

첫째, 경제성이다. 시뮬레이션으로 하는 것이 실제 현장을 가보는 것보다 적은 비용을 들일 수 있다.

둘째, 재생성이다. 어떤 사건을 재생할 수 있는 유일한 방법이다.

셋째, 가시성이다. 어떤 사건이 생생하게 재현될 수 있다는 것이다.

넷째, 안전성이다. 어떤 사회 사건이나 현상에 직면하는 것은 예기치 못한 위험을 내포한다.

이외에도 자아 참여도가 높고, 적극적인 참여로 자신에의 의존도가 높아지며, 학습내용의 파지도와 전이도가 높고, 흥미와 자발적인 참여 동기가 높은 것이 장점이다. 때문에 참여신장을 위한 권리교육프로그램에 적합한 교육 방법이다.

시뮬레이션은 참여자들이 서로 상호관련을 맺으며 실제 자신의 행위의 결과를 즉각적으로 체험하게 한다. 생생한 사례를 재생시킨 모의 현장에서 참가자들이 새로 터득한 기술이나 지식을 응용하고 그들이 취한 행동의 적합성에 관한 피드백을 제공한다. 특히 시뮬레이션은 도덕 및 윤리교육에서 이미 활용의 효과가 큰 방법이라고 입증되었다.

시뮬레이션 수업은 다음과 같은 순서로 이루어져야 한다.

① 준비: 해당 수업시간에 실시될 시뮬레이션의 목적을 참가자들에게 주지시킨다. 그리고 이 수업을 위해 필요한 사항이나 절차를

소개하여 참가자들이 스스로 목표를 세우고 전략을 짜고 실제로 행해야 할 역할에 대해 생각하도록 한다. 그리고 참가자의 역할 및 활동 순서를 정하고 규칙을 분명히 한다.

② 시행: 모의 상황에서 가장 적합한 행동 및 대안을 여러 관점에서 찾아내고, 찾아낸 몇 가지 관점의 차이점을 생각해보는 과정을 통해 자신의 입장을 세운다. 또한 자기 의견을 주장하도록 해서 의사 교환, 의사 충돌을 갖게 하여 가치 결정 훈련을 한다. 입장이 다른 참가자간의 상호작용을 높이고 각자의 가설을 검증해보는 기회를 준다.

③ 정리: 참여자들은 자신의 행위의 결과를 알게됨으로서 즉각적인 피드백을 얻는다. 시뮬레이션 수업 진행 중에 가졌던 느낌이나, 새로이 알게 된 개념, 기술, 절차에 대해 평가한다.

이 단계에서 프로그램 운영은 유형별로 보면, 활동형 프로그램을 중심으로 하거나, 또는 '아동권리협약'의 내용을 중심으로 한 참여연습, 즉 시뮬레이션 활동을 통하여 가능할 것이다. 이 단계에는 전 단계에서의 권리학습을 토대로 한 참여연습 단계이며, 동시에 다음 단계의 현장 참여를 전제로 한 것임을 염두에 두고 있으므로 교사 또는 지도자에게 고도의 프로그램 운영기법이 요구된다.

기존의 활동형 또는 놀이형 프로그램이 아동권리교육프로그램의 목적이 무엇인지, 즉 아동이 도달하여야 할 종착점 목표가 무엇인지를 다소 모호하게 하는 경우가 있으나, 본 모형은 이러한 한계를 극복할 수 있어야 한다. 다시 말하자면, 이 단계의 프로그램에 참여한 아동이 적어도 실질적인 현장 참여 태도와 자세를 갖출 수 있도록 하는 데에 초점을 맞추어야 한다.

(3) 현장 참여

'해보면서 배운다'라는 말에서 알 수 있듯이, 상황이 가능하고 대가가 크지 않다면 체험하고 반성하는 것보다 귀중한 공부 방법은 없을 것이다. 참여를 지향하는 아동권리교육프로그램으로서 그 목적을 완수하기 위해서는 토론과 시뮬레이션 수업으로 다져진 문제 해결력을 가지고 아동이 직접 문제 상황에 직면하여 실행해보아야 할 것이다.

현장 참여를 증진하기 위하여 프로그램 운영자가 설정한 목표가 이 단계에서 가시적으로 제시되어서는 안 된다. 만약 가시적인 목표 제시가 참여 아동 이외의 사람에 의하여 이루어진다면, 그것은 자기규준 평가의 원칙에도 어긋날 뿐만 아니라 아동의 '참여' 정신에도 정면으로 위배되는 것이다. 이와 같은 맥락에서 아동의 현장 참여를 실질적으로 도모하기 위하여 앞서 살펴본 하트의 '참여 사다리'를 상기할 필요가 있다. 적어도 현 단계(현장 참여 단계)에서는 두 말할 필요 없이, '참여조작'(manipulation), '장식적 참여'(decoration), '대용 참여'(tokenism)를 전적으로 배제하여야 한다. 실질적인 현장 참여를 위하여 하트의 '참여 사다리'에서 시사된 참여의 요체인 '기획', '의사결정', '자기주도'를 아동이 처한 상황에서 보장할 수 있어야 한다. 또한 이 세 가지 원칙을 보장할 수 있는 방향으로 프로그램은 구안되고 개발되어야 한다. 이렇게 하기 위해서 프로그램은 앞서 개괄한 유형 중에서 문제중심형 프로그램을 지향하여야 한다. 다만 기존의 문제중심형 프로그램이 프로그램 개발자, 교사(운영자) 등에 의하여 구안되어 상황 설정된 것임에 유의하여, 문제 해결 상황을 아동들 스스로가 '기획'하고, 스스로의 결정에 의하여 해결방안을 모색하고, 기획에서 대안 탐색, 그리고 문제 해결의 전 과정이 자기주도적이 되도록 배려하여야 한다. 이러한 배려에는 적어도 두 가지 사항이 전제되어야 한다. 첫째, 아동의 '기획'과 '자기주도성'이 보장될 수 있도록 프로그램은 개방형으로 구안·개발되어야 한다. 여기서 '개방형'이라고 하는 것은 문제 해결방안과 대안의 탐색이 주어진 몇 개의 해결책에 국한된 것을 의미하는 것이 아니라, 아동의 창의적인 해결방안이 — 그것이 성인의 기준으로 볼 때 불합리한 것으로 간주될지라도 — 일체의 제약 없이 개진될 수 있는 상황을 전제하여야 한다. 둘째, 개방형 프로그램이 구안된다 하더라도 그것을 운영하는 교사와 아동 지도자의 역할이 재정립되어야 한다. 이러한 역할 재정립은 프로그램 운영에 있어서 그 성패를 좌우하는 중요한 요인이다. 이를 위하여 무엇보다도 교사와 아동 지도자들이 가지고 있는 아동에 대한 인식이 바뀌어야 한다. 즉, 아동을 권리주체로 보는 아동관의 획기적인 변화를 요구하는 것이다. 왜냐하면 이러한 변화 없이 하트가 제시한 '참여 사다리'의 최고 단계에 이르게 한다는 것은 공염불에 불과하기 때문이다.

끝으로 이 단계에서 빠뜨릴 수 없는 요소는 자기규준평가에 의한 '자기환류'(self-feedback)이다. 실질적인 현장 참여는 '기획', '자기결정', '자기주도성'을 특징으로 하는 바, 현장 참여에 대한 자기규준평가가 이루어져야 한다. 여기서 '자기규준평가'란, ① 평가의 준거가 외부 기준에 있지 아니하고, ② 평가 준거가 타인에 견주어서는 아니되며, ③ 프로그램을 통하여 도달하여야 할 최소점이나 절대점이 없는 평가방식을 의미한다. 이 점은, 앞서 지적한 바와 같이, 참여 또는 참여권의 의의가 '동등한 영향력의 행사'에 비추어 정당화된다는 점을 상기할 필요가 있다. 따라서 현장에 참여한 아동이 수행하는 자기규준평가는 다음과 같은 특징을 지니고 있어야 한다. ① 프로그램 참여 이전의 상황, 즉 출발점 행동을 아동 스스로가 정한다. ② 참여 아동이 처한 제 여건을 스스로 유목화하여 평가 준거의 기초 자료로 삼는다. ③ 아동 스스로가 여타의 상황에 어떻게 참여하여 대처할 것인가를 스스로 결정한다.

Ⅵ. 맺는 말

아동권리교육프로그램의 개발과 참여의 신장에 초점을 맞춘 본 연구에서 확인된 결론은 다음과 같다.

무엇보다도 권리교육프로그램의 최고 및 최상의 초점은 '참여'에 맞추어져야 한다는 점이다. 여타의 권리가 중요하지 않다는 의미가 아니라, 아동이 민주시민으로 성장·발달하기 위해서 핵심적으로 요구되는 권리가 참여권이라는 의미에서 그러하다. 그리고 아동권리교육프로그램은 인간의 보편적 가치가 있음을 학습하는 데에 목적을 두어야 한다. 여기에는 인간존엄, 타인존중, 민주질서의식과 같은 덕목이 담겨 있어야 한다.

이렇게 되기 위해서 몇 가지 전제가 뒤따라야 한다. 첫째, 아동을 권리주체로 인식하는 아동관의 변화가 있어야 한다. 그렇지 않고서는 그들에게 '실질적이며 완전한 참여' 기회를 제공한다는 것은 공염불에 불과하다. 아동을 보는 시각과 관점의 변화는 비단 아동 문제 관련자에게만 국한된 것이 아니다. 여기에는 부모, 교사, 지도자를 비롯한 사회 전반적인 여건이 모두 포함된다. 둘째, 참여의 기회를 제공하고 그것을 보장하기 위하여 아동 참여는 성인의 정치적인 목적이나 도구로 사용되어서는 안 된다. 셋째, 아동 참여의 전제는 아동의 의견을 경청하는 풍토의 조성에서 시작되어야 한다. 이미 한 예에서 살펴본 비와 같이, 토론 문화의 부재는 그들의 탈선과 소외를 야기하기 때문이다.

참여를 신장하기 위한 프로그램을 개발·제작하는 데에는 다음과 같은 사항이 반드시 고려되어야 한다. 첫째, 프로그램은 권리에 대한 기초적인 지식과 이해를 증진하도록 해야 하지만, 이러한 학습이 반드시 그들의 태도 변화와 동기화를 촉진할 수 있도록 초점이 맞추어져야 한다. 둘째, 프로그램을 구성하는 문항에는 각종 권리선언이나 협약의 내용, 인권의 발달과정과 역사 등도 포함되어야 하지만, 아동들이 쉽게 접할 수 있는 구체적인 상황을 담을 수 있도록 구성되고 조직되어야 한다. 그렇지 않으면, 프로그램은 교과서적인 내용의 것으로 회귀하는 악순환의 과정을 겪을 것이다. 셋째, 이와 관련하여 프로그램은 아동의 '자기주도성', '자기기획', '자기결정'의 내용을 포함하도록 구안되어야 한다. 이를 위하여 프로그램은 기본형을 제작하고, 위의 원칙을 살릴 수 있도록 그리고 학습자의 개인적인 상황을 고려할 수 있는 개별화가 가능한 개방형으로 제작되어야 한다. 넷째, 위의 원칙은 프로그램의 전 과정에 걸쳐 적용하도록 하되, 낮은 수준에서 높은 수준으로 이행할 수 있도록 계열성을 고려하여야 한다. 다섯째, 프로그램의 조직은 개발적 기능에 적극적으로 관심을 갖는다 하더라도 예방적 기능과 교정적 기능과 같은 소극적인 기능도 반드시 고려해야 한다. 왜냐하면, 아동권리교육은 권리의식의 고취와 민주시민으로서의 자질의 함양에 목적을 두고 있을 뿐만 아니라 권리침해의 예방과 방지, 그리고 침해된 사례의 극복과 같은 기능을 함께 할 수 있어야 하기 때문이다. 여섯째, 모든 프로그램이 각기 목적에 맞는 평가체제가 있는 것과 마찬가지로, 권리교육프로그램도 참여를 신장하는 방향으로 평가체제를 갖도록 한다. 다만, 그 평가체제는 학습자가 거부감을 전혀 갖지 않는 '자기규준평가' 체제이어야 한다.

끝으로 프로그램의 운영과 관련하여 고려해야 할 사항들은 다음과 같다. 첫째, 단계별로 개발된 프로그램을 운영할 때, 구안된 단계는 일차적으로 논리적인 구분에 의한 것이므로, 어느 단계에서든 아동의 실질적인 참여를 적극적으로 유도할 수 있도록 운영되어야 한다. 둘째, 프로그램이 권리에 관한 지식과 이해와 같은 인지적인 내용을 포함하고 있다고 하더라도, 이 내용이 아이들의 적극적 참여를 위한 동기화에 있다는 점을 염두에 두고 운영하여야 한다. 달리 말하자면, 초점을 인지적 학습에 둘 것이 아니라 정의적(情意的)인 태도 변화에 맞추어 운영하여야 한다. 셋째, 프로그램 운영의 성패는 두 번째 단계인 시뮬레이션 활동에 있다고 해도 과언이 아닌 만큼, 운영은 여기에 보다 많은 비중을 두어야 한다. 그리고 가급적 참여자가 이 단계에서 자기결정에 따른 많은 시행착오를 겪고 그 결과를 실질 참여에 재생할 수 있도록 운영하여야 한다. 넷째, 마지막 단계에서 참여 아동이 활동의 주체임을 감안하여, 일체의 결정과정에서 본인의 의사를 존중하도록 하며, 그 의사를 자기 정당화할 수 있는 여건을 충분히 제시해 주어야 한다. 두 말할 필요 없이, '자기기획', '자기결정', '자기주도성'이 보장된 '자기해결'이 이루어지도록 운영해야 한다. 다섯째, 자기규준평가가 이루어질 수 있는 제반 여건을 확립해 주어야 한다. 이 평가 방식의 진정한 의의는 '참여권'의 의미인 '동등한 영향력의 행사'에 있다는 점에 유념하여야 한다. 즉, 참여활동의 준거는 외부의 것이나 타인이 마련한 기준이 될 수 없다는 점을 명심하여야 한다.

참고문헌

유네스코한국위원회 편, 1995, 인권이란 무엇인가, 서울: 오름.

유네스코한국위원회 편, 1995, 관용: 평화의 시작-평화, 인권, 민주주의 교육을 위한 교수·학생 지침서, 서울: 유네스코한국위원회.

유네스코한국위원회 편, 1997, 인권교육 어떻게 할 것인가, 서울: 오름.

유니세프한국위원회 편, 1992, 1990년대 한국 어린이/청소년을 위한 참고자료집, 서울: 유니세프한국위원회.

유니세프한국위원회 편, 1995, 어린이는 어떤 권리를 가졌을까요, 서울: 유니세프한국위원회.

유니세프한국위원회 편, 1998, 지구촌클럽-초등학교 교사용 클럽활동 참고자료(실험용), 서울: 유니세프한국위원회.

유니세프한국위원회 편, 1998, 지구촌클럽-중학교 교사용 클럽활동 참고자료(실험용), 서울: 유니세프한국위원회.

유니세프한국위원회 편, 1998, 지구촌클럽-고등학교 교사용 클럽활동 참고자료(실험용), 서울: 유니세프한국위원회.

유니세프한국위원회 편, 1998, 초·중등교원 세계교육 일반연수, 서울: 유니세프한국위원회.

참여연대, 1997, 아이들에게도 인권이 있다, 참여연대 사회복지위원회.

한국교육과정평가원, 1999, 제7차 교육과정에서 양성 평등교육 실현방안 탐색, 양성평등교육 세미나 자료집.

한국여성개발원, 1998, 학교내 성차별 실태조사 및 남녀평등의식 고취 방안, 한국여성개발원.

Brownie, I. (ed.), 1994, *Basic Documents on Human Rights*, 3rd ed. Oxford: Clarendon.

Franklin, B. (ed.), 1986, *The Rights of Children*, Oxford: Basil Blackwell.

Franklin, B. (ed.), 1995, *The Handbook of Children's Rights*, London: Routledge.

Freeman, M and Veerman, P., 1992, *The Ideologies of Children's Rights*,

Dortrecht: Martinus Nijhoff.

Hart, R. A., 1992, *Children's Participation: From Tokenism to Citizenship*, UNICEF.

Hohfeld, W. N., 1919, *Fundamental Legal Conceptions as Applied in Judicial Reasoning*, New Haven: Yale University Press.

Save the Children, 1997, *UN Convention the Rights of the Child-An International Save the Children Alliance Training Kit*, Geneva: International Save the Children Alliance.

Wringe, C. A., 1981, *Children's Rights*, London: Routledge & Kegan Paul.

제 5 부

아동권리협약

11

아동권리협약 이전의 권리문서

Ⅰ. 인권의 발전과 권리문서

근대시민사회의 발전과 함께 인권의 개념은 변모·발전하여 왔다. 인권의 초창기 개념은 주로 시민적·정치적 권리에 맞추어져 왔으며, 그 다음으로 사회·경제적 권리로 확대·발전하였으며, 이어서 인권의 개념은 단결권, 환경권, 인류공동유산권 등과 같은 제3세대 권리로 발전하였다.

첫 번째 개념이 정치권력으로부터의 개인의 신상 보호, 인종차별금지, 고문금지와 같은 '무엇으로부터의 자유'를 의미하는 소극적 권리라고 한다면, 이후의 개념은 '무엇을 할 권리'와 같이 보다 적극적인 의미의 인권이다. 이를테면, 사회보장, 교육받을 권리 등의 사회적 평형에 초점이 맞추어져 있다. 이를 더 발전시킨 인권 개념이 바로 재난구호, 평화, 환경 등의 인류 전체의 문제에 관한 권리이다. 인권 개념의 이러한 발전은 '자유', '평등', '박애'라고 하는 프랑스 혁명의 3대 이념에 비유될 수 있다.

아동권리 문제의 경우, 그들의 권리는 초보 단계에 있다고 해도 과언이 아니다. 왜냐하면, 아직도 적지 않은 아동이 기본적인 수준에서 보호받고 있지 못하고 있으며, 또한 대다수 일반 아동도 일상생활 속에서 은연 중에 권리침해를 당하고 있기 때문이다. 아동의 권리를 신장한다는 것은 적어도 두 가지 측면에서 고려되어야 한다. 첫째, 소극적 의미에서 아동은 부당하게 간섭받거나 악용되거나 착취되어서는 안 되며, 둘째 적극적인 의미에서 아동 자신이 스스로 하고 싶은 것을 할 수 있도록 하는 제도적 장치가 마련되어야 한다. 이러한 취지에서 인권의 역사를 권리 문서의 발전과정에서 조망해 보고자 한다.

Ⅱ. '세계인권선언' 이전의 권리 문서

1. 마그나 카르타(Magna Charta, 1215; 일명 大憲章)

마그나 카르타는 1215년 6월 15일 국왕 John에 의하여 발표된 헌장이다. 대헌장의 취지는 국왕이 왕권을 남용하고 봉건계약을 위반하자, 제후·귀족·승려들이 동맹을 결성하여 왕권의 남용을 저지하기 위한 것이었다. 비록 국왕의 절대적 권한에 대한 일부 귀족층의 봉건적 자유(Feudal Liberty)에 관한 것이라는 제약이 따르기는 하지만, 권력 분산에 관한 최초의 역사적 문서라는 의미가 있다.

대헌장이 갖는 의의는 봉건적 자유와 권리를 보장하는 것을 그 내용으로 하고 있지만, 영국의 제정법(制定法)의 시초라는 점에서 찾아진다. 그러나 대헌장이 근대적 의미에서 기본적 인권을 보장하는 모델인가 하는 데에는 의문이 남는다. 왜냐하면, 대헌장이 국왕의 절대 권력을 견제하기 위하여 일반 평민이 아닌 일부 귀족의 자유와 권리의 신장에 관한 것이기 때문이다. 즉, 권리의 보편성은 물론 일반성도 확보하고 있지 못하기 때문이다. 비록 이 문헌에 보편적 인권선언의 의미를 찾을 수는 없다 하더라도 인권신장을 위한 첫걸음으로서의 역사적 전기를 마련했다는 점에서 그 의의를 찾을 수 있다. 역사적 전기를 마련했다는 점은 인신 구속에 있어서 적법 절차(due process)를 거쳐야 한다는 규정을 두었다는 점을 들 수 있다.

대헌장은 전문(前文)과 63개의 조항으로 구성되어 있다. 그 주요 내용은 영국교회의 자유와 승정 선거의 자유(제1조), 군주의 상속세 징수권의 제한(제2조), 후견인(제후)의 혼인강제권 남용의 방지(제6~8조), 재판소와 소송절차(제17~19조, 제24조, 제34조), 법의 정당한 절차에 의하지 않고는 구금, 체포, 재산을 박탈당하거나 추방당하지 않는다는 보장(제39조), 대헌장에 보장된 권리와 자유를 보장하도록 국왕을 강제할 25인의 귀족으로 구성된 위원회의 설치(제61조) 등이다.

피치자의 요구에 의한 대헌장의 제정은 ① 주권재민사상을 담고 있으며, ② 제14조의 규정에 의하여 일반평의회를 구성하게 함으로써 의회민주주의의 모체가 되었다. ③ 군주에 대한 통치의 기준을 법제화한 '법의 지배' 사상을 나타내고, ④ 헌법보장제도의 효시가 되었으며, ⑤ 인신에 관한 적법절차를 마련하였다. 이상과 같이 대헌장은 인권에 관한 구체적인 절차상의 규정을 담고 있다는 점에서 대륙계의 인권선언과 다르다. 프랑스 인권선언과 미국의 독립선언은 추상적인 주장과 혁명의 이념을 담고 있으나, 대헌장은 종래의 관습과 관례를 무시하는 군주의 전횡에 제동을 거는 절차적 보장책을 강구한 것이다.

2. 권리청원(The Petition of Rights, 1628)

권리청원은 1628년 국왕 찰스 1세(1625~1649)에게 기본적 인권을 요구하는 의회의 안을 청원이라는 형식을 통하여 국왕의 승인을 거쳐 다음과 같은 약속을 얻어낸 권리문서이다. 즉, 권리청원에 따라 국왕은 법률과 관습을 따를 것이며, 국민의 정당한 권리와 자유를 침해하는 일이 없도록 하겠다는 약속을 담은 문서이다. 권리청원은 의회의 승인 없이 과세부과의 금지, 신체의 자유 및 재산권의 보호 등 기본적 인권의 신장을 위한 초석을 마련하는 계기가 되었다.

권리청원이 갖는 의의는 ① 의회가 국왕에 대하여 우위를 점하여 의회주권을 확립하는 계기를 마련하였으며, ② 권리의 보장이 귀족뿐만 아니라 평민에게도 적용되었다는 점, ③ 대내적으로는 권리장전(Bill of Rights)과 명예혁명의 토대가 되었고, 대외적으로 미국헌법의 정신과 내용에 영향을 주었다는 점이다.

이렇게 볼 때, 권리청원은 주권이 일반 국민에게 있음을 확인하고 천명한 권리문서라고 볼 수 있다. 달리 표현하자면, 모든 국민에게 주권이 있음을 확인함으로써 권리의 보편적 속성을 천명하는 데에 진일보한 것으로 평가된다.

3. 인신보호법(Habeas Corpus Act, 1679)

인신보호법은 신체의 자유에 대한 절차적 보장을 강화함을 목적으로 하는 법이다. 1679년 의회에서 제정된 인신보호법은 1816년과 1826년 두 차례에 걸쳐 개정되었다.

인신보호법의 주요 내용은 평민의 자유를 보다 잘 보장함을 근본정신으로 하고, 인신보호를 목적으로 구속적부심의 제도화(제3조), 보석(保釋)의 허가(제1조, 제2조), 일사부재리(一事不再理) 원칙 적용(제6조), 판사의 영장제도(제3조) 등으로 구성되어 있다.

인신보호법의 역사적·인권사적 의의는 신체의 자유를 보장하기 위한 구체적·절차적 보장으로서 인신보호 영장제도가 실정법으로 확립되었다는 점과, 영장제도가 이후 각국의 헌법에 수용되었다는 점이다. 이 법은 적어도 인간의 소극적 권리의 보호를 천명하였다는 점에서 큰 의의를 갖는다. 특히 신체의 구속과 적법 절차에 따른 인신 구속과 재판의 규정은 소극적 자유의 보장을 천명함으로써 여타의 제반 권리의 보호 및 행사의 밑거름을 제공했다고 볼 수 있다.

4. 버지니아 권리장전(The Virginia Bill of Rights, 1776)

1776년 5월 15일 필라델피아에서 개최된 식민지 대륙의회는 영국으로부터의 분리를 결의하고 각 주의 헌법을 제정하도록 요구하였다. 13개 주 가운데 버지니아 주가 가장 먼저 헌법을 제정하였는데, 이 헌법에는 동년 6월 12일 헌법회의에서 채택한 권리장전이 포함되어 있다. 버지니아 권리장전은 전문(前文)과 16개 조로 구성되어 있다. 전문에는 권리장전에 규정된 권리들은 통치의 근간이며 국민과 그 자손들에게 속함을 천명하고 있다.

주된 내용을 살펴보면, 국민이 사회를 조직함에 있어서 권리는 어떠한 계약에 의해서 박탈될 수 없으며(제1조), 모든 권력은 국민에게 있고, 국민에게서 나온다(제2조)는 천부적 인권과 주권재민의 원칙을 천명하고 있다. 제3조에서는 국민의 최대 행복과 안전을 보장하도록 하는 정부의 의무를 규정하고 있으며, 어느 누구도 공직에서의 특권을 부여받을 권리가 없으며, 공직의 세습을 금지하고 있음을 규정하고 있다. 제5조는 삼권분립의 원칙을, 제6조는 선거권과 피선거권 및 자유선거를, 제7조에서는 과세는 국민 또는 의회의 동의 없이 부과할 수 없음을 규정하고 있다. 버지니아 권리장전은 공정하고 신속한 재판을 받을 권리(제8조)와 체포영장 발부(제9조) 등의 인권 보장을 위한 법적 절차를 규정하고 있다. 그리고 언론·출판의 자유(제12조)와 양심의 자유 및 종교의 자유(제16조)도 규정하고 있다.

버지니아 권리장전이 갖는 인권사적인 의의는 국민주권의 원리를 천명하고, 재산권, 행복추구권, 생존권, 자유권, 저항권 등을 천부적 불가침의 생래적인 자연권으로 규정하고 있다는 점과 언론·출판의 자유, 종교·양심의 자유 등의 근대적 권리들을 체계적으로 제시하였다는 점에 있다. 또한 대륙회의(Continental Congress)는 정부 조직의 틀을 채택하여 버지니아 권리장전과 일체를 이루게 함으로써, 버지니아 권리장전은 미국 헌법의 모태가 되었다. 미국 각 주의 헌법은 이러한 관례에 따라 제1부는 권리장전으로, 그리고 제2부는 통치기구(Frame of Government)로 구성되어 있다.

버지니아 권리장전은 앞서 언급한 인신보호법에 비하여 진일보한 것으로 평가할 수 있다. 이를테면, 인신보호법이 소극적 권리(특히 소극적 자유권)에 초점을 맞추고 있다면, 이 장전은 언론, 출판, 양심, 종교 등의 보다 적극적인 권리를 보장하고 일반 국민이 권리의 주체임을 정부 조직의 형태로 구체적으로 제시한 인권사에 획을 긋는 권리문서라고 할 수 있다.

5. 미국 독립선언(Declaration of Independence, 1776)

미국 독립선언은 1776년 7월 4일 제2회 대륙회의에서 채택되었다. 이 독립선언에는 인권 보장을 위한 개별적인 조항이 열거되어 있지 않으나, 만인은 평등하게 창조되었으며, 조물주에 의하여 불가양도의 천부적 권리를 부여받았음과 생명·자유·행복추구의 권리가 자명한 진리임을 확신한다고 천명하고 있다. 이와 아울러 정부는 이러한 기본적 권리를 보장하기 위하여 조직되었고, 정당한 권력은 피치자의 동의에서 유래하며, 어떠한 정부 형태라고 하더라도 이러한 권리를 훼손할 경우 국민은 정부를 교체할 수 있음을 천명하고 있다.

미국 독립선언이 가지는 인권사적인 의의는 인간 생존의 기본 요소로서 자유, 평등, 생명의 존엄, 행복추구의 권리가 천부의 생래적 자연권이며, 이러한 권리들은 절대적으로 보장받아야 할 불가침의 권리임을 선언하고 있다는 점과, 버지니아 권리장전에서 선언된 주권재민사상과 저항권을 재확인하고 있다는 점을 들 수 있다.

미국의 건국이념을 그대로 반영한 이 선언은 천부적 인권사상을 그대로 미국건국헌법에 반영함으로써 천부의 생래적 자연권을 명문화한 최초의 선언이라고 할 수 있다.

또 한 가지 특기할 만한 점은 대중교육의 모태가 된 미국의 교육제도가 바로 미국의 독립선언과 건국헌법에 의하여 마련되었다는 점에 주목할 필요가 있다. 이는 적어도 권리 문서상의 교육기회 평등과 기회접근의 평등을 천명하였다는 점에서 그 의의를 찾을 수 있다.

6. 프랑스 인권선언(la Declaration des droits de l'homme et du citoyen, 1789)

프랑스 인권선언의 정확한 명칭은 '인간과 시민의 권리선언'이다. 이 선언은 1789년 8월 26일 제헌의회가 채택한 전문(前文)과 17개 조로 구성되어 있다. 이 인권선언은 라파예트(Lafayette, 1757~1834)에 의하여 기초되었으며, 기독교 사상, 자연법 사상, 계몽철학의 사상을 담고 있으며, 영국과 미국의 각 주 헌법의 영향을 받은 선언이다.

1789년 프랑스 인권선언의 주제는 자유, 평등, 주권재민의 원칙이라고 할 수 있다. 자유는 인권의 핵이다. 인권선언에 명시된 자유는 불가양도, 불가침의 자유이며, 소극적 자유뿐만 아니라 적극적 자유도 포함된다.

프랑스 인권선언은 인간의 기본적 권리를 모두 망라하고 있다는 점에서 높이 평가받고 있다. 이 선언은 인권보장을 위한 보편적인 내용과 가치를 지니는 철학적 원리를 제시하고 있으며, 국가질서의 기초를 마련한 선언이라고 할 수 있다.

7. 지롱드 인권선언(le projet Girondin, 1793)

지롱드 인권선언의 원명은 '인간의 자연적, 시민적, 정치적 권리의 선언'(Projet des Declaration des naturels, civils et politiques des l'homme)이다. 이 선언은 1789년 프랑스 인권선언과 크게 다를 바 없지만, 프랑스 인권선언을 보다 구체화하였다는 데에 그 의의가 있다.

지롱드 인권선언에서 주목할 만한 것은 교육의 중요성을 인식하여 초등교육의 의무화(제23조), 사회의 공공부조의무(제24조) 등의 사회권이 규정되어 있다는 점이다.

8. 프랑크프르트 헌법(Verfassung des deutschen Reiches, 1849)

프랑크프르트 헌법은 독일의 프랑크프르트 의회가 1849년 3월 28일 제정한 독일헌법이다.

이 헌법에는 독일 역사상 처음으로 인권의 조항이 포함되어 있다. 귀족제도를 폐지한 평등권, 신체의 자유 보장, 언론·출판의 자유, 신앙·양심의 자유, 학문과 교육의 자유, 집회·결사의 자유 등이 포함되어 있다. 그러나 이 헌법은 제정만 되었을 뿐 당시 독일이 정치적 통일을 달성하지 못하여 그 기본권 조항을 실현하지 못한 채 사문화(死文化)되고 말았다. 그 후 독일의 헌법은 프로이센 헌법(1850), 비스마르크 헌법으로 이어지나 인권측면에서 큰 기대를 할 수 없었고, 큰 진전을 가져온 것은 1919년의 바이마르 헌법이다.

9. 바이마르 헌법(the Weimar Constitution, 1919)

1919년 8월 11일 제정된 바이마르 공화국 헌법은 당시 제1차 세계대전 종료에 따른 사회불안적 요소로 인하여 헌법제정에 참여한 각파의 요구를 종합적으로 받아들인 결과 고전적인 권리는 물론이고 각종 사회보장에 관한 권리를 망라하고 있는 최초의 헌법이다.

이 헌법에는 고전적 권리 이외에도 토지개혁과 공무원의 권리, 교회의 재산권, 모성의 보호, 종교교육과 결사의 자유 등을 처음으로 규정하였다. 또한 서자(庶子)의 동등권, 착취로부터의 아동보호 등을 규정하고 있다. 특히 생존권적 기본권을 세계 최초로 천명한 이 헌법은 1933년 나치체제의 등장으로 바이마르 공화국이 붕괴됨과 함께 사라졌다. 그러나 이 헌법은 현대적 권리의 초석을 쌓았다는 데에 그 의의를 찾을 수 있다.

10. 아동권리 제네바선언(1924)

'아동권리 제네바선언'은 1923년 젭(Jebb) 여사에 의해 제정되고, 1924년 9월 국제연맹에서 채택된 최초의 세계적인 선언이다. 이 선언은 제1차 세계대전으로 인하여 당시 아동이 처한 비참한 현실, 즉 기아, 질병, 고아, 부랑아, 영양실조 등을 배경으로 제정된 아동권리문서이다. 이 선언은 총 다섯 개 조항으로 구성되어 있는데, 그 내용은 아동의 신체적, 정신적인 면에서의 정상적인 발달과 이에 필요한 모든 수단의 제공(제1조), 모든 종류의 결핍을 겪고 있는 아동의 보호(제2조), 긴급 재난시 아동의 최우선적 구조(제3조), 모든 착취로부터 아동의 보호(제4조), 아동 재능 개발의 정당성 천명(제5조)이다.[1]

이 선언은 뒤에 자세하게 언급하게 될 1989년 국제연합이 채택한 '아동권리협약'의 모태가 되는 아동권리선언이다. 이 선언의 초점은 주로 기본적인 생존과 결핍으로부터의 해방에 맞추어져 있다. 당시 아동이 보편적인 의무교육을 받을 수 없는 상태에 놓여있었다는 당시의 상황을 상기하면, 이 선언의 내용에 기본적인 교육받을 권리, 선택권 등과 같은 내용이 포함되지 않은 것을 이해할 수 있다.

---

1) <부록 Ⅳ> 참조.

11. 우리나라의 아동권리선언(1923)

‘아동권리공약 3장’은 소파 방정환에 의하여 제정된 우리나라 최초의 아동권리선언이다. 앞서 소개한 아동권리 제네바선언과 같은 해(1923년)에 채택되었지만, 공포된 해는 이 선언이 한 해 더 빠르다. 그 내용을 보면 다음과 같다.

- 어린이를 재래의 윤리적 압박으로부터 해방하여 그들에 대한 완전한 인격적 예우를 허하라.
- 어린이를 재래의 경제적 압박으로부터 해방하여 만 14세 이하의 그들에 대한 무상 또는 유상의 노동을 폐하라.
- 어린이에게 그들이 고요히 배우고 즐거이 놀만한 각양의 가정 또는 사회적 시설을 행하라.

1923년 5월 1일 공포된 ‘아동권리공약 3장’은 비록 선언이 주장하는 내용이 3개항에 불과하지만 젭(Jebb)의 아동권리선언보다 더 틀을 갖춘 권리선언의 형식을 취하고 있다. 첫째 조항은 아동의 인격적 독립을 천명한 것으로 보아야 한다. ‘재래의 윤리적 압박’이라는 말은 반드시 모든 유교적 관습을 부정적으로 해석할 필요는 없지만, 유교적 이념에서 볼 수 있는 ‘장유유서’(長幼有序)와 같은 위계 의식에 따라 아동이 불완전한 존재로 인식되는 것에 대한 선언으로 보아야 할 것이다. 둘째 조항은 아동의 노동 금지를 담고 있는데, 그 금지 연령을 만 14세로 못박고 있다는 점에 주목할 필요가 있다. 현행 근로기준법에 규정된 18세 연령에 비하면, 상당히 낮은 연령임에는 틀림이 없지만, 당시 사회 풍속이 지금보다는 조혼(早婚)이었으며, 아동의 교육받을 기회가 지금처럼 중등학교 수준까지 보장된 경우가 드물고 많은 10대들이 생산과 노동 현장에 종사했다는 사실을 감안하면 상당히 진보적인 선언이라고 볼 수 있다. 또 '재래의 경제적 압박'이라는 것은 아동에 대한 경제적 착취를 지칭하는 것으로 해석할 수 있으며, 이를 보다 적극적으로 해석하면 아동에게 생계에 필요한 기본적 재화를 공급해 주어야 한다는 것으로 받아들일 수도 있다. 셋째 조항은 아동의 문화적 권리를 담고 있다. 당시의 정황으로 보아 이는 상당히 진보적인 권리선언임을 짐작할 수 있다. 우선 여가, 놀이 등에 관한 권리는 이 선언이 나온 후 약 40년이 지난 20세기 후반에 와서야 (그것도 주로 성인의 권리로서) 주목받았던 권리 내용이기 때문이다. 아동의 이러한 문화적 권리와 관련하여 말하자면, 이는 1989년 채택된 '아동권리협약'에 이르러서 적극 권고된 사항이라는 점에 우리는 주목할 필요가 있다.

이러한 검토를 기초로 하여 '제네바선언'과 우리의 '공약3장'을 대비하면 다음과 같은 사실을 알 수 있다. '제네바선언'은 제1차 세계대전으로 인한 아동의 비참한 현실을 인식하여 마련되었다는 점에 주목하여야 할 것이다. 전쟁의 참화로 인한 기아, 질병, 고아의 발생, 부랑아, 영양실조 등으로부터 아동을 보호하여야 한다는 보호적, 소극적인 아동권리를 천명하였다고 볼 수 있다. 이에 반하여 '공약3장'은 아동을 경제적, 사회문화적 압박으로부터 보호할 권리는 물론, 소파 방정환의 아동의 보편적 인식과 마찬가지의 맥락에서 보면, 아동의 문화권과 같은 적극적인 권리도 포함되어 있다는 점이다. 다만, 우리나라는 일제에 주권을 강점당한 상황이었고, 또 이로 인하여 아동의 존중과 아동권리 인식이 지속적으로 발전하지 못한 점은 소파의 후손인 우리들이 반성하여야 할 점이다.

다른 한편 소파는 1923년에 '어린이선언문'을 발표하는데, 그 내용은 당시 우리나라의 사회적 정황 등을 고려할 때 가히 획기적인 것이라고 할 수 있다. 그 내용은 다음과 같다.

어른들에게

- 어린이를 내려다 보지 마시고 치어다 보아 주시오.
- 어린이를 가까이 하시어 자주 이야기하여 주시오.
- 어린이에게 경어를 쓰되 늘 보드랍게 하여 주시오.
- 이발이나 목욕, 의복 같은 것을 때 맞춰 하도록 하시오.
- 잠 자는 것과 운동하는 것을 충분히 하게 하여 주시오.
- 산보와 원족 같은 것을 가끔가끔 시켜 주시오.
- 어린이를 책망하실 때는 쉽게 성만 내지 마시고 자세자세 타일러 주시오.
- 어린이들이 서로 모여 즐겁게 놀만한 놀이터와 기계 같은 것을 지어 주시오.
- 대우주의 뇌신경의 말초는 늙은이에게 있지 아니하고 젊은이에게도 있지 아니하고 오직 어린이에게만 있는 것을 늘 생각해 주시오.

어린 동무들에게

- 돋는 해와 지는 해를 반드시 보기로 합시다.
- 어른들에게는 물론이고 당신들끼리도 서로 존대하기로 합시다.
- 뒷간이나 담벽에 글씨를 쓰거나 그림 같은 것을 그리지 말기로 합시다.
- 꽃이나 풀을 꺾지 말고 동물을 사랑하기로 합시다.
- 전차나 기차에서는 어른들에게 자리를 사양하기로 합시다.
- 입을 꼭 다물고 몸을 바르게 가지기로 합시다.

우선 소파의 '어린이선언문'을 살펴보면, 당시 우리나라의 정황으로 볼 때, 유교적인 문화 풍속에 의해 어떻게 아동을 대하여 왔는가를 짐작할 수 있다. 어린이('어린이'라는 말도 이때 소파에 의해 처음 쓰여진 말이다)에게 경어를 쓸 것과 함께 위생, 놀이 등의 재화와 기회를 제공하는 것 등을 골자로 하는 '어린이선언문'은 당시 유교적 문화 관습에 의하여 아동들을 성인에 비하여 온전하게 대하지 못했음을 짐작하게 해준다. 두 말할 필요도 없이, 소파의 '어린이선언문'도 아동의 재화의 공급과 보호의 측면에 그 초점이 맞추어져 있다고 볼 수 있지만, 우리가 간과해선 안 될 몇 가지 특징이 있다. 젭의 '아동권리 제네바선언'과는 달리, 아동의 존중을 보편적인 차원에서 보고 있다는 점이다. 선언에서 어른들에게 당부하는 내용 중 '치어다(쳐다) 보아 주시오', '자주 이야기하여 주시오', '경어를 쓰되 늘 보드랍게 하여 주시오' 등의 조항은 아동 존중의 보편적인 의미를 부각시켜 주는 표현으로 평가해야 할 것이다. 아동의 특수성을 보편성과 관련하여 주장한 내용도 우리가 주목할 필요가 있다. '대우주의 뇌신경의 말초는 늙은이에게 있지 아니하고 젊은이에게 있지 아니하고 오직 어린이들에게만 있는 것을 늘 생각해 주시오'라는 선언은 아동의 특수성이 인류의 보편적 가치와 연결되고 있다는 사실을 시사해 주는 내용이다. 이러한 사실을 보다 더 적극적으로 해석한다면, 뒤에 자세히 살펴볼 '아동권리협약'이 강조하는 '참여권'을 뒷받침하는 한국판 아동권리선언이라고 해석할 수 있다.

여기서 우리가 주목해야 할 점은 보편적 인간의 가치와 천부적 권리가 세상에 천명된 것이 '세계인권선언'(The Universal Declaration of Human Rights)이 공포된 1948년보다 무려 25년이 빠르다는 사실이다. 이는 우리가 아동의 권리를 연구하는 데에 있어서 아동이 정치적·경제적·사회적 약자이기 때문에 보호되어야 한다는 당위성과 동시에 그들의 인권이 성인의 그것에 결코 뒤지지 않는다는 의미를 비교적 선도적으로 받아들였다고 해석할 수 있다.

Ⅲ. 세계인권선언과 그 이후의 권리 문서

1. 세계인권선언(The Universal Declaration of Human Rights, 1948)

1) 세계인권선언의 성립

'세계인권선언'은 국제연합이 제2차 세계대전의 참혹상에서 인류의 공존과 평화의 이상을 실현하고자 하는 국제연합헌장의 정신에 입각하여 인간의 존엄성과 보편적 가치 및 천부적 권리를 포괄적으로 1948년 12월 10일에 전 세계에 천명한 종합적인 인권선언이다. 즉, 이 선언은 모든 인간이 천부적으로 부여받은 권리를 고전적 권리뿐만 아니라 현대적 권리인 복지권을 총 망라하여 천명하고 있다.

기본적 인권이 가공할 정도로 침해받은 제2차 세계대전이 끝나고 1946년 6월부터 1948년 12월 사이에 국제연합은 인권을 위한 범지구적 문서인 세계인권선언을 구상하였다. 이는 인류가 겪은 전쟁의 참화에 대한 경각심도 작용하였지만, 제2차 세계대전의 종료에 따른 새로운 국제질서와 국제사회의 역학 관계의 재정립이 인권 의식의 필요성을 고취한 데에 따른 것이라고도 할 수 있다. 제2차 세계대전 이전의 국제사회는 한 정부가 아무리 잔인하고 혹독하게 자국민을 다루더라도 다른 정부나 국제기구에서는 관심조차 가질 수 없는 상황이었다. 그러나 제2차 세계대전 기간에 몇몇 국가에 의해 자행된 야만적 행위와 서구 열강의 식민지 쟁탈 등에서 야기된 인권침해 행위는 인류의 양심을 능멸하고도 남는 것이었다. 이러한 상황 아래서 제2차 세계대전의 종료는 정치인이나 일반 시민 모두가 인간의 존엄성과 가치에 대한 기본적 기준을 가지고 국제적인 시각에서 보호하기 위한 노력에 관심을 기울이게 하는 계기를 마련해 주었다.

이와 같은 취지에서 국제연합은 과거 국제연맹의 과오를 범하지 않으면서도 실질적으로 인권을 보호하기 위한 장치를 마련하고자 했다. 그러나, 엄밀히 말하자면, 그것은 인권의 보호라기보다는 다음 세대를 전쟁의 참화로부터 보호하고자 하는 국제평화와 안보의 유지였다. 즉, 인권에 대한 관심은 부차적인 것이었다고 할 수 있다. 다른 한편으로 인권에 관해 너무 많은 것을 규정할 수 없었던 것은 국가마다 문화적 차이가 있고 인권을 보는 관점도 상이하므로 합의를 이룰 수 없기 때문이기도 하였다. 그래서 국제연합헌장에는 국가 간의 평화와 우호관계에 필요한 안정과 안녕의 조건들을 창출해내기 위한 방법으로, 단지 인권에 대한 강력한 언급만이 포함되었다.

그럼에도 불구하고 이러한 과정을 통해 제정된 세계인권선언은 법적인 구속력을 갖지 못하는 '선언'이며, 그 내용은 인권을 보호하고 보장하는 것이라기보다 신장하고 고무하는 데에 더 비중을 두었다. 무엇보다도 세계인권선언에는 강제적인 조항도 포함되지 않았다. 강제적 조항을 포함시킬 경우, 그것은 실정법적으로 실행 가능한 의무조항을 담고 있는 것으로 해석될 수 있기 때문이었다. 국제연합의 권한이 국내법적 제한까지 확대될 것을 우려하여 '국제기구는 각국의 내부 문제에 간섭하는 것을 삼가야 하는 반면, 각국 관할 내의 현행 법률이 국제평화와 안전을 위태롭게 하지 않도록 하며, 이를 위해 자국민 전체의 인권과 기본적 자유를 존중하고 인도주의와 정의의 원칙에 따라 통치하는 것은 각국의 책임이다'라는 문안을 국제연합헌장에 명기하기에 이른다. 물론 인권존중에 관한 법적 구속력을 지니도록 하거나 또는 인권보호를 위한 국제적 장치를 마련해야 한다는 안도 있었으나, 우선은 인권에 관한 가시적인 결과가 조속히 필요하다고 보고 선언으로 채택되었다. 선언은 법적인 세부사항의 명시나 시간이 소요되는 국내 비준절차도 필요하지 않으므로 신속히 발효할 수 있기 때문이었다.

'세계인권선언'은 법적으로 구속하는 문서이기보다는 인권 존중이라는 기본적 이념을 실현하려는 열망을 담고 있는 것이어서, 법적 구속이라기보다는 도덕적 권고 내지는 도덕적 규범으로 보아야 한다. 인간의 권리는 실정법으로 명문화되었을 경우에만 권리로서 인정받을 수 있다고 보는 실정권(legal rights)의 입장에서 보려는 관점도 있으나, 일단은 도덕권(moral rights)의 차원에서 인권을 천명하는 것도 매우 중요한 일이다. 이러한 맥락에서 세계인권선언은 도덕권의 차원에서 신체의 자유, 평등, 인신 구속 등과 관련된 고전적인 의미의 권리뿐만 아니라 고전적 권리의 정당화 방식으로만 정당화되지 않는 현대적 권리를 모두 포함하여 천명하고 있다.

도덕권적인 입장에서 보면, 현대사회에서 요구되는 권리의 문제는 '결핍의 상태'에서 벗어나야 한다는 요구에서 제기된다. '결핍'(deficit)의 개념은 '필요'(needs)의 개념과 논리적인 관련을 맺고 있다. 이러한 개념에 근거한 권리의 범주를 우리는 '복지권'(welfare rights)이라고 한다. 그러나 다른 한편으로 복지권은 인권의 핵심적인 속성인 인간존엄성과도 관련을 맺는다. 그리고 이를 다시 넓게 해석하면, 인간은 태어날 때부터 자연으로부터, 혹은 신에 의해서 권리를 부여받기 때문에 당연히 권리를 갖는다고 주장하는 자연법 사상과도 관련이 있다. 그럼에도 불구하고 복지권의 개념이 실정권적 범주와 반드시 일치하는 것은 아니다. 실정권적 관점에서의 인간의 권리는 명문화된 실정법의 테두리 안에서 국가적 이익의 추구나 개인적 이익을 도모할 기회를 극대화하기 위해 자발적이고 이성적으로 자기 제한적인 행위를 하는 것으로 볼 수 있으나, 복지권의 개념이 그 내용과 범위를 실정화되지 않았다는 이유에서 그 가치가 격하되는 것이 아니다. 이러한 관점에서 세계인권선언은 보편적 권리로서 복지권의 내용을 천명하고 있다.

세계인권선언의 법적 효력이 어떻든간에 그것은 모든 사람과 모든 국가가 다 같이 달성해야 할 이상인 인권의 이정표와 지침을 마련했다는 점에서 진일보의 의미를 갖는다. 또한 여러 국가들에서 법을 제정할 때 이 선언을 기초적으로 참고했다는 점에서도 세계인권선언이 직접적인 법적 구속력이 없다 하더라도 그것이 주는 규범적인 의의는 매우 크다고 할 수 있다.

2) 세계인권선언의 내용

세계인권선언은 전문(前文)과 30조로 되어 있다.[2] 전문에서 '인류 가족 모든 구성원의 타고난 존엄성과 평등하고도 양도할 수 없는 권리를 인정하는 것이 전 세계의 자유와 정의와 평화의 기초'라 하였다. 이러한 권리와 자유에 대한 공통의 이해가 매우 중요하므로 모든 개인과 사회는 이러한 권리와 자유에 대한 존중을 신장시키기 위해 노력하고, 이

2) <부록 Ⅵ> 참조.

를 준수하도록 촉구하는 목적에서 세계인권선언을 선포한다고 천명하였다.

세계인권선언의 내용을 보면, 제1조와 제2조에서는 매우 일반적인 것으로, 모든 인간은 자유롭게 태어났으며 존엄성과 권리에 있어 동등하고, 인종, 성, 종교, 정치적 견해, 사회적 출신, 재산과 같은 어떤 종류에 있어서도 아무런 차별 없이 이 선언에서 제시하고 있는 모든 권리와 자유를 누릴 자격이 있다는 것을 선언하고 있다. 루즈벨트 대통령의 미망인이면서 세계인권선언의 작성에 한 위원으로 참가한 루즈벨트 여사는 모든 인권 문제에는 특히 여성 문제가 포함되어야 할 것이라고 주장하였다(유네스코 한국위원회, 1995: 59). 여기에 여성뿐 아니라 아동 문제가 포함되는 것은 당연하다. 모든 인간이 동등하다는 이념의 연장선상에서 모든 사람은 생명과 자유, 신체의 안전에 대한 권리가 있음을 제3조부터 제5조에서 규정하고 있다. 누구도 노예상태에 있어서는 안 되며, 누구도 고문이나 잔인하고 비인도적이거나 비열한 처우를 받지 않는다고 하였다. 또한 제6조부터 제11조까지는 모든 인간은 법 앞에서 한 인격체로 인정받을 권리가 있다는 점을 밝히고 있다. 만인은 법 앞에 평등하며 어떤 차별을 받지 않고 동등한 권리를 갖는다. 정당한 이유 없이 감금되거나 구금되지 않으며, 헌법에 명시되어 있는 기본권을 침해당할 때는 국가 법정에서 구제받을 권리를 갖는다고 하였다.

다음은 거주와 이동의 자유에 관한 것(제12조부터 제15조까지)으로 국가 내의 이동뿐 아니라 국가 간 이동과 거주의 자유를 언급하였다. 비정치적 범죄나 유엔의 목적과 원칙에 반하는 행위로 인한 것이 아닌 경우에는 타국에서 피난처를 구할 권리가 있음을 명시하였다.

제16조에서는 결혼과 가정의 권리를 말하고 있다. 남자와 여자는 '인

종, 국적, 종교에 의한' 제한 없이 결혼할 권리를 가지며 결혼은 당사자들 간의 완전한 동의에 의해 이루어지고 결혼에서 동등한 권리를 가지며, 가정은 사회와 국가의 보호를 받을 권리를 갖는다는 점을 천명하였다. 그리고 제17조에서 제20조까지는 개인의 재산권, 종교의 자유, 표현의 자유, 집회와 결사의 자유에 관해 언급하고 있다. 이어 제21조는 비밀투표와 자유투표로 자국의 통치에 참여할 권리를 갖는다는 참정권을 규정하고 있다. 여기까지는 이른바 고전적 권리에 대한 규정이라고 할 수 있다. 제22조부터 이어지는 인권에 관한 규정은 소위 사회-경제적 권리 또는 현대적 의미의 권리들을 포함한다.

제22조부터 제27조까지는 개인이 사회의 일원으로서 경제, 사회, 문화적 권리들을 가짐을 명시하고 있다. 자유로운 직업선택과 차별 받지 않는 노동의 대가를 받을 권리, 자신과 가족의 건강과 안녕을 위해 적합한 생활수준을 누릴 권리, 교육을 받을 권리, 문화생활에 참여하고 그 혜택을 나눠 가질 권리를 갖는다고 규정한다. 교육의 권리에 관한 제26조에서는 아동은 기초교육을 받을 권리가 있다고 하여 무상·의무교육을 권고하고 있다. 자녀교육에 있어서 학부모의 권리를 보호하기 위하여 학부모는 '자녀가 받을 교육의 종류를 선택할' 권리를 갖는다는 조항을 포함하고 있다.

제28조에서 제30조까지는 모든 인간은 인권선언에 명시된 인간의 권리와 자유가 실현될 수 있는 사회를 만들 의무, 즉 사회보장에 관한 사항도 천명하고 있다. 개인의 권리가 사회와 균형을 이루어야 한다는 사회적 요구를 표현했으며 각자가 속한 사회에 대해 개인이 지니고 있는 의무를 선언했다. '모든 인간은 이 선언에 제시된 권리와 자유가 완전히 실현될 수 있는 사회적, 국제적 질서(a social and economic order)

에 대한 권리를 가지며, 각자는 개인의 권리와 자유가 완전하게 발전할 수 있는 사회가 되도록 사회 공동체에 대한 의무를 갖는다'고 하였다. 즉, 이 선언에 제시된 인간의 권리가 실현될 사회를 위해 자신의 자유와 권리와 함께 타인의 자유와 권리를 존중해야 함을 말한다. 누구라도 이 선언에 제시된 그 어떤 권리도 침해할 수 없음을 천명하였다.

이 선언의 중요성에도 불구하고 선언의 내용을 일일이 설명하는 일은 방대한 양의 언급을 요구하므로 여기서는 이 선언의 주요 내용을 다음과 같이 표로 정리하기로 한다.

〈표 11-1〉 세계인권선언 분석표

고전적 권리 21개 조항	현대적 권리 9개 조항
자유·평등, 차별금지, 생명·자유·신체의 안전, 노예·노역의 금지, 고문·잔학한 처우·형벌의 금지, 사람으로 인정받을 권리, 법 앞의 평등, 기본권 침해 구제, 인신의 보호, 공개 재판, 죄형 법정주의, 사생활의 보호, 거주·이전의 자유, 피난권, 국적을 가질 권리, 혼인·가정을 가질 권리, 재산소유권, 사상·양심·종교의 자유, 표현의 자유, 집회·결사의 자유, 참정권	사회보장권, 노동권, 휴식·여가권, 생활보호·모자보호, 교육권, 문화생활권, 권리·자유를 실현하는 질서의 권리, 타인의 자유·권리의 존중과 그에 따른 권리의 제한, 권리·자유의 파괴 금지
※소극적 자유권, 적극적 자유권, 시민·정치권, 재산권, 적법한 절차 등에 관한 권리	※사회권, 경제권, 복지권 등에 관한 권리

2. 1959년 아동권리선언

'1959년 아동권리선언'은 아동의 특수성을 강조하여 1924년 제네바선언의 내용을 확대 · 보완하고, 이를 비교적 구체적으로 구성하여 1959년에 공포된 권리선언이다. 특히 이 선언은 세계인권선언의 정신을 계승하여 아동의 특수성에 초점을 맞춘 아동권리문서이다. 이 선언이 갖는 역사적 의의는 아동의 권리를 체계적으로 천명한 최초의 선언이라는 점과 이 선언이 제네바선언과 1989년의 '아동권리협약'의 가교역할을 한다는 데서 찾아진다. 그러니까 제네바선언이 아동권리선언의 효시라고 한다면, 세계인권선언은 인권의 보편성을 천명한 것이고, 이를 바탕으로 하여 1959년의 선언은 아동권리의 체계를 확립하고, 다시 이러한 바탕 위에서 '아동권리협약'은 아동권리의 종합적 체계를 확립하고 실행성까지 갖춘 아동권리문서이다. 이렇게 제 선언이 동일선 상에 놓여 있다는 해석은 1959년 선언의 내용을 살펴보면 확인할 수 있다. 모든 아동의 차별금지(제1조), 아동 최선의 이익(제2조), 성명과 국적을 가질 권리(제3조), 사회보장 혜택을 받을 권리(제4조), 장애 아동의 특별한 치료, 교육, 보호(제5조), 가정보호와 가정이 없는 아동의 특별보호(제6조), 교육받을 권리(제7조), 보호와 구제를 우선적으로 받을 권리(제8조), 모든 형태의 아동학대 방지와 연소자의 고용의 금지(제9조), 모든 형태의 차별적 관행으로부터 아동의 보호(제10조) 등이다.

이 선언이 갖는 의의를 찾는다면 두 가지로 정리할 수 있다. 첫째, 1924년 아동권리 제네바선언에 이어 발전된 아동의 권리 문서라는 점이다. 이는 1989년 '아동권리협약'의 내용을 결정짓는 데에 진일보한 권리문서라는 의미도 갖고 있다. 둘째, 이 선언은 세계인권선언이 천명한 특별한 필요(special needs)와 보호(special protection)의 복지권 정신을 아동의 특수성을 감안하여 최초로 적용한 것이라고 볼 수 있다.

3. 우리나라 어린이헌장

어린이헌장은 세계인권선언의 정신을 존중하고 제네바선언, 아동권리공약 3장, 1959년 아동권리선언을 망라하여 아동의 권리와 복지, 발달과 성장의 방향을 제시하여 1975년 선포된 헌장이다. 이 헌장은 주로 아동의 발달권과 교육권에 초점이 맞추어져 있으며, 이를 위하여 학대와 유기 등으로부터 아동이 보호받아야 함을 강조하고 있다. 이 헌장의 연혁은 1957년 한국아동작가협회에서 성문화한 것을 부처간의 협의를 거쳐 대통령이 선포한 것으로, 이후 개정된 것이다.

이 헌장의 의의는 우리나라가 아동권리공약 3장의 정신을 계승하고 한국의 미래를 짊어질 아동의 미래상을 제시하고 그 좌표를 마련했다는 데에 있다. 헌장의 내용을 구체적으로 살펴보면, 정상적인 발달, 좋은 교육환경과 시설, 문화의 창조와 계승, 문화접근권, 탐구자세의 고취, 위협으로부터의 보호, 학대·유기·노동착취·유해환경으로부터의 보호, 특수아의 치료·보호·교육, 세계평화의 기여 등을 담고 있다. 이 헌장의 정신과 내용은 이전의 아동권리문서에 담긴 정신과 내용을 존중함은 물론 당시 유니세프가 권고하는 생존권, 보호권, 발달권, 참여권의 정신과 맥을 같이 하고 있다는 데에서 또 다른 의의를 찾을 수 있다.

4. 비엔나 인권선언(Vienna Declaration, 1993)

비엔나 인권선언은 1993년 6월 14일부터 6월 25일까지 비엔나에서 열린 세계인권회의(World Conference on Human Rights)에서 채택한 전문 39개 조로 구성된 인권선언이다. 이 선언은 비록 다음에 살펴볼 '국제인권협약'과는 달리 구속력을 갖지 않는 '선언'(declaration)의 형태를 갖추고 있지만, 이전에 국제연합에 의해 채택되고 서명국에 의하여 채택·서명·비준된 제 권리협약을 더욱 권장하고 인권의 신장을 위한 국가의 의무와 책임을 더욱 권고·천명하고 있다는 특징을 지니고 있다.

구체적인 내용을 살펴보면, 일체의 차별행위에 대하여 모든 국가가 져야 할 책임과 의무를 권고하고 있다(전문). 또한 모든 민족의 자결권을 강조함으로써 모든 민족의 정치적 위치와 경제·사회·문화적 발전을 추구할 권리를 천명하고 있다.

비엔나 인권선언에서 빠뜨릴 수 없는 특징은 발달권의 강조(제10조)라고 할 수 있다. 이 선언은 발달권을 보편적이고 양도할 수 없는 권리이며, 인권의 정수임을 재확인하고 있다. 발달권의 강조는 인간이 발달의 주체임과 동시에 발달이 인권의 향유를 촉진시켜야 함을 강조하고 있다. 한편, 발달을 보장하고 발달을 저해하는 장애물을 제거하기 위한 국가간의 우호적인 협력을 강조하고 있다. 발달권을 인권의 정수로 보는 시각은, 개인적 차원에서 보면, 인간이 교육을 통하여 자기계발을 할 권리를 가지고 있다고 해석할 수 있다.

특히 비엔나 인권선언 제18조는 인권침해의 사각지대에 놓여 있는 여성과 여아의 인권을 강조하고 있다. 즉, 여성의 제 권리가 남성의 그

것과 마찬가지로 양도·분할할 수 없는 보편적 인권임을 강조한 것이다. 이 조항은 '아동권리협약'과 '여성차별철폐협약'의 내용을 선언적 차원에서 보강하고 있다고 해석할 수 있다.

Ⅳ. 세계인권선언과 국제권리협약

각종 국제인권선언과 국제권리협약은 인간존엄성에 기초한 국제적 합의로 이루어진 문헌들이다. 이에 앞서 국제사회는 인간존엄성에 기초하여 개인의 권리보호를 위한 노력을 경주하여온 결과, '국제연합헌장'(The United Nations Charter)의 구현에 이르렀다. 이를 계기로 인권에 관한 선언과 규약은 국제연합에 의하여 주도·마련·권고되었다. 사실 1926년 노예협약(Slavery Convention) 등 몇몇 규약을 제외하고 거의 대부분의 국제권리협약은 국제연합 이후에 마련되고 권고된 것이다. 이러한 맥락에서 세계인권선언은 매우 중요한 의미를 지닌다. 그러나 세계인권선언이 갖는 한계와 제약이 있다. 그 한계와 제약은, 앞서 지적한 바와 같이, 세계인권선언이 국제권리협약과 달리 구속력이 없다는 것이다.

인권선언은 다분히 이념적이고 추상적인 내용을 담고 있다. 인권선언이나 각종 헌장은 인권의 보장을 위한 어떤 강제력도 가질 수 없다. 이러한 현실적인 난점을 극복하고 인권보장의 실제적인 방안을 모색하기 위하여 고안된 것이 국제권리협약이다. 즉, 인권선언이 이념적인 인권의 보장을 위한 천명이라고 한다면 국제권리협약은 각국에서 인권침해가 있을 경우 도덕적 측면에서 압력을 가함과 동시에 규약으로 인하여 인권보장과 인권침해방지를 위한 국내 법적 효력을 가하게 하는 데 그 의의가 있다.

국제권리협약은 국가간의 조약이므로 협약에 가입한 국가는 협약에 규정된 모든 조항을 존중하고 준수하기 위한 적절한 조치를 강구할 의무가 있다. 따라서 국제권리협약은 각 국가의 준수 의무를 마련했다는 점에서 인권의 보편적이고 도덕적인 측면을 권리와 의무로 규정하여 각 국가의 법적 효력을 부과하였다는 점에서 인권선언이나 헌장보다 구체적인 실천조치를 마련하는 셈이다.

국제권리협약으로 가장 대표적인 것은, 1966년에 유엔에서 채택하여 1976년에 발효한 것으로 일명 'A협약'이라고 불리는 '경제적·사회적·문화적 권리에 관한 국제협약'과 'B협약'이라고 불리는 '시민적·정치적 권리에 관한 국제협약'이다. 이들 두 개의 협약은 세계인권선언의 본질을 구체적으로 성문화한 것이다. 그 외에도 유엔 주도하에 체결된 국제규약으로 구속력이 있는 세계적 문서만도 48건에 이른다(유네스코, 1995: 93~101). 그중에서 중요한 국제협약으로 25개를 들 수 있으며, 우리나라는 인권에 관한 25개 기본적 협약 중에 13개에 가입하고 있다. 물론 인권에 관한 국제협약에의 가입 자체가 그 분야에 있어서 그 나라의 인권보장의 현황과 반드시 정비례하는 것은 아니며, 선진국과 후진국간의 차이도 없는 것으로 보인다.[3)]

3) 우리나라가 비준하고 가입한 주요 규약은 본 장의 <부록 II> 참조.

V. 주요 국제권리협약

국제권리협약은 각 국가의 준수 의무를 규정하고 인권의 보편적·도덕적 측면을 권리와 의무로 규정하여 각 국가에 법적 효력을 부과하였다는 점에서 인권선언이나 헌장보다 강제성을 지닌 인권에 관한 국제문서라고 할 수 있다. 모든 국제권리협약을 일일이 검토하는 것은 아동의 권리에 초점을 맞추고 있는 이 글의 취지에도 맞지 않기 때문에 여기서는 중요한 두 가지 국제권리협약(A협약과 B협약)을 검토하고, '아동권리협약'에 관하여 별도의 장에서 보다 면밀하게 살펴보기로 한다.

1. 경제적·사회적·문화적 권리에 관한 국제협약(A협약)

A협약은 전문(前文)과 31조로 구성된 국제권리협약으로서, 전문에 국제연합헌장과 인권선언에 명시된 인간존엄성 원칙을 재확인하고, 이의 성실한 준수가 해당 서명 국가의 의무임을 명시하고 있다. 이 협약에서 증진하려고 하는 인권은 이 협약의 이름이 시사하는 바와 같이 주로 사회-경제적 권리와 문화적 권리로 표현되는 복지권에 관한 것이다. 이를 정리하면: ① 정당하고 좋은 조건에서 일할 권리, ② 사회적 보호권, 적절한 생활권, 최상의 육체적·정신적 복지에 관한 권리, ③ 교육에 관한 권리와 문화적 자유 및 과학 발달의 혜택을 누릴 권리 등이다. 다음은 A협약에서 규정하고 있는 권리들이다.

1) 행복추구권: 인간다운 생활을 할 권리

A협약은 모든 사람이 인간으로서 존엄과 가치가 있고 행복을 추구할 권리를 갖고 있는 것을 천명하고 있다. A협약 제12조 제1항에 의하면 '모든 사람은 도달 가능한 최고 수준의 신체적, 정신적 권리를 향유할 권리를 인정받는다'고 규정하고 있으며, A협약 제11조 1항은 '이 협약의 당사국은 모든 사람이 적당한 식량, 의복 및 주택을 포함하여 자기 자신과 가정을 위한 적정한 생활수준을 누릴 권리와 생활조건을 지속적으로 개선할 권리를 가지는 것을 인정한다'고 천명하고 있다. 그리고 인간다운 생활을 위한 휴식 및 여가의 권리(A협약 제7조)와 사회보험을 위한 사회보장권(A협약 제9조), 그리고 문화생활에 참여할 권리(A협약 제15조 제1항) 등을 천명하고 있다. 이러한 규정의 천명은 세계인권선언의 '유급 정기휴가를 가질 권리'(세계인권선언 제24조)와 '생활보장을 받을 권리'(세계인권선언 제25조)보다 더 구체적이고 진일보한 인권규범이라고 볼 수 있다.

2) 자기결정권

A협약 제1조(뿐만 아니라 B협약 제1조)에 따르면, '모든 사람은 자기결정권을 갖는다. 이에 기초하여 모든 사람은 그들의 정치적 지위를 자유로이 결정하고 또한 경제적, 사회적 및 문화적 발전을 자유로이 추구한다'고 명기함으로써, 국제연합헌장 제1조 제2항 및 제55조에 명시된 '자기결정의 원칙'을 존중하고 자기결정(self-determination)이 인권의 주요 내용으로 실현되어야 함을 천명하고 있다.

3) 소유권

A협약 제1조 제2항에 '모든 사람은 자신의 목적을 위하여 그들이 향유할 수 있는 천연의 부와 자원을 자유로이 처분할 수 있으며, 어떠한 경우에도 그들의 생존 수단을 박탈당하지 아니한다'고 천명하여 소유권이 인권의 주요 내용임을 명기하고 있다. 그러나 이 조항에 '소유권'이라는 용어가 채택되지 못한 것은 당시 사회주의 및 제3세계 국가들의 동의를 얻어내지 못하였기 때문이다. 이 협약이 발효된 시점이 냉전의 논리가 엄존하던 1966년이었음을 상기하면, 용어 선택의 문제가 얼마나 심각했는가를 읽을 수 있다. 그럼에도 이 조항은 세계인권선언이 천명한 소유권을 보다 실천력 있게 한 조항으로 평가된다. 세계인권선언에 의하면, '사람은 누구를 막론하고 단독으로 또는 다른 사람과 공동으로 재산을 소유할 권리를 갖는다'(세계인권선언 제17조 제1항)고 한 규정과 '사람은 누구를 막론하고 자의(恣意)로 재산을 박탈당하여서는 아니된다'(세계인권선언 제17조 제2항)고 한 규정이 A협약과 맥을 같이 한다.

4) 근로권

A협약은 일할 권리를 인권의 차원에서 비교적 자세하게 다루고 있다. 그런데 본래 성격상 근로권은 자유권적 성격과 사회권적 성격, 그리고 사회보장적 성격을 동시에 갖는다. 여기서 자유권적 성격이란 한 개인이 자유로이 일할 권리를 가지는 것을 타인 또는 국가가 방해하지 못한다는 의미이고, 사회권적 성격은 경제적 약자인 근로자에게 인간다운 생활을 보장하기 위하여 근로의 권리를 인정한다는 의미이며, 사회

보장적 성격은 완전 고용을 달성하기 위하여 근로에 관한 지도, 훈련, 정책 등을 보장하여야 한다는 의미이다. 이 협약은 일할 권리에 관한 한, 이상의 모든 성격을 근로권에 담고 있다. A협약 제6조 제1항에 따르면, '이 협약의 당사국은 모든 사람이 자유로이 선택하거나 수락하는 노동에 의하여 생계를 영위할 권리를 포함하는 근로의 권리를 인정하며, 이러한 권리를 보호하기 위하여 적절한 조치를 취한다'고 규정하고 있으며, 또 A협약 제6조 제2항에 의하면, '이 협약의 당사국이 근로권의 완전한 실현을 달성하기 위하여 취하는 제반 조치에는 개인에게 기본적인 정치적, 경제적 자유를 보장하는 조건 하에서 착실한 경제적, 사회적, 문화적 발전과 생산적인 완전고용을 달성하기 위한 기술 및 직업의 지도, 훈련계획, 정책 및 기술이 포함되어야 한다'고 규정하고 있다. 이와 아울러 '모든 사람이 자유로이 선택하거나 수락하는 노동에 의하여 생계를 영위할 권리를 포함하여 근로의 권리를 인정하며, 동 권리의 보호를 위하여 적절한 조치를 취한다'(A협약 제6조), '어느 누구도 강제노동을 하도록 요구되지 아니한다'(A협약 제8조 제3항)고 규정하고 있다. 이 외에도 노동조합 결성권, 노동조합 가입권(A협약 제8조 제1항)과, 노동조합의 전국적 연합의 권리와 국제노동조합의 결성 및 가입의 권리, 파업권 등 결사 및 단결권, 단체행동권의 보장(A협약 제8조 제3항) 등이 규정되어 있다. 이와 같은 A협약의 일할 권리에 관한 규정은 세계인권선언이 추상적으로 천명한 근로권을 보다 구체적이고 강제력을 갖도록 발전시킨 것으로 보아야 한다. 이와 같은 사실은 세계인권선언의 규정, '사람은 누구를 막론하고 일할 권리가 있다'(세계인권선언 제2조 제1항); '사람은 누구나 실직에 대하여 보호받을 권리가 있다'; '직업선택과 적정하고 유리한 노동조건과 실직에 대하여 보호받을 권리가 있다'(세계인권선언 제23조 제1항) 등의 규정에서 확인할 수 있다. 한편 노동조합의 결성과 관련하여 세계인권선언 제23조 제3항은 '사람은 누구를 막론하고 각자의 이익을 옹호하기 위하여 노동조합을 결성하고 가입할 권리가 있다'고 규정하고 있다.

5) 교육권

A협약은 모든 사람이 교육을 받을 권리가 있음을 세계인권선언의 규정보다 더 구체적으로 규정하고 있다. 그 내용을 보면, '협약 당사국은 모든 사람의 교육받을 권리를 인정한다. 교육은 인격의 완전한 발달과 인간존엄성에 대한 인식을 발전시키고, 인권과 기본적 자유의 존중을 강화시키는 목적을 갖는다. 교육은 모든 사람들을 자유사회에 효율적으로 참여하게 하여야 하며, 모든 국가, 인종, 민족문화 간에 이해와 관용 및 우애를 증진시킬 수 있어야 한다. 나아가서 교육은 평화유지를 위한 국제연합의 활동을 도모할 수 있어야 한다'(A협약 제13조 제1항); '협약 당사국은 이러한 교육권의 완전한 실현을 위하여 다음의 사항을 성취하여야 한다: ⓐ 초등교육은 무상·의무교육으로 모든 이에게 제공되어야 한다. ⓑ 직업·기술교육을 포함하는 다양한 형태의 중등교육은 모든 이들에게 제공되어야 하고, 모든 이들의 적정한 수단이 되도록 접근할 수 있어야 한다. 특히 중등교육은 궁극적으로 무상교육으로 도입되어야 한다. ⓒ 고등교육은 모든 이들에게 그들의 능력에 근거하여 균등하게 접근될 수 있어야 하고, 모든 이들의 적정한 수단이 되도록 접근할 수 있어야 한다. 특히 고등교육은 궁극적으로 무상교육으로 도입되어야 한다. ⓓ 기초교육은 초등교육을 받지 못하였거나 마치지 못한 사람들을 위하여 가능한 모든 경우에도 권장되고 강조되어야 한다. ⓔ 모

든 단계에서 학교제도의 개발은 적극적으로 추진되어야 하며, 교육전문제도가 마련되어야 하며, 교원의 물리적 처우는 꾸준히 개선되어야 한다'(A협약 제13조 제2항); '협약 당사국은 학부모의 자유를 존중하며, 가능한 경우, 자녀의 학교를 선택하는 데에 있어서 공공기관이 아닌 법률전문가의 자문을 받을 수 있다. 이는 국가가 정해놓은 최소한의 교육적 기준을 실행하기 위한 것이며, 자녀의 종교교육·도덕교육에 있어서 학부모의 종교적·도덕적 신념과 일치시키기 위한 것이다'(A협약 제13조 제3항); '이 조항의 어느 부분도, 제1항의 원리를 준수하며 국가가 설정해 놓은 최소한의 교육적 기준을 교육기관이 실행할 수 있도록, 개인이나 단체가 교육기관을 설립·운영할 수 있는 자유를 간섭할 수 있는 뜻으로 해석되어서는 안 된다'(A협약 제13조 제4항)고 규정하고 있다. 이는 세계인권선언 제26조 제1항에 천명된 누구나 교육받을 권리와 제2항의 무상의무교육에 관한 규정, 그리고 제26조 3항 학부모의 자녀교육에 대한 우선권 등을 실현 가능한 수준에서 보다 구체적으로 재천명하고 권고한 것이다.

2. 시민적·정치적 권리에 관한 국제협약(B협약)

주로 사회-경제적 권리와 문화적 권리를 천명한 A협약과는 대조적으로, B협약은 인간에게 가해지는 온갖 형태의 물리적, 정신적인 외압이 없이, 생명권, 자유권, 평등권, 종교·언론·집회·결사·사생활의 자유가 보장되어야 함을 규정하고 있다. 그러나 B협약은 세계인권선언이나 A협약과는 달리 가정과 아동의 중요성을 인식하고 이에 관한 권리를 어느 권리선언이나 협약보다도 구체적으로 규정하고 있다는 점에 그 특징이 있다. 이는 뒤에 검토될 아동권리협약의 내용을 이어주는 가교 역할을 한다고 볼 수 있다. 여기서는 아동의 권리와 관련하여 B협약의 제23조와 제24조의 내용만을 검토하기로 한다.

1) 가정의 권리

B협약 제23조는 가정의 중요성을 강조하고 있는데, 거기에는 기본적인 사회생활의 단위로서 가정의 위치와 혼인에 의한 가정의 결성 및 결혼에 관한 제 규정을 명시하고 있다. 이를 구체적으로 살펴보면, '가정은 사회의 자연적이고 기본적인 단위이며, 국가와 사회로부터 보호받을 권리가 있다'(B협약 제23조 제1항); '혼인 연령에 달한 남녀가 결혼하여 가정을 가질 권리는 존중되어야 한다'(B협약 제23조 제2항); '결혼 당사자 쌍방의 자유롭고 완전한 동의가 없는 결혼은 성립할 수 없다'(B협약 제23조 제3항); '협약 당사국은 결혼의 성립, 결혼생활의 유지 및 결혼의 해지(이혼)에 있어서 당사자 간의 동등한 권리와 책임을 보장하기 위한 적절한 조치를 취하여야 한다'(B협약 제23조 제4항) 등이다.

B협약이 규정한 가정을 결성할 권리에서, 우리가 주목하여야 할 점은, 아동이 가족 구성원의 중요한 일원임을 명시적으로 천명하고 있지 않다는 점이다. 혼인 연령에 달한 사람이 가정을 구성하는 것은 그들이 부부가 된다는 것을 의미하고, 그들이 혼인한 후 자녀를 출산·양육하는 것은 그들의 당연한 권리인지도 모른다. 그러나 그들의 부부관계로 출생한 자녀의 입장에서 보면 아이들은 가정을 이루는 중요한 구성원이라는 점이 명시되어 있지 않다. 이러한 사실은 자칫 아동의 지위가 가정 내의 소수 집단으로 간주될 가능성을 잉태하는 것이며, 이는 다시 가

정 내에서의 아동 학대와 같은 권리침해 가능성을 야기할 수 있는 문제점을 포함한다고 할 수 있기 때문이다.

2) 아동의 권리

B협약 제24조는 아동의 권리를 독립적으로 규정하고 있는데, 그 내용은 주로 차별의 금지와 평등, 성명권, 국적권 등 주로 보호받지 못한(보호받지 못할 위험성을 지닌) 아동에게 주로 초점이 맞추어져 있다. 이를 조항별로 살펴보면, '모든 아동은, 인종, 피부색, 성별, 언어, 종교, 국가·사회적 배경, 재산, 출생 등에 있어서 어떠한 차별 없이, 그리고 아동이 속한 가정, 사회 국가가 소수집단이라는 이유에서 야기되는 불이익을 받지 않도록, 보호를 받을 권리를 갖는다'(B협약 제24조 제1항); '모든 아동은 출생 즉시 출생 등록시켜야 하며 이름을 갖게 하여야 한다'(B협약 제24조 제2항); '모든 아동은 국적을 가질 권리를 갖는다'(B협약 제24조 제3항) 등이다.

여기서 우리가 좀 더 검토해 보아야 할 사항이 몇 가지 있다. 첫째, B협약이 아동의 권리를 천명하는 데에 있어서 진일보한 국제권리협약이라 하더라도 아동의 권리를 좀 더 보편적인 차원에서 규정한 것이 아니라 차별받는 아동과 보호받지 못한 아동에 관한 권리의 규정에 초점이 맞추어져 있다는 점이다. 제24조 제1항과 제2항이 이를 입증해 준다. 물론 현실 사회에서 소수집단에 속한 아이들의 권리를 되찾아주는 것이 절실한 현안임에 틀림이 없으나, 아동의 권리를 보다 완전하게 신장하기 위해서는 아동의 권리가 보편적인 것임을 천명하여야 한다는 점에 주목하여야 한다. 둘째, 아동권리의 보편성과 관련하여 아동이 수혜받을 수 있는 권리의 범주를 모두 포함하지 못하였다는 점을 들 수 있다. 물론 B협약은 어디까지나 시민적·정치적 권리에 관한 협약인 만큼 아동의 권리 중 시민적·정치적 권리의 측면(이를테면, 성명권, 국적권)에 초점이 맞추어진 것은 당연한 귀결인지도 모른다. 그러나 B협약이 아동이 누릴 수 있는 시민적·정치적 권리를 보다 포괄적으로 규정하지 못한 것은 사실이다. 셋째, 시민적·정치적 권리의 측면과 관련시켜 볼 때, 아동이 권리의 '수혜자'일 뿐만 아니라 권리의 '주체'임을 천명하지 못한 점을 들 수 있다. 이 문제가 심각하게 부각된 시기는 1989년 '아동권리협약' 채택 이후로 볼 수 있지만, 당시에 아동을 보호의 대상으로 인식하는 경향이 있었다고 볼 수 있다. 하지만, 예컨대 아동의 성명권의 경우, 아동을 권리의 수혜자(또는 권리에 의한 보호 대상)로 보면, 아동이 출생과 동시에 성명권과 국적권을 갖는 것은 당연시되지만, 권리의 주체로 볼 경우 이러한 권리가 반드시 정당화된다고 볼 수는 없다. 이를테면, 아이가 글을 읽고 쓸 줄 아는 단계에 들어서는 순간 자신의 이름(대개의 경우 부모가 지어준 것이지만)에 대하여 만족하지 않을 수 있고, 이에 대하여 아이들이 성명권을 주장하는 것은 아이가 권리의 주체로 이해될 수 있을 때 가능하기 때문이다.

참고문헌

월간신동아편집실 편, 1980, 세계의 인권선언, 서울: 동아일보사.

유네스코한국위원회 편, 1995, 인권이란 무엇인가-유네스코와 세계인권선언의 발전과 역사, 서울: 오름.

유엔한국협회 편역, 1995, 유엔이란 무엇인가?, 서울: 유엔한국협회.

Brownlie, I., 1994, *Basic Documents on Human Rights*, 3rd edition, Oxford: Clarendon.

【제11장 부록 I】 'A협약' 및 'B협약' 조항별 색인

경제직·사회적·문화적 권리에 관한 국제협약(A협약)

제 1 부

제1조　자기결정권

제 2 부

제2조　가맹국의 협약준수의무
제3조　남녀평등
제4조　공공복지에 의한 제한
제5조　해석 적용상의 주의

제 3 부

제6조　노동의 권리
제7조　공정·유리 노동조건 향유권
제8조　노동기본권
제9조　사회보장
제10조　가정·어머니·어린이 보호
제11조　사회권의 기본규정·일반규정·기아로부터의 자유
제12조　건강권
제13조　교육받을 권리
제14조　무상초등의무교육의 실시
제15조　문화적 권리

시민적 및 정치적 권리에 관한 국제협약(B협약)

제 1 부

제1조 자기결정권

제 2 부

제2조 가맹국의 협약준수의무
제3조 남녀평등
제4조 긴급사태하의 일탈조치
제5조 해석적용상의 주의

제 3 부

제6조 생명권
제7조 고문·인체실험의 금지
제8조 노예·예속·강제노동의 금지
제9조 신체의 자유
제10조 수감자 처우
제11조 민사구금의 금지
제12조 이동·거주·출입국의 자유
제13조 외국인의 추방
제14조 공정한 재판을 받을 권리
제15조 소급처벌의 금지
제16조 법률 앞에서 인격적으로 인정받을 권리
제17조 사생활·명예·평판의 존중
제18조 사상·양심·종교의 자유
제19조 표현의 자유
제20조 전쟁선전 등의 금지

제21조　집회의 자유
제22조　결사의 자유·단결권
제23조　가정 및 결혼에 관한 권리
제24조　아동의 권리
제25조　공무 참여
제26조　법률앞에서 평등 및 차별금지
제27조　소수민족 보호

【제11장 부록 II】 주요 국제권리협약 가입 현황

① 경제 · 사회 · 문화적 권리에 관한 국제협약(International Covenant on Economic, Social and Cultural Rights)
-채택; 1966. 12. 16
-발효; 1976. 1. 3
-서명국 수; 57개국
-비준국 수; 129개국(한국; 1990. 4. 10)

② 시민적 · 정치적 권리에 관한 국제협약(International Covenant on Civil and Political Rights)
-채택; 1966. 12. 16
-발효; 1976. 3. 23
-서명국 수; 56개국
-비준국 수; 126개국(한국; 1990. 4. 10)

③ 시민적 · 정치적 권리에 관한 협약에 대한 제1선택 의정서(Optional Protocol to the International Covenant on Civil and Political Rights)
-채택; 1966. 12. 16
-발효; 1976. 3. 23
-서명국 수; 24개국
-비준국 수; 78개국(한국; 1990. 4. 10)

④ 모든 형태의 인종차별철폐에 관한 협약(International Convention on the Elimination of All Forms of Racial Discrimination)
-채택; 1965. 12. 21
-발효; 1969. 1. 4
-우리나라 가입년도;
-서명국 수; 75개국(한국; 1989. 8. 8)
-비준국 수; 138개국(한국; 1978. 12. 5)

⑤ 집단학살방지와 처벌에 관한 협약(Convention on the Prevention and Punishment of the Crime of Genocide)

–채택; 1948. 12. 9

–발효; 1951. 1. 12

–서명국 수; 42개국

–비준국 수; 113개국(한국; 1950. 10. 14)

⑥ 아동권리협약(Convention of the Rights of the Child)

–채택; 1989. 11. 20

–발효; 1990. 9. 2

–서명국 수; 137개국(한국; 1990. 9. 25)

–비준국 수; 163개국(한국; 1991. 11. 20)

⑦ 여성에 대한 모든 형태의 차별 철폐에 관한 협약(Convention on the Elimination of All Forms of Discrimination against Women)

–채택; 1979. 12. 18

–발효; 1981. 9. 3

–서명국 수; 96개국(한국; 1983. 5. 25)

–비준국 수; 131개국(한국; 1984. 12. 27)

⑧ 여성의 정치적 권리에 관한 협약(Convention of Political Rights of Women)

–채택; 1952. 12. 20

–발효; 1954. 7. 7

–서명국 수; 47개국

–비준국 수; 104개국(한국; 1959. 6. 22)

⑨ 고문 및 기타 잔혹한 비인도적 또는 굴욕적 처우나 형벌 금지조약(Convention against Torture and other Cruel, Inhuman or Degrading Treatment or Punishment)

–채택; 1984. 12. 10

–발효; 1987. 6. 26

–서명국 수; 65개국

–비준국 수; 83개국(한국; 1995. 1. 9)

⑩ 무국적자의 양도에 관한 협약(Convention on the Reduction of Statelessness)

–채택; 1961. 8. 30

–발효; 1975. 12. 13

–서명국 수; 22개국

–비준국 수; 42개국(한국; 1962. 8. 22)

⑪ 망명자 지위에 관한 제네바 협약(Convention Relating to the Status of Refugees)

–채택; 1951. 7. 28

–발효; 1954. 4. 22

–서명국 수; 20개국

–비준국 수; 122개국(한국; 1992. 12. 3)

⑫ 망명자 지위에 관한 뉴욕 의정서(Protocol Relating to the Status of Refugees)

–채택; 1967. 1. 31

–발효; 1967. 10. 4

–서명국 수; 1개국

–비준국 수; 119개국(한국; 1992. 12. 3)

12

아동권리협약 해제

Ⅰ. '아동권리협약'

1. 아동권리협약의 보편성과 당위성

1948년의 '세계인권선언'(The Universal Declaration of Human Rights)이 모든 인간에 대한 보편적이고 종합적인 의미에서 인권선언의 경전이라고 할 수 있다면, '아동권리협약'(The Convention on the Rights of the Child; 이하 '협약')은 아동의 권리에 대한 보편적인 당위성을 부여해 주는 아동권리의 경전이라고 할 수 있다. 다시 말하자면, 1989년 11월 20일 국제연합에 의해 채택된 '아동권리협약'은 아동의 권리 문제에 관한 한, 체계적이고 종합적인 권리 규범이다. 아동권리협약 이전에도 아동에 관한 권리 선언과 같은 권리 규범이 전혀 없었던 것은 아니다. 아동권리협약이 채택되기 이미 30년 전인 1959년 아동의 권리선언이 천명되었다. 그리고 국제연맹에 의하여 1924년 '아동의 권리 제네바선언'이 채택된 바 있다. 그러나 앞서 지적한 바와 같이 권리선언이나 헌장은 구속력과 강제성이 미약하고 상징적인 의미를 주는 경우가 대부분이었다. 우리나라에서도 1923년 이미 '아동권리공약 3장'을 천명한 바 있으므로, 아동권리협약이 세계 최초의 아동의 권리에 관한 문서는 아닌 셈이다. 이러한 상황에서 아동에 관한 인식이 제고되었고, 또한 과거에 소수인(minority group; 여성, 흑인, 소수 민족 등)의 인권 신장에 대한 노력이 경주된 결과, 1959년 채택된 아동의 권리선언을 법적 구속력을 갖는 국제 규범으로 만들자는 폴란드 정부의 제안으로, 아동권리협약이 마련되었다. 이 협약은 18세 이하의 모든 아동을 보호의 대상으로 함과 동시에 적극적인 권리의 주체로 인정하는 아동의 권리에 관한 한 획기적인 국제문서이다.

2. '아동권리협약'의 번역 문제

'아동권리협약'의 영어명칭은, 주지하는 바와 같이, 'Convention on the Rights of the Child'이다. 이에 대해 사람들이 사용하는 번역어는 구구각색이다. '아동·청소년의 권리에 관한 국제규약', '유엔 아동·청소년 권리협약', '국제연합 아동의 권리에 관한 국제협약', '아동권리국제조약' 등의 다양한 번역어를 발견할 수 있다. 우선 '아동·청소년'이라는 말을 사용하는 측에서 보면, 10대 아동을 우리의 일상어법 상 '청소년'이라는 범주에 넣는 경우를 고려했기 때문인 것으로 보인다. 그러나 이 경우에도 '청소년'이라는 말은 영어의 'adolescence'에 해당되는 말이라고 보아야 한다. 흔히 고등학교 학령의 청소년에게 우리는 '아이'라는 말을 쓰는 데에 주저하지 않으며, 영어의 표현에서도 다 큰 성인의 경우에도 '아동'이라는 말을 사용하고 있다. 장성한 자녀를 가진 노년층에게 'How many children do you have?'라는 말은 전혀 어색한 것이 아니다. 무엇보다도 '협약'이 정하는 아동의 범주는 연령상 18세 미만의 자이므로, '협약'의 명칭에 '아동'만을 사용하는 것은 그릇된 용법이 아닐뿐더러 오히려 권장해야 할 용법이다.[1)]

만약 10대 아동의 특수성을 고려하여 '아동·청소년'이라는 용어를 사용해야 한다면, '청소년'의 성 차별적 특성과 연령적 애매성('청년'과 '소년'의 복합어)을 제거하는 노력이 선행되어야 한다. 성 차별적 특성을 제거하고자 한다면, '협약'의 명칭은 '아동·청소년·청소녀 권리협약'이 되어야 한다. 그리고 '청소년'의 연령적 애매성을 '협약'의 연령적 정의에 맞도록 제거하고자 한다면, '청소년'은 '소년·초기청년'이 되어야 한다. 이를 모두 고려해야 한다면, '협약'의 명칭은 '아동·소년·소녀·초기청년·초기청녀 권리협약'이라고 해야 한다. 그러나 우리가 번역상의 정교함과 명확성을 기하고자 한다고 하더라도 '아동·소년·소녀·초기청년·초기청녀 권리협약'이라는 용어를 일상적으로 사용하기 위한 번역어로 채용하지는 않을 것이다. '협약'의 번역어로서 '아동권리협약'이 합당한 또 다른 이유는 여기에 있다.

다음으로, 번역상 문제가 되는 것은 '협약'이라는 용어의 채택 문제이다. 영어의 'convention' 또는 'covenant'에 해당하는 말로서 '협약'과 '규약'이 있는데, 이 '협약'의 경우는 '협약'이라는 말을 이미 정형화된 형태로 많이 사용하고 있다. 이상과 같은 점을 고려할 때, 우리가 채용해야 할 번역어는 '아동권리협약'이라고 보아야 한다. 또한 이 번역어는 이미 정부기관에 의하여 공식적으로 사용되는 말이기도 하다. 만약 영어의 직역에 충실하여 '유엔 아동의 권리에 관한 국제협약'이라고 해야 한다고 하면, 1948년 'The Universal Declaration of Human

1) 본서 제1장 제3절 별장 참조.

Rights'는 '인간의 권리에 관한 보편적 선언'이라는 어색한 표현을 채택하여야 할 것이다. 그러나 이 선언은 이미 '세계인권선언'이라고 통용되고 있다는 점을 감안하고, 또 이와 똑같은 맥락에서 '아동권리협약'이 사용되어야 한다.

Ⅱ. 아동권리협약의 제정 배경

아동권리협약은 1959년 유엔 아동권리선언이 채택되고 각국의 인권 관련 법안들이 입법화되었음에도 불구하고 세계도처에서 아동학대와 착취, 빈곤과 질병이 계속되는 것에 대한 폴란드 등의 발의를 기초로 추진되었다. 폴란드는 1959년에 채택된 아동권리선언의 내용과 정신을 법적 구속력 있는 문서로 발전시키자는 제의를 하였으며, 국제무대에서 아동권리에 대한 특별한 관심을 자주 표명하였다. 폴란드는 1978년 제34차 국제연합 인권위원회에 공식제기를 하기 이전인 1959년 아동권리선언이 토론될 때부터 선언이 아닌 협약으로 할 것을 주장하였다. 그러나 당시 폴란드가 제출한 발의문은 구속력 있는 조약이 될 만한 체계나 형태를 갖추지 못하였고, 폴란드 정부 당국의 권리에 대한 시각, 우선 순위를 드러냈다는 이유로 면밀한 검토와 수정이 필요하다는 의견이 지배적이었다. 결국 1979년에 조약은 채택되지 못하였고 국제연합 인권위원회는 1979년 제35차 회기에서 협약문제를 전담할 집단을 만들기로 결정하였다. 따라서 폴란드는 1978년에 제출했던 발의문을 대폭 수정하여 1980년에 새로 제출했고 이것이 기본 문서로 활용되었다. 이러한 노력 이전에 이미 국제연합은 1976년 총회에서 1979년을

‘아동의 해’로 지정할 것을 의결하였으며, 이는 1978년의 ‘아동권리협약’ 제정 추진을 결의하는 또 다른 계기를 마련하였다.

‘아동권리협약’의 제정 초기에는 별다른 국제적 관심을 끌지 못하였다. 서방측은 폴란드 등이 열심히 참여하는 이 작업을 사회경제적 권리보장을 중심으로 한 사회주의 체제의 선전 작업으로 인식하였다. 또한 기존의 많은 인권협약이 있는데도 불구하고 아동만을 위한 인권협약을 만드는 것이 바람직한가에 대한 회의도 적지 않아 초기 3~4년간의 작업이 지지부진하였다. 그러다가 비정부기구(NGO)의 활약과 동구권식의 사회경제적 권리보장만을 목적으로 하는 것이 아님을 인식한 서방측의 자세 변화로 1983년경부터 제정 작업이 본격화되었다. 마침내 1959년 아동권리선언 30주년과 1979년 ‘세계아동의 해’ 10주년을 기념할 수 있는 1989년에 완료시키자는 목표가 설정되었다. 이러한 과정을 거쳐 1989년 11월 20일 유엔은 아동권리협약을 만장일치로 채택하였으며, 1990년 9월 2일을 기해 세계 20개국 이상의 비준을 받아 국제법으로서의 효력을 발휘하게 된 것이다. 이어 1990년 9월 25일부터 9월 30일까지 158개국의 대표가 참석한 세계정상회담이 개최되었다.

우리나라는 1990년 9월 25일 서명하였으며, 1991년 11월 20일 ‘협약’의 3개항을 유보하고 비준서를 기탁하였으며, 이어 1991년 12월 20일 실행 당사국이 되었다.

Ⅲ. 아동권리협약의 정신과 기본 원리

우선 이 ‘아동권리협약’이 갖는 주요 특징은 3대 원칙으로 알려진 차별금지의 정신(제2조), 아동 최선의 이익(제3조), 참여권 보장(제12조, 제13조 등)이다. 그리고 '협약'의 특성상 규정된 서명국의 의무와 이행에 관한 사항(제4조, 제2부와 제3부) 역시 중요한 특징이다.

'아동권리협약' 제2조의 차별금지는 어느 아동권리선언보다 구체적이고 실행력있게 짜여져 있다. 그 내용은 ① 아동과 그 부모 또는 후견인의 인종, 피부색, 성별, 언어, 종교, 정치적 견해와 의견, 민족적 인종, 사회적 출신, 재산, 능력, 출생 또는 기타 신분에 의한 차별금지; ② 아동의 부모, 후견인 또는 가족 구성원의 신분, 활동, 견해 또는 신분을 이유로 하는 모든 형태의 차별이나 처벌로부터 아동의 보호 등으로 되어 있다.

제3조에 규정된 '아동 최선의 이익'(Best Interests of the Child) 정신은 '아동권리협약'의 백미로 꼽을 수 있다. 이 조항은 다음의 세 가지 내용으로 구성되어 있다. ① 모든 기관에서 행해지는 아동에 관한 사항은 아동 최선의 이익이 되도록 최우선적으로 고려; ② 아동에게 법적 책임이 있는 사람의 권리와 의무를 고려하여 아동에게 필요한 조치를 보장하고; ③ 아동의 보호와 배려를 위한 조치 등이다.

그 다음으로 살펴보아야 할 문제는 제12조와 제13조의 표현권의 문제와 국가의 책무 및 표현권의 제한 등에 관한 문제로 이는 아동의 참여권 신장을 목적으로 하는 조항이라고 볼 수 있다. 사실 '아동권리협약'이 표방한 3대 정신은 사실 한 가지를 세 가지로 나누어 표현한 것이라고 볼 수 있다. 즉, 차별금지도 아동의 이익을 고려한 것이고, 아동의 이익을 실질적으로 도모되기 위하여 우리가 고려해야 할 문제는 아이들의 참여를 실질적으로 보장하여야 한다는 데에 있다. 이를 교육상황에서 보면, 교과내용(예컨대, 사회과와 도덕과에서)을 통해 참여를 가르치는 일은 '참여'에 대한 기본적인 지식을 전수할 수는 있어도, 아동의 참여에 대한 태도를 고취시키거나 실질적인 참여를 보장할 수는 없다. 따라서 아동이 가진 권리로서 참여권을 신장하는 데에는 별도의 교육적 노력이 요구된다.2)

앞에서도 밝혔듯이 아동권리협약 이전의 아동의 권리는 성인이나 국민의 권리 차원에서 논의되지 않았거나, 논의되었다 하여도 권리중심 시각이 아닌 보호중심 시각에 근거하여 논의되어 왔다. 그러나 오늘날 아동의 권리를 기존의 단순한 보호의 차원이 아닌 보호받을 권리가 천부적으로 부여된 것으로 보기 때문에, 보호가 이루어지지 않는 경우에 권리부여의 차원에서 적극적인 개입을 요구할 수 있다는 점을 부각시키고 있다. 즉, 아동권리협약은 권리중심적인 시각을 가장 잘 반영한 최근 문서이며, 이를 토대로 하여 아동을 성인과 동등한 하나의 인간으로 규정하고 있다. 또한 아동을 적극적인 권리의 주체로 인정하여 아동의 실질적인 권리보장을 규정하고 있다. 이는 아동이 단지 작은 어른, 혹은 약자로 보호받아야 한다는 소극적 의미에서 아동이 한 인간으로서 존엄을 지키며 적극적으로 그들의 삶을 위해 권리가 존중되어야 한다는 것으로 중대한 변화를 가져온 것이다(안동현, 1997: 9). 그러나 아동권리협약은 아동을 권리향유의 주체에서 나아가 권리행사의 주체로 인정하고는 있지만, 그러한 권리행사의 주체성이 인정되는 것은 의사표명권(제12조)과 자유권(제13조~제16조) 등에 한정되어 있기 때문에 기본적으로는 아동을 여전히 보호받는 존재로 취급하고 있다는 견해도 있다.

---

2) 본서 제4부 및 자매서 『아동권리향연 플러스』 제4부 그리고 『아동권리향연 마당』 참조.

아동권리협약은 아동권리에 대한 총체적인 접근을 채택하고 있고 협약에서 제시하고 있는 아동의 모든 권리는 아동의 완전하고 조화로운 인격 발달과 인간의 존엄성을 실현하는 데 필요한 것들이다. 게다가 그 권리들은 서로 상호 지지적이면서 연관된 것으로 권리 사이의 어떠한 위계도 찾아볼 수 없다는 특징을 가지고 있다.

아동권리협약은 전문과 3부 54개조로 구성되어 있다. 또한 내용에 있어서는 경제, 사회, 문화 등 아동의 구체적 삶 전반에 걸쳐있다. 제1부는 크게 3대 원칙을 중심으로 41개조로 구성되어 있다. 앞서 지적한 바와 같이, 3대 원칙은 무차별원칙(제2조), 아동 최선의 이익 원칙(제3조), 참여의 원칙(제12조) 이다.

아동이 처한 특수성에 따라 아동은 취약하므로 그들의 권리를 충분히 누리기 위해서는 특별한 지지가 필요하다. 이러한 점에서 아동 최선의 이익 원칙은 아동으로 하여금 성인과 동등한 권리를 갖게 하고 필요한 보호가 보장될 수 있도록 하는 것에 단초를 제공해준다.

이미 여러 차례 언급한 바와 같이 아동의 이익은 아동 자신의 판단에 따른 이익이어야 하며, 아동의 '이익추구'에 있어서 아동의 흥미와 동기가 존중되어야 한다. 즉, 아동이 이익추구를 도모한다는 것은 아동이 하고 싶어 하는 것을 할 수 있도록 아동에게 어떠한 제한이나 제재가 없는 자율을 보장해 주어야 함을 의미한다. 자율성의 존중은 아동에게 스스로 적절한 삶과 교육의 선택을 독립적으로 결정할 수 있는 능력이 있음을 인정하는 것이다. 그러나 성인은 '무능' 또는 '미성숙'이라는 이유로 아동의 자유의사를 무시하거나 아동의 행위에 간섭한다. 특히 아동이 현재 하고 싶어 하는 현재의 이익과 앞으로 하고 싶어 하는 미래의 이익이 상충될 경우, 성인은 마치 아동의 이익을 대변하는 것처럼 성인의 판단을 강요한다. 그렇지만 이는 단지 성인의 심리적인 만족을 위한 것이다. 만약 아동이 어떤 일에 흥미를 느끼고 그것에 관한 일을 하기를 원한다고 할 때, 아동의 자율적 판단과 선택에 의한 것은 아동 자신의 이익을 고려한 것이므로 전혀 문제가 되지 않는 것이다.

아동권리협약은 아동 최선의 이익을 최우선적으로 보장할 것을 권고하고 있으며, 동시에 당사국에서 이를 구속력있게 실행하도록 규정하고 있다. 실제로 '협약' 제2부는 아동권리협약을 어떻게 실행해야 하는지를 구체적으로 명시하고 있으며, 협약의 실행을 위해서 아동을 위해 일하거나 아동과 함께 일하는 모든 사람들과 정부 각 부처, 비정부기구와 국제단체 등의 동반자 정신을 촉진시키고 처벌적 태도보다는 대화, 협력, 건설적인 방향으로의 행동이 필요함을 강조하고 있다. 또한 협약을 비준한 국가들에게 비준 후 2년 안에 보고서를 작성하여 아동권리위원회에 제출하고, 매 5년마다 활동보고서를 재작성하도록 함으로써 아동권리를 반드시 실현시키려는 강한 의지를 표명하고 있다.

한편, '협약' 제12조의 참여의 원칙은 아동 최선의 이익 원칙의 실천을 위한 전제조항이자 이를 실행하기 위한 조항이다. 따라서 제3조 아동 최선의 이익 원칙과 제12조 참여의 원칙 사이에는 논리적 관련 및 실제적 관련이 모두 포함되어 있다. 이 조항에서는 아동의 의사표현뿐 아니라 아동 자신의 삶에 영향을 미치는 문제에 있어서 아동들에게 더 많은 발언권이 주어져야 할 필요성을 언급하고 있다. 무엇보다도 이 원칙은 아동을 부모의 부속물 또는 보호대상으로 인식하여 어른들이 제공하는 것을 수동적으로 받아들여야만 한다는 기존의 고정관념에서 벗어나 아동도 자기 의견을 제시할 수 있는 주체적 존재이고, 따라서 아동의 목소리에 귀를 기울여야 한다고 언급하고 있다.

이러한 점에서 아동이 자신의 삶을 주체적으로 이끌어 나가고 인간 존엄성을 발전시키고 기본적 권리를 주장하는데 적극적으로 참여하게 하기 위해서는 권리교육이 필요하다. 성인은 스스로 자신을 지킬 수 있는 능력을 어느 정도 갖고 있는데 비해, 아동은 자신의 권리가 박탈되는 것으로 인하여 자신의 삶에 상처받고 더 나아가서는 인격적 손상을 초래하게 된다. 권리교육은 '참여의 과정'으로서 자아실현의 목적 달성에도 필수적이며, 기본적 권리가 심각하게 침해되는 상황에서 더욱 강하게 요구된다. 또 아동권리협약에서 이러한 권리교육을 교육의 목표로 언급하고 있고 권리교육의 당위성을 뒷받침하고 있어 그 중요성이 더욱 강조된다.

참여의 원칙을 실현하기 위해서는 아동의 자율성을 길러줄 필요가 있다. 아동이 자유로운 선택과 권리의 주체가 되기 위해서는 아동 자신에게 최소한의 의사표현능력이 요구된다. 따라서 이러한 권리를 향유하기 위해서 요구되는 것은 아동의 자율적인 판단능력이며, 판단능력을 기르기 위해서 요구되는 것은 최소한의 의무교육이다. 그러나 의무교육내용이 과연 아동의 삶에 실질적으로 이익이 되는지에 대해서는 의문의 여지가 있으며, 의무교육이라는 것이 강제성을 띠기 때문에 여기에서 '자율'과 '강제'가 서로 상충될 수 있다. 앞서 논의된 '양육'과 '자기결정'의 문제가 이에 해당한다.

그리고 협약 제2조는 무차별 원칙으로 1924년 제네바선언 이후 1989년 아동권리협약이 채택되기 전까지의 어떤 선언이나 협약보다도 가장 포괄적으로 다루고 있는 조항이다. 제2조 제1항에서는 '아동 그리고 아동의 부모나 법적 후견인의 인종, 피부색, 성, 언어, 종교, 정치적 의견 등의 견해, 국적, 종족 등의 사회적 배경, 재산, 장애, 출생과 기타의 신분에 관계없이 차별함이 없이 협약에 규정된 권리를 존중하고 각 아동에게 보장하여야 한다'고 평등의 이념 아래 무차별의 원칙을 천명하고 있다.

Ⅳ. 협약의 내용

주지하는 바와 같이, '협약'은 전문과 3부, 그리고 총 54개조로 구성되어 있다.

전문에는 국제연합헌장(UN Charter)의 정신에 따라 인류 모든 구성원의 존엄성과 평등하고 양도할 수 없는 권리를 인정하고, 각종 차별의 철폐와 모든 사람이 누릴 자유와 권리를 선언하면서 '아동'이 수혜해야 할 특별한 보호와 지위를 받을 권리를 세계인권선언과 각종 국제인권협약에서 천명하였음을 상기하면서, 아동이 한 인격체로서 삶을 영위할 수 있도록 하는 국제연합헌장의 정신이 평화, 존엄, 관용, 자유, 평등, 연대의 정신 속에서 고려되어야 함을 천명하고 있다. 이어 1924년 아동권리 제네바선언과 1959년 아동권리선언의 정신과 1948년 세계인권선언, 그리고 경제적 · 사회적 · 문화적 권리에 관한 국제협약(B협약) 및 시민적 · 정치적 권리에 관한 국제협약(A협약)의 정신을 계승하여 아동권리의 신장을 위한 협력의 중요성을 강조하고 있다.

'협약'의 제1부는 제1조에서 제41조까지로 구성되어 있으며, 이는 주로 아동이 향유 · 행사할 수 있는 권리의 내용들이다. 우선 제1조에서는 '아동'을 정의함에 있어서 '18세 미만의 모든 이'로 규정하고 있다. 제2조는 '협약'의 제3대 원칙 중의 하나인 차별금지 조항이다. 이 조항에서는 차별의 금지가 아동 자신은 물론 아동의 부모 또는 법적 후견인의 인종, 피부색, 성별, 언어, 종교, 정치적 견해, 국적, 민족, 출신, 재산, 장애의 정도, 출생 등의 포괄적 의미에서의 차별을 금지해야 함을 천명하고 있다. 이어 제3조는 아동 최선의 이익을 일차적으로 고려하여야 함을 천명함과 아울러 이에 요구되는 일련의 조치를 제시하고 있다.

제4조는 '협약'이 천명하는 아동의 권리를 실현하기 위한 협약 당사국의 협약 이행 노력을, 제5조는 '협약'이 천명하는 아동의 권리를 실현하기 위한 부모, 가족, 지역 사회 및 법적 후견인의 책임, 권한, 의무를 존중해야 함을 명기하고 있다.

제6조에서 협약 이행 당사국은 아동의 생명, 생존 및 발달을 보장할 것을 명기하고 있다. 이어 제7조는 아동이 출생하여 어떤 불이익을 받지 않도록 하기 위하여 성명을 가질 권리와 국적을 가질 권리를, 제8조는 이와 함께 아동이 적절한 신분을 가질 권리를 보장해야 한다고 규정하고 있다.

제9조는 아동의 부모로부터의 분리(별거) 제한에 관한 규정을 하고 있다. 특히 아동이 그 부모와 떨어져 살아야 하는 경우를 실행력 있게 규정하고 있다. 이를테면, 아동이 학대 또는 방임될 경우, 부모의 별거의 경우에 허용하며, 어떤 경우에도 아동 최선의 이익이 되는 방향으로 결정되어야 함을 천명하고 있다. 또한 부모의 투옥, 망명, 강제퇴거와 같이, 국가의 행위가 분리 원인이 되었을 경우에 아동에게 불리한 결과를 초래하지 말아야 한다는 것을 규정하고 있다.

제10조는 가족 재결합을 위한 출입국 보장에 관한 규정이다. 이에 따르면, 부모가 타국에 거주하는 아동의 경우, 아동이 부모와 정기적으로 그리고 직접적으로 접촉할 수 있는 권리를 천명하고 있다. 제11조는 아

동의 국외 불법 이송 퇴치 및 미귀환을 방지하기 위한 당사국의 조치에 관한 규정이다.

제12조는 '협약'의 제3대 정신 중의 하나인 참여권을 실질적으로 보장하는 의사표현권과 아동 자신에게 실질적인 영향을 줄 수 있는 절차 등에 관한 참여를 천명하고 있는 조항이다. 이어 제13조는 아동의 의사표현의 자유, 사상 및 정보 교류의 자유를 원천적으로 천명하고, 이를 제한하는 예외적인 경우를 규정하고 있다.

제14조는 아동의 사상·양심·종교의 자유에 관한 권리를 천명하고, 이에 따른 부모, 후견인의 권리와 책임을 규정하고 있다. 이를 제한하는 데에 따르는 요건도 명시하고 있다. 제15조는 아동의 집회·결사의 자유 및 그 제한에 관한 규정이다. 제16조는 아동의 사생활이 보호받을 권리를 천명하고 있다.

제17조는 현대사회의 대중매체의 중요성을 인식하여 아동이 정보와 자료에 대한 접근권을 가지고 있음을 천명하고, 이는 아동의 사회적, 정신적, 도덕적 안녕과 신체적 발달을 위한 정보 및 자료에 접근할 권리임을 명시하고 있다.

제18조는 아동의 양육과 발달에 대한 부모의 공동 책임에 관한 조항이다. 부모와 법적 후견인의 양육에 관한 공동 책임은 아동 최선의 이익에 맞추어져야 함을 밝히고 있다.

제19조는 당사국은 아동이 부모, 후견인 또는 기타 양육자로부터 보호받는 동안 신체적·정신적 폭력, 상해, 학대, 방임 등 일체의 폭력으로부터 보호받을 수 있는 적절한 입법적, 행정적, 사회적, 교육적 조치를 취해야 함을 천명하고 있다. 이어 제20조는 결손 아동의 특별 보호에 관한 조항이다.

제21조는 입양제도에 관한 구체적인 조항이다. 입양이 아동 최선의 이익을 최우선적으로 보장하기 위한 당사국의 책무를 규정하고 있다.

제22조는 난민 아동의 보호에 관한 조항으로서, 당사국의 난민 아동 보호를 위한 조치와 국제연합과의 협조 등을 규정하고 있다.

제23조는 장애 아동의 보호 조항이다. 신체적·정신적 장애 아동은 인간존엄성의 차원에서 특별 보호되어야 하고, 그들의 자립과 참여가 증진되어야 함을 천명하고 있다.

제24조에는 아동의 건강과 의료 지원에 관하여 폭넓게 규정되어 있다. 아동의 최상의 건강유지와 치료는 물론 영양 공급, 예방적 보건서비스, 건강교육 등이 포괄적으로 규정되어 있으며, 아동과 함께 산모의 출산 전·후의 적절한 건강보호도 규정되어 있다.

제25조는 양육, 보호 또는 신체적·정신적 건강을 위한 양육지정 아동이 갖는 권리를 규정한 조항이다.

제26조는 모든 아동이 사회보험을 포함하여 일체의 사회보장을 받을 권리가 있음을 천명한 조항이다. 제27조는 아동이 적정한 수준의 생활을 향유할 권리가 있음을 천명한 조항이다. 이를 위한 부모의 책임과 당사국이 취해야 할 조치를 규정하고 있다.

제28조는 아동의 교육받을 권리를 천명한 조항이다. 이 조항은 '세계인권선언' 제26조에 제시된 교육권을 다시 천명함은 물론 모든 아동이 교육과 직업에 대한 정보에 접근할 수 있으며, 그에 합당한 지도를 받아야 함을 규정하고 있다. 이와 함께, 당사국이 아동의 교육받을 권리를 보장할 수 있도록 하는 실행 조치를 일반적인 수준에서 진술하고 있다. 제29조는 아동이 받아야 할 교육의 목표를 달성하기 위한 당사국의 조치와 각 교육기관이 준수해야 할 원칙을 규정하고 있다.

여기서 '아동권리협약'이 규정하고 있는 교육권 조항인 제28조와 제29조를 좀 더 자세히 살펴보자. '협약' 제28조는 다음과 같은 내용을 골자로 하는 교육권에 관한 규정이다. ① 아동의 교육받을 권리를 인정하고, 기회균등의 원칙 위에서 이 권리를 달성하여야 함: ㉮ 무상·의무 초등교육; ㉯ 모든 형태의 중등교육 장려와 이에 대한 이용 및 접근이 가능하도록 노력하고, 이의 무상교육을 위한 적절한 조치를 취하여야 함; ㉰ 고등교육이 모든 사람에게 능력에 맞게 개방되도록 하기 위한 조치; ㉱ 교육 및 직업 정보와 지도를 받을 수 있는 접근이 가능; ㉲ 학교교육의 정기적 출석과 탈락률 감소를 위한 조치 강구; ② 학교규율이 아동의 존엄성과 이 협약의 정신에 부합되도록 적절한 조치 강구; ③ 전 세계의 무지와 문맹의 퇴치 노력, 과학적·공학적 지식과 현대적 교육 방법의 접근을 용이하게 하기 위한 국제협력의 촉진, 개발도상국에 대한 특별한 고려 등이 포함된다.

이 조항과 관련하여 우리가 심각하게 검토해야 할 것은 아동의 교육을 왜 하여야 하는 당위성에 관한 문제이다. '아동권리협약'은 명실공히 아동권리선언의 경전으로서 손색이 없을 만큼 명백한 교육의 방향을 제시하고 있다. '협약'의 제29조는 교육의 이러한 방향성과 교육목적을 다음과 같이 규정하고 있다: ㉮ 아동의 인격, 재능 및 정신적·신체적 능력의 최대한 개발; ㉯ 인권과 기본적 자유, 그리고 국제연합헌장이 규정하는 원칙의 존중; ㉰ 자신의 부모, 문화적 주체성, 언어 및 가치, 그리고 현거주국과 출신국의 국가적 가치, 자신과 다른 문명에 대한 존중심의 개발; ㉱ 인종적, 민족적, 종교적 집단 및 원주민 등 모든 사람과의 관계에 있어서 이해, 평화, 관용, 양성간의 평등, 그리고 우정의 정신에 입각하여 자유사회에서 책임 있는 삶을 영위할 준비; ㉲ 자연환경에 대한 존중심 개발 등이 명시되어 있다.

우선 '아동의 인격, 재능 및 정신적·신체적 능력의 최대한 개발'은 교육받을 권리가 앞서 지적한 복지권의 속성, 즉 적극적 자유권의 온전한 행사를 위한 전제조건이 됨을 함의하는 것으로 해석할 수 있으며, 권리의 주체인 아동 개인의 입장에서 보면, 교육은 아동의 전인적, 인격적 발달을 일차적인 목적으로 한다는 것으로 볼 수 있다. '인권과 기본적 자유, 국제연합헌장의 존중'은 개인을 자기결정권과 같은 적극적 자유권을 도모하는 방향으로 교육하여야 한다는 것을 명시하고 있다. 이 조항은 아동이 스스로 내리는 판단에 따라 행위할 수 있는 자율성을 제고함을 교육의 최고의 목적이라고 규정하고 있다. 이러한 해석은 '아동권리협약' 제3조가 규정하고 있는 '아동 최선의 이익'이 양육받는 데에 그치는 것이 아니라, 자기결정에 따라 행동했을 때 도모된다는 것과 맥을 같이 한다고 볼 수 있다. 나머지 조항은 흔히 제3세대 권리라고 하는 연대권에 관한 규정이라고 볼 수 있다.[3)]

제30조는 소수자·원주민 아동의 보호에 관한 조항이다. 특히 소수민과 원주민의 언어, 문화, 종교를 부인 당하지 않을 권리가 있음을 천명하고 있다. 이 조항은 1985년 파리 국제성인교육선언과 1997년 함부르크 성인교육선언이 천명하는 '학습권'의 이념과 같은 맥락에 있다.

제31조는 아동의 휴식·여가 및 문화 활동 참여에 관한 조항이다. 그

---

3) 인권에 관한 인식은 제1세대는 자유권(특히 소극적 자유권), 생명권, 재산권과 같이 근대시민헌법의 근간을 이루는 권리를 지칭하고, 제2세대의 인권은 복지권과 같이 인간이 기본적으로 삶을 영위하는 데에 요구되는 권리(사회·경제권)를 말한다. 제1세대, 제2세대의 권리가 개인의 청구 등에 의하여 행사될 수 있는 권리인 반면, 제3세대 인권은 평화, 환경, 노동 단결과 같이 권리에 대한 인식이 개인에 머무는 것이 아니라 연대를 통하여 실현되는 권리를 지칭한다. 본서 제2장 참조.

리고 이러한 활동에 참여할 수 있는 실질적이고 평등한 기회가 제공되어야 함을 천명하고 있다.

제32조는 아동의 노동이 착취당하는 것을 방지하고 아동의 노동이 보호되어야 함을 규정한 조항이다. 이어 이 조항은 아동의 노동 보호를 위한 노동 조건 등의 모든 조치를 당사국이 취해야 함을 규정하고 있다.

제33조는 아동이 마약 및 향정신성 물질로부터 보호받을 권리가 있음을 천명한 조항이다.

제34조는 아동이 일체의 성적 착취와 학대로부터 보호받아야 함을 천명하고 당사국이 이에 따른 적절한 조치를 취할 것을 규정한 조항이다. 같은 맥락에서 제35조는 어떤 목적과 형태이든 아동에 대한 약취, 유괴, 유인, 매매, 거래 등을 금지함과 아울러 이에 대한 당사국의 조치를 규정하고 있다. 이어 제36조에서는 어떠한 형태의 아동 착취도 금지되어 있음을 포괄적으로 천명하고 있다.

제37조는 아동에 대한 고문, 사형 등 일체의 가혹 행위 금지를 규정한 조항이다. 특히 '협약'이 '아동'으로 정의한 18세 미만의 자에게 사형과 종신형을 선고할 수 없으며, 일체의 가혹 행위 및 아동의 자유를 임의적으로 박탈할 수 없으며, 이에 관한 당사국의 조치를 규정하고 있다. 또한 자유를 박탈당한 아동의 누릴 수 있는 적법한 권리가 있으며, 이를 보장하기 위하여 당사국이 적절한 조치를 취해야 함을 규정하고 있다.

제38조는 무력 분쟁 시에 인도주의에 입각하여 아동이 보호받아야 함을 천명하고 있다. 특히 당사국은 15세가 되지 않은 자가 징병은 물론 무력 분쟁에 참여하지 않도록 조치를 취해야 하고, 15세가 넘었지만 18세 미만인 자를 징집할 경우, 이들 중 최연장에게 우선 순위가 주어지도

록 조치할 것을 규정하고 있다.

제39조는 어떠한 형태의 유기, 착취, 학대, 고문 등의 일체의 잔혹하거나 비인간적인 피해를 받는 피해 아동에 대한 사회복지 지원을 규정하고 있다.

제40조는 아동보호를 위한 일체의 사법적 절차에 관한 당사국의 조치와 준수사항을 포괄적이며 구체적으로 규정하고 있다.

제41조에서는 '협약'과 상치되지 않는 국내·국제법을 존중한다는 내용을 담고 있다.

제2부는 협약의 제42조에서 제45조에 이르는 아동권리위원회의 설치와 권한 및 당사국의 협력을 구체적으로 규정하고 있으며, 제46조에서 제54조에 이르는 제3부는 '협약'의 발효 및 관리에 관한 규정이다. 이는 서명 당사국이 아동권리 증진을 구체적으로 실행하기 위한 규정이라고 볼 수 있다. 이를테면 본 협약을 비준한 당사국은 2년 후에 첫 보고서를 제출하고, 이후 매 5년마다 보고서를 정기적으로 제출할 것을 규정하고 있다. 이외에 '협약'은 국제연합 사무총장이 이 협약의 수탁자로 지명하고, 협약의 원본은 아랍어, 중국어, 영어, 불어, 러시아어, 서반아어로 되어 있음을 규정하고 있다.

Ⅴ. 아동권리협약의 이행

1. 유보 조항과 '협약' 이행 방향

앞서 언급한 바와 같이, 우리나라는 1990년 9월 25일 '아동권리협약'

에 서명하고, 1991년 11월 20일 비준서를 기탁하여, 1991년 12월 20일 실행 당사국이 되었다. 그러나 우리나라가 비준서를 기탁할 때, '협약'의 3개항을 유보한 바 있다. 여기서는 우리나라가 유보한 '협약'의 3개항을 살펴보도록 한다.

우리나라가 유보한 '협약'의 세 가지 조항은 부모와의 면접교섭권을 보장한 제9조 3항, 입양에 있어서 관계 당국의 허가를 규정한 제21조 (a)항, 그리고 아동 재판에 있어서 상소권을 보장한 제40조 2항 중 (b)의 (ⅴ)이다. 유보의 이유를 정리하면, 다음과 같다.

첫째, '협약'의 제9조 3항이 유보된 것은 이 조항이 우리나라의 민법과 상충되기 때문이다. 민법 제837조 2항은 부모의 자녀 면접권만을 보장할 뿐 아동의 부모 면접권을 보장하지 않고 있다.

둘째, '협약' 제21조 (a)항도 역시 우리나라 민법과 상충되기 때문이다. '협약'의 제21조 (a)항은 입양의 절차에 있어서 관계당국의 허가를 통한 입양만을 인정하나, 우리나라 민법 제869조, 제878조 및 호적법 제66조는 입양이 당사자의 합의나 호적법에 다른 입양신고로도 가능하게 되어 있기 때문이다.

셋째, '협약' 제40조 2항 중 (b)의 (ⅴ)는 아동 재판에서 3심제도를 실질적으로 인정하도록 한 조항이다. 그러나 우리나라의 경우, 헌법 제110조 4항과 군사법원법 제534조는 비상계엄과 군사재판에서 단심제가 인정되어 있고 상소권을 제한하고 있기 때문에 이 조항이 유보 조항으로 포함되어 있다.

실행당사국이 이렇게 유보 조항을 두어야 하는 이유는, 앞서 간단하게 지적한 바와 같이, 국제협약이 국회의 비준 절차 등을 거쳐 국내법과 같은 효력을 지니고 있기 때문이다. 즉, '협약'과 국내법이 상치되는 경우가 발생할 수 있기 때문이다.

다음은 '협약'의 유보 조항은 물론 '협약'의 정신을 존중하고 우리 아동의 권리를 신장시키기 위하여 이배근(1997: 45)이 제안한 몇 가지 검토될 사항을 정리한 것이다.

① 정부가 유보한 조항은 관계 법령의 보완 및 정리로 조속히 철폐되어야 한다.
② 부모-자녀의 분리 시 부모의 자녀면접권(민법 제837조)에 상당하는 아동의 부모면접권('협약' 제9조 3항)이 보장되어야 한다.
③ 부모의 이혼 시 양육과 친권에 관한 15세 미만 아동의 의사표시권(가사 소송 규칙 제100조)이 존중되어야 한다.
④ 입양에 있어서 15세 미만 아동의 의사결정권이 존중되어야 한다.
⑤ 가정폭력의 피해자인 아동을 보호하기 위한 법령이 제정·개정되어야 한다.
⑥ 학교폭력 등의 예방과 방지 등을 위한 교육관계법의 정비가 이루어져야 한다.
⑦ 근로기준법의 적용을 받지 않는 소규모 작업장에서의 아동노동 금지를 위한 관계법이 보완되어야 한다.
⑧ 국제결혼한 한국인 모의 자녀에 대한 법적 조치 및 국내 거주 외국인 자녀 아동에 대한 차별을 철폐할 수 있어야 한다.
⑨ '협약' 제17조가 규정하는 아동의 정보접근권과 유해정보환경 등으로부터 보호받을 권리를 보장해야 한다.
⑩ 아동의 안전사고를 줄일 수 있는 대책이 강구되어야 한다.
⑪ 가정환경을 상실한 소년·소녀가장 가정에 대한 생활보호, 지원,

지도 등의 복지서비스가 이루어져야 하며, 여성인력의 사회진출 증가에 따른 보육 서비스가 제공되어야 한다.

2. 국가보고서 작성

'아동권리협약'은 '세계인권선언'이나 다른 아동권리선언과는 달리 해당 서명국이 그 이행의 의무를 지는 구속력이 있는 아동권리문서이다. '협약'의 제2부는 이에 관한 조항을 담고 있다. 각 서명당사국은 당사국의 법과 제도에 따라서 '협약'의 정신을 준수하고, '협약'이 정한 아동의 권리를 보장하고 있는가를 점검하기 위하여 '협약' 제44조에 의하여 매5년마다 국가보고서를 제출할 의무를 가진다. 1990년 9월 2일 '협약'에 서명하고 1991년 11월 20일 '협약'을 비준하여 동년 12월 20일부터 당사국이 된 우리나라도 국가보고의 의무를 가지고 있다. 이에 따라 1994년 9월 제1차 국가보고[4]에 이어, 1999년 10월 제2차 국가보고서[5]를 작성하였다.

물론 유엔에 보고되는 협약 당사국의 보고는 국가뿐만 아니라 당사국의 비정부기구(NGO)도 할 수 있다. 즉, 이들 비정부기구는 당사국의 아동권리 현황과 문제점을 국가보고와는 별도로 유엔에 보고할 수 있

---

4) 제1차 국가보고서의 내용은 한국보건사회연구원이 발간한 아동권리의 증진을 위한 법적·제도적·행정적 조치(1994)를 참조.

5) 제2차 보고서의 근간은, 물론 국가보고서는 대한민국 정부의 이름으로 간행되는 것이지만, 외교문서의 형태 이전의 단계로서, 한국보건사회연구원이 간행한 것이다. 제목은 아동권리증진을 위한 법·제도적 조치 ― 아동권리협약에 관한 제2차 국가보고서 ― (1999년 10월)이다. 그리고 무엇보다도 제2차 국가보고를 위한 국가 차원의 정책연구가 이전에 수행되었으며, 이 연구의 결과는 역시 한국보건사회연구원에서 간행되었다. 변용찬·서문희·배화옥, 1998, 아동권리증진을 위한 법·제도적 조치 ― 아동권리협약에 관한 제2차 국가보고서 작성을 위한 기초연구 ―, 한국보건사회연구원.

다. 비정부기구(NGO)의 아동권리현황 보고 참여는 대개의 국가 보고가 자국 내에서 이루어지는 아동권리 현황을 긍정적인 측면에서만 이루어지는 것을 막고, 당사국의 아동권리의 현황을 보다 객관적이고 정확하게 파악하려는 유엔의 의지와 노력이라고 볼 수 있다. 제1차 국가보고의 시점에서 이루어진 우리나라 비정부기구의 보고는 이기범(1997a; 1997b)에서, 그리고 제2차 국가보고서에 관한 입장은 이기범(1999)에서 그 내용을 확인할 수 있다.

여기서는 1999년에 보고된 제2차 국가보고를 중심으로 아동권리의 증진을 위한 '협약'의 향후 보다 발전적인 이행 방안을 모색하기 위한 몇 가지 이론적인 논의와 지적을 하고자 한다. 물론 1999년 한국아동권리학회는 '협약' 채택 제10주년을 기념하는 학술지를 발간하여 이에 대한 면밀한 연구와 검토(안동현, 1999; 변용찬, 1999; 조흥식, 1999)를 한 바 있다.[6] 이 장에서 분석하고 비판적으로 검토되는 제2차 국가보고의 내용은 한국보건사회연구원이 종합한 1999년 10월 판인 아동권리 증진을 위한 법 · 제도적 조치(이하 '보고서'라고 칭함)를 토대로 우리나라 아동권리 이행상황을 좀 더 다른 각도에서 점검하기로 한다. 이를 위하여 우선적으로 확인해야 할 작업은 '협약'의 정신이 어떻게 형성되어 있는가를 살펴보는 일일 것이다. 이러한 작업이 요구되는 이유는 기존의 국가보고가 미시적이고 세부적인 사항에 대한 평가에 그쳤다고 한다면, '협약'의 정신에 비추어 아동권리 증진 이행을 위한 거시적이고 종합적인 평가가 요구되기 때문이다.

---

6) 한국아동권리학회, 1999, 아동권리연구 제3권 제2호.

3. 제2차 국가보고서 분석 및 비판적 검토

1999년 10월에 마련된 제2차 국가보고서(약칭 '보고서')는 총 10개의 장과 부록으로 구성되어 있다. 표의 수는 총 32개이며, 본문을 구성하는 항목의 수는 총 260개이다. 이 중 제1항에서 제233항까지는 제2차 보고서를 구성하는 내용이며, 제234항부터 제260항은 제1차 보고내용에 대한 유엔아동권리위원회의 권고내용에 대한 조치사항으로 구성되어 있다. 보고의 내용은 몇몇 경우를 제외하고 '협약'의 순서를 따르고 있다.

여기서는 '보고서'에 담겨진 내용 중에서 '보고서'의 순서에 따라 아동권리의 증진과 향후 '협약'의 발전적인 이행을 위하여 고려해 볼 만한 보고내용을 검토해보기로 한다. 구체적인 보고내용을 검토하기에 앞서 밝혀두어야 할 점은, 이하에서 지적하고 있는 세목들이 비판적이라고 해서 우리나라의 아동권리 증진을 위한 노력이 수준 이하로 떨어진다거나 긍정적인 측면이 없다는 뜻은 아니라는 점이다. 여기서는 아동권리협약의 발전적 이행을 위한 우리의 노력이 어떠한지를 검토하는 데에 그 목적이 있다는 점에 유념할 필요가 있다. 즉, 이하에서 지적하는 사항은 우리나라 아동권리 증진을 위하여 향후 노력을 경주해야 할 내용이라고 볼 수 있다.

1) 아동의 정의('협약' 제1조)

① '협약'에는 만 18세 미만의 자로 규정되어 있으나 국내법은 법의 제정 편의에 따라, 그리고 사회공리적 목적에 따라 제각기 규정하고 있음. '보고서' 제7, 14, 21, 23, 32, 33, 36~41항 참조.

② 특히 청소년기본법의 '청소년' 연령 준거는 '협약'과 상치되는 점이 있으나 '보고서'는 이 점을 간과하고 있음.

③ 우선 청소년기본법과 청소년보호법의 연령기준도 '협약'과 상치하고, 또한 청소년기본법과 청소년보호법 양자간에도 법 적용 연령의 불일치가 있음.

2) 무차별원칙(협약 제2조)

① '보고서' 제42~44항.

② 인종간의 갈등이 없는 점에서 문제가 없으나, 종교간의 갈등으로 야기된 아동 문제가 다루어지고 있지 않음.

3) 아동이익 최우선의 원칙(협약 제3조)

① '보고서' 제45~48항.

② 아동의 이익을 실질적으로 증진할 수 있는 구체적인 법령이나 조항이 없음.

4) 아동의 생명, 생존, 발달권(협약 제6조)

① '보고서' 제49~52항.

② 아동 보호에 관한 규정은 되어 있으나, 발달, 생존, 필요에 대한 구속력있는 법령의 언급이 없음.

5) 아동의 의사 존중(협약 제12조)

① '협약'의 핵심이 되는 조항임에도 불구하고, 우리나라 법령은 친

권소송, 가사소송 등의 특별한 경우의 조항만이 명문화되어 있음. '보고서' 제54~56항.

② 아동의 일상생활에서 '협약' 제12조의 정신을 존중할 법령, 규준에 관한 언급이 없음.

6) 표현의 자유(협약 제13조)

① 헌법상 보장된 자유만을 언급하고 있음. '보고서' 제65~67항.

② '협약' 제13조는 '협약' 제12조를 실질적으로 뒷받침하는 조항임. 따라서 아동의 구체적인 생활장면에서 아동의 의사가 존중되고 표현의 자유가 보장될 수 있도록 하는 언급이 있어야 함.

7) 사상, 양심 및 종교의 자유(협약 제14조)

① 헌법상 보장을 언급. '보고서' 제68~70항.

② 특히 제65항의 종교의 자유는 아동에게 주어진 것이 아니라, 부모와 후견인에게 주어진 것이라는 것을 밝힐 필요가 있음. 즉, 아동의 입장에서는 종교 강요 또는 교화(indoctrination)의 차원에서 아동의 자유권이 제한된 상태라는 언급이 요구됨.

8) 결사 및 집회의 자유(협약 제15조)

① 헌법상 보장만을 언급. '보고서' 제71항.

② 그러나 실제적으로 학교, 사교활동에서의 결사 집회가 허용되고 있는지에 대한 언급이 없음.

9) 사생활의 보호(협약 제16조)

① 헌법상 보장만을 언급. '보고서' 제72항.

② 그러나 헌법상 보장된 사생활 피해에 대한 청구권이 과연 아동에게 있는지, 아니면 대리청구행위가 아동의 이익에 부합하는지에 대한 구체적인 언급이 없음.

10) 정보접근권(협약 제17조)

① 비교적 구체적으로 언급되어 있음. '보고서' 제73~78항.

② 그러나 교육내용 결정, 유아, 육아, 교육정책, 아동정책 등의 의사결정과정이 실질적으로 아동의 이익을 고려하고 있는가 하는 언급이 없음.

11) 고문 및 기타 비인도적 취급을 받지 않을 권리(협약 제37조 제1항)

① 헌법, 형사소송 절차상의 규정이 되어 있음. '보고서' 제79~80항.

② 아동이 실제로 비인도적 취급을 받지 않게 할 제도적 장치에 대한 언급이 없음.

12) 생존 및 발달(협약 제6조 제2항)

① 비교적 자세한 보고내용을 담고 있음. '보고서' 제114~128항.

② 장애아 편의시설 실태, 유해환경 실태에 관한 보고가 요구됨.

③ 소년, 소녀 가장의 생계 유지 현황에 대한 보고가 요구됨.

13) 장애 아동(협약 제23조)

① '보고서' 제129~133항.

② 장애아 중 선전적 장애아 대 후전적(인위적, 사고로 인한) 장애아의 비율을 밝혀야 함.

③ 정부예산 대 복지예산 비율, 복지예산 대 장애아 예산 비율 보고가 요구됨.

④ 장애 아동에 대한 의료보호 등의 기본 생계에 관한 언급이 없음.

14) 사회보장 및 아동보호시설(협약 제26조 및 제 18조 제3항)

① '보고서' 제134~137항.

② 시설 아동의 1인당 생계유지비 보고가 요구됨.

③ 시설 아동의 영양상태, 시설 유지비용, 시설운영비 지원 등에 대한 보고가 요구됨.

15) 생활수준(협약 제27조 제1~3항)

① '보고서' 제138~140항.

② 제138항의 '보편적 복지'가 구체적으로 무엇을 의미하는가에 대한 언급이 없음.

③ 국가간 GDP 대비 아동의 생활수준을 가름하는 계수 및 지표를 명시할 필요가 있음.

④ 빈부간의 아동의 생활수준의 차이를 나타내는 증거 제시를 요구함.

⑤ 소년소녀가장의 수를 줄이려는 국가적 노력, 즉 입법(특별법제정

등), 행정적 지원 및 조치에 관한 언급이 빠져 있음.

16) 교육(협약 제28조)

① '보고서' 제142~174항.

② 실질적인 무상의무교육현황 보고를 정확히 하고 있음. 그러나 의무교육 탈락 아동에 대한 보고가 없음.

③ 의무교육기관의 교육지원현황, 재원, 예산 등에 대한 보고가 없음.

④ 유치원의 운영현황 등이 빠져 있음. 즉, 의무교육기관의 교사양성경로, 자격요건 등이 빠져 있음. 특히 유치원 및 어린이집 교사의 실태가 중요함.

⑤ 특수아 대 일반아의 교육비 비율이 언급되어야 함.

⑥ 장애아에 대한 교육지원현황이 언급되어야 함.

⑦ 특수학교 교사의 자격, 양성경로, 처우 등이 언급되어야 함.

⑧ 평생교육경로와 아동 문제를 접목하는 보고가 있어야 함.

⑨ 직업훈련기관의 재원, 교사양성경로 등이 밝혀져야 함.

⑩ 검정제도와 재소자교육에 대한 언급이 요구됨.

⑪ 공교육비 대 사교육비 비율이 언급되어야 함. 구체적으로 공교육비, 사교육비별로 교육비 부담자를 명시하여야 함. 예를 들면, 공부담 공교육비 대 사부담 공교육비 등.

⑫ 교육연구기관, 국제교육협력, 재외동포교육, 국내거주 외국인교육에 대한 언급이 요구됨.

17) 교육의 목적(협약 제29조)

① '보고서' 제175~176항.

② 교육목적이 '협약'이 제시한 아동의 이익 최우선 원칙에 부합하는가에 대한 언급이 요구됨.

18) 여가, 오락 및 문화적 활동(협약 제31조)

① '보고서' 제177~181항.

② '청소년'시설에 대한 언급만이 있음: 즉, 9세 미만의 아동에 대한 문화, 오락시설에 대한 언급이 없음.

③ 아동의 '놀 권리'와 관련한 구체적인 언급이 없음.

19) 법적 분쟁상의 아동(협약 제40조, 제37조, 제39조)

① '보고서' 제182~216항.

② 소년원 등 아동보호시설에 대한 지원, 운영 실태 등에 대한 언급이 없음.

③ 보호시설에서 아동의 생활수준을 가름할 자료 제시 등이 요구됨.

④ 보호시설 내에서의 친족접견 실태 등이 빠져 있음.

20) 착취상황 하에서의 아동(협약 제32조, 제33조, 제35조, 제36조)

① '보고서' 제217~233항.

② 주로 경제적 착취를 중심으로 구체적이고 자세하게 보고하였으나, 체벌, 학교 폭력 등 교육상황과 관련된 전반적인 보고가 빠져 있음. 여기에는 교사에 의한 체벌 실태, 교사에 의한 언어, 정서적 폭력실태, 교사에 의한 성폭력 실태, 학생 간의 폭력 실태, 학생에 의한 집단 따돌림 및 괴롭힘(왕따) 실태 등이 포함되어야 함.

③ 성직자에 의한 아동 성폭력 실태도 언급되어야 함.

④ 가정에서 부모에 의하여 은밀하게 야기되는 아동학대도 언급되어야 함.

⑤ 아동학대를 예방, 치료할 대책과 제도적 문제를 보고해야 함.

이상에서 제2차 국가보고서를 중심으로 우리나라의 협약 이행 상황을 점검하였다. 향후 아동권리증진을 위하여 우리가 노력을 경주해야 할 방향은 크게 두 가지로 나누어 생각해볼 수 있다. 첫째는 거시적 차원에서 '아동권리협약'의 정신이 온전하게 이행되었는가를 확인하는 일이다. 둘째는 미시적이고 세부적인 차원에서 국가보고서 및 NGO보고서 등을 토대로 아동권리의 영역별 이행 사항을 면밀히 평가하는 일이다. 이렇게 볼 때, 현행 아동권리 이행에 관한 당사국의 보고는 후자와 같은 미시적인 이행사항 점검의 방식을 취하고 있다. 전자의 방식은 오히려 유엔이 당사국에 국가보고에 대한 권고 시에 채용된다고 볼 수 있다.

거시적 차원에서 아동권리 이행 점검은 일견 구체적인 평가 방식이 아닌 것처럼 여겨질지도 모른다. 그러나, 비유컨대 구체적인 항해 기법은 알면서도 항해하고자 하는 궁극적인 목표가 어디인지를 모른다면 그 항해 자체에 의구심을 갖는 것과 마찬가지로, 거시적인 관점에서 아동권리가 증진되고 있는가를 가름하는 일은 중요하다고 보아야 한다. 그리고 거시적인 관점에서 아동권리 증진 이행 여부를 가름하는 준거는 '협약'의 3대 정신에 의존하여야 한다. 이와 함께 이른바 3P(provision-protection-participation)의 차원에서 아동권리 증진 이행을 점검하여야 한다. 특히 민주사회에서 인간 존엄의 정신을 존중한다고 하면, 3P 중, 특히 '참여'에 초점을 맞추고 아동권리 증진 여부를 가름할 수 있어야 한다.

미시적인 차원의 평가와 관련하여 보면, 이 방식은 국가기관이나 아동권리에 관계하는 사람들에게 국가의 실행력을 아주 구체적이고 세부적인 사항까지 면밀하게 보여줄 수 있는 것이어야 한다. 이와 관련된 사례는 앞에서 제2차 국가보고서를 중심으로 하여 검토하였다. 앞서 지적한 우리나라의 세부 이행사항을 보면, 비판적인 검토 사항이 상당히 포함되어 있다. 이는 우리나라의 아동권리 현황이 낙후되어 있거나 부정적이라는 뜻이 아니다.[7] 여기서 강조하고자 하는 것은 아동권리를 나타내는 지표가 반드시 명시적인 사항만이 아니라 아동권리를 실질적으로 증진하고 이행할 수 있는 대책을 강구하고자 하는 것이다. 즉, 행정적인 노력이 가시화될 수 있는 것뿐만 아니라 아동에게 결정적인 영향을 줄 수 있는 모든 경로를 가급적 모두 망라하여 평가하자는 것이다. 적어도 5년 뒤에 작성될 국가보고에서는 이 글이 지적하고 있는 것과 같은, 아동권리에 잠재적 영향을 주는 요소를 비롯한 모든 요소가 포함되어야 할 것이다.

참고문헌

변용찬 · 서문희 · 배화옥, 1998, 아동권리 증진을 위한 법 · 제도적 조치-아동권리협약에 관한 제2차 국가보고서 작성을 위한 기초연구-, 한국보건사회연구원.

안동현, 1997, 아동의 권리-필요성, 역사성 및 과제-, 한국아동권리학회 창립기념 학술대회.

안동현, 1999, 유엔 아동권리협약의 의의와 과제, 아동권리연구 제3권 제2호,

7) 실제로 우리보다 낙후된 국가의 경우 국가보고가 우리의 국가보고보다 미사여구로 일관된 경우를 흔히 볼 수 있다. 이를테면, 인터넷에 올라있는 북한의 국가보고가 이를 입증한다.

한국아동권리학회.
이기범, 1997a, 유엔 어린이·청소년 권리조약의 원리와 이행방안, 아동권리연구 창간호, 한국아동권리학회.
이기범, 1997b, 유엔 아동권리조약의 이행을 위한 민간단체와 전문가의 역할–유엔 아동권리위원회 실무회의 참가기–, 아동권리연구 제1권 제2호, 한국아동권리학회.
이기범, 1999, 유엔 아동권리협약 이행을 위한 정부 2차 보고서의 평가와 향후 과제 연구, 아동권리연구 제3권 제2호, 한국아동권리학회.
이배근, 1997, 아동권리 증진을 위한 국제사회의 노력, 아동권리연구 창간호, 한국아동권리학회.
조홍식, 1999, 아동권리 신장방안, 아동권리연구 제3권 제2호, 한국아동권리학회.
한국보건사회연구원, 1994, 아동권리의 증진을 위한 법적·제도적·행정적 조치, 한국보건사회연구원 정책연구자료.
대한민국 정부, 아동권리 증진을 위한 법·제도적 조치-아동권리협약에 관한 제2차 국가보고서-

【제12장 부록】 '아동권리협약'의 조항별 색인

제1부

제1조　아동의 정의
제2조　차별의 금지
제3조　아동 최선의 이익 고려
제4조　당사국의 협약 이행 노력
제5조　부모 등의 책임 존중
제6조　생명권
제7조　성명 및 국적권
제8조　신분보존권
제9조　부모로부터의 분리제한
제10조　가족 재결합을 위한 출입국 보장
제11조　아동의 국외 불법 이송 퇴치
제12조　아동의 참여권
제13조　의사표현의 자유
제14조　사상 · 양심 · 종교의 자유
제15조　결사 · 집회의 자유
제16조　사생활 보호의 자유
제17조　정보와 자료에 대한 접근권
제18조　양육 책임과 이행조치
제19조　폭력 · 학대 · 착취 등으로부터의 보호
제20조　결손 아동의 특별 보호
제21조　입양제도
제22조　난민 아동의 보호

제23조　장애 아동의 보호
제24조　건강 및 의료 지원
제25조　양육지정 아동에 대한 권리
제26조　사회보장권
제27조　발달권
제28조　교육권
제29조　교육의 목표
제30조　소수자·원주민 아동의 보호
제31조　휴식·여가 및 문화활동의 참여
제32조　노동 착취 방지 및 보호
제33조　마약 및 향정신성 물질로부터의 보호
제34조　성적 착취와 학대로부터의 보호
제35조　아동의 약취, 유괴, 유인, 매매, 거래 금지
제36조　기타 형태의 착취 금지
제37조　아동에 대한 고문, 사형 등 일체의 가혹 행위 금지
제38조　무력분쟁시의 아동 보호
제39조　피해 아동의 사후처방 지원
제40조　아동 보호를 위한 사법적 절차와 준수사항
제41조　협약과 상치되지 않는 국내·국제법의 존중

제2부

제42조　'협약'의 고지(권리교육) 의무
제43조　'아동권리위원회'의 설립과 구성, 위원장과 위원의 선출, 임기, 수행 기능
제44조　당사국의 국가보고 의무
제45조　'협약'의 효과적 이행을 위한 국제협력의 촉진

제3부

제46조 '협약'의 서명 개방

제47조 '협약'의 당사국 비준 및 비준서 기탁

제48조 '협약'의 국가가입 개방

제49조 '협약'의 효력 발생

제50조 '협약'의 개정 절차

제51조 '협약'의 유보 조항 절차

제52조 '협약'의 폐기 절차

제53조 '협약'의 수탁자

제54조 '협약' 문서 언어 규정

13

'아동권리협약'과 아동 최선의 이익

I. 들어가는 말

아동권리협약의 의의는 아동 최선의 이익을 도모·보장하는 데에 있다. 그러나 정작 아동의 이익을 도모한다고 하면서 다른 사람들의 이익을 도모하게 되는 경우가 있다. 이를 '불일치'의 문제라고 하는데, 아동 문제 전반에 있어서 이익의 '불일치' 문제가 발생한다.

이익의 '불일치' 문제는 아동 최선의 이익을 그 최고의 정신으로 삼고 있는 '아동권리협약'에서도 발견된다. 1989년 국제연합에 의하여 채택된 아동권리의 성전이라고 일컬어지는 '아동권리협약'은 '무차별의 원칙'(제2조), '아동 최선의 이익'(제3조 제1항), '아동의 참여권 보장'(제12조)을 그 3대 정신으로 삼고 있다. 물론 이 세 가지 원칙의 경중이나 서열을 따질 수는 없지만, 이 중에서 아동권리협약의 백미를 꼽으라고 한다면, 그것은 제3조 제1항에 천명된 '아동 최선의 이익' 원칙일 것이다. 즉, 이 말이 뜻하는 바는 아동권리협약(이하 '협약')의 모든 조항이 종국에 가서는 아동의 이익을 증진시킬 수 있어야 한다는 것을 의미할 뿐만 아니라, 무차별의 원칙이나 아동의 실질적인 참여를 보장하는 것과 같은 '협약'의 원칙이 지향하는 도착점이 아동 이익 도모에 있다는 것을 의미한다.

아동 문제에 있어서 '아동 최선의 이익'의 원칙을 최상의 명제로 받아들이는 것을 주저할 사람은 없을 것이다. 그러나 아동과 관련된 일에 종사하거나 관심을 가진 사람들이 실제 상황에서 아동의 이익을 증진한다고 하면서, 그리고 아동의 이익을 도모하기 위하여 아동의 의견을 대변한다고 하면서 이에 대하여 표명하는 자신들의 입장은 다양하다. 이러한 다양한 입장이 드러나는 이유는 이른바 '최선의 이익'의 원리가 갖는 '불확정성'(indeterminacy) 때문이다. 이 장에서는 우리가 아동의 이익을 고려한다고 할 때, '협약'에 규정된 '아동 최선의 이익'의 불확정성을 검토하고, 아동의 이익을 실질적으로 증진하고 최선의 이익을 보장하는 데에 요구되는 실질적인 조건인 '일치'(reconciliation)의 문제를 고찰하고자 한다.

Ⅱ. '아동권리협약' 표현기술의 문제

무엇보다도 아동의 이익을 고려한다고 했을 때, '협약'의 제3조 제1항에 나타난 표현기술상의 문제를 제일 먼저 살펴볼 필요가 있다. 표현기술상의 문제를 검토하는 작업은 '아동 최선의 이익' 원리가 갖는 불확정성을 해소하는 논거를 제공해 준다.

우선 지적할 수 있는 문제는 '아동에 관련된 모든 행위'(all actions concerning children)와 '아동 최선의 이익'(the best interests of the child)이라는 표현에 나타난 '아동'의 '수' 문제이다(Parker, 1994:

27-9). 전자의 진술은 ‘아동’을 복수로 규정하여 아동을 하나의 계층(as a class)으로 간주하고 있는 듯한 인상을 주고 있으며, 아동의 이익이 최우선적으로 고려되어야 한다는 후자의 진술은 ‘아동’을 단수로 규정하고 있다. 이러한 부주의가 낳은 혼란은 아동을 각기 인격적 개체로 인정하고 아동의 이익을 개별적으로 고려해야 한다는 의미인지, 아니면 아동을 집합적인 존재로 보고 고려해야 한다는 것인지 분명하지 않게 만들었다는 점이다. 실제로 아동에 관한 일반 법원의 판결이나 문제 해결은 개별적인 아동을 대상으로 이루어지고 있는 데 반하여, 실제로 아동의 이익이나 복지를 고려하는 정책결정의 과정에서는 아동을 집합적인 의미로 해석하는 경향이 있다. 즉, ‘협약’의 제3조 제1항은 이러한 현실을 실제로 반영한 것인지 아니면 반영해야 한다는 의미인지 분명하지 않다. 어쨌든 일관되지 못한 표현을 담은 조항임에는 틀림이 없다. 특히 아동을 복수로 규정하고자 한다면, 아동의 이익을 고려할 때 ‘공리주의적 계산’(utilitarian calculus)에 의존할 가능성이 높다. 이렇게 보면, 아동의 이익은 개별적 아동의 권리를 넘어서는 공리적 계산이 가능한 것에 한정될 가능성을 배제하지 않을 수 없다.

‘협약’ 제3조 제1항에 나타난 또 다른 ‘불확정성’의 문제는 최선의 이익을 ‘최우선으로 고려’(primary consideration)한다는 표현에서 나타난다. 이 조항에 따르면, 아동에 관한 모든 행위를 고려함에 있어서 아동 최선의 이익을 ‘우선적으로’ 고려해야 한다고 규정하고 있다. 아동의 이익을 최우선적으로 고려해야 한다는 규정은 상식적인 의미에서 아무 문제가 되지 않을지 모르지만, 아동을 권리주체(as a right-holder)로 보면, 아동의 이익은 ‘최상의 고려’(the paramount consideration)의 대상이어야 하기 때문이다. ‘우선’으로 보지 않고 ‘최상’

으로 보아야 하는 이유는 아동이 권리의 주체로 인식되지 못할 경우 아동에 대한 그릇된 견해를 바탕으로 하여 아동의 이익을 고려하기 때문이다. 여기서 아동에 대한 그릇된 견해란 '아동'을 '무능의 존재', 진흙과 같은 가소성을 갖기 때문에 타인에 의하여 '형성될 수동적 존재', 그리고 전통적으로 인식되어 왔던 '작은 성인'으로 보는 견해를 의미한다.[1] 뒤에 좀 더 자세히 살펴보겠지만, 아동이 권리의 주체로 인식되지 못한다면, 아동의 이익이라는 명분 아래 아동의 이익 추구보다는 아동 권리의 대리자인 타인의 이익을 도모하는 결과를 낳을 가능성은 여전히 존재한다. 아동이 실질적인 권리주체라고 할 수 있으려면, 아동의 참여권이 명실공히 보장되어야 한다. 아동은 물론 보호받아야 할 존재이다. 그렇다고 아동보호라는 명분이나 아동이 미숙한 존재라는 이유로 아동의 참여가 제한되어야 한다는 주장은 성립하지 않는다. 현실적으로 아동은 발달의 단계에 있으므로 신체적으로 약자이며 동시에 정치적, 경제적 힘이 없는 존재이다. 아동이 보호받아야 한다는 당위성은 여기에 기초한다. 그러나 보호받아야 할 당위성이 아동이 참여의 주체라는 것을 부정하는 근거가 될 수는 없다. 이와 같은 논거에 비추어 아동이 권리의 주체로 인식된다면, 아동의 이익은 제3자적 입장에서 '우선적으로 고려되어야 한다'는 표현보다는 '최상으로 고려되어야 한다'는 표현이 더 적합하다.

아동이 권리의 주체라고 할 때, 그 의미는 아동의 이익이 아동 스스로의 참여를 실질적으로 보장받을 수 있을 때 증진된다는 뜻으로 파악된다. 즉, 이 문제는 권리주체로서 아동은 명실상부한 참여권을 갖는다는 사실과 결부된다. 그리고 실질적으로 자신에게 이익이 되는 것을 선택

---

1) 본서 제1장 참조.

하고, 결정하고, 추구하는 전 과정에서 아동에게 능동적인 참여를 보장한다고 할 때, 우리가 초점을 맞추어야 할 것은 아동의 원하는 바(want; wish)의 문제이다. 한 개인이 자신이 하고 싶은 바를 실행하는 일, 즉 욕망의 충족(desire-satisfaction)의 문제가 그 개인의 실질적인 이익을 도모하는가 하는 문제는 많은 논란을 야기한다. 그러나 명백한 사실은 '참여'가 빠진 이익의 고려, 또는 '하고 싶은 바'를 충족시키지 못하지만 이익을 도모한다는 관점은 공리주의적 관점이나 강자가 약자에게 시혜를 베푼다는 전통적인 사상에 근거한 것이지 아동의 권리를 온전하게 이해하는 관점이라고 인정할 수 없다는 점이다. 이와 관련하여 '참여'와 '욕망의 충족'이 아동의 이익을 추구하는 데 요구되는 필요조건이라는 것을 검토할 필요가 있다. 따라서 '무차별', '참여', '최선의 이익'이 '협약'의 3대 정신이 되는 이유는 이러한 맥락에서 이해되고 정당화된다. '참여' 없는 '이익'은 일견 아동의 이익으로 보일지 모르지만, 아동 당사자가 아닌 아동 관계자의 이익을 도모할 가능성이 있으며, 자신이 욕망하는 바를 자유롭게 추구하는 데에는 개개 아동을 차별 없이 대하는 일이 요구된다는 의미이기도 하다. 그렇다면, 우리가 목하 관심을 갖고 있는 아동 최선의 이익이 무엇을 의미하는가를 살펴보기 위하여 우선적으로 검토할 문제는 '이익의 고려' 문제이다.

Ⅲ. 이익 고려의 두 가지 차원

'이익의 고려' 문제를 다루고자 할 때, '이익'의 개념을 '서술적 의미(용법)'와 '규범적 의미(용법)'로 흔히 구분한다. 이 구분은 이렇게 이해된다. 서술적 의미(용법)의 '이익'은 행위자의 실질적인 선택이 가능한 상황에서 행위자가 하고자 하는 바를 성취할 때 획득되거나 도모된다고 보는 견해이다. 이에 반하여 규범적 의미(용법)는 현 상황에서 비록 행위자의 하고 싶은 바가 충족될 수 없다 하더라도, 그 행위자의 이익은 고려될 수 있다는 입장이다. 전자가 주관적인 입장이라고 한다면, 후자는 이익을 증진하는 데에 객관적인 기준이 있다고 보는 입장이다. 그리고 이념적 측면에서 보면, 전자는 주로 자유주의자들이 지지하는 견해인 반면, 후자는 사회·문화적 맥락 속에서 전통을 강조하는 이들과 보수적인 정치성향을 가진 이들에 의하여 견지되는 입장이다.

문제는 이 두 가지 입장이 상충되는 상황에서 야기된다. 규범적 측면을 강조하는 사람들은 현재 하고자 하는 바와 좀 더 긴 안목에서 본 미래의 상황에서 하고자 하는 바가 반드시 일치하지는 않는다는 점을 이유로 인생이라는 좀 더 긴 안목에서 이익을 고려해야 한다는 입장이다. 그리고 이와 같은 관점에서 보면 욕망의 충족은 진정한 이익 고려의 항목이 되지 못한다. 반면에 서술적인 입장에서 보면, 행위자의 하고자 하는 바를 제외하거나 통제하는 것은 행위자의 이익뿐만 아니라 권리를 제한·침해하는 것이다. 권위적 간섭주의(paternalism)나 전체주의적 사고방식 또는 집합주의적 성향을 띤 정치적 이념 등이 각 개인의 현실적인 욕망의 서술을 벗어나 개인의 욕망 충족에 대한 관념적인 통제를 시도하여 왔고, 이것은 곧 그 개인의 이익 추구를 방해하거나 왜곡시킨 결과를 가져왔다는 것이 이들이 주장하는 반론의 근거이다.

다른 한편, '이익'에 관한 규범적인 입장을 견지하는 집합주의자들은 '복지'라는 개념 속에 사회 구성원인 각 개개인의 개인적 선호(personal preference)에 따른 이익을 모두 고려하지 않는다. 이는, 앞서 지적한 바와 같이, '협약' 제3조 제1항에서 '아동'을 '복수'로 보는 입장과 같은 맥락에 놓여 있다. 이러한 집합주의자들의 주장이 타당한 이유는 예컨대, 한 개인이 자기 자신의 욕망에 비추어 하고자 하는 모든 일, 즉 욕망 충족(desire-fulfillment)에서 비롯된 모든 사항들을 정부나 공공단체에서 전적으로 돌보아 줄 수 없다는 입장과 현실적으로 맞물려 있다. 사적인 욕망 충족과 관련된 모든 개인적 삶의 전반이 '복지'라는 아이디어에 비추어 고려되어야 한다는 생각은 소위 시장경제 원리를 표방하는 자유주의의 원리에 배치된다. 사실 못 가진 이들(have-nots)의 삶에 국가나 지방정부와 같은 공공기관이 적극 개입하여야 한다는 생각의 원천은 사회주의 사상이었다. 이 생각은 사유 재산을 인정하면서 사회주의 정책 노선을 채택한 서유럽 국가들에 의하여 견지·시행되어 왔다. 그러나 이로 인하여 이들 국가들이 겪은 손실은 대단한 것이었다. 1970년대의 노동당 집권 하의 영국이 그 대표적인 예이다. 이러한 역사적 사실은 우리에게 복지의 개념이 '욕망 충족'이 아니라 '필요 충족'에 근거하고 있음을 시사하는 것이기도 하다. 그러나 무엇보다도 이러한 생각의 저변에는 우리 삶에 어떤 방식으로든지 ― 개인적 차원이건 사회적 차원이건 ― 이익을 증진시켜야 한다는 생각이 깔려 있음을 확인할 수 있다. 따라서 논의는 다시 원래의 주제인 '이익'에 관한 면밀한 검토를 요구한다.

이와 같은 논의는 '이익'이 또 다른 두 가지 차원에서 논의될 수 있음을 뜻한다. 즉, '이익'은 '사회 이익'(social interest) 또는 '국가 이익'(national interest)과 같은 집단의 이익을 뜻하는 집합적 의미에서 사용되기도 하고, '각 개인의 선의 도모'를 뜻하는 개인적 의미에서 사용되기도 한다[2]. 우리가 아동의 이익을 증진한다고 할 때 무엇보다 더 관심을 가져야 할 문제는 이익의 개인적 차원에서의 의미일 것이다. 왜냐하면 우리가 목하 관심을 가지고 있는 권리의 행사자 및 수혜자는 집단이 아닌 개인이기 때문이다. 그리고 대부분의 권리침해는 집단의 이익이 결국 개인의 이익이라는 명분 하에 개인의 이익이 희생될 수 있다는 논리에 의해 자행되었기 때문이다.

다른 한편, 개인의 삶을 증진시킨다는 것은 그 개인의 삶에서 이익을 도모한다는 것(the enhancement of interests)을 뜻한다는 점에서, 이익의 증진은 세 가지 측면에서 살펴볼 수 있다(Kim, 1996: 24-35). 첫째는 개인이 하고자 하는 것을 충족시켜 주는 것(interests as what someone wants or desires)이고, 둘째는 개인의 욕망과 관계없이 필요한 것을 충족시켜 주는 것(interests as what someone needs)이며, 셋째는 욕망이나 필요에 관계없이 가치로운 것을 성취하게 하는 것(interests as the achievement of valuables)이다. 우선 '이익'의 규범적인 용법에 관련되는 측면은 바로 가치로운 것의 성취가 우선적으로 동원되어야 한다는 입장이다. 권위적 간섭주의나 시혜주의에 대부분 이러한 논거가 동원된다. 즉, 앞서 검토한 바와 같이, 현재의 욕망이나 필요를 충족시키지 못 하지만, 그러한 욕망과 필요의 제한이 궁극적으로 그 개인에게 이익을 가져다준다는 논리가 그것이다. 그리고 이러한 논리는 발달단계상 불리한 위치에 있으면서 동시에 정치·경제적 약자인 아동에게 흔히 적용된다. 특히 아동의 천부적인 권리를 침해하는 경우에 종종 동원되는 논거이다.

이와 비슷한 맥락에서 '필요 충족'도 아동의 하고픈 바를 성취하는 것과 상충하는 측면이 있다. '필요'는 '결핍'의 개념으로부터 도출되고

2) 자매서 『아동권리향연 플러스』 제4장 및 제5장 참조.

또 정당화된다. 그리고 '필요'의 개념은 '복지'의 개념을 설정하는 결정적인 속성이 된다. 그러니까, 이분법적으로 이해하고자 하면, '필요'와 '욕망'은 권리의 측면에서 각기 '복지권'과 '참여권'의 대립 양상을 드러낸다. 즉, '욕망'(desire)과 '필요'(need)의 개념적 불명료성은 '복지'에 관한 개념적 혼란[3]은 물론 아동의 '이익' 문제를 고려하는 데에 있어서 그릇된 판단을 야기할 수 있다. 무엇보다도 양자간의 두드러진 특징은 '욕망'이 심리적 기제 또는 심리적 상태를 지칭하는 것이라면, '필요'는 심리적 기제나 상태로 반드시 설명되지 않는 상황을 포함한다는 점이다. 한 가지 분명한 것은 '욕망'은 모종의 심리상태를 지칭하는 것이지만, '필요'는 반드시 심리상태를 지칭하지는 않는다는 것이다(예컨대, Benn, & Peters, 1959 참조).

아동의 실질적인 참여가 욕망 충족 이론에 근거한다는 것을 지지한다 하더라도 우리가 여기서 반드시 짚고 넘어가야 할 문제는 '환원론'이다. 즉, 이익의 증진은 욕망의 충족에 있다는 입장은 '환원론'을 요구한다는 점이다. 그러나 욕망 충족 이론이 이러한 환원론에 근거한다는 주장은 받아들이기 어렵다. '필요'가 '욕망'으로 환원된다는 환원론적 입장은 배리(Barry, 1965: 175-85)가 자유주의의 원리에 입각하여 '욕망'의 중요성을 부각시킴으로써 제기되었다. 그의 주장은 정치 원리 중 욕망관련원리(want-regarding principle)가 이상관련원리(ideal-re-

3) 흔히 사회복지정책에서(특히 사회보장의 측면에서) '선별주의'(selectivism)와 대립하는 '보편주의'(universalism)는 인간이 보편적으로 필요한 것에 한정할 때, 적용되어야 한다. '보편적 필요'가 아닌 모든 사람이 욕망하는 바를 복지의 대상으로 볼 때, 복지국가의 폐해론이 대두된다. 예컨대, 1970년대 서유럽의 사회주의 정당이 복지정책에서 낭패를 본 이유 중의 하나가 바로 '보편주의'의 적용대상을 '필요'로 한정하지 않고 '욕망'까지 확대 적용한 결과이다. 이 점에 비추어서 우리는 '욕망'과 '필요'를 구분할 당위성을 찾을 수 있다.

garding principle)보다 우선되어야 한다는 데에 있다. 그가 경계하고자 한 것은 이상관련원리가 야기할 수 있는 전체주의 또는 집합주의의 위험성 — 예컨대, 독일 관념론에 근거한 나치즘의 위험성 — 이었다. 이러한 근거 위에서 그는 개인이 욕망하는 바에 따른 제 원리들이 각 개인의 이익을 도모할 수 있다고 본다. 이것이 '필요'가 '욕망'에 환원될 수 있다는 배리의 이론적 근거이다. 그러나 그의 환원론적 입장은 다음과 같은 논지를 간과하고 있다. 즉, *A*가 *x*를 욕구한다는 것은 *A*가 *x*를 필요로 한다는 것을 함의하지 않는다는 점과, *A*가 *x*를 욕구하지 않았다고 해서 *A*가 *x*를 필요로 하지 않는다는 점을 함의하지 않는다는 점이다.[4)]

무엇보다, 한 개인의 권리가 보장된 사회에서 받아들여져야 할 대전제는 개인의 삶이 그 개인의 욕망 충족에 의하여 증진된다는 사실이다. 그리고 아동의 권리가 침해당하지 않는 상황에서 요구되는 전제라고 한다면, 그것은 아동의 참여권을 실질적으로 보장하는 일이다. 다른 한편, '욕망 충족'으로 본 이익증진의 중요성은 '평양 감사도 저 하기 싫으면 그만'이라는 우리 속담에서도 찾아볼 수 있다. 그러나 '욕망 충족'의 중요성에도 불구하고 이것이 '필요'의 개념적 속성이 '욕망'에 환원된다는 것을 정당화하지 않는다. 따라서 '욕망'과는 차원을 달리하는 '필요'의 개념에 초점을 맞추어야 할 이유가 있다면, 그 이유는 아동의 이익을 증진하는 또 다른 상황, 즉 아동을 '결핍'의 상태에서 벗어나게 한다는 이유이다. '결핍'으로부터의 '보호'는 '복지'의 이념을 낳고, 이는 권리의 측면에서 보면 '복지권'(welfare rights)의 정당화 근거가 된다.

---

4) 즉, '욕망(욕구)하다'와 '필요로 하다'는 별도의 방대한 정당화 논의를 요구한다. 이 두 가지 개념의 의미는 각기 교육에 주는 시사점이 있으며, 특히 아동중심교육 사상의 논리적 난점을 시사하고 있다.

이상의 논의를 통해 볼 때, 아동 이익의 두 가지 측면은 이익의 서술적 용법과 규범적 용법, 욕망과 필요, 참여와 보호, 그리고 참여권과 복지권의 문제로 정리할 수 있다. 여기서는 참여권과 복지권의 문제를 좀 더 살펴보기로 한다. 아동의 권리교육프로그램을 제작하거나 아동의 권리교육에 관심을 갖는 사람들이 부딪치는 문제가 바로 참여권과 복지권의 갈등 상황이다. 성인의 경우, 양자의 갈등 문제는 정신질환자나 법률에 의하여 자격이 정지된 자, 그리고 제3세계의 절대빈곤 국가의 문제를 제외하면, 별로 문제가 될 것이 없다. 문제의 심각성은 발달의 과정에 있는 아동이 행사하는 참여권의 문제에서 비롯된다. 대개의 경우 법적으로 미성년자로 규정되어 여러 가지 참여에서 제도적으로 제외된 아동의 법적 지위는 결과적으로 아동의 참여권의 축소를 야기한다. 아동의 참여권은 실정권의 차원에서 통제·축소되는 것이다. 그러나 모든 실정권(positive rights)이 도덕권(moral rights)을 정당화하는 근거는 아니다[5]. 오히려 실정법에 의하여 보장받을 수 없는 권리가 도덕권의 모습으로 정당화될 수 있기 때문이다. 우리나라 헌법 제37조 제1항은 '국민의 자유와 권리는 헌법에 열거되지 아니한 이유로 경시되지 아니한다'고 규정하고 있다. 이 규정은 국민의 자유와 권리를 포괄적으로 보호한다는 의미로 해석되기도 하지만, 더욱 중요한 시사점은 도덕권이 정당화될 수 있다는 근거를 최고의 실정법인 헌법이 인정하고 있다는 데에 있다.

여기서는 참여권과 복지권의 관계에 있어서 유념해야 할 점을 짚어보기로 한다. 첫째, 대부분의 복지국가와 복지정책이 사회주의 노선에 근거한 것이라는 점과 사회주의 정당의 강령·정책에 따라 시행된 것이

5) 자매서 『아동권리향연 플러스』 제4장 및 제5장 참조.

라 하더라도, 이러한 사실이 복지권과 참여권의 구분이 좌–우 대립 양상으로 이해되어서는 안 된다는 점이다. 둘째, 이와 같은 대립 양상에서 아동 문제를 해결하는 데에도 아동 보호라는 명분이 아동 참여의 제한의 근거가 되는 경우가 있다. 물론 실질적인 참여가 이루어지기 위해서는 복지재와 서비스의 공급이 원활하게 이루어져야 한다. 아동이 병든 상황 아래서, 기아의 상태에서, 아니면 비상사태와 같이 신변 안전을 위협하는 위급한 상황에서 아동의 온전한 참여를 기대하기 어려울 것이기 때문이다. 이 점에서, 양자는 대립적으로 이해될 것이 아니라, 복지권은 참여권의 전제가 된다고 보아야 한다.

그렇다고 복지권이 참여권의 전제가 된다는 점을 참여권을 제한하는 근거가 된다고 이해해서는 안 된다. 특히 보호의 명분 아래 이루어지는 참여의 제한이 과연 아동의 이익을 증진할 수 있는가 하는 데에는 강한 의문이 남는다. 하나의 역사적 사실에 비추어 보면, 미국의 남북 전쟁 당시 남측의 흑인 노예가, 자유는 획득하였지만 기아와 가난의 고통에서 시달리는 북의 '해방된' 노예를 보고, 남측의 백인이 베푸는 노예 상태의 온정적 보호주의가 헐벗고 굶주린 자유보다 낫다는 입장을 견지했다고 한다. 어떤 쪽의 흑인이 자신의 이익을 도모하고 있으며, 권리의 주체로서 자신의 권리를 향유, 행사할 수 있을 것인가? 이 경우는, 참여의 문제에 국한된 것이 아니라 모든 권리가 보호라는 명분 아래 총체적으로 박탈되었으며, 절대 빈곤의 상태에서 형식적인 참여만이 보장된, 두 가지 극한의 상황을 묘사하고 있다. 그럼에도 우리가 북의 흑인을 권리의 주체로 보는 이유는 무엇인가? 이에 대한 답은 작금의 상황에서 자신의 권리를 당장 행사하지는 못하여도 천부적인 권리를 행사할 자격(entitlement)을 되찾았다는 데에 있다. 여기서 흔히 '천부성'으로 번역되는 'entitlement'는 '보편성'(universality)과 함께 개념상 '권리'의 핵심적인 속성임을 상기할 필요가 있다. 그러니까 '참여'는 한 개인을 권리의 주체로 보는 핵심적 요소라고 할 수 있다.

교육적인 상황에서 보면, '성숙'의 경우와 달리, '참여'는 저절로 획득되는 것이 아니다. 참여는 연습과 학습이라는 의도적인 과정을 거쳐서 배양되고 행사될 수 있는 능력이다. 이렇게 보면, 참여의 능력이 학습될 수 있는 상황의 마련은 권리교육의 전제가 된다. 그리고 동시에 참여 능력이 학습될 수 있는 상황은 그 과정에서 요구되는 여러 가지 재화와 서비스를 필요로 한다. 이와 같은 재화와 서비스는 일종의 복지재(welfare provisions)이다. 이러한 논거는 우리가 교육받을 권리를 복지권(welfare rights)이라 하고, 이때의 복지권이 보편적 의미에서 정당화된다고 하는 근거와 밀접하게 관계된다(Wringe, 1981; 1992; 1993). 따라서 아동의 이익을 도모한다고 했을 때 드러나는 두 가지 측면 중 참여권과 복지권의 대립은 갈등의 문제가 아니라 상호보완의 문제로 인식해야 할 것이다.

Ⅳ. 일치의 문제

이제까지 아동의 이익 문제를 '이익'의 두 가지 차원에서 살펴보았다. 여기서는 '협약'의 제3조에 규정된 '최선의 이익'을 권리주체로서 '아동'이 추구한다고 할 때, '최선의 이익'을 추구하는 주체가 권리주체로서 '아동'과 일치하는가의 문제를 살펴보기로 한다. 이러한 문제를 '일치'(reconciliation)의 문제라고 한다(Eekelaar, 1994).

'일치'의 문제로서 우선 검토해야 할 것은 '소수자'(minority)[6] 문제이다. 우리가 아동을 권리주체로서 인정한다 하더라도, 아동이 실제 생활에서 직면하게 되는 것을 관찰하게 되면, 그들은 현실적으로 '소수자'로 자리매김할 수밖에 없기 때문이다. 소수자를 대하는 데 있어서 동원되는 방식이 권위적 간섭주의이다. 이 방식에 따르면, 아동과 같은 소수자들은 능력 면에서 미숙하기 때문에, 그리고 그들의 이익을 스스로 가름할 수 없기 때문에 그들의 이익을 도모하기 위하여 강압적 수단(coercive means)이 동원될 수 있다. 권위적 간섭주의가 드러내는 또 다른 특성은 소수자의 보호를 위하여 행위 결정 등에 있어서 '종속'(subjugation)의 논거와 관련된다는 점이다. 많은 실정법에서 아동의 문제를 결정할 때 부모나 후견인에게 대리결정권한을 위임하는 경우가 이에 해당한다. 그러나 이 경우, 우리가 심각하게 제기할 수 있는 문제는 권위적 간섭주의의 논거에 따라, 그리고 소수자의 의사결정을 대리함에 있어서, 아동의 이익을 증진하는 경우에도 대리자들은 항상 아동의 '이익 추구'와 결부시켜 자신의 이익을 도모한다는 데에 있다.

물론 현실적으로 '협약' 제3조의 정신을 아동 보호의 문제와 권위적 간섭주의의 논거로 실행해야 할 경우가 전혀 없는 것은 아니다. 그렇지만, 이러한 경우는 빠짐없이 아동의 이익이 증진되건 않건 간에 대리자 또는 권위적 간섭주의에 따른 통제자들의 이익이 은연 중에 도모되고 있다는 것이다. 이 논점을 달리 표현하면, 아동의 이익을 위한 의사결정

---

6) '소수자'라는 말은 수적인 측면에서 소수자를 의미하는 것이 아니라, 정치적, 경제적 힘이 없거나 소외 또는 박탈당한 부류의 사람을 일컫는 말로 이해해야 한다. 다수 백인사회에서 수적으로 열세인 흑인 문제뿐만 아니라, 인구의 절반을 차지하는 여성의 문제와 아동의 문제가 소수자의 문제로 파악되어야 할 이유는 여기에 있다. 아울러 이에 관하여 자매서 『아동권리향연 플러스』 제2장에 소개된 차별 문제를 참조.

을 대리하거나 아동의 참여와 자유를 제한할 권한을 가진 자들의 이익에 부합되지 않을 경우, 아동의 이익을 '최상으로'뿐만 아니라 '우선적으로'도 고려하지 않는다는 점이다. 따라서 '소수자'의 지위에서 아동의 이익을 파악하려 하는 한, 제3조의 정신은 '보호'의 차원 또는 '권위적 간섭주의'의 논거를 바탕으로 해석되고, 그것은 다시 제3조와 제12조의 본래적 정신을 위배하는 모순을 낳는다는 사실을 확인할 수 있다. '최선의 이익'과 '권리주체'의 '일치' 문제를 심각하게 파악해야 할 이유는 여기에 있다.

'일치' 문제를 확보하기 위한 대안의 하나로 생각해 볼 수 있는 것이 아동의 이익을 '객관화'(objectification)시키고, 그 증진 방안을 모색하는 일이다. 이 방식은 아동의 '의사결정'이 갖는 주관적 편파성을 제거하고 객관적인 근거에서 아동의 이익을 검토할 수 있다는 장점이 있다. 예를 들자면, 이혼한 부부의 자녀 양육과 관련하여 누가 아이를 양육할 것인가 결정하는 문제를 살펴보자. 우선, 객관화 방식에 의하면, 당사자인 아이의 의견에 무조건적으로 따르는 것이 아니며, 또한 법률의 일률적 적용이나 사회적 관행에 따라 결정하는 것이 아니라 해당 아동의 이익을 도모할 수 있는 선택지를 놓고 객관적으로 판단하자는 입장이다. 이를테면, 병마에 시달리는 홀어머니를 혼자 모시는 아버지가 양육하는 것보다는 정상적인 친정에서 사는 어머니가 양육하는 경우가 객관적으로 아동의 이익을 도모할 수 있다고 판단된다. 또한 알코올중독인 계부와 같이 사는 어머니가 양육하는 것보다 독신이지만 건실하게 직장을 다니는 아버지가 양육하는 것이 객관적인 입장에서 아동의 이익을 도모한다고 판단된다.

이러한 객관화 원리는 다음과 같은 몇 가지 절차를 요구한다. '객관화'의 원리에 따르면, 가능한 선택지를 객관화할 수 있어야 한다. 또 객관화된 선택지가 야기하는 결과를 예측할 수 있어야 한다. 그리고 이 가운데 어떤 결과를 따를 것인가를 결정하는 문제가 요구된다. 이 결정과정은 아동의 단기적인 이익뿐만 아니라 장기적인 이익을 고려해야 하는 복잡한 양상을 띠게 마련이다. 객관화 방식을 택함에 따라 동원되는 방식이 대부분 '공리적인 계산'이다. 그러나, 주지하는 바와 같이, 공리적 계산에 일차적으로 고려되는 사항이 '전체 효용의 증가'라는 점을 상기하면, 이 방식이 갖는 단점을 짐작할 수 있다. 즉, 이 방식은 아동의 성격이 개인적 선호도를 일차적 고려 대상에서 제외한다는 점이다. 아동이 권리 주체로서 자신의 최선의 이익을 도모할 자격을 갖추었음을 인정하고 도입된 객관화 방식은 객관화의 대상을 엄밀하게(deliberately) 고려하는 과정에서 아동의 '최선의 이익'을 고려했을지 몰라도 권리주체인 '아동'의 측면을 간과하는 오류를 범할 가능성이 있다. 그리고 아동 최선의 이익을 도모하고자 하는 객관화된 선택지의 결정과정은 당사자가 지닌 문제의 본질에 앞서 여론의 영향에 따라 좌우될 수 있으며, 경우에 따라서는 문제의 본질을 비켜 가는 결과를 초래할 수도 있다. 이를 입증하는 예는 얼마 전 쿠바에서 미국으로 온 불법 난민의 아이를 대상으로 한 문제 해결 방식을 들 수 있다. 특히 이 문제의 해결에 객관화 방식뿐만 아니라 해당 법률의 적용이나 사회적 관행 등의 여러 요인이 복잡하게 작용하였지만, 당사자인 아이의 이익을 고려하는 객관화 과정에서 선택지 결정에 여론의 영향을 얼마나 많이 받았는가를 확인할 수 있다.

객관화 문제의 한계를 극복할 수 있는 대안으로 고려할 수 있는 것은 아동의 자기결정을 존중하는 일이다. 여기서 '자기결정'이란 '역동적인' 자기결정을 의미한다. '역동적'이라는 말이 함의하는 바는 아동의 실질적인 참여를 보장한다는 것이다. 그리고 '이익'은 '참여'로부터 보장되며, '참여' 없는 '이익'은 이익이 아니라는 입장을 나타내는 아동의 이익 고려 방식이다. 두 말할 필요 없이, 이 과정에서 가장 중요한 것은 아동의 '바라는 바'이다.

다른 한편, '역동적 자기결정과정'은 제 이론으로부터 지지받고 있다. '역동적 자기결정'이라는 말이 함의하는 바가 우선 집합주의를 배제한다는 점에서 자유주의자들이 선호하는 '이익 고려'의 방식이다. 어떠한 집합주의적 논거를 가지고도 개인의 역동적인 의사결정을 설명할 수 없다. 특히 이 방식은 집합주의적 사회개혁의 논리를 배격한다. 왜냐하면, 사회개혁의 명분은 그 개혁과 아무 관련 없는 개인의 선호와 그에 따른 자기결정의 과정을 훼손하기 때문이다. 이런 점에서 보면, '역동적 자기결정과정'은 '개인주의'를 전제한다. 그러나 우리가 주의해야 할 점은 '개인주의'를 '세속적 이기주의'(vulgar egoism)가 사용되는 방식과 마찬가지로 도덕적 비난의 대상으로 간주해서는 안 된다는 것이다. '개인주의'는 '개인'을 존재론적, 인식론적, 정치적, 경제적, 도덕적으로 이해하는 여러 양태를 나타내는 개념이다(Lukes, 1973). 이 중에서 우리가 확인할 수 있는 점은 개인주의를 집합에 대하여 개인의 우위를 상정한다고 보는 단순한 견해로 볼 것이 아니라 '사회(집단 또는 집합)는 개인의 안녕(well-being)을 목적으로 하는 실체'[7]로 보고 사회와 개인의 관계에 있어서 개인의 이익을 적극적으로 고려하는 방식을 채택

7) 이때 개인주의의 의미는 우리가 일상생활에서 도덕적으로 비난하는 개인주의가 아니다. 이러한 방식의 개인주의는 '방법론적 개인주의'라고 하며, 주로 공공선택론에서 채용되며 하이에크와 포퍼의 이론에서도 발견할 수 있다.

하여야 한다는 것이다.

역동적 자기결정과 관련되는 또 다른 이론은 인본주의 심리학이다. 매슬로우(Maslow)나 로저스(Rogers)의 이론에서 볼 수 있는 '자아실현'(self-realization)은 한 개인의 역동적 자기결정을 전제하지 않고 도달할 수 없는 목표이다. 바꿔 말하자면, 역동적으로 작용하는 자기결정이 없으면 자아실현의 과정은 존재할 수 없다고 보는 것이다. 다른 한편 자아실현을 한 개체의 잠재력이 번성하는 과정(flourishing)으로 이해하는 한, 교육학에서 언급되는 발현설(unfolding theory)은 역동적 자기결정의 과정과 관련을 맺는다고 할 수 있다. 그러나 발현설이나 번성을 가치로운 것으로 지향하는 번성 이론은 자기결정과는 상충하는 면이 있다. 이들 이론의 속성상 발현이나 번성의 과정은 '자기결정'보다는 '결정론적 요인'에 의존하기 때문이다.

무엇보다도, 역동적 자기결정의 과정이 이익의 증진에서 고려되어야 하는 이유는 각 개인이 가진 삶의 목적이나 가치가 통약불가분하다는 데에 있다. '통약불가분성'(incommensurability)이야말로 개인의 선택지를 존중하는 데서 파생되는 개념이다. 이 개념은 각 개인이 추구하는 가치와 선(good)은 어느 한 가지 준거에 의하여 비교되거나 그 가치의 경중을 평가할 수 없다는 것이다. 앞서 이익을 고려한다고 했을 때 '가치로움의 성취'가 욕망충족이나 필요의 충족과 관련 없을 경우의 난점을 지적하였는데, 여기서 통약불가분성은 각 개인이 각기 세운 가치로움을 성취가 각 개인의 실질적인 이익이 되도록 하는 가능성을 열어주는 개념이기도 하다.

이와 관련하여 권리주체로서 아동이 자신의 최선의 이익을 추구하는가 하는 일치의 문제를 다룸에 있어서 주목해야 할 문제는 '윤리적 구성주의'(ethical constructivism)이다. 윤리적 구성주의에 따르면, 개인의 삶의 목표는 자신이 결정하는 것일 뿐만 아니라 자신의 의사결정 과정을 통하여 그 목표를 성취할 수단을 선택하고, 선택된 수단을 자신의 의지와 상황에 따라 실행할 수 있다고 보는 윤리설이다. 이 윤리설의 핵심이 바로 우리가 목하 관심을 가지고 있는 '역동적 자기결정'이다.

물론 역동적 자기결정에 대한 반론이 제기될 수 있다. 그 첫 번째가 자기결정을 하는 데에는 도덕적 판단능력이 요구된다는 것이다. 즉, 도덕적 판단을 내릴 능력은 자기결정의 전제가 된다는 것이다. 따라서 도덕적 판단 능력을 갖추지 못한 아동의 경우 '역동적 자기결정'의 '자격'을 상실하는 셈이다. 아동의 경우는 오히려 자기결정이 아닌 도덕적 틀에 맞추어 가는 사회화가 더 요구된다는 입장이다. 그러나 이 경우 문제는 아동의 삶을 기존의 도덕적 기준에 비추어 결정한다는 데에 있다. 이에 대한 해결을 위해서는 도덕적 기준과 자기결정에 대한 균형이 요구된다. 물론 기존의 도덕적 기준과 이에 따른 판단 능력이 중요하다고 해도, 이 중요성이 역동적 자기결정의 가치를 부정하거나 폄하시키는 것이 아니다. 오히려 도덕적 판단 능력은 참여를 전제로 한 학습을 통하여 획득될 수 있기 때문이다. 근래에 개발된 아동권리교육프로그램이 자발적 참여를 전제로 개발된다는 사실은 이를 반증하고 있다.

역동적 자기결정에 대한 또 다른 두 번째 반론은 아동의 자기결정은 즉흥적이고 변덕스럽기 때문에 아동의 진정한 이익을 도모하지 못한다는 것이다. 아동의 순간적인 판단이 충동적이거나 변덕스러울 수 있는 것은 사실이다. 그렇지만 이러한 변덕스러움이 도덕적으로 비난을 받아야 할 사항만은 아니다. 변덕스러움이나 충동적인 선택은 장기적인 안목에서 하등 쓸모 없는 것일지 몰라도 시행착오의 학습 과정을 구성하는 중요한 요인일 수 있다. 그리고 이러한 시행착오는 창의적인 활동의 동기인 경우가 많다. 이렇게 보면, 자기결정의 과정이 아동의 이익을 도모하는 데에 결정적인 요인이 된다는 것을 알 수 있다.

그럼에도 불구하고, 역동적인 자기결정이 결국 아동의 이익을 도모하는 것이 아니라 이익을 훼손시킬 수 있다는 보다 적극적인 반론이 가능하다. 이 경우에 우리는 아동의 자기결정이 아동의 삶에 장기적인 관점에서 이익을 도모하는 것인지, 아니면 단기적인 관점에서 기여하는 것인지를 살펴볼 필요가 있다. 이 문제의 핵심은 결국 교육적인 문제, 즉 아동의 판단 능력의 제고와 관련을 맺지만, 아동이 처한 상황이 당장 빠져나와야 할 '결핍'(deficit) 상황이라면, 단기적인 자기결정 사항은 유보될 수 있을지 모른다. 그러나 그 유보는 기아, 질병, 신변안전과 같은 즉각적으로 해결되어야 할 결핍 상황에 한정되어야 한다는 점을 유념해야 한다.

V. 맺는 말

이 장에서는 '협약'에 천명된 아동의 '최선의 이익'의 원칙을 분석하고자 하였다. 그 일환으로 '협약'의 제3조 제1항의 규정에 나타난 기술상의 문제를 살펴보았다. 우선 '아동'을 기술하는 '수'의 표현이 일관되지 못함을 지적하고, 이러한 비일관된 기술이 야기하는 문제를 지적하였다. 그리고 아동 이익의 고려를 표현한 '최상'과 '최우선'의 차이를 '권리주체'로서 '아동'의 의미에 비추어 논의하였다. 불확정성을 띤 '협약'의 정신은 많은 오해의 소지를 낳고 있다. 이를 검토하기 위하여 이익의 두 가지 차원을 논의하였다. '이익'의 두 가지 차원은 '이익'의 서술적 용법과 규범적 용법, '욕망'과 '필요', '참여'와 '보호', 그리고 참여권과 복지권의 문제로 정리할 수 있다. 특히 아동의 권리 문제와 관련하여 참여권과 복지권의 문제를 대비시켜 논의하였다. 이를 통하여 아동의 이익을 '최상으로' 도모하는 것은 참여권과 복지권을 대립적으로 보는 것이 아니라 상보적인(reciprocity) 관계로 파악할 필요가 있다는 점을 확인하였다.

아동은 스스로의 최선의 이익을 추구할 수 있는 권리의 주체라고 인식하면서도, 아동의 이익 추구에는 현실적인 한계가 존재하는 것이 사실이다. 권리주체로서 '아동'과 '최선의 이익' 추구가 동일한 맥락에서 이루어지는가 하는 '일치'의 문제를 검토하였다. 현실적으로 아동은 여전히 '소수자'라는 점이다. 특히 '아동'을 소수자로 파악할 때 아동의 이익은 여타의 사람들의 이익과 결부되어 추구되며, 그렇지 못할 경우 아동의 이익은 '최상'으로도 '우선적'으로도 고려되지 못함을 지적하였다. '권위적 간섭주의'의 문제와 함께 아동이 현실적으로 간섭과 통제를 받을 수밖에 없다는 점을 지적하고 이에 대한 여러 가지 해결 가능한 대안을 논의하였다. 그중의 하나가 아동에게 '역동적 자기결정'을 하도록 하는 일이었다. 아동의 이익을 도모하는 데에 '역동적 자기결정'이 갖는 중요성을 여러 가지 측면에서 검토하였다. '욕망'과 이를 충족하기 위한 '참여'는 이익을 고려하는 핵심임을 확인할 수 있었다. 그러나 여기에 대한 반론도 제기되는데, 이에 대한 한 가지 해답은 아동권리교육을 활성화하여 판단 능력을 향상시키는 일이다. 그리고 아동의 실질적인 참여를 제한하거나 참여를 전제로 하는 이익 추구를 유보하는 경우는 화급을 요하는 '결핍' 상황에 한정될 수 있음을 확인하였다.

아동의 이익의 문제는 아동 개인의 욕망뿐만 아니라 문화적 가치와의 일치 문제를 야기한다. 이는 또 다른 측면에서 본 '일치'의 문제이며, 이 글에서 모두 다루지 못한 아동 최선의 이익에 관한 향후의 과제이다.

참고문헌

Barry, B. M., 1965, *Political Arguments*, London: Routledge and Kegan Paul.

Benn, S. & Peters, R., 1959, *Social Principles and the Democratic State*, London: George Allen & Unwin.

Eekelaar, J., 1994, The Interests of the Child and the Child's Wishes: The Role of Dynamic Self-Determination, *International Journal of Law and the Family* Vol.8 No.1.

Kim, J-N., 1996, *Well-being and Education in a Liberal Society*, unpublished thesis for the degree of Doctor of Philosophy, University of Keele, England.

Lukes, S., 1973, *Individualism*, London: Routledge and Kegan Paul.

Parker, S., 1994, The Best Interests of the Child-Principles and Problems, *International Journal of Law and the Family* Vol.8 No.1.

Wringe, C. A., 1981, *Children's Rights*, London: Routledge and Kegan Paul.

Wringe, C. A., 1992, The Ideology of Liberal Individualism, Welfare Rights and the Right to Education, in: Freeman, M and Veerman, P. (eds.), *The Ideologies of Children's Rights*, Netherlands: Kluwer Academic Publishers.

Wringe, C. A., 1993, Children's Welfare Rights Are Entitlements, in: Jenson, M. and Goffin, S. (eds.), *Visions of Entitlement*, New York: State University of New York Press.

Appendix

부록

I. 아동권리공약 3장 및 1923년 어린이선언문
II. 대한민국 어린이헌장
III. 새로운 청소년헌장
IV. 아동권리 제네바선언
V. 1959년 아동권리선언
VI. 세계인권선언
VII. 경제적·사회적·문화적 권리에 관한 국제협약
VIII. 시민적 및 정치적 권리에 관한 국제협약
IX. 아동권리협약
X. 국제연합 1990년대 아동의 생존, 보호, 발달을 위한 세계 선언
XI. 1990년대 아동의 생존, 보호, 발달을 위한 세계 선언의 행동계획
XII. 1985년 Paris 국제성인교육대회선언
XIII. 1997년 Hamburg 국제성인교육대회선언
XIV. 아동권리협약에 관한 제2차 국가보고서
XV. 아동의 연령 정의에 관한 법령
XVI. 부산광역시 아동의 놀 권리 증진에 관한 조례

I 아동권리공약 3장 및 1923년 어린이선언문

-우리나라 최초의 아동권리선언-

아동권리공약 3장

- 어린이를 재래의 윤리적 압박으로부터 해방하여 그들에 대한 완전한 인격적 예우를 허하라.
- 어린이를 재래의 경제적 압박으로부터 해방하여 만 14세 이하의 그들에 대한 무상 또는 유상의 노동을 폐하라.
- 어린이에게 그들이 고요히 배우고 즐거이 놀만한 각양의 가정 또는 사회적 시설을 행하라.

1923년의 어린이선언문

어른들에게

- 어린이를 내려다보지 마시고 치어다 보아 주시오.
- 어린이를 가까이 하시어 자주 이야기하여 주시오.
- 어린이에게 경어를 쓰되 늘 보드랍게 하여 주시오.
- 이발이나 목욕, 의복 같은 것을 때 맞춰 하도록 하시오.
- 잠자는 것과 운동하는 것을 충분히 하게 하여 주시오.
- 산보와 원족 같은 것을 가끔가끔 시켜 주시오.
- 어린이를 책망하실 때는 쉽게 성만 내지 마시고 자세자세 타일러 주시오.

- 어린이들이 서로 모여 즐겁게 놀만한 놀이터와 기계 같은 것을 지어 주시오.
- 대우주의 뇌신경의 말초는 늙은이에게 있지 아니하고 젊은이에게도 있지 아니하고 오직 어린이에게만 있는 것을 늘 생각해 주시오.

어린 동무들에게

- 돋는 해와 지는 해를 반드시 보기로 합시다.
- 어른들에게는 물론이고 당신들끼리도 서로 존대하기로 합시다.
- 뒷간이나 담벽에 글씨를 쓰거나 그림 같은 것을 그리지 말기로 합시다.
- 꽃이나 풀을 꺾지 말고 동물을 사랑하기로 합시다.
- 전차나 기차에서는 어른들에게 자리를 사양하기로 합시다.
- 입을 꼭 다물고 몸을 바르게 가지기로 합시다.

Ⅱ 대한민국 어린이헌장

대한민국 어린이헌장은 어린이날의 참뜻을 바탕으로 하여, 모든 어린이가 차별 없이 인간으로서의 존엄성을 지니고, 나라의 앞날을 이어 나갈 새 사람으로 존중되며, 아름답고 씩씩하게 자라도록 함을 길잡이로 삼는다.

1. 어린이는 건전하게 태어나 따뜻한 가정에서 사랑 속에 자라야 한다.
2. 어린이는 고른 영양을 섭취하고, 질병의 예방과 치료를 받으며, 맑고 깨끗한 환경에서 살아야 한다.
3. 어린이는 좋은 교육 시설에서 개인의 능력과 소질에 따라 교육을 받아야 한다.
4. 어린이는 빛나는 우리 문화를 이어받아, 새롭게 창조하고 널리 펴나가는 힘을 길러야 한다.
5. 어린이는 즐겁고 유익한 놀이와 오락을 위한 시설과 공간을 제공받아야 한다.
6. 어린이는 예절과 질서를 지키며, 한겨레로서 서로 돕고, 스스로를 이기며, 책임을 다하는 민주 시민으로 자라야 한다.
7. 어린이는 자연과 예술을 사랑하고 과학을 탐구하는 마음과 태도를 길러야 한다.
8. 어린이는 해로운 사회 환경과 위험으로부터 먼저 보호되어야 한다.

9. 어린이는 학대를 받거나 버림을 당해서는 안 되고, 나쁜 일과 힘겨운 노동에 이용되지 말아야 한다.
10. 몸이나 마음에 장애를 가진 어린이는 필요한 교육과 치료를 받아야 하고, 빗나간 어린이는 선도되어야 한다.
11. 어린이는 우리의 내일이며 소망이다. 나라의 앞날을 짊어질 한국인으로, 인류의 평화에 이바지할 수 있는 세계인으로 자라야 한다.

Ⅲ 새로운 청소년헌장

청소년은 자기 삶의 주인이다. 청소년은 인격체로서 존중받을 권리와 시민으로서 미래를 열어갈 권리가 있다. 청소년은 스스로 생각하고 선택하며 활동하는 삶의 주체로서 자율과 참여의 기회를 누린다. 청소년은 생명의 가치를 존중하며 정의로운 공동체의 성원으로 책임 있는 삶을 살아간다.

가정·학교·사회 그리고 국가는 위의 정신에 따라 청소년의 인간다운 삶을 보장하고 청소년 스스로 행복을 가꾸며 살아갈 수 있도록 여건과 환경을 조성한다.

청소년의 권리

1. 청소년은 생존에 필요한 기본적인 영양·주거·의료·교육 등을 보장받아 정신적·신체적으로 균형 있게 성장할 권리를 가진다.
1. 청소년은 출신·성별·종교·학력·연령·지역 등의 차이와 신체적·정신적 장애 등을 이유로 차별 받지 않을 권리를 가진다.
1. 청소년은 물리적 폭력 뿐만 아니라 공포와 억압을 포함하는 정신적인 폭력으로부터 보호받을 권리를 가진다.
1. 청소년은 사적인 삶의 영역을 침해받지 않을 권리를 가진다.
1. 청소년은 자신의 생각과 느낌을 자유롭게 펼칠 권리를 가진다.
1. 청소년은 자유로운 의사에 따라 건전한 모임을 만들고 올바른 신념에 따라 활동할 권리를 가진다.

1. 청소년은 배움을 통해 진리를 추구하고 자아를 실현해 갈 권리를 가진다.
1. 청소년은 일할 권리와 직업을 선택할 권리를 가진다.
1. 청소년은 여가를 누릴 권리를 가진다.
1. 청소년은 다양한 매체를 통하여 자신의 삶에 필요한 정보에 접근할 권리를 가진다.
1. 청소년은 자신의 삶과 관련된 정책결정과정에 민주적 절차에 따라 참여할 권리를 가진다.

청소년의 책임

1. 청소년은 자신의 삶을 소중히 여기며 자신이 선택한 삶에 책임을 진다.
1. 청소년은 앞 세대가 물려준 지혜를 시대에 맞게 되살려 다음 세대에 물려줄 책임이 있다.
1. 청소년은 가정 · 학교 · 사회 · 국가 · 인류공동체의 성원으로서 자기와 다른 삶의 방식도 존중할 줄 알아야 한다.
1. 청소년은 삶의 터전인 자연을 소중히 여기고 모든 생명과 더불어 살아간다.
1. 청소년은 통일시대의 주역으로서 평화롭게 공존하는 방법을 익힌다.
1. 청소년은 남녀평등의 가치를 배우고 이를 모든 생활에서 실천한다.
1. 청소년은 가정에서 책임을 다하며 조화롭고 평등한 가족문화를 만들어 간다.
1. 청소년은 서로에게 정신적 · 신체적 폭력을 행사하지 않는다.
1. 청소년은 장애인을 비롯한 소외 받기 쉬운 사람들과 더불어 살아간다.

IV

아동권리 제네바선언

-1923년 젭(Eglantyne Jebb) 여사에 의해 제정되고 1924년 국제연맹에서 채택-

제1조 아동의 신체적 그리고 정신적인 면에서 정상적으로 발달하는 데에 필요한 모든 수단들은 아동에게 반드시 제공되어야 한다.

제2조 굶주린 아동에게는 음식이 제공되어야 하고, 병든 아동은 치료받아야 하고, 발달이 늦은 아동은 도와주어야 하며, 비행아동은 갱생되도록 하여야 하며, 고아와 부랑아는 주거와 원조를 받도록 하여야 한다.

제3조 아동은 위험에 처한 경우 제일 먼저 구제를 받아야 한다.

제4조 아동은 생계를 연명할 수 있는 위치에 있어야만 하며, 또한 모든 형태의 착취로부터 보호받아야 한다.

제5조 아동은 아동이 지닌 재능의 개발이 결국 인류 동포에게 공헌한다는 인식 아래서 양육되어야 한다.

V 1959년 아동권리선언

-국제연합에 의하여 채택-

제 1 조 아동은 이 선언에서 천명된 모든 권리를 향유할 수 있어야 한다. 모든 아동은, 아동 자신과 그 가족이 속한 인종, 피부색, 성, 언어, 종교적 신념, 정치적 제 견해, 국적 및 사회적 출신, 재산의 정도, 출생 및 기타 신분에 따른 차별을 받지 않으며, 동시에 예외 없이 모든 권리를 향유할 천부적인 자격을 지닌다.

제 2 조 아동은 특별한 보호를 받을 수 있어야 하며, 인간존엄과 자유의 정신 아래서 건전하고 정상적인 방법에 의하여 아동 자신의 신체적, 심리적, 도덕적, 정신적 및 사회적 발달이 가능하도록 하는 기회와 설비가 법령과 제 수단에 의하여 아동에게 제공되어야 한다. 이러한 목적을 달성하도록 하는 법령을 집행함에 있어서, 아동 최선의 이익이 최우선으로 고려되도록 하여야 한다.

제 3 조 아동은 출생한 때부터 성명과 국적을 가질 권리를 가진다.

제 4 조 아동은 사회보장의 혜택을 향유할 수 있어야 한다. 아동은 건강하게 성장하고 발달할 권리가 있다; 이 목적을 달성하기 위하여, 출생 전후의 적절한 의료혜택을 포함하여, 아동과 아동의 어머니 모두에게 특별한 관심과 보호가 기울여져야 한다. 아동은 적절한 영양의 공급, 주택, 여가 및 진료를 받을 권리를 가진다.

제 5 조 신체적, 정신적, 사회적 장애가 있는 아동은 특수한 조건이 마련된 가운데 특별한 치료와 교육을 받을 권리를 갖는다.

제 6 조 아동은, 자신의 인격이 조화롭고 온전하게 발달하기 위하여, 애정과 이해를 필요로 한다. 아동은, 어느 곳에서건 부모의 각별한 주의와 책임 아래서, 그리고 어떤 경우에도 도덕적이고 물리적인 안정과 애정을 향유할 수 있는 여건에서 성장하여야 한다; 영아의 경우에는 아주 특별한 사유가 있는 경우를 제외하고 그 아동의 어머니와 격리되게 해서는 안 된다. 사회와 당국은 가정이 없는 아동과 부양 수단을 제공받지 못하는 아동을 특별히 보살펴야 할 의무를 지닌다. 대가족에 속한 아동의 양육을 위한 국가의 지출과 여타의 보조 수단은 권장된다.

제 7 조 아동은 교육받을 권리를 가지며, 이때의 교육은 적어도 초등교육단계에서 무상의무교육이어야 한다. 교육은 아동의 문화를 고양시킬 수 있는 것이어야 하고, 아동 자신의 능력과 자율적 판단과 도덕적·사회적 책임을 계발하여 사회의 유능한 성원이 될 수 있는 동등한 기회를 아동에게 제공하는 것이어야 한다.

아동 최선의 이익은 아동을 교육하고 계도할 책임이 있는 사람들의 기본 원칙이 되어야 한다; 이러한 책임은 일차적으로 아동의 부모에게 있다.

아동은 교육이 지향하는 바와 동일한 목적으로 놀이와 여가를 누릴 기회를 가진다; 사회와 당국은 아동이 이러한 권리를 적극 향유할 수 있도록 노력하여야 한다.

제 8 조 아동은 어떠한 상황에서든 구조와 보호에 있어서 최우선이어야 한다.

제9조 아동은 모든 형태의 학대, 잔학 및 착취로부터 보호받을 수 있도록 해야 한다. 아동은 어떤 형태로든 거래의 대상이 되어서는 안 된다.

아동은 적정한 연령에 이르기 전까지 고용되어서는 안 된다; 아동은 어떤 경우에도 아동의 신체적, 정신적 또는 도덕적 발달을 저해하거나, 아동의 건강과 교육에 해가 되는 고용 또는 직업에 종사하도록 해서는 안 된다.

제10조 아동은 인종적, 종교적 차별을 포함한 일체의 차별을 야기하는 행위로부터 보호받도록 하여야 한다. 아동은 아동 자신의 능력과 역량이 인간애에 공헌할 수 있는 덕목인 관용, 우정, 평화의 정신과 보편적인 양심을 고양할 수 있도록 양육되어야 한다.

VI 세계인권선언

1948년 12월 10일 유엔총회 결의 217 A(Ⅲ)에 따라 채택되고 선포되다.

전문(前文)

인류 모든 구성원이 타고난 존엄성과 평등하고도 양도할 수 없는 권리를 인정하는 것이 전 세계의 자유와 정의와 평화의 기초이며, 인권에 대한 무시와 경멸은 인류의 양심을 짓밟는 야만적 행위로 귀결되며, 인류가 언론의 자유와 신념의 자유를 누리고 공포와 결핍으로부터 자유로운 세상은 보통 사람의 지고한 열망으로 천명되며, 인간이 폭정과 억압에 대항하는 마지막 수단으로서 반란에 호소하도록 강요받지 아니하려면, 인권이 법에 의해서 필수적으로 보호되어야 하며, 나라 사이의 우호관계의 증진을 반드시 촉진하여야 하며, 유엔의 여러 국민들은 그 헌장에서 기본적 인권과, 인간의 존엄성과 가치, 남녀의 동등한 권리에 대한 신념을 재확인하였으며, 더 폭넓은 자유 속에서 사회적 진보와 생활수준의 개선을 촉진할 것을 다짐하였고, 회원국은 유엔과 협력하여 인권과 기본적 자유를 보편적으로 존중할 것과 꾸준히 준수할 것을 서약하였으며, 이러한 권리와 자유에 대한 공통의 이해가 이 서약의 이행을 위해 가장 중요하기에, 이제 유엔총회는 모든 개인과 사회의 각 기관은 이 선언을 항상 마음속에 간직한 채, 교육과 학습을 통하여 이러한 권리와 자유를 존중하고 신장시키기 위해 노력하고, 점진적인 국내적 및 국제적 조치를 통하여 회원국 국민과 회원국 관할권 아래에 있는 영토의 국민들 모두에게 권리와 자유의 보편적이고 효과적인 인정과 준수를 보장하기 위해 힘쓰도록, 모든 국민들과 나라들이 성취해야 할 공통의 기준으로서 본 세계인권선언을 선포한다.

제 1 조 모든 인간은 태어날 때부터 자유롭고, 존엄성과 권리에 있어서 평등하다. 인간은 이성과 양심을 부여받았으므로 서로에게 형제자매의 정신을 실천해야 한다.

제 2 조 모든 인간은 인종, 피부색, 성, 언어, 종교, 정치 또는 그 밖의 견해, 민족 또는 사회적 출신, 재산, 출생 또는 다른 지위 등과 같은 그 어떤 종류의 차별도 없이, 이 선언에 제시된 모든 권리와 자유를 누릴 자격이 있다.

더 나아가 한 사람이 속한 나라 또는 영토가 독립국이건 신탁통치지역이건, 비자치지역이건 또는 그 밖의 어떤 주권상의 제한을 받고 있는 곳이건, 그 나라나 영토의 정치적, 사법적, 국제적 지위를 근거로 차별이 자행되어서는 안 된다.

제 3 조 모든 인간은 생명권과 신체의 자유와 안전을 누릴 권리가 있다.

제 4 조 어느 누구도 노예의 신분이나 노예의 상태에 얽매어 있지 아니하다. 노예제도와 인신매매는 어떤 형태이건 금지된다.

제 5 조 어느 누구도 고문, 가혹하고 비인도적이며 모욕적인 처우 또는 형벌을 받지 아니한다.

제 6 조 모든 인간은 어디에서나 법 앞에서 한 인격체로 인정받을 권리를 갖는다.

제7조 모든 인간은 법 앞에 평등하며, 어떠한 차별도 받지 않고 법의 동등한 보호를 받을 권리를 갖는다. 모든 사람은 이 선언을 위반하는 그 어떤 차별에 대해서도, 또한 그러한 차별을 선동하는 것에 대해서도 동등한 보호를 받을 권리를 갖는다.

제8조 모든 인간은 헌법 또는 법률이 부여하는 기본권을 침해하는 행위에 대하여 해당 국가법정에서 유효한 구제를 받을 권리를 갖는다.

제9조 어느 누구도 자의적인 체포, 구금 또는 추방을 당하지 않는다.

제10조 모든 인간은 자신의 권리와 의무, 그리고 자신에 대한 형사상의 혐의에 관하여 재판을 받게 될 때, 독립되고 편견 없는 법정에서 공정하고도 공적인 심문을 완전히 평등하게 받을 권리를 갖는다.

제11조 ① 형사상의 범죄로 소추 당한 모든 사람은 자신의 변호를 위해 필요한 모든 것이 보장된 공적 재판에서 법률에 따라 유죄로 판정 받을 때까지 무죄로 추정 받을 권리를 갖는다.

② 어느 누구도 그것이 범해질 당시에 국내법 또는 국제법상으로 형사범죄를 구성하지 않았던 행위나 태만으로 인해 형사범으로서의 유죄의 선고를 받지 아니한다. 또한 형사상의 범죄가 행해졌을 당시의 적용 가능한 형벌보다 무거운 형벌이 부과되지 아니한다.

제12조 어느 누구도 자신의 사생활, 가족, 집 또는 통신에 대하여 자의적인 간섭을 받지 않으며, 또한 자신의 명예와 신용에 대하여 공격당하지 않는다. 모든 인간은 그러한 간섭과 공격에 대하여 법률의 보호를 받을 권리를 갖는다.

제13조 ① 모든 인간은 각국의 영토 안에서 이동과 거주의 자유를 누릴 권리를 갖는다.

② 모든 인간은 자국을 포함한 어느 나라로도 이주할 수 있고 또 자국으로 돌아올 수 있는 권리를 갖는다.

제14조 ① 모든 인간은 박해를 피해 타국에서 피난처를 구하고 또 피난생활을 누릴 권리를 갖는다.

② 이 권리는, 비정치적 범죄 또는 유엔의 목적과 원칙에 반하는 행위가 진정한 원인이 되어 소추되는 경우에는 적용될 수 없다.

제15조 ① 모든 인간은 어느 한 국적을 가질 권리를 갖는다.

② 어느 누구도 자의적으로 자신의 국적을 박탈당하거나 그의 국적을 바꿀 권리를 거부당하지 아니한다.

제16조 ① 성년에 이른 남녀는 인종, 국적 또는 종교로 말미암은 어떤 제한도 받지 않고 결혼하여 가정을 이룰 권리를 갖는다. 각 남녀는 결혼의 기간과 그 해소의 시점에 있어 결혼에 관련한 동등한 권리를 갖는다.

② 결혼은 장래의 배우자의 자유롭고도 완전한 동의에 의해서만 성립된다.

③ 가정은 사회의 자연적이고 근본적인 단위이며 사회와 국가에 의해서 보호받을 권리를 갖는다.

제17조 ① 모든 인간은 타인과의 연합을 통해서 뿐만 아니라 단독으로 자신의 재산을 소유할 권리를 갖는다.

② 어느 누구도 자신의 재산을 자의적으로 박탈당하지 않는다.

제18조 모든 인간은 사상, 양심, 종교의 자유를 누릴 권리를 갖는다. 이 권리는 자신의 종교 또는 신념을 바꿀 자유와, 교리, 전례, 예

배, 의식에 있어서 홀로 또는 타인과 공동으로, 공적 또는 사적으로 자신의 종교 또는 신념을 표현할 자유를 포함한다.

제19조 모든 인간은 의견의 자유와 표현의 자유를 누릴 권리를 갖는다. 이 권리는 간섭받지 않고 의견을 가질 자유와 모든 미디어를 통해서 국경에 무관하게 정보와 사상을 추구하고 받고 전달할 자유를 포함한다.

제20조 ① 모든 인간은 평화적 집회와 결사의 자유를 누릴 권리를 갖는다.

② 어느 누구도 어떤 결사에 소속될 것을 강요받지 않는다.

제21조 ① 모든 인간은 직접 또는 자유롭게 선출된 대표를 통해 자국의 통치에 참여할 권리를 갖는다.

② 모든 인간은 자국 내의 공공기관에 대한 동등한 접근권을 갖는다.

③ 국민의 의사는 정부의 권위의 기초가 된다. 이 의사는 보통 및 평등 투표권에 의거하며, 또한 비밀투표 또는 이와 동등한 자유로운 투표 절차에 따라 실시되는 정기적인 직접선거에 의하여 표현된다.

제22조 모든 인간은 사회의 일원으로서 사회보장제도에 대한 권리를 가지며, 국가적 노력과 국제적 협력을 통해서 그리고 각국의 구조와 지원에 따라서, 자신의 존엄성과 인격의 자유로운 발전을 위해 불가결한 경제, 사회, 문화적 혜택을 수혜할 권리를 갖는다.

제23조 ① 모든 인간은 일, 자유로운 직업의 선택, 공정하고 유리한 노동조건, 실업에 대한 보호 등의 권리를 갖는다.

② 모든 인간은 어떤 차별도 받지 않고 동일 노동에 대해서 동일한 보수를 받을 권리를 갖는다.

③ 모든 일하는 인간은 자신과 가족에게 인간적 존엄성을 유지시키는 생존을 보장해 주며, 필요할 경우 다른 사회적 보호의 수단에 의해서 보충되는, 정당하고 유리한 보수를 받을 권리를 갖는다.

제24조 모든 인간은 합리적인 노동시간의 제한과 정기적인 유급휴가를 포함한 휴식과 여가의 권리를 갖는다.

제25조 ① 모든 인간은, 의식주와 의료, 필수적인 사회보장제도를 포함하는, 자신과 가족의 건강과 안녕을 위해 적합한 생활수준을 누릴 권리와, 실업, 질병, 불구, 배우자와의 사별, 노령 또는 그 밖의 자신이 통제할 수 없는 상황에서의 생계의 결핍의 경우에 보장제도에 따른 혜택을 누릴 권리를 갖는다.

② 모자는 특별한 보살핌과 도움을 받을 권리를 갖는다. 모든 어린이는 적서에 관계없이 동등한 사회적 보호를 누린다.

제26조 ① 모든 인간은 교육받을 권리를 갖는다. 교육은 최소한 초등 기초단계에서는 무상이어야 한다. 초등교육은 의무적이어야 한다. 기술교육과 직업교육은 원하는 누구나 받을 수 있어야 하며, 고등교육은 실력 있는 모든 사람에게 평등하게 개방되어야 한다.

② 교육은 인격의 완전한 발전과 인권 및 기본적 자유의 존중을 강화하는 방향으로 나아가야 한다. 교육은 모든 나라들과 인종 또는 종교집단 사이에서 이해, 관용, 우호관계를 증진시켜야 하며, 평화를 유지하기 위한 유엔의 활동을 촉진해야 한다.

③ 부모는 자녀에게 제공되는 교육의 종류를 선택함에 있어 우선권을 갖는다.

제27조 ① 모든 인간은 자유롭게 공동체의 문화생활에 참여하고 예술을 감상하며 과학의 발전과 그 혜택을 나눠 가질 권리를 갖는다.

② 모든 인간은 자신이 창조한 모든 과학적, 문학적, 예술적 산물에서 생기는 정신적, 물질적 이득을 보호받을 권리를 갖는다.

제28조 모든 인간은 이 선언에 제시된 권리와 자유가 완전히 실현될 수 있는 사회적, 국제적 질서에 대한 권리를 갖는다.

제29조 ① 모든 인간은 자신의 인격이 자유롭고 완전하게 발전할 수 있는 공동체에 대해서만 의무를 갖는다.

② 모든 인간은 자신의 권리와 자유를 행사함에 있어, 타인의 권리와 자유를 합당하게 인정하고 존중하며, 민주사회의 도덕, 공공질서, 일반인의 안녕을 위한 공정한 필요를 충족시키기 위해서만 법률이 정한 바에 따라 그 권리와 자유의 행사가 제한받는다.

③ 이러한 권리와 자유는 어떤 경우에도 유엔의 목적과 원칙에 반해서 행사될 수 없다.

제30조 이 선언의 그 어떤 조항도 어떤 국가, 집단 또는 개인에게, 이 선언에 제시된 권리와 자유 중 어느 것이라도 파괴할 목적을 갖는 어떤 활동에 종사하거나, 어떤 행위를 할 수 있는 어떤 권리가 있음을 뜻하는 것으로 해석될 수 없다.

Ⅶ 경제적 · 사회적 · 문화적 권리에 관한 국제협약 (A협약)

전 문

이 협약의 당사국은 국제연합헌장에 밝혀진 원칙에 따라 인류사회의 모든 사람이 나면서부터 가지고 있는 존엄성과 동등하고 남에게 넘겨줄 수 없는 권리를 인정함이 자유와 정의와 세계평화의 기본이 될 것으로 간주하고, 세계인권선언에 따라, 자유인은 공포와 굶주림에서 벗어나야 한다는 이상이 사람이면 누구나 자기의 시민적 · 정치적 권리와 함께 경제적 · 사회적 · 문화적 권리를 누릴 수 있는 조건이 조성되었을 때만 달성되는 것임을 인정하고, 국제연합헌장을 수락한 제국이 인권과 자유에 대한 보편적인 존중과 준수를 촉진시킬 의무를 지고 있음을 고려하고, 개인도 타인과 공동체에 대해 책임이 있는바, 이 협약에 명시된 권리의 증진과 준수를 위해 노력할 의무를 지고 있음을 인식하면서 다음과 같이 협정한다.

제 1 부

제 1 조 ① 모든 인민은 자기결정권을 가진다. 이 권리에 근거하여 그들은 그 정치적 지위를 자유로이 결정하고 또한 그 경제적 · 사회적 · 문화적 발전을 자유로이 추구한다.

② 모든 인민은 그 천연 재화와 자원을 자신들의 목적을 위해 자유로이 처분할 수가 있다. 이때, 호혜의 원칙에 근거한 국제적 경제협력 때문에 생기는 의무와 국제법을 위반해서는 안 된다. 어떠한 경우에도, 특정 인민의 생존수단이 빼앗겨서는 안 된다.

③ 당사국(비자치령 및 신탁통치령의 행정 책임을 지고 있는 나라를 포함)은 국제연합헌장의 규정에 따라 자기결정권의 실현을 촉진하고, 또한 자기결정권을 존중한다.

제 2 부

제2조 ① 당사국은 자국의 가용(可用)자원을 최대한으로 활용하는 가운데 단독으로 또는 국제적인 원조와 협력, 특히 경제적 및 기술적인 원조와 협력을 통해 입법조치를 포함한 모든 적절한 수단에 의해, 점진적으로 이 협약에서 인정된 권리를 완전하게 실현시키기 위해, 조치를 취할 의무를 진다.

② 당사국은 이 협약에서 선포된 권리가 인종·피부색·성별·언어·종교·정치적 또는 기타의 의견·민족적 또는 사회적 출신·재산·가문·기타의 신분에 기인하는 어떠한 종류의 차별도 받지 않고 행사될 것을 보장할 의무를 진다.

③ 개발도상국은 인권 및 자국경제를 적절하게 고려하는 가운데 이 협약에서 인정된 경제적 권리를 비자국인(非自國人)에게 어느 정도로 보장할 것인가를 정할 수 있다.

제3조 당사국은 이 협약에 규정된 모든 경제적·사회적·문화적 권리를 남녀가 평등하게 누릴 것을 보장할 의무를 진다.

제 4 조 당사국은 이 협약에 따라서 국가가 제공하는 권리의 향유에 있어서 법률이 정하는 바에 따라서만 국가가 그 권리에 제한을 가할 수 있음을 인정한다. 그 제한은 이 권리의 성질과 모순되지 아니하고, 또한 민주사회에 있어서 일반적 복지를 증진시킬 것을 목적으로 하는 경우에 한한다.

제 5 조 ① 이 협약의 어떠한 조항도 국가 · 집단 · 개인에게 다음 권리를 인정해 주는 것으로 해석되어서는 안 된다. 그 권리란, 이 협약에 인정된 권리 또는 자유를 파괴하거나, 이 협약에 규정된 제한의 범위를 넘어서 제한을 가할 것을 목적으로 하는 활동에 종사하거나, 또는 행위를 할 권리를 말한다.

② 어떤 나라에서 특정한 기본적 인권이 법률 · 조약 · 규칙 또는 관습으로 인정되거나 (현실로) 존재하는 경우 이 협약이 그 권리를 인정하지 않고 있다는 이유로, 또한 인정하는 범위가 좁다는 이유로 그 권리를 제한하거나 침해하지 못한다.

제 3 부

제 6 조 ① 당사국은 노동의 권리를 인정한다. 이 권리에는 각자가 자유롭게 선택하거나 수락하는 노동으로 생계를 꾸려 나갈 기회를 얻을 권리도 포함된다. 당사국은 노동의 권리를 보장하기 위해 적절한 조치를 취한다.

② 당사국이 노동의 권리를 완전하게 실현하기 위해 취하는 조치에는 개개인에게 기본적인 정치적 · 경제적 자유를 보장하는 조건 아래서, 착실한 경제적 · 사회적 · 문화적 발전과 완전하고

도 생산적인 고용을 달성하기 위한 기술 및 직업의 지도·훈련 계획·정책·방법이 포함된다.

제7조 당사국은 누구나 공정하고 유리한 노동조건, 특히 다음 항목을 보장하는 노동조건을 누릴 권리가 있음을 인정한다.

(a) 최소한 모든 노동자에게 제공하는 다음의 보수 (i)공정한 임금 및 어떤 차별도 없는 동일한 가치의 노동에 대한 동일한 보수, 특히 여자의 경우 동일한 노동에 대한 동일한 임금과 함께 남자의 노동조건에 뒤떨어지지 않는 노동조건을 보장할 것. (ii)이 협약의 규정에 부합하는 노동자 자신과 그 가족의 평균적인 생활.

(b) 안전하고 위생적인 작업조건

(c) 선임순과 능력 이외의 어떤 것도 고려되지 않고 누구나 고용관계 안에서 적당한 상급 지위로 승진하는 균등한 기회

제8조 ① 당사국은 다음을 보장할 책임을 진다.

(a) 자신의 경제적·사회적 이익을 증진시키고 보호하기 위해 누구든지 노동조합을 조직할 수 있고, 또 해당 노동조합의 규칙에만 따르는 가운데 자신이 선택하는 노동조합에 가입할 수 있는 권리, 법률로 정해진 바로, 국가의 안전이나 공공질서를 위해서 또는 타인의 권리와 자유를 보장하기 위해서 민주사회에 필요한 제한은 제외하고서는, 어떠한 제한도 이 권리의 행사에 가해지지 못한다.

(b) 노동조합이 국내연맹 또는 총연맹을 결성할 권리 및 연맹이나 총연맹이 국제적인 노동조합 조직을 결성하거나 거기에 가입할 권리

(c) 법률로 정한 바로, 국가의 안전이나 공공질서를 위해서 또는 타인의 권리와 자유를 보호하기 위해 민주사회에서 필요한 제한을 제외하고서는, 어떠한 제한도 받지 않고 노동조합이 자유롭게 활동하는 권리

(d) 파업권, 그러나 이 권리는 그 나라의 법률에 따라 행사되어야 한다.

② 이 조문은 군, 경찰, 또는 국가행정기관 구성원의 전기 권리의 행사에 대한 규제를 배제하는 것이 아니다.

③ 결사의 자유 및 단결권 보호에 관한 ILO조약(1948) 가맹국이 동 조약에 규정된 보장을 저해하는 입법조치를 취하거나, 저해하는 방식으로 법을 적용하는 것을 이 조문의 어떤 규정도 허용하지 않는다.

제9조 당사국은 사회보험을 포함한 사회보장을 받을 권리가 누구에게나 있음을 인정한다.

제10조 당사국은 다음을 인정한다.

① 가정은 사회의 자연적이고 기본적인 단위이다. 가능한 한 최대의 보호와 원조가 가정에 대해 주어져야 한다. 특히 가정의 형성을 위해 그렇거니와, 한 가정이 부양할 어린이의 양육과 교육을 책임지고 있는 동안에는 보호와 원조가 마땅히 주어져야 한다. 결혼은 두 당사자의 자유로운 합의로 이루어져야 한다.

② 산전 산후의 상당한 기간동안 산모에게 특별한 보호가 주어져야 한다. 직장생활을 하고 있는 산모의 경우에는 그 기간동안 유급휴가나, 상당한 사회보장의 혜택이 따르는 휴가가 주어

져야 한다.

③ 출생이나 그 밖의 조건을 이유로 하는 어떠한 차별도 없이 모든 어린이와 연소자를 돕기 위한 특별한 보호와 원조의 조치가 취해져야 한다. 어린이와 연소자의 정신 또는 건강에 해롭거나, 생명에 위험을 주거나, 그 정상적인 발육에 지장을 줄 우려가 있는 노동에 종사시키는 행위는 법률로 처벌되어야 한다.

제11조 ① 당사국은 누구나 상당한 생활수준을 유지하고, 또한 부단히 생활조건을 향상시킬 권리가 있음을 인정한다. 상당한 생활수준이란 자기와 자기 가족이 쓸 상당한 식량, 의복 및 주택을 그 내용으로 한다. 당사국은 이 권리의 실현을 확보하기 위해 적절한 조치를 취하고, 또한 그러기 위해서는 자유로운 합의에 근거한 국제 협력이 매우 중요하다는 것을 인정한다.

② 당사국은 모든 사람이 누구나 굶주림에서 벗어날 기본적 권리를 가지고 있음을 인정하면서, 단독으로는 물론 국제협력을 통해, 다음을 이룩하기 위해 구체적인 계획, 기타 필요한 조치를 취한다.

(a) 식량의 생산·보존·분배의 방법을 개선한다. 개선의 방법으로는 기술적 및 과학적 지식을 충분히 이용하는 것, 영양원칙에 관한 지식을 보급하는 것, 천연자원을 가장 효과적으로 개발하고 이용할 수 있도록 농지제도를 발전 또는 개혁하는 것 등을 들 수 있다.

(b) 식량의 수입국과 수출국 쌍방의 문제를 고려하면서, 수요와 관련하여 세계의 식량 공급품의 분배가 공평하게 이루어지도록 한다.

제12조 ① 당사국은 누구에게나 성취할 수 있는 최고 수준의 신체적 및 정신적 건강을 누릴 권리가 있음을 인정한다.

② 이 권리의 완전한 실현을 위해 당사국은 조치를 취할 것인바, 그 속에는 다음을 이룩하는데 필요한 조치가 포함된다.

(a) 사산율과 유아사망률의 저하를 위한, 그리고 어린이의 건전한 발육을 위한 대책.

(b) 환경위생 및 산업위생의 모든 측면의 개선.

(c) 전염병, 풍토병, 직업병 및 기타 질병의 예방·치료 및 억제.

(d) 병에 걸렸을 경우 누구나 의료와 의학적 배려를 받을 수 있는 여건의 창출.

제13조 ① 당사국은 누구에게나 교육받을 권리가 있음을 인정한다. 교육은 인격의 완성과 인격존엄의식의 온전한 개발을 지향해야 하고, 또 인권과 기본적 자유에 대한 존경심을 굳건하게 해야 하는바, 당사국은 이 점에 동의한다. 더 나아가서 교육이 모든 사람으로 하여금 자유스런 사회에 효과적으로 참가할 수 있게 한다는 것, 모든 나라와 인종·종족·종교집단 사이에 이해와 관용 및 우의를 촉진시킨다는 것, 그리고 평화를 유지하기 위해 국제연합의 활동을 권장한다는 것을 당사국은 인정한다.

② 당사국은 이 권리의 완전한 실현을 달성할 목적으로 다음을 인정한다.

(a) 초등교육은 의무적인 동시에, 모든 사람이 무상으로 받을 수 있을 것.

(b) 기술 및 직업 중등교육을 포함한 각종 중등교육은 모든 적절한 방법을 통해서, 널리 받을 수 있는 동시에 모든 사람에게 그

기회가 주어질 것. 특히 무상교육의 점진적 도입이 이루어질 것.

(c) 고등교육은 모든 적절한 방법을 통해 능력에 따라서 모든 사람에게 균등하게 그 기회가 주어질 것. 특히 무상교육의 점진적 도입이 이루어질 것.

(d) 초등교육을 받지 못했거나 그 전(全)과정을 마치지 못한 사람들을 위해 될 수 있는 대로 광범위하게 기초교육이 장려 또는 강화될 것.

(e) 각급 학교제도의 발전이 적극적으로 추구되고, 적절한 장학제도가 설치되며, 교원의 물질적 조건이 부단히 개선될 것.

③ 당사국은 부모 또는 법정 후견인이 자녀를 위해 학교를 선택해 줄 자유를 존중할 책임을 진다. 여기서 말하는 학교란 공공기관이 설치하지 아니하되, 국가가 설정하거나 승인한 교육상의 최저기준에 합치하는 학교를 가리킨다. 또한 당사국은 부모 또는 법정 후견인이 자신의 신념에 따라서 자녀의 종교교육과 도덕교육을 책임지는 자유를 존중할 것을 약속한다.

④ 이 조문의 어떠한 규정도 개인 및 단체가 교육기관을 설치·운영하는 자유를 막는 것으로 해석되어서는 안 된다. 그러나 교육기관이 언제나 1항에 제시된 원칙을 준수하고 있고, 또 그 기관에서 베풀어지는 교육이 국가가 설정한 최저기준에 부합하고 있다는 조건 아래서만 그러하다.

제14조 이 협약 가입 당시에 본토에서는 물론이요, 그 통치하에 있는 다른 지역에서 무상 초등의무교육을 실시하지 못하고 있는 각 당사국은 다음을 이행할 책임을 진다. 즉 무상 의무교육 원칙을 점진적으로 실시하기 위한 상세한 행동계획을 2년 이내에 작성·

채택하되, 합리적인 실시기간이 그 계획에 명시되어 있어야 한다.

제15조 ① 당사국은 누구에게나 다음 권리가 있음을 인정한다.

(a) 문화적인 생활에 참여할 수 있는 권리.

(b) 과학의 진보와 그 응용에서 오는 혜택을 누릴 수 있는 권리.

(c) 자기가 창조한 과학적·문화적·예술적 작품에서 생기는 유형·무형의 이익을 보호받는 데에서 오는 혜택을 누릴 수 있는 권리.

② 당사국이 이 문화적 권리의 완전한 실현을 이룩하기 위하여 취하는 조치 중에는 과학과 문화의 보전·발전·보급에 필요한 조치가 포함된다.

③ 당사국은 과학과 문화 분야에서 벌이는 국제적 연락·협력의 장려 및 발전이 여러 이익을 가져온다는 것을 인정한다.

제 4 부

제16조 ① 당사국은 이 협약에서 인정된 권리가 잘 지켜지도록 함에 있어 국가가 어떤 조치를 취했고, 또 어떤 발전이 이루어졌는가 하는 보고를, 이 협약 제4부의 규정에 따라 제출할 의무를 진다.

② (a) 모든 보고는 국제연합사무총장에게 제출한다. 국제연합사무총장은 이 협약의 규정에 따른 검토를 위해 경제사회이사회 앞으로 그 사본을 보낸다.

(b) 국제연합사무총장은 또한 전문기구 회원국이기도 한 가맹국으로부터 온 보고의 사본 또는 관련부분을 전문기구 앞으로

보낸다. 그러나 이것은 그 보고 또는 보고의 일부가 그 전문기구의 기본문서에 따라 임무 범위에 속하는 사항과 관련이 있는 경우에 한한다.

제17조 ① 당사국은, 경제사회이사회가 가맹국 및 전문기구와의 협의를 거친 다음 이 협약의 발효 후 1년 이내에 작성하는 프로그램에 따라, 보고를 단계적으로 제출한다.

② 보고에는 이 협약의 규정된 의무의 이행정도에 영향을 미치는 요인 및 장애를 기재할 수 있다.

③ 관련 정보가 당사국에 의해 국제연합 또는 전문기구 앞으로 이미 제출되었을 경우, 그 정보를 다시 작성할 필요는 없고, 제출된 정보에 대한 명확한 언급만으로 족하다.

제18조 국제연합은 인권 및 기본적 자유 분야의 책임을 경제사회이사회에 지우고 있다. 이 책임에 따라 경제사회이사회는 이사회 앞으로 보고를 보내주는 문제에 관해 전문기구와 사전 협의를 가질 수 있다. 그 보고는 협약준수 촉진활동이 동 전문기구의 활동범위에 속해 있어야 한다. 전문기구의 권한 있는 기관이 채택한, 협약 실시에 관한 결의 및 권고의 자세한 내용이 보고에 포함될 수 있다.

제19조 당사국의 경우는 제16조와 제17조의 규정에 따라, 전문기구의 경우는 제18조의 규정에 따라, 각각 인권에 관한 보고서를 제출하기로 되어있다. 경제사회이사회는 검토와 일반적인 권고를 위해, 또는 적당하다고 생각하는 경우에는 정보용으로, 전기 보고를 인권위원회 앞으로 보내 줄 수 있다.

제20조 당사국 관계 전문기구는 제19조의 규정에 따라 행해진 일반적

권고에 대한 논평을 경제사회이사회에 제출할 수 있다. 인권위원회의 보고가 그 일반적인 권고를 인용하고 있을 경우, 또는 인권위원회의 보고에서 언급된 문서가 전기 권고를 인용하고 있을 경우, 그 언급에 대한 논평도 위와 똑같다.

제21조 경제사회이사회는 일반적 성격을 지닌 권고가 첨부된 보고와, 당사국 및 전문기구로부터 접수된 정보의 개요를 수시 총회에 제출할 수 있다. 그 정보란, 이 협약에서 인정된 권리의 실현을 위해 취해진 조치 및 이룩된 진전에 관한 것을 말한다.

제22조 이 협약 제 4 부에 규정된 보고로부터 어떤 사안이 제기될 경우, 경제사회이사회는 기술원조 제공에 관련을 가진 국제연합의 다른 기구, 그 보조기관 및 전문기구에 대해 주의를 환기한다. 그 사안이란, 전기 기관이 각기의 소관 분야에서 이 협약의 효과적이고도 점진적인 시행에 도움이 될 만한 국제적 조치를 결정하는데 참고가 되는 것을 말한다.

제23조 당사국은, 이 협약에서 인정된 권리를 실현시키기 위한 국제적 활동 중에는 다음 방법이 포함된다는 것을 인정한다. 즉 조약의 채결, 권고의 채택, 기술원조의 제공, 관계국 정부와 협조하는 가운데 조직된 협의 및 연구를 목적으로 하는 지역회의와 전문가회의의 개최.

제24조 국제연합헌장 및 전문기구 기본문서는 국제연합의 여러 기관 및 전문기구의 임무를 각각 규정하고 있는 바, 이 협약의 어느 규정도 국제연합헌장 및 전문기구 기본문서의 규정을 이 협약에 규정된 사항에 대해 적용하는 것을 막는다고 해석되어서는 안 된다.

제25조 모든 인민은 그들의 천연 재화와 자원을 충분히 그리고 자유스러이 누리고 또 이용할 타고난 권리를 가지고 있는 바, 이 협약의 어느 규정도 그 권리를 막는다고 해석되어서는 안 된다.

제 5 부

제26조 ① 이 협약은 국제연합 당사국이나 전문기구 회원국, 국제 사법재판소 규정 가입국, 그리고 국제연합총회가 이 협약의 당사국이 될 것을 요청할 그 밖의 국가가 서명할 수 있도록 개방된다.

② 이 협약은 비준 절차를 밟아야 한다. 비준서는 국제연합사무총장에게 기탁된다.

③ 이 협약은 1항에서 언급된 국가가 가입할 수 있도록 개방된다.

④ 가입은 가입서가 국제연합사무총장에게 기탁됨으로써 이루어진다.

⑤ 국제연합사무총장은 이 협약에 서명하거나 가입한 모든 국가에 대해 비준서 또는 가입서를 기탁할 것을 통보한다.

제27조 ① 이 협약은 35번째의 비준서 또는 가입서가 국제연합사무총장에게 기탁된 날로부터 3개월 후에 발효된다.

② 35번째 비준서 또는 가입서가 기탁된 후에 이 협약을 비준하거나 이 협약에 가입하는 국가에 대해서는 이 협약은 그 비준서 또는 가입서가 기탁된 날로부터 3개월 후에 발효된다.

제28조 이 협약의 조항은 어떠한 제한이나 예외 없이 연방국가의 모든

지역에 적용된다.

제29조 ① 어느 당사국이나 개정을 제안할 수 있고 또 개정안을 국제연합 사무총장에게 제출할 수 있다. 국제연합사무총장은 그 즉시로 여러 당사국에 대해 개정안을 통보하고 그 제안을 검토·표결할 당사국회의의 개최를 찬성하는지 또는 반대하는지를 국제연합사 국제연합사무총장에게 통고해 주도록 요청한다. 당사국의 3분의 1이상이 회의 개최를 찬성할 경우, 국제연합사무총장은 국제연합의 주관 아래 회의를 소집한다. 과반수의 찬성으로 채택된 개정안은, 승인 받기 위해 국제연합총회에 제출된다.

② 국제연합총회가 승인하고 또 당사국의 3분의 2가 그 나라 헌법에 규정된 절차에 따라 수락했을 때, 개정은 효력을 발생한다.

③ 개정은 효력 발생시에, 개정을 수락한 당사국에 대해 구속력을 가진다. 그 밖의 당사국은 이 협약의 조항 및 그 국가가 수락한 그 이전의 개정에 의해 종전대로 구속당한다.

제30조 제26조 5항의 규정에 따라 행해지는 통보와 상관없이, 국제연합 사무총장은 제26조 1항에서 언급된 모든 국가에 대해 다음 사항을 통고한다.

(a) 제26조의 규정에 따른 서명, 비준 및 가입.

(b) 제27조의 규정에 따라 이 협약이 효력을 발생하는 날짜 및 제29조의 규정에 따라 개정이 효력을 발생하는 날짜.

제31조 ① 이 협약은 중국어·영어·프랑스어·러시아어·스페인어로 기록된 것을 정본(正本)으로 하고, 국제연합기록보관소에 기탁된다.

② 국제연합사무총장은 제26조에 언급된 모든 국가 앞으로 이 협약의 인증된 등본을 송부한다.

VIII

시민적 및 정치적 권리에 관한 국제협약
(B협약)

전 문

이 협약의 당사국은 국제연합헌장에 밝혀진 원칙에 따라, 인류 사회의 모든 사람이 나면서부터 가지고 있는 존엄성과 동등하고 남에게 넘겨줄 수 없는 권리를 인정함이 자유와 정의와 세계평화의 기본이 됨을 고려하고, 이 여러 권리가 사람이 나면서부터 가지고 있는 존엄성에 유래함을 인정하고, 세계인권선언에 따라, 자유인은 시민적 및 정치적 자유, 공포 및 굶주림에서 벗어나야 한다는 이상이, 사람이라면 누구나 자기의 경제적 · 사회적 · 문화적 권리와 함께 시민적 · 정치적 권리를 누릴 수 있는 조건이 조성되었을 때만 달성되는 것임을 인정하고, 국제연합헌장을 수락한 제국이 인권과 자유에 대한 보편적인 존중과 준수를 촉진시킬 의무를 지고 있음을 고려하고, 개인도 타인과 공동체에 대해 책임이 있는 바, 이 협약에 명시된 권리의 증진과 준수를 위해 노력할 의무를 지고 있음을 인식하면서, 다음과 같이 협정한다.

제 1 부

제 1 조 ① 모든 인민은 자기결정권을 가진다. 이 권리에 근거하여 그들은 그 정치적 지위를 자유로이 결정하고, 또한 그 경제적 · 사

회적·문화적 발전을 자유로이 추구한다.

② 모든 인민은 천연 재화와 자원을 자신들을 위하여 자유로이 처분할 수 있다. 이때, 호혜의 원칙에 근거한 국제적 경제협력 때문에 생기는 의무와 국제법을 위반해서는 안 된다. 어떠한 경우에도 특정 인민의 생존수단이 빼앗겨서는 안 된다.

③ 당사국(비자치령 및 신탁통치령의 행정책임을 지고 있는 나라를 포함)은 국제연합헌장의 규정에 따라 자기결정권의 실현을 촉진하고, 또한 자기결정권을 존중한다.

제 2 부

제2조 ① 당사국은 그 영토 안에 살고 또 그 관할아래 있는 모든 개인에 대해, 이 협약에서 인정된 여러 권리를 존중해 주고 또 보장해 줄 의무를 진다. 권리의 존중과 보장에 있어서 인종·피부색·성별·언어·종교·정치적 또는 기타의 의견·민족적 또는 사회적 출신·재산·출생·기타의 신분에 기인하는 어떠한 종류의 차별도 두어서는 안 된다.

② 가맹 당시, 입법조치 또는 기타의 조치를 통해 여건을 마련해 놓지 못한 당사국은 다음의 의무를 진다. 이 협약에서 인정된 여러 권리를 실현시키려면 입법조치 또는 기타의 조치가 필요한 바, 헌법상의 절차와 이 협약의 규정에 따라 상기 조치를 취하는데 필요한 방법을 강구하기로 한다.

③ 당사국은 다음의 의무를 진다.

(a) 이 협약에서 인정된 권리 또는 자유를 침해당한 사람은 누

구나 효과적인 구제조치를 받을 것을 보장하는 일. 그 침해가 공적 자격을 가지고 행동하는 사람들에 의해서 자행되었을 경우에도 똑같다.

(b) 구체조치를 요청하는 사람의 권리가 관할권 있는 사법기관, 행정기관, 입법기관, 또는 그 나라의 사법체제에 따른 관할권 있는 기관에 의해 결정되는 것을 보장하고, 또 사법상의 구체조치의 가능성을 발전시키는 일.

(c) 구체조치가 허락되었을 경우, 관할권 있는 기관이 그 조치를 집행하는 것을 보장하는 일.

제 3 조 당사국은 남녀가 평등하게 이 협약에 설정된 모든 시민적·정치적 권리를 누릴 것을 보장할 의무를 진다.

제 4 조 ① 국민의 생존을 위협하는 공공의 긴급사태가 발생하고, 또 긴급사태의 존재가 공식적으로 선포된 경우, 당사국은 사태의 긴급성에 비추어 필요한 한도 안에서, 이 협약에 따라 지게 되는 의무에서 일탈(逸脫)하는 조치를 취할 수 있다. 그러나 그 조치는 국제법에 따라 지게 되는 다른 의무에 저촉되어서는 안 되고, 또 인종·피부색·성별·언어·종교·사회적 출신을 유일한 이유로 하는 차별을 그 속에 포함해서는 안 된다.

② 1항의 규정은 제6조, 제7조, 제8조 1항 및 2항, 제11조, 제15조, 제16조 및 제18조의 규정에서 일탈함을 허용하는 것은 아니다.

③ 당사국 중 일탈권을 이용하는 국가는 일탈한 조항과 일탈하게 된 이유를 국제연합사무총장을 통해 다른 당사국에 즉시 통고하여야 한다. 또한 일탈조치가 끝나는 날 당사국은 국제연합

사무총장을 통해 그 사실을 다른 당사국에게 통고하여야 한다.

제5조 ① 이 협약의 어떠한 조항도 국가·집단·개인에게 다음 권리를 인정해 주는 것으로 해석되어서는 안 된다. 그 권리란, 이 협약에 인정된 권리 및 자유를 파괴하거나, 이 협약에 규정된 제한의 범위를 넘어서 제한을 가할 것을 목적으로 활동에 종사 또는 행위를 할 권리를 말한다.

② 당사국은 특정한 기본적 인권이 법률·조약·규칙 또는 관습으로 인정되거나 (현실로)존재하는 경우, 이 협약이 그 권리를 인정하지 않고 있다는 이유로, 또는 인정하는 범위가 좁다는 이유로 그 권리를 제한하거나 침해하지 못한다.

제 3 부

제6조 ① 모든 사람은 누구나 생명을 누릴 권리를 가진다. 이 권리는 법률에 의해 보호받는다. 아무도 그 생명을 함부로 빼앗기지 않는다.

② 사형 제도를 폐지하지 않고 있는 국가의 경우, 범행이 이루어진 당시의 시행 법률에 비추어 가장 중대한 범죄인 때에만 사형이 선고될 수 있다. 그러나 법률은 이 협약의 조항 및 '집단학살의 범죄예방 및 처벌에 관한 협약'의 조항에 저촉되지 않아야 한다. 이 형벌은 관할권 있는 법원이 선고한 확정판결에 의해서만 집행될 수 있다.

③ 생명 박탈이 집단학살의 범죄를 구성하는 경우에는 이 조문의 어떠한 규정도 당사국이 '집단학살의 범죄예방 및 처벌에

관한 협약'의 규정에 따라 지는 의무로부터 어떠한 방법으로 일탈하는 것을 허용하지 않음을 양해한다.

④ 사형이 선고된 사람에게는 특사나 감형을 청구할 수 있는 권리가 있다. 사형선고에 대한 사면·특사 또는 감형은 모든 사건에 주어질 수 있다.

⑤ 18세 미만의 사람이 저지른 범죄에 대해 사형이 선고되어서는 안 된다. 또한 임신 중인 여자에게 사형이 집행되어서는 안 된다.

⑥ 이 협약의 당사국은 사형폐지를 늦추거나 막기 위해서 이 조문의 어떠한 규정도 원용(援用)해서는 안 된다.

제7조 아무도 고문이나 가혹한, 비인도적인 또는 모욕적인 처우나 형벌을 받지 않는다. 특히 본인의 자유의사에 따른 동의 없이는 아무도 의학적 또는 과학적 실험의 대상이 되지 않는다.

제8조 ① 아무도 노예의 처지 또는 노예적 처지에 묶여 있지 않는다. 노예제도와 노예 매매는 어떤 형태이건, 금지된다.

② 아무도 예속자로서 부림을 당하지 않는다.

③ (a) 아무도 강제노동에 종사하도록 강요당하지 않는다.

(b) 범죄에 대한 형벌로서 중노동이 따르는 구금을 부과할 수 있는 국가에서는, 3항 (a)의 규정이 관할권 있는 법원에 의한 형벌의 선고로 중노동에 종사시키는 것을 금한다고 주장되어서는 안 된다.

(c) 이 규정을 적용함에 있어 강제노동이라는 용어에는 다음이 포함되지 않는다. (i)3항(b)의 규정에는 언급되지 않았으나, 법원의 합법적인 명령으로 구금당하고 있거나, 조건부로 구금이

면제되고 있는 사람에게 통상적으로 요구되는 노동 또는 용역. (ii)군사적 성격을 띤 용역, 또는 양심에 따른 병역거부자가 법률에 따라 부과되는 국민적 용역. (iii)사회의 존립 또는 복지를 위협하는 긴급사태 또는 재해에 즈음해서 부과되는 용역. (iv) 시민의 통상적인 의무로 여겨지고 있는 작업 또는 용역.

제 9 조 ① 모든 사람은 누구나 신체의 자유 및 안전을 누릴 권리를 가진다. 아무도 함부로 체포 또는 구금당하지 않는다. 법률에 의해 정해진 이유 및 절차에 의하지 않고는 아무도 그 자유를 빼앗기지 않는다.

② 체포당하는 사람은 체포당할 때 그가 체포당하는 이유에 대해 통고 받고, 또 자기의 혐의 사실에 대해 신속하게 통고 받는다.

③ 형법상의 혐의로 체포 또는 구금당한 사람은 판사 또는 법률에 의해 사법권의 행사가 허용된 다른 관리 앞에 신속하게 인도되고 또 타당한 기간 안에 재판에 회부되거나 석방될 수 있는 권리를 가진다. 재판에 회부된 사람이 구치소에 구금당하는 것이 관례로 되어서는 안 된다. 그러나 석방에 즈음해서 재판 또는 사법적 절차상 그 밖의 단계에서의 출두 및 필요한 경우 판결의 집행을 위한 출두가 보증되어야 한다는 조건을 붙일 수 있다.

④ 체포 또는 구금으로 자유를 빼앗긴 사람은 법원을 대상으로 하는 절차를 밟을 수 있는 권리를 가진다. 그 절차가 목적하는 바는, 법원이 그 구금의 합법성에 관해 지체없이 결정을 내릴 수 있고, 또 그 구금이 합법적이 아닐 경우 석방을 명령할 수 있도록 하는데 있다.

⑤ 불법으로 체포 또는 구금당한 사람은 마땅히 배상 받을 권리를 가진다.

제10조 ① 자유를 빼앗긴 모든 사람은 인도적으로, 또한 인간으로서 타고난 존엄성이 존중되는 가운데 다루어진다.

② (a)기소당한 사람(미결수)은 예외적인 사정이 있는 경우를 제외하고는 유죄선고를 받은 사람(기결수)과 분리되고, 또 유죄선고를 받은 사람이 아니라는 그 지위에 알맞은 별도의 대우를 받는다.

(b) 소년범은 성인과 분리되고, 또 될 수 있는 대로 신속하게 재판을 받는다.

③ 행형제도는 수감자의 교정과 사회복귀를 그 기본적인 목표로 삼는 수감자의 처우를 포함한다. 소년범은 성인과 분리되고, 또 그 나이와 법적 지위에 알맞은 처우를 받는다.

제11조 아무도 계약상의 의무를 이행하지 못했다는 이유만으로 구금당하지 않는다.

제12조 ① 합법적으로 한 국가의 영토 안에 머무르고 있는 사람은 누구나 자유롭게 이동하고 또 자유롭게 거처를 선택할 수 있는 권리를 가진다.

② 사람은 누구나 자국을 포함한 어떤 나라로부터 자유롭게 떠날 수 있다.

③ 1항과 2항에 규정된 권리는 다음의 경우를 제외하고는 어떠한 제한도 받지 않는다. 법률에 의해 규정되고, 국가의 안전·공공질서·공중위생·도덕·타인의 권리와 자유를 보호하기 위해 필요하며, 또한 이 협약에서 인정된 다른 권리와 상충되지

않을 경우에는 제한이 가해질 수 있다.

④ 아무도 자국에 돌아오는 권리를 함부로 빼앗기지 않는다.

제13조 당사국의 영토 안에 합법적으로 머무르고 있는 외국인은 법률에 의거하여 내려진 결정에 따라서만 추방당한다. 국가의 안전이나 기타 부득이한 이유가 있는 경우를 제외하고는, 해당 외국인은 자신의 추방에 반대하는 이유를 제시하는 것이 허용되고, 또 관할권 있는 기관 또는 그 기관이 특별하게 지명하는 사람에 의해 그 사안을 재심받는 것이 허용되며, 그렇게 하기 위해 자신의 대리인을 출두시키는 것이 허용된다.

제14조 ① 모든 사람은 법 앞에서 평등하다. 사람은 누구나 형사상의 혐의를 받고 재판에 회부되거나 권리·의무에 관한 분쟁으로 재판을 받게 될 때, 법률에 따라 설치된, 관할권 있는, 독립된 그리고 편파적이 아닌 법정이 관장하는 공정한 공개심리를 받을 권리를 가진다. 재판의 전부 또는 일부가 보도기관 및 공중에게 공개되지 않는 경우가 있다. 즉 민주사회에서 인정된 도덕·공공질서·국가안보상의 이유가 있을 때, 당사자의 사생활의 이익을 해치게 되는 특별한 상황에서는 법정이 꼭 필요하다고 보는 한도 안에서, 재판이 공개되지 않을 수 있다. 그러나, 미성년자의 이익이 걸려 있거나, 그 (소송)절차가 부부간의 분쟁 또는 어린이에 대한 후견과 관계되는 경우를 제외하고는, 어떠한 형사사건 또는 소송에서 내려지는 선고라 하더라도 공개되어야 한다.

② 형사상 범죄와 관련하여 소추당한 사람은 누구나, 법률에 따라 유죄로 밝혀질 때까지는 무죄로 추정받을 권리를 가진다.

③ 형사상의 범죄혐의를 받고 재판에 회부되었을 때 누구에게나 남들과 똑같이 최소한 다음 보장을 받을 권리가 있다.

(a) 본인이 알아듣는 말로 그가 받고 있는 혐의의 성질과 그 이유를 신속하게 그리고 상세하게 고지(告知)되는 일.

(b) 방어를 준비하기 위해 적절한 시간과 편의가 제공되고, 또 자기가 선임한 변호인과 연락을 가지는 일.

(c) 부당하게 지체되지 않고 재판을 받는 일.

(d) 본인이 출석하는 가운데 재판을 받고, 또 자기 자신이 또는 자기가 선임한 변호인을 통해 방어하는 일. 변호인이 없는 경우에는 변호인을 선임할 권리가 있다는 사실이 고지되는 일. 사법의 이익으로 보아 변호인이 필요하면서도 충분한 지불수단이 없는 경우에 그 비용을 부담하지 않고서도 변호인의 도움을 받는 일.

(e) 본인에게 불리한 증인을 본인이 신문하거나(변호인으로 하여금) 신문케 하는 일. 본인에게 불리한 증인과 똑같은 조건 아래 본인에게 유리한 증인을 출석시켜 이를 신문하는 일.

(f) 법정에서 사용되는 말을 알아듣지 못하거나 말하지 못하는 경우 무료로 통역의 도움을 받는 일.

(g) 본인에게 불리한 진술을 하도록 강요당하거나 유죄를 인정하도록 강요당하지 않는 일.

④ 미성년자인 경우 그 절차는 당사자의 나이와 갱생 촉진을 고려한 것이어야 한다.

⑤ 유죄의 선고를 받은 사람은 누구나 그 선고와 형량을 법률에 따라 상급법정에서 재심받을 권리가 있다.

⑥ 확정 판결에 의해 유죄로 인정되었다가, 나중에 새로운 사실 또는 새로이 발견된 사실에 의해 오판이었음이 밝혀져서 그 유죄선고가 파기되었다가 사면이 베풀어졌을 경우, 그 유죄선고 때문에 복역하게 된 사람은 법률에 따라 보상받는다. 그러나 그러한 사실이 제때에 알려지지 않는 것이 전적으로 또는 부분적으로 본인의 잘못 때문이었음이 밝혀질 경우에는 그렇지 않다.

⑦ 어떠한 사람도 그 나라의 법률과 형사 절차에 따라 유죄·무죄가 확정된 행위로 인해서 또다시 재판에 회부되거나 처벌받지 않는다.

제15조 ① 아무도, 행위 당시에는 국내법상으로 또는 국제법상으로 형사 범죄를 구성하지 않는 작위 또는 부작위를 이유로 하여, 형사범으로서 유죄의 선고를 받지 않는다. 또한 범죄가 행해진 당시에 적용되는 형벌보다 더 무거운 형벌이 가해지지 않는다. 범죄가 행해진 다음에 보다 더 가벼운 형벌을 가하기로 법률이 개정되었을 경우, 범법자는 개정된 법률로부터 혜택을 받는다.

② 국제사회가 인정하는 법의 일반원칙에 따라 실행 당시에 범죄가 되는 작위 또는 부작위를 이유로 하여 어떤 사람을 재판에 회부하여 처벌하는 것을 이 조문의 어떠한 규정도 막는 것이 아니다.

제16조 모든 사람은 누구나, 어디에서건, 법 앞에서 하나의 인격으로 인정받을 권리를 가진다.

제17조 ① 아무도 자신의 사생활, 가정, 집 또는 통신에 대해 함부로 간섭 당하지 않고 또 자신의 명예와 신용에 대해 공격당하지 않는다.

② 사람은 누구나 앞에서 말한 간섭 또는 공격에 대해 법률의 보호를 받을 권리를 가진다.

제18조 ① 모든 사람은 누구나 사상·양심·종교의 자유를 누릴 권리를 가진다. 이 권리에는 자기가 선택하는 종교 또는 신념을 가지거나 받아들이는 자유, 자기 혼자서 또는 남들과 함께, 공공연히 또는 은밀하게 예배·의식·행사·강론이라는 형태로 자기의 종교 또는 신념을 밝히는 자유가 포함된다.

② 아무도 자기가 선택한 종교 또는 신념을 가지거나 받아들이는 자유를 해칠 우려가 있는 강제를 강요당하지 않는다.

③ 법률에 규정되어 있고, 또 공공의 안녕·공공질서·공중건강·도덕·타인의 기본적 권리와 자유를 보호하기 위해 필요한 제한에 의해서만 종교 또는 신념을 표명하는 자유가 제약받는다.

④ 이 협약의 가맹국은 부모(경우에 따라서는 법정후견인)가 자신의 신념에 따라 그 자녀에게 종교적 및 도덕적 교육을 베푸는 자유를 존중할 의무를 진다.

제19조 ① 모든 사람은 누구나 간섭받지 않고 의견을 지닐 권리를 가진다.

② 모든 사람은 누구나 표현의 자유에 대한 권리를 가진다. 이 권리에는 구두·필기·인쇄·예술형태·본인이 선택하는 그 밖의 전달수단으로 국경과는 무관하게, 모든 종류의 정보와 사상을 추구하고 받아들이고 전달하는 자유가 포함된다.

③ 제2항에 규정된 권리의 행사에는 특별한 의무와 책임이 따른다. 그러므로 이 권리에 일정한 제한이 가해질 수 있다, 그러나 그 제한은 법률에 규정되어 있고, 또 다음을 목적으로 삼는

것이어야 한다.

(a) 타인의 권리 또는 평판에 대한 존중

(b) 국가의 안전·공공질서·공중건강 또는 도덕의 보호.

제20조 ① 전쟁을 위한 어떠한 선전도 법률에 의해 금지된다.

② 차별·적대감정·폭력을 선동하는 국민적·인종적·종교적 증오의 고취는 법률에 의해 금지된다.

제21조 평화적 집회의 권리는 인정된다. 법률에 따라 가해지는 제한으로서, 국가의 안전·공공의 안녕·공공질서 또는 공중건강과 도덕의 보호, 또는 타인의 권리와 자유의 보호를 위해 민주사회에서 필요로 하는 것 이외의 어떠한 제한도 이 권리의 행사에 가해지지 않는다.

제22조 ① 모든 사람은 누구나 타인과 결사하는 자유를 누릴 권리를 가진다. 이 권리에는 자기 이익을 보호하기 위해 노동조합을 결성하고 이에 가입하는 권리가 포함된다.

② 법률에 규정된 제한으로서, 국가의 안전·공공의 안녕·공공질서 또는 공중건강과 도덕의 보호, 또는 타인 권리의 자유로운 보호를 위해 민주사회에서 필요로 하는 것 이외의 어떠한 제한도 이 권리의 행사에 가해지지 않는다. 이 조항의 규정은 군대와 경찰 구성원의 상기 권리의 행사에 대해 합법적 제한을 가하는 것을 막지 않는다.

③ 1948년에 '결사의 자유 및 단결권 보호에 관한 ILO 조약'이 체결된 바 있다. 그런데 이 조문의 어떠한 규정도 동 조약의 당사국이 동 조약에 규정된 보장을 해치는 입법조치를 강구하거나, 동 조약에 규정된 보장을 해치는 방법으로 법률을 적용하

는 것을 허용하지 않는다.

제23조 ① 가정은 사회의 자연적이고 기초적인 집단 단위이다. 가정은 사회와 국가의 보호를 받을 권리가 있다.

② 결혼할 수 있는 나이가 된 남녀가 결혼하여 한 가정을 이룰 수 있는 권리는 인정된다.

③ 양 당사자의 자유로운 그리고 완전한 동의 없이는 결혼이 성립되지 않는다.

④ 이 협약의 당사국은 배우자 쌍방이 결혼생활을 하는 동안 또는 이혼하게 될 때 평등한 권리·의무를 누릴 수 있도록 적절한 조치를 강구한다. 이혼의 경우에는 어린이를 보호하는 데에 필요한 조치가 강구된다.

제24조 ① 모든 아동은 누구나, 인종·피부색·성별·언어·종교·민족적 또는 사회적 출신·재산·출생에 기인하는 어떠한 차별도 받지 않고 미성년자라는 지위로 보아 마땅히 받아야 할 보호 조치를 가정·사회·국가로부터 받을 권리가 있다.

② 모든 아동은 누구나 출생 직후에 등록되고 또 이름을 가진다.

③ 모든 아동은 누구나 국적을 얻을 권리가 있다.

제25조 모든 시민은 누구나, 제2조에 규정된 어떠한 차별 또는 불합리한 제한을 받지 않고, 다음을 행할 권리 및 기회를 가진다.

(a) 자신이 직접 나서서 또는 자유스럽게 선출된 대표를 통해서, 공동의 일을 처리하는 것.

(b) 진정한 정기적 선거에서 투표하고 또 피선되는 것. 이 선거는 보통 및 평등 선거권을 기반으로 하여 비밀투표로 실시되고, 또한 선거인의 자유스런 의사표현이 보장되는 것이라야 한다.

(c) 일반적이고 평등한 조건 아래 자국의 공무에 나서는 것.

제26조 모든 사람은 법률 앞에서 평등하다. 누구나 어떠한 차별도 받지 않고 동등한 법률의 보호를 받을 권리가 있다. 이 점에 있어서 법률은 어떠한 차별도 금지한다. 또한 인종·피부색·성별·언어·종교·정치적 또는 기타 의견·민족적 또는 사회적 출신·재산·출생 또는 기타 지위에 기인하는 어떠한 차별도 받지 않도록 평등하고도 효과적인 보호를 모든 사람에게 보장한다.

제27조 인종적·종교적 또는 언어적 소수 민족이 존재하는 국가의 경우, 소수 민족에 속하는 사람은 다음 권리를 부정당하지 않는다. 그 권리란 그 집단에 속하는 다른 사람들과 함께 뭉쳐서 자신들의 문화를 누리거나 자신들의 종교를 신봉·실천하거나 자신들의 언어를 사용하는 것을 말한다.

제 4 부

제28조 ① 인권위원회(이하 위원회라 한다)를 둔다. 위원회는 18명의 위원으로 구성되고 이하의 조문에 규정된 직무를 맡는다.

② 위원회는 당사국 국민 중에서 고결한 인격을 갖추었고 또 인권분야에서 뛰어난 능력을 갖춘 사람들로 구성된다. 사법 분야에서 경험을 쌓은 사람의 참여가 유익하다는 점이 고려된다.

③ 위원회의 위원은 개인 자격으로 선출되고 또 직무를 수행한다.

제29조 ① 제28조에 규정된 자격을 갖추었고 또 당사국에 의해 후보자로 지명된 사람들의 명단 중에서 비밀투표로 위원회 위원이 선

출된다.

② 당사국은 2명 이내의 후보자를 지명할 수 있다. 지명된 사람은 그 국가의 국민이어야 한다.

③ 누구나 재지명을 받을 수 있다.

제30조 ① 위원회 위원의 첫 번째 선거는 이 협약이 발효된 날로부터 6개월 이내에 실시된다.

② 제34조의 규정에 따라 선언된 공석을 채우기 위한 선거를 제외하고, 국제연합사무총장은 위원회 위원 선거일의 적어도 4개월 전에 위원회 위원으로 지명된 사람의 명단을 3개월 이내에 제출할 것을 요청하는 서한을 가맹국 앞으로 보낸다.

③ 국제연합사무총장은 지명된 모든 사람의 명단을 알파벳순으로 작성하되, 선거일의 적어도 1개월 전에 가맹국 앞으로 보낸다.

④ 위원회 위원의 선거는 국제연합사무총장에 의해 소집되고 국제연합본부에서 개최되는 당사국회의에서 실시된다. 이 회의의 정족수는 당사국의 3분의 2로 한다. 이 회의에 참석하여 투표한 당사국 대표들로부터 최대다수표 및 절대다수표를 획득한 자가 위원회 위원으로 선출된다.

제31조 ① 위원회는 같은 국가의 국민 2명 이상을 포함해서는 안 된다.

② 위원회의 선거에 즈음하여 위원의 배분이 지리적 형평을 유지하고, 또 서로 다른 문명형태와 주요한 법률 체계가 대표되도록 하는 배려가 있어야 한다.

제32조 ① 위원회 위원의 임기는 4년으로 한다. 위원은 재지명을 받았을 경우, 재선될 수 있다. 그러나 첫 번째 선거에서 선출된 위원

중 9명의 임기는 2년으로 한다. 첫 번째 선거가 있은 직후에 제30조 4항에 규정된 회의 의장은 앞에서 말한 9명의 이름을 제비로 뽑는다.

② 임기 만료에 즈음한 선거는 앞에 나온 여러 조문의 규정에 따라 실시된다.

제33조 ① 위원회 위원 중 한 사람이 잠정적 부재가 아닌 다른 이유로 그 직무를 수행할 수 없게 되었다고 나머지 위원들이 일치하여 인정할 경우, 위원회 의장은 그 사실을 국제연합사무총장에 알리고, 이에 따라서 국제연합사무총장은 그 위원의 의석이 공석이 되었음을 선언한다.

② 위원회 위원이 사망 또는 사임했을 경우, 의장은 즉시 그 사실을 국제연합사무총장에게 알리고, 이에 따라서 국제연합사무총장은 사망 또는 사임한 날로부터 그 위원의 의석이 공석이 되었음을 선언한다.

제34조 ① 제33조의 규정에 따라 공석이 선언되었는데 잔여 임기가 공석선언 때부터 기산하여 6개월 이내가 아닐 경우에는 국제연합사무총장은 그 사실을 당사국에 알린다. 각 당사국은 공석을 채울 목적으로 2개월 이내에 제29조의 규정에 따라서 지명된 사람의 명단을 보낼 수 있다.

② 국제연합사무총장은 지명된 사람의 명단을 알파벳순으로 작성하여 당사국 앞으로 보낸다. 공석을 채우기 위한 선거는 앞에 나온 규정에 따라서 실시된다.

③ 제33조의 규정에 따라서 선언된 공석을 채우기 위해 선출된 위원회 위원은 동 조문의 규정에 따라 의석이 없어진 위원

의 잔여임기동안 재임한다.

제35조 위원회 위원은 국제연합총회가 위원회의 임무의 중요성을 고려하여 결정한 조건에 따라서, 국제연합총회의 승인을 얻어 국제연합의 재원으로부터 보수를 받는다.

제36조 국제연합사무총장은 이 협약에 규정된 직무를 위원회가 효과적으로 수행하기 위해 필요로 하는 직원 및 편의를 제공한다.

제37조 ① 국제연합사무총장은 위원회의 첫 번째 회의를 소집하고 그 회의를 국제연합본부에서 개최한다.

② 위원회는 첫 번째 회의 이후로는 절차 규칙에 정해진 때에 회의를 개최한다.

③ 위원회는 통상적으로 국제연합본부 또는 제네바에 자리잡은 국제연합사무소에 회의를 개최한다.

제38조 위원회의 모든 위원은 직무 개시에 앞서, 공개된 위원회 석상에서, 공평하게 그리고 양심적으로 직무를 수행할 것을 엄숙하게 선서한다.

제39조 ① 위원회는 임기 2년의 임원을 선출한다. 임원은 재선될 수 있다.

② 위원회는 절차 규칙을 정한다. 절차 규칙에는 특히 다음과 같은 사항이 포함된다.

(a) 위원회의 정족수가 12명이라는 것.

(b) 출석 위원의 과반수 찬성으로 위원회의 결정이 이루어진다는 것.

제40조 ① 당사국은 이 협약에서 인정된 권리의 실현을 위해 자국이 어떤 조치를 취했고, 또 그 권리를 누림에 있어서 어느 정도의 향상이 이루어졌는가에 관한 보고를 다음에 따라 제출할 의무

를 진다.

(a) 자국에 대해 이 협약이 효력을 발생하는 때로부터 1년 이내.

(b) 그 이후에는 위원회가 요청할 때.

② 모든 보고는 국제연합사무총장 앞으로 제출하고, 동 사무총장은 그 보고를 위원회 앞으로 보내어 검토를 받도록 한다. 보고에는, 이 협약의 실시에 영향을 미치는 요인과, 경우에 따라서는 난점이 기재된다.

③ 국제연합사무총장은, 위원회와 협의한 다음, 그 보고의 사본을 전문기구 앞으로 보낼 수 있되, 그 전문기구의 권한에 속한 사항과 관계되는 부분을 보낸다.

④ 위원회는 당사국이 제출한 보고를 검토한다. 위원회는 자신의 보고 및 위원회가 적당하다고 생각하는 일반적인 견해를 해당국 앞으로 보낸다. 또한 위원회는 당사국으로부터 받은 보고의 사본과 함께(앞에서 말한) 일반적인 견해를 경제사회이사회 앞으로 보낼 수 있다.

⑤ 당사국은 제4항의 규정에 따라 작성된 견해에 대한 자신의 논평을 위원회 앞으로 보낼 수 있다.

제41조 ① 당사국은 위원회의 다음 권한을 인정한다는 선언을, 이 조문의 규정에 따라 어느 때든지 행할 수 있다. 그 권한이란, 이 협약에 따른 의무를 당사국 중 어떤 나라가 이행하지 않고 있다고 주장하는 다른 당사국의 통보를 접수하고 또 검토하는 것을 말한다. 위원회의 그와 같은 권한을 자국에 관해 인정한다는 선언을 행한 당사국이 제기하는 경우에만, 그와 같은 통보

가 접수되고 또 검토한다. 그와 같은 선언을 행하지 아니한 당사국이 제기하는 경우, 위원회는 그 통보를 접수하지 않는다. 이 조문의 규정에 따라 접수된 통보는 다음 절차에 따라 처리된다.

(a) 한 당사국이 볼 때에 다른 당사국이 이 협약의 조항을 실시하지 않고 있을 경우, 그 사안에 대해 서면 통보를 함으로써 해당국의 주의를 환기 할 수 있다, 통보 수령국은 통보를 받은 지 3개월 안에 그 사안을 밝히는 설명서 또는 그 밖의 문서를 통보송부국 앞으로 보낸다. 그 문서에는 그 사안에 관해 이미 취해진, 취하고 있는, 또는 앞으로 취할 수 있는 국내 절차와 국제 수단에 대한 언급이, 가능한 그리고 타당한 한도까지, 포함되어 있어야 한다.

(b) 첫 통보고가 수령국에 의해 접수된 지 6개월 안에, 관계 가맹국 쌍방이 만족할 수 있는 정도로 그 사안이 조정되지 아니했을 경우, 위원회와 상대방에게 통고를 함으로써 그 사안을 위원회에 위임할 권리를 쌍방이 모두 가진다.

(c) 그 사안에 관해 이용이 가능한 국내의 구제조치가 취해졌고 달리 방법이 없다는 것을 확인한 경우에 한해서, 위원회는 일반적으로 인정된 국제법의 원칙에 따라 위임받은 사안을 처리한다. 그러나 구제조치의 적용이 불합리하게 지연되는 경우에는 그렇지 않다.

(d) 이 조문의 규정에 따라 통보를 검토하는 경우, 위원회는 비공개 회의를 개최한다.

(e) (c)의 규정에 따르는 것을 전제로 하여, 위원회는 이 협약에

서 인정된 인권과 기본적 자유의 존중을 기초로 하는, 사안의 우호적 해결을 이룰 목적으로 관계 당사국 사이에서 협의를 주선한다.

(f) 위원회는 위임받은 사안이 어떠한 것이건, (b)에서 말하는 관계 당사국에 대해 관련정보의 제공을 요구할 수 있다.

(g) (b)에서 말하는 관계 당사국은 그 사안이 위원회에서 검토되고 있을 때 대표를 출석시키고, 구두 또는 서면으로 자국의 의견을 말할 권리를 가진다.

(h) 위원회는 (b)에서 말하는 통고를 받은 날로부터 12개월 이내에 보고를 제출한다. (i) (e)에 규정된 대로 해결이 이루어질 경우, 위원회는 보고서에 사실 및 해결에 관한 사항을 간략하게 기술한다. (ii) (e)에 규정된 대로 해결이 이루어지지 않을 경우, 위원회는 보고서에 사실에 관한 사항을 간략하게 기술하고, 관계 당사국의 의견서 및 구두진술의 기록을 첨부한다.

② 이 조문의 (모든) 규정은 규약 당사국 10개국이 1항에 규정에 따른 선언을 했을 때 효력을 발생한다. 선언은 당사국이 국제연합사무총장에게 기탁하고 국제연합사무총장은 그 사본을 다른 당사국 앞으로 보낸다. 선언은 국제연합사무총장 앞으로 보내는 통고로써 어느 때든지 철회할 수 있다. (그러나 선언의 철회가 있기 전에 이 조문의 규정에 따른 통보가 이미 있었을 경우, 철회가 통보의 주제인 사안의 검토를 막지 못한다. 선언 철회의 통고가 국제연합사무총장에 의해 접수된 후에는, 그 당사국이 새로이 선언을 행하지 않는 한, 그 당사국의 새로운 통보는 접수되지 않는다.)

제42조 ① (a) 제41조의 규정에 따라 위원회에 위임된 사안이 관계 당사국 쌍방에 만족을 주게끔 해결이 이루어지지 않을 경우, 위원회는 관계 당사국의 사전 동의를 얻어, 특별 조정위원회 (이하 조정위원회라 약칭한다)를 설치할 수 있다. 조정위원회는 이 협약에 대한 존중을 기초로 하는, 사안의 우호적 해결을 이를 목적으로 관계 당사국 사이의 협의를 주선한다. (b) 조정위원회는 관계 가맹국 쌍방이 받아들이는 위원 5명으로 구성된다. 조정위원회의 구성 전부 또는 일부에 관해 3개월 이내에 관계 당사국 쌍방이 합의를 이루지 못했을 경우, 위원회의 비밀투표로 합의를 얻지 못한 조정위원회위원을 선출하되 위원회 위원 중에서 3분의 2 다수표를 얻은 사람으로 한다.

② 조정위원회위원은 개인 자격으로 직무를 수행한다. 위원은 관계 당사국 · 협약 당사국이 아닌 국가 41조의 규정에 따른 선언을 행하지 않고 있는 국가의 국민이어서는 안 된다.

③ 조정위원회는 의장을 선출하고, 또 절차 규칙을 채택한다.

④ 조정위원회의 회의는 보통 국제연합본부 또는 제네바 소재의 국제연합 사무소에서 개최된다, 그러나 조정위원회가 국제연합 사무총장 및 관계 가맹국과의 합의를 거쳐 정하는 경우에는 그 밖의 적당한 곳에서 개최될 수 있다.

⑤ 제36조의 규정에 따라 제공되는 사무국은 이 조문의 규정에 따라 설치되는 조정위원회를 위해서도 용역을 제공한다.

⑥ 위원회가 접수한 그리고 취합한 정보는 조정위원회에 대해 제공되어야한다. 조정위원회는 관계 가맹국에 대해 그 밖의 관련 정보를 무엇이나 요구할 수 있다.

⑦ 조정위원회는 사안을 충분히 검토한 다음, 그러나 어떤 경우에도 사안을 다루기 시작한 지 12개월 이내에, 관계 가맹국에 대해 통지를 보내기 위해 위원회 의장에게 보고를 제출한다.

(a) 12개월 이내에 사안의 검토를 끝내지 못하는 경우에, 조정위원회는 보고서에 사안의 검토상황을 간략하게 기술한다.

(b) 이 협약에서 인정된 인권의 존중을 기초로 하는, 사안의 우호적 해결이 이루어지는 경우에는, 조정위원회는 보고서에 사실과 해결책을 간략하게 기술한다.

(c) (b)에서 말하는 해결이 이루어지지 않을 경우, 조정위원회는 보고서에 다음을 수록한다. 관계 당사국간의 분쟁과 관련되는 모든 사실 관계에 대한 조사결과, 사안의 우호적 해결의 가능성에 대한 의견, 또한 이 보고서에는 관계 당사국이 제출한 진술서와 구두진술의 기록이 포함된다.

(d) (c)의 규정에 따라 조정위원회의 보고가 제출될 경우, 관계 당사국은 조정위원회의 보고 내용을 수락할 것인가 아니할 것인가를 그 보고를 접수한지 3개월 이내에 조정위원회 의장 앞으로 통고한다.

⑧ 이 조문의 규정은 제41조의 규정에 근거한, 위원회의 임무에 아무런 영향을 미치지 않는다.

⑨ 관계 당사국은 국제연합사무총장이 작성한 예산안에 따라서 조정위원회위원의 모든 비용을 평등하게 분담한다.

⑩ 국제연합사무총장은, 필요한 경우, 9항의 규정에 따른 관계 당사국의 비용부담에 앞서 조정위원회의 비용을 지불할 권한

을 가진다.

제43조 위원회위원 및 제42조의 규정에 따라 임명되는 조정위원회위원은 국제연합을 위해 임무를 수행하는 전문가가 누리기로 되어 있는 편의·특권·면제를 누릴 자격이 주어진다. 이 편의·특권· 면제는 '국제연합의 특권 및 면제에 관한 조약'의 관련 조항에 규정된 바와 같다.

제44조 국제연합 및 전문기구의 기본문서와 조약에 의해서, 또는 그 기본 문서와 조약에 따라서 인권분야에 관한 절차가 규정되어 있는 바, 이 협약의 시행에 관한 규정은 상기 절차를 침해하지 않고 적용된다. 또한 당사국간에 효력을 가지는 일반적인 또는 특별한 국제협정이 있을 경우, 이 협약의 시행에 관한 규정은 당사국이 그 협정에 따라 분쟁을 해결하고자 다른 절차를 취하는 것을 막지 않는다.

제45조 위원회는 활동에 관한 연차보고서를 경제사회이사회를 통해 국제연합 총회 앞으로 제출한다.

제 5 부

제46조 국제연합헌장 및 전문기구 기본문서는 국제연합의 여러 기관 및 전문기구의 임무를 각각 규정하고 있는바, 이 협약의 어느 규정도 국제연합헌장 및 전문기구 기본문서의 규정을 이 협약에 규정된 사항에 대해 적용하는 것을 막는다고 해석되어서는 안 된다.

제47조 모든 인민은 그들의 천연 재화와 자원을 충분히 그리고 자유로

이 누리고 또 이용할 천부의 권리를 가지고 있는바, 이 협약의 어느 규정도 그 권리를 막는다고 해석되어서는 안 된다.

제 6 부

제48조 ① 이 협약은 국제연합 당사국이나 전문기구 회원국, 국제사법재판소규정 가입국, 그리고 국제연합총회가 이 협약의 당사국이 될 것을 요청한 그 밖의 국가가 서명할 수 있도록 개방된다.

② 이 협약은 비준 절차를 밟아야 한다. 비준서는 국제연합 사무총장에게 기탁된다.

③ 이 협약은 1항에서 언급된 국가가 가입할 수 있도록 개방된다. 가입은 가입서가 국제연합사무총장에게 기탁됨으로써 이루어진다. 국제연합사무초장은 이 협약에 서명하거나 가입한 모든 국가에 대해 비준서 또는 가입서를 기탁할 것을 통보한다.

제49조 ① 이 협약은 35번째의 비준서 또는 가입서가 국제연합사무총장에게 기탁된 날로부터 3개월 후에 발효된다.

② 35번째의 비준서 또는 가입서가 기탁된 후에 이 협약을 비준하거나 이 협약에 가입하는 국가에 대해서는, 이 협약은 그 비준서 또는 가입서가 기탁된 날로부터 3개월 후에 발효된다.

제50조 이 협약의 규정은, 어떠한 제한이나 예외 없이, 연방국가의 모든 지역에 적용된다.

제51조 ① 어느 당사국이나 개정을 제안할 수 있고 또 개정안을 국제연합사무총장에게 제출할 수 있다. 국제연합사무총장은 그 즉

시로 여러 당사국에 대해 개정안을 통보하고, 그 제안을 검토, 표결할 당사국회의의 개최를 찬성하는지 또는 반대하는지를 국제연합사무총장에게 통고해주도록 요청한다. 당사국의 3분의 1이상이 회의 개최를 찬성할 경우, 국제연합사무총장은 국제연합의 주관 아래 회의를 소집한다. 과반수의 찬성으로 채택된 개정안은 승인 받기 위해 국제연합총회에 제출된다.

② 국제연합총회가 승인하고 또 당사국의 3분의 2가 그 나라 헌법에 규정된 절차에 따라 수락했을 때, 개정은 효력을 발생한다.

③ 개정은, 효력 발생시에, 개정을 수락한 당사국에 대해 구속력을 가진다. 그 밖의 당사국은 이 협약의 규정 및 그 국가가 수락한 그 이전의 개정에 의해 종전대로 구속당한다.

제52조 제48조 5항의 규정에 따라 행해지는 통보와 관계없이, 국제연합사무총장은 제48조 1항에서 언급된 모든 국가에 대해 다음 사항을 통고한다.

(a) 제48조의 규정에 따른 서명, 비준 및 가입.

(b) 제49조의 규정에 따라 이 협약이 효력을 발생하는 날짜 및 제51조의 규정에 따라 개정이 효력을 발생하는 날짜.

제53조 ① 이 협약은 중국어·영어·프랑스어·러시아어·스페인어로 기록된 것을 정본 (定本)으로 하고, 국제연합기록보관소에 기탁된다.

② 국제연합사무총장은 제48조에서 언급된 모든 국가 앞으로 이 협약의 인증된 등본을 송부한다.

IX 아동권리협약

전 문

본 협약의 당사국은,

국제연합헌장에 선언된 원칙에 따라, 인류 모든 구성원의 고유한 존엄성 및 평등하고 양도할 수 없는 권리를 인정하는 것이 세계의 자유·정의 및 평화의 기초가 됨을 고려하고,

국제 연합체제하의 모든 국민들은 국제연합헌장에서 기본적 인권과 인간의 존엄성 및 가치에 대한 신념을 재확인하였고, 보다 확대된 자유 속에서 사회적 진보와 생활수준의 향상을 촉진하기로 결의하였음을 유념하며,

국제연합이 세계인권선언과 국제인권협약에서 인종, 피부색, 성별, 언어, 종교, 정치적 또는 기타의 의견, 민족적 또는 사회적 출신, 재산, 출생 또는 기타의 신분 등과 관련하여 어떠한 종류의 차별도 받지 않고, 모든 사람이 권리와 자유를 누릴 권한이 있음을 선언하고 동의하였음을 인정하고,

국제연합이 세계인권선언을 통하여 아동기에는 특별한 보호와 지원을 받을 권리가 있음을 선언하였음을 상기하며,

사회의 기초 단위이며 사회의 모든 구성원, 특히 아동의 성장과 복지에 있어 자연적 환경인 가족이, 지역사회 내에서 그 책임을 충분히 감당할 수 있도록 하기 위해서는 보호와 지원이 필수적임을 확신하며,

완전하고 조화로운 아동의 인격 발달을 위하여, 아동은 가족 환경과 행복, 사랑 및 이해의 분위기 속에서 성장하여야 함을 인정하고,

아동은 사회 속에서 한 인격체로서의 삶을 영위할 수 있도록 충분히 준비되어져야 하고, 국제 연합 헌장에 선언된 이상의 정신 특히 평화·존엄·관용·자유·평등·연대의 정신 속에서 양육되어야 함을 고려하며,

아동에게 특별한 보호를 제공하여야 할 필요성은, 1924년 아동권리에 관한 제네바선언과 1959년 11월 20일 총회에 의하여 채택된 아동권리선언에서 처음으로 명시되었고, 세계인권선언과 시민적·정치적 권리에 관한 국제 협약(특히 제23조 및 제24조), 경제적·사회적 ·문화적 권리에 관한 국제협약(특히 제10조) 및 아동의 복지와 관련된 전문기구와 국제기구의 규정 및 관련문서에 언급되었음을 유념하고,

1959년 아동권리선언에 나타나 있는 바와 같이 "아동은 신체적 정신적 미성숙으로 인하여 출생 전·후 모든 시기를 통하여 적절한 법적 보호를 포함한 특별한 보호와 배려를 필요로 한다"는 점에 유념하며,

'국내적 또는 국제적 양육위탁과 입양에 대한 특별선언'과 함께 '아동의 보호와 복지에 관한 사회적·법적 원칙에 관한 선언'의 제 규정과, '소년법 운영을 위한 국제연합 최소표준규칙(베이징 규칙)' 및 '비상시 및 무력충돌시 부녀자와 아동의 보호에 관한 선언'의 규정을 상기하며,

세계 모든 나라에 예외적으로 특별히 어려운 상황에 처한 아동이 살고 있으며, 그러한 아동들은 특별한 배려가 필요하다는 것을 인정하며,

아동의 보호와 조화로운 발달을 위하여, 각 민족의 전통과 문화적 가치의 중요성을 충분히 고려하고,

모든 국가, 특히 개발도상국에 살고 있는 아동의 생활여건을 개선하기 위한 국제협력의 중요성을 인정하면서,

다음과 같이 합의하였다.

제 1 부

제 1 조 본 협약의 목적 상, '아동'은 대다수의 당사국이 보다 이른 나이의 사람을 아동으로 법에 규정하지 않는 한 18세 미만인 모든 사람을 의미한다.

제 2 조 ① 당사국은 어떤 종류의 차별 없이 그리고 아동과 그의 부모 또는 법적 후견인의 인종, 피부색, 성별, 언어, 종교, 정치적 또는 다른 의견, 국적, 민족, 사회적 출신, 재산, 장애, 출생 혹은

기타의 지위에 관계없이, 자국의 사법권 내에서 본 협약이 아동에게 규정한 권리를 존중하고 보장해야 한다.

② 당사국은 지위, 활동, 표현된 의견 혹은 부모, 법적 후견인, 가족구성원들의 신념에 기초한 모든 형태의 차별과 처벌로부터 아동을 보호하는 것을 보장하기 위한 모든 적절한 조치를 취해야 한다.

제3조 ① 공공 또는 민간 사회복지시설, 법원, 행정당국, 또는 입법기관 등에 의하여 수행되는 아동에 관한 모든 활동에 있어서 아동 최선의 이익이 최우선적으로 고려되어야 한다.

② 당사국은 아동의 부모, 법적 후견인, 기타 다른 아동에 대한 법적 책임이 있는 사람들의 권리와 의무를 고려하여, 아동의 복지에 필요한 보호와 배려를 아동에게 보장하고, 이를 위하여 모든 적절한 입법적·행정적 조치를 취하여야 한다.

③ 당사국은 아동에 대한 배려와 보호를 책임지는 기관, 편의시설, 단체들이 특히 안전, 보건의 분야에서 감독권한 뿐만 아니라 직원의 수와 적합성에 대하여 책임당국이 제시한 기준을 지켜야 함을 보장해야 한다.

제4조 당사국은 본 협약이 천명하는 권리를 실현하기 위하여 모든 적절한 입법적, 행정적 및 기타 조치를 시행해야 한다. 경제적, 사회적, 문화적 권리에 관하여 당사국은 가용자원의 최대한도까지, 필요하다면 국제협력 체제 내에서 적절한 조치를 취하여야 한다.

제5조 아동이 본 협약에서 인정한 권리를 행사함에 있어서 발달하는 아동의 능력에 따른 적절한 방향과 지침을 제공하기 위하여,

당사국은 아동의 부모 혹은 필요한 경우 사회관습에 의한 확대 가족과 지역사회 혹은 법적 후견인 및 기타 아동에 대한 법적 책임이 있는 사람들의 책임성 및 권리와 의무를 존중해야 한다.

제6조 ① 당사국은 모든 아동이 고유한 생명권을 가짐을 인정한다.

② 당사국은 가능한 최대한도로 아동의 생존과 발달을 보장하여야 한다.

제7조 ① 아동은 출생 후 즉시 등록되어져야 하며, 출생한 때로부터 성명권과 국적취득의 권리, 가능한 한 부모를 알고 부모에 의해 보호와 양육을 받을 권리를 가져야 한다.

② 당사국은 국내법과 이 분야 관련 국제문서 상의 의무에 따라 이러한 권리의 실현을 보장하여야 하며, 그렇지 않으면 무국적자가 될 아동의 경우에는 특히 더욱 더 그러하다.

제8조 ① 당사국은 위법한 간섭을 받지 않고 법에 의해 인정되는 국적, 이름, 가족 관계를 포함한 신분을 보존한 아동의 권리를 존중해야 한다.

② 아동의 신분을 나타내는 요소들 중 일부 혹은 전부가 불법적으로 박탈당할 경우, 당사국은 아동의 신분을 신속하게 회복하기 위하여 적절한 도움과 보호를 제공해야 한다.

제9조 ① 당사국은, 책임당국이 적용 가능한 법과 절차에 따라 아동 최선의 이익을 위해 필요한 사법적 결정에 따르는 경우 이외에는, 아동이 자신의 의지에 반하여 부모로부터 분리되어서는 안 된다는 것을 보장해야 한다. 부모의 학대와 방임에 관련된 아동 혹은 부모가 별거를 하여 아동의 거주지를 결정해야 하는

아동의 경우에는 그러한 결정이 요구될 수 있다.

② 본 조 제1항과 관련한 어떠한 절차에서도, 모든 이해당사자에게 그 절차에 참가하여 자신의 견해를 알릴 기회가 부여되어야 한다.

③ 당사국은 아동 최선의 이익에 반하는 경우를 제외하고, 일방 혹은 쌍방의 부모로부터 분리되는 아동이 정기적으로 양쪽 부모와 개인적 관계 및 직접적인 접촉을 유지할 수 있는 권리를 존중하여야 한다.

④ 그러한 부모로부터의 아동의 분리가 일방 혹은 쌍방 부모의 감금, 투옥, 망명, 강제퇴거 또는 사망(국가가 억류하고 있는 동안의 어떠한 원인에 의한 사망을 포함하여) 등과 같이 국가의 행위가 그 원인인 경우, 당사국은 요청이 있다면, 그 정보의 제공이 아동의 복지를 해치지 않는 한 부모나 아동 필요하다면 다른 가족 구성원에게 부재중인 가족 구성원의 소재에 대한 필수적인 정보를 제공해야 한다. 더 나아가 당사국은 그러한 요청을 제출하는 것 자체가 관계인에게 불리한 결과를 초래하지 않도록 보장해야 한다.

제10조 ① 제9조 제1항의 규정에 따라 가족의 재결합을 위하여 당사국에 입국 혹은 출국을 신청하는 아동과 그 부모의 요청은, 당사국에 의하여 긍정적이고 인도적이며 신속한 방식으로 다루어져야 한다. 더 나아가 당사국은 그러한 요청의 제출이 신청자와 그들의 가족구성원에게 불리한 결과를 초래하지 않도록 보장해야 한다.

② 부모가 타국에 거주하는 아동은 예외적 상황이외에는, 정기

적으로 부모와 개인적 관계 및 직접적인 접촉을 유지할 권리를 가진다. 이러한 목적을 위하여, 또 제9조 제2항에 규정된 당사국의 의무에 따라, 당사국은 본국을 포함한 어떤 국가로부터도 출국할 수 있고 본국으로 입국할 수 있는 아동과 그의 부모의 권리를 존중해야 한다. 어떠한 국가로부터 출국할 수 있는 권리는 국가안보, 공공질서, 공중보건, 도덕 또는 타인의 권리와 자유를 보호할 필요에 의해 제한, 법으로 규정된 제한, 본 협약에서 인정된 그 밖의 권리에 부합하는 제한에 의해서만 구속된다.

제11조 ① 당사국은 아동의 불법해외이송 및 미귀환을 방지하기 위한 조치를 취해야 한다.

② 이 목적을 위하여 당사국은 양자 또는 다자간 협정을 체결하거나 기존의 협정에 가입하기 위해 노력해야 한다.

제12조 ① 당사국은 자신의 견해를 형성할 수 있는 아동에게, 자신에게 영향을 미치는 모든 일에 대하여 자유롭게 의견을 표현할 권리를 보장해야 한다. 이때 아동의 의견은 나이와 성숙도에 따라 정당한 비중이 부여되어야 한다.

② 이러한 목적을 위해, 아동은 특별히 직접적 혹은 대표기구와 적절한 단체를 통해 국내법의 절차에 부합하는 방식으로 아동에게 영향을 미치는 어떠한 사법적 행정적 절차와 관련하여 자신의 의견을 표현할 기회를 제공받아야 한다.

제13조 ① 아동은 표현의 자유에 대한 권리를 가진다; 이 권리는 국경에 상관없이 구두, 필기, 인쇄, 예술의 형태 혹은 아동이 선택하는 기타 다른 매체 형태를 통하여 모든 종류의 정보와 사상을

추구하고 받고 나누는 자유를 포함한다.

② 이 권리의 행사시 어떠한 제한을 받을 수 있지만, 그런 제한은 법률에 규정된 경우나 다음의 경우에만 필요하다.

(a) 타인의 권리와 명성을 존중하기 위해

(b) 국가안보, 공공질서, 공중보건 또는 도덕의 보호를 위해

제14조 ① 당사국은 사상, 양심 및 종교의 자유에 대한 아동의 권리를 존중해야 한다.

② 당사국은 아동의 발달하는 능력에 부합하는 방식으로 아동이 권리를 행사할 때, 아동에게 그 방향을 제공하기 위해, 부모와 경우에 따라 법적 후견인의 권리와 책임을 존중하여야 한다.

③ 종교와 신념을 표현하는 자유는 법률에 의해 규정된 경우와, 공공의 안전, 질서, 보건이나 도덕 혹은 타인의 기본권과 자유를 보호하기 위해 필요한 경우에만 제한할 수 있다.

제15조 ① 당사국은 아동의 결사의 자유와 평화적 집회의 자유에 대한 권리를 인정해야 한다.

② 이러한 권리를 행사함에 있어 법률에 따라 부과된 민주사회에서의 국가안보 또는 공공의 안전, 공공질서의 이익과 공중보건이나 도덕의 보호를 위한 경우와 타인의 권리와 자유의 보호를 위하여 필요한 경우를 제외하고는 어떠한 제한도 있어서는 안 된다.

제16조 ① 어떤 아동도 사생활, 가족, 가정, 또는 통신에 대해 자의적이고 불법적인 간섭을 받지 아니하며, 아동의 명예와 신망에 대해 불법적인 공격을 받아서도 안 된다.

② 아동은 이러한 간섭과 비난으로부터 법의 보호를 받을 권리를 가진다.

제17조 당사국은 대중매체가 수행하는 중요한 기능을 인정해야 하며, 아동이 다양한 국내 및 국제적 정보원으로부터의 정보와 자료, 특히 아동의 사회적·정신적·도덕적 안녕과 신체적 정신적 건강 증진에 목적을 둔 정보와 자료에 대한 접근을 보장해야 한다. 이러한 목적을 위하여 당사국은:

(a) 대중매체가 아동에게 사회적, 문화적으로 유익한 정보와 자료를 제29조의 정신에 따라 보급하도록 장려하며

(b) 다양한 문화적 국내적 및 국제적 정보원으로부터의 정보와 자료를 제작, 교환 및 보급을 함에 있어 국제적 협력에 힘쓰며

(c) 아동도서의 제작과 보급을 장려하고

(d) 대중매체로 하여금 소수집단과 토착민에 소속된 아동의 언어적 필요에 특별히 관심을 가지도록 하며

(e) 제13조와 제18조에 유념하여, 아동의 복지를 해치는 정보와 자료로부터 아동을 보호하기 위한 적절한 지침의 개발을 장려하여야 한다.

제18조 ① 당사국은 아동의 양육과 발달에 대한 부모 공동 책임의 원칙이 인정받을 수 있도록 최선의 노력을 기울여야 한다. 부모 또는 경우에 따라 법적 후견인이, 아동의 양육과 발달에 대해 일차적인 책임을 진다. 아동 최선의 이익이 그들의 기본적 관심이 될 것이다.

② 본 협약에 규정된 권리를 보장하고 증진시키기 위하여, 당사국은 부모와 법적 후견인이 아동양육의 책임을 수행할 때 적

절한 도움을 제공해야 하며, 아동양육을 위한 기관, 단체, 편의시설의 개발을 보장해야 한다. 아동의 양육책임 이행에 있어서 부모와 후견인에게 적절한 지원을 제공해야 하며, 아동양육을 위한 기관, 단체, 편의시설의 개발을 보장해야 한다.

③ 당사국은 취업부모의 아동이, 그들이 이용할 자격이 있는 아동보호시설과 단체들로부터 이익을 얻을 권리가 있음을 보장하기 위해 적절한 조치를 취해야 한다.

제19조 ① 당사국은, 아동이 부모, 법적 후견인 혹은 기타 아동양육자의 보호를 받는 동안, 모든 형태의 신체적·정신적 폭력, 상해 혹은 학대, 방임 혹은 의료방임, 성적 학대를 포함한 학대 혹은 착취로부터 아동을 보호하기 위한 적절한 입법적, 행정적, 사회적, 교육적 조치를 취해야 한다.

② 이러한 보호조치 속에는, 상기의 아동학대 사례에 대한 다른 형태의 방지, 확인, 보고, 조회, 조사, 치료 및 사후조사와, 적절한 경우의 사법적 개입뿐만 아니라, 해당 아동과 그 보호자를 지원하기 위한 사회프로그램 실시를 위해 필요한 효과적인 절차가 포함되어 있어야 한다.

제20조 ① 가족환경이 일시적 혹은 영구적으로 박탈된 아동과, 가족환경은 있지만 그 속에서 아동 최선의 이익을 찾을 수 없는 아동에 대해서는 국가가 특별한 보호와 도움을 제공해야 한다.

② 당사국은 국내법에 따라 그러한 아동을 위한 대안적 보호를 보장해야 한다.

③ 그러한 보호 속에는, 특히 위탁양육, 이슬람법의 카팔라(kafalah), 입양 혹은 필요한 경우 적절한 아동보호기관에 보호하

는 형태들이 포함될 수 있다. 문제해결을 위해서는 아동양육의 지속성을 보장하는 것이 바람직하며 아동의 민족적, 종교적, 문화적, 언어적 배경에 대한 정당한 배려가 있어야 한다.

제21조 입양제도를 인정하거나 허용하는 당사국은 아동 최선의 이익을 최우선적으로 보장해야 하며, 그리고 당사국은,

(a) 아동 입양은 책임당국만이 그 권한을 가짐을 보장해야 하며, 책임당국은 해당 법률과 절차에 따라, 적절하고 신뢰할 수 있는 정보에 기초하여, 부모 친척 법적 후견인에 대한 아동의 신분을 고려하는 관점에서 입양이 허용될 수 있음을 결정할 수 있다.

(b) 국제 입양은 아동을 위탁가족이나 국내의 입양가족에 둘 수 없거나 아동의 본국에서 적절한 방식에 의해 보호할 수 없을 경우의 아동보호의 대안적 수단으로서 고려되어 질 수 있음을 인정해야 한다.

(c) 국제 입양되는 아동이 국내 입양의 경우와 동등한 보호조건과 기준을 누릴 수 있도록 보장해야 한다.

(d) 국제 입양에 있어, 양육지정이 입양관련 당사자들에게 부당한 재정적 이익을 주는 결과가 되지 않도록 보장하기 위해 모든 적절한 조치를 취해야 한다.

(e) 적절한 경우 양자 혹은 다자약정이나 협정을 체결함으로써 본 조의 목적을 달성해야 하며, 이런 체계 내에서의 해외입양은 책임당국과 기관들에 의해 수행되도록 보장하기 위한 노력을 해야 한다.

제22조 ① 당사국은 해당 국제법 혹은 국내법에 따라 난민의 지위를

획득하려고 하거나 난민으로 고려되는 아동이, 부모나 그 밖의 다른 사람과의 동행여부와 상관없이, 본 협약과 그 밖의 다른 국제인권 혹은 인도주의 기구가 당사국에게 규정하는 해당 권리를 누리기 위해 적절한 보호와 인도주의적 도움을 받을 수 있음을 보장하는 모든 조치를 취해야 한다.

② 이러한 목적을 위하여, 당사국은 그러한 아동을 보호 원조하고 아동이 가족과 재결합하도록 하기 위한 필요한 정보를 얻기 위해, 어떤 난민 아동의 부모나 다른 가족구성원들을 추적함에 있어, 국제연합 혹은 국제연합과 협력하는 다른 관련 국제기구나 비정부기구와 적절한 협력을 해야 한다. 부모나 다른 가족구성원을 찾을 수 없는 경우, 아동은 본 협약에서 규정하고 있는, 가족환경이 일시적 혹은 영구적으로 박탈된 아동의 경우와 동일한 보호를 받아야 한다.

제23조 ① 당사국은 정신적·신체적 장애아동들이, 인간존엄성이 보장되고 자립이 촉진되며 적극적인 지역사회에의 참여가 가능한 조건에서 완전하고 품위있는 삶을 누릴 수 있음을 인정해야 한다.

② 당사국은 장애아동의 특별보호에 대한 권리를 인정해야 하며, 보호를 신청할 경우 활용가능한 자원의 범위 내에서 해당 아동과 그 아동의 보호를 책임지는 사람들에게, 아동의 조건과 그 부모, 그 밖의 기타 보호자의 상황에 적절한 보호의 정도를 장려하고 보장해야 한다.

③ 장애아동의 특별한 필요를 인식하면서, 본 조 2항의 규정에 따라 확대된 지원은, 가능하다면 그 부모나 다른 보호자들의

재정적 상태를 고려하여 무상으로 제공되어야 하며, 장애아동의 완전한 사회 통합과 문화적 정신적 발달을 포함하는 개인적 발달을 도모하는 방식으로 교육, 훈련, 건강보호 서비스, 재활서비스, 취업준비 및 오락의 기회에 효과적으로 접근하고 제공받을 수 있도록 보장해야 한다.

④ 당사국은 국제협력의 정신에 입각하여, 재활 방법과 교육 및 직업서비스에 관한 정보의 이용과 보급을 포함한 예방의학 분야 및 장애아동의 의학적 심리적 기능적 치료의 분야에서, 그 분야에 대한 당사국의 경험을 넓히고 능력과 기술을 증진시키기 위하여 적절한 정보의 교환을 촉진해야 한다. 이 문제에 관하여, 개발도상국가들의 사정을 특별히 배려해야 한다.

제24조 ① 당사국은, 최상 수준의 건강 향유 및 질병 치료와 건강 회복을 위한 시설을 이용할 수 있는 아동의 권리를 인정해야 한다. 당사국은 건강보호 서비스(보건서비스) 이용 및 접근에 대한 아동의 권리가 박탈되지 않도록 보장하기 위해 노력해야 한다.

② 당사국은, 이러한 권리의 완전한 이행을 위해 노력해야 하며, 특히 다음과 같은 조치를 취해야 한다.

(a) 유아 및 아동 사망률을 감소시켜야 한다.

(b) 기초적인 건강보호의 개발이 강조되는 모든 아동에게, 필수적인 의학적 지원과 건강 보호의 제공을 보장해야 한다.

(c) 기초적인 건강보호체계 내에서, 환경오염의 위험성을 고려하면서, 이용 가능한 기술의 적용과 영양이 풍부한 충분한 식사와 깨끗한 식수를 제공함으로써 질병과 영양실조를 퇴치해야 한다.

(d) 산모를 위한 출산전·후의 적절한 건강보호를 보장해야 한다.

(e) 모든 사회구성원 특히 부모와 아동은, 아동의 건강과 영양에 관한 기초지식 활용과 모유수유, 위생 및 환경정화의 이점, 사고예방에 대한 정보를 제공받고 교육받으며 지원받을 수 있음을 보장해야 한다.

(f) 예방적 보건서비스, 부모를 위한 안내지침, 가족계획 교육과 서비스를 개발해야 한다.

③ 당사국은 아동의 건강을 해치는 전통적인 인습을 폐지하기 위하여 효과적이고 적절한 모든 조치를 취하여야 한다.

④ 당사국은 본 조에서 인정한 권리의 완전한 실현을 점진적으로 달성하기 위하여 국제협력을 증진해야 한다. 이와 관련하여 개발도상국들의 필요를 특별히 고려해야 한다.

제25조 당사국은 양육, 보호 또는 신체적, 정신적 건강을 위한 치료를 목적으로 관계 당국이 양육지정한 아동이, 본인에게 제공되는 치료와, 양육지정과 관련된 모든 여건을 정기적으로 심사하는 것에 대한 권리를 가짐을 인정해야 한다.

제26조 ① 당사국은 모든 아동에게 사회보험을 포함한 사회보장의 혜택을 받을 권리가 있음을 인정해야 하며, 국내법에 따라 이러한 권리의 완전한 실현을 위해서 필요한 조치를 취해야 한다.

② 이러한 혜택은, 아동이 직접 혹은 아동을 대신하여 행하여지는 혜택의 신청과 관련된 여타의 사정을 고려할 뿐만 아니라, 아동 및 아동 부양책임을 가진 사람들의 자원과 여건을 고려하여 적절하게 허용되어야 한다.

제27조 ① 당사국은 모든 아동이 신체적, 지적, 정신적, 도덕적, 사회적 발달을 위해 적절한 생활수준을 누릴 권리를 가짐을 인정해야 한다.

② 부모 또는 기타 아동에 대하여 책임이 있는 사람들은, 그들의 능력과 경제적 능력의 범위 내에서, 아동의 발달에 필요한 생활 조건을 확보하는데 있어 일차적 책임을 진다.

③ 당사국은, 국내 여건과 재원의 범위 내에서 부모 또는 기타 아동에 대하여 책임 있는 자가 이 권리를 실현하는 것을 지원하기 위한 적절한 조치를 취하여야 하며, 필요한 경우에는 특히 의·식·주와 관련한 물질적 지원과 프로그램을 제공해야 한다.

④ 당사국은 국내외에 거주하는 부모 또는 기타 아동에 대하여 재정적 책임이 있는 자로부터 아동양육비를 회수하는 것을 보장하기 위한 모든 적절한 조치를 취해야 한다. 특히 아동에 대해 재정적 책임을 가진 자가 아동과 다른 국가에 거주할 경우, 당사국은 국제협약의 가입과 체결뿐만 아니라 다른 적절한 조치도 강구해야 한다.

제28조 ① 당사국은 교육에 대한 아동의 권리를 인정해야 하며, 점진적으로 그리고 기회 균등의 기초 위에서 이 권리를 달성하기 위하여 특히 다음과 같은 조치를 취해야 한다.

(a) 초등교육을 의무화하고 무상으로 제공해야 한다.

(b) 일반교육과 직업교육을 포함하는 다양한 형태의 중등 교육을 개발하여 모든 아동이 이용 및 접근할 수 있도록 하며, 무상교육의 실시와 필요한 경우 재정적 지원을 제공하는 등의 적절

한 조치를 취해야 한다.

(c) 모든 적절한 방법으로 모든 사람이 능력에 기초한 고등교육에 접근할 수 있도록 해야 한다.

(d) 모든 아동들이 교육과 직업에 대한 정보에 접근하고 지도받을 수 있도록 해야 한다.

(e) 규칙적인 학교 출석과 중도 탈락률 감소를 위한 조치를 취하여야 한다.

② 당사국은 학교 규칙이, 아동의 인간적 존엄성과 본 협약의 정신에 부합하는 방식으로 운영되는 것을 보장하기 위한 모든 적절한 조치를 취하여야 한다.

③ 당사국은 교육과 관련한 문제, 특히 전 세계의 무지와 문맹의 퇴치에 이바지하고 과학적·기술적 지식과 현대적 교수방법에의 접근을 용이하게 하기 위하여 국제협력을 증진시켜야 한다. 이와 관련하여 개발도상국들의 필요를 특별히 고려해야 한다.

제29조 ① 당사국은 다음과 같은 아동 교육의 목표를 달성하여야 한다는데 동의한다.

(a) 아동의 인격, 재능 및 정신적, 신체적 능력에 있어 최대한 잠재력의 개발

(b) 인권과 기본적 자유 및 국제연합헌장에 규정된 원칙에 대한 존중심의 함양

(c) 아동의 부모, 문화적 정체성, 언어 및 가치, 아동이 생활하는 국가와 출신국가의 국내이념, 서로 다른 문명에 대한 존중심의 개발

(d) 인종적·민족적·종교적 집단 및 원주민 등 모든 사람과의 관계에 있어서 이해, 평화, 관용, 성 평등 및 우정의 정신에 입각하여, 아동이 자유사회에서 책임 있는 삶을 영위하기 위한 준비를 하는 것

② 본 조 또는 제28조의 어떠한 부분도 개인 및 단체가 교육기관을 설립, 지도하는 것을 방해하기 위한 목적으로 해석되어져서는 안 되며, 그러한 개인과 단체는 항상 본 조의 1항에서 규정하는 원칙을 준수해야 하며, 그런 기관에서 제공하는 교육은 국가가 설정한 최소한의 기준에 부합하여야 한다.

제30조 인종적·종교적 또는 언어적 소수자나 원주민이 존재하는 국가에서, 이러한 소수자 집단이나 원주민에 속하는 아동은 자기 집단의 다른 구성원들 사이에서 자신의 문화를 누리고 자신의 종교를 믿고 실천하며, 자신의 언어를 사용할 권리를 부인 당하지 아니한다.

제31조 ① 당사국은 휴식 및 여가, 아동의 연령에 적합한 놀이와 오락활동, 문화생활과 예술활동에 자유롭게 참여할 아동의 권리를 인정한다.

② 당사국은 문화적 예술적 생활에 완전하게 참여할 수 있는 아동의 권리를 존중하고 증진시켜야하며, 문화, 예술, 오락 및 여가활동을 위한 적절하고 평등한 기회의 제공을 장려하여야 한다.

제32조 ① 당사국은 경제적 착취 및 위험하거나 아동의 교육에 방해되거나 아동의 건강 혹은 신체적·지적·정신적·도덕적 또는 사회적 발전에 유해한 어떤 노동의 수행으로부터 보호받을 아동

의 권리를 인정한다.

② 당사국은 본 조의 실행을 보장하기 위하여 입법적 · 행정적 · 사회적 및 교육적 조치를 강구하여야한다. 이 목적을 위하여, 그리고 그 밖의 국제문서의 관련규정을 고려하여 당사국은 특히 다음과 같은 조치를 취하여야 한다.

(a) 단일 또는 복수의 최저 고용연령의 규정

(b) 고용시간과 조건에 관한 적절한 규정의 마련

(c) 본 조의 효과적인 실시를 보장하기 위한 적절한 처벌 혹은 다른 제재수단 마련

제33조 당사국은 관련 국제조약에서 규정하고 있는 마약과 향정신성 물질의 불법적 사용으로부터 아동을 보호하고 이러한 물질의 불법적 생산과 거래에 아동이 이용되는 것을 방지하기 위하여 입법적 · 행정적 · 사회적 교육적 조치를 포함한 모든 적절한 조치를 취하여야한다.

제34조 당사국은 모든 형태의 성적 착취와 성적 학대로부터 아동을 보호해야 한다. 이러한 목적을 달성하기 위하여, 당사국은 특히 국가적, 양국간, 다국적 모든 적절한 조치를 취하여 다음과 같은 사항을 방지해야 한다.

(a) 어떠한 불법적인 성적 활동에 종사하도록 아동을 유인하거나 강제하는 행위

(b) 매음 혹은 기타 다른 불법적인 성적 활동에 아동을 착취하여 이용하는 행위

(c) 음란한 공연과 자료에 아동을 착취하여 이용하는 행위

제35조 당사국은 어떤 목적과 형태이든 아동의 유괴, 매매 혹은 거래

를 방지하기 위하여 모든 적절한 국가적, 양국간, 다국간의 조치를 취하여야 한다.

제36조 당사국은 아동복지의 어떠한 측면에서도 해가 되는 기타 모든 형태의 착취로부터 아동을 보호해야 한다.

제37조 당사국은 다음의 사항을 보장하여야 한다.

(a) 어떠한 아동도 고문 혹은 기타 잔혹하거나, 비인간적이거나, 굴욕적인 대우나 처벌을 받지 아니한다. 사형 또는 석방의 가능성이 없는 종신형은 18세 미만의 사람이 범한 범죄에 대하여 과해져서는 안 된다.

(b) 어떤 아동도 위법적 또는 자의적으로 자유를 박탈당하지 아니한다. 아동의 체포, 억류 또는 구금은 법률에 따라 행해져야 하며, 오직 최후의 수단으로서, 그리고 최단의 적절한 기간 동안만 사용되어야 한다.

(c) 자유를 박탈당한 모든 아동은 인도주의와 인간 고유의 존엄성에 대한 존중에 입각하여, 그리고 그들의 연령상의 필요를 고려하여 처우되어야 한다. 특히 자유를 박탈당한 모든 아동은 성인으로부터 격리되지 않는 것이 아동 최선의 이익이라 여겨지지 않는다면, 성인으로부터 격리되어야 하며, 예외적인 상황을 제외하고는 서신과 방문을 통하여 자기 가족과의 접촉을 유지할 권리를 가진다.

(d) 자유를 박탈당한 모든 아동은, 법원이나 기타 권한있고 독립적이며 공정한 당국 앞에서 자신에 대한 자유박탈의 합법성에 이의를 제기할 권리뿐만 아니라 법률적 및 기타 적절한 구조에 신속하게 접근할 권리를 가지며, 이런 소송에 대하여 신

속한 결정을 받을 권리를 갖는다.

제38조 ① 당사국은 아동과 관련있는 무력분쟁에 있어, 당사국에 적용할 수 있는 인도주의와 관련된 국제법의 규정을 존중하고 보장해야 한다.

② 당사국은, 15세에 달하지 아니한 자가 적대행위에 직접 참여하지 아니할 것을 보장하기 위하여 실행 가능한 모든 조치를 취해야 한다.

③ 당사국은 15세가 되지 않은 사람을 징병해서는 안 된다. 15세는 되었지만 18세가 되지 않은 사람을 징병하는 경우, 당사국은 최연장자에게 우선순위를 두도록 노력하여야 한다.

④ 무력분쟁에 있어서 민간인 보호를 위한 국제인도법상의 의무에 따라, 당사국은 무력분쟁의 영향을 받는 아동의 보호와 양육을 보장하기 위하여 실행 가능한 모든 조치를 취하여야 한다.

제39조 당사국은 희생아동(어떠한 형태의 유기, 착취, 학대 또는 고문이나 기타 잔혹하거나 비인간적이거나 굴욕적인 대우, 처벌 또는 무력분쟁으로 인한 희생아동)의 신체적, 심리적 회복 및 사회 재통합을 위한 모든 적절한 조치를 취해야 한다. 그러한 회복과 재통합은 아동의 건강, 자아존중, 인간존엄성을 북돋우는 환경 속에서 이루어져야 한다.

제40조 ① 당사국은 형사피의자나 형사피고인 또는 유죄로 인정받은 모든 아동이, 인권과 타인의 기본적 자유에 대한 아동의 존중감을 강화하고, 아동의 연령과 아동의 사회재통합 및 사회에서의 건설적 역할 담당을 장려하는 것이 바람직하다는 것을 고려

하는, 아동의 존엄성과 가치에 대한 자각을 증진시키는 방향으로 처우 받을 권리가 있음을 인정한다.

② 이 목적을 위하여 그리고 국제문서의 관련조항을 고려하여, 당사국은 특히 다음 사항을 보장하여야 한다.

(a) 모든 아동은, 행위시의 국내법 또는 국제법에 의하여 금지되지 아니한 작위 또는 부작위를 이유로 하여 형사피의자, 형사피고인이 되거나 유죄로 인정받지 아니한다.

(b) 형사피의자 또는 형사피고인인 모든 아동은 최소한 다음 사항을 보장받는다.

(i) 법률에 따라 유죄가 입증될 때까지는 무죄로 추정한다.

(ii) 피의 사실을 신속하게 직접 또는 필요한 경우 부모나 법적 후견인을 통하여 통지 받으며, 변론의 준비 및 제출 시 법률적 또는 기타 그 외 적절한 지원을 받는다.

(iii) 권한 있고 독립적이며 공정한 기관 또는 사법기관에 의하여, 법률적 혹은 기타 적절한 지원 하에 법률에 따른 공정한 심리를 받아 지체없이 사건이 판결되어야 하며, 이때 아동 최선의 이익에 반한다고 여겨지지 않는다면 특히 아동의 연령과 상황, 아동의 부모 혹은 법적 후견인을 고려하여야 한다.

(iv) 증언이나 유죄의 자백을 강요당하지 아니하며, 평등한 조건하에서 자신에게 불리한 증인을 신문하거나 신문 받으며 자신을 위한 증인의 출석과 신문을 확보한다.

(v) 형법 위반으로 간주되는 경우, 보다 권한이 있고 독립적이며 공정한 상급 당국 혹은 사법기관은 법률에 따라, 그 결정과 그에 따라 부과된 조치를 재심사하여야 한다.

(vi) 아동이 사용되는 언어를 이해하지 못하거나 말하지 못하는 경우, 무료로 통역원의 지원을 받도록 해야 한다.

(vii) 사법절차의 모든 단계에서 아동의 사생활은 충분히 존중되어야 한다.

③ 당사국은 형사피의자, 형사피고인 또는 유죄로 인정받은 아동에게 특별히 적용할 수 있는 법률, 절차, 기관 및 기구의 설립을 촉진하기 위해 노력하며, 특히 다음 사항에 유의하여야 한다.

(a) 형법위반능력(범죄능력)이 없다고 추정되는 최저 연령의 설정

(b) 적절하고 바람직한 경우, 완전한 인권과 법적 보호를 보장하면서 사법절차에 의존하지 않고 그러한 아동의 문제를 다루기 위한 조치

④ 다양한 조치들(보호, 지도 및 감독명령), 상담, 보호관찰, 위탁양육, 교육·직업훈련 프로그램, 그 밖의 다른 기관이 제공하는 보호에 대한 대안들은, 아동의 복지와 아동의 상황, 아동이 행한 범행에 따라 적절하게 이용될 수 있도록 보장해야 한다.

제41조 본 협약의 조항은 다음 사항에 포함되어 아동권리의 실현에 보다 더 이바지할 수 있는 어떠한 조항에도 영향을 미치지 아니한다.

(a) 당사국의 법 혹은

(b) 당사국에 대하여 효력을 가지는 국제법

제 2 부

제42조 당사국은 본 협약의 원칙과 규정을 적절하고 적극적인 방법을 통하여 성인과 아동 모두에게 널리 알릴 의무를 지닌다.

제43조 ① 본 협약이 규정하고 있는 의무 이행의 실현을 달성함에 있어 당사국의 실행상황을 심사하기 위하여, 아래에 규정된 기능을 수행하는 아동권리위원회를 설립해야 한다.

② 위원회는 훌륭한 도덕성을 지니고 있으며, 본 협약과 관련 있는 분야에서 능력이 인정된 10명의 전문가들로 구성된다. 위원회의 구성원은 공평한 지리적 배분과 주요 법체계를 고려하여 당사국의 국민 중에 선출되며 개인적 자격에 기초하여 임무를 수행한다.

③ 위원회의 위원은 당사국에 의하여 지명된 자의 명단 중에서 비밀투표에 의하여 선출된다. 각 당사국은 자국민중 1인을 지명할 수 있다.

④ 위원회의 최초의 선거는 본 협약의 발효개시일부터 6일 이내에 실시되며, 이후 매 2년마다 실시된다. 매 선거일의 최소 4개월 이전에 국제연합 사무총장은 당사국에게 2개월 이내에 후보자 지명을 제출하라는 서한을 발송하여야 한다. 사무총장은, 지명한 당사국의 표시와 함께 지명된 후보의 명단을 알파벳순으로 작성하여 이를 본 협약의 당사국에게 제출하여야 한다.

⑤ 선거는 국제연합 본부에서 사무총장에 의하여 소집된 당사국 회의에서 실시된다. 이 회의는 당사국의 3분의 2를 의사정

족수로 하며, 출석하여 투표한 당사국 대표들로부터 최대다수표 및 절대다수표를 획득한 자가 그 위원으로 선출된다.

⑥ 위원은 4년 임기로 선출된다. 재지명되는 경우 위원은 재선출될 수 있다. 최초의 선거에서 선출된 위원들 중 5인의 임기는 2년 후에 종료된다. 이들 5인 위원의 명단은 최초 선거 후 즉시 동 회의의 의장에 의하여 추첨으로 선정된다.

⑦ 위원이 사망, 사퇴 또는 기타의 이유로 위원회의 임무를 더 이상 수행할 수 없음을 선언하는 경우, 그 위원을 지명한 당사국은 위원회의 승인에 따라 자국민중에서 잔여임기를 수행할 다른 전문가를 임명해야 한다.

⑧ 위원회는 자체의 절차규정을 두어야 한다.

⑨ 위원회는 2년 임기의 임원을 선출한다.

⑩ 위원회의 회의는 통상적으로 국제연합 본부나, 위원회에서 결정한 기타 다른 편리한 장소에서 개최된다. 위원회는 통상 매년 모임을 갖는다. 위원회의 회의기간은 필요한 경우 총회의 승인에 따라 본 협약 당사국 회의에 의해 결정되고 재검토된다.

⑪ 국제연합 사무총장은 본 협약에 의해 설립된 위원회의 효과적인 기능수행을 위하여, 필요한 직원과 편의를 제공해야 한다.

⑫ 총회의 동의에 따라, 본 협약에 의하여 설립된 위원회의 위원들은 총회가 결정한 기간과 조건에 근거하여 국제연합의 재원으로부터 보수를 받는다.

제44조 ① 당사국은 본 협약에서 인정한 권리를 실현하기 위하여 채택

한 조치와 그 권리의 향유와 관련한 진전 상황에 관한 보고서를 다음과 같이 국제연합 사무총장을 통하여 위원회에 제출하여야 한다.

(a) 관계 당사국에 대하여 이 협약이 발효한 후 2년 이내

(b) 그 후 매 5년마다

② 본 조의 규정에 의해 제출되는 보고서는, 이 협약 하에서 의무 이행정도에 영향을 미치는 요인과 장애가 있다면 이를 보고하여야 한다. 또한 보고서는 관계국가의 협약이행에 관한 포괄적인 이해를 위원회에 제공하기 위한 충분한 정보를 포함하고 있어야 한다.

③ 포괄적인 최초의 보고서를 위원회에 제출한 당사국은, 본 조 제1항 (b)에 따라 제출한 후속 보고서에 이미 제출한 기초적 정보를 반복할 필요는 없다.

④ 위원회는 당사국에게, 협약이행과 관련한 추가 정보를 요구할 수 있다.

⑤ 위원회는 위원회 활동에 관한 보고서를 매 2년마다 경제사회이사회를 통하여 총회에 제출하여야 한다.

⑥ 당사국은 자국의 보고서가 자국내 국민들에게 널리 이용되도록 해야 한다.

제45조 본 협약의 효과적 이행을 촉진하고 협약 관련 분야에서의 국제협력을 촉진하기 위하여

(a) 전문기구, 국제연합아동기금 및 국제연합의 기타 기관은 이 협약 중 그들의 권한 범위 내에 속하는 협약 규정의 이행에 관한 논의를 위해 대표를 파견할 권리를 갖는다. 위원회는 이

상의 기구들을 초청하여 그 기구의 활동범위 내에 속하는 분야에서 협약의 이행에 관한 보고서를 제출 받을 수 있다.

(b) 위원회는 적절하다고 판단되는 경우, 기술적 자문이나 지원을 요청하거나 그 필요성을 지적하고 있는 당사국의 모든 보고서를, 위원회의 의견과 제안에 따라 전문기구, 국제연합 아동기금 및 기타 권한있는 기관에 전달하여야 한다.

(c) 위원회는 총회에 대하여, 사무총장이 위원회를 대신하여 아동권리와 관련이 있는 특정문제를 조사하도록 요청할 것을 권고할 수 있다.

(d) 위원회는 본 협약 제44조 및 제45조에 의하여 제공받은 정보에 기초하여, 제안과 일반적 권고를 할 수 있다. 이러한 제안과 일반적 권고는 관계당사국에도 전달되어야 하며 당사국의 논평과 함께 총회에 보고되어야 한다.

제 3 부

제46조 본 협약은 모든 국가의 서명을 위하여 개방되어야 한다.

제47조 본 협약은 비준되어야 한다. 비준서는 국제연합 사무총장에게 기탁된다.

제48조 본 협약은 모든 국가의 가입을 위하여 개방되어야 한다. 가입서는 국제연합 사무총장에게 기탁된다.

제49조 ① 본 협약은 20번째의 비준서 혹은 가입서가 국제연합 사무총장에게 기탁된 날부터 30일째 되는 날 효력이 발생한다.

② 20번째 비준서 또는 가입서의 기탁 이후에 이 협약을 비준

하거나 가입하는 각 국가의 효력 발생일은 그 국가의 비준서, 가입서 기탁 후 30일째 되는 날이다.

제50조 ① 모든 당사국은 개정안을 제안하고 이를 국제연합 사무총장에게 제출할 수 있다. 사무총장은, 그 개정안의 심의와 표결을 위한 당사국회의 개최에 대한 찬성여부에 대하여 당사국의 의견을 요청하는 것과 더불어, 개정안을 당사국에게 알려주어야 한다. 통보 이후 4개월 이내에 전체 당사국 중 최소 3분의 1이 회의 개최에 찬성하는 경우, 사무총장은 국제연합의 주관 하에 그 회의를 소집하여야 한다. 출석하고 투표한 당사국의 과반수에 의하여 채택된 개정안은 그 승인을 위하여 국제연합총회에 제출된다.

② 본 조 제1항에 따라서 채택된 개정안은, 국제연합 총회에 의하여 승인되고 당사국의 3분의 2 이상의 다수가 찬성할 때 효력이 발생한다.

③ 개정안이 발효되면 그 개정안은 이를 수락한 당사국을 구속하며 그 밖의 다른 당사국들은 여전히 본 협약의 조항과 이미 수락한 그 이전의 개정안에 의해 구속된다.

제51조 ① 국제연합 사무총장은 비준 또는 가입시 각 국가가 만든 유보에 관한 문서를 접수하여 모든 국가에게 이를 배포하여야 한다.

② 본 협약의 대상 및 목적과 양립할 수 없는 유보는 허용하지 아니한다.

③ 유보는 국제연합 사무총장이 발송한 효력에 대한 통고를 통해 언제든지 철회될 수 있으며 사무총장은 이를 모든 국가에게

통보하여야 한다. 이러한 통고는 사무총장이 접수한 날부터 효력을 발생한다.

제52조 당사국은 국제연합 사무총장에 대한 서면통고를 함으로써 본 협약을 폐기할 수 있다. 폐기는 사무총장이 통고를 접수한 이후 1년이 경과한 후 효력이 발생된다.

제53조 국제연합 사무총장이 본 협약의 수탁자로 지명된다.

제54조 아랍어, 중국어, 영어, 불어, 러시아어 및 서반아어로 된 문서가 동등하게 정본인 본 협약의 원본을 국제연합 사무총장이 수탁한다.

아래에 서명한 전권 대표들이 연서인이 되어 각 국가의 정부에 의하여 정당하게 그 권한을 위임받아 본 협약에 서명하였다. (서명란은 생략)

X 국제연합 1990년대 아동의 생존, 보호, 발달을 위한 세계 선언

아동을 위한 세계정상회담

1990년 9월 30일 뉴욕에서는 71명의 국가원수를 포함, 158개국의 대표들이 참석한 가운데 '아동을 위한 세계 정상회담'이 열렸다.

'아동에게 밝은 미래를...'이란 캐치프레이즈를 내걸고 사상 처음으로 동서남북을 막론한 국가 정상들이 회동한 이 회담에서는 "1990년대 아동의 생존, 보호, 발달(Children Survival, Protection and Development)"을 위한 세계선언과 행동계획을 만장일치로 채택하였다.

아동을 위한 세계 정상회담의 개최는 유니세프의 제임스 그랜트 총재가 1988년도 말, 1989 세계 아동 현황보고에서 처음 제의하였으며 그 후 스웨덴, 캐나다, 이집트, 말리, 멕시코, 파키스탄 등 6개 발기국에 의해 28개국이 참여하는 정상회담 추진위원회가 조직되고 유엔 사무총장에 의해 1990년 3월 각국 정상들에게 초청장을 발송함으로써 이루어지게 된 것이다.

동 회담에 참가한 정상들은 미국의 부시 대통령, 영국의 대처수상, 일본의 가이후 총리, 프랑스의 미테랑 대통령 등 경제대국의 정상들을 비롯해 벨기에의 보두인 왕, 교황청의 아고스티노 카사롤리 추기경, 유엔의 케야르 사무총장과 짐바브웨의 무가비 대통령 등 아시아와 남아메리카, 아프리카의 여러 개발도상국 정상들이 참여하였다.

다음은 동 정상회담에서 채택한 1900년대 아동의 생존, 보호, 발달을 위한 세계 선언과 행동 계획의 내용이다.

아동의 생존, 보호, 발달을 위한 세계 선언

1. 우리는 아동의 생존, 보호, 발달에 대해 공동 참여하고 긴급히 호소하기 위하여 즉, 모든 어린이에게 보다 나은 미래를 주기 위하여 아동을 위한 세계 정상회담에 모였다.
2. 아동은 가장 천진하고 상처받기 쉬우며, 그리고 가장 중요한 사회의 일원이다.
   아동의 시간은 즐거움과 평화, 그리고 놀이와 배움과 올바른 성장으로 채워져야 한다. 아동의 미래는 조화와 협동 속에 이루어져야 한다. 아동의 인생은 견문을 넓히고, 새로운 경험을 얻어가며 성숙되어야 한다.
3. 그러나 많은 아동이 겪는 생활은 이와는 다르다.

도전

4. 전 세계의 수많은 아동이 매일 그들의 성장과 발달을 저해하는 위험에 노출되어 있다.
   아동이 전쟁과 폭력의 피해자로써, 인종차별과 타국의 점령에 의한 희생자로써 유기되거나 그들의 집과 부모를 떠나게 되고, 심신장애자로써 고통받고 있다.
5. 매일 수백만의 어린이들이 가난과 경제위기, 배고픔과 무주택, 전

염병과 문맹, 환경의 퇴화, 부채의 위기, 그리고 불안정한 경제성장으로 인해 고통받고 있다.

6. 매일 4만 명의 아동이 영양실조, 에이즈를 포함한 질병, 깨끗한 물과 적절한 위생시설의 부족, 그리고 약물남용의 희생자로써 죽어가고 있다.

7. 이러한 것들은 정치지도자들이 받아야 할 도전이다.

기회

8. 모든 나라들은 아동의 고통을 멈추게 하고 그들의 완전한 발전을 진전시킬 수 있고, 그들로 하여금 그들의 요구와 권리와 기회를 알도록 하는 지식과 방법을 가지고 있다. 아동의 권리에 관한 국제협약은 진정으로 전 세계 아동의 권리와 복지를 존중하는 새로 운 계기를 마련한다.

9. 지난 수년간 개선된 국제적인 정치 분위기는 이 과업의 수행을 가능하게 한다. 국제적인 협력과 단결로 많은 분야에서 구체적인 결과를 얻게 되었다. 경제 성장이 다시 시작되었고, 환경을 보호하게 되었고, 치명적이고 불구가 되게 하는 질병의 확산을 막게 되었고, 더욱 광범위한 사회경제적 정의를 이룩하게 되었다. 최근의 군비축소 움직임으로 중요한 자원들이 다른 목적으로 쓰이게 되었다. 이 자원들이 재분배될 때 아동의 복지증진에 최우선권이 주어져야 한다.

과업

10. 아동의 건강과 영양의 향상은 첫 번째 과업이며, 또한 그 해결책이 손쉽게 구해지는 과업이다. 하루 수만 명이나 되는 아동의 사망 원인은 이미 밝혀진 것들이므로 그들의 생명은 쉽게 구해질 수 있다. 아직도 세계 여러 곳에서 아동과 영아의 사망률은 매우 높다. 그러나 사망률을 극적으로 낮출 수 있는 손쉬운 방법이 개발되어 있다.
11. 장애아와 불우한 환경의 아동에게 더 많은 주의와 보살핌과 지지를 보내주어야 한다.
12. 남녀동등권을 보장하면서 일반적인 여성의 역할을 강화하는 것은 아동의 이익을 위한 것이 된다. 여아들에게도 처음부터 동등한 대우와 기회가 주어져야 한다.
13. 현재 약 1억의 아동이 기초 교육조차 받지 못하고 있으며 그 중 3분의 2는 여아들이다. 이들에게 의무교육을 보급하고 전 인류의 문맹을 깨우쳐주는 것보다 더 세계 아동의 발전에 공헌하는 것은 없다.
14. 출산과 관련하여 매년 50만 명의 어머니들이 사망하고 있다. 가능한 모든 방법을 통해 안전한 분만이 장려되어야 하며 가족 계획과 터울 조절의 중요성은 더욱 강조되어져야 한다. 1차 집단으로서, 그리고 아동의 성장과 복지를 위한 자연스러운 환경으로서의 가정에 대하여 모든 필요한 보호와 도움이 주어져야 한다.
15. 모든 아동은 안전하고 사랑받는 환경 안에서 가족과 양육자들의 도움을 받아 그들의 자아를 발견하고 가치를 실현할 수 있는 기

회를 가져야 한다. 아동은 자유로운 사회 안에서 책임 있는 삶을 위하여 준비되어야 한다. 아동은 문화적 생활에 참여하도록 격려되어야 한다.

16. 경제상황은 특히 개발도상국에서 아동의 운명에 크게 영향을 미친다. 모든 아동의 미래를 위해서 모든 국가의 안정된 경제성장과 발전을 보장하여야 하며 개발도상국의 심각한 외채문제에 대하여 보다 폭넓고 지속적인 방안을 마련하여야 한다.

17. 이 과업들은 국가적 차원에서 그리고 국제적인 협력차원에서 모든 국가의 계속적이고 단합된 노력을 필요로 한다.

약속

18. 아동의 복지는 가장 높은 차원의 정치적 실천을 필요로 한다. 우리는 이의 실천을 결의하는 바이다.

19. 우리는 아동의 권리와 아동의 생존, 보호, 발달을 가장 중요시할 것을 엄숙히 선언하는 바이다.

20. 우리는 국내에서뿐만 아니라 국제적 협력을 통해서 다음 열 가지 항목의 아동의 권리를 보호하고 그들의 삶을 향상시키기 위해 함께 일할 것을 동의한다.

    1) 우리는 아동의 권리에 관한 국제협약의 조속한 비준과 이행을 위해 일할 것이다. 모든 국가의 각기 다른 사회문화적 가치를 인정한 바탕 위에 아동의 권리에 대한 정보를 제공하는 프로그램을 전 세계적으로 시작하여야 한다.

    2) 우리는 아동의 건강을 향상시키고, 모든 나라에서 영아 및

아동 사망률을 낮추기 위하여 국가적, 그리고 국제적으로 부단한 노력을 기울인다. 우리는 세계 모든 아동이 위생적인 환경과 깨끗한 식수를 공급받을 수 있게 하기 위하여 함께 일할 것이다.

3) 우리는 전 세계에서 굶주림과 영양실조로 고통받고 있는 수백만 아동을 구제할 수 있는 효과적인 방법을 모색하기 위하여 함께 일할 것이다.
4) 우리는 가족계획과 모자보건을 향상시키고 여성의 역할을 강화하기 위하여 함께 노력 할 것이다.
5) 우리는 특히 부모들이 그들의 자녀를 아주 이른 유아기부터 올바로 양육할 수 있도록 지원함에 있어 모든 필요한 노력을 아끼지 않을 것이다. 우리는 또한 가족으로부터 떨어져있는 어린이들의 특별한 요구를 인정할 것이다.
6) 우리는 지구상에서 문맹을 퇴치하고, 미래의 고용기회를 늘리며, 아동의 문화적 창조능력을 계발하기 위하여 "만인을 위한 교육" 프로그램에 계속 힘쓸 것이다.
7) 우리는 고아나 거리의 아동, 심신장애아, 그리고 학대받고 착취당하는 아동과 같이 특별히 어려운 처지에 있는 수백만 아동에 대한 관심을 증가시키기 위하여 힘쓸 것이다. 난민 아동들에게 새로운 생활의 터전이 마련되어야 한다. 우리는 불법적인 아동노동을 없애기 위하여 일할 것이다. 우리는 아동이 약물남용의 희생자가 되지 않도록 최선을 다해야 한다.
8) 우리는 전쟁의 재난으로부터 아동을 보호하고 모든 아동에게 평화롭고 안전한 미래를 보장하기 위하여 전쟁방지대책을 찾

도록 노력할 것이다. 분쟁 중에도 아동과 그 가족의 기본적 욕구는 충족되어야 한다. 전쟁과 폭력이 벌어지고 있는 곳에서는 아동을 위하여 휴전, 혹은 특별구호지대설치 등이 허용될 것을 요망한다.

9) 우리는 인류의 환경을 보호하기 위하여 함께 일할 것이다. 이것은 지역적, 국가적 그리고 세계적인 차원에서 행하여져 모든 아동이 보다 안전하고 건강한 미래를 물려 받을 수 있도록 하는 것이다.

10) 우리는 세계적 차원에서 빈곤퇴치를 위해 함께 일할 것이며 이는 아동의 복지에 직결되는 문제이다. 최빈국 아동이 가장 먼저 보호대상이 되어야 한다. 그러나 아동의 성장과 발달에 관한 한 세계 모든 나라가 국가적인 노력, 혹은 국제적인 협력 을 통하여 더욱 힘을 기울여야 한다. 이는 개발도상국에 대한 원조 증가, 무역 자유화, 그리고 부채 탕감 등을 포함한다. 인류 중 가장 취약한 집단, 즉 아동의 복지를 보장하면서 세계적인 경제성장을 도모하도록 구조적 변화가 필요하다.

다음 단계

21. 아동을 위한 세계 정상회담은 우리에게 행동을 취해야 할 도전들을 보여주었다. 우리는 그 도전들을 받아들이기로 동의했다.
22. 우리는 특히 아동 자신에게 많은 것을 묻고자 한다. 우리는 아동이 이 노력에 참여하기를 호소한다.
23. 우리는 아동의 복지를 위하여 모든 민간기구와 국제연합의 지원

을 요청하며 이를 위한 국제적인 실천을 기대하는 바이다.

24. 우리는 보다 구체적인 국가적, 국제적 과업의 골격으로서 행동계획을 채택하며, 이를 이행할 것을 결의한다. 또한 우리는 자국의 실천계획안에 포함된 약속을 이행하기 위하여 필요한 자원을 동원할 준비가 되어있음을 밝혀둔다.

25. 우리는 이 과업을 우리 현 세대 뿐만 아니라 다음 세대를 위하여 수행한다. 모든 아동에게 보다 나은 미래를 주는 것보다 더 고귀한 과업은 없다.

1990년 9월 30일 뉴욕

XI 1990년대 아동의 생존, 보호, 발달을 위한 세계 선언의 행동계획

Ⅰ. 서문

1. 이 행동계획은 각국 정부, 국제기구, 쌍무구호기관, 민간단체와 사회 각 부문이 아동을 위한 세계정상회담 결의안의 실천계획을 수립함에 있어, 그 지침을 제공하기 위해 마련된 것이다.
2. 아동의 욕구와 문제는 나라마다, 더 작게는 지역마다 다르다. 따라서 개별국가나 특정 지역 내의 국가, 그리고 국제기구, 지역기구, 국가기구, 국내기구 등은 고유의 상황과 능력, 권한에 맞는 구체적인 실천계획을 마련함에 있어 이 행동계획을 활용할 수 있을 것이다. 그러나 세계의 모든 부모와 어른, 그리고 지도자들은 아동의 복지를 위한 공동의 희망을 갖고 있다. 이 행동계획은 이같은 공동의 희망을 기초로 '90년대 아동을 위한 일련의 목표와, 이 목표들을 달성하기 위한 전략 및 공약, 그리고 보완조치들을 다각적으로 제시하고 있다.
3. 아동을 위한 발전은 전반적인 국가발전의 핵심적인 목표가 되어야 한다. 이는 또한 제4차 유엔 발전 계획기간(1991~2000)을 위한 국제발전 전략의 일부이어야 한다. 오늘의 아동은 내일의 세계 시민이기 때문에 그들의 생존, 보호 및 발달은 미래 인류 발전의 필수요건인 셈이다. 새 세대들이 그들의 기초적인 욕구를 충족시키고 잠

재력을 충분히 실현할 수 있도록 지식과 재원을 제공하는 일은 국가 발전의 최우선 목표가 되어야 한다. 그들 개인의 발전과 사회에 대한 기여가 세계의 미래를 창조하는 것인 만큼, 아동의 건강, 교육, 영양에 대한 투자는 국가발전의 초석임에 틀림없다.

4. 아동복지를 위한 국제사회의 희망은 지난 1989년 유엔 총회에서 만장일치로 채택된 '아동권리협약'에 잘 반영되어 있다. 이 협약은 방치, 학대, 착취로부터 어린이를 보호하는 것은 물론 아동의 생존과 발달을 포함한 기본 인권의 보장, 그리고 그들의 성장과 복지를 위해 필요한 사회 각 부문의 노력에 참여할 수 있는 권리 등에 대해 세계 보편적인 법적 기준을 제시하고 있다. 아동을 위한 세계정상회담의 선언은 세계 각국 정부에 대해 이 협약의 조속한 비준과 실행을 촉구하고 있다.

5. 1990년대 아동과 발전을 위한 일련의 목표들은 전 세계 모든 국가와 유엔 관련기구 및 주요민간기구들이 참가한 가운데 지난 2년간 개최됐던 각종 국제회의에서 제시된 바 있다. 이같은 목표들과 함께, '90년대 인간본위의 발전에 대한 국제사회의 관심이 증가하고 있는 현실과 관련해, 이 행동계획은 서기 2천년까지 아동의 생존, 보호 및 발달을 위한 다음의 목표들을 이룩함에 있어서 개별국가의 일관된 노력과 국제적인 협력을 촉구하고 있다.

   a) 1990년도 5세 미만 유아 사망률의 1/3 경감, 또는 신생아 1천 명당 70명 수준으로의 격감.
   b) 1990년도 산모 사망률의 반감.
   c) 1990년도 5세 미만 유아의 영양실조율의 반감.
   d) 청결한 식수 공급 및 위생적인 분뇨처리 시설의 보급

e) 기초교육 기회의 확대 및 전 세계 학령기 아동 80%의 초등교육 이수.

f) 여성에 주안점을 둔 '90년도 성인 문맹률의 반감.
(최적 연령층은 국가별로 선정)

g) 어려운 상황, 특히 전쟁 중의 어린이 보호.

6. 구체적인 부문별 계획과 위의 주요목표 달성을 위한 세부계획들은 이 행동계획 부록에 명시되어 있다. 이 목표들은 단계설정이나 우선순위 조정, 기준마련, 재정동원 등에 있어서 각국의 현실에 맞게 조정되어야 한다. 목표 실현을 위한 전략은 나라마다 달라질 수 있다. 일부 국가들은 형편에 따라 중요하고 적절한 고유의 발전 목표를 추가할 수도 있다. 그같은 목표조정은 그 목표의 기술적 효용성과 타당성, 재정확보 등을 보장하는데 중요한 역할을 할 것이다.

II. 아동의 생존, 보호, 발달을 위한 구체적 실행계획

7. 이같은 목표들을 추구함에 있어 우리는 지난 수세기동안 수천만의 아동을 괴롭혀온 질병들을 퇴치 또는 박멸하고, 새 세대의 삶의 질을 향상시킬 수 있는 기회를 발견할 수 있을 것이다. 이 목표들을 달성하는 것은 인구증가 억제에도 기여하게 된다. 유아 사망률이 부모가 첫아이의 생존을 안심할 정도의 수준으로 꾸준하게 줄어들게 되면 일정 시간이 지난 뒤에는 출생률이 격감할 것이기 때문이다. 이같은 기회를 포착하기 위해 아동을 위한 세계정상회담은 다음과 같은 부문에서 구체적인 조치들을 촉구하고 있다.

아동권리협약

8. 유엔 총회에서 만장일치로 채택된 아동권리협약은 아동의 보호와 복지를 위한 국제적인 법적 기준을 명시하고 있다. 이 협약을 비준하지 않은 모든 국가들은 이를 비준해야 하며 이미 비준한 국가에 대해서는 이 협약의 실행과 감시를 위한 모든 가능한 노력이 기울여져야 한다.

아동보건

9. 해마다 5세 미만 유아 1천 4백만 명이 대부분 예방 접종으로 막을 수 있는 홍역, 파상풍, 결핵, 백일해, 디프테리아나 저렴한 가격의 약품으로 치료, 예방이 가능한 설사 관련 질환 및 호흡기 질환으로 죽어가고 있으며 수백만 어린이들이 같은 이유로 해서 불구가 되고 있다. 이같은 질병과 싸우기 위해서는 기초 의료, 보건 서비스의 강화 등 효과적인 조치들이 전 세계적으로 취해져야 한다.
10. 이처럼 예방 또는 치료 가능한 질병들과 말라리아처럼 퇴치가 어려운 질병 외에 오늘날 의 어린이들은 후천성 면역결핍증(에이즈)이라는 새로운 질병의 위협을 받고 있다. 에이즈가 극심한 국가들의 경우 아동 생존 계획의 성과마저 에이즈로 인해 상쇄되고 있는 실정이다. 또한 에이즈는 다른 의료 서비스에 할당되고 제한된 재원마저 축내고 있다. 에이즈의 비극은 에이즈에 감염된 아동의 고통과 사망으로 끝나지 않고 그 부모의 사망에 따라 형제들마저 고아가 되는 지경에 이르게 된다. 따라서 세계 보편적으로 적용 가능한 백신 및 치료제 개발을 포함한 대대적인 홍보교육 캠페인 등이 아동보건을 위한 국가적 노력과 국제적 협력의 최우선 과제가 되어야 할

것이다.

11. 아동과 성인의 건강에 영향을 미치는 주요 요인 중의 하나는 청결한 식수의 공급이다. 이는 인류의 건강과 복지에 필수적일 뿐만 아니라 아동 특히 여아들에게 나쁜 영향을 미치는 고된 일로부터 여성을 해방시키는데 결정적인 역할을 하게 된다. 아동 보건의 증진은 개도국 아동의 3분의 1이 청결한 식수를 마시지 못하고 또 그들 절반이 위생적인 시설을 사용하지 못하고 있는 현 상황 하에서는 기대하기 어렵다.

12. 지난 10년간 농촌 지역 및 도시 빈민 지역에 청결한 식수와 위생시설을 공급할 수 있는 간단하면서도 저렴한 방법이 기술혁신을 통해 개발된 데 비추어 이제 오는 2천년까지 세계의 모든 아동에게 깨끗한 식수와 위생적인 분뇨 처리시설을 제공한다는 목표는 충분한 타당성이 있다. 청결한 식수의 보급과 보건교육의 확대는 현재 아프리카와 아시아 일부지역에서 수천만 어린이들을 괴롭히는 기니벌레병의 퇴치 등 수인성 전염병 통제라는 부수 효과를 가져 올 수 있다.

식품과 영양

13. 전 세계 아동 사망 중 그 절반은 각종 형태의 기아와 영양실조에 기인한다. 2천만 이상의 아동이 악성 영양실조, 1억 5천만 어린이들이 체중미달, 3억 5천만 여성들이 영양 결핍으로 인한 빈혈로 고생하고 있다. 영양실조의 예방을 위해서는

1) 적절한 식량공급,

2) 위생적인 환경 및 질병 통제,

3) 적절한 모자보건 서비스 등이 필수적이다.

올바른 정책과 적절한 제도적 장치 및 정치적 관심을 통해 세계는 이제 모든 아동들에게 충분한 식량을 공급하고 영양실조를 극복할 수 있는 수준에 이르렀다. 앞으로의 과제는 영양실조를 야기하는 질병의 퇴치와 결핍으로 인한 영양실조를 반감시키고 비타 민 A결핍증 및 요오드 결핍성 질환의 퇴치와 영양실조로 인한 빈혈을 줄여나가는 일이다.

14. 아동과 임산부에게 있어서 임신 및 수유기간 중의 적절한 영양공급은 절대적으로 중요하다. 또한 모유 수유와 이에 따른 아동의 성장 체크, 영양상태 확인 등도 필수적이다. 아동의 성장뿐 아니라 성인들에게도 충분한 식사는 중요하며 이를 위해서는 취업 및 소득원의 보장과 함께 식량 생산과 분배를 확충할 수 있는 지식과 서비스의 보급이 필요하다. 이는 기아와 영양실조를 퇴치하기 위한 광범위한 국가 전략의 핵심이 되어야 한다.

여성의 역할과 모자 보건 및 가족계획

15. 여성의 다양한 역할은 아동 복지에 결정적 영향을 미친다. 여성의 지위 향상과 교육기회 증진 그리고 각종 사회혜택의 공평한 수혜기회 등은 국가의 경제, 사회 발전에 기여하는 바가 크다. 여성의 지위 향상과 국가 발전에 있어서 그들의 역할 신장을 위한 노력은 여자 어린이에서부터 시작되어야 한다. 여자 아동들에게도 보건, 영양, 교육 등에 대한 공평한 수혜 기회를 부여, 그들의 잠재력을 실현할 수 있도록 해야 한다.

16. 어머니의 건강, 영양, 교육은 여성 자신의 생존과 복지에도 중요하

며 유아기 아동들의 건강에는 결정적 요소가 된다. 유아사망 특히 태아 사망의 주요 원인은 시기가 적절치 못한 임신, 출산시 체중 미달, 조산, 불안정한 분만, 신생아 파상풍, 다산(多産) 등과 관련이 있다. 이는 또한 50만 명의 젊은 여성들의 목숨을 앗아가고 수백만 여성들에게 고통을 주는 원인도 되고 있다. 이같은 비극을 막기 위해서는 여성들의 건강, 영양, 교육 등에 특별한 배려가 있어야 한다.

17. 모든 부부들이 가족계획의 중요성과 터울 조절의 장점 등에 대해 충분한 지식을 갖출 수 있도록 함으로써 너무 어리거나 늦은 나이의 임신을 피하고 다산(多産)이나 잦은 임신을 막을 수 있게 해야 한다. 또한 임신기간 중의 건강관리와 위생적인 분만, 산모가 위험할 경우의 즉각적인 의료처치 시설의 확보, 임산부의 파상풍 예방접종 및 임신 중에 일어나기 쉬운 빈혈이나 각종 영양결핍을 미연에 방지하는 것도 새로 태어나는 생명을 위해 좋은 배려가 될 것이다. 모자보건향상 프로그램 및 가족계획이 병행해서 추진될 경우 아동사망률과 출산율을 동시에 줄일 수 있을 뿐만 아니라, 둘 중 하나만 실시하는 것보다 훨씬 효과적으로 인구 증가를 둔화시킬 수 있다.

가정의 역할

18. 가정은 어린이가 태어나서 성년이 될 때까지 양육하고 보호해야 할 최우선의 책임이 있다. 아동에게 자신이 속해있는 문화나, 그 사회의 가치관 및 규범을 알려주는 것 또한 가정교육에서 비롯된다. 아동이 원만한 인격을 형성하기 위해서는 사랑과 이해가 넘치는 화목한 가정환경 속에서 자라야 한다. 따라서 사회의 모든 제도들이 아동을 가족적인 환경에서 키울 수 있도록 부모들이나 아동보육기관

들을 적극적으로 지원해야만 한다.

19. 아동이 가족과 헤어지게 되는 경우는 무슨 일이 있어도 막아야 한다. 그러나 불가피한 사정이나 또는 아동의 복지를 위해 어쩔 수 없는 경우에는 가정을 대신할 수 있는 적절한 기관이나 다른 가정에 맡김으로써 아동이 갑작스러운 환경변화에 따른 정신적 충격을 받지 않도록 최대한의 배려를 해야 한다. 따라서 친척이나 친지, 지역사회 단체들이 앞장서서 고아나 버려진 아이들을 돌봐줘야 할 것이다. 단 한 명의 아동도 사회의 천덕꾸러기 대접을 받지 않도록 최선의 노력을 기울여야 한다.

기초 교육과 문맹률

20. 거의 세계의 모든 정부가 참여한 가운데 국제사회는 태국에서 개최된 '만인의 교육을 위한 세계 회의'에서 현재 기초교육은 물론 읽고 쓸 줄조차 모르는 1억 이상의 아동과 10억에 달하는 성인들을 위해 대폭적인 교육기회를 신장한다는 공약을 한 바 있다. 더구나 이들 문맹자 중 3분의 2가 여자 아동이나 여성들이다. 위의 공약을 실현하기 위해서는 다음 사항들에 대한 구체적인 조치가 취해져야 한다.

a) 조기 아동교육의 확대.

b) 현재 남아와 여아 사이의 교육기회의 불균형 해소에 주안점을 두되, 최소한 취학아동의 80%가 초등교육이나 그에 상응하는 교육을 이수할 수 있도록 기초교육 기회의 제공.

c) 여성 문맹률 감소에 역점을 두어 현재 성인 문맹률을 반으로 줄임.

d) 취업을 위한 직업 훈련 강화

e) 기존의 미디어나 첨단 통신 수단을 막론하고 교육 가능한 모든 창구를 동원해서 지식과 기술을 확산함으로써 어린이와 각 가정의 삶의 질적인 향상 도모.

21. 교육 확대는 비단 인간의 발전과 삶의 질을 높인다는 근본적인 가치 외에도 모자보건 향상에 크게 기여할 뿐만 아니라, 환경보호와 지속적인 발전에도 일익을 담당한다. 따라서 기초 교육에 대한 투자는 국제적인 협조는 물론 국내 정책 입안 시에도 최우선의 관심사가 되어야 한다.

특별히 역경에 처한 아동들

22. 전 세계 수백만 명의 어린이들이 몹시 어려운 상황에서 살고 있는데 구체적으로 고아, 집없는 아동들, 피난민, 전쟁이나 방사능 또는 유독한 화학물질 노출과 같은 인재에 의해 희생된 어린이들, 매춘이나 성적 학대 등에 시달리며 착취당하는 아동들, 장애자, 십대 문제아들, 인종차별 정책이나 외국에 의한 점령으로 고통받는 어린이들이 그들이다.

이러한 아동들은 그들의 가정과 지역사회로부터 특별한 관심과 보호를 받아야 함은 물론 국내외적인 지원도 주어져야 할 것이다.

23. 적어도 1억 이상의 아동이 그들에게는 과도하고 위험한 직업에 종사하고 있는데 이는 경제적 착취나 그들의 교육, 건강, 성장발달에 저해가 되는 일에는 종사하지 못하도록 되어 있는 국제 협약들에 위반되는 것이다. 이런 사실을 감안해서 모든 국가들은 이런 부당한 노동행위를 중단하도록 노력하고 적법한 고용형태일지라도 그

속에서 일하는 아동이 건강하게 성장할 수 있도록 적절한 여건을 마련해 주어야 한다.

24. 마약이 전 세계 수많은 청소년들에게 침투됨에 따라 심각한 문제로 대두되고 있는 가운데 마약 중독자 어머니에게서 태어난 아동의 피해가 점점 늘고 있다. 따라서 이러한 비극적인 사태를 막기 위해 각국 정부들과 정부관련 기관들이 공동 대책을 마련하여 마약의 불법 생산, 공급, 수요, 거래 등을 근절해야만 한다.

전쟁시의 어린이 보호

25. 전쟁 상황에서 아동들은 특별한 보호를 받아야 한다. 최근 그 좋은 예로 분쟁을 겪고 있는 국가의 양측들은 '평화의 보급로'라는 명제 하에 여성과 아동들에게 구호품을 전달하는 것과 '평화의 날'이라 하여 전쟁 지역 아동들과 각 가정에 필요한 의료서비스나 예방접종 등을 할 수 있도록 허용하는 특별 조치에 동의한 바 있다. 즉, 아동과 그 가족들에게 식량, 의료 등 기초적인 서비스를 지속적으로 제공하고 그들이 폭력과 전쟁의 직접적인 피해를 받지 않게 하는 것이 꼭 분쟁의 해결을 통해서만 가능한 것은 아니라는 것을 시사하는 것이다. 전쟁과 폭력이 더 이상 분쟁을 해결하는 수단으로 용납될 수 없는 그런 평화로운 세상의 기초를 마련하기 위해서는 아동들에게 평화와 인내, 이해심과 대화의 중요성을 일깨워주는 교육을 심어줘야 할 것이다.

아동과 환경

26. 아동들의 생존과 성장발달이 환경보호와 그의 지속적인 추진에 달

려 있음을 감안할 때 어린이와 환경은 불가분의 관계에 있다. 이 행동 계획안에 제시된 1990년대 아동의 생존과 발달을 위한 방안에는 질병과 영양실조의 퇴치, 교육기회의 신장을 통해 환경을 개선해보려는 취지가 담겨져 있다. 이러한 노력은 출산율은 물론 사망률을 낮추고 사회 환경도 개선시키고 자연자원의 효율적 활용을 가능케 하여 궁극적으로 빈곤의 악순환과 환경오염을 막는데 기여하게 된다.

27. 1990년대 아동을 위한 목표들은 재원투자보다는 사회구성원들의 호응, 지역사회의 참여, 적절한 기술 등에 더 많이 의존하기 때문에 환경보호에 유익하다고 할 수 있다. 이 행동 계약서에 명시된 아동의 생존, 보호, 발달 목표 역시 환경 보전에 도움이 된다. 개도국과 선진국의 오염을 막는데는 아직까지 더 많은 노력이 필요하다. 부유층의 낭비를 줄임으로써 빈곤층의 생존과 발전을 도모하는 방향 전환이 필요한 것이다. 아동을 위한 계획들은 그들의 기본 욕구를 충족시킬 뿐만 아니라 자연환경의 다양성과 아름다움, 자원 등에 대한 경외심을 일깨움으로써 인간생활의 질을 향상시킨다. 따라서 이 계획들은 세계 환경회의에서도 다루어져야 한다.

빈곤의 퇴치와 경제성장 촉진

28. 건강, 영양, 교육 등 어린이와 관련된 제반 목표의 달성은 최악의 빈곤을 경감시키는데 기여할 것이다. 그러나 굳건한 경제적 기초 위에서 장기적으로 아동의 생존, 보호, 발달을 도모하기 위해서는 더 많은 노력이 경주되어야 한다.

29. 유엔 총회 18차 임시회의(1990년 4월)에서 결의한 바와 같이 1990

년대 가장 중요한 과제는 개도국의 경제성장 및 사회발전의 활성화와 수많은 사람들에게 고통을 주고 있는 빈곤과 기아의 문제를 해결하는 것이다. 인류사회에서 가장 취약한 연령층인 아동들은 지속적인 경제성장과 빈곤퇴치 없이는 복지를 보장받을 수 없는 입장에 있다.

30. 국제경제 여건을 호전시키기 위해서는 개도국들의 외채문제를 가능한 빨리 대폭적으로 그리고 지속적으로 해결하는 것이 급선무이다. 또한 1990년대에는 국내외의 자원을 동원 개도국 발전에 투입하고 개도국의 원자재 수출을 지양하는 대신 개방적이고 공평한 통상 체제를 구축함으로써 개도국 경제를 공산품 수출 주도형으로 변화시키고 현대화를 도모하며 실질적인 잉여재원을 최빈국들을 위해 쓰는 것도 중요하다.

31. 무엇보다도 중요한 것은 아동들의 기본 욕구를 충족시키는 일이다. 아동과 여성 그리고 다른 소외되고 약한 계층들에게 혜택을 나눠주는 계획들은 구조적인 조정이나 경제 체제 개편 시에도 타격을 받아서는 안 된다. 예를 들어, 국방예산이 감축될 경우, 남은 재원의 일부는 아동을 돕는 사회경제 개발계획에 전용되어야 한다. 외채경감계획 역시 그에 따른 예산 재편성이나 경제성장의 혜택이 아동들에게 돌아갈 수 있도록 수립되어야 한다. 외채를 사회개발 투자로 전환시키는 등의 어린이를 위한 외채경감이 채권국 및 채무국 상호간에 고려되어야 할 것이다. 민간 투자가들을 포함한 국제사회는 개도국 정부 및 관계기구들과 협력, 아동을 위한 부채경감을 지원해야 한다. 개도국 스스로의 노력을 뒷받침함에 있어서 채권국과 국제기구들은 개발지원이 기초보건, 기초교육, 청결한 식수 및 보

건계획 등과 어린이를 위한 세계정상회담 및 이 행동 계획이 지적한 다른 목표에 초점을 맞추도록 해야 할 것이다.

32. 국제사회는 사하라사막 남부 아프리카 국가 대부분을 포함한 개발문제가 시급한 내륙 및 도서국가 등의 최빈국들의 고립화를 막아야 한다는 필요성을 인정해왔다. 이들 국가들은 1990년대 아동들을 위한 계획을 추진함에 있어 국제사회의 특별한 지원을 필요로 하고 있다.

Ⅲ. 보완조치와 감시

33. 이 행동계획의 효율적인 실행을 위해서는 해당 정부의 노력과 국제적 협력이 필수적이다. 아동을 위한 세계정상회담의 선언문에서 확인된 바와 같이 이같은 노력은 어린이에 대한 최우선 원칙하에서 이루어져야 할 것이다. 이 원칙은 어려울 때나 좋을 때나 아동을 위한 재원은 최우선으로 할당되어야 한다는 것이다.

34. 특별히 아동을 위한 계획들은 경제성장, 빈곤퇴치, 인력개발, 환경보호 등 폭넓은 국가 발전 계획을 강화하는 방향으로 추진되어야 한다. 이러한 계획들은 또 지역사회 기구의 강화와 시민정신 및 문화유산과 사회규범에 대한 의식을 재고하는 방향으로 이루어져야만 젊은 세대들의 소외를 막을 수 있다. 이같은 목표를 염두에 두고 우리는 다음과 같은 노력을 경주해야 한다.

• 개별 정부차원의 행동지침

1) 세계 각국의 정부는 1991년까지 아동을 위한 세계정상회담에서

채택한 선언과 이 행동 계획이 규정한 목표들을 구현하기 위한 실천계획을 수립해야 한다. 동시에 각국 정부는 지방정부와 민간기구 및 민간부문을 지원 세계정상회담 선언과 행동계획의 목표 이행을 위한 계획을 수립하도록 해야 한다.

2) 각국의 국가계획과 정책 범위내에서 어린이들의 복지향상에 최우선 초점을 두어야 한다. 또한 어린이를 위한 세계정상회담과 행동계획에 명시된 아동의 생존, 보호, 발달이라는 주요 목표들의 달성을 위해 노력해야 한다.

3) 각국은 고유의 상황에 비추어 예산을 재검토하고 채권국의 경우는 발전 지원 예산을 검토함으로써 아동의 생존, 보호, 발달을 위한 계획들이 예산 조정시 최우선 배려를 받을 수 있도록 해야 한다. 또한 이러한 계획들은 긴축 경제나 구조 조정기에도 지장받지 않도록 해야만 할 것이다.

4) 가정, 지역사회, 지방정부, 민간기구와 언론을 비롯한 사회, 문화, 종교 단체 및 업계 등은 이 행동계획 실천에 있어서 적극적인 역할 수행을 해야 한다. 1980년대의 경험에 비추어 볼 때 아동의 생존, 보호, 발달이라는 목표를 향한 노력이 결실을 거두기 위해서는 전통적으로 이같은 목표를 중요시하지 않았던 사회 각 부문의 공동 참여를 유도하는 것이 필수적이었다. 새로운 정보, 통신 분야의 발전을 활용하는 등 사회 각 부문의 동원은 모든 가정에 아동의 복지 향상을 위해 필요한 정보와 기술을 보급하는 데 상당히 중요하다.

5) 각국은 또한 정기적이고 시의적절한 자료의 수립, 분석 및 배포를 위한 제도적 장치를 마련 태아, 신생아, 5세 미만 유아 사망률

이나, 산모의 사망률, 다산율, 영양정도, 질병 발생률, 취학률, 문맹률 등 아동복지에 관련된 사회지표를 적절하게 점검할 수 있어야 한다. 이같은 지표들은 이 행동계획과 이에 따른 각국별 계획의 목표가 얼마나 진전되었는가를 보여주는 척도가 될 것이다. 통계는 또한 이 계획들이 여자 아동과 여성들에 대해 불공평하지 않는가의 여부를 감시, 수정해 나갈 수 있도록 성별로 나누어 집계되어야 한다. 또한 정책결정자들이 바람직하지 경향을 시의적절하게 바로 잡을 수 있도록 하는 경고 장치의 마련도 중요하다. 인적 부문의 발전 지표는 경제 지표들과 함께 국가 지도자들과 정책결정자들에 의해 정기적으로 검토되어야 한다.

6) 각국은 여성이나 아동들에게 타격이 큰 자연재해나 인재(人災)에 대처하는 기존 장치들을 재검토해야 한다. 재난에 대한 적절한 장치를 갖고 있지 않은 나라들은 필요에 따라 국제기구의 지원을 요청할 수 있는 창구를 마련해 두어야 한다.

7) 아동을 위한 세계정상회담과 이 행동계획에 명시된 목표의 실현과 어린이와 각 가정이 안고 있는 문제의 해결은 더 많은 연구개발을 통해 진척되어야 한다.

정부, 업계, 학계는 기초 연구 및 조직 연구를 통해 기술혁신과 효과적인 사회동원, 기존 사회보장제도의 효율적 활용을 추구해야 할 것이다. 이같은 연구의 필요성이 특히 절실한 부문은 보건분야로서 말라리아, 에이즈, 호흡기 질환, 설사관련 질환, 영양결핍, 결핵, 가족계획, 신생아 보호 등이 이에 포함된다. 이와 함께 유아발달, 기초교육, 공중위생 분야와 결손 가정 아동들의 고통에 대한 연구도 절실하다. 이러한 연구는 개도국과 선진국 연구

기관들의 협조 하에 이루어져야 한다.

국제적 차원의 행동지침

35. 지역사회 및 국가 차원의 노력은 아동과 발전을 위한 이상을 실현하는데 결정적으로 중요하다. 그러나 대부분의 개도국, 특히 최빈국이나 외채가 많은 나라들이 아동의 생존, 보호, 발달을 위한 세계적인 노력에 참여하기 위해서는 실질적인 외부의 협조가 필요한 것이 사실이다. 따라서 이 행동계획 실천을 위한 국제적인 여건을 조성하려면 다음과 같은 조치들이 필요할 것이다.

1) 정부, 민간 부문을 막론한 모든 국제 발전기구들은 1990년대 인적부문 발전을 위한 노력의 일환으로 아동을 위한 세계정상회담과 이 행동 계획서에 명시된 목표에 어떻게 기여할 수 있는지를 검토해야 한다. 국제발전기구들은 1991년까지 그리고 이후 정기적으로 나름의 계획들을 상위 기관에 보고해야 한다.

2) 지역간 정치 경제 기구 등 모든 기구들은 아동을 위한 세계정상회담 및 이 행동계획의 고려사항 등 기구간 회의 의제로 상정, 이같은 목표의 실행을 위한 상호협력과 감시를 협약화 해나가야 할 것이다.

3) 유엔 관련기구들과 다른 국제기구간의 전면 협력을 통해 아동을 위한 세계정상회담 및 이 행동계획에 명시된 목표들이 각 나라에서 실현될 수 있도록 적극 장려해야 한다. 관련 기구들의 집행부는 그들의 권한 내에서 이같은 목표 달성을 최대한 지원해야 한다.

4) 유엔은 유엔 통계국, 각 전문기구, 유니세프와 다른 유엔 기구들

의 전문지식을 활용, 이 행동계획의 이행 여부를 감시해야 한다. 나아가 유엔 사무국은 아동을 위한 세계정상회담과 이 행동계획에 명시된 목표에 얼마만큼의 진전이 있었는가를 적절한 수준에서 점검하는 중간 검토 보고서를 작성할 필요가 있다.

5) 유니세프는 어린이를 위한 세계기구로서 유엔의 각급 전문기구들과 협력 1990년대 아동을 위한 발전계획과 그 실행상태를 면밀히 분석해야 한다. 전문기구들의 집행부와 유엔 기구들은 정기회의 때마다 이 행동계획을 검토하고 경제사회이사회를 통해서 유엔 총회가 진전 상황과 앞으로 필요한 조치 등에 대해 보고받을 수 있도록 해야 할 것이다.

36. 아동을 위한 세계정상회담과 이 행동계획에 명시된 목표들을 실현하기 위해서는 모든 관계 당사국들의 일치된 노력이 필요하다. 다행인 것은 이러한 목표를 달성하는데 필요한 지식과 기술은 이미 우리 곁에 있다는 점이다. 다만 여기에 필요한 재원은 목표에 비해 부족한 점이 없지 않다. 가장 중요한 요소 중의 하나인 아동 보호를 위한 정보와 서비스의 보급은 현재 세계 각국에서 가능하다. 국가와 인류 문명의 생존, 안정 및 발전의 성패가 달려있는 아동의 보호, 발달보다 더 큰 대의명분은 없다. 따라서 이 행동 계획의 완전한 실행은 개별국가의 노력과 국제적인 협력에 있어서 최우선적으로 고려되어 야 할 것이다.

≪행동계획 부록≫ 아동과 발전을 위한 1990년대의 목표

다음의 목표들은 세계 각국 정부와 세계 보건기구(WHO), 유니세프, 유엔인구기금(UNFPA), 유네스코, 유엔개발계획(UNDP), 국제부흥개발은행(IBRD) 등의 유엔 관련기구 그리고 많은 민간기구들이 참여한 국제 회의에서 광범위한 협의 끝에 마련된 것이다. 이 목표들은 각국의 문화, 종교 및 사회적 전통의 범위 내에서 기간, 기준, 우선 순위, 재원 가용성들을 고려해 각국의 여건에 맞게 실행되어야 할 것이다.

개발국가의 특성에 따른 추가적인 계획은 이 계획의 실행과정에서 보관되어야 할 것이다.

1. 아동 생존, 발달, 보호를 위한 주요 목표

(a) 1990년과 2000년 사이에 신생아 및 5세 미만 유아의 사망률을 3분의 1 또는 1천 명당 50~70명 수준 이하로 낮춘다.

(b) 산모의 사망률을 절반으로 줄인다.

(c) 5세 이하 유아의 영양실조율을 절반으로 줄인다.

(d) 청결한 식수와 분뇨 위생처리 시설을 전 세계에 보급한다.

(e) 2천년까지 취학연령 아동의 80%가 초등교육을 이수하도록 한다.

(f) 성인 문맹률(적정 연령그룹은 각국별로 정한다)을 여성들에게 역점을 두고 1990년 수준의 절반 이하로 낮춘다.

(g) 어려운 여건에 처한 아동을 보호한다.

2. 보완/부문별 목표

A. 여성의 건강과 교육

(1) 여자 아동 및 임산부, 수유기 여성들의 건강과 영양에 특별한 관심을 기울인다.

(2) 모든 부부들에게 너무 늦거나 어린 나이에 임신, 또는 터울이 가깝거나 잦은 임신을 피할 수 있도록 필요한 정보와 서비스를 제공한다.

(3) 모든 임산부들에게 임신 중 그리고 분만 시에 필요한 의료 혜택을 제공하며 위험한 임신이나 임신과 관련한 응급상황에 대처할 수 있는 시설을 확보한다.

(4) 여아를 위한 기초교육을 확대하고 여성을 위한 문맹퇴치 계획을 강화한다.

B. 영양

(1) 5세 미만 유아들의 악성 및 일반적인 영양실조를 1990년 수준의 반으로 줄인다.

(2) 신생아의 체중미달(2.5kg 이하)율을 10% 이하로 줄인다.

(3) 철분 결핍으로 인한 여성들의 빈혈을 1990년 수준의 3분의 1정도로 줄인다.

(4) 요오드 결핍성 질환을 근절한다.

(5) 비타민A의 결핍과 그에 따른 실명을 퇴치한다.

(6) 여성들이 출산 후 4~6개월 간 모유를 수유토록 하고 2년까지 모유 수유를 할 수 있도록 영양을 보충 공급한다.

(7) 1990년대 말까지 각국 아동의 성장 발달을 체크할 수 있는 제도

적 장치를 마련한다.

(8) 각 가정의 안정적인 식량 공급을 위해 정보와 서비스를 제공한다.

C. 아동 보건

(1) 2천년까지 척수성 소아마비를 퇴치한다.

(2) 1995년까지 신생아 파상풍을 근절한다.

(3) 홍역으로 인한 사망률을 95%줄이고 홍역 발생률을 홍역의 장기적인 퇴치를 위해 1995년 까지 예방접종 이전 수준의 10%선까지 낮춘다.

(4) 2천년까지 1세 미만 유아 90%에 대해 디프테리아, 백일해, 파상풍, 홍역, 척수성 소아 마비, 결핵 등에 대한 예방접종을 실시하고, 임신 적령기 여성에 대한 파상풍 예방접종률 을 높인다.

D. 식수와 위생

(1) 안심하고 마실 수 있는 청결한 식수의 공급 확대

(2) 분뇨 위생처리 시설의 보급.

(3) 2000년까지 기니벌레병을 퇴치한다.

E. 기초교육

(1) 저렴한 비용의 가족 내지 지역사회 단위의 적절한 아동 조기교육 활동을 확대한다.

(2) 남녀 아동간의 격차를 줄이는 데 역점을 두고 취학 연령 아동의 80%를 공식 또는 비공식 교육을 통해 초등교육 과정을 이수하게 한다.

(3) 성인 문맹률을 여성에 중점을 두고 1990년도 수준의 절반으로 낮춘다.

(4) 언론이나 기존의 통신수단 및 혁신적인 통신망을 망라해 개인과 가정의 지식 및 기술 습득을 향상시켜 행동의 변화를 유도한다.

F. 역경에 처한 어린이들

특별히 어려운 상황에 처해있는 아동을 보호하고 이 같은 상황을 근본적으로 해결할 수 있는 대책을 마련해야 한다.

XII 1985년 Paris 국제성인교육대회선언

학습권을 인지하는 것은 인류를 위한 어떤 노력보다도 중요하다.

학습권은:

읽고 쓸 수 있는 권리이며;

문제를 제기하고 분석할 수 있는 권리이며;

상상하고 창조할 수 있는 권리이며;

자신이 살고 있는 세계를 이해하고 역사를 쓸 수 있는 권리이며;

교육 재화에 접근할 수 있는 권리이며;

개인 그리고 집단에 의하여 배울 수 있는 기술을 계발할 수 있는 권리이다.

성인교육 파리 회의는 이 권리의 중요성을 재확인한다.

학습권은 어떤 시점의 미래를 위하여 남겨놓을 문화적 사치가 아니다.

학습권은 생존의 문제를 해결하고 난 이후에야 고려될 수 있는 권리가 아니다.

학습권은 인간의 기본적 욕구가 충족된 이후에야 고려될 권리가 아니다.

학습권은 인류의 생존에 요구되는 필수불가결한 도구이다.

만약 전 인류가 식량 생산과 여타의 기본적 필요를 자족시킬 수 있도록 바란다면, 인류는 반드시 학습권을 소유하여야 한다.

만약 여성과 남성 모두가 보다 나은 건강 생활을 영위하려면, 그들은 반드시 학습권을 소유하여야 한다.

만약 우리가 전쟁을 피하고자 한다면, 우리는 평화롭게 사는 방법을 학습하여야 하며, 서로를 상호 이해하는 방법을 학습하여야 한다.

'학습'은 중심어이다.

학습권 없이는 인간발달을 기대할 수 없다.

학습권 없이는 농업과 산업의 획기적 진전, 공공 사회의 건강 증진, 그리고 실지로 학습 조건의 변화는 없을 것이다.

학습권 없이는 도시와 농촌에서 일하는 모든 근로자의 생활의 기준이 향상되는 것을 기대할 수 없다.

한 마디로, 학습권은 오늘날 인류의 심각한 문제를 해결하는 데에 가장 큰 공헌을 할 수 있는 것의 하나이다.

그러나 학습권은 경제 발전의 수단일 뿐만 아니라, 인간의 기본적인 권리의 하나로 인식되어야만 한다.

모든 교육 활동의 중심에 놓여 있는, 학습 행위는 인류를 역사적 사건에 내맡겨진 대상에서 인류 역사를 창조하는 주체자로 바꿔놓을 것이다.

학습권은 보편적 정당성을 갖는 기본적 인권이다: 학습권은 특정한 부류 사람의 일로 제한해서는 안된다: 학습권은 특권층, 선진국, 부유한 계층, 또는 학교교육을 받을 여유있는 젊은이들의 것이어서는 안된다. 파리회의는 모든 사람들에게, 모든 필요한 인적 및 물적 자원이 공급될 수 있도록, 보다 형평성 있도록 교육체제를 재고하며, 그리고 끝으로 여러 사회에서 성공적으로 개발한 자원이 공급될 수 있도록 함으로써 이 권리가 이행되고 이 권리가 효과적으로 행사될 수 있는 필요한 제 조건들을 마련하기를 모든 국가에 요청한다.

우리는 전 세계적으로 이 권리가 증진될 수 있도록 정부기관과 비정부기관을 포함하는 모든 기관이 국제연합, UNESCO 그리고 기타 전문기관들과 협력하기를 강권한다.

엘시노어, 몬트리올, 도쿄 그리고 파리에서 열린 일련의 UNESCO 성인교육 국제회의에서 보여진 평생교육에 관한 커다란 진전에도 불구하고, 한편으로 문제의 복잡성과 문제의 광범한 성격 사이의 틈이 좁혀지지 않고 있으며, 또 다른 한편으로 적합한 문제 해결을 모색하기 위한 개인과 집단간의 간극도 좁혀지지 않고 있다.

1985년 UNESCO 본부에서 개최된 제4차 평생교육 국제회의는 이전의 회에서 채택된 권고안을 당면 문제의 광범위성으로 인하여 성인교육활동을 집중적이고 전문적으로 개발하기 위한 단호하고 창의적인 노력을 경주하기 위하여 모든 국가에 재권고하며, 이로 인하여 모든 남녀는 개인적 그리고 집단적인 수준에서 자신들 스스로가 채택한 교육목적, 교육수요 및 실제적 절차에 필수적으로 요구되는 교육적, 문화적, 과학적, 기술적 자원을 스스로 마련할 수 있어야 한다.

이 회의는 여성과 여성단체들이 관심을 갖고 공헌해 왔던 인간관계 개선에 쏟은 헌신과 목적을 대하여 인식하고 그것을 적극 권장한다. 여성들의 특수한 경험과 방법은, 남녀간의 평등과 공존과 같은 문제에서 볼 수 있듯이, 인류의 미래가 짊어질 근본적인 문제에 핵심이 된다. 이와 같은 사실을 고려할진대, 여성의 참여는 성인교육의 발전은 물론이고 보다 인간적인 사회를 건설하는데 있어서 본질적인 것이다.

누가 미래 사회에서 인류의 장래를 결정하는가? 이는 모든 정부, 비정부기관, 그리고 모든 개인 및 집단이 직면하고 있는 문제이다. 이는 또한 성인교육에 종사하는 모든 이들이 당면하고 있는 문제이기도 하며, 개인과 집단의 차원에서 그들 자신의 정체성과 운명을 결정할 수 있는 방법을 모색하는 모든 이들이 직면하고 있는 문제이기도 하다.

XIII 1997년 Hamburg 국제성인교육대회선언

1. 자유의 도시 Hamburg에서 열린 제5차 성인교육 국제회의에 참석한 우리는, 인간중심의 계발과 인권의 모든 측면을 고려한 적극적 사회만이 확고하고 공평한 발전을 선도할 것이라고 재차 확인한다. 삶의 모든 분야에서 남녀의 분별 있고 효과적인 참여는 인류가 생존하고 미래의 도전에 대응하는 데에 요구된다.
2. 성인교육은 권리 이상의 것이다; 성인교육은 21세기를 여는 핵심이 된다. 성인교육은 능동적 시민정신의 결과인 동시에 사회생활에서 완전한 참여를 위한 조건이다. 성인교육은, 생태적으로 확고한 발전, 민주주의·정의·남녀평등, 그리고 과학·사회·경제 발전의 증진, 그리고 정의에 기초한 평화문화의 정착과 대화에 의한 갈등이 해소된 세계를 건설하기 위하여 요구되는, 강력한 개념이다. 성인 학습은 정체성을 확립시켜 주며 삶의 의미를 부여해 준다. 평생 학습은 연령, 남녀평등, 장애, 언어, 문화 및 경제적 요소로 인하여 야기되는 상위함을 재고하는 것을 의미한다.
3. 성인교육은 형식적 교육이건 아니건 간에 현존하는 학습과정의 총체를 의미한다. 그러한 과정을 통하여 성인은 그들이 속한 사회를 통하여 능력을 계발하고, 지식을 증진시키며, 직업기술에 요구되는 자질을 함양하거나 자신 또는 사회의 새로운 필요를 충족시킬 수 있어

야 한다. 성인 학습은 형식교육과 계속교육, 비형식 학습과 이론적 접근 뿐만 아니라 실제적 접근이 모두 요구되는 다양한 학습사회에서 획득되는 일체의 학습 형태를 모두 망라한다.

4. 성인 학습의 내용과 청소년의 교육내용이 경제적, 사회적, 문화적 맥락과 그들이 살아가는 사회의 필요에 따라 천차만별이기는 하지만, 양자는 인간학습이 평생학습이어야 한다는 교육을 바라보는 새로운 시각에 요구되는 필수적 요소이다. 평생학습에 요구되는 시각은 보완성과 계속성이다. 성인교육 및 계속교육은 분별 있고 관용적인 시민성의 계발, 사회경제발전, 문맹 타파, 빈곤 극복, 환경 보존 등에 실제로 공헌할 수 있도록 입안되어야 한다.
5. 평생 학습의 과정으로 본 청년 및 성인 교육의 목표는, 인간과 사회의 책임감과 자율성을 계발하고, 경제, 문화, 사회의 전 영역에서 요구되는 실천 능력을 배양하도록 강화하며, 공존과 관용 그리고 분별 있고 창의적인 사회참여를 증진하도록, 한 마디로 말해서 인간과 사회가 스스로의 운명을 자율적으로 통제하며 다가올 미래의 도전에 적절하게 직면할 수 있도록 마련되어야 한다. 성인 학습의 접근은 학습 당사자의 유산, 문화, 가치관과 선대의 경험에 근거한 것이어야 하며, 이러한 접근을 가능하게 할 다양한 방법은 모든 시민이 능동적으로 참여하고 자신의 입장을 밝힐 수 있어야 한다.
6. 이 회의는 회원국의 정치적, 경제적, 사회적 체제와 정부의 조직 구조가 다양하다는 것을 인정한다. 이러한 다양성과 인권과 기본적 자유의 완전한 존중에 비추어, 이 회의는 회원국이 처한 특정한 현실이 이 회의가 의결한 정신을 신장시킬 방법을 결정할 것이라는 사실을 인정한다.

7. 제5차 성인 교육 국제회의에 참가한 각국 정부와 조직의 대표들은 평생 학습의 틀 안에서 성인 학습의 가능성과 미래가 폭넓게 그리고 역동적으로 인식될 수 있도록 탐구되어야 한다고 결정하였다.

8. 최근 10년 동안, 성인 학습은 근본적인 변화를 겪어 왔으며 또한 영역과 규모 면에서 괄목할 만한 성장을 이룩하였다. 전 세계적으로 확산되고 있는 지식 기반 사회에서, 성인 교육과 계속교육은 지역사회와 직장에서 절실히 요구되는 지상명령이 되었다. 사회와 직장생활에서 제기되는 새로운 요구는 모든 개개인으로 하여금 그들이 삶 전반에 걸쳐 계속적으로 새로운 지식과 기술을 갱신시킬 것을 요구하는 기대를 증가시켜 왔다. 시민 사회가 성인 학습에 헌신하여야 한다는 동반자적 관계가 확장되고 그에 따른 국가의 새로운 역할이 이러한 변화의 중심이 되어야 한다. 국가는 모든 이에게, 특히 소수 민족, 토착민과 같은 약자의 처지에 있는 사람들에게, 전반적인 정책의 틀을 제시함으로써 교육받을 권리를 보장하는 가장 근본적인 제도적 장치이다. 공적, 사적 그리고 지역사회의 각 부분에서 요구되는 새로운 동반 관계에서 보면, 국가의 역할은 변화하고 있다. 국가는 성인교육의 제공자일 뿐만 아니라 조언자, 재원 마련자, 그리고 감독 및 평가 기관의 역할을 하여야 한다. 정부와 사회기구들은 각 개인들이 갖고 있는 필요와 포부를 표현할 수 있도록, 그리고 그들이 전 생애를 통하여 끊임없이 교육 기회를 접할 수 있도록 필요한 수단을 강구하여야 한다. 정부의 입장에서 보면, 성인교육은 교육담당 정부 부처의 소관만이 아니다; 모든 정부 부처가 성인 학습을 증진하는데 참여하여야 하고, 이를 위한 각 부처간의 협력은 필수적인 것이다. 이와 더불어, 고용주, 노동조합, 비정부기

관과 지역사회 조직, 그리고 토착민과 여성을 위한 단체들은, 성인 학습 기회를 인지하고 용인된 것이라는 전제 아래, 성인 학습 기회를 창출하고 상호 협력하는 데에 참여하고 책임을 갖는다.

9. 모든 이를 위한 기초교육은 연령에 관계없이 사람들이 개인적으로나 사회적으로나 그들의 잠재력을 실현할 수 있는 기회를 갖고 있다는 것을 의미한다. 이것은 권리일 뿐만 아니라, 타인과 사회 전체에 대한 의무이자 책임이다. 전 생애를 통하여 교육받을 권리가 있다는 것을 인식한다는 것은 이러한 권리를 행사하는데 요구되는 제조건과 수단이 필연적으로 수반되어야 한다는 사실을 근본적으로 인식하는 일이다. 21세기에 직면하게 될 도전은 정부, 기구 또는 단체들만의 힘으로 대응할 수 없다; 여기에는 민간인들의 역량, 상상과 자질, 그리고 삶의 전반적인 영역에 자유롭고 적극적이며 전적인 그들의 참여가 요구된다. 미성년의 교육과 성인교육은 가장 넓은 의미에서 보면 창의성과 생산성을 도모하는 중요 수단 중의 하나이며, 달리 말하자면 급변하고 복잡다기한 위기에 처한 세계의 복잡하고 서로 엇물린 문제들을 직면하여 해결하는 데에 필수불가결의 요소이다.

10. 미성년의 교육과 성인교육의 새로운 개념은, 형식적, 비형식적 교육의 효과적인 연계망, 혁신, 창의성과 운영의 유연성을 요구하기 때문에, 현존하는 교육현실에 대한 도전이다. 이러한 도전은 전 생애를 통한 학습의 개념을 통한 성인 교육의 새로운 접근을 필요로 한다. 대중매체, 공공시설, 공정한 지도를 통한 학습의 증진은 정부, 사회기관, 제공자에게 그 책임이 있다. 궁극적 목적은 사회정의와 전반적인 복리 향상에 이바지하는 학습사회의 창조이어야 한다.

11. 성인의 독서력. 급변하는 세계에 모든 이들에게 요구되는 기본적 지식과 기능으로 포괄적으로 인식되는, 독서력[탈문맹]은 하나의 기본적 인권이다. 모든 사회에서 독서력은 그 자체로 필요한 능력이며 동시에 여타의 능력에 기초가 되는 능력이다. 학습할 기회가 결여된 사람 또는 이 권리를 주장할 능력조차 충분히 갖추지 못한 사람이 수백만 명에 이르며, 그 중의 대다수가 여성이다. 과제는 이들에게 독서력을 길러주는 일이다. 이러한 일은 인식의 제고 및 권한을 행사함으로써 학습의 전제 조건을 창출하는 일이다. 독서력은 또한 사회, 문화, 정치 및 경제 활동 참여와 평생학습을 위한 촉매제이다. 따라서 우리는 독서력의 획득과 파지시키기 위한 학습 기회를 보장하고 모든 회원국가 탈문맹의 환경을 창출할 수 있도록 스스로 헌신하여야 한다. 학습 기회를 획득할 수 없고 또한 거기에 소외된 이들을 포함한 모든 이를 위한 학습 기회의 제공은 가장 시급한 우리의 관심사이다. 이 회의는 파울로 프레이리가 주도하는 1998년에 시작되는 탈문맹의 10년을 환영하는 바이다.

12. 교육받을 권리와 생애를 통한 학습권의 인식은 그 어느 것보다도 우선하여 필요한 것이다. 이는 읽고 쓸 권리이며, 문제를 제기하고 분석할 수 있는 권리이며, 학습원에 접근할 수 있는 권리이며, 개인적 그리고 사회적 능력과 기술을 계발하고 실행할 수 있는 권리이다.

13. 여성 차별금지와 권한의 확대. 여성은 남성과 동등한 권리를 갖는다; 바꿔 말하자면, 사회의 발전은 삶의 전 영역과 직업의 모든 분야에서 여성의 완전한 참여를 이루고 있을 때 이루어진다. 청소년 및 성인 학습은 지방 문화에 비추어 이루어져야 하며 모든 여성에게

교육 기회를 확장시킬 수 있도록 우선적으로 배려되어야 한다. 이를 위하여 여성이 갖는 다양성을 존중하고, 청소년 교육 및 성인교육의 접근 기회와 그로 인하여 야기되는 각종 혜택을 제한하는 여성에 대한 편견과 고정관념을 제거하는 일이 동시에 병행되어야 한다. 독서력 증진, 교육 및 훈련을 받을 권리를 제한하는 어떠한 시도도 용납되어서는 안된다. 권리의 행사와 정도는 그러한 제한을 개선하는 방향으로 마련되어야 한다.

14. 평화 정착 문화와 시민교육 및 민주교육. 우리 시대가 당면한 가장 중요한 문제는 폭력 문화를 제거하고 정의와 관용에 기초한 평화로운 문화를 건설하는 것이며, 이러한 문화 속에서 대화, 상호존중 및 협상은 가정과 사회 및 국가 내에서 그리고 국가간에 일어날 수 있는 폭력을 추방할 수 있다.

15. 다양성과 평등. 성인 학습은 문화적 다양성이 갖는 우수성을 존중하여야 하며 각 민족의 전통적이고 토착적인 지식과 학습 방법을 존중하여야 한다; 모국어를 학습할 권리는 존중되어야 하고 또 실행될 수 있어야 한다. 성인 학습은 소수 집단, 토착민 그리고 유목민의 구전되는 지혜를 보존하고 문서화하여야 하는 긴박한 문제를 인정하여야 한다. 바꿔 말하자면, 간(間)문화 교육은 평화, 인권과 기본적 자유, 민주주의, 정의, 자유, 공존 그리고 다양성을 존중하면서 서로 다른 문화에 관한 학습과 문화간 학습을 권장하여야 한다.

16. 건강. 건강은 기본적 인권 중의 하나이다. 교육 투자는 곧 건강에 대한 투자이다. 평생 학습은 건강의 증진과 질병의 예방에 실질적으로 공헌할 수 있어야 한다. 성인교육은 건강에 관한 지식에 접근

할 수 있는 적합하고 공정하며 지속적인 기회를 제공하는 중요한 계기가 된다.

17. 환경보존. 환경보존을 위한 교육은 생태적 문제가 사회–경제적, 정치적 및 문화적 맥락에서 고려될 문제라는 인식을 바탕으로 한 평생학습 과정이어야 한다. 현존하는 개발 전략과 환경 문제 사이의 관계를 고려함이 없이 미래사회는 보장되지 않는다. 성인 환경교육은 지역사회와 의사결정자가 환경 유지와 인식과 그를 위한 행동을 취하도록 하는 중요한 역할을 한다.

18. 토착민 교육과 문화. 토착민과 유목민들은 국가가 제공하는 모든 수준과 형태의 교육을 받을 권리가 있다. 그럼에도 불구하고, 그들 문화를 스스로 향유하고 그들의 언어를 사용할 권리가 부정되어서는 안된다. 토착민과 유목민을 위한 교육은 언어적으로 문화적으로 그들의 필요에 합당하게 이루어져야 하며, 또한 이후의 계속교육과 훈련에의 접근이 용이하도록 이루어져야 한다.

19. 경제 체제의 변화. 세계화, 생산 패턴의 변화, 실업의 증가 그리고 안정된 생활 보장의 어려움은 보다 능동적인 노동 정책을 요구하며 남녀 모두로 하여금 노동 시장과 소득 증대 활동에 참여하도록 하는 데에 요구되는 기본적인 능력을 개발하기 위한 투자를 증가시켜야 한다.

20. 정보 획득의 가능성. 새로운 정보와 공학의 발달은 이러한 발달에 적응하지 못하는 일련의 개인들과 이에 합당하지 않은 사업을 사회적으로 직업적으로 배제시킬 새로운 위기를 가져온다. 따라서 미래 성인교육의 역할 중 하나는 이러한 배제 위기를 극소화하여 정보사회가 인간 차원의 시각을 잃지 않게 하는 일이다.

21. 노령 인구. 노령 인구는 전체 인구와 견주어 볼 때 예전의 어느 때보다도 많으며 그 비율은 계속 증가하고 있다. 이러한 노인들이 사회 발전에 기여할 수 있는 것은 많다. 따라서, 이들이 똑같은 조건과 적절한 방법에 따라 학습할 기회를 갖는다는 것은 중요한 일이다. 그들의 기술과 능력은 인정되고, 높이 평가받아야 하며, 또한 활용되어야 한다.

22. 살라만카 헌장(Saramanca Statement)의 입장에서, 장애자의 차별 해소와 접근 기회의 제공은 촉진되어야 한다. 장애자는 공평한 학습 기회의 권리를 갖는다. 그 학습 기회는 그들의 교육적 필요와 목적에 부합하여야 하며, 그 기회를 통하여 적합한 학습 공학은 그들의 특수한 학습 욕구를 충족시켜야 한다.

23. 청소년 교육 및 성인교육에 국가적·국제적인 투자를 증가시키고 이를 보장하는 일과 공·사의 자원을 여기에 투여하는 일은 화급을 다투어 실행할 일이다. 우리가 여기서 채택한 '미래안건'(The Agenda for the Future)은 이러한 목적을 성취하기 위하여 마련된 것이다.

24. 우리는, 미래안건을 우선적으로 실행하고 국가간의 조정과 협력을 강화하는 데에 필요한 지원을 할 수 있도록, 국제연합의 교육 분야 선도 기관인 UNESCO가 성인교육 증진에 학습체제를 통합하는 주도적 역할을 해 줄 것과 국제연합 체제 아래에 있는 모든 당사자들이 지원해줄 것을 요청한다.

25. 우리는 교육프로그램을 수행하는 데에 있어서 문화적, 언어적, 성적 그리고 경제적 상이함에 민감한 사람들뿐만 아니라 장애를 겪고 있는 사람들이 선호하고 그들이 적응할 수 있는 정책을 채택하고

입법 조치를 하도록, UNESCO가 회원국들에게 독려할 것을 강권한다.

26. 우리는 모든 당사자들이 그들의 책임과 보완 조치 및 상호 협력을 명백히 인식함으로써 이 선언과 미래 안건을 적극적으로 실행할 것을 엄숙히 선언한다. 우리는 21세기 초에 이르면 성인 학습이 보다 중요한 실체가 될 것임을 보장할 수 있도록 확고한 노력을 기울여야 한다. 그 목적 달성을 위하여, '1일 1시간 학습' 운동과 국제연합의 성인 학습 주간을 통하여 학습문화 진흥에 우리 스스로 헌신하여야 한다.

27. 함부르크에 모인 우리는 성인 학습의 필요성을 확신하였고, 그에 따라 모든 남녀에게 전 생애를 통한 학습할 기회를 제공하여야 함을 결의한다. 이러한 목적을 달성하기 위하여, 우리는 성인 학습이 하나의 기쁨이며, 하나의 도구이며, 권리이며 동시에 우리가 공유한 책임이 되도록 자원을 동원하고 공유할 것에 폭넓은 연대감을 형성해 갈 것이다.

XIV 아동권리협약에 관한 제2차 국가보고서

제1장 서 론

1. 대한민국의 아동의 권리에 대한 인식은 아동의 권리에 관한 국제협약의 정신과 일치하고 있으며, 이는 대한민국이 취하고 있는 아동과 관련된 여러 법적, 제도적, 행정적 조치에 구체적으로 나타나 있다.
2. 대한민국은 아동의 권리에 대한 이해의 폭을 넓히며, 아동을 물질적·정서적으로 보호하기 위하여 많은 노력을 기울여 왔다. 이 같은 노력의 목적은 '모든 어린이가 차별 없이 인간으로서의 존엄성을 지니고, 나라의 앞날을 이어나갈 새사람으로 존중되며, 바르고 아름답고 씩씩하게 자라도록 하는 것'(대한민국 어린이헌장 전문)이며, 이들이 '인간다운 삶을 보장받고 스스로 행복을 가꾸며 살아갈 수 있도록 여건과 환경을 조성해 주는 것'(새로운 청소년 헌장 전문)이다. 아울러 '아동이 건전하게 출생하여 행복하고 건강하게 육성되도록 복지를 보장함'(아동복지법)을 목적으로 하고 있다.
3. 아동이 누려야 할 기본적 인권의 존중에 대해서는 대한민국 어린이헌장의 전문과 11개 조항의 본문에 명시되어 있는데, 그 구체적인 내용은 1차보고서 제3항과 같다(부록1 참조).
4. 청소년이 누려야 할 기본적 권리와 책임에 대해서는 1998년 10월

개정된 새로운 청소년헌장에 자세히 제시되어 있다. 새로운 청소년헌장은 청소년의 주체적인 삶과 자율적인 참여를 보장하여 기성세대와 함께 만들어 가는 21세기 공존의 원리를 제시하고 있다(부록 2 참조).

5. 1995년 현재 0~17세의 아동인구는 12,886천명으로 전체인구의 28.6%를 차지하고 있으며, 남자아동이 여자아동보다 많아 여자아동 100명당 남자아동 110.0의 성비를 나타낸다. 아동인구는 점차로 감소하여 2000년에는 12,383천명(전체인구의 26.2%), 2010년에는 12,205천명(전체인구의 24.1%), 2020년에는 10,980천명(전체인구의 21.0%)으로 감소할 것으로 추정된다.

〈표 1〉 아동인구 (단위: 천명)

구분	1980	1985	1990	1995	2000
전체인구 (A)	37,407	40,420	43,390	45,092	47,275
아동인구 (B)	15,219	14,844	13,752	12,886	12,383
(B/A, %)	(40.7)	(36.7)	(31.7)	(28.6)	(26.2)
영아기 (0세)	755	611	632	720	705
유아기 (1~5세)	3,840	3,929	3,313	3,473	3,570
초등학생기 (6~11세)	5,486	4,763	4,877	3,901	4,081
중·고등학생기 (12~17세)	5,138	5,541	4,930	4,792	4,027

자료: 통계청, 『장래인구추계』, 1996.

6. 1977년에 제정된 의료보험법과 1989년에 도입된 전국민 의료보험제도는 아동이 건전하게 태어나서 튼튼하게 자랄 수 있는 의료보장의 기틀을 만들어 주었다. 또한 의료보호제도는 저소득층의

아동들에게 기본적 보건의료를 제공함으로써 전체 아동의 건강수준을 증진시키는데 주요한 역할을 하였다.

7. 아동복지법의 제정과 관련 법규의 제·개정은 아동복지부문의 성장을 주도하는 근간이 되었다. 아동복지에 관한 직접적인 기본법률인 아동복지법은 1981년 기존의 아동복리법에서 개정된 것으로, 산업화와 더불어 발생하는 새로운 가족해체현상에 대응하여 종전의 요보호아동 중심의 정책에서 탈피하여 일반아동들의 건전육성과 아동복지의 적극적인 실천을 기본정신으로 담고 있다. 한편 기혼여성의 사회참여에 따른 보육문제를 해결하고자 1991년 영유아보육법이 제정되었다. 아울러 1993년 청소년육성법은 청소년들이 지·덕·체의 균형 있는 성장을 할 수 있도록 사회여건과 환경을 조성하기 위한 법적 뒷받침이 되도록 청소년기본법으로 전면 대체되었다. 아동학대의 발생을 예방하고 학대가 발생했을 경우 개입 및 치료를 위하여 아동학대 관련 조항을 아동복지법 내에 신설하는 것을 골자로 하는 아동복지법 개정안이 국회에 계류중에 있다.

8. 아동의 건전한 가치함양과 지식의 계발을 위하여 대한민국은 교육부문에 많은 투자를 하고 있다. 교육법 제18조 제1항에 의하면, 의무교육을 6년의 초등교육 및 3년의 중등교육으로 하되, 다만 3년의 중등교육에 대한 의무교육은 국가의 재정여건을 고려하여 대통령령이 정하는 바에 의하여 순차적으로 실시한다고 규정되어 있으며, 이에 따라 도서벽지지역이나 농어촌지역에 현재 무상 중등 교육이 실시중에 있다. 대부분의 아동들이 학교교육을 받고 있으며 (1998년 4월 현재 중학교 진학률 99.9%, 고등학교 진학률 99.4%),

이러한 교육의 양적 확대라는 성과 위에 교육의 질적 향상을 위하여 노력하고 있다. 그러나 최근 일부 학교에서는 교사의 학생에 대한 통제가 약해지는 등 교실내 면학분위기를 흐리는 사례가 나타나고 있어 신중한 대처가 요구된다.

9. 대한민국 정부는 아동의 권리신장을 위하여 꾸준히 노력하고 있으며, 비정부조직 및 단체들(한국아동권리학회, 한국이웃사랑회, 한국어린이보호재단, 유니세프 한국위원회 등)도 아동의 권리 보호에 앞장서고 있다. 특히 아동권리에 관한 협약의 조항들과 관련하여 대한민국 정부는 아동의 이익이 우선적으로 보장될 수 있는 법적, 제도적, 행정적 조치를 꾸준히 실천해 나갈 것이다.

제2장 협약 이행을 위한 일반 조치

10. 대한민국은 1990년 9월 2일 국제법으로 발효된 「아동권리에 관한 국제협약」에 1990년 9월 25일에 서명하였고, 협약의 내용 중에서 현행 관련법들과 상치하는 일부 조항들에 대해서는 유보를 조건으로 1991년 11월 20일 비준서를 기탁했다. 이에 따라 대한민국은 1991년 12월 20일자로 「아동의 권리에 관한 국제협약」의 당사국이 되었으며, 1994년 11월 8일 동 협약의 제44조 규정에 따라 제1차 국가보고서를 제출한 바 있다.

11. 대한민국이 유보하고 있는 협약의 세 가지 조항은 부모와의 면접교섭권 보장(제9조 3항), 입양에 있어서 관계당국의 허가 규정(제21조 1호), 아동재판에 관한 상소권 보장(제40조 2항 2호-5)이다. 자세한 내용은 1차보고서 제11항에 설명되어 있다.

12. 그러나 대한민국이 유보하고 있는 협약의 조항은 대한민국 아동의 인권실현에 일반적으로 큰 영향을 미치지 않는 것으로 판단된다. 예를 들면 상소권 보장이란 (헌법 제110조 제4항 및 군사법원법 제534조에 의해) 비상계엄하의 군사재판에서 단심제만 허용되어 아동재판에 있어서 상소권 보장이 제한되고 있음을 말한다. 그러나 비상계엄 하에서만 단심제를 인정하고 있을 뿐 평상시에는 단심제가 인정되고 있지 않으며, 비상계엄이라는 특수 상황의 발발 가능성이 매우 낮으므로 본 조항의 커다란 의미는 없다고 하겠다. 그러나 대한민국은 현재 유보중인 조항 중 협약의 취지를 최대한 존중하는 방향으로 개선하기 위해 앞으로 계속 노력할 예정이다.

13. 아동권리협약 당사국은 자국민에게 아동권리의 내용에 대하여 홍보할 의무가 있다. 1993년에 발족된 유니세프한국위원회는 1997년 시민참여연대와 공동으로 “아이들에게도 인권이 있다”라는 홍보책자를 발간하여 학교 및 관계기관에 배포하고, 아동권리 홍보를 위한 부모교육을 실시한 바 있다. 또한 아동권리협약의 내용에 대한 홍보활동을 중점과제로 삼아 공청회 개최를 계획하고 있다. 또한 세계아동복리연맹(International Save the Children Alliance)의 회원으로서 비영리·비정부민간기관인 한국지역사회복리회(Save the Children, Korea)가 아동의 권리에 관한 비디오프로그램 제작 등을 통하여 민간인을 대상으로 아동권리에 대한 홍보 및 교육활동을 전개하고 있다. 한국이웃사랑회(Good Neighbors Inc.)와 SBS는 아동학대에 대한 국민의 인식을 제고하기 위하여 아동학대 예방을 위한 방송 캠페인을 1998년 12월 21

일부터 한달간 매일 1회 실시하였다.

제1절 협약의 규정과 국내법 및 정책의 조화방안

14. 대한민국은 아동권리에 관한 협약을 비준하기 전부터 아동의 권리를 실현하기 위하여 법·제도적·행정적 조치를 취하여 왔다. 1981년 아동복지법 개정 및 관련법규의 제·개정, 1988년 대한민국 어린이헌장 개정, 1998년 새로운 청소년 헌장 개정을 통하여 아동과 청소년의 권리를 선언하고, 아동권리 실현을 위한 법제도적 기반을 확보하였다(권리의 내용은 본 보고서 제1장 제2항 참조). 1차 보고서 제출이후 대한민국 정부가 행한 각종 아동권리 관련법규의 제·개정현황은 다음과 같다.

15. 청소년들의 균형 있는 성장을 위한 사회여건과 환경을 조성하는데 법적 뒷받침이 되도록 기존의 청소년육성법을 1993년 청소년기본법으로 전면 대체하였고, 1998년 10월 문화관광부의 주관으로 기존의 청소년헌장을 '새로운 청소년 헌장'으로 개정한 바 있다. 새로운 청소년헌장은 전문과 '청소년의 권리'조항 11개와 '청소년의 책임'조항 9개로 구성되어 있다.

16. 1997년 3월 개정된 근로기준법은 취업금지 연령을 만 13세 미만에서 만 15세 미만자로 조정하여 아동보호를 강화하였으며, 기존의 교육법은 세계화·국제화에 맞는 교육제도의 법적 기반을 제공하기 위하여 1997년 12월 교육기본법으로 개정되었다. 한편, 1997년 12월 개정된 민법은 제781조 제1항 가운데 "부가 외국인인 때에는 모의 성과 본을 따를 수 있고 모가에 입적한다"는 규정을 신설하여 출생아동의 국적취득과 호적등재를 가능하게 하는

조치를 강구하였으며, 1997년 12월 국적법 가운데 제2조 제1항을 '출생당시 부 또는 모가 대한민국 국민인 자는 대한민국의 국적을 취득하는 것'으로 개정하여 부모 양계혈통주의를 채택하였다. 개정된 국적법은 제10조 제2항에서 본인의 의사에도 불구하고 원 국적을 상실할 수 없는 아동이 우리 국적을 상실하지 아니하도록 예외규정을 신설하였다.

17. 1997년 1월 시행된 개정 형사소송법에서는 종전에 구속이유만 통지하던 것을 혐의사실의 요지까지 통지하도록 함으로써 아동권리 협약의 취지를 보다 충실히 이행하게 되었으며, 1993년 12월 기존 출입국관리법을 개정하고 1994년 7월부터 시행함으로써 아동을 포함한 난민에 대한 보호를 대폭 강화하였다.

18. 가정폭력으로부터 아동을 효과적으로 보호하기 위하여 1997년 12월 가정폭력범죄의처벌등에관한특례법을 제정하여 1998년 7월부터 이를 시행하고 있으며, 아동학대 및 방임에 대한 전문적인 개입을 위하여 「아동복지법」 개정안에 아동학대 신고, 아동학대 범죄자에 대한 조치, 전문아동보호기관 신설, 긴급전화 설치 등을 포함시키고 있다. 또한 각종 유해 환경으로부터 청소년들을 보호하기 위한 청소년보호법이 1997년 7월 제정되었으며, 미성년자들이 유흥업소 등 유해업소에 유인 고용되는 사례를 방지하기 위해 1997년 12월 직업안정법에 18세 미만자에 대한 직업소개제한규정(직업안정법 제21조의 3 및 동법 시행령 제26조의 2)을 신설하였다.

19. 대한민국은 아동을 위한 1990년대 행동 프로그램을 1998년부터 2002년까지 진행될 사회경제발전 5개년 계획의 아동복지부문에

포함시켜 놓았다. 협약이 제시하고 있는 아동의 권리를 실현하기 위한 정부의 노력은 현행 아동복지 정책의 기본방향에서도 제시되고 있는데, 아동의 건전 육성을 도모하기 위한 지원을 확대하면서 복지적 관심을 제고하는 것을 주요 골자로 하고 있다(부록 3 참조).

20. 보다 질적인 차원의 아동권리 실현을 위해서 지속적인 법·제도적·행정적 노력이 필요하다. 이를 위해서는 정부와 비정부조직·단체들이 협력하여 관련 법·제도의 개정, 정책수립 및 실행, 대국민 홍보활동 및 시민운동 전개 등 지속적인 노력을 실천해 나가야 할 것이다.

제2절 아동 관련 정책의 조정 및 협약이행 사항의 모니터링을 위한 기관

21. 아동 및 청소년을 위한 국가 정책은 정부의 여러 부처에서 수립되고 시행된다. 보건복지부는 아동관련 정책의 조정 및 협약이행 사항을 담당하는 주무부서로서 아동복지정책을 수립하고 시행하고 있으며, 청소년 관련 정책은 문화관광부에서 총괄하고 있다(보건복지부는 1994년 1월 보건사회부에서 개칭된 것이며, 문화관광부는 1998년 3월 문화체육부에서 개칭된 것이다).

22. 보건복지부 가정보건복지심의관실 산하에 있는 아동보건복지과, 여성보건복지과에서 아동복지에 관한 업무를 관장하고 있다. 그 주요업무는 ① 요보호아동 발생예방을 위한 상담사업, ② 소년소녀가장세대의 보호, ③ 국내입양사업, ④ 가정위탁사업, ⑤ 아동복지시설의 운영지원 및 감독, ⑥ 불우아동을 위한 결연사업, ⑦

아동복지시설 아동의 자립지원 서비스(취업알선과 숙소제공), ⑧ 영·유아 보육사업의 확충, ⑨ 아동학대 예방사업, 그리고 ⑩ 아동안전에 관한 사업으로 대별된다.

23. 문화관광부의 청소년국은 국가의 청소년 육성정책을 총괄하고 있으며 청소년국은 산하에 청소년기획과, 청소년교육과, 청소년수련지도과를 두고 있다. 1988년 국무총리를 위원장으로 구성된 청소년육성위원회는 청소년기본계획 및 연도별 시행계획의 수립, 중·장기 청소년육성정책방향의 설정에 관한 사항, 청소년육성을 위한 주요 시책의 평가 및 제도개선에 관한 사항 등을 심의하는 기능을 가진다. 이와 함께 1990년 4월 청소년헌장의 심의통과와 1992~2001년까지 장기 종합청소년정책인 한국청소년기본계획을 심의·확정하였다.

24. 교육부는 학교정책실을 두어, 유아·특수 및 초·중·고교생과 관련한 다양한 교육시책을 전개하고 있으며, 특히 유아교육과 특수교육 등 교육 복지분야에 중요한 기능을 하고 있다.

25. 법무부는 청소년의 올바른 심신발달을 저해하는 유해한 사회환경을 제거하고 건전한 육성을 지원하기 위하여 검찰을 통하여 청소년 유해환경 단속활동을 적극 전개하는 동시에 유관 행정기관 및 민간 자원봉사자와 합동으로 청소년 보호를 위한 홍보와 계몽 등의 사회운동을 함께 벌이고 있고, 성인 형사범과 소년범의 처리에 차등을 두어 소년범의 경우에는 처벌보다 선도와 보호를 중점으로 하는 형사정책을 수립하여 이를 발전시켜 나가고 있다. 한편, 대검찰청 중앙추진본부 및 전국 일선 검찰청의 지역 추진본부는 1997년 9월부터 '자녀안심하고 학교보내기 운동'을 추진

하고 있다. 특히 학교폭력 및 청소년 유해환경에 대한 예방·감시 활동에 역점을 두고 추진해 나가고 '민간주도로, 정부와 함께'하는 전향적인 새로운 청소년 보호운동을 전개하기 위하여 '자녀안심하고 학교보내기 운동 국민재단'을 1999년 5월 설립하였다.

26. 가정법원의 역할은 주로 가정의 문제를 조정하는 데 있으나, 조정이 여의치 않을 경우에는 심판을 내리게 되며, 조정의 방향은 아동복지의 이념과 부합되도록 하고 있다.

27. 노동부의 근로기준국 산하의 부녀소년과, 임금복지과, 근로기준과, 부녀지도과 등에서 아동을 위한 직업훈련, 취업알선, 각종 문화활동 지원업무를 하고 있다.

28. 국무총리 소속 청소년보호위원회에서는 각종 유해환경으로부터의 청소년보호정책의 수립 및 시행을 담당하고 있는데 영상매체물·유흥접객업소 등 사회의 유해환경으로부터 청소년보호, 음반·비디오·간행물·청소년 불법고용 등 유해한 사회환경의 규제와 단속, 청소년 음주·흡연·약물남용 등 비행예방, 청소년보호를 위한 시민운동의 지원 등의 업무를 실시하고 있다. 청소년보호위원회 산하에는 매체물, 약물, 업소의 3개 부문별 위원회가 구성되어 있으며, 위원회의 사무를 처리하기 위하여 사무국을 두고 있다. 사무국에는 보호기획과, 교육홍보과, 보호기준과, 보호조사과 등 4개과에서 업무를 분장하여 추진하고 있다.

29. 관련 정부출연연구기관들은 아동복지정책개발을 위하여 다양한 연구사업을 수행하고 있다. 보건복지부 산하 한국보건사회연구원의 사회정책연구실은 아동복지정책에 관한 일반적인 연구 외에 입양, 보육사업, 아동학대, 아동권리에 대해 중점적으로 연구

하고 있다. 문화관광부 산하 한국청소년개발원은 청소년의 건전 육성·보호·선도 등에 관한 조사연구 및 청소년관련 정책수립을 주된 기능으로 하고 있다. 교육부 산하 한국교육개발원은 아동교육의 목적, 내용, 방법 등에 관한 종합적이고 과학적인 연구를 수행하고 있으며, 건전 아동교육환경을 제공하기 위한 장기발전방안 연구와 이와 관련된 대국민 홍보교육을 담당하고 있다. 여성의 사회참여 및 복지증진에 기여하는 것을 목적으로 하여 설립된 한국여성개발원에서도 아동에 관한 연구를 수행하고 있는데, 특히 취업여성의 자녀 양육지원 방안과 정책 대안을 수립하기 위한 연구를 수행하고 있다.

30. 대한민국에는 아동 및 청소년 관련 여러 민간단체 및 기관들이 아동의 권리를 실현하기 위하여 활동하고 있다. 아동의 교육과 관련된 단체로는 전국교원단체총연합회, 한국유치원총연합회, 한국학원총연합회, 참교육을 위한 전국학부모회, 인간교육실현 학부모 연대, 청소년 대화의 광장, 한국청소년단체협의회 등이 있다. 아동복지와 관련된 민간 조직으로는 한국아동단체협의회, 한국아동복지시설연합회, 한국영유아보육시설연합회, 한국부녀복지연합회, 아동복지위원회, 모자복지위원회 등이 있다. 특히 보건복지부에 설치된 중앙아동복지위원회와 각 시·도에 설치된 지방아동복지위원회는 아동복지 정책 및 제도에 관한 사항, 아동복지시설의 발전에 관한 사항, 불우아동의 건전한 육성에 관한 사항, 그리고 기타 아동복지에 관한 사항을 조사, 연구 및 심의하고 있다. 특히 1996년 발족된 학술단체인 '한국아동권리학회'는 아동권리에 관한 학술연구와 실천활동을 통해 한국아동의 권리

를 보호하고 이 분야의 학술적 발전에 기여함을 설립목적으로 하고 있다. 이밖에 대한가족보건복지협회는 모자보건센터를 운영하면서 아동의 건전 출산과 가족건강 환경조성을 위한 아동보호사업을 전국적으로 실시하고 있다.

31. 이처럼 아동관련 정책의 조정 및 협약이행사항의 모니터링은 다양한 부처와 민간간의 협력에 의하여 다각도로 이루어 지고 있다. 외교통상부, 보건복지부, 유니세프 한국위원회, 한국보건사회연구원 등이 주도하고 다수의 NGO와 학계가 참가하는 아동권리협약보고서 작성과정 자체가 대한민국 정부가 시행한 아동관련 각종 조치를 되돌아보고 평가하는 좋은 기회가 되었다. 또한 정부는 동 보고서 준비과정에서 한국여성단체연합, 한국어린이보호재단, 한국아동권리학회, 참여연대, 경실련, 민주사회를 위한 변호사모임, 부스러기 선교회 등 7개의 NGO 및 학계에 보고서 초안을 배포하였으며, 또한 NGO, 학계, 정부관료 등이 참석하는 공청회를 개최하여 아동권리위원회에 제출하는 국가보고서에 NGO와 학계의 의견을 반영하는 등 아동권리의 신장을 위하여 시민사회와의 협력을 강화하고자 노력하고 있다. 또한 보건복지부, 외교통상부, 교육부, 법무부 등의 정부부처와 학계, 민간단체 등으로 아동권리조정위원회를 구성하고 여기서 국가보고서의 검토 및 조정을 거쳐 국가보고서를 최종적으로 제출할 것이다. 아울러 제2차 국가보고서 제출 후에는 국가보고서 내용의 충실을 기하고 민간과의 협력을 강화하기 위하여 아동권리 조정위원회를 정기적으로 개최하고 여기서 보고서 내용의 검토 및 조정을 통해 제3차 국가보고서를 작성해 나갈 계획이다.

제3장 아동의 정의

32. 아동복지법(제2조)은 “아동”을 ‘18세 미만인 자’로 정의하고 있다. 그러나 아동과 관련된 여러 법들에서는 아동을 서로 다르게 지칭하거나 정의하는 경우가 많은데 주요 골자는 다음과 같다.

33. 민법은 ‘20세 미만의 자’를 “미성년자”로 규정하고 있다. 미성년자는 국민투표권, 대통령선거권, 국회의원 선거권을 갖지 못한다. 미성년자의 법률행위는 법정대리인의 동의를 받도록 하고, 친권을 행사하는 부 또는 모가 미성년자인 자녀의 법정대리인이 된다. 미성년자에 대하여 친권자가 없거나 친권자가 법률행위의 대리권 및 재산관리권을 행사할 수 없을 때에는 후견인을 두게 되며, 미성년자의 재산에 대하여는 법정대리인 또는 후견인이 이를 관리하도록 하고 있다.

34. 헌법 제32조 제5항에 의하면 “연소자”의 근로는 특별한 보호를 받게 되는데, 구체적인 보호의 내용은 근로기준법에서 규정하고 있다. 근로기준법에서는 아동이 교육을 받을 수 있도록 18세 미만자에 대해 취업업종을 제한하고 있다. 종전에는 의무교육을 받을 수 있도록 13세 미만자에 대해서는 취업을 금지하였으나 1997년 3월 근로기준법의 개정으로 현재는 15세 미만자에 대해 취업을 금지시켜 아동의 보호를 강화하였다. 근로기준법(제62조)은 15세 미만자라 하더라도 의무교육에 지장이 없는 한 본인의 신청에 의하여 노동부장관이 발행한 직종을 지정하여 취직인허증을 가지고 있는 자는 취업이 가능함을 규정하고 있다.

35. 교육기본법(제8조 제1항)은 의무교육을 초등학교 6년과 중학교

3년으로 규정하고 있다. 의무교육 대상 아동은 '15세 미만인 자'가 된다.

36. 대한민국의 형법은 '14세가 되지 아니한 아동'의 범죄를 처벌할 수 없도록 하고 있다. 소년법에서는 '20세 미만의 자'를 "소년"으로 규정하고 소년범에 대하여는 처벌보다 교정과 선도를 통한 사회복귀에 주력하고 있다.

37. 민법은 '남자 만 18세, 여자 만 16세에 달한 때에 혼인할 수 있음'을 규정하고 있으며 '미성년자가 혼인을 한 때에는 성년자'로 규정하고 있다. 남자와 여자의 혼인가능연령에 차이가 있는 것은 양성간의 생리적 및 정신적 발달정도의 차이를 고려한 것이다. 미성년자의 혼인과 부모의 동의에 대한 내용은 1차보고서 제32항과 같다.

38. 병역법(제11조)은 대한민국 국민의 병역의무에 관하여 규정하고 있는데 '대한민국 국민으로서 19세가 되는 자'는 병역감당여부의 판정을 위하여 징병검사를 받고 현역병으로 입영할 수 있다. 한편 병역법(제20조)은 17세 이상인 자가 군복무를 지원할 경우 병무청장 또는 각군 참모총장이 현역병으로 입영하는 것을 허가하고 있다.

39. 아동의 법정 증언은 신체적·정신적으로 법정의 절차가 요구하는 능력에 도달하였는지 여부에 따라 결정된다. 그러나 아동의 증언을 증거로서 채택할 것인지의 여부는 법원이 모든 사정을 고려하여 판단하게 된다. 형사소송법(제159조 제1호)은 '16세 미만자'에 대하여서는 선서능력이 없는 것으로 규정하고 있다. 법정에서의 증언과 선서능력에 관한 내용은 1차보고서 제34항과 같다.

40. 대한민국에서 '운전면허를 취득할 수 있는 나이'는 18세 이상이며, 16세 이상의 사람은 원동기장치 자건거를 운전할 수 있다.

41. 청소년보호법은 '19세 미만인 자'를 "청소년"으로 정의하여 유해환경으로부터의 보호대상으로 설정하고 있다. 청소년보호법(제7조~제23조)은 청소년에게 영상음향물, 공연물, 정보통신물, 간행물, 광고물 등 유해매체물의 판매를 금지하고 있다. 또한 청소년보호법(제24조, 제26조)은 '19세 미만의 자'에게 술, 담배, 향정신성의약품, 마약, 대마, 유해화학물질 등 청소년유해약물의 판매를 금지하며, '19세 미만인 자'의 유해업소 고용과 출입을 금지·제한하고 있다.

제4장 일반원칙

제1절 무차별 원칙(협약 제2조)

42. 대한민국은 헌법에서 모든 국민의 평등권을 보장하고, 사회적 신분에 따른 특권과 불합리한 차별 및 연좌제를 금지함으로써 아동에 대한 부당한 일체의 차별을 금지하고 있다. 그러나 근본적으로 무차별 원칙은 대한민국 국적을 가진 아동에게만 적용된다. 상세한 내용은 1차보고서 제37항에서 설명한 바와 같다.

43. 유교적 전통에 따른 일부일처제 및 법률혼을 존중하는 사회적 관습으로 인하여 혼인 외의 출생자는 혼인 중의 출생자에 비하여 사회적으로 불이익을 받게 되는 경우가 있었으나, 정부는 모든 개인의 인권보호를 위하여 법률적으로는 혼인 중의 출생자와 대체적으로 평등하게 취급하는 입장을 취하고 있다. 민법(제1000조)은 재산상속순위 등 대부분의 경우에 혼인 중의 출생자와 차등을 두지 아니하고 있으나, 호주승계에 관하여서만은 혼인중의 출생자가 혼인 외의 출생자보다 우선하도록 되어 있다(동법 제985조 1항). 그러나 혼인 외의 출생자의 경우 본처의 동의가 없으면 부의 호적에 입적될 수 없다는 판례가 있다.

44. 대한민국은 단일민족으로 구성되어 있기 때문에, 일부 나라에서 문제가 되고 있는 인종차별이나 민족간의 분쟁 등은 나타나지 않고 있다. 남아선호관이 아직도 남아 있으나, 정치, 문화, 교육의 분야에서 성에 의한 기회의 차별은 뚜렷하지 않다. 그러나 출생성비는 1995년 현재 여자아동 100명당 남자아동 110.0명으로 비교적 높은 편에 속하고 있다. 이러한 성비불균형 문제를 해소하

기 위하여 정부는 1987년에 개정된 「의료법」에서 태아성감별을 금지하고 있으며, 이를 위반한 의료인에게는 면허취소조치를 하도록 규정하고 있고, 1994년 개정된 의료법에서는 동 조항을 위반할 경우 3년이하의 징역이나 1천만원이하의 벌금을 부과하도록 처벌규정을 강화하였다. 또한 대한의사협회의 주도로 의료인 스스로가 태아성감별과 선택적 인공임신중절의 비윤리적 행위를 하지 않도록 자율실천운동을 전개하였다. 이러한 출생시 성비불균형 문제는 전통적인 남아선호사상과 경제적·심리적인 요인에 의해 발생하고 있다. 정부는 1987년 남녀고용평등법을 제정하여 여성고용할당제도 등을 도입함으로써 여성이 고용에 있어서 불이익을 받지 않도록 노력하고 있다.

제2절 아동 최우선의 원칙(협약 제3조)

45. 부모는 아동성장에 있어서 가장 중요한 존재이므로, 대한민국의 아동복지정책은 부모에게 아동양육의 일차적인 책임을 부여하고 있다. 국가와 지역사회는 부모가 자녀를 올바르게 키울 수 있도록 지원해야 하며, 아동은 부모의 부적절한 양육이나 학대로부터 보호받아야 한다.

46. 아동복지법(제3조 제2항)에서는 국가와 지방자치단체는 보호자와 더불어 아동을 건전하게 육성할 책임을 진다고 명시하고 있다. 가정에서 양육될 수 없는 불우한 아동들을 위하여 국가와 지방자치단체는 아동복지시설을 설치하여 운영하고 있으며, 생활능력이 없는 가정에서 양육되는 아동들을 위하여 생계, 교육 및 의료보호를 실시하고 있다.

47. 청소년보호법(제3조~제5조)은 청소년보호를 위하여 친권자(또는 친권자를 대신하는 자)와 사회, 국가, 지방자치단체 등이 청소년들이 각종 청소년유해환경에 접촉, 출입하지 못하도록 할 책임이 있음을 규정하고 있다.

48. 아동 최우선의 원칙은 아동과 관련된 정책의 수립에서 우선적으로 고려되어 진다. 아동이 우선시되는 제도 및 프로그램으로는 재난 구조시 아동 및 여성구출 우선, 아동에 대한 각종 구매 및 입장권 할인혜택, 아동안전을 위한 학교주변 도로안전지역 설정, 아동교육환경을 조성을 위한 유해업소 설치규제 등이 있다.

제3절 아동의 생명, 생존 및 발달권(협약 제6조)

49. 대한민국 헌법(제10조)은 "모든 국민은 인간으로서의 존엄과 가치를 가지며, 행복을 추구할 권리를 가진다. 국가는 개인이 가지는 불가침의 기본적 인권을 확인하고 보장할 의무를 진다"라고 규정함으로써, 아동의 인간으로서의 존엄성과 기본인권을 보장하고 있다.

50. 아동복지법(제1조)은 "아동이 건전하게 출생하여 행복하고 건강하게 육성되도록 복지의 보장"을 목적으로 하여 아동복지정책을 수립·실천토록 하고 있다.

51. 대한민국 아동의 주요 사망원인은 연령별로 0세의 경우 선천성 이상, 그 이후의 연령에서는 불의의 사고로 나타나고 있다. 특히 교통사고의 비중이 커서 1~9세 및 10~19세의 사망원인 1순위가 교통사고에 의한 것이다. 따라서 교통사고에 의한 사망을 줄이기 위하여 학교주변지역의 도로안전지역설정 등의 정책을 보

다 강화할 필요가 있다.

〈표 2〉 연령대별 사망원인 분포: 1997 (단위: 인구 10만명당)

연령	1위	2위	3위	4위	5위
0세	선천성기형 593	주산기 질환 248	영아급사증후군 143	심장질환 64	운수사고 60
1-9세	교통사고 926	사고성 익수 257	선천성 기형 215	추락사고 135	백혈병 112
10-19세	교통사고 1567	자살 489	사고성 익수 372	백혈병 157	심장질환 153

자료: 통계청, 『1997 사망통계연보』, 1998.

52. 소년법에서는 소년범에 대하여 처벌보다 교정을 통한 보호에 주력하고 있으며, 동 법 제59조는 18세 미만인 소년범에 대하여 사형 또는 무기형에 처할 경우에 이를 15년의 유기징역형으로 하도록 규정하고, 특정강력범죄의처벌에관한특례법(제4조)은 특정강력범죄를 범한 18세미만의 소년을 사형 또는 무기형에 처할 경우 20년의 유기징역형으로 하도록 규정함으로써 아동의 생명권을 보장하고 있다.

53. 청소년보호법(제1조)은 "청소년을 유해한 각종 사회환경으로부터 보호, 구제하고 나아가 이들을 건전한 인격체로 성장할 수 있도록 함을 목적으로 한다"고 규정하여 청소년의 발달권을 명시하고 있다.

제4절 아동에 대한 의사 존중의 원칙(협약 제12조)

54. 친권자는 자녀를 보호하고 양육 및 교육할 권리·의무가 있으며,

민법(제924조)은 친권자나 친권자를 대신하여 그 권한을 행사하는 자가 친권을 남용하거나 현저한 비행이 있을 때, 기타 친권을 행사시킬 수 없는 중대한 사유가 있는 때에는 법원이 친권상실을 선고할 수 있도록 규정하고 있다. 법정대리인의 대리권과 재산관리권에 관한 상실선고청구와 친권상실선고의 청구 등에 관한 절차는 1차 보고서 제46항의 내용과 같다.

55. 민법(제920조)은 친권자의 대리행위가 자녀의 행위를 목적으로 하는 채무를 부담할 경우에는 자녀본인의 동의를 얻어야 함을 규정하고 있다. 미성년자의 재산행위와 권리취득, 의무면제행위에 대해서는 1차보고서 제46항의 내용과 같다.

56. 가사소송규칙(제100조)은 부모의 이혼으로 자녀의 양육이나 친권행사자를 지정하여야 할 경우에 자녀가 15세 이상일 때는 자녀의 의견을 참작하도록 규정하고 있고, 입양촉진및절차에관한특례법(제6조 제2항)은 입양아동이 15세 이상인 경우에는 아동 본인의 동의가 있어야 입양이 가능하도록 함으로써 가족관계에서 아동의 보호가 필요한 분야에 아동의 의사가 반영되도록 하고 있다.

제5장 ~ 제9장 생략

제10장 1차보고서 심의시 아동권리위원회 권고내용에 대한 조치사항

1. 위원회는 정부가 자국이 유보한 제9조 3항, 21조(a) 및 40조 2항(b)(v)에 대한 유보철폐를 계속 검토할 것을 권장함.

234. 대한민국이 유보하고 있는 협약의 세가지 조항은 부모와의 면접교섭권 보장(제9조 3항), 입양에 있어서 관계당국의 허가 규정(제21조 a호), 아동재판에 관한 상소권 보장(제40조 2항 b,v호)이다. 이중 입양에 있어서의 관계당국의 허가규정은 요보호아동의 경우 일부 반영되고 있으나, 일반아동의 경우 아직도 관계당국의 허가없이 입양이 가능하도록 되어 있다. 대한민국은 현재 유보중인 조항 중 협약의 취지를 최대한 존중하는 방향으로 개선하기 위해 앞으로 계속 노력할 예정이다.

235. 협약과 국내법과의 조화를 위해서, 또한 질적인 차원의 아동권리의 실현을 위해서 보다 집중적인 법·제도적 및 행정적 노력이 필요하다. 이를 위해서는 정부와 비정부조직·단체들이 협력하여 관련 법·제도의 개정, 정책수립 및 실행, 대국민 홍보활동 및 시민운동 전개 등 지속적인 노력을 실천해 나가야 할 것이다.

2. 위원회는 협약 42조와 관련 협약의 원칙 및 내용에 대한 인식 및 이해를 제고하기 위한 노력을 강화할 것을 권고함. 위원회는 특히 여아, 장애인, 사생아등에 대한 차별적 태도와 같은 문제를 해결하기 위하여 공공캠페인을 실시하고 이러한 아동의 지위를 증진하고 보호하기 위하여 행동지향적인 조치를 취할 것을 권고함.

236. 아동권리협약 당사국은 자국민에게 아동권리의 내용에 대하여 홍보할 의무가 있다. 1993년에 발족된 유니세프 한국위원회는 1997년 시민참여연대와 공동으로 "아이들에게도 인권이 있다"라는 홍보책자를 발간하여 학교 및 관계기관에 배포하고, 아동권리 홍보를 위한 부모교육을 실시한 바 있다. 또한 아동권리협

약의 내용에 대한 홍보활동을 중점과제로 삼아 공청회 개최를 계획한 바 있다.

237. 성비불균형 문제를 해소하기 위하여 정부는 1987년에 개정된 「의료법」에서 태아성감별을 금지하고 있으며, 이를 위반한 의료인에게는 면허취소조치를 하도록 규정하고 있고, 1994년 개정된 의료법에서는 동 조항을 위반할 경우 3년이하의 징역이나 1천만원이하의 벌금을 부과하도록 처벌규정을 강화하였다. 또한 대한의사협회의 주도로 의료인 스스로가 태아성감별과 선택적 인공임신중절의 비윤리적 행위를 하지 않도록 자율실천운동을 전개한 바 있다. 장애인의 인식개선을 위하여 '장애인의 날' 행사(매년 4월 20일), 전국장애인종합예술제 등을 실시하고 있다. 또한 1998년에는 청소년 육성5개년계획속에 장애아의 자활지원을 위한 장애인 바로알기 운동 등 지원책이 포함되어 있다.

238. 정부는 한국이웃사랑회로 하여금 아동학대예방을 위한 비디오 제작을 의뢰하였으며, 제작이 완료되면 동 비디오를 어린이집, 초등학교 등에 배포할 예정이다. 또한 1999년 5월 아동학대 예방책자 12,000부를 제작하여 의료인, 교사, 일선공무원, 경찰, 전문상담원에게 배포하였다.

3. 위원회는 당사국이 교사, 사회사업가, 판사, 법집행자, 보건인 및 협약관련분야의 자료조사 담당관 등 아동관련 업무에 종사하는 사람에게 협약에 대한 훈련을 실시할 것을 장려함. 또한 위원회는 유엔인권교육 10개년과 관련, 정부가 아동권리를 정규교과과정에 반영할 것을 검토할 것을 장려함.

239. 세계아동복리연맹(International Save the Children Alliance)

의 회원으로서 비영리·비정부민간기관인 한국지역사회복리회(Save the Children, Korea)가 아동의 권리에 관한 비디오프로그램 제작 등을 통하여 민간인을 대상으로 아동권리에 대한 홍보 및 교육활동을 전개하고 있고, 그 외 인권사랑방, 대한변호사회와 같은 NGO가 아동권리에 관한 세미나 등을 개최하여 아동관련업무에 종사하는 사람을 위하여 협약관련 훈련기회를 마련한 바 있다.

240. 현재 초등학교 5학년 도덕교과서에 아동권리에 대한 내용이 포함되어 있으며, 2000년에 있을 7차 교과서 개정시 아동권리에 대한 내용 및 실천전략이 보다 많이 포함되도록 노력할 계획이다.

> 4. 위원회는 정부가 아동에 대한 차별금지(2조), 아동 최우선의 원칙(3조) 및 아동관점 존중(12조)등 협약의 기본원칙 및 내용이 입법과정에 완전히 반영되도록 노력할 것을 촉구함. 위원회는 특히 최소고용연령의 남녀평등, 장애아동의 기본권리(교육권 포함) 및 사생아에 대한 차별금지, 아동의 국적권, 체벌금지 및 의무교육 및 최소고용연령의 불일치 등 문제해결을 위한 법적 조치가 채택될 것을 권고함. 국내 및 해외 입양과 관련, 해외입양의 경우 협약의 원칙, 1993년 아동 해외입양에 관한 헤이그 협약에 부합되도록 포괄적인 법개혁을 할 것을 장려함.

241. 국회에 계류 중에 있는 「아동복지법」 개정안에 아동에 대한 차별금지, 아동의 최우선 이익 및 아동관점 존중 등의 협약의 기본원칙 및 내용이 반영되어 있다.

242. 1997년 3월 근로기준법의 개정으로 연소자 근로제한 연령이 이전의 13세에서 15세로 상향 조정되었으므로 협약에서 나타나는

의무교육연령과 최소고용연령의 불일치 문제는 해결되었다고 본다.

243. 유교적 전통에 따른 일부일처제 및 법률혼을 존중하는 사회적 관습으로 인하여 혼인 외의 출생자는 혼인 중의 출생자에 비하여 사회적으로 불이익을 받게 되는 경우가 있었으나, 정부는 모든 개인의 인권보호를 위하여 법률적으로는 혼인 중의 출생자와 대체적으로 평등하게 취급하는 입장을 취하고 있다. 민법(제1000조)은 재산상속순위 등 대부분의 경우에 혼인 중의 출생자와 차등을 두지 아니하고 있으나, 호주승계에 관하여서만은 혼인중의 출생자가 혼인 외의 출생자보다 우선하도록 되어 있다(동법 제985조 1항). 그러나 혼인 외의 출생자의 경우 본처의 동의가 없으면 부의 호적에 입적될 수 없다는 판례가 있다.

244. 현재 정부출연연구기관인 한국보건사회연구원에서 입양제도관련 연구를 수행중에 있으며, 동 연구의 결과를 토대로 입양특례법 개정안을 마련할 계획이다.

> 5. 위원회는 협약의 이행을 위한 업무조정 및 monitoring을 위한 항구적이고 다각적인 체계를 마련할 것을 권고함. 또한 위원회는 당사국이 아동을 위한 ombudsperson 제도를 설립하거나 이와 유사한 아동의 불평등을 모니터하는 독립적인 체계를 설립할 것을 검토하기를 권장함.

245. 정부는 현재 인권위원회 설립을 추진중에 있으며, 설립(안)에 의하면 인권위원회안에 3개의 소위원회를 두도록 하고 있는데 이중 한 소위원회에서 아동권리와 관련된 모니터링 기능을 담당할 수 있을 것이다.

246. 아동관련 정책의 조정 및 협약이행사항의 모니터링은 다양한 부처와 민간간의 협력에 의하여 다각도로 이루어지고 있다. 보건복지부, 외교통상부, 교육부, 노동부, 법무부 등의 정부부처와 학계, 민간단체 등으로 아동권리조정위원회를 구성하고 여기서 국가보고서의 검토 및 조정 등의 기능을 수행하고 있으며, 민간부문에서는 아동권리 관련 학회, NGO 등이 이러한 역할을 수행하고 있다.

6. 위원회는 협약과 관련된 모든 분야의 문제를 더 잘 대처하기 위하여 정보 수집체계가 개선되고 적절한 지표가 확인되고 또한 진전을 평가하는 것이 완성되도록 권장함.

247. 1996년 발족된 학술단체인 '한국아동권리학회'는 아동권리에 관한 학술연구와 실천활동을 통해 한국아동의 권리를 보호하고 이 분야의 학술적 발전에 기여함을 설립목적으로 하고 있다. 동 학회의 주요 사업으로 아동권리관련 지표개발을 추진중에 있다.

7. 협약 4조의 이행과 관련, 아동의 경제적, 사회적 및 문화적 권리를 위하여 가능한 최대한 자원을 배분하도록 적절한 조치를 채택할 것을 권고함. 이과정에서 아동의 최선의 이익 및 차별금지의 원칙에 따라 가장 취약한 계층의 아동의 상황이 특별히 고려되어야 함.

248. 정부의 도움이 필요한 요보호아동의 건전한 육성을 위하여 생계보호, 교육보호, 의료보호외에 학용품비, 급식비 등 부가급여를 지급하고 있으며, 저소득층 아동에게는 보육료를 지원하고 있다.

그리고 아동이 건전하게 출생하여 행복하고 건강하게 육성되도록 노력하고 있다. 예로서 아동이 우선시되는 제도 및 프로그램으로는 재난구조시 아동 및 여성구출 우선, 아동에 대한 각종 구매 및 입장권 할인혜택, 아동안전을 위한 학교주변 도로안전지역 설정, 아동교육환경을 조성을 위한 유해업소 설치규제 등이 있다. 또한 정부의 취약계층에 대한 지원 또는 공동모금사업이나 결연사업 등에 있어서 취약아동에게 우선 배분될 수 있도록 노력하고 있다.

> 8. 위원회는 아동의 가정, 사회 및 학교활동에의 참가를 증진시키고 아동의 의견, 표현 및 결사의 자유 등 기본적인 자유 향유 등을 위하여 정부가 노력을 강화하여야 한다고 생각함.

249. 대한민국 정부는 위원회의 권고안을 적극 수용하고 이의 실행을 위해 노력하고 있다. 정부는 1998년 7월 청소년 육성 5개년 계획을 수립하였으며, 동 계획내용중에는 가정규칙만들기, 가훈만들기, 가족신문 만들기 등 청소년의 참여증진을 위한 가정·학교의 공동 프로그램을 개발·시행할 계획으로 있다. 학교내 자치조직과 지역내 청소년 위원회 등을 통해 학교내의 의사결정과정에 청소년들이 교사, 학부모와 함께 학교의 한 주체로서 동등하게 참여하여 자신들의 의견을 제시할 수 있는 여건을 조성하기 위해 노력하고 있다. 또한 현재 운영되고 있는 청소년육성위원회와 지방청소년위원회, 각종 청소년정책 관련 자문위원회에 청소년의 참여를 확대하고자 노력하고 있다.

9. 위원회는 특히 협약 18 및 27조와 관련, 가정의 아동의 양육 및 개발과 관련된 책임을 질 수 있도록 지원하기 위하여 추가조치를 취할 것을 권장함. 아동 유기방지 및 소년소녀가장 발생 방지 및 적절한 지원 제공에 특별히 관심을 부여하여야 함.

250. 정부는 아동의 건전한 보육과 맞벌이 가정의 지원을 위하여, 1995년부터 1997년까지 총재원 1조3천억원을 투자하여 1993년말 5,490개소에 불과하던 보육시설은 1997년말 15,375개소로 대폭 확충하여 영유아 520,959명이 보육서비스를 받음으로써 양적인 면에서 괄목할만한 성과를 거두었으며, 그 결과 현재에는 보육의 양적인 확충보다는 질 향상을 위해 노력하고 있다. 또한 정부는 장애아 전담 보육시설을 2003년까지 모두 100개소를 설치하여 장애아의 보육문제를 해결해 나갈 계획이다. 또한 보육의 질적인 서비스 개선을 위하여 보육사업의 평가를 실시하고 다양한 보육 프로그램의 개발, 보급에도 노력하고 있다.

251. 아동의 유기방지, 소년소녀가장 발생 예방을 위하여 해체위기에 있거나 해체된 부자·모자 가정에 대한 상담 및 생계비, 교육비 지원, 생업자금 융자사업, 임대주택지원, 취업알선 및 직업훈련 등의 지원사업을 실시하고 있다.

10. 아동학대 및 가정폭력과 관련, 위원회는 이러한 상황을 방지하고 적절한 신체적회복, 재활등을 위하여 적절한 조치를 채택할 것을 권고함. 조기발견, 감시 및 위탁체계 등의 설립을 검토할 필요가 있음.

252. 아동학대 및 방임에 관한 전문적인 개입과 법적장치의 강화를

위하여 정부는 적극적인 입장을 취하고 있다. 아동복지법 제18조에서는 아동에 대한 학대, 착취 등 아동에 대한 금지행위를 구체적으로 규정하고 있으며, 이를 위반한 경우에는 동법 제34조의 규정에 의해 처벌받게 된다. 아동복지법 개정안에서 아동학대신고, 아동학대 범죄자에 대한 조치, 전문아동보호기관 신설, 긴급전화설치 등을 포함시키고 있다. 특히 의료인, 교사, 아동복지 상담원 등은 아동학대신고의무자로 지정하고 있다.

253. 또한 가정폭력으로부터 아동을 효과적으로 보호하기 위하여 1997년 12월 13일 가정폭력범죄의처벌등에관한특례법을 제정하여 1998년 7월 1일부터 이를 시행하고 있다. 동법 제40조는 가정내 폭력범죄를 범한 자에 대하여 처벌 외에 피해자에 대한 접근행위 제한, 친권자인 행위자에 대한 친권행사 제한, 사회봉사·수강명령 처분, 보호관찰처분, 보호시설 감호위탁, 치료기관 치료위탁, 상담기관 상담위탁 등의 조치를 병행할 수 있도록 함으로써 가정에서 폭력과 학대에 시달리는 아동에 대한 보호를 강화하고 가정폭력 행위의 재발방지를 위한 근본적인 교정대책을 강구하였다.

> 11. 위원회는 당사국이 협약 제29조에 반영된 교육의 목적을 충분히 반영할 수 있도록 교육정책을 재검토하는 것을 장려함.

254. 정부는 교육정책이 종전의 입시 위주에서 탈피하여 협약에 반영되어 있는 교육의 목적에 부합될 수 있도록 다양한 조치를 취하고 있다.

255. 1998년 3월 교육부 장관이 발표한 교육개혁의 방향에 따르면 새로운 교육정책은 첫째 창의적인 학습능력 및 교육의 다양성 제고, 둘째 사교육비 경감, 셋째 교육종사자들의 근무여건 개선과 합리적 인사제도 개선, 넷째 세계화·정보화 시대에 맞는 창의적이고 국제적인 능력을 가질 수 있는 기술과 인성을 겸비한 인력교육으로 방향을 삼고 있어 협약 제29조에 반영된 교육의 목적을 충분히 반영하고 있다.

> 12. 아동노동과 관련, 위원회는 당사국이 협약 32조의 이행을 위하여 법률 및 제도에 있어서 적절한 조치를 취할 것을 권장함. 이와 관련, 최소고용연령에 대한 ILO 협약 제138호 비준을 검토할 것과 ILO와 협의하여 조치를 취할 것을 권장함.

256. ILO협약 제138호에서 규정된 최소고용연령은 1997년 3월 근로기준법의 개정으로 기존의 13세에서 15세로 상향조정되었으므로 협약의 이행을 위한 조치는 이루어졌다.

257. 특히 아동권리위원회는 ILO 협약 제138조(최소고용연령)의 비준을 검토할 것을 권고하고 있으며, 대한민국 정부는 1999년 1월 28일자로 상기협약을 비준(1999년 7월 현재, 77개국 비준)하였으며, 2000년 1월 28일 발효될 예정이다.

> 13. 위원회는 협약 특히 37, 39조 및 40조 및 그 밖의 유엔기준에 부합되도록 소년형사법을 포괄적으로 개혁할 것을 권고함. 자유의 박탈시에는 최후의 수단으로서 그리고 가능한 짧은 기간 동안 그리고 독립적이고 공정한 사법기관의 법절차에 따라 이루어져야 하며 자유를 박탈당한 아동의 권리보호에도 특별한 관심이 부여되어야 함. 소년형사에 관련된 사람에게 국제기준

에 대한 훈련 프로그램이 조직되어야 함. 위원회는 정부가 아동형사행정분야에서 인권센터 및 범죄예방 및 형사정의부 등에서 국제적인 지원을 받는 것을 고려할 것을 권고함.

258. 1995년 「소년법」은 대폭 개정을 통하여 자유박탈된 아동의 권리를 법제도적으로 개선하였다. 교정성적이 양호한 소년범에 대해 보호관찰심사위원회의 심사를 통해 가퇴원 신청이 가능토록 하였으며, 「근로자직업훈련촉진법」이 정하는 바에 따라서 소년범이 직업능력개발훈련을 실시받거나, 소년원 외에서 직업훈련을 실시할 수 있도록 하였다. 또한 소년원에 자격을 갖춘 직업능력개발훈련교사를 두도록 하였다(제35~36조).

259. 이와 함께 소년법은 소년범의 심리시 전문가의 진단과 소년분류심사원의 분류심사결과와 의견을 참작토록 하였으며(12조), 소년범의 임시조치시 결정집행자를 명시토록 하여 자유박탈된 아동의 권리보호를 가일층 개선하였다. 한편, 군사법원법 제534조에 따르면, 비상계엄하의 군사재판에서 단심제만 허용되어 아동재판에 있어서 상소권 보장이 제한되고 있으나, 비상계엄하에서만 단심제를 인정하고 있을 뿐 평상시에는 단심제가 인정되고 있지 않으며, 비상계엄이라는 특수 상황의 발발 가능성이 매우 낮으므로 본 조항의 커다란 의미는 없다고 하겠다.

14. 위원회는 당사국이 제출한 국가보고서, 심의 요약보고서 및 위원회의 권고 광범위하게 배포될 것을 권고함.

260. 제1차 국가보고서를 별도의 보고서로 발간하여 정부기관, 민간

단체, 학계 및 아동권리 연구자 등의 전문가들에게 배포하였으며, 제2차 보고서도 출간되면 광범위하게 배포할 계획이다.

부록 1. **대한민국 어린이헌장**(생략: 본서 부록 Ⅱ 참조)

부록 2. **새로운 청소년 헌장**(생략: 본서 부록 Ⅲ 참조)

부록 3. **아동복지정책의 기본방향**

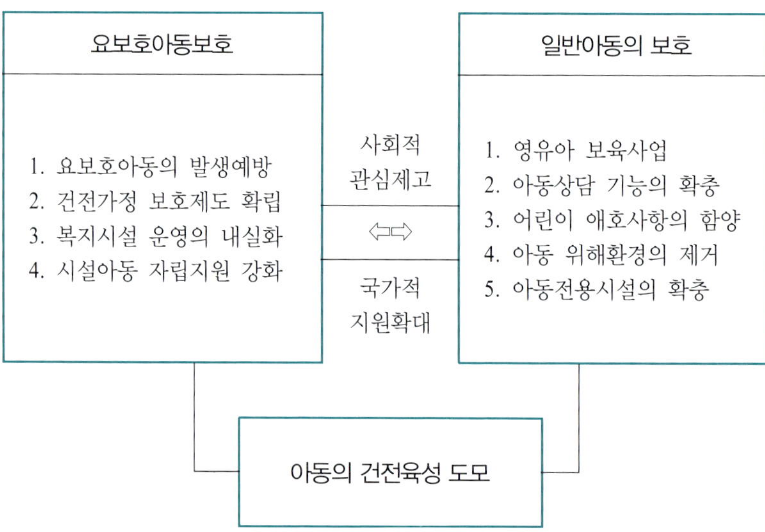

XV 아동의 연령 정의에 관한 법령

▶ 아동복지법(제정 1961년, 개정 2020년)

제3조

1. "아동"이란 18세 미만인 사람을 말한다.
2. "아동복지"란 아동이 행복한 삶을 누릴 수 있는 기본적인 여건을 조성하고 조화롭게 성장·발달할 수 있도록 하기 위한 경제적·사회적·정서적 지원을 말한다.
3. "보호자"란 친권자, 후견인, 아동을 보호·양육·교육하거나 그러한 의무가 있는 자 또는 업무·고용 등의 관계로 사실상 아동을 보호·감독하는 자를 말한다.
4. "보호대상아동"이란 보호자가 없거나 보호자로부터 이탈된 아동 또는 보호자가 아동을 학대하는 경우 등 그 보호자가 아동을 양육하기에 적당하지 아니하거나 양육할 능력이 없는 경우의 아동을 말한다.
5. "지원대상아동"이란 아동이 조화롭고 건강하게 성장하는 데에 필요한 기초적인 조건이 갖추어지지 아니하여 사회적·경제적·정서적 지원이 필요한 아동을 말한다.
6. "가정위탁"이란 보호대상아동의 보호를 위하여 성범죄, 가정폭력, 아동학대, 정신질환 등의 전력이 없는 보건복지부령으로 정하는 기준에 적합한 가정에 보호대상아동을 일정 기간 위탁하는 것을

말한다.

7. "아동학대"란 보호자를 포함한 성인이 아동의 건강 또는 복지를 해치거나 정상적 발달을 저해할 수 있는 신체적·정신적·성적 폭력이나 가혹행위를 하는 것과 아동의 보호자가 아동을 유기하거나 방임하는 것을 말한다.

7의2. "아동학대관련범죄"란 다음 각 목의 어느 하나에 해당하는 죄를 말한다.

가. 「아동학대범죄의 처벌 등에 관한 특례법」 제2조제4호에 따른 아동학대범죄

나. 아동에 대한 「형법」 제2편제24장 살인의 죄 중 제250조부터 제255조까지의 죄

8. "피해아동"이란 아동학대로 인하여 피해를 입은 아동을 말한다.

9. 삭제 <2016. 3. 22.>

10. "아동복지시설"이란 제50조에 따라 설치된 시설을 말한다.

11. "아동복지시설 종사자"란 아동복지시설에서 아동의 상담·지도·치료·양육, 그 밖에 아동의 복지에 관한 업무를 담당하는 사람을 말한다.

▶청소년기본법 (제정 1991년, 개정 2020년)

제3조

1. "청소년"이란 9세 이상 24세 이하인 사람을 말한다. 다만, 다른 법률에서 청소년에 대한 적용을 다르게 할 필요가 있는 경우에는 따로 정할 수 있다.

2. “청소년육성”이란 청소년활동을 지원하고 청소년의 복지를 증진하며 근로 청소년을 보호하는 한편, 사회 여건과 환경을 청소년에게 유익하도록 개선하고 청소년을 보호하여 청소년에 대한 교육을 보완함으로써 청소년의 균형 있는 성장을 돕는 것을 말한다.
3. “청소년활동”이란 청소년의 균형 있는 성장을 위하여 필요한 활동과 이러한 활동을 소재로 하는 수련활동 · 교류활동 · 문화활동 등 다양한 형태의 활동을 말한다.
4. “청소년복지”란 청소년이 정상적인 삶을 누릴 수 있는 기본적인 여건을 조성하고 조화롭게 성장 · 발달할 수 있도록 제공되는 사회적 · 경제적 지원을 말한다.
5. “청소년보호”란 청소년의 건전한 성장에 유해한 물질 · 물건 · 장소 · 행위 등 각종 청소년 유해 환경을 규제하거나 청소년의 접촉 또는 접근을 제한하는 것을 말한다.
6. “청소년시설”이란 청소년활동 · 청소년복지 및 청소년보호에 제공되는 시설을 말한다.
7. “청소년지도자”란 다음 각 목의 사람을 말한다.
   가. 제21조에 따른 청소년지도사
   나. 제22조에 따른 청소년상담사
   다. 청소년시설, 청소년단체 및 청소년 관련 기관에서 청소년육성에 필요한 업무에 종사하는 사람
8. “청소년단체”란 청소년육성을 주된 목적으로 설립된 법인이나 대통령령으로 정하는 단체를 말한다.

▶청소년보호법 (제정 1997년, 개정 2020년)

제2조

1. "청소년"이란 만 19세 미만인 사람을 말한다. 다만, 만 19세가 되는 해의 1월 1일을 맞이한 사람은 제외한다.
2. "매체물"이란 다음 각 목의 어느 하나에 해당하는 것을 말한다.
   가. 「영화 및 비디오물의 진흥에 관한 법률」에 따른 영화 및 비디오물
   나. 「게임산업진흥에 관한 법률」에 따른 게임물
   다. 「음악산업진흥에 관한 법률」에 따른 음반, 음악파일, 음악영상물 및 음악영상파일
   라. 「공연법」에 따른 공연(국악공연은 제외한다)
   마. 「전기통신사업법」에 따른 전기통신을 통한 부호·문언·음향 또는 영상정보
   바. 「방송법」에 따른 방송프로그램(보도 방송프로그램은 제외한다)
   사. 「신문 등의 진흥에 관한 법률」에 따른 일반일간신문(주로 정치·경제·사회에 관한 보도·논평 및 여론을 전파하는 신문은 제외한다), 특수일간신문(경제·산업·과학·종교 분야는 제외한다), 일반주간신문(정치·경제 분야는 제외한다), 특수주간신문(경제·산업·과학·시사·종교 분야는 제외한다), 인터넷신문(주로 보도·논평 및 여론을 전파하는 기사는 제외한다) 및 인터넷뉴스서비스
   아. 「잡지 등 정기간행물의 진흥에 관한 법률」에 따른 잡지(정치·경제·사회·시사·산업·과학·종교 분야는 제외한다), 정보간

행물, 전자간행물 및 그 밖의 간행물

자. 「출판문화산업 진흥법」에 따른 간행물, 전자출판물 및 외국간행물(사목 및 아목에 해당하는 매체물은 제외한다)

차. 「옥외광고물 등의 관리와 옥외광고산업 진흥에 관한 법률」에 따른 옥외광고물과 가목부터 자목까지의 매체물에 수록·게재·전시되거나 그 밖의 방법으로 포함된 상업적 광고선전물

카. 그 밖에 청소년의 정신적·신체적 건강을 해칠 우려가 있어 대통령령으로 정하는 매체물

3. "청소년유해매체물"이란 다음 각 목의 어느 하나에 해당하는 것을 말한다.

가. 제7조제1항 본문 및 제11조에 따라 청소년보호위원회가 청소년에게 유해한 것으로 결정하거나 확인하여 여성가족부장관이 고시한 매체물

나. 제7조제1항 단서 및 제11조에 따라 각 심의기관이 청소년에게 유해한 것으로 심의하거나 확인하여 여성가족부장관이 고시한 매체물

4. "청소년유해약물등"이란 청소년에게 유해한 것으로 인정되는 다음 가목의 약물(이하 "청소년유해약물"이라 한다)과 청소년에게 유해한 것으로 인정되는 다음 나목의 물건(이하 "청소년유해물건"이라 한다)을 말한다.

가. 청소년유해약물

1) 「주세법」에 따른 주류

2) 「담배사업법」에 따른 담배

3) 「마약류 관리에 관한 법률」에 따른 마약류

4) 「화학물질관리법」에 따른 환각물질

5) 그 밖에 중추신경에 작용하여 습관성, 중독성, 내성 등을 유발하여 인체에 유해하게 작용할 수 있는 약물 등 청소년의 사용을 제한하지 아니하면 청소년의 심신을 심각하게 손상시킬 우려가 있는 약물로서 대통령령으로 정하는 기준에 따라 관계 기관의 의견을 들어 제36조에 따른 청소년보호위원회(이하 "청소년보호위원회"라 한다)가 결정하고 여성가족부장관이 고시한 것

나. 청소년유해물건

1) 청소년에게 음란한 행위를 조장하는 성기구 등 청소년의 사용을 제한하지 아니하면 청소년의 심신을 심각하게 손상시킬 우려가 있는 성 관련 물건으로서 대통령령으로 정하는 기준에 따라 청소년보호위원회가 결정하고 여성가족부장관이 고시한 것

2) 청소년에게 음란성·포악성·잔인성·사행성 등을 조장하는 완구류 등 청소년의 사용을 제한하지 아니하면 청소년의 심신을 심각하게 손상시킬 우려가 있는 물건으로서 대통령령으로 정하는 기준에 따라 청소년보호위원회가 결정하고 여성가족부장관이 고시한 것

3) 청소년유해약물과 유사한 형태의 제품으로 청소년의 사용을 제한하지 아니하면 청소년의 청소년유해약물 이용습관을 심각하게 조장할 우려가 있는 물건으로서 대통령령으로 정하는 기준에 따라 청소년보호위원회가 결정하고 여성가족부장관이 고시한 것

5. "청소년유해업소"란 청소년의 출입과 고용이 청소년에게 유해한 것으로 인정되는 다음 가목의 업소(이하 "청소년 출입·고용금지

업소"라 한다)와 청소년의 출입은 가능하나 고용이 청소년에게 유해한 것으로 인정되는 다음 나목의 업소(이하 "청소년고용금지업소"라 한다)를 말한다. 이 경우 업소의 구분은 그 업소가 영업을 할 때 다른 법령에 따라 요구되는 허가·인가·등록·신고 등의 여부와 관계없이 실제로 이루어지고 있는 영업행위를 기준으로 한다.

가. 청소년 출입·고용금지업소

1) 「게임산업진흥에 관한 법률」에 따른 일반게임제공업 및 복합유통게임제공업 중 대통령령으로 정하는 것

2) 「사행행위 등 규제 및 처벌 특례법」에 따른 사행행위영업

3) 「식품위생법」에 따른 식품접객업 중 대통령령으로 정하는 것

4) 「영화 및 비디오물의 진흥에 관한 법률」 제2조제16호에 따른 비디오물감상실업·제한관람가비디오물소극장업 및 복합영상물제공업

5) 「음악산업진흥에 관한 법률」에 따른 노래연습장업 중 대통령령으로 정하는 것

6) 「체육시설의 설치·이용에 관한 법률」에 따른 무도학원업 및 무도장업

7) 전기통신설비를 갖추고 불특정한 사람들 사이의 음성대화 또는 화상대화를 매개하는 것을 주된 목적으로 하는 영업. 다만, 「전기통신사업법」 등 다른 법률에 따라 통신을 매개하는 영업은 제외한다.

8) 불특정한 사람 사이의 신체적인 접촉 또는 은밀한 부분의 노출 등 성적 행위가 이루어지거나 이와 유사한 행위가 이루어질 우려가 있는 서비스를 제공하는 영업으로서 청소년보호위원회가

결정하고 여성가족부장관이 고시한 것

9) 청소년유해매체물 및 청소년유해약물등을 제작·생산·유통하는 영업 등 청소년의 출입과 고용이 청소년에게 유해하다고 인정되는 영업으로서 대통령령으로 정하는 기준에 따라 청소년보호위원회가 결정하고 여성가족부장관이 고시한 것

10) 「한국마사회법」 제6조제2항에 따른 장외발매소

11) 「경륜·경정법」 제9조제2항에 따른 장외매장

나. 청소년고용금지업소

1) 「게임산업진흥에 관한 법률」에 따른 청소년게임제공업 및 인터넷컴퓨터게임시설제공업

2) 「공중위생관리법」에 따른 숙박업, 목욕장업, 이용업 중 대통령령으로 정하는 것

3) 「식품위생법」에 따른 식품접객업 중 대통령령으로 정하는 것

4) 「영화 및 비디오물의 진흥에 관한 법률」에 따른 비디오물소극장업

5) 「화학물질관리법」에 따른 유해화학물질 영업. 다만, 유해화학물질 사용과 직접 관련이 없는 영업으로서 대통령령으로 정하는 영업은 제외한다.

6) 회비 등을 받거나 유료로 만화를 빌려 주는 만화대여업

7) 청소년유해매체물 및 청소년유해약물등을 제작·생산·유통하는 영업 등 청소년의 고용이 청소년에게 유해하다고 인정되는 영업으로서 대통령령으로 정하는 기준에 따라 청소년보호위원회가 결정하고 여성가족부장관이 고시한 것

6. "유통"이란 매체물 또는 약물 등을 판매·대여·배포·방송·공연·상영·전시·진열·광고하거나 시청 또는 이용하도록 제공하는 행

위와 이러한 목적으로 매체물 또는 약물 등을 인쇄·복제 또는 수입하는 행위를 말한다.

7. "청소년폭력·학대"란 폭력이나 학대를 통하여 청소년에게 신체적·정신적 피해를 발생하게 하는 행위를 말한다.
8. "청소년유해환경"이란 청소년유해매체물, 청소년유해약물등, 청소년유해업소 및 청소년폭력·학대를 말한다.

▶ 아동·청소년의 성보호에 관한 법률 (제정 2000년, 개정 2020년)

제2조

1. "아동·청소년"이란 19세 미만의 자를 말한다. 다만, 19세에 도달하는 연도의 1월 1일을 맞이한 자는 제외한다.
2. "아동·청소년대상 성범죄"란 다음 각 목의 어느 하나에 해당하는 죄를 말한다.
   가. 제7조부터 제15조까지의 죄
   나. 아동·청소년에 대한 「성폭력범죄의 처벌 등에 관한 특례법」 제3조부터 제15조까지의 죄
   다. 아동·청소년에 대한 「형법」 제297조, 제297조의2 및 제298조부터 제301조까지, 제301조의2, 제302조, 제303조, 제305조, 제339조 및 제342조(제339조의 미수범에 한정한다)의 죄
   라. 아동·청소년에 대한 「아동복지법」 제17조제2호의 죄
3. "아동·청소년대상 성폭력범죄"란 아동·청소년대상 성범죄에서 제11조부터 제15조까지의 죄를 제외한 죄를 말한다.

3의2. "성인대상 성범죄"란 「성폭력범죄의 처벌 등에 관한 특례법」

제2조에 따른 성폭력범죄를 말한다. 다만, 아동·청소년에 대한 「형법」 제302조 및 제305조의 죄는 제외한다.

4. "아동·청소년의 성을 사는 행위"란 아동·청소년, 아동·청소년의 성(性)을 사는 행위를 알선한 자 또는 아동·청소년을 실질적으로 보호·감독하는 자 등에게 금품이나 그 밖의 재산상 이익, 직무·편의제공 등 대가를 제공하거나 약속하고 다음 각 목의 어느 하나에 해당하는 행위를 아동·청소년을 대상으로 하거나 아동·청소년으로 하여금 하게 하는 것을 말한다.
   가. 성교 행위
   나. 구강·항문 등 신체의 일부나 도구를 이용한 유사 성교 행위
   다. 신체의 전부 또는 일부를 접촉·노출하는 행위로서 일반인의 성적 수치심이나 혐오감을 일으키는 행위
   라. 자위 행위
5. "아동·청소년성착취물"이란 아동·청소년 또는 아동·청소년으로 명백하게 인식될 수 있는 사람이나 표현물이 등장하여 제4호의 어느 하나에 해당하는 행위를 하거나 그 밖의 성적 행위를 하는 내용을 표현하는 것으로서 필름·비디오물·게임물 또는 컴퓨터나 그 밖의 통신매체를 통한 화상·영상 등의 형태로 된 것을 말한다.
6. "피해아동·청소년"이란 제2호나목부터 라목까지, 제7조부터 제15조까지의 죄의 피해자가 된 아동·청소년(제13조제1항의 죄의 상대방이 된 아동·청소년을 포함한다)을 말한다.

6의2. "성매매 피해아동·청소년"이란 피해아동·청소년 중 제13조제1항의 죄의 상대방 또는 제13조제2항·제14조·제15조의 죄의 피해자가 된 아동·청소년을 말한다.

7. 삭제 <2020. 5. 19.>

8. "온라인서비스제공자"란 다른 사람들이 정보통신망(「정보통신망 이용촉진 및 정보보호 등에 관한 법률」 제2조제1항제1호의 정보통신망을 말한다. 이하 같다)을 통하여 온라인 자료를 이용할 수 있도록 서비스를 제공하는 자로서 대통령령으로 정하는 자를 말한다.

9. "등록정보"란 법무부장관이 「성폭력범죄의 처벌 등에 관한 특례법」 제42조제1항의 등록대상자에 대하여 같은 법 제44조제1항에 따라 등록한 정보를 말한다.

▶유아교육법 (제정 2004년, 개정 2020년)

제2조

1. "유아"란 만 3세부터 초등학교 취학전까지의 어린이를 말한다.
2. "유치원"이란 유아의 교육을 위하여 이 법에 따라 설립 · 운영되는 학교를 말한다.
3. "보호자"란 친권자 · 후견인 그 밖의 자로서 유아를 사실상 보호하는 자를 말한다.
4. 삭제 <2012. 3. 21.>
5. 삭제 <2012. 3. 21.>
6. "방과후 과정"이란 제13조제1항에 따른 교육과정 이후에 이루어지는 그 밖의 교육활동과 돌봄활동을 말한다.

▶영유아보육법 (제정 1991년, 개정 2020년)

제2조

1. "영유아"란 6세 미만의 취학 전 아동을 말한다.
2. "보육"이란 영유아를 건강하고 안전하게 보호·양육하고 영유아의 발달 특성에 맞는 교육을 제공하는 어린이집 및 가정양육 지원에 관한 사회복지서비스를 말한다.
3. "어린이집"이란 보호자의 위탁을 받아 영유아를 보육하는 기관을 말한다.
4. "보호자"란 친권자·후견인, 그 밖의 자로서 영유아를 사실상 보호하고 있는 자를 말한다.
5. "보육교직원"이란 어린이집 영유아의 보육, 건강관리 및 보호자와의 상담, 그 밖에 어린이집의 관리·운영 등의 업무를 담당하는 자로서 어린이집의 원장 및 보육교사와 그 밖의 직원을 말한다. 민법 (제정 1958년, 개정 2017년)

제4조 "사람은 19세로 성년에 이르게 된다."

▶초·중등교육법 (2019년 12월 3일 일부 개정)

제12조(의무교육) ① 국가는 「교육기본법」 제8조제1항에 따른 의무교육을 실시하여야 하며, 이를 위한 시설을 확보하는 등 필요한 조치를 강구하여야 한다.

② 지방자치단체는 그 관할 구역의 의무교육대상자를 모두 취학시키는 데에 필요한 초등학교, 중학교 및 초등학교·중학교의 과정을 교육

하는 특수학교를 설립·경영하여야 한다.

③ 지방자치단체는 지방자치단체가 설립한 초등학교·중학교 및 특수학교에 그 관할 구역의 의무교육대상자를 모두 취학시키기 곤란하면 인접한 지방자치단체와 협의하여 합동으로 초등학교·중학교 또는 특수학교를 설립·경영하거나, 인접한 지방자치단체가 설립한 초등학교·중학교 또는 특수학교나 국립 또는 사립의 초등학교·중학교 또는 특수학교에 일부 의무교육대상자에 대한 교육을 위탁할 수 있다.

④ 국립·공립 학교의 설립자·경영자와 제3항에 따라 의무교육대상자의 교육을 위탁받은 사립학교의 설립자·경영자는 의무교육을 받는 사람으로부터 제10조의2제1항 각 호의 비용을 받을 수 없다. <개정 2013. 12. 30., 2019. 12. 3.>

제13조(취학 의무) ① 모든 국민은 보호하는 자녀 또는 아동이 6세가 된 날이 속하는 해의 다음 해 3월 1일에 그 자녀 또는 아동을 초등학교에 입학시켜야 하고, 초등학교를 졸업할 때까지 다니게 하여야 한다.

② 모든 국민은 제1항에도 불구하고 그가 보호하는 자녀 또는 아동이 5세가 된 날이 속하는 해의 다음 해 또는 7세가 된 날이 속하는 해의 다음 해에 그 자녀 또는 아동을 초등학교에 입학시킬 수 있다. 이 경우에도 그 자녀 또는 아동이 초등학교에 입학한 해의 3월 1일부터 졸업할 때까지 초등학교에 다니게 하여야 한다.

③ 모든 국민은 보호하는 자녀 또는 아동이 초등학교를 졸업한 학년의 다음 학년 초에 그 자녀 또는 아동을 중학교에 입학시켜야 하고, 중학교를 졸업할 때까지 다니게 하여야 한다.

④ 제1항부터 제3항까지의 규정에 따른 취학 의무의 이행과 이행 독

려 등에 필요한 사항은 대통령령으로 정한다.

제15조(고용자의 의무) 의무교육대상자를 고용하는 자는 그 대상자가 의무교육을 받는 것을 방해하여서는 아니 된다.

제17조(학생자치활동) 학생의 자치활동은 권장·보호되며, 그 조직과 운영에 관한 기본적인 사항은 학칙으로 정한다.

제17조 이하 "학생"

▶민법(2017년 10월 일부 개정)

제4조(성년) 사람은 19세로 성년에 이르게 된다.

제5조(미성년자의 능력) ① 미성년자가 법률행위를 함에는 법정대리인의 동의를 얻어야 한다. 그러나 권리만을 얻거나 의무만을 면하는 행위는 그러하지 아니하다.

② 전항의 규정에 위반한 행위는 취소할 수 있다.

▶소년법 (제정 1958년, 개정 2018년)

제2조 "이 법에서 "소년"이란 19세 미만인 자를 말하며, "보호자"란 법률상 감호교육(監護教育)을 할 의무가 있는 자 또는 현재 감호하는 자를 말한다."

▶형법 (제정 1953년, 개정 2020년)

제9조(형사미성년자) "14세되지 아니한 자의 행위는 벌하지 아니한다."

▶입양특례법 (제정 1976년, 개정 2019년)

제2조

1. "아동"이란 18세 미만인 사람을 말한다.
2. "요보호아동"이란 「아동복지법」 제3조제4호에 따른 보호대상아동을 말한다.
3. "입양아동"이란 이 법에 따라 입양된 아동을 말한다.
4. "부양의무자"란 「국민기초생활 보장법」 제2조제5호에 따른 부양의무자를 말한다.

▶실종아동 등의 보호 및 지원에 관한 법률 (제정 2005년, 개정 2020년)

제2조

1. "아동 등"이란 다음 각 목의 어느 하나에 해당하는 사람을 말한다.
   가. 실종 당시 18세 미만인 아동
   나. 「장애인복지법」 제2조의 장애인 중 지적장애인, 자폐성장애인 또는 정신장애인
   다. 「치매관리법」 제2조제2호의 치매환자
2. "실종아동등"이란 약취(略取)·유인(誘引) 또는 유기(遺棄)되거나

사고를 당하거나 가출하거나 길을 잃는 등의 사유로 인하여 보호자로부터 이탈(離脫)된 아동등을 말한다.

3. "보호자"란 친권자, 후견인이나 그 밖에 다른 법률에 따라 아동등을 보호하거나 부양할 의무가 있는 사람을 말한다. 다만, 제4호의 보호시설의 장 또는 종사자는 제외한다.
4. "보호시설"이란 「사회복지사업법」 제2조제4호에 따른 사회복지시설 및 인가·신고 등이 없이 아동등을 보호하는 시설로서 사회복지시설에 준하는 시설을 말한다.
5. "유전자검사"란 개인 식별(識別)을 목적으로 혈액·머리카락·침 등의 검사대상물로부터 유전자를 분석하는 행위를 말한다.
6. "유전정보"란 유전자검사의 결과로 얻어진 정보를 말한다.
7. "신상정보"란 이름·나이·사진 등 특정인(特定人)임을 식별하기 위한 정보를 말한다.

▶가정폭력방지 및 피해자보호 등에 관한 법률 (제정 1997년, 개정 2018년)

제2조

1. "가정폭력"이란 「가정폭력범죄의 처벌 등에 관한 특례법」 제2조제1호의 행위를 말한다.
2. "가정폭력행위자"란 「가정폭력범죄의 처벌 등에 관한 특례법」 제2조제4호의 자를 말한다.
3. "피해자"란 가정폭력으로 인하여 직접적으로 피해를 입은 자를 말한다.

4. “아동”이란 18세 미만인 자를 말한다.

▶가정폭력범죄의 처벌 등에 관한 특례법 (제정 1997년, 개정 2018년)

제2조

1. “가정폭력”이란 가정구성원 사이의 신체적, 정신적 또는 재산상 피해를 수반하는 행위를 말한다.
2. “가정구성원”이란 다음 각 목의 어느 하나에 해당하는 사람을 말한다.
   가. 배우자(사실상 혼인관계에 있는 사람을 포함한다. 이하 같다) 또는 배우자였던 사람
   나. 자기 또는 배우자와 직계존비속관계(사실상의 양친자관계를 포함한다. 이하 같다)에 있거나 있었던 사람
   다. 계부모와 자녀의 관계 또는 적모(嫡母)와 서자(庶子)의 관계에 있거나 있었던 사람
   라. 동거하는 친족
3. “가정폭력범죄”란 가정폭력으로서 다음 각 목의 어느 하나에 해당하는 죄를 말한다.
   가. 「형법」 제2편제25장 상해와 폭행의 죄 중 제257조(상해, 존속상해), 제258조(중상해, 존속중상해), 제258조의2(특수상해), 제260조(폭행, 존속폭행)제1항 · 제2항, 제261조(특수폭행) 및 제264조(상습범)의 죄
   나. 「형법」 제2편제28장 유기와 학대의 죄 중 제271조(유기, 존속유기)제1항 · 제2항, 제272조(영아유기), 제273조(학대, 존속학

대) 및 제274조(아동혹사)의 죄

다. 「형법」 제2편제29장 체포와 감금의 죄 중 제276조(체포, 감금, 존속체포, 존속감금), 제277조(중체포, 중감금, 존속중체포, 존속중감금), 제278조(특수체포, 특수감금), 제279조(상습범) 및 제280조(미수범)의 죄

라. 「형법」 제2편제30장 협박의 죄 중 제283조(협박, 존속협박) 제1항 · 제2항, 제284조(특수협박), 제285조(상습범)(제283조의 죄에만 해당한다) 및 제286조(미수범)의 죄

마. 「형법」 제2편제32장 강간과 추행의 죄 중 제297조(강간), 제297조의2(유사강간), 제298조(강제추행), 제299조(준강간, 준강제추행), 제300조(미수범), 제301조(강간등 상해 · 치상), 제301조의2(강간등 살인 · 치사), 제302조(미성년자등에 대한 간음), 제305조(미성년자에 대한 간음, 추행), 제305조의2(상습범)(제297조, 제297조의2, 제298조부터 제300조까지의 죄에 한한다)의 죄

바. 「형법」 제2편제33장 명예에 관한 죄 중 제307조(명예훼손), 제308조(사자의 명예훼손), 제309조(출판물등에 의한 명예훼손) 및 제311조(모욕)의 죄

사. 「형법」 제2편제36장 주거침입의 죄 중 제321조(주거 · 신체 수색)의 죄

아. 「형법」 제2편제37장 권리행사를 방해하는 죄 중 제324조(강요) 및 제324조의5(미수범)(제324조의 죄에만 해당한다)의 죄

자. 「형법」 제2편제39장 사기와 공갈의 죄 중 제350조(공갈), 제350조의2(특수공갈) 및 제352조(미수범)(제350조, 제350조의

2의 죄에만 해당한다)의 죄

차. 「형법」 제2편제42장 손괴의 죄 중 제366조(재물손괴등)의 죄

카. 가목부터 차목까지의 죄로서 다른 법률에 따라 가중처벌되는 죄

4. "가정폭력행위자"란 가정폭력범죄를 범한 사람 및 가정구성원인 공범을 말한다.
5. "피해자"란 가정폭력범죄로 인하여 직접적으로 피해를 입은 사람을 말한다.
6. "가정보호사건"이란 가정폭력범죄로 인하여 이 법에 따른 보호처분의 대상이 되는 사건을 말한다.
7. "보호처분"이란 법원이 가정보호사건에 대하여 심리를 거쳐 가정폭력행위자에게 하는 제40조에 따른 처분을 말한다.

7의2. "피해자보호명령사건"이란 가정폭력범죄로 인하여 제55조의2에 따른 피해자보호명령의 대상이 되는 사건을 말한다.

8. "아동"이란 「아동복지법」 제3조제1호에 따른 아동을 말한다.

▶한부모 가족 지원법 (제정 1989년, 개정 2018년)

제4조

1. "모" 또는 "부"란 다음 각 목의 어느 하나에 해당하는 자로서 아동인 자녀를 양육하는 자를 말한다.

가. 배우자와 사별 또는 이혼하거나 배우자로부터 유기(遺棄)된 자

나. 정신이나 신체의 장애로 장기간 노동능력을 상실한 배우자를 가진 자

다. 교정시설·치료감호시설에 입소한 배우자 또는 병역복무 중인

배우자를 가진 사람

라. 미혼자{사실혼(事實婚) 관계에 있는 자는 제외한다}

마. 가목부터 라목까지에 규정된 자에 준하는 자로서 여성가족부령으로 정하는 자

1의2. “청소년 한부모”란 24세 이하의 모 또는 부를 말한다.

2. “한부모가족”이란 모자가족 또는 부자가족을 말한다.

3. “모자가족”이란 모가 세대주{세대주가 아니더라도 세대원(世代員)을 사실상 부양하는 자를 포함한다}인 가족을 말한다.

4. “부자가족”이란 부가 세대주{세대주가 아니더라도 세대원을 사실상 부양하는 자를 포함한다}인 가족을 말한다.

5. “아동”이란 18세 미만(취학 중인 경우에는 22세 미만을 말하되, 「병역법」에 따른 병역의무를 이행하고 취학 중인 경우에는 병역의무를 이행한 기간을 가산한 연령 미만을 말한다)의 자를 말한다.

6. “지원기관”이란 이 법에 따른 지원을 행하는 국가나 지방자치단체를 말한다.

7. “한부모가족복지단체”란 한부모가족의 복지 증진을 목적으로 설립된 기관이나 단체를 말한다.

▶도로교통법 (제정 1961년, 개정 2020년)

제2조

23. “어린이통학버스”란 다음 각 목의 시설 가운데 어린이(13세 미만인 사람을 말한다. 이하 같다)를 교육 대상으로 하는 시설에서 어린이의 통학 등에 이용되는 자동차와 「여객자동차 운수사업법」

제4조제3항에 따른 여객자동차운송사업의 한정면허를 받아 어린이를 여객대상으로 하여 운행되는 운송사업용 자동차를 말한다.

가. 「유아교육법」에 따른 유치원 및 유아교육진흥원, 「초·중등교육법」에 따른 초등학교, 특수학교, 대안학교 및 외국인학교

나. 「영유아보육법」에 따른 어린이집

다. 「학원의 설립·운영 및 과외교습에 관한 법률」에 따라 설립된 학원 및 교습소

라. 「체육시설의 설치·이용에 관한 법률」에 따라 설립된 체육시설

마. 「아동복지법」에 따른 아동복지시설(아동보호전문기관은 제외한다)

바. 「청소년활동 진흥법」에 따른 청소년수련시설

사. 「장애인복지법」에 따른 장애인복지시설(장애인 직업재활시설은 제외한다)

아. 「도서관법」에 따른 공공도서관

자. 「평생교육법」에 따른 시·도평생교육진흥원 및 시·군·구평생학습관

차. 「사회복지사업법」에 따른 사회복지시설 및 사회복지관

▶ 모자보건법 (제정 1973년, 개정 2020년)

제2조

1. "임산부"란 임신 중이거나 분만 후 6개월 미만인 여성을 말한다.
2. "모성"이란 임산부와 가임기(可姙期) 여성을 말한다.

3. “영유아”란 출생 후 6년 미만인 사람을 말한다.
4. “신생아”란 출생 후 28일 이내의 영유아를 말한다.
5. “미숙아(未熟兒)”란 신체의 발육이 미숙한 채로 출생한 영유아로서 대통령령으로 정하는 기준에 해당하는 영유아를 말한다.
6. “선천성이상아(先天性異常兒)”란 선천성 기형(奇形) 또는 변형(變形)이 있거나 염색체에 이상이 있는 영유아로서 대통령령으로 정하는 기준에 해당하는 영유아를 말한다.
7. “인공임신중절수술”이란 태아가 모체 밖에서는 생명을 유지할 수 없는 시기에 태아와 그 부속물을 인공적으로 모체 밖으로 배출시키는 수술을 말한다.
8. “모자보건사업”이란 모성과 영유아에게 전문적인 보건의료서비스 및 그와 관련된 정보를 제공하고, 모성의 생식건강(生殖健康) 관리와 임신·출산·양육 지원을 통하여 이들이 신체적·정신적·사회적으로 건강을 유지하게 하는 사업을 말한다.
9. 삭제 <2017. 12. 12.>
10. “산후조리업(産後調理業)”이란 산후조리 및 요양 등에 필요한 인력과 시설을 갖춘 곳(이하 “산후조리원”이라 한다)에서 분만 직후의 임산부나 출생 직후의 영유아에게 급식·요양과 그 밖에 일상생활에 필요한 편의를 제공하는 업(業)을 말한다.
11. “난임(難妊)”이란 부부(사실상의 혼인관계에 있는 경우를 포함한다. 이하 이 호에서 같다)가 피임을 하지 아니한 상태에서 부부간 정상적인 성생활을 하고 있음에도 불구하고 1년이 지나도 임신이 되지 아니하는 상태를 말한다.
12. “보조생식술”이란 임신을 목적으로 자연적인 생식과정에 인위적

으로 개입하는 의료행위로서 인간의 정자와 난자의 채취 등 보건복지부령으로 정하는 시술을 말한다.

▶국민기초생활 보장법 (제정 1999년, 개정 2019년)

제8조의2

③「아동복지법」 제15조제1항제2호부터 제4호까지(제2호의 경우 친권자인 보호자는 제외한다)에 따라 부양 대상 아동이 보호조치된 경우에는 제8조제2항, 제12조제3항, 제12조의3제2항에 따른 부양을 받을 수 없는 것으로 본다.

▶공직선거법 (제정 1994년, 개정 2020년)

제15조

① 18세 이상의 국민은 대통령 및 국회의원의 선거권이 있다. 다만, 지역구국회의원의 선거권은 18세 이상의 국민으로서 제37조제1항에 따른 선거인명부작성기준일 현재 다음 각 호의 어느 하나에 해당하는 사람에 한하여 인정된다.

[2] 제·개정년도

아동복지법 제정 1961년 ... 개정 2020년

청소년기본법 제정 1991년 ... 개정 2020년

청소년보호법 제정 1997년 ... 개정 2020년

아동·청소년의 성보호에 관한 법률 제정 2000년 ... 개정 2020년

유아교육법 제정 2004년 ... 개정 2020년

영유아보육법 제정 1991년 ... 개정 2020년

민법 제4조 제정 1958년 ... 개정 2017년

소년법 제정 1958년 ... 개정 2018년

형법 제정 1953년 ... 개정 2020년

입양특례법 제정 1976년 ... 개정 2019년

실종아동 등의 보호 및 지원에 관한 법률 제정 2005년 ... 개정 2020년

가정폭력방지 및 피해자보호 등에 관한 법률 제정 1997년 ... 개정 2018년

가정폭력범죄의 처벌 등에 관한 특례법 제정 1997년 ... 개정 2017년

한부모가족지원법 제정 1989년 ... 개정 2018년

도로교통법 제정 1961년 ... 개정 2020년

모자보건법 제정 1973년 ... 개정 2020년

국민기초생활 보장법 제정 1999년 ... 개정 2019년

공직선거법 제정 1994년 ... 개정 2020년

XVI 부산광역시 아동의 놀 권리 증진에 관한 조례

부산광역시 조례 제6054호

2020년 1월 1일

제1조(목적) 이 조례는 부산광역시 아동의 놀 권리에 대한 존중과 증진에 필요한 사항을 규정함으로써 연령에 따른 놀이와 여가활동을 할 수 있는 기반을 조성하여 아동이 행복한 삶을 누릴 수 있도록 하는 것을 목적으로 한다.

제2조(정의) 이 조례에서 사용하는 용어의 뜻은 다음과 같다.

1. "아동"이란 「아동복지법」 제3조제1호에 따른 18세 미만인 사람을 말한다.
2. "놀 권리"란 국제연합의 「아동의 권리에 관한 협약」(Convention on the Rights of the Child) 제31조에 따라 아동이 충분한 휴식과 여가를 위한 시간과 놀이 공간을 보장받으며 자유로울 권리를 말한다.

제3조(시의 책무) 부산광역시는 아동의 놀 권리 보장 및 증진을 위하여 경제·사회·교육·문화적 환경 조성 등 다양한 시책을 마련하고, 모든 아동이 차별받지 않고 자신의 발달 단계에 맞는 다양한 놀이를 경험할 수 있도록 노력하여야 한다.

제4조(계획의 수립·시행) ① 부산광역시장(이하 "시장"이라 한다)은 아동의 놀 권리 증진을 위하여 4년마다 부산광역시 아동의 놀 권리 증진계획(이하 "증진계획"이라 한다)을 수립하고 이를 시행하여야 한다. 다만, 「부산광역시 아동친화도시 조성 조례」 제7조에 따른 기본계획에 제2항 각 호의 사항이 포함되어 있는 경우에는 증진계획이 수립된 것으로 본다.

② 증진계획에는 다음 각 호의 사항이 포함되어야 한다.

1. 증진계획의 목표 및 추진방향
2. 놀이 공간 및 환경 등 기반조성 및 개선에 관한 사항
3. 아동의 발달에 맞는 다양한 놀이 기회 지원에 관한 사항
4. 아동의 놀이문화 확산 및 인식개선을 위한 홍보에 관한 사항
5. 놀이 관련 전문가 및 기관·단체와의 협력방안
6. 그 밖에 아동의 놀 권리 증진을 위하여 시장이 정하는 사항

③ 시장은 증진계획에 따라 연도별 시행계획을 수립·시행하여야 한다.

④ 증진계획 또는 제3항에 따른 시행계획의 효율적인 추진을 위하여 구·군, 관련 기관·법인 및 단체에 협조를 요청할 수 있다.

제5조(실태조사) ① 시장은 증진계획의 수립 등을 위하여 아동의 놀이 활동과 관련된 실태조사를 실시할 수 있다.

② 제1항에 따른 실태조사에 관한 세부적인 사항은 시장이 따로 정한다.

제6조(아동의 놀 권리 증진) 시장은 아동의 놀 권리 증진을 위하여 다음 각 호의 사업을 추진할 수 있다.

1. 아동의 놀 권리 강화를 위한 공간 마련 등 기반 조성에 관한 사업
2. 놀이 프로그램의 개발과 보급 사업
3. 사회적 취약계층 아동의 놀 권리 보장 사업
4. 놀이 중요성 인식 교육 및 홍보 등 놀이문화 확산 사업
5. 도시재생, 보육, 혁신도시 등 관련 부서 및 기관 연계를 통한 놀이 친화 환경 조성 사업
6. 그 밖에 아동의 놀 권리 증진을 위하여 시장이 필요하다고 인정하는 사업

제7조(아동놀이혁신위원회) ① 시장은 다음 각 호의 사항을 심의하기 위하여 부산광역시 아동놀이혁신위원회를 둘 수 있다.

1. 증진계획 수립 · 시행에 관한 사항
2. 제5조에 따른 실태조사에 관한 사항
3. 제6조에 따른 아동의 놀 권리 증진을 위한 사업에 관한 사항
4. 아동의 놀 권리 보장을 위한 제도개선에 관한 사항
5. 그 밖에 아동의 놀 권리 보장을 위하여 시장이 필요하다고 인정하는 사항

② 제1항에 따라 심의할 사항에 대해서는 「부산광역시 아동복지심의위원회 조례」에 따른 부산광역시아동복지심의위원회에서 심의한다. 이 경우 부산광역시아동복지심의위원회는 제1항에 따른 부산광역시 아동놀이혁신위원회로 본다.

제8조(교육 및 홍보) 시장은 아동의 놀 권리를 보장하는 지역사회를 만들기 위하여 아동의 놀 권리 인식개선과 사회적 공감대 형성을 위한

관련 교육 및 홍보를 실시할 수 있다.

제9조(관련 기관과의 협력 및 지원) ① 시장은 아동의 놀이 활동 활성화를 위하여 비영리 법인, 관련 기관 및 단체 등과 협력할 수 있으며, 필요한 경우 예산의 범위에서 행정적·재정적 지원을 할 수 있다.

② 제1항에 따른 지원방법과 절차는 「부산광역시 지방보조금 관리 조례」에 따른다.

제10조(포상) 시장은 아동의 놀 권리 증진에 기여한 공무원, 시민, 관련 기관 및 단체 등을 「부산광역시 포상 조례」에 따라 포상할 수 있다.

부칙

제1조(시행일) 이 조례는 공포한 날부터 시행한다.

제2조(위원회의 존속기한) 제7조에 따른 부산광역시 아동놀이혁신위원회는 2024년 12월 31일까지 존속한다.

찾아보기

사항색인

가

가능성 • 344
가부장적 간섭주의 • 164
가정위탁 • 32
가정의 권리 • 401
간섭 • 136, 154, 165
강압 • 182
강압적 수단 • 460
강제 • 136
강제성 • 135, 152
개발적 기능 • 347, 348
개인주의 • 463
객관화 • 461
거래 • 209, 239
검열 • 110-112, 114
결정적 원인 • 213
결핍 상태 • 207
결핍 • 212, 314, 385, 454, 456, 466, 467
경륜 • 36, 136, 140
경멸 • 93
고전적 권리 • 63, 389
공교육 • 223-225, 334
공급 • 84, 126, 305, 308, 348
공동체 • 335
공리(주의)적 계산 • 449, 462
공부 • 276, 293
공적 언어 • 134
관조 • 275
괴롭힘 • 92, 93
교권 • 230, 258
교복 착용 • 114, 115
교사 주도형 수업 • 334
교양교육 • 179
교육공동체 • 69
교육권 • 62, 68, 73, 155, 203-204, 216, 220-223, 227, 229-231, 235-237, 240, 242-244, 246, 249, 253, 256, 258-260, 264-265, 272, 299, 323, 399
교육기본법 • 257, 258
교육받을 권리 • 203, 257, 262
교육적 고려 • 35
교육적 방임 • 109
교육적 폭력 • 231, 238
교육적 필요 • 94
교정적 기능 • 347, 349
구별 • 124
구분 • 124
구성주의 • 341-342
국가 이익 • 453
국가교육권설 • 221
국가보고서 • 431, 433, 441
국가의료제 • 243
국민 • 29
국민교육권설 • 221
국제권리협약 가입 현황 • 408-410
국제권리협약 • 393
국제연합헌장 • 393, 421
권력 • 139, 165
권리 인식 • 357
권리주체 • 121, 158, 321, 449, 461-462
권리교육프로그램 • 306, 342
권리상충 • 318
권리이해 • 353
권리장전 • 372
권리청원 • 372
권위 • 165
권위적 간섭주의 • 36, 86, 140, 142,

157, 161, 163-164, 176-177, 181, 187, 312-313, 315, 328, 452, 467
권한 • 52-53, 74, 165, 228, 230, 238, 261, 323
규범적 처방 • 129
규범적인 의미 • 148
근로권 • 397
기술적 처방 • 129
기초교육 • 68
기획 • 341, 360-361
기획된 행사의 자발적 역할 참여 • 331

나

낙인이론 • 97
내관법 • 22, 292
노예협약 • 393
논리 실증주의 • 59
놀이 • 272-275, 277-278, 283, 289-290, 293-294, 296-297, 299
놀이권 • 269, 270, 272, 299
능동적 권리 • 253
능력 준거 • 138, 174, 194, 312

다

단결권 • 369
단위학교 • 226
당위성 • 411
대륙회의 • 374
대리 참여 • 330
대의 민주주의 • 174
대의제도 • 174
대중교육 • 224
대중효과 • 99
대치불가능성 • 213
대헌장 • 370, 371
도덕권 • 25, 59, 62, 75, 172, 240, 385, 457
도덕적 공동체 • 217
도덕적 위계 • 140
도야 • 131
동기화 • 151
동등한 영향력 • 169, 173, 175-176, 326, 364
동물권 • 48
동족어 • 244

라

리얼리즘 • 21

마

마그나 카르타 • 370
마음이 없는 존재 • 17
매춘 • 102, 103
면책권 • 54
명목 참여 • 330, 332
모방 이론 • 97
모함 • 93
무능 • 85, 138, 139, 143, 144
무상의무교육 • 34, 62, 68, 206, 224, 272
무차별 원칙 • 420, 447
무차별 • 352, 451
문제중심형 프로그램 • 340
문화권 • 271
미국 독립선언 • 375
미성년 • 30
미성년자 • 29
미성숙 기준 • 28
미성숙 • 144-148, 151
미숙아 • 29-30
민주시민 • 334, 357
민주주의 • 325

바

바이마르 헌법 • 377
박애 • 369

반대개념 • 55
발달 • 32
발달권 • 351, 353, 356
발현설 • 464
방임 • 106, 108
배리 • 455
버지니아 권리장전 • 373-374
벌 • 19
법실증주의 • 28, 60, 170
법적 문제 • 37
법적 자격 • 35
법적 정의 • 31
변증법 • 286
보통교육 • 224
보편권 • 220, 236
보편성 • 50-51, 68, 75, 218, 411, 459
보편적 권리 • 314
보편적 필요 • 122, 215, 231, 247, 248
보편주의 • 455
보호 • 32, 84, 121, 126, 305-306, 312, 314, 348, 391, 456, 467
보호권 • 74, 351, 353, 356
보호대상아동 • 32
보호자 • 32
복지 • 82, 335, 452
복지권 • 66, 68, 74, 82, 184-187, 190-191, 204, 207-211, 215, 217-220, 231, 236, 243, 305, 323, 385, 386, 455, 459
복지재 • 49, 68, 459
부르주아 권리 • 26, 64
부여받은 자격 • 26
분석적 판단력 • 345
불가분성 • 51
불가양도성 • 48, 51
불가침성 • 48, 51
불완전한 책무 • 209
불일치 • 447
불확정성 • 448
비스마르크 헌법 • 377
비엔나 인권선언 • 392
비정언적 필요 • 214

사

사적 언어 • 134
사회 순응 • 114
사회 이익 • 453
사회 · 경제적 권리 • 48
상관개념 • 55, 86, 139, 243, 245
상관관계 • 73
상상력 • 134
상황 접근가능성 • 345
생명권 • 69
생명존중 • 335
생존 • 32
생존권 • 64, 239, 335, 351, 353, 356, 374
생존적 필요 • 122, 214, 247
서술적인 의미 • 148
선거 연령 • 31, 35, 37
선별주의 • 455
선택 • 24
선택권 • 78
성 착취 • 102
성 학대 • 107
성명권 • 157
성인의 축소판 • 131
성장 실패 • 110
성장 • 145
성장모형 • 20, 22
성장하는 존재 • 20
성차별 • 104, 105, 335
성취 • 151
성폭력 • 77, 100-101, 103

세계인권선언 • 207, 241, 246, 305, 310, 383-389, 411
세속적 이기주의 • 463
세이브더칠드런 • 308, 337
소극적 교육 • 21
소극적 권리 • 94
소극적 자유권 • 77
소년 • 29-30
소수자 • 460
소외 • 93
소유권 • 397
소유물 • 171
수단적 필요 • 212, 214
수동적 권리 • 253
수업권 • 261
순수하지 못한 간섭주의 • 183
순수한 간섭주의 • 183
스콜라 • 275
시뮬레이션 활동 • 358, 364
시민권 • 243
시민적 권리 • 48
시여 • 126
신생아 • 29, 30
신체 학대 • 107
신체적 방임 • 109
실정권 • 25, 27, 59, 61, 75, 172, 240, 385, 457
실정법 • 56, 170
실질적 참여 • 332
실행가능성 • 66
실행성 • 50, 172
심각성 • 293, 299
심판 • 189

아

아동 부당취급 • 108
아동 존중 • 122, 128-129, 135, 137, 156
아동 중심 • 123
아동 최선의 이익 • 23, 72, 162, 196, 313, 352, 416, 447-448, 451, 462
아동 학대 • 106, 136
아동 • 29, 30
아동권리 제네바선언 • 308-309, 378
아동권리공약 3장 • 309, 379, 391, 412
아동권리교육 • 311-312, 317, 321
아동권리선언 • 309, 390-391
아동권리협약 • 390, 411, 441-442, 447
아동방임 • 77
아동복지 • 32
아동수당 • 243, 247
아동유기 • 77
아동의 권리 제네바선언 • 411
아동존중 • 308
아동중심 • 294, 307
아동중심교육 • 296
아동학대 • 32
아레테 • 284, 285
아해 • 273
아희 • 273
아히 • 273, 276
약자 • 125
양성평등 • 105
양육 • 197-198
어린이 • 29
어린이선언문 • 309, 381-382
어린이헌장 • 391
언어주의 • 290
에피스테메 • 278-279, 284, 288
엘리트주의 • 176
여가 • 275
여성차별철폐협약 • 393
역동적 자기결정 • 463-465, 466
역동적 자기결정과정 • 463
연령 • 143

영유아 • 29-30, 34
예방적 기능 • 347-348
완전한 의무 • 209
왕따 • 77, 92-94, 101, 348
욕망 충족 • 453
욕망 • 149, 212, 216, 454, 455-456, 467
욕망관련원리 • 455
욕망충족이론 • 455
유보 조항 • 428
유아 • 29
유출효과 • 97
유희 • 286
윤리적 구성주의• 465
의무 • 74, 179, 182, 244
의무교육 • 155, 178
의무교육과정 • 152, 179
의무교육대상자 • 29
의무와의 상관 • 25
의사참여 • 346
의사결정 • 360
의사표현 • 325, 335
의사표현권 • 113
의지설 • 24
이상관련원리 • 455
이익 • 24, 148, 151, 314, 452-454, 459, 463, 467
이익설 • 24
이익의 고려 • 451
이지메 • 92
인간을 자유롭게 하는 교육 • 179
인간존엄성 • 47, 66
인간존중 • 335
인격체 • 171, 315
인과연쇄망 • 89-91
인권 • 47, 246, 265
인식 능력 • 85
인식경계 • 281
인식론적인 의미 • 130
인신보호법 • 372-374
인지 능력 • 35
인지주의의 오류 • 134
일반권 • 52, 57, 71-72, 239
일반성 • 50
일치 • 448, 459-461
입문 • 134

자

자격부여설 • 24
자기결정 능력 • 35
자기결정 • 194, 197-198, 341, 343, 361, 363-364, 462
자기결정권 • 83, 187, 322, 396
자기규준평가 • 342, 346, 356, 361, 364
자기기획 • 343, 363-364
자기보호 • 177
자기주도 • 360
자기주도력 • 326
자기주도성 • 327, 341, 343, 346, 361, 363-364
자기해결 • 364
자기환류 • 361
자녀 • 29-30
자발성 • 344
자아실현 • 464
자아존중감 • 103
자연법 • 386
자연상태 • 133
자연인 • 291
자연주의적 오류 • 149
자유 • 335, 369
자유교육 • 179
자유권 • 52-53, 63, 69, 185, 187, 239, 255, 374
자유론 • 167

자유의 파라독스 • 180
자유인을 위한 교육 • 179
자유인 • 291
자유주의 평등관 • 153
작은 성인 • 18, 131, 133, 307
장식적 참여 • 330, 360
재산권 • 63, 69, 239, 374
재화 • 121, 306, 308, 312
저항권 • 327, 374
적극적 권리 • 65
적극적 자유권 • 65, 78
적법 절차 • 371
전문성 • 296
정보불평등 • 81
정보전달형 교육프로그램 • 336
정서적 방임 • 110
정서적 학대 • 107
정언적 필요 • 214, 216, 236
정의 • 335
정치적 권리 • 48
정치철학적 의미 • 135, 152
제1세대 권리 • 69
제2세대 권리 • 69
제3세대 권리 • 47, 69
제네바선언 • 309, 380, 390, 420
제도교육 • 226
제약 • 136
제정법 • 370
존엄성 • 49, 62
종속 • 460
종합적 판단력 • 345
주권재민 • 371
주조될 수 있는 존재 • 19
주형모형 • 20
지롱드 인권선언 • 376
지식의 형식 • 131
지원대상아동 • 32
진보교육 • 296

차

차등의 원리 • 218
차별 • 80
차별금지 • 72, 162, 309, 416
참가 • 168
참가권 • 168
참여 가능성 • 345
참여 사다리 • 329, 333, 341, 360
참여 신장 • 357
참여 행동 • 346
참여 • 32, 84, 121, 167-168, 305, 306, 312, 314, 321-322, 325-326, 328, 348, 352-353, 355, 360, 420, 440, 451, 459, 463, 467
참여권 제한 • 84
참여권 • 66, 83, 84, 86, 122, 161-162, 168-169, 175, 184, 187, 190-191, 194, 322, 324-325, 327, 351, 353, 356, 455, 457-458
참여연대 • 339
참여연습 • 333, 353, 354
참여조작 • 330, 360
천부성 • 50-51, 76
청구권 • 52, 204, 244
청구행위 • 25, 50
청소년 • 28-30, 33, 39, 194
청소년폭력예방재단 • 88
체벌 • 77, 91, 94-99, 111
체벌불가피론 • 95
체스 • 292
최상의 고려 • 449
최우선으로 고려 • 449

카

칸톤 • 174

타

테오리아 • 278-279, 284
테크네 • 278-279, 283, 288, 292
토론 수업 • 356
토론 참여 • 357
통약불가분성 • 464
통제 • 98
특권 • 209
특권 • 27, 52, 54, 209, 259
특수성 • 75
특정권 • 52, 57, 71, 72, 239

파

파리선언 • 235-236, 245-251, 253, 323
파이데이아 • 273
파이디아 • 273
파이스 • 273
평등 • 225, 369
평등권 • 63, 79-80, 82
평등한 대우 • 152
포이에시스 • 278-279, 283, 292
폭력 • 93
표현권 • 416
프락시스 • 278-279, 284
프랑스 인권선언 • 376
프랑크프르트 헌법 • 377
프로네시스 • 278-279, 284
프로이센 헌법 • 377
플라우든 보고서 • 294
피해아동 • 32
필요 • 62, 122, 175, 209-213, 217, 236, 385, 391, 454-456, 467

하

학교폭력 • 77, 88-91, 101
학대 • 106
학생 통제 • 114
학생 • 29, 34
학습 • 276
학습권 선언 • 235, 264-265
학습권 • 68, 73, 155, 203-204, 227, 229, 231, 235-237, 243-244, 246, 247-251, 253-258, 260, 262, 264-265, 426
함부르크선언 • 235, 236, 245, 250-251, 253-255, 323
합리성 • 313-314
행복권 • 60
행복추구권 • 65, 83, 374, 396
현대적 권리 • 64, 389
현장 참여 • 360
현학주의 • 290
협약 • 413
협약학교 • 176, 206
형사미성년자 • 29-30
형식교육 • 224
형식주의 • 290
호모 파베르 • 280
호모 루덴스 • 270
환경 • 335
환경권 • 369
환원론 • 455
활동형 프로그램 • 339-340
획일교육 • 224
휴머니즘 • 21
흥미 • 148, 151, 297
힘 • 25, 165-166
힘의 분산 • 167, 174

인명색인

강인수 • 221, 227, 229, 235, 258, 261
김기석 • 224
김신일 • 227, 262
김은경 • 98

김정래 • 236, 238
김철수 • 227
김혜선 • 99
남성욱 • 102
방정환 • 308, 379-382
배경내 • 96
백승한 • 89-91
변용찬 • 432
성민선 • 260
안동현 • 108, 417, 432
안재욱 • 226
이기범 • 432
이배근 • 430
이상현 • 227
이재연 • 108
조상희 • 227
조용환 • 186
조흥식 • 432
허남순 • 103

Aristotle • 278
Bandura • 97
Barry • 456
Benn • 455
Carter • 167
Comenius • 21
Dearden • 293
Dewey • 133, 145, 275-277, 282, 297
Dworkin • 153, 165, 167, 183
Eekelaar • 459
Erasmus • 21, 291
Franklin • 314
Freeman • 315
Friedman • 189, 219
Fröbel • 286
G. E. Moore • 149
Gerald Dworkin • 165
Gutmann • 154, 167
Harris • 131, 138, 313
Hart • 329, 333
Hirst • 131
Hobbes • 218
Hodson • 167
Hohfeld • 52, 54, 86, 183, 230, 237
Husak • 167
Jebb • 162, 308, 379
John White • 179
Jones • 38, 237, 263
Kant • 21, 240
Kohlberg • 22
Locke • 21, 26, 219, 240
Lukes • 463
Maslow • 464
Mill • 167, 177
Parker • 448
Pestalozzi • 21, 286
Peters • 20, 144, 180, 455
Piaget • 22, 124, 129, 289
Platon • 285, 288
Raphael • 217, 248
Rawls • 218
Rogers • 464
Rousseau • 21, 132-133
Scarre • 167
Smith • 219
Socrates • 285
T. W. Moore • 134
Warnock • 134
White • 152, 155
Wringe • 25, 67, 139, 170-171, 175, 248, 326, 459

| 저자소개 |

김정래(金正來)

서울대학교 사범대학 교육학과와 동대학원을 졸업하고, 영국 University of Keele에서 정치철학과 윤리학을 바탕으로 교육철학을 공부하여 박사 학위를 받았다. 이후 서울대학교 교육연구소와 한국교육개발원에서 연구한 바 있고, 한국교육철학회 제15대 회장을 지냈으며, 현재 부산교육대학교 교수이다. 한 때 한국아동권리학회 학술이사, 한국교육신문 논설위원을 지낸 바 있다. 현재 관심분야는 교육형이상학과 새로운 문명패러다임 속의 교육문제이다.

지은 책으로는 이 책의 모본인 『아동권리향연』과 연작인 『아동권리향연 플러스』와 『아동권리향연 마당』이 있으며, 『민주시민교육비판』, 『진보의 굴레를 넘어서』, 『고혹평준화 해부』, 『전교조비평』 등이 있다. 또한 같이 지은 책으로는 『교육과 한국불교』, 『교육과 성리학』, 『교육과 지식』, 『학생과 시민의 자원봉사활동』 등이 있다.

역서로는 『봄의 창의성』, 『지식의 조건』, 『암묵적 영역』, 『초등교육문제론』, 『교육과 개인』, 『아동의 자유와 민주주의』, 『교육목적론』이 있으며, 같이 번역한 책으로는 『대중을 위한 경제학』이 있다.

증보 아동권리향연

초　판 1쇄 발행 / 2002년　4월 25일
초　판 2쇄 발행 / 2004년 12월 25일
증보판 1쇄 발행 / 2020년 12월 10일

저　자 / 김　정　래
발행인 / 이　중　수
발행처 / **동　문　사**

서울특별시 서대문구 홍제원 1길 12
(홍제동 137-8)
Tel : 02)736-3718(대), 736-3710, 3720
Fax : 02)736-3719
등록번호 : 1974.04.27. 제9-17호
가격 : 37,000원

ISBN : 979-11-6328-224-2 (93370)
E-mail : dong736@naver.com
www.dongmunsa.com